浙江文化艺术发展基金资助项目
浙江省新型重点专业智库杭州国际城市学研究中心
浙江省城市治理研究中心成果

浙江智库
ZHEJIANG
THINK TANK

南宋全书

王国平 总主编

吴铮强　胡潮晖 编

第17册 南宋诏令编年（附金、夏、蒙元）（七）

南宋文献集成

浙江大学出版社·杭州
ZHEJIANG UNIVERSITY PRESS

南宋全书编纂指导委员会

主　任：王国平

副主任：马时雍　黄书元　包伟民　史金波
　　　　王　巍

委　员：(以姓氏笔画为序)

王其煌　江山舞　杜正贤　何　俊

何忠礼　应雪林　陈　波　陈文锦

庞学铨　娜　拉　徐吉军　曹家齐

曹锦炎　龚延明　褚超孚

南宋全书编辑委员会

总主编: 王国平

编　　委: (以姓氏笔画为序)

马时雍　王　凯　王杨梅　王其煌　王剑文

尹晓宁　江山舞　寿勤泽　何忠礼　宋旭华

范立舟　尚佐文　姜青青　徐吉军　曹家齐

《南宋全书》总序

王国平

  2007 年 12 月 22 日,举世瞩目的我国南宋商船"南海一号"在广东阳江海域打捞出水。根据探测情况估计,整船金、银、铜、铁、瓷器等文物可能达到 6 万—8 万件,据说皆为稀世珍宝。迄今为止,除了中国,全世界都未曾发现过如此巨大的千年古船。"南海一号"的发现,在世界航海史上堪称一大奇迹,也填补与复原了南宋海上"丝绸之路"历史的一些空白。[①]不少专家认为"南海一号"的价值和影响力将不亚于西安秦始皇兵马俑。这艘沉船虽然出现在广东海域,但反映了整个南宋经济、文化的繁荣,标志着南宋社会的开放,也表明当时南宋引领着世界经济的发展。作为南宋政治、经济、文化、科技中心的都城临安(浙江杭州),则是南宋社会繁华与开放的代表。从某种意义上讲,没有以临安为代表的南宋的繁荣与开放,就会有今日"南海一号"的发现;而"南海一号"的发现,也为我们重新审视与评价南宋,带来了最好的注解、最硬的实证。

  提起南宋,往往众说纷纭,莫衷一是。长期以来,不少人把"山外青山楼外楼,西湖歌舞几时休?暖风熏得游人醉,直把杭州作汴州"[②]这首曾写在临安城一家旅店墙上的诗,当作当时南宋王朝的真实写照。虽然近现代已有海内外学者开始重新认识南宋,但相当一部分人仍认为南宋军事上妥协投降、苟且偷安,政治上腐败成风、奸相专权,经济上积贫积弱、民不聊生,生活上纸醉金迷、纵情声色,总之,把南宋王朝视为一个只图享受、不思进取的偏安小朝廷。导致这种历史误解的原因,

---

① 见《"南海一号"成功出水》一文,载《人民日报》2007 年 12 月 23 日。

② (南宋)林升:《题临安邸》,转引自田汝成:《西湖游览志余》卷二《帝王都会》,上海古籍出版社 1980 年版,第 14 页。

在很大程度上是人们对患有"恐金病"的宋高宗和权相秦桧一伙倒行逆施的义愤,这是可以理解的。但是,我们决不能坐在历史的成见之上人云亦云。只要我们以对历史负责、对时代负责、对未来负责的精神和科学求实的态度,以科学发展观为指导,对南宋进行全面、深入、系统的研究,将南宋放到当时的历史发展阶段中,放到中国社会发展的历史长河中,放到整个世界的文明进程中考察,就不难发现南宋在经济政治、思想文化、科学技术、国计民生等方面所取得的成就,就不难发现南宋对中华文明产生的巨大影响,以此对南宋做出科学、客观、公正的评价,"还原一个真实的南宋"。

宋钦宗靖康元年(1126)闰十一月,金军攻陷北宋京城开封。次年三月,金军俘徽、钦二帝北去,北宋灭亡。同年五月,宋徽宗第九子、钦宗之弟赵构,在应天府(河南商丘)即位,是为高宗,改元建炎,重建赵宋王朝。建炎三年(1129)二月,高宗来到杭州,改州治为行宫,七月升杭州为临安府。此时起,杭州实际上已成为南宋的都城。绍兴八年(1138),南宋宣布临安府为"行在所",正式定都临安。自建炎元年(1127)赵构重建宋室,至祥兴二年(1279)帝昺蹈海灭亡,历时153年,史称"南宋"。

我们认为,研究与评价南宋,不应当仅仅以王朝政权的强弱为依据,而应当坚持"以人为本"理念,以人们生存与生活状态的改善作为社会进步的根本标准。许多人评价南宋,往往把南宋朝廷作为对象,我们认为所谓"南宋",不仅仅是一个历史王朝的称谓,而主要是指一个特定的历史阶段和历史时期。在马克思主义看来,历史的进步是社会发展和人的发展相统一的过程,"人们的社会历史始终只是他们的个体发展的历史",[①]未来理想社会"以每个人的全面而自由的发展为基本原则"。[②] 人是社会发展的主体,人的自由与全面发展是社会进步的最高目标。这就要坚持"以人为本"的科学发展观,将人的生存与全面发展作为评价一个历史阶段的根本依据。南宋时期,虽说尚处在中国封建社会的中期,人的自由与发展受到封建集权思想与皇权统治的严重束缚,但与宋代以前漫长的封建历史时期相比,这一时期出现的对人的生存与生活的关注度以及南宋人的生活质量和创造活力达到的高度都是前所未有的。

研究与评价南宋,不应当仅仅以军事力量的大小作为评价依据,还应当以其社会经济、文化整体状况与发展水平的高低作为重要依据。我们评判一个朝代,不仅要考察其军事力量的大小,更要看其在经济、文化、科技、社会等各方面取得

---

① 《马克思恩格斯选集》第4卷,人民出版社1995年版,第321页。
② 《马克思恩格斯选集》第23卷,人民出版社1995年版,第649页。

的成就。两宋立国 320 年,虽不及汉唐、明清国土辽阔,却以在封建社会中无可比拟的繁荣和社会发展的高度,跻身于中国古代最辉煌的历史时期之列。无论文化教育的普及、文学艺术的繁荣、学术思想的活跃、科学技术的进步,还是社会生活的丰富多彩,南宋都达到了前所未有的程度,在当时世界上也都处于领先地位。著名史学家邓广铭认为"宋代的文化,在中国封建社会历史时期之内,截至明清之际西学东渐的时期为止,可以说,已经达到了登峰造极的高度"。① 研究与评价南宋,不能仅仅以某些研究的成果或所谓的"历史定论"为依据,而应当以其在人类文明进步中扮演的角色,以及对后世的影响作为重要标准。宋朝是中国封建社会里国祚最长的朝代,也是封建文化发展最为辉煌的时期。南宋虽然国土面积只有北宋的 3/5 左右,却维持了长达 153 年(1127—1279)的统治。南宋不但对中国境内同时代的少数民族政权和周边国家产生了积极影响,而且对后世中华文化产生了巨大影响。正如近代著名思想家严复认为:"中国所以成于今日现象者,为善为恶,姑不具论,而为宋人所造就,什八九可断言也。"② 近代史学大师陈寅恪先生也曾经指出:"华夏民族之文化,历数千载之演进,造极于赵宋之世。"③因此,我们既要看到南宋王朝负面的影响,更要充分肯定南宋的历史地位与历史影响,只有这样,才能"还原一个真实的南宋"。

一、在政治上,不但要看到南宋王朝外患深重、苟且偷安的一面,更要看到爱国志士精忠报国、南宋政权注重内治的一面

南宋时期民族矛盾异常尖锐,外患严重之至,前期受到北方金朝的军事讹诈和骚扰掠夺,后期又受到蒙元的野蛮侵略。这些矛盾长期威胁着南宋政权的生存与发展。在此情形下,南宋初期朝廷中以宋高宗为首的主和派,积极议和,向女真贵族纳贡称臣。南宋王朝确实存在消极抗战、苟且偷安的一面,但也要承认南宋王朝大多君王始终怀有收复中原的愿望。南宋将杭州作为"行在所",视作"临安"而非"长安",也表现了南宋统治集团不忘收复中原的意愿。我们更应该看到南宋 153 年中,涌现了以岳飞、文天祥为代表的一大批爱国将领和数百名爱国仁人志士。这是中国古代任何一个朝代都难以比拟的。

同时,南宋政权也十分注重内治,在加强中央集权制度,推行"崇尚文治"政策,倡导科举不分门第等方面均有重大建树。其主要表现在以下几方面。

1. 从军事斗争上看,南宋是造就爱国志士、民族英雄的时代

南宋王朝长期处于外族入侵的严重威胁中,为此南宋军民进行了 100 多年

---

① 邓广铭:《宋代文化的高度发展与宋王朝的文化政策》,《历史研究》1990 年第 1 期。
② 严复:《严几道与熊纯如书札节钞》,江苏古籍出版社 1999 年影印本,载《学衡》第 13 期。
③ 《陈寅恪先生文集》第 2 卷,上海古籍出版社 1980 年版,第 245 页。

艰苦卓绝的抵抗斗争，涌现了无数气壮山河、可歌可泣的爱国事迹和民族英雄。因而，南宋是面对强敌、英勇抗争的时代。众所周知，金朝是中国历史上继匈奴、突厥、契丹以后一个十分强大的少数民族政权，并非昔日汉唐时期的匈奴、突厥与之后明清时期的蒙古可比。金军先后灭亡了辽朝和北宋，南侵之势简直锐不可当，但南宋军民浴血奋战，虽屡经挫折，终于抵挡住了南侵金军一次又一次的进攻，使南宋在外患深重的困境中站稳了脚跟。在持久的宋金战争中，南宋的军事力量不但没有削弱，反而逐渐壮大起来。南宋后期的蒙元军队则更为强大，竟然以 20 年左右的时间横扫欧亚大陆，使全世界都谈"蒙"色变。南宋的军事力量尽管相对弱小，又面对当时世界上最为强大的蒙元军队，但广大军民同仇敌忾，顽强抵抗了整整 45 年之久，这不能不说是世界抗击蒙元战争史上的一个奇迹。①

南宋是呼唤英雄、造就英雄的时代。在旷日持久的宋金战争中，造就了以宗泽、韩世忠、岳飞、刘锜、吴玠吴璘兄弟为代表的一批南宋爱国将领。特别是民族英雄岳飞率领的岳家军，更使金军闻风丧胆。在南宋抗击蒙元的悲壮战争中，前有孟珙、王坚等杰出爱国将领，后有文天祥、谢枋得、陆秀夫、张世杰等抗元英雄。其中民族英雄文天祥领导的抗元斗争，更是可歌可泣，彪炳史册。

南宋是激发爱国热忱、孕育仁人志士的时代。仅《宋史·忠义列传》就收录有爱国志士 277 人，②其中大部分是南宋人。②南宋初期，宗泽力主抗金，并屡败金兵，因不能收复北宋失地而死不瞑目，临终时连呼 3 次"过河"；洪皓出使金朝，被流放冷山，历尽艰辛，终不屈服，被比作宋代的苏武；陆游"死去元知万事空，但悲不见九州同"的诗句，表达了他渴望祖国统一的遗愿；辛弃疾的词则抒发了盼望祖国统一和反对主和误国的激情。因此，我们认为，南宋不但是造就民族英雄的时代，也是孕育爱国政治家、军事家、文学家和思想家的沃土。

2. 从政治制度上看，南宋是宋代继续加强中央集权、"干强枝弱"的时期

宋朝在建国之初，鉴于前朝藩镇割据、皇权削弱的经验教训，通过采取"强干弱枝"政策，不断加强中央集权统治。这一政策在南宋时得到了进一步强化。北宋王朝在中央权力上，实行军政、民政、财政"三权分立"，削弱宰相的权力与地位；在地方权力上，中央派遣知州、知县等地方官，将原节度使兼领的"支郡"收归中央直接管辖；在官僚机构上，实行官（官品）、职（头衔）、差遣（实权）三者分离制度；在财权上，设置转运使掌管各路财赋，将原藩镇把持的地方财权收归中央；在

---

①　参见何忠礼《论南宋定都杭州对当地经济文化的重大影响》，载《杭州研究》2007 年第 2 期。

②　俞兆鹏：《南宋人才之盛及其原因》，《杭州日报》2005 年 11 月 14 日。

司法权上,设置县尉等职,将方镇节度使掌握的地方司法权收归中央;在军权上,实行禁军"三衙分掌",使握兵权与调兵权分离、兵与将分离,将各州军权牢牢地控制在中央手里,从而加强了中央对政权、财权、军权等方面的全面控制。南宋继承了北宋加强中央集权的这一系列措施,为维护国家内部统一、社会稳定和经济发展提供了良好的国内环境。尽管多次出现权相政治,但皇权仍旧稳定如故。

3. 从用人制度上看,南宋是所谓"皇帝与士大夫共治天下"的时代

两宋统治集团始终崇尚文治,尊重知识分子,重用文臣,提倡教育和养士,优待知识分子。与秦代"焚书坑儒"、汉代"罢黜百家"、明清"文字狱"相比,两宋时期可谓封建社会思想文化环境最为宽松的时期,客观上对经济、社会、文化发展起到了积极的促进作用。[1]

推行"崇尚文治"政策。宋王朝对文人士大夫采取了较为宽松宽容的态度,"欲以文化成天下",对士大夫待之以礼,"不得杀士大夫及上书言事人",[2]确立了"兴文教,抑武事"[3]的"崇文抑武"大政方针。两宋政权将"右文"定为国策。在这种政治氛围下,知识分子的思想十分活跃,参政议政的热情空前高涨,在一定程度上出现了"皇帝与士大夫共治天下"的局面,从而有力地推动了宋代思想、学术、文化的大发展。正由于两宋重用文士、优待文士,不杀文臣,因而南宋时常有正直大臣敢于上疏直谏,甚至批评朝政乃至皇帝的缺点,这与隋唐、明清时期动辄诛杀士大夫的政治状况大不相同。

采取"寒门入仕"政策。为了吸收不同阶层的知识分子参加政权,两宋对选才用人的科举制度进行了改革,消除了魏晋以来士族门阀造成的影响。两宋科举取士几乎面向社会各个阶层,再加上科举取士的名额不断增加,在社会各阶层中形成了"学而优则仕"之风。南宋时期,取士更不受出身门第的限制,只要不是重刑罪犯,即使工商、杂类、僧道、农民,甚至是杀猪宰牛的屠户,都可以应试授官。南宋的科举登第者多数为平民,如在宝祐四年(1256)登科的 601 名进士中,平民出身者就占了 70%。[4]

二、在经济上,不但要看到南宋连年岁贡不断、赋税沉重的状况,更要看到整个南宋生产发展、经济繁荣的一面

人们历来有一种误解,认为南宋从立国之日起,就存在着从北宋带来的"积贫积弱"老毛病。确实,南宋王朝由于长期处于前金后蒙的威胁之下,迫使其不

---

① 参见郭学信《试论两宋文化发展的历史特色》,载《江西社会科学》2003 年第 5 期。
② 陶宗仪:《说郛》卷三九上,《景印文渊阁四库全书》,台湾商务印书馆,1986 年版。
③ 李焘:《续资治通鉴长编》卷一八,"太平兴国二年正月丙寅"条,中华书局 2004 年版,第 392 页。
④ 俞兆鹏:《南宋人才之盛及其原因》,《杭州日报》2005 年 11 月 14 日。

得不以加强皇权统治作为核心利益,在对外关系上,以牺牲本国的经济利益为代价,采取称臣、割地、赔款等手段来换取王朝政权的安定。正因为庞大的兵力和连年向金朝贡,加重了南宋王朝财政负担和民众经济负担,也一定程度上影响了南宋的经济发展。但在另一方面,我们更应当看到,南宋时期,由于北方人口的大量南下,给南宋的经济发展带来了充足的劳动力、先进的生产技术和丰富的生产经验,再加上统治者出台一些积极措施,南宋在农业、手工业、商业、外贸等方面都取得了突出成就。南宋经济繁荣主要体现在:

1. 从农业生产看,南宋出现了古代中国南粮北调的新格局

由于南宋政府十分注重兴修水利,并采取鼓励垦荒的措施,加上北方人口大量南移和广大农民辛勤劳动,促进了流民复业和荒地开垦。人稠地少的两浙等平原地带,垦辟了众多的水田、圩田、梯田。曾经"几无人迹"的淮南地区也出现了"田野加辟""阡陌相望"的繁荣景象。南宋时期,农作物单位面积产量比唐代提高了两三倍,总体发展水平大大超过了唐代,有学者甚至将宋代农作物单位面积产量的大幅提高称为"农业革命"。[①]"苏湖熟,天下足"的谚语就出现在南宋。[②] 元初,江浙行省虽然只是元代 10 个行省中的一个,岁粮收入却占了全国的 37.10%,[③]江浙地区成了中国农业最为发达的地区,并出现了中国南粮北调的新格局。

2. 从手工业生产看,南宋达到了中国古代手工业发展的新高峰

南宋时期,随着北方手工业者大批南下和先进生产技术传入,南方的手工业生产迈上了一个新台阶。一是纺织业规模和技术都大大超过了同时代的金朝,南方自此成了中国丝织业最发达的地区。二是瓷器制造业中心从北方移至江南地区。景德镇生产的青白瓷造型优美,有"饶玉"之称;临安官窑所造青瓷极其精美,为此杭州现在官窑原址建立了官窑博物馆,将这些精美的青瓷展现给世人;龙泉青瓷达到了烧制技术的新高峰,并大量出口。三是造船业空前发展。漕船、商船、游船、渔船,数量庞大,打造奇巧,富有创造性;海船采用的多根桅杆,为前代所无;战船种类众多,功用齐全,在抗金和抗蒙元的战争中发挥了重要作用。

---

① 张邦炜:《瞻前顾后看宋代》,《河北学刊》2006 年第 5 期。
② (宋)范成大:《吴郡志》卷五〇《杂志》,《宋元方志丛刊》本,中华书局 1990 年版。
③ (元)脱脱:《元史》卷九三《食货一·税粮》,中华书局 2005 年版,第 2361 页。

3. 从商业发展看,南宋开创了古代中国商品经济发展的新时代

虽然宋代主导性的经济仍然是自然经济,但由于两宋时期冲破了历朝统治者奉行的"重农抑商"观念的束缚,确立了"农商并重"的国策,采取了惠商、恤商政策措施,使社会各阶层纷纷从事商业经营,商品经济呈现划时代的发展变化,进入一个新的历史发展阶段。一是四通八达的商业网络。随着商品贸易发展,出现了临安、建康(江苏南京)、成都等全国性的著名商业大都市,当时临安已达16万户,人口最多时有150万—160万人,①同时,还出现了50多个10万户以上的商业大城市,并涌现出一大批草市、墟市等定期集市和商业集镇,形成了"中心城市—市镇集市—边境贸易—海外市场"的通达商业网络。② 二是"市坊合一"的商业格局。两宋时期由于城市商业繁荣,冲破了长期以来作为商业贸易区的"市"与作为居民住宅区的"坊"分离的封闭式市坊制度,出现了住宅与店肆混合的"市坊合一"商业格局,街坊商家店铺林立,酒肆茶楼面街而立。从《梦粱录》和《武林旧事》的记载来看,南宋临安城内商业繁荣,甚至出现了夜市刚刚结束,早市又告兴起的繁荣景象。三是规模庞大的商品交易。南宋商品的交易量虽难考证,但从商税收入可窥见一斑。淳熙年间(1174—1189)全国正赋收入6530万缗,占全国总收入30%以上。据此推测,南宋商品交易额在20000万缗以上。可见商品交易量之巨大。③ 南宋商税加专卖收益超过农业税的收入,改变了宋以前历代王朝农业税赋占主要地位的局面。

4. 从海外贸易看,南宋开辟了古代中国东西方交流的新纪元

两宋期间,由于陆上"丝绸之路"隔断,东南方向海路成为海上对外贸易的唯一通道,海外贸易成为中外经济文化交流的主要通道。南宋海外贸易繁荣表现在:一是对外贸易港口众多。广州、泉州、临安、明州(浙江宁波)等大型海港相继兴起,与外洋通商的港口已近20个,还兴起了一大批港口城镇,形成了北起淮南、东海,中经杭州湾和福、漳、泉金三角,南到广州湾和琼州海峡的南宋万余里海岸线上全面开放的新格局。这种盛况不仅唐代未见,就是明清亦未能再现。④ 二是贸易范围大为扩展。宋前,与我国通商的海外国家和地区约20个,主要集

---

① 杨宽先生在《中国古代都城制度史》一书中认为,南宋末年咸淳年间,临安府所属九县,按户籍,主客户共三十九万一千多户,一百二十四万多口;附郭的钱塘、仁和两县主客户共十八万六千多户,四十三万二千多口,占全府人口的三分之一。宋朝的"口"是男丁数,每户平均以五人计,约九十万人。所驻屯的军队及其家属,估有二十万人以上,总人口当在一百二十万人左右,包括城外郊区十万人和乡村十万人。

② 陈杰林:《南宋商业发展:特点与成因》,《安庆师范学院学报》2003年第4期。

③ 陈杰林:《南宋商业发展:特点与成因》,《安庆师范学院学报》2003年第4期。

④ 葛金芳:《南宋:走向开放型市场的重大转折》,《杭州研究》2007年第2期。

中在中南半岛和印尼群岛,而与南宋有外贸关系的国家和地区增至 60 个以上,范围从南洋(今南海)、西洋(今印度洋)直至波斯湾、地中海和东非海岸。三是出口商品附加值高。宋代不但外贸范围扩大、出口商品数量增加,而且进口商品以原材料与初级制品为主,而出口商品则以手工业制成品为主,附加值高。用附加值高的制成品交换附加值低的初级产品,表明宋代外向型经济在发展程度上高于其外贸伙伴。①

三、在文化上,不但要看到封闭保守、颓废安逸的一面,更要看到南宋"百家争鸣、百花齐放"的繁荣局面

由于以宋高宗为首的妥协派大多患有"恐金病",加之南宋要想收复北方失地在军事上和经济上确实存在着许多困难,收复中原失地的战争,也几度受到挫折,因此在南宋统治集团中,往往笼罩着悲观失望、颓废偷安的情绪。一些皇亲贵族,只要不是兵荒马乱,就热衷于享受山水之乐和口腹之欲,出现了软弱不争、贪图享受、胸无大志、意志消沉的"颓唐之风"。反映在一些文人士大夫的文化生活中,就是"一勺西湖水。渡江来、百年歌舞,百年醋醉"的华丽浮靡之风。但是,这并不能掩盖两宋文化的历史地位与影响。宋代是中国古代文化最为光辉灿烂的时期之一。近代的中国文化,其实皆脱胎于两宋文化。著名史学家邓广铭认为:"宋代文化发展所能达到的高度,在从十世纪后半期到十三世纪中叶这一历史时期内,是居于全世界的领先地位的。"②日本学者则将宋代称为"东方的文艺复兴时代"。③ 著名华裔学者刘子健认为:"此后中国近八百年来的文化,是以南宋文化为模式,以江浙一带为重点,形成了更加富有中国气派、中国风格的文化。"④

1. 南宋是古代中国学术思想的巅峰时期

王国维指出:"宋代学术,方面最多,进步亦最著","近世学术多发端于宋人"。宋学作为宋型文化的精神内核,是中国古代学术思想的巅峰。宋学流派纷呈,各臻其妙,大师迭出,群星璀璨,使南宋的思想文化呈现一派勃勃生机和前所未有的活跃局面。

理学思想形成。两宋统治者以文治国、以名利劝学的政策,对当时的思想、

---

① 葛金芳:《南宋:走向开放型市场的重大转折》,《杭州研究》2007 年第 2 期。
② 邓广铭:《国际宋史研讨会开幕词》,载《国际宋史研讨论文选集》,河北大学出版社 1992 年版,第 1 页。
③ [日]宫崎市定:《宫崎市定论文选集》下册,商务印书馆 1963 年版。
④ 刘子健:《代序——略论南宋的重要性》,载黄宽重主编《南宋史研究集》,台湾新文丰出版公司 1985 年版。

学术及教育产生了重要影响,最明显的一个结果是新儒学——理学思想诞生。南宋是儒学各派互争雄长的时期,各学派互相论辩、互相补充,共同构筑起中国儒学发展史上一个新的阶段。作为程朱理学集大成者的朱熹,是继孔孟以来最杰出的儒家学者。理学思想倡导国家至上、百姓至上的精神,与孟子的"君轻民贵"思想是一脉相承的。同时,两宋还倡导在儒家思想主导下的"儒佛道三教同设并行",就是在"尊孔崇儒"的同时,对佛、道两教也持尊奉的态度。理学各家出入佛老;佛门也在学理上融合儒道;道教则从佛教中汲取养分,将其融入自身的养生思想,并吸纳佛教"因果轮回"思想与儒家"纲常伦理"学说。普通百姓"读儒书、拜佛祖、做斋醮"更是习以为常。两宋"三教合流"的文化策略迎合了时代需要,使宋代儒生不同于以往之"终信一家、死守一经",从而使得南宋在思想、文化领域均有重大突破与重大建树。

思想学术界学派林立。学派林立是南宋学术思想发展的突出表现,也是当时学术界新流派勃兴的标志。在儒学复兴的思潮激荡下,尤其是在鼓励直言、自由议论的政策下,先后形成了以朱熹为代表的道学,以陆九渊为代表的心学,以叶适为代表的永嘉事功之学,以吕祖谦、陈亮为代表的永康之学等主要学派,开创了浙东学派的先河。南宋时期学派间互争雄长和欣欣向荣的景象,维持了近百年之久,形成了继春秋战国之后中国历史上第二次"百家争鸣"的盛况,为推动南宋经济文化发展起到了积极作用。尤其是浙东事功学派极力推崇义利统一,强调"商藉农而立,农赖商而行",认为只有农商并重,才能富民强国,实现国家中兴统一的目的。功利主义思想反映了当时人们希望发展南宋经济和收复北方失地的强烈愿望。

2.南宋是古代中国文学艺术的鼎盛时期

近代国学大师王国维认为"天水一朝人智之活动与文化之多方面,前之汉唐、后之元明皆所不逮也"。[①] 南宋文学艺术繁荣的主要表现,一是宋词兴盛。宋代创造性地发展了"词"这一富有时代特征的文学形式。词的繁荣起始于北宋,鼎盛于南宋。南宋词不仅在内容上有所开拓,而且艺术上更趋于成熟。辛弃疾是南宋最伟大的爱国词人,豪放词派的最高代表,也是南宋词坛第一人,与北宋词人苏东坡一样,同为宋词成就最杰出的代表。李清照是婉约词派的代表人物,形成了别具一格的"易安体",对后世影响很大。陆游既是著名的爱国诗人,也是南宋词坛的巨匠。他的词充满了奔放激昂的爱国主义感情,与辛弃疾一起把宋词推向了艺术高峰。二是宋诗繁荣。宋诗在唐诗之后另辟蹊径,开拓了宋

---

① 王国维:《静庵文集续编·宋代之金石学》,载《王国维遗书》第5册,上海古籍出版社1983年版。

诗新境界,其影响直到清末民初。宋诗完全有资格在中国诗史上与唐诗双峰并峙,两水并流。三是话本兴起。南宋话本小说出现,在中国文学史上是一件极有意义的大事,标志着中国小说的发展已进入一个新阶段。宋代话本为中国小说的发展注入了新鲜活力,迎来了明清小说的繁荣局面。南宋还出现了以《沧浪诗话》为代表的具有现代审美特征的开创性的文学理论著作。四是南戏的出现。南宋初年,出现了具有很强的现实性和感染力的"戏文",统称"南戏"。南宋戏文是元代杂剧的先驱,它的出现标志着中国古代戏曲艺术的成熟,为我国戏剧发展奠定了雄厚基础。① 五是绘画的高峰。宋代是中国绘画史上的鼎盛时期,标志我国古代时期绘画高峰的出现。有研究者认为"吾国画法,至宋而始全"。② 宋代画家多达千人左右,以李唐、刘松年、马远、夏圭等人为代表的南宋著名画家,他们的作品在画坛至今仍享有崇高地位。此外,南宋的多位皇帝和后妃也都是绘画高手。南宋绘画题材多样,山水、人物、花鸟画等并盛于世,尤以山水画最为突出,对后世影响极大。南宋画家称西湖景色最奇者有十,这就是著名的"西湖十景"的由来。宋代工艺美术造型、装饰与总体效果堪称中国工艺史上的典范,为明清工艺美术争相效仿的对象。此外,南宋的书法、雕塑、音乐、歌舞等艺术门类也都有长足的发展。

3.南宋是古代中国文化教育的兴盛时期

宋代统治者大力倡导学校教育,将"崇经办学"作为立国之本,使宋代的教育体制较之汉唐更加完备和发达。南宋官私学盛,彻底打破了长期以来士族地主垄断教育的局面,使文化教育下移,教育更加大众化,适应了平民百姓对文化教育的需求,推动了文化大普及,提高了全社会的文化素质,促进了南宋社会文化事业进步和发展。在科举考试推动下,南宋的中央官学、地方官学、书院和私塾村校并存,各类学校都获得了蓬勃的发展。南宋各州县普遍设立了公立学校,其规模、条件、办学水平,较之北宋有了更大发展。由于理学家的竭力提倡和科举考试的需要,南宋地方书院得到了大发展。宋代共有书院397所,其中南宋占310所。③ 南宋私塾村校遍及全国各地,学校教育由城镇延伸到乡村,南宋教育达到前所未有的普及程度。

4.南宋是古代中国史学的繁荣时期

南宋以"尊重和提倡"的形式,鼓励知识分子重视历史,研究历史,"思考历代

---

① 参见何忠礼、徐吉军《南宋史稿》,杭州大学出版社1999年版,第657页。
② 潘天寿:《中国绘画史》,上海人民美术出版社1983年版,第158页。
③ 何忠礼:《论南宋定都杭州对当地经济文化的重大影响》,《杭州研究》2007年第2期。

治乱之迹"。陈寅恪先生指出:"中国史学莫盛于宋。"①南宋史学家袁枢的《通鉴纪事本末》,创立了以重大历史事件为主体,分别立目,完整记载历史事件的纪事本末体;朱熹的《资治通鉴纲目》创立了纲目体;朱熹的《伊洛渊源录》则开启了记述学术宗派史的学案体之先河。南宋在历史上第一次提出了"经世致用"的修史思想。南宋史学家不仅重视当代史的研究,而且力主把历史与现实结合起来,从历史上寻找兴衰之源,以史培养爱国、有用的人才。这些都对后代的史学家有很大的启迪和教益。

四、在科技上,既要看到整个宋代在中国古代科技史上的地位,也要看到南宋对古代中国科学技术的杰出贡献

宋代统治集团对在科学技术上有重要发明及创造、创新之人给予物质和精神奖励,为宋代科技发展与进步注入了前所未有的强大动力。宋朝是当时世界上发明创造最多的国家,也是古代中国为世界科技发展贡献最大的时期。英国学者李约瑟说:"每当人们在中国的文献中查找一种具体的科技史料时,往往会发现它的焦点在宋代,不管在应用科学方面或纯粹科学方面都是如此。"②中国历史上的重要发明,一半以上都出现在宋朝。宋代的不少科技发明不仅在中国科技史上,而且在世界科技史上也号称第一。《梦溪笔谈》的作者沈括、活字版印刷术的发明者毕昇这两位钱塘(浙江杭州)人,都是中外公认的中国古代伟大科学巨匠。南宋的科技在北宋基础上进一步得到发展,其科技成就在很多方面居于世界领先地位。

1. 南宋对中国古代"三大发明"的贡献

活字印刷术、指南针与火药三大发明,在南宋时期获得进一步的完善和发展,并开始了大规模的实际应用。指南针在航海上的应用,始见于北宋末期,南宋时的指南针已从简单的指针,发展成为比较简易的罗盘针,并被应用于航海上,是一项具有世界意义的重大发明。李约瑟指出,指南针在航海中的应用,是"航海技艺方面的巨大改革","预示计量航海时代的来临"。中国古代火药和火药武器的大规模使用和推广也始自南宋。南宋出现的管形火器,是世界兵器史上十分重要的大事,近代的枪炮就是在这种原始的管形火器基础上发展起来的。此外,南宋还广泛使用威力巨大的火炮作战,充分反映了南宋火器制造技术的巨大进步。南宋开始推广使用活字印刷术,出现了目前世界上第一部活字印本。此外,南宋的造纸技术更为发达,生产规模大为扩展,品种繁多,质量之高,近代

---

①　陈寅恪:《陈垣〈明季滇黔佛教考〉序》《陈垣〈元西域人华化考〉序》,载《金明馆丛稿二编》,上海古籍出版社 1980 年版,第 238、240 页。

②　[英]李约瑟:《李约瑟文集》,辽宁科技出版社 1986 年版,第 115 页。

也多不及。

2.南宋在农业技术理论上的重大突破

南宋陈旉所著《陈旉农书》是我国现存最早的有关南方农业生产技术与经营的农学著作。他是中国农学史上第一个提出土地利用规划技术的人。陈旉在《农书》中首先提出了土壤肥力论等多种土地的利用和改造之法,并对搞好农业经营管理提出了卓越的见解。稻麦两熟制、水旱轮作制、"耕耙耖"耕作制,在南宋境内都得到了较好的推广。植物谱录在南宋也大量涌现。《橘录》是我国最早的柑橘专著;《菌谱》是世界历史上最早的菌类专著;《全芳备祖》是世界最早的植物学辞典,比欧洲要早300多年;《梅谱》是我国最早的有关梅花的专著。

3.南宋在制造技术上的高度成

就宋代冶金技术居世界最高水平,南宋对此作出了卓越贡献。在有色金属开采与冶炼方面,南宋发明了"冶银吹灰法"和"铜合金铁"冶炼法;在煤炭开发利用上,南宋开始使用焦煤炼铁(而欧洲人是在18世纪时才采用焦煤炼铁的),是我国冶金史上具有重大意义的里程碑。南宋是我国纺织技术高度发展时期,特别是蚕桑丝绸生产,已形成了一整套从栽桑到成衣的过程,生产工具丰富,为明清的丝绸生产技术奠定了基础。南宋的丝纺织品、织造和染色技术在前代的基础上达到了一个新水平。南宋瓷器无论在胎质、釉料,还是在制作技术上,都达到了新的高度。同时,南宋的造船、建筑、酿酒、地学、水利、天文历法、军器制造等方面技术水平,也都比过去有很大的进步。如南宋绍熙元年绘制、淳祐七年刻石的"宋淳祐天文图"(又称苏州石刻天文图)是世界上现存年代最早、存星最多的石刻天文图,绘于南宋绍定二年(1229)的石刻《平江图》,是我国现存最古老、最完整的城市规划图,至今仍完好地保存在苏州碑刻博物馆。

4.南宋在数学领域的巨大贡献

南宋数学不仅在中国数学史上,而且在世界数学史上取得了极为辉煌的成就。南宋杰出的数学家秦九韶撰写的《数书九章》提出的"正负开方术",与现代求数学方程正根的方法基本一致,比西方早500多年。另一位杰出的数学家杨辉,编撰有《详解九章算法》《日用算法》《乘除通变本末》《田亩比类乘除捷法》《续古摘奇算法》(《乘除通变本末》《田亩比类乘除捷法》《续古摘奇算法》三者合称为《杨辉算法》)等十余种数学著作,收录了不少我国现已失传的数学著作中的算题和算法。杨辉对二阶等差级数求和的论述,使之成为继沈括之后世界上最早研究高阶等差级数的人。杨辉发明的"九归口诀",不仅提高了运算速度和精确度,而且还对我国珠算的发明起到了重要作用。李约瑟把宋代称为"伟大的代数学家的时代",认为"中国的代数学在宋代达到最高峰"。①

5.南宋在医药领域的重要贡献

南宋是中国法医学正式形成的时期。宋慈的《洗冤集录》是世界上第一部法医学专著,比西方早350余年。它不仅奠定了我国古代法医学的基础,而且被奉为我国古代"官司检验"的"金科玉律",并对世界法医学产生了广泛影响。南宋是中国针灸医学的极盛时期。王执中的《针灸资生经》和闻人耆年《备急灸法》两书,皆集历代针灸学知识之大全,反映了当时针灸学的最高水平。南宋腧穴针灸铜人是针灸学上第一具教学、临床用的实物模型。陈自明著的《外科精要》一书对指导外科的临床应用具有重要意义。陈自明的《妇人大全良方》是著名的妇产科著作,直到明清时期仍被妇科医生奉为经典。朱瑞章的《卫生家宝产科方》,被称为"产科之荟萃,医家之指南"。无名氏的《小儿卫生总微论方》和刘昉的《幼幼新书》,汇集了宋以前在儿科学方面所取得的成就,是我国历史上较早的一部比较系统、全面的儿科学著作。许叔微的《普济本事方》是中国古代一部比较完备的方剂专书。

五、在社会上,不但要看到南宋一些富豪官绅生活奢华、挥霍淫乐的一面,更要看到南宋政府关注民生、注重民生保障的一面

南宋社会生活的奢侈之风,既是南宋官僚地主腐朽的集中反映,也是南宋经济文化空前繁荣的缩影。我们不但看到南宋一些富豪官绅纵情声色、恣意挥霍的社会现象,更要看到南宋政府倡导善举、关注民生、同情民苦的客观事实。②两宋社会保障制度,在中国古代救助史上占有重要地位,并为宋后社会保障制度的建立奠定了基础。有学者认为,中国古代真正意义上的社会保障事业是从两宋开始的。同时,两宋时期随着土地依附关系逐步解除和门阀制度崩溃,逐渐冲破了以前士族地主一统天下的局面。两宋社会结构开始调整重组,出现了各阶层之间经济地位升降更替、社会等级界限松动的现象,各阶层的价值取向趋近,促进社会各阶层融合,平民化、世俗化、人文化趋势明显。两宋社会平民化,不仅体现在科举面向社会各个阶层,取士不受出身门第限制,而且体现在官民身份可以相互转化,可以由贵而贱,由贱而贵;贫富之间既可以由富而贫,也可以由贫而富。③

1.南宋农民获得了更多的人身自由

两宋时期,租佃制普遍发展,这是古代专制社会中生产关系的一次重大调

---

① 参见《中国科学技术史》第1卷第1册,科学出版社1975年版,第273、284、287、292页。
② 邓小南:《宋代历史再认识》,《河北学刊》2006年第5期。
③ 郭学信:《宋代俗文化发展探源》,《西北师范大学学报》2005年第3期。

整。在租佃制下,地主招募客户耕种土地,客户只向地主缴纳地租,而不必承担其他义务。客户契约期满后有退佃起移的权利,且受到政府保护,人身依附关系大为减弱。按照宋朝的户籍制度,客户直接编入国家户籍,成为国家的正式编户,并承担国家某些赋役,而不再是地主的"私属",因而获得了一定的人身自由。两宋农民在法律上可以自由迁徙,这是历史的一大进步。[①] 南宋时期随着商品经济发展,农民获得了更多的自由,可以自由地离土离乡,转向城市从事手工业或商业活动。

2. 南宋商人社会地位得到了提高

宋前历朝一直奉行"重农轻商"政策,士、农、工、商,商人居"四民"之末,受到社会歧视。宋代商业已被视同农业,均为创造社会财富的源泉,"士、农、工、商,皆百姓之本业"[②]成为社会共识,使两宋商人的社会地位得到前所未有的提高。随着工商业的发展,在南宋手工业作坊中,工匠主和工匠之间形成了雇佣与被雇佣关系。南宋手工业作坊中的雇佣制度,代替了原来带有强制性的指派和差人应役招募制度,雇佣劳动与强制性的劳役比较,工匠的人身束缚大为松弛,新的经济关系推动了南宋手工业经济发展,又促进了资本主义生产关系萌芽。

3. 南宋市民阶层登上了历史舞台

"坊郭户"是城市中的非农业人口。随着工商业的日益发展,宋政府将"坊郭户"单独"列籍定等"。"坊郭户"作为法定户名在两宋时期出现,标志着城市"市民阶层"形成,市民阶层开始作为一个独立群体正式登上了历史舞台,成为不可忽视的社会力量。[③] 南宋时期,还实行了募兵制,人们服役大多出于自愿,从而有效保障了城乡劳力稳定和社会安定,与唐代苛重的兵役相比,显然是一个进步。

4. 南宋社会保障制度更为完善

南宋的社会保障体系主要表现在:一是"荒政"制度。就是由政府无偿向灾民提供钱粮和衣物,或由政府将钱粮贷给灾民,或由政府将灾民暂时迁移到丰收区,或将粮食调拨到灾区,或动员富豪平价售粮,并在各州县较普遍地设置了"义仓",以解决暂时的粮食短缺问题。同时,遇丰收之年,政府酌量提高谷价,大量收籴,以避免谷贱伤农;遇荒饥之年,政府低价将存粮大量粜出,以照顾灾民。二是"养恤"制度。在临安等城市中,南宋政府针对不同对象设立了不同的养恤机构。有赈济流落街头的老弱病残或贫穷潦倒乞丐的福田院,有收养孤寡等贫穷

---

① 郭学信、张素音:《宋代商品经济发展特征及原因析论》,《聊城大学学报》2006 年第 5 期。
② (宋)陈耆卿:《嘉定赤城志》卷三七《风土》,《宋元方志丛刊》本,中华书局 1990 年版。
③ 郭学信:《宋代俗文化发展探源》,《西北师范大学学报》2005 年第 3 期。

不能自存者的居养院,有收养并医治鳏寡孤独贫病不能自存之人的安济院,有收养社会弃子弃婴的慈幼局,等等。三是"义庄"制度。义庄主要由一些科举入仕的士大夫用其秩禄买田置办,义田一般出租,租金则用于赈养族人的生活。虽然义庄设置的最初动机在于为本宗族之私,但义庄的设置在一定范围保障了族人的经济生活,对两宋官方的社会保障起到了重要的辅助作用。南宋的社会保障政策与措施对倡导善举、缓和社会矛盾、维护社会稳定等发挥了积极作用。①

六、在历史地位上,既要看到南宋在当时国际国内的地位,又要看到南宋对后世中国和世界的影响

1. 南宋对东亚"儒学文化圈"和世界文明进程之影响

两宋的成就居于当时世界发展的顶峰,对周边国家和世界均产生了巨大影响。如南宋对东亚"儒学文化圈"的影响。南宋朱子学对东亚"儒学文化圈"各国文化产生了广泛而深刻的影响,至今仍然积淀在东亚各民族的文化心理中,对东亚现代化起着重要作用。在文化输入上,这些周边邻国对唐代文化主要是制度文化的模仿,而对两宋文化则侧重于精神文化的摄取,尤其是对南宋儒学、宗教、文学、艺术、政治制度的借鉴。南宋儒学文化传至东亚各国,与各国的学术思想和民族文化相融合,产生了朝鲜儒学、日本儒学、越南儒学等东亚儒学,形成了东亚"儒学文化圈"。这表明南宋儒学文化在东亚民族之间的文化交流和传播中,对高丽、日本、越南等国学术文化与东亚文明发展历史产生了重大影响,这可以说是东亚文明发展中的一大奇观。② 同时,南宋儒学文化中的优秀成分和合理精神,在现代东亚社会的政治经济、思想文化、社会生活、家庭关系等方面仍然发挥重要影响和作用。如南宋儒学中的"信义""忠诚""中庸""和""义利并取"等价值观念,在现代东亚经济社会中的积极作用显而易见。

南宋对世界经济发展的影响。随着南宋海外贸易发展,与我国通商的海外国家与地区从宋前的 20 余个增至 60 个以上。海外贸易范围从宋前中南半岛和印尼群岛,扩大到西洋(今印度洋至红海)、波斯湾、地中海和东非海岸,使雄踞于太平洋西岸的南宋帝国与印度洋地区北岸的阿拉伯帝国一起,构成了当时世界贸易圈的两大轴心。海上"丝绸之路"取代了陆上"丝绸之路",成为中外经济文化交流的主要通道。鉴于此,美籍学者马润潮把宋代视为"世界伟大海洋贸易史上的第一个时期"。同时,随着商品经济的发展,北宋出现了世界上最早的纸币——交子。至南宋时,纸币开始在全国普遍使用。有学者将纸币的产生与大

---

① 参见杜伟《略述两宋社会保障制度》,载《沙洋师范高等专科学校学报》2004 年第 1 期;陈国灿《南宋江南城市的公共事业与社会保障》,载《学术月刊》2002 年第 6 期。

② 葛金芳:《南宋:走向开放型市场的重大转折》,《杭州研究》2007 年第 2 期。

规模流通称为"金融革命"。① 纸币流通的意义远在金属铸币之上,表明我国在货币领域发展已走在世界前列。

两宋对世界文明进程的影响。宋代文化对世界文化的影响,主要表现在两宋的活字印刷术、火药、指南针的西传上。培根指出:"这三种发明已经在世界范围内把事物的全部面貌和情况都改变了:第一种是在学术方面,第二种是在战事方面,第三种是在航行方面;由此产生了无数的变化,这种变化是如此巨大,以至没有一个帝国,没有一个教派,没有一个赫赫有名的人物,能比得上这三种机械发明。"②马克思的评价则更高:"火药、指南针、印刷术——这是预告资产阶级到来的三大发明。火药把骑士阶层炸得粉碎,指南针打开了世界市场并建立了殖民地,而印刷术则变成了新教的工具和科学复兴的手段,变成对精神发展创造必要前提的强大杠杆。"③两宋"三大发明"对世界文明的决定性作用是毋庸赘言的。两宋科举考试制度也对法、美、英等西方国家选拔官吏的政治制度产生了直接作用和重要影响,被人誉为"中国的第五大发明"。

2. 南宋对中国古代与近代历史发展之影响

中外学者普遍认为:"这时的文化直至 20 世纪初都是中国的典型文化。其中许多东西在以后的一千年中是中国最典型的东西,至少在唐代后期开始萌芽,而在宋代开始繁荣。"④

南宋促进了中国市民阶层的形成。随着商品经济的繁荣,两宋时期不仅出现了一大批大、中、小商业城市与集镇,而且形成了杭州、开封、成都等全国著名商业大都市,第一次出现了城市平民阶层,呈现了中国古代社会前所未有的时代开放性。南宋市民阶层的出现,世俗文化与世俗经济的形成与繁荣,意味中国市民阶层已具雏形,开启了中国社会平民化进程。正由于两宋时期出现了欧洲近代前夜的一些特征,如大城市兴起、市民阶层形成、手工业发展、商业经济繁荣、对外贸易发达、流通纸币出现、文官制度成熟等现象,美国、日本学者普遍把宋代中国称为"近代初期"。⑤

南宋促成了中国经济重心南移。由于南宋商品经济空前发展,有些学者甚至断言,宋代已经产生了资本主义萌芽。西方有学者认为南宋已处在"经济革命时代"。随着宋室南下,南宋经济的发展与繁荣,使江南成为全国经济最为发达

---

① 参见张邦炜《瞻前顾后看宋代》,载《河北学刊》2006 年第 5 期。

② 〔英〕培根:《新工具》,商务印书馆 1984 年版,第 103 页。

③ 〔德〕马克思:《机械、自然力和科学应用》,人民出版社 1978 年版,第 67 页。

④ 〔美〕费正清、赖肖尔:《中国:传统与变革》,江苏人民出版社 1995 年版,第 118—119 页。

⑤ 张晓淮:《两宋文化转型的新诠释》,《学海》2002 年第 4 期。

的地区。南宋时期,全国经济重心完成了由黄河流域向长江流域的历史性转移,我国经济形态自此逐渐从自然经济转向商品经济,从封闭经济走向开放经济,从内陆型经济转向海陆型经济。这是中国传统社会发展中具有路标性意义的重大转折。^① 如果没有明清的海禁和极端专制的封建统治,中国的近代化社会也许会更早地到来。

南宋推进了中华民族大融合。南宋时期,中国社会出现了第三次民族大融合。宋王朝虽然先后被同时代的女真、蒙古民族征服,但无论前金还是后蒙,在其思想文化上,都被南宋代表的先进文化折服,融入中华民族大家庭之中。10—13世纪,中原王朝与北方游牧民族时战时和、时分时合,使以农耕文化为载体的两宋文化迅速向北扩散播迁,女真、蒙古政权深受南宋代表的先进政治制度、社会经济和思想文化影响,表示出对南宋文化认同、追随、仿效与移植,自觉不自觉地接受了先进的南宋文化,使其从文字到思想、从典章制度到风俗习惯均呈现出汉化趋势。^② 南宋文化改变了这些民族的文化构成,提高了其文化层位,加速了这些民族由落后走向进步的进程,从而在整体上提高了中国北部地区少数民族的文明程度。

南宋奠定了理学在封建正统思想中的主导地位。理学的形成与发展,是南宋文化对中国古代思想文化的重大贡献。南宋理宗朝时,理学被钦定为封建正统思想和官方哲学,确立了程朱理学的独尊地位,并一直垄断元、明、清三代的思想和学术领域长达 700 余年,其影响之深广,在古代中国没有其他思想可以与之匹敌。^③ 同时,两宋时期开创了中国古代儒、佛、道“三教合流”的文化格局。与汉武帝“罢黜百家、独尊儒术”不同,南宋在大兴儒学的前提下,加大了对佛、道两教的扶持,出现了“以佛修心,以道养生,以儒治世”的“三教合一”的格局。自宋后,古代中国社会基本延续了以儒学为主体,以佛、道为辅翼的文化格局。

两宋对中国后世王朝政权稳定的影响。两宋王朝虽然国土面积前不及汉唐,后不如元明清,却是中国封建史上立国时间最长的王朝之一。两宋王朝之所以在外患深重的威胁下保持长治局面,很大程度上取决于两宋精于内治,形成了一系列的中央集权制度和民族认同感,因此,自宋朝后,中华民族“大一统”思想深入人心,中国历史上再也没有出现过地方严重分裂割据的局面。

3.南宋对杭州城市发展之影响

正是南宋经济、文化、社会各方面的高度发展,促成京城临安极度繁荣,成为

---

① 参见葛金芳《南宋:走向开放型市场的重大转折》,载《杭州研究》2007 年第 2 期。
② 参见虞云国《略论宋代文化的时代特点与历史地位》,载《浙江社会科学》2006 年第 3 期。
③ 参见何忠礼《论南宋在中国历史上的地位和影响》,载《杭州研究》2007 年第 2 期。

12—13 世纪最为繁华的世界大都会，也正是南宋带来民族文化大交流、生活方式大融合、思想观念大碰撞，形成了京城临安市民独特的生活观念、生活方式、性格特征、语言习惯。直到今天，杭州人独有的文化特质、社会习俗、生活理念，都深深地烙上了南宋社会的历史印迹。

京城临安，一座巍峨壮丽的世界级"华贵之城"。南宋朝廷立临安为行都，使杭州的城市性质与等级发生了根本性的巨大变化。从州府上升为国都，这是杭州城市发展的里程碑，杭州由此进入历史上最辉煌的时期。南宋统治者对临安城建设倾注了大量心血，并倾全国之人力、物力、财力加以精心营造。经过南宋诸帝持续的扩建和改建，南宋皇城布满了金碧辉煌、巍峨壮丽的宫殿，足可与北宋的汴京城媲美。南宋对临安府大规模地改造和扩建的杰出代表便是御街。南宋都城临安，经过 100 多年的精心营建，已发展成为百万以上人口的大城市，成为当时亚洲各国经济文化的交流中心，城市规模已名列 12—13 世纪时世界的首位。当时的杭州被意大利著名旅行家马可·波罗称赞为"世界上最美丽华贵之天城"。而 12 世纪时，美洲和大洋洲尚未被殖民者发现，非洲处于自生自灭状态，欧洲现有主要国家尚未完全形成，罗马内部四分五裂，北欧海盗肆虐，基辅大公国（俄罗斯）刚刚形成。① 到了南宋后期（即 13 世纪中叶）临安人口曾达到 150 万—160 万人，此时，西方最大最繁华的城市威尼斯也只有 10 万人口，作为世界最著名的大都会伦敦、巴黎，直至 14 世纪的文艺复兴时期，其人口也不过 4 万—6 万人。② 仅从城市人口规模看，800 年前的杭州就已遥遥领先于世界各大城市。

京城临安，一座繁荣繁华的"地上天宫"。临安是全国最大的手工业生产中心。南宋临安工商业发达，手工业门类齐、制作精、分工细、规模大、档次高，造船、陶瓷、纺织、印刷、造纸等行业都建有大规模的手工业作坊，并有"四百一十四行"之说。临安是全国商业最为繁华的城市。临安城内城外集市与商行遍布，天街两侧商铺林立，早市夜市通宵达旦；城北运河樯橹相接、昼夜不舍，城南钱江两岸各地商贾海舶云集、桅杆林立。临安是璀璨夺目的文化名城。京城内先后集聚了李清照、朱熹、尤袤、陆游、杨万里、范成大、辛弃疾、陈起等一批南宋著名的文化人。临安雕版印刷为全国之冠，杭刻书籍为我国宋版书之精华。城内设有全国最高的学府——太学，规模最为宏阔，与武学、宗学合称"三学"。临安的教育事业空前繁荣。城内文化娱乐业发达，瓦子数量、百戏名目、艺人人数、娱乐项

---

① 参见何亮亮《从"南海"一号看中华复兴》，载《文汇报》2008 年 1 月 6 日。
② 参见何忠礼《论南宋在中国历史上的地位和影响》，载《杭州研究》2007 年第 2 期。

目和场所设施等方面,也都是其他城市无法比拟的。临安不但是全国政治中心,也是全国经济中心和文化中心。今日杭州之所以能成为"人间天堂",成为全国历史文化名城,成为我国七大古都之一,很大程度上就是得益于南宋定都临安,得益于南宋经济文化的高度繁荣。

京城临安,一座南北荟萃、精致和谐的生活城市。北方人口的优势,使南下的中原文化全面渗透到本土的吴越文化之中,形成了临安独特的社会生活习俗,并影响至今。临安的社会是本地居民与外来人员和谐相处的社会,临安的文化是南北文化交融、中外文化交流的结晶,临安的生活是中原风俗与江南民俗相互融合的产物。总之,南宋临安是一座兼容并蓄、精致和谐的生活城市。其表现为:一是南北交融的语言。经过100多年流行,北方话逐渐融合到吴越方言之中,形成了南北交融的"南宋官话"。有学者指出:"越中方言受了北方话的影响,明显地反映在今日带有'官话'色彩的杭州话里。"①二是南北荟萃的饮食。自南宋起,杭人饮食结构发生了变化,从以稻米为主,发展到米、面皆食。"南料北烹"美食佳肴,结合西湖文采,形成了具有鲜明特色的"杭帮菜系",而成为中国古代菜肴一个新高峰。丰富美味的饮食,致使临安人形成追求美食美味的饮食之风。三是精致精美的物产。南宋时期,在临安无论建筑寺观,还是园林别墅、亭台楼阁和小桥流水,无不体现了江南的精细精致,更有陶瓷、丝绸、扇子、剪刀、雨伞等工艺产品,做工讲究、小巧精致。四是休闲安逸的生活。城市的繁华与西湖的秀美,使大多临安人沉醉于歌舞升平与湖山之乐中,在辛劳之后讲究吃喝玩乐、神聊闲谈、琴棋书画、花鸟鱼虫,体现了临安人求精致、讲安逸、会休闲的生活特点,也反映了临安市民注重生活与劳作结合的城市生活特色,反映了临安文化的生活化与世俗化,并融入今日杭州人的生活观念中。

4. 借鉴南宋"体恤民生"的某些仁义之举,努力将今天的杭州建设成为一个全民共享的"生活品质之城"

南宋社会关注民生、同情民苦的仁义之举,尤其是针对不同人群建立较为完备的社会保障体系,在构建社会主义和谐社会,建设覆盖城乡、全民共享的"生活品质之城"的今天,有着特别重要的现实意义。建设覆盖城乡、全民共享的"生活品质之城",既是一项长期的历史任务,又是一个重大的现实课题。要使"发展为人民、发展靠人民、发展成果由人民共享、发展成效让人民检验"理念落到实处,就必须把老百姓的小事当作党委、政府的大事,以群众呼声为第一信号,以群众利益为第一追求,以群众满意为第一标准,树立起"亲民党委""民本政府"的良好

---

① 参见徐吉军《论南宋定都杭州对当地经济文化的重大影响》,载《杭州研究》2007年第2期。

形象。要始终坚持以人为本、以民为先的理念,既要关注城市居民,又要关注农村居民;既要关注本地居民,又要关注外来创业务工人员;既要关注全体市民生活品质的整体提高,更要特别关注困难群众、弱势群体、低收入阶层生活品质的明显改善。要始终关注老百姓的衣食住行、安危冷暖、生老病死,让老百姓能就业、有保障,行得便捷、住得宽敞,买得放心、用得舒心,办得了事、办得好事,拥有安全感、安居又乐业,让全体市民共创生活品质、共享品质生活。

5. 整合南宋"安逸闲适"的环境资源,推进杭州"东方休闲之都"和国际旅游休闲中心建设

杭州得天独厚的自然山水环境,经过南宋100多年来固江堤、疏西湖、治内河、凿新井、建宫城、造御街、设瓦子、引百戏等多方面的措施,形成都城左江(钱塘江)右湖(西湖)、内河(市区河道)外河(京杭运河)的格局,使杭州的生态环境、旅游环境、休闲环境大为改观,极大丰富了杭州的旅游资源。南宋不但为我们留下一块"南宋古都"的"金字招牌",还留下了安逸闲适的休闲环境和休闲氛围。在"三面云山一面城"的独特环境里,集中了江、河、湖、溪与西湖群山,出现了大批观光游览景点,并形成著名的"西湖十景"。沿湖、沿河、沿街的茶肆酒楼,鳞次栉比、生意兴隆;官私酒楼、大小餐馆充满"南料北烹"的杭帮菜肴和各地名肴;大街小巷布满大小馆舍旅店,是外地游客与应考士子的休息场所。同时,临安娱乐活动丰富多彩,节庆活动繁多。独特的自然山水、休闲的环境氛围,使临安人注重生活环境、讲究生活质量、追求生活乐趣。不但皇亲国戚、达官贵人纵情山水、赏花品茗,过着高贵奢华的休闲生活,而且文人士大夫交结士朋、寄情适趣,热衷高雅脱俗的休闲生活;就是普通百姓也会带妻携子泛舟游湖,享受人伦亲情及山水之乐。

今天的杭州人懂生活、会休闲,讲究生活质量,追求生活品质,都可以从南宋临安人闲情逸致的生活态度中找到印迹。今天的杭州正在推进新城建设、老城更新、环境保护、街区改善等工程,都可以从南宋临安对左江右湖、内河外河的治理和皇城街坊、园林建筑的建设中得到有益的启示。杭州要打造"东方休闲之都",共建共享"生活品质之城",建设国际旅游休闲中心,就必须重振"南宋古都"品牌,充分挖掘南宋文化遗产,珍惜杭州为数不多的地上南宋遗迹。进一步实施好西湖、西溪、运河、市区河道综合保护工程;推进"南宋御街"——中山路有机更新,以展示杭州自南宋以来的传统商业文化;加强对南宋"八卦田"景区的保护与利用,以展示南宋皇帝"与民同耕"的怀古场景;加强对南宋官窑遗址的保护与利用,以展示南宋杭州物产的精致与精美;加强对南宋皇城遗址和太庙遗址的保护与利用,以展示昔日南宋京城的繁荣与辉煌。进入21世纪的杭州,不但要保护

利用好南宋留下的"三面云山一面城"的"西湖时代",更要以"大气开放"的宏大气魄,努力建设好"一主三副六组团六条生态带"的大都市空间格局,形成"一江春水穿城过"的"钱塘江时代",实现具有千年古都神韵的文化名城与具有大都市风采的现代化新城同城辉映。

南宋文献集成第 17 册目录

理宗度宗恭帝朝卷一　嘉定十七年至宝庆三年(1224—1227)

理宗即位大赦文

（嘉定十七年闰八月七日）

　　天生烝民而立君,所以任父母抚绥之责;父有天下而传子,所以绵祖宗统系之基。祇仰先皇,自承丕绪,不以大宝为乐,惟以万方为忧。怀保小民,钦畏上帝,消斥奸佞,登崇俊良。勤不倦于宵衣,俭至形于浣服。坐臻感格,聿底康平。二气叶调,群生茂豫,中原云附,故境日归。允惟中兴之功,浸复太平之观。乃以焦劳之久,遂愆节适之宜。忍闻凭几之言,方切号弓之痛,顾令眇薄,获缵休明。仰奉母仪,俯临海县,正皇皇如灼之际,加兢兢载惕之思。然创剧摧心,尚旷万机之务;而政先及物,岂稽四海之恩? 可大赦天下。

出处:《洺水集》卷首。又见《宋史全文续资治通鉴》卷三一,《新安文献志》卷二。
撰者:程珌

冯特卿徐谓礼等授官告词

（嘉定十七年十月二十八日）

　　敕朝散郎冯特卿等:朕祇奉燕诒,丕承骏命,敬举先朝之典,诞敷寰宇之恩,凡列尚铨,咸升前级。是谓非常之渥,勉思报上之忠。

出处:《武义南宋徐谓礼文书》第一八六页。
撰者:程珌

行太社令程源改官制
(嘉定十七年后)

敕宣德郎行太社令程源:外服之臣,倘或召对,则虽选调,亦更京秩。有位于朝者乃独不然,拔其一二尤异而□奖之,所以厉群工乎。尔源大儒之后,业履温醇,昕朝入告,通达详明。其越去试衔,擢跻宣惠,官簿浸华矣。《书》曰:"敷纳以言,明试以功。"尚克懋哉!可特改宣教郎、依旧行太社令。

出处:弘治《休宁志》卷三一。又见《程氏贻范甲集》卷一三。

宁宗谥册文
(宝庆元年正月二十八日)

维宝庆元年岁次乙酉,正月壬戌朔,二十八日己亥,孝子嗣皇帝臣昀谨稽首再拜言曰:臣闻德必有功,功,德之榦也;功必由德,德,功之本也。然古者祖有功,宗有德,概而言之,匪曰区别。铭德纪功,敬宗尊祖,其义一也。徽名显号,镂玉绳金,帝王以降,寖加详矣。思我昭考,讵容阙遗!恭惟大行皇帝生有神光,梦符抱日,天之所畀,秉德粹冲,充养滋深,始终克一。爰自潜蟠,逮于御极,雅言懿行,善政良规,皆德之发也;表正影随,根茂实遂,休功伟绩,得于自然,皆德之应也。屡书悉数,莫可胜纪,敢因节惠,采摭形容,庶几万一焉。凝神靖穆,靡事玩好,岁寒清心,揭以名室,至纯也。《中庸》《大学》,克明要旨,秦皇、梁武,是谓渺茫,至正也。金华说书,演为朝夕,黼扆昕朝,不怠昕旦。衣必服澣濯,饮不过三行,勤于邦、俭于家矣。容止进退,可观可度,在朝在宫,雍雍肃肃,动容周旋中礼矣。畏天则遇灾而惧,减膳彻乐,露立请祷;宁亲则克谐以孝,问安侍疾,躬进药饵,事天如事亲矣。以和颜接臣邻,以大度纳谏诤,忧民之忧,闻必慅怛;乐民之乐,不自满假,体群臣而爱百姓矣。及夫形而为言,于学问则曰人主一心,攻之者众,于讲读则曰引古证今,庶非文具。语珠玉之宝,而明德业之为宝;语君为舟、民为水,而明覆舟之可畏。因举子有君,则谓父母之心由之以生;因收平海寇,则谓招徕得用又可全生。推是以往,言皆德言。于是见诸行事,则政必由中书,官不私嬖近。祖宗成宪,遵承惟谨,便民奏牍,命以考行。立贤无方而朋比亡,恶恶必去而奸邪沮。捐帑储,振乏绝,发仓廪,救饥馑。丁口之赋全以弛之,折科之色重则损之。兴崇学校,广及宗庠;褒谥先贤,録及后裔。拔民豪以为将,轸死士而恤孤。罪疑惟轻,可悯即贷。平反者有赏,失入者有罚。十诏取士,八策于庭,惟实用是求;七飨合宫,三登圆陛,惟时宜时举。设施注措,莫非德政。稽验成功,则天地顺应而阴阳和,风雨时,年谷阜成,群物畅茂。帝歆亲祀,夜气澄肃;封人岁祝,晨光赫曦。眷佑之来,可幸而得耶!人心丕应,而户口蕃息,囹圄空虚,遗黎襁负以向化,豪杰率众以来王。山河境土,浸复版图;符宝珍瑞,复还御府。多助之至,可强而致耶!故虽残虏陆梁,终自取败;寇攘间作,毙不旋踵。权奸自孽而莫逭,叛将弗征而就诛。在位三十有一祀,事变屡萌而迄康,感应之机,有不疾而速、不行而至者。大功数十,是不曰盛德之所召乎!乃若震奎宝画,笔由心正;弓矢侯鹄,中由体直。以之而书《无逸》、书《说命》,则书可以观德矣;以之而尚武勇、去弋猎,则射可以观德矣。游于艺者犹若是,岂功而非德欤!夫有大德者,必得其寿,谓宜无疆惟休,眉寿万岁,夫何遽厌黄屋!灵驾莫追,殂落之旦,风雨晦冥,天人俱惨。臣方荒,顿足摧心,乃承凭几之命,俾绍丕图之休。追惟凉菲,凛弗克胜,茕茕在疚。因山告期,四辅群工,若稽古训,敬绸称谓,得请于郊,人谋天同,诞昭懿铄。谨奉玉册、玉宝,上尊谥曰"仁文哲武恭孝皇帝",庙号"宁宗"。恭惟睿灵如在,允膺茂典,列于宗庙,妥安阊阖,于万斯年,永昌厥后。呜呼哀哉!谨言。

出处:《宋会要辑稿》礼三〇之八八。

撰者:宣缯

考校说明:宣缯时任参知政事。

谕经筵讲读官诏
(宝庆元年正月二十八日)

朕初纂丕图,亟奉慈训,既御经幄,日亲群儒。深念进德立治之本,实由典学,朝夕罔敢怠忽。尚赖诸贤,悉心启迪,毋有所隐。朕当垂听,益加自勉。即令学士院明谕朕意。

出处:《洺水集》卷首。又见《新安文献志》卷二,《宋史全文续资治通鉴》卷三一,同治《义宁州志》卷首。

撰者:程珌

考校说明:同治《义宁州志》系于淳祐六年正月,疑误。

赐史丞相生日诏
(嘉定三年正月至嘉定七年正月间或宝庆元年正月)

敕弥远:东方曰春,萃乃乾坤之瑞;西平有子,为吾社稷之臣。千龄符梦弼之占,再世决和戎之议。勋庸甚伟,夷夏具瞻。揆初度于孟陬,允协灵均之赋;保眉寿于鲁国,方赓閟宫之诗。重申台馈之盼,式侈门弧之庆。

出处:《西山文集》卷二二。
撰者:真德秀
考校说明:编年据真德秀任两制时间、史弥远官历、文中所述"揆初度于孟陬"补,见《宋史》卷二一三《宰辅表》、卷二一四《宰辅表》。

赐右丞相史弥远生日诏
(嘉定三年正月至嘉定七年正月间或宝庆元年正月)

敕弥远:千载风云之会,式契休期;四明仙圣之区,实钟英气。属此泰通之月,生吾鼎辅之臣。世秉机衡,功施社稷。往致便蕃之锡,用仰耆艾之祥。

出处:《西山文集》卷二二。
撰者:真德秀
考校说明:编年据真德秀任两制时间、史弥远官历及生日补,见《宋史》卷二一三《宰辅表》、卷二一四《宰辅表》,同集同卷《赐史丞相生日诏》。

赐右丞相史弥远生日诏
(嘉定三年正月至嘉定七年正月间或宝庆元年正月)

敕弥远:帝赍说以正四方,商邦嘉靖;天生晟而为万姓,唐室中兴。眷予社稷之宗臣,时乃乾坤之英气。歌降神于峻岳,方赓周雅之诗;纪初度于孟陬,更协楚骚之赋。其加蕃锡,以介修龄。

出处:《西山文集》卷二二。
撰者:真德秀

考校说明:编年据真德秀任两制时间、史弥远官历、文中所述"纪初度于孟陬"补,见《宋史》卷二一三《宰辅表》、卷二一四《宰辅表》。

太师鄂王岳飞改谥忠穆制
(宝庆元年二月三日)

昔在高皇,中兴炎祚,如吕丞相勋实著于勤王,如岳鄂王烈尤高于卫国。盖御戎复辟,均为社稷之臣;而秉事握枢,咸受腹心之寄。夫既稽功之无间,岂容论德之或殊? 顷焉异议之莫齐,今也师言之允穆。同一辞而作谥,垂万世以为公。故追复少保、武胜定国军节度使、武昌郡开国公、赠太师、追封鄂王、谥武穆岳飞,赋河朔之雄姿,熟《左氏》之兵法。遁兀术于中宵之急,拔刘豫于一鼓之余。西京之地既还,河南之境浸复。惟其张马步蒋山俘馘之絷,故能定业于江南;使其合晋绛泽潞豪杰之谋,岂复遗虏于今日? 虽以忠而许国,屡形于天语之褒嘉;奈畏敌而急和,深沮于权臣之私意。此身卒至于莫保,天下迨今以为冤。朕获缵丕图,敢忘宿愤! 方将壮薄海之义气,可不伸当日之忠魂? 爰易嘉称,用彰实美。鄙奸夫之遗臭,不崇朝而肉寒;伟烈士之英风,将千秋而发竖。果孰得而孰失,抑可劝而可惩。今有名孙,久司兵饷,得非忠义之报,足验天人之符。噫! 遗庙峨峨,虽或游神于古鄂;英灵凛凛,岂能忘意于中原?

出处:《洺水集》卷首。又见《鄂国金佗续编》卷一六,《新安文献志》卷二。
撰者:程珌
考校说明:编年据《宋史全文续资治通鉴》卷三一补。

宁宗哀册文
(宝庆元年二月三十日)

维嘉定十七年岁次甲申闰八月乙未朔三日丁酉,仁文哲武恭孝皇帝崩于福宁殿,旋殡于殿之西阶。粤宝庆元年二月壬辰朔三十日辛酉,迁座于永茂陵攒宫,礼也。云绕帝乡,漏沉天阙。陈宸襜以如在,挽车旐而尚列。苍梧连泣竹之野,玉匮藏函书之穴。瞻象物以悽黯,企仙游而怆咽。孝子嗣皇帝臣昀摧痛罔极,衔哀永诀。弓剑漠以难举,尊罍莫而将彻。端咨近辅,缉扬洪烈。其词曰:天享至仁,格于艺祖。诞舜明命,全付区宇。觐讴盛乎虞夏,誓伐卑乎汤武。启祐我后,以笃斯祜。若时中兴,三圣继序。文孙丕承,实天所与。秉哲而丽正,饬躬而履纯。寅畏以事上帝,徽柔以怀小民。度常裕以有容,威不严而自神。舍己从善,忠说毕陈。予亮予弼,汝臣汝邻。浑然如天,熙然如春。措一世于升平,陶八荒于晏醇。三十一年,仁祖之仁。始其慈福开宫,寿慈对殿,巍巍寿康,高蹈清燕。翠跸来朝,问安视膳。宝册交举,琼觞齐献。庆重仪缛,和翔泽遍。孝德之全,光乎三禅。太紫之庭,兰茝之掖,嗜好不营,服御无饬。衣必再浣,洗更以锡。苑囿不增,游畋屏迹。辇路苔侵,禁园草积。赐绝横缣,嫔皆虚席。俭德之隆,卓冠载籍。若乃天作清明,机运英刚,迄翦奸孽,总收权纲。新化如涤,皇猷聿彰。众正翕受,帝纮孔张。宗社之计,赫乎灵张。乃挈治统,乃疏政经。九赋数减,一役不兴。刑虽小而逾恤,兵惟应而弗征。亲斋露祷,忱通顾歆。岁书屡丰,变销无形。立国之势,以尊以宁。至于七敞堂延,三登觚峙,原庙之谒,太室之祀,升以苾馨,涓以芳美。天地昭答,神祇嘉喜。贶之珍符,介之蕃祉。帝眷载膺,圣志愈抑。惟成宪是监,惟古训是式。两讲迭进,缉熙日益。帝曰能定,朕心自得。万机余闲,玩情翰墨。鸾虬翚矫,奎璧绚奕。首幸辟雍,儒道用光。若稽旧典,肇复东库。辑麟趾之振振,环冠带之锵锵。俾道德而咏仁,咸追琢乎圭璋。而又发辉幽潜,表章正学。录裔胄于洙泗,锡谥名于关洛。振斯文而接坠绪,镜群昏而开后觉。于是圣化被乎六合,皇威信乎四陲。内修既备,外攘兼施。蠲胡运于垂尽,起遗黎之来思。故壤舆图,叠上封圻。闻风动河北之应,布令感山东之归。景命用集,鸿禧羡滋。玺还玉府,礼行瑶墀。恩渗漉于臣庶,声震詟于戎夷。媲宣王复古之雅,迈宣帝兴业之规。要略恢乎绍兴,宏模广乎淳熙。方当躬抚昌期,丕凝庶绩。旦旦视朝,寒暑不易,终始如一。遂爽冲豫,遂亲药石。层云蔽阙以连朝,彤霞覆殿而竟夕。忽钧天之宵断,骇宫车之晏出。呜呼哀哉!天崩莫柱,民哀斯擗。雷号薄乎霄汉,雨泪凄乎郡国。风烟为之俱惨,日星几于无色。而况母辇流悲,宫闱伤恋。忍凭几之导扬,赖东朝之拥翼。省付托之至重,每荧疚而加惕。呜呼哀哉!询谋方笃,晬容遽违。旌卫犹整,音尘浸微。黼座寒兮花露欲泫,素翣肃兮雁霜共飞。乙夜书残,唯想又新之训;景阳钟绝,那求未晓之衣。呜呼哀哉!同轨咸臻,元龟协吉。澄晖涵万壑之秀,佳气贯五陵之玉。审协祔之胥契,庶妥宁之允穆。飞帘先导而尘清,海若骏奔而波伏。卤簿引兮,嗟越渚之道迎;龙輴渡兮,痛京皋之巷哭。山川拱扈,永陪四后之游;松桧郁森,申衍万年之福。呜呼哀哉!列圣一心,以仁而传。忠厚之基垂裕于后,岂第之洽来深于前。细而覃乎草木,充而塞乎天渊。苍箓兴兮,损文王之寿;丹鼎就兮,催黄帝之仙。愿灵休之敷遗,长燕及于皇天。呜呼哀哉!

出处:《宋会要辑稿》礼三〇之九四。

撰者：史弥远

考校说明：史弥远时任右丞相兼枢密使。

岳飞赐谥忠武告词
（宝庆元年五月二日）

敕：主耳忘身，兹谓人臣之大节；谥以表行，必稽天下之公言。申锡赞书，追告幽爽。故太师，追封鄂王、谥武穆岳飞，威名震于夷狄，智略根乎《诗》《书》。结发从戎，前无坚敌；枕戈励志，誓清中原。谓恢复之义为必伸，谓忠愤之气为难遏。上心密契，诏札具存。夫何权臣，力主和议，未究凌烟之伟绩，先罹偃月之阴谋。李将军口不出辞，闻者流涕；蔺相如身虽已死，凛然犹生。宜高皇眷念之不忘，肆孝庙矜哀之备至，还故官而礼葬，颁祠额以旌褒。逮于先帝之时，褫以真王之爵。既辨诬于累圣，可无憾于九京。然而易名之典虽行，议礼之言未一，始为"忠愍"之号，旋更"武穆"之称。朕获睹中兴之旧章，灼知皇祖之本意，爰取危身奉上之实，仍采克定祸乱之文，合此两言，节其壹惠。昔孔明之志兴汉室，若子仪之光复唐都，虽计效以或殊，在秉心而弗异。垂之典册，何嫌今古之同符；赖及子孙，将与山河而并久。英灵如在，茂渥其承。可依前故太师，追封鄂王，特与赐谥忠武。

出处：《鄂国金佗续编》卷一六。又见乾隆《彰德府志》卷二二，《两浙金石志》卷九。

撰者：王塈

令臣僚上奏言国事诏
（宝庆元年五月四日）

内外文武大小之臣，于国政有所见闻，封章来上，毋或有隐。

出处：《宋史》卷四一《理宗纪》。又见《南宋书》卷五。

求 言 诏

（宝庆元年五月十四日）

自昔帝王即政之初，首辟四门，达聪明目，访予落止，小愆求助。凡今内外文武小大之臣有所见闻，具以启告，忠言正论，朕所乐听，事有可行，虚心而从；言或过直，无悼后害。封章来上，以副朕延纳之诚焉。

出处：《宋史全文续资治通鉴》卷三一。又见《宋史》卷四一《理宗纪》。

史弥远拜太师御笔

（宝庆元年六月十八日）

朕恭禀太后圣谕，谓丞相忠贯日月，勋塞宇宙，实惟我国家无疆之休。惟屡宣至意，欲示褒崇，而丞相谦逊退却，囊封面奏，力辞不已。使崇德报功之典久未昭著，甚非所以承先朝始终眷倚之意。丞相左右拥翊之功，其议有以尊显之。朕惟丞相受知二祖，光辅两朝，赞更化以正权纲，佐定策以安宗社，不动声色，中外晏宁，可谓社稷之臣矣。国之元勋，宜有异数。重以慈训，其敢或违！可拜太师、依前右丞相、兼枢使、进封魏国公。令有司讨典礼以闻。

出处：《宋史全文续资治通鉴》卷三一。

赈 恤 滁 州 被 水 之 家 诏

（宝庆元年七月十八日）

滁州大水，拨会子三千缗、米千六百石，赈恤被灾之家。

出处：《宋史全文续资治通鉴》卷三一。

受 纳 苗 米 不 许 过 数 增 入 诏

（宝庆元年八月九日）

诸路州军受纳苗米，不许过数增入，多量斗面，令转运司觉察。

出处:《宋史全文续资治通鉴》卷三一。

姚子才授秘书郎诏
（宝庆元年八月十四日）

司农丞姚子才封事切直,进官一秩,授秘书郎。

出处:《宋史全文续资治通鉴》卷三一。

傅伯成杨简召赴行在诏
（宝庆元年八月十五日）

傅伯成、杨简先朝耆德,朕心素所简记,可召赴行在,令所在州军以礼津发。

出处:《宋史全文续资治通鉴》卷三一。又见《后村先生大全集》卷一六七《傅公行状》。

赵篯夫除直秘阁福建提刑诏
（宝庆元年八月十五日）

真德秀奏事,朕因访问廉吏,德秀以知袁州赵篯夫对。朕惟奖廉所以律贪,亦庶几化贪为廉之效,以惠吾民。赵篯夫除直秘阁、福建提刑。

出处:《宋史全文续资治通鉴》卷三一。

举廉吏诏
（宝庆元年八月十八日）

侍从、给舍、台谏、卿监、郎官及在外前执政、侍从,诸路帅臣、监司,各举廉吏三人。

出处:《宋史全文续资治通鉴》卷三一。又见王圻《续文献通考》卷四七。

举将帅诏
（宝庆元年八月二十日）

侍从、两省、台谏、三衙知阁、御带环卫官、在外前执政、侍从、诸路监司、帅臣、都副、都统制及屯戍主将,各举堪充将帅三人。

出处:《宋史全文续资治通鉴》卷三一。

张九成赠太师追封崇国公谥文忠诏
（宝庆元年八月二十四日）

故礼部侍郎、赠少师张九成绍兴策士,以直言受知高宗,正色立朝,有中兴明道之功,赠太师、追封崇国公,谥文忠。

出处:《宋史全文续资治通鉴》卷三一。

故崇政殿说书程颐孙源授籍田令制
（宝庆元年八月二十六日）

敕故崇政殿说书、赠直龙图阁、谥正程颐四世孙修职郎程源:爵禄朝廷之名器,固能砥砺于一时;贤者风俗之枢机,实可作兴于百世。激劝有道,今昔所同。眷惟尔祖之贤,一出濂溪之正。尽心知性,无非根本于大原;启钥抽缄,用以开明于后学。求其嗣裔,得尔端良。隆然受道之资,甚矣典刑之旧。锡之命秩,擢置班联。庶几风动于听闻,无或颠冥于邪僻,克迈先训,尤殚乃心。可依前修职郎,特授行籍田令。

出处:《洺水集》卷首。又见《新安文献志》卷二。
撰者:程珌
考校说明:编年据《宋史》卷四一《理宗纪》补。

诫约监司守令诏
（宝庆元年八月二十九日）

监司、守令各精白自新，以称朕意。其或不悛，必罚无赦。

出处:《宋史全文续资治通鉴》卷三一。

胄试事诏
（宝庆元年九月八日）

胄试仍旧制，职事官牒同居五服内亲，厘务官牒同居小功亲，铨试三人取一。

出处:《宋史全文续资治通鉴》卷三一。又见《续文献通考》卷四九。

邵州升宝庆府诏
（宝庆元年十一月六日）

邵州系今上皇帝潜藩，升为宝庆府，筠州与御名声音相近，改为瑞州。

出处:《宋史全文续资治通鉴》卷三一。又见《宋史》卷四一《理宗纪》。

减行都等公私僦舍钱诏
（宝庆元年十一月二十四日）

行都及诸路公私僦舍钱米经减者，减三分。

出处:《宋史全文续资治通鉴》卷三一。

皇太后罢垂帘谕天下诏
（宝庆元年十二月九日）

朕以眇躬，获承大宝，实赖圣母，同览万几。粤自听断之初，已持谦退之志。

朕仰遵先帝遗训,沥控丹衷,圣意曲从,临朝数四。今者手书屡降,申谕益严,朕心皇骇,莫知所为。疏奏面陈,愿还亲札,至于累日,慈听莫回。虽明谟睿断,今古无邻,而内顾菲凉,惧弗克称。然而威命既布,敢不勉承。惟一守于洪规,庶不负于付托。布告天下,咸使闻知。

出处:《宋史全文续资治通鉴》卷三一。

见供职及在外带职从官岁举三人诏
(宝庆元年十二月九日)

今后见供职及在外带职从官,依元祐十科旧制,岁举三人。

出处:《宋史全文续资治通鉴》卷三一。

阳山灵济庙神封显佑侯敕
(宝庆元年十二月二十日)

敕连州阳山县灵济庙神:休证之来,虽曰象德,祷之则应,神理亦昭昭焉。尔神生逢唐室之隆,庙食阳山之境,历祀浸久,子孙益微。乃缘雨旸,屡著灵验。爰考奏牍,俾开侯封。惟神之佑民,不替于初,则民之事神,宁有厌射?可特封显佑侯。

出处:民国《阳山县志》卷一七,民国二十七年铅印本。
考校说明:此敕录自"诰词碑",敕书前有:"尚书省牒;牒奉敕,宜赐灵济庙为额。牒□准敕,□牒。嘉定十二年十二月日牒。知枢密院事、兼参知政事郑□,右丞相□。"敕文后有:"奉敕如右,牒到奉行。宝庆元年十二月二十日。少傅、右丞相、鲁国公弥远,参知政事绘,参知政事极,兼给事中章,中书舍人墍。十二月二十八日午时,都事王受,太府少卿兼左司赵优夫付吏部。少傅、右丞相、鲁国公弥远,参知政事绘,参知政事极,吏部尚书草,吏部侍郎达。"

赠何异敕
（宝庆元年）

尔居词林，纂修称职，擢授工部侍郎，旋升工部尚书、宝谟阁学士，终赠临川郡开国侯。朕以其能秉心不回，忠言屡闻，考其所修之史，皆成理学之语。朕为宠之，兹复表彰历历，擢升官职，以报尔之功烈，以为尔之子孙慰勉云。

出处：同治《崇仁县志》卷首，同治十二年刻本。

置宝章阁诏
（宝庆二年正月）

朕仰惟宁宗皇帝挺仁圣之资，躬粹纯之行，就将熙缉，德共日新，渊懿聪明，动与天合。粤从更化，尤谨修攘，舆地寝归，赏功班庆，发为谟训，欢均迩遐。所谓诏令见德化之成，玺书明万里之外者，殆兼其盛。经不云乎："惟天之命，於穆不已。"天之所以为天也，文王之德之纯；文王之所以为文也，纯亦不已。我宁考之文，盖本诸此，宜其经纬自然，轨范万世，河图琬琰，光耀宝镇也。朕方将钦哀睿制，昭奉严储，宜揭鸿名，以隆燕翼。其阁恭以宝章为名，仍置学士、直学士、待制直阁，以才德之宜称者为之。著诸令甲，式永昭回。

出处：《咸淳临安志》卷二。

赐程珌等诏
（宝庆二年二月一日）

国家三岁取士，试于南宫，盖公卿大夫由此其选，事至重也。朕属在哀疚，未遑亲策，爰咨近列，往司衡鉴。卿等宜协心尽虑，精加考择。夫文辞浮靡者，必非伟厚之器；议论诡激者，必无正平之用。去取之际，其务审此。至若场屋私弊，售伪乱真，成法具存，所当申饬，毋使侥幸者滥进，而忠朴者见遗，庶几今日设科求贤之意，获收异时分职为民之实。

出处：《咸淳临安志》卷一二。又见《宋史全文续资治通鉴》卷三一，王圻《续文献

13

通考》卷四三。

惩责赃吏事诏
(宝庆二年二月三日)

赃吏有实迹者,不测置狱,明正典刑,其永不得与亲民及师儒差遣,继经赦
宥,不许改正。有监司守臣保举三员者,听之。仍每任所保以一员为额。

出处:《宋史全文续资治通鉴》卷三一。

特奏名第五等人遇郊与岳祠诏
(宝庆二年二月十八日)

特奏第五等人遇郊,与岳祠,其愿缴敕再试者听。

出处:《宋史全文续资治通鉴》卷三一。

奖谕罗宰诏
(宝庆二年三月五日)

朕自下求言之诏,凡封章来上,必详加省览,亦已采择施行,而遐方小臣,犹
未有应诏。近者始见普安军推官罗宰所陈利病,辞旨勤恳。一介之士,身处蜀万
里之外,乃能独先众人,惓惓效忠,深可嘉尚。可特与升擢差遣,以劝来者,以副
朕听纳之志。

出处:《宋史全文续资治通鉴》卷三一。

奖谕游泽诏
(宝庆二年三月二十三日)

朕近召游泽,见于便殿,详览二疏,因加访问。议论正大,指证明切,真有益
于君德治道,耸听嘉叹。可特与改合入官,仍除馆职。旌忠说以导敢言,乃朕
志也。

出处:《宋史全文续资治通鉴》卷三一。

太常寺功臣阁以昭勋崇德阁为名诏
(宝庆二年三月二十三日)

太常寺建功臣阁,绘赵韩王普而下二十有三人,以昭勋崇德为名。

出处:《宋史全文续资治通鉴》卷三一。

二广诸司注授守倅条约诏
(宝庆二年四月七日)

令二广、诸司,今后守倅以下阙官,须申省部,未有注授者,方许奏辟;倅令未满求辟者,禁之。

出处:《宋史全文续资治通鉴》卷三一。

谕监司守令恤刑诏
(宝庆二年四月十六日)

昔成王立政之初,于庶狱恤谨,曲尽其敬,忠厚积累,囹圄空虚,治道所由昌也。朕践祚以来,举廉戒贪,兴能拔滞,亦欲郡县闻风,政平讼理也。而懦者汩于吏奸,莫恤人命;强者辄持巧心,析律贰端。久系株连,遂易瘐死。其或叨惯自丰,庶威夺货。五过之疵,是非舛紊,蔑弃中兴,民冤莫伸。哀矜之意微,剥敛之风著,岂朕为民父母之意哉!继自今监司守令各思天牧之重,躬务审克,无僭乱辞,勿格诏而弗遵,勿任情而自肆。深培根本,共守中和,庶几群吏视仪,罔敢弗率。傥犹玩狎,习为蔽欺,贪残淹留,莫之纠刺,上负朝廷之委任,下辜斯民之宅生,则国有宪章,罚加失职,非予一人所敢私。

出处:《洺水集》卷首。又见《新安文献志》卷二,弘治《徽州府志》卷一一,《宋史全文续资治通鉴》卷三一。
撰者:程珌

令三省详议审处济王罪以闻诏
(宝庆二年五月二十五日)

朕祗奉宗祧,务隆孝爱,其于亲睦之义,尤所尽心。不幸济王自滔叛逆,既已曲加恩礼,掩其罪恶,及给舍缴章三上,乞与追贬,朕亦重于施行。今台谏屡乞正名定罪,论奏不已,私情公议,未知适从。可令三省详议审处以闻。

出处:《宋史全文续资治通鉴》卷三一。

申严州县受租苛取之禁诏
(宝庆二年八月九日)

令户部申严州县受租苛取之禁,转运使察其违者劾之。

出处:《宋史全文续资治通鉴》卷三一。

新中法科而资浅者除授诏
(宝庆二年九月三日)

新中法科而资浅者,须外历二考以上,方擢为评事。

出处:《宋史全文续资治通鉴》卷三一。

捕全火盗推恩诏
(宝庆二年九月二十三日)

捕全火盗,不问初获,并减四年磨勘;其有亲获实绩经监司帅守保奏者,特与改秩。

出处:《宋史全文续资治通鉴》卷三一。

议举行惠民事谕辅臣诏
（宝庆二年十月十九日）

连雨不止,朕深忧之,惟是宽恤刑狱,蠲放逋欠,悉已施行矣。可以惠及下民者,更议举行一二事,庶几感召和气,速获晴霁。

出处:《宋史全文续资治通鉴》卷三一。

令辅臣拟定进呈上皇太后尊号诏
（宝庆二年十一月五日）

朕以眇躬,嗣承大统,实戴皇太后覆育推佑之恩,丰功盛德,宜极尊崇。今将举册宝礼,朕欲于未进奉之前,恭上尊号,可令辅臣拟定进呈。

出处:《宋史全文续资治通鉴》卷三一。

赵不熄赵善践赴朝参诏
（宝庆二年十一月六日）

不熄、善践行尊年高,令赴朝参,筵宴外,余并特免。

出处:《宋史全文续资治通鉴》卷三一。

仓部郎官潘樨除大理少卿诏
（宝庆二年十一月七日）

朕惟天下国家之本在身,每于躬行之际,尤所致谨。比览仓部郎官潘樨首疏所奏,深契朕心。可特除大理少卿,以示嘉奖。

出处:《洺水集》卷首。又见《新安文献志》卷二,《宋史全文续资治通鉴》卷三一。
撰者:程珌

奖谕潘樋诏
(宝庆二年十一月七日)

朕惟天下国家之本在身,每于躬行之际,尤所致谨,比览潘樋首疏,所奏深契朕心,可特除以示嘉奖。

出处:《宋史全文续资治通鉴》卷三一。

赐三省御笔
(宝庆二年十一月二十五日)

朕亲御路朝,首兴教化,士风所系,尤务作新。比年以来,习尚浇漓,文气卑蔺,纯厚典实,视昔歉焉。岂涵养之未充,抑熏陶之或阙?咨尔训迪之职,毋拘内外之殊,各究乃心,俾知所向。矫偏适正,崇雅黜浮,使人皆君子之归,如古者贤才之盛。副予至意,惟尔之休。付三省。

出处:正德《袁州府志》卷一〇。又见《咸淳临安志》卷一一,《宋史全文续资治通鉴》卷三一,康熙《宜春县志》卷一四,《越中金石记》卷五。
考校说明:原书系于宝庆三年,《咸淳临安志》等书所系亦同,据《宋史全文续资治通鉴》改。《越中金石记》载原碑刻有"丙戌""御书之宝"印,可证确是二年所下。

上皇太后尊号事诏
(宝庆二年十二月二日)

皇太后宜上尊号曰寿明皇太后,有司详具仪注,朕当亲奉群臣诣慈明殿奉上册实。

出处:《宋史全文续资治通鉴》卷三一。

保安赦文
（宝庆元年九月至宝庆三年间）

朕寅畏以保邦，严恭而事帝。虽不明不敏，有惭四海望治之心；然无怠无荒，未始纵一毫从己之欲。

出处：《鹤林玉露》卷三。

撰者：陈贵谊

考校说明：编年据陈贵谊任两制时间补。原书载此文"真能写出宁宗心事，天下诵之"，与陈贵谊任两制时间似不合，待考。

它山遗德庙神特封善政侯敕
（宝庆三年正月十七日）

敕庆元府鄞县小溪镇它山遗德庙神：治水化民，咸思歌之，奉尝百世，近民之吏，其爱利流于无穷，而人之报之亦思为无穷，不惟义所当然，盖理之所必至也。尔神在唐大和令于鄞鄮，夙有惠政，史册书焉。筑堰回流，灌田万顷，历载四百，遗迹如新。师言具孚，开以侯爵，褒纶表号，永绥庙飨，用慰一方甘棠之思，且为当代循吏之劝。可特封善政侯。

出处：《两浙金石志》卷一一。

考校说明：原文末句后云："奉敕如右，牒到奉行。宝庆三年正月十七日。"

故华文阁待制朱熹赠太师追封信国公诏
（宝庆三年正月十九日）

朕每观朱熹所著《论语》、《中庸》、《大学》、《孟子》注解，发挥圣贤之蕴，羽翼斯文，有补治道。朕方励志讲学，缅怀典刑，深用叹慕。可特赠太师，追封信国公，谥如故。

出处：《洺水集》卷首。又见《新安文献志》卷二，《宋史全文续资治通鉴》卷三一，《宋史》卷四一《理宗纪》，《宋元通鉴》卷一〇四，《南宋书》卷五。

撰者:程珌

朱熹赠太师追封信国公制
(宝庆三年正月)

敕:天之未丧斯文,以方册之具在;书者所以载道,历古今而罕明。惟我宋之化成,有二程之杰出。虽博极群经而穷理,必提挈要指以示人。故于《论语》、《大学》之传,与夫子思、孟轲之作,常诲人而不倦,俾学者之易知。沿袭既讹,本真浸失,嗣兴道统,允属儒先。华文阁待制兼宝谟阁直学士、谥文朱熹,极高明而道中庸,多闻见而守卓约。凡六籍悉为之论述,于四书尤见其精详,纷然众说之殊,折以圣人之正。朕自亲学问,灼见渊源,尝三复于遗编,知有补于治道。载惟一节,历事四朝,早锡郡符,晚登囊从,始终之际,待遇弗渝。然而学士隆名,博闻美谥,备举当时之茂典,未充列圣之盛心。是用析圭五等之尊,定位三公之冠,申加礼赠,式究前猷。噫!身没言存,所以丘原之难起;源深泽远,实同义理之无穷。倘其不忘,歆此嘉命。可。

出处:民国重修《婺源县志》卷六四,民国十四年刻本。又见《考亭志》卷六,《道命录》卷一〇。

撰者:王塈

谕铨部注授事诏
(宝庆三年二月三日)

铨部,今后司法参军不许以诸司年劳出官人注授,诸道检法官照条格差注,宪司毋得妄辟。

出处:《宋史全文续资治通鉴》卷三一。

诫谕郡县长吏劝农诏
(宝庆三年三月一日)

方春和时,郡县长吏其各劝农桑,抑末作,戒苛扰,俾斯民安土乐业,力本耕织,以成富庶,则予汝嘉。

出处:《宋史全文续资治通鉴》卷三一。

郊祀大礼并从省约诏
(宝庆三年三月一日)

今岁郊祀大礼,令有司除事神仪物、诸军赏给依旧制外,其乘舆服御及中外支费,并从省约。

出处:《宋史全文续资治通鉴》卷三一。

郡县系囚事诏
(宝庆三年闰五月一日)

郡县系囚不实书历,未经结录,守臣辄行特判。宪司其详覆所部狱案,岁月淹延者置于宪。

出处:《宋史》卷四一《理宗纪》。

南郊御札
(宝庆三年六月十一日)

敕内外文武臣寮等:朕以今年十一月六日款谒于南郊。咨尔攸司,各扬乃职,相予肆祀,毋或不恭。

出处:《宋史全文续资治通鉴》卷三一。

觉察按劾州郡不支小官俸给者诏
(宝庆三年七月十八日)

诸路宪司觉察州郡不支小官俸给者,按劾以闻。

出处:《宋史全文续资治通鉴》卷三一。

赈恤被灾民户诏
(宝庆三年七月二十日)

比者,疾风甚雨,介于秋成,以朕之不德,上天示谴,夙夜震恐,虑为民瘼。访闻畿甸多有飘损禾稻,毁害室庐,嗣后居民失业,必致流散,深可怜悯。如被水州郡速议赈济、仍与放行竹木等税,及富室假贷,向去且令倚阁,庶几贫富相资,以宽目前之急。并其他赈恤事件,亟令有司条具以闻。

出处:《宋史全文续资治通鉴》卷三一。

议宁宗谥号诏
(宝庆三年八月十日)

宁宗仁文哲武恭孝皇帝谥号见今六字,宜加上十字为十六字,如祖宗故事。令宰执、侍从、台谏、两省官、礼官集议,仍令礼官详具典礼以闻。

出处:《宋史全文续资治通鉴》卷三一。

吏部铨注事诏
(宝庆三年八月十七日)

吏部试邑两经罢黜,毋得再注知县、县令。

出处:《宋史全文续资治通鉴》卷三一。

时青除武康军节度使诏
(宝庆三年九月二十四日)

时青坚壁守淮,独当一面,屡战捷,除武康军节度使、左金吾上将军、忠义都统制。

出处:《宋史全文续资治通鉴》卷三一。

郊祀诫谕群臣诏
(宝庆三年十月十三日)

朕以眇躬,绍膺圣绪,今始郊见天地,兢兢寅畏,虑弗克任,已先期斋肃,庶几对越无愧。今百御事之臣,各宜恪谨攸司,毋或怠慢,以称朕意。

出处:《宋史全文续资治通鉴》卷三一。

朱熹特赠太师追封信国公制
(宝庆三年十一月六日后)

肇祀南郊,已讫泰坛之礼;推恩迩列,爰申祢庙之褒。式重典刑,用昭懋锡。具位某心潜列圣,德配前修。家有成书,发千古不传之秘;户多满屦,为四方来学之宗。听白首于禁涂,皦孤忠于讲席。虽用之不尽,莫纾经济之怀;然仰之愈尊,荐厚推崇之典。兹繇令子,克相精禋,适当竣事之初,宜举□心之教。维垣禄品,已增松槚之春;广信称公,不改封疆之旧。谅惟英识,克对殊休。

出处:民国《婺源县志》卷六四,民国十四年刻本。又见《考亭志》卷六,《朱子年谱》前录二。

撰者:陈卓

考校说明:编年据《宋史》卷四一《理宗纪》补。此制原题《理宗宝庆三年正月郊礼推封制》,然该年正月无郊祀,疑"正月"为"十一月"之误。《全宋文》将标题改为《朱熹特赠太师追封信国公制》(第三○一册,第一九六页),与正文内容不合。

改元绍定大赦天下诏
(宝庆三年十一月七日)

朕绍列圣之洪基,膺中兴之宝历,若昔缵图之始,适当修祀之时。固尝肇举于明禋,曾未特伸于大报。兹遵旧制,茂蒇祓容。天覆地持,既肃合祛之典;祖功宗德,益严并侑之仪。若七曜之照临,暨百神之森列,咸从秩序,祗彻丹纯。载惟凉菲之资,昭受盈成之托,仰法绍兴之治,近承嘉定之规。用易美称,以迎新祉。其以来岁改为绍定元年,可大赦天下。

出处:《宋史全文续资治通鉴》卷三一。

决狱诏
(宝庆三年十一月七日)

大理寺、三衙、临安府属县决系囚,两浙州军亦如之。蠲大理寺、三衙、临安府点检酒所赃赏钱。

出处:《宋史全文续资治通鉴》卷三一。

令有司议上寿明皇太后尊号诏
(宝庆三年十一月二十八日)

朕嗣承大统,初郊礼成,稽之典册,寿明皇太后合上尊号,可令有司讨论典礼以闻。

出处:《宋史全文续资治通鉴》卷三一。

申严遏米之禁诏
(宝庆三年十二月六日)

两折、江东西、湖南北州县凡有米处,申严遏米之禁。

出处:《宋史全文续资治通鉴》卷三一。

赐大司农卿丘寿迈腊药诏
(宝庆间)

敕寿迈:朕身处深宫,心怀外阃。铁衣金柝,夙嘉牧御之劳;翠管银罂,往问起居之节。勉循所部,推广吾仁。今赐卿银合腊药,至可领也。故兹示谕,想宜知悉。冬寒,卿比好否,遣书指不多及。宝庆年月十九日下。

出处:《常郡八邑艺文志》卷一。

理宗度宗恭帝朝卷二　绍定元年至五年 (1228—1232)

升山阴县为淮安州诏
（绍定元年三月八日）

升宝应州山阴县为淮安州,改山高县为淮安县,其淮安县、涟水县并隶淮安州。

出处:《宋史全文续资治通鉴》卷三一。

奖谕狱空诏
（绍定元年四月）

朕嗣有令绪,四载于兹。比下诏书,风厉郡国,惟刑之恤,汔未能尽称朕意也。京师众大之区,俗习伙繁,异时专弹压、事摘发者犹惧弗集,矧曰其不留狱。惟卿器识宏亮,政修谳理,五辞两造,蔽断平停。惠心既孚,民重犯法,囹圄遂空,可谓学有本原,治出儒雅,达于国体矣。枢机所发,首善于此,余深宠嘉之。《诗》不云乎:"商邑翼翼,四方之极。寿考且宁,以保我后生。"尚益助我宣德流化,使天下闻风而劝焉。

出处:《咸淳临安志》卷四一。

监司虑囚诏
(绍定元年九月四日)

监司每岁诣所部州县虑囚,至来年正月历遍,如属县非监司经由之路,委官分往,监司复行点检,毋致冤滥。奉行不虔,令御史台觉察以闻。

出处:《宋史全文续资治通鉴》卷三一。

赐王暨等诏
(绍定二年二月一日)

朕侧席英俊,共成治功,大廷策士,始于今岁。既合郡国之贡,试之礼闱,将拔其尤以进,俾奏对而官使之,选择去取之端,可不谨欤! 夫取士之道,器识为先,明试以言,自古不废。况祖宗以科目得人,类多忠实重厚之士,皆因其文以占之。卿等典司文衡,其精乃鉴裁,毋尚浮靡,毋弃朴直,毋拘己见,毋徇时习,务柬实材,以副朕意。

出处:《咸淳临安志》卷一二。又见《宋史全文续资治通鉴》卷三一。

岁举廉吏犯奸赃保任同坐诏
(绍定二年二月十一日)

岁举廉吏或犯奸赃,保任同坐,监司守臣其申严觉察。

出处:《宋史》卷四一《理宗纪》。

系囚瘐死狱中罢黜狱官诏
(绍定二年三月二十三日)

郡县系囚多瘐死狱中,宪司其具狱官姓名以闻,黜罢之。

出处:《宋史》卷四一《理宗纪》。

县令非才择佐官委任诏
（绍定二年三月二十三日）

今后州郡催科,必遵常制。县令非才,择佐官可任者委之,仍不许差州官及寄居权摄。

出处:《宋史全文续资治通鉴》卷三一。

诫约州县诏
（绍定二年四月二十三日）

州县阙官,不许挟伎术人、豪民、罢吏借补官资。权摄小官请俸不许积压,及以他物准支。民间二税合输本色,不许抑令折纳,倍数取赢。令台谏监司觉察。

出处:《宋史全文续资治通鉴》卷三一。又见《宋史》卷四一《理宗纪》。

赈济成都潼川路诏
（绍定二年五月）

成都、潼川路旱歉,令制置司及各路监司疾速措置赈恤,务要实惠及民。仍考察郡县奉行勤惰以闻。

出处:《宋史全文续资治通鉴》卷三一。又见《宋史》卷四一《理宗纪》。

许户绝之家从条立嗣诏
（绍定二年六月八日）

户绝之家,许从条立嗣,不得妄行籍没。

出处:《宋史全文续资治通鉴》卷三一。又见《宋史》卷四一《理宗纪》。

广西州县阙官禁以白身借补人充摄诏
(绍定二年七月一日)

广西州县应阙官,毋得以白身借补人充摄。

出处:《宋史全文续资治通鉴》卷三一。

禁诸州军增收苗米诏
(绍定二年八月一日)

户部遍下诸路州军,不得增收苗米,多量斛面。许越诉,仍令漕司觉察。

出处:《宋史全文续资治通鉴》卷三一。

礼部国子监下等上舍不得用例径赴殿试诏
(绍定二年九月一日)

礼部、国子监下等上舍,必循旧法守年,不得用例径赴殿试。

出处:《宋史全文续资治通鉴》卷三一。

赠罗点敕
(绍定二年)

飨明堂而沾泽,具有彝章;下木凤以遗封,式彰儒道。昔屡举褒扬之典,兹复行追褖之恩。眷我旧臣,若时明训。故端明殿学士、金书枢密院事罗点特赠尔太子太师、金紫光禄大夫、崇仁县开国伯。指书社而封,斯道还明于今日;即故乡而祀,厥光谩异于前闻。有赫其灵,尚淑尔后。

出处:同治《崇仁县志》卷首。

谕江西等处寇盗胁从之民自首诏
（绍定三年闰二月二十五日）

江西、湖南、福建寇盗,凡胁从之民,束身出官,并与释罪,能自戮渠首而来者,补官赐官,土豪帅众立功者官之。

出处:《宋史全文续资治通鉴》卷三一。

李心传特改合入官诏
（绍定三年三月十一日）

秘阁校勘李心传已历两考,研覃典籍,恬静可嘉,特改合入官。

出处:《宋史全文续资治通鉴》卷三一。

明堂大礼并从省略诏
（绍定三年四月二十六日）

今岁明堂大礼,惟祀神仪物、诸军赏给悉循旧制外,其乘舆服御及中外支费,并从省约。

出处:《宋史全文续资治通鉴》卷三一。

诫约明禋侍祠执事官诏
（绍定三年八月四日）

明禋侍祠执事官既受誓,毋得临期规避,如或循习,必罚无赦。仍令台谏觉察。

出处:《宋史全文续资治通鉴》卷三一。

浙西修复围田减纳苗税诏
（绍定三年九月二十四日）

令浙西提举司下所部州县,将条复围田减纳苗税,毋收斛面。

出处:《宋史全文续资治通鉴》卷三一。

晦庵先生改封徽国公制词
（绍定三年九月）

敕:飨明堂而霈泽,具有彝章;谓故国以移封,式尊儒道。昔屡举褒扬之典,兹再疏迫襚之恩。眷我宗工,若时明训。具位朱某,传孔、孟之学,抱伊、傅之才。讲道以致知,格物为先,历万世而无弊;著书以抑邪,与正为本,关百圣而不惭。阜陵知之而有廉静之褒,宁庙用之而赖论思之益。非汉唐诸子所可拟议,于伊洛二老尤能发挥。肆予访落止之初,深有不同时之恨。每阅四书之奥旨,允为庶政之良规。虽已加礼赠之崇,然未尽宪章之善,适逢禋岁,载锡嘉名。爵之父母之邦,位以公师之品。岂专踵故,式表教忠。噫! 指书社而封,斯道遂明于今日;即桐乡而祀,厥光复异于前闻。有赫其灵,尚淑尔后。可依前赠太师,改封徽国公,谥如故。

出处:《道命录》卷一〇。又见《考亭志》卷六,民国《婺源县志》卷六四,《朱子年谱》前录二。

撰者:钟震

讨论寿明慈睿皇太后寿庆以闻诏
（绍定三年十一月十九日）

寿明慈睿皇太后明年圣寿七十五,古希有甚盛之庆,令礼部太常寺讨论以闻。

出处:《宋史全文续资治通鉴》卷三一。

上皇太后尊号诏
(绍定三年十二月三日)

养莫大于尊亲,永依慈造;福必先于曰寿,宜茂徽称。伟庆事之辉煌,洽欢声而洋溢。寿明慈睿皇太后载安宗社,兼体乾坤,宜加上尊号曰寿明仁福慈睿皇太后,其令有司详具仪注,朕当亲帅百寮诣慈明殿奉上册宝。

出处:《宋史全文续资治通鉴》卷三一。

史弥远十日一赴都堂治事诏
(绍定三年十二月七日)

史弥远入见敷奏精敏,气体向安,朕尊礼元勋,未欲劳以朝请。可十日一次赴内引入堂治事。

出处:《宋史全文续资治通鉴》卷三一。又见《宋史》卷四一《理宗纪》。

讨李全诏
(绍定三年十二月七日)

逆贼李全久蓄奸谋,大逆不道,已敕江淮制臣率兵追讨,可削夺官爵,停给钱粮。罪止逆贼,罔及胁从。逆党有能擒斩李全以降者,仍给散钱粮,更加不次之赏。

出处:《宋史全文续资治通鉴》卷三一。又见《宋史》卷四一《理宗纪》。

黄榆赠少师敕
(绍定三年)

诚以感神,固国家之盛典;位不称德,追臣子以厚恩。任中奉大夫、集英殿修撰、赠特进榆一代硕儒,四朝元老。昔登谏省,以文章抑浮伪之风;继擢漕司,以道义镇蛮夷之俗。七年去国,奔走赴功,一旦还朝,荣参典礼。朕方图于大任,卿

31

遂决于退休。浩志难回，疏恩庸笃。人能知止，宜益介于百年；天亦何辜，不憗遗于一老。庆流后裔，名列仕途。爰封三少之崇，以副九原之望。可特赠少师。绍定三年。

出处：道光《新修罗源县志》卷一九，道光十一年刻本。

条约遇暑虑囚事诏
（绍定四年五月二十五日）

今后行在遇暑虑囚，命所差官将临安府三狱见禁公事除情重例不原外，余随轻重尽行减降决遣，大理寺、三衙、两赤县一体裁决。

出处：《宋史全文续资治通鉴》卷三二。

会子库造第十四十五界会子诏
（绍定四年六月二十一日）

会子库造第十四、十五界共二千万缗，令封桩下库充边郡科降。

出处：《宋史全文续资治通鉴》卷三二。

厉模徐谓礼等授官告词
（绍定四年六月二十六日）

敕朝请郎、直秘阁、成都府路转运判官、赐绯鱼袋厉模等：朕惟慈殿年登七帙，元日称觞，凡我京官，等而上之，一阶序进，以衍庆寿，以侈恩光。

出处：《武义南宋徐谓礼文书》第一九一页。

推恩忠勇死义之家诏
（绍定四年七月一日）

凡忠勇死义之家，并与优给其家，其有子才艺异众者，令赴枢密院审视录用。

出处:《宋史全文续资治通鉴》卷三二。

觉察不职县令诏
(绍定四年八月十三日)

近民之官,莫如县令,日来间有贪虐昏缪不能任事之人,重为民害,令诸路监司守臣觉察,具职位上于尚书省,取旨施行。

出处:《宋史全文续资治通鉴》卷三二。

臣僚奏告令礼寺疾速定日具奏以闻诏
(绍定四年九月三日)

回禄之灾。延及太庙,祖宗神主暂就御于景灵宫。朕累日哭于神御殿,省愆谢罪,伤痛罔极。所合奏告,可令礼、寺疾速定日具奏以闻。令三省、枢密院暂就都亭驿、六部暂就传法寺治事。

出处:《宋史全文续资治通鉴》卷三二。

赈恤被火之家诏
(绍定四年九月七日)

火后合行宽恤条件,悉令三省施行,其令学士院降诏,出封桩库钱、丰储仓米赈恤被火之家,蠲临安府城内外之征一月。

出处:《宋史全文续资治通鉴》卷三二。

以临安府火素服视朝求直言诏
(绍定四年九月十一日)

丙戌之夕,回禄为灾,信宿之间,上及太室,延燔民庐,莽焉荒毁,都人奔避,间遭死伤。皇天降威,孰大于此! 朕当避正殿,素服视朝,减膳彻乐,以答明谴。

其宽恤事宜,已命宰辅次第施行;应内外臣僚士庶咸许直言,指陈过失,毋有所隐。庶藉忠嘉,共图消弭。

出处:《宋史全文续资治通鉴》卷三二。

责降冯樾王虎诏
（绍定四年十月六日）

殿前副都指挥使冯樾、主管侍卫步军司王虎救焚弗力,延及太庙,各夺一官罢之。

出处:《宋史全文续资治通鉴》卷三二。

条具曲赦四川关外州军事件以闻诏
（绍定四年十一月三日）

四川关外州军近经蒙古侵犯残破去处,未能复业,军民日前或有讹误,陷于罪戾,合行曲赦,令三省条具事件以闻。

出处:《宋史全文续资治通鉴》卷三二。

刘纯可特赠朝散郎制
（绍定四年十一月三日）

敕具官某:盗发朝歌,虞诩伏兵擒捕。史不绝书,以夸道其事。况击贼而死者钦。尔昭武一令耳,当官军环冠坐视之时,而乃能捐财募兵,励志平贼,七战七胜。而元身亦殒,岂不甚可哀耶? 申赠二阶,以吊忠魄。可。

出处:《永乐大典》卷七三二二。又见《四库辑本别集拾遗》。
撰者:吴泳
考校说明:编年据《宋史全文续资治通鉴》卷三二补。

责罚吴澄推恩高梦月等诏
（绍定五年正月九日）

李全之叛,淮东提刑司检法吴澄等出泰州城谒贼,各追官勒停。其不出见贼者高梦月、刘宾云循升二资;骂贼而死者海陵簿吴嚞特赠朝奉郎,官其一子将仕郎。

出处:《宋史》卷四一《理宗纪》。

赐陈贵谊等诏
（绍定五年二月一日）

朕即政以来,试士南宫者三矣,中间亲策于廷,见谓得士。今四方之彦、三学之隽云蒸雾集,咸欲各售所学以希官使,则夫精鉴裁示趋向,俾知科举取人,不但为爵禄之阶,而实为国家之计,先器识,后词藻,务忠实,斥浮伪,岂非取士之权衡、得人之径术乎? 卿等固所深知,更希加勉,以副眷倚。

出处:《咸淳临安志》卷一二。又见《宋史全文续资治通鉴》卷三二。

赐仙立领军押衙诏
（绍定五年三月一日）

仙立领军押衙讨寇有功,进封都虞候。赤心报主,白发忧民,风行蛮貊,电扫烟尘,诚昭代之良将,间世之伟臣。绍定五年三月一日。

出处:民国《宁国县志》卷一二,民国二十五年铅印本。

条约补试事诏
（绍定五年四月十二日）

礼部、太常寺行下太、武学胄监,今后补试,文臣外任带朝职,与放牒试;武臣外任带阁职,与在外贴职同,不许放行。

出处：《宋史全文续资治通鉴》卷三二。

薛极等复元官诏
（绍定五年五月九日）

昨郁攸为灾，延及太室，罪在朕躬，而二三执政引咎去职。今宗庙崇成，神御妥安，薛极、郑清之、乔行简并复元官。

出处：《宋史》卷四一《理宗纪》。又见《南宋书》卷五。

齐民犯罪不许妄行籍没诏
（绍定五年五月十八日）

诸路监司、郡守，今后齐民犯罪，不许妄行籍没；法当籍者，先具情节取旨施行，违者越诉。

出处：《宋史全文续资治通鉴》卷三二。又见《宋史》卷四一《理宗纪》。

胡元琰特转官三资诏
（绍定五年七月五日）

近岁北兵再入利、阆，迫近顺庆，承奉郎胡元琰摄郡事，能收散卒，定居民，谕叛将，以全阆郡，以功特转官三资。

出处：《宋史》卷四一《理宗纪》。

刑部奏案以时审定诏
（绍定五年七月十二日）

省部刑寺，应诸刑奏案以时审定，已经奏闻，速与报下，庶免淹延。狱官不许兼职，俸薄者增给之。

出处:《宋史全文续资治通鉴》卷三二。

殿试策进士制策问
(绍定五年七月二十八日)

　　朕闻尧舜之帝、禹汤文武之王,莫不从事于学,如饥之必食,渴之必饮,未尝外道以出治,舍经以求治也。朕以眇陋,嗣承丕绪,于今九年,昧旦而朝,咨诹辅弼,延纳英隽,日御经筵,曰诵曰讲,咸有常准。然六经之道,所以淹贯天人维持世变者,至纤至悉,不可胜穷;而治监一书,又所以著历代君臣之美恶,以劝戒于后,皆莫先于修身而齐家,进君子而退小人,严名分而遏乱萌,修政事而攘夷狄,恤民隐而惧天变。朕深惟经训史策日陈于前,文字繁多,涂辙迂阔,求其所以置力者,乃即闲燕。窃有慕古人缉熙光明之义,日就月将,躬履神会,盖以基治道之本,一人心之归,使普天率土若士与民,縣内及外,悉共縣于理义,而无本末舛逆之患、上下异向之风,顾不伟欤! 若夫商政治之得失,求民俗之利病,论士习之厚薄,则有所未暇。盖以本原既正,则他可以序举也。子大夫奉对于庭,其以有得于经史者,细绎而毕陈之,朕将亲览焉。

出处:《宋史全文续资治通鉴》卷三二。

二广武臣非经公朝拔擢不许辟郡诏
(绍定五年九月二十四日)

　　二广监司,今后武臣非经公朝拔擢,不许辟郡,特科人不得辟入郡幕;如遇阙守,祗于邻郡差摄。著为令。

出处:《宋史全文续资治通鉴》卷三二。

诸路监司体量旱歉州县检放诏
(绍定五年闰九月六日)

　　诸路监司体量旱歉州县,依条检放,察守令之贪廉仁暴以闻。

出处:《宋史全文续资治通鉴》卷三二。

求直言诏
(绍定五年闰九月十九日)

避殿、减膳、撤乐,尚虑朕躬有过,及朝政有缺,令中外臣僚极意指陈,无所隐讳。其有关民间利便疾苦,并令诸路监司守令以实具述闻奏,仍敷恩宥,以答天戒。三省条具合行事件,令学士院降赦。

出处:《宋史全文续资治通鉴》卷三二。

按劾贪吏诏
(绍定五年十一月十三日)

刑部检坐命官犯赃条令,严饬监司察部内贪吏,劾其尤者,一遵祖宗旧法,计赃虽轻,委系入己,令吏、刑部永不铨叙改正。监司不按发,并坐失职之罪。

出处:《宋史全文续资治通鉴》卷三二。

才人贾氏故伯冲赠迪功郎制
(绍定四年八月至绍定五年十二月间)

敕具官某氏故伯具某人:维邦之媛,建合后庭,泽暨一门,厥有令典。尔其伯父,拱木已阴,初品追荣,尚歆殊渥。可。

出处:《平斋集》卷二〇。
考校说明:编年据贾氏履历补,见《宋史》卷四一《理宗纪》。洪咨夔于端平元年四月至端平三年五月间任两制,贾氏于绍定五年十二月由才人进封贵妃,此制或为《平斋集》误收。

才人贾氏故兄承奉郎贾道赠承事郎制
(绍定四年八月至绍定五年十二月间)

敕具官某氏故兄具官某:维邦之媛,建合后庭,泽暨一门,厥有令典。尔其同气,拱木已阴,进秩追荣,尚歆殊渥。可。

出处:《平斋集》卷二〇。

考校说明:编年据贾氏履历补,见《宋史》卷四一《理宗纪》。洪咨夔于端平元年四月至端平三年五月间任两制,贾氏于绍定五年十二月由才人进封贵妃,此制或为《平斋集》误收。

才人贾氏故母弟迪功郎史商卿赠修职郎制
(绍定四年八月至绍定五年十二月间)

敕具官某氏故母弟具官某:维邦之媛,建合后廷,泽暨母党,厥有令典。尔其季舅,拱木已阴,进秩追荣,尚歆殊渥。可。

出处:《平斋集》卷二〇。

考校说明:编年据贾氏履历补,见《宋史》卷四一《理宗纪》。洪咨夔于端平元年四月至端平三年五月间任两制,贾氏于绍定五年十二月由才人进封贵妃,此制或为《平斋集》误收。

以皇太后不豫赦天下诏
(绍定五年十二月六日)

皇太后圣体稍愆和豫,朕夙夜于旁,不敢辄懈,命医尝药,吁天祷神,间亦小瘳,犹未全愈。宜宏宥过之施,式迓无疆之休,可大赦天下。命官分祷于天地、宗庙、社稷、宫观。

出处:《宋史全文续资治通鉴》卷三二。

皇太后不豫求医诏
(绍定五年十二月六日)

皇太后圣体违和,服药未效,如草泽有能治疗痊安者,白身除节度使,已有官人及愿就文资者,并比附推恩外,更赐钱十万贯、田五百顷。三省可出榜晓谕,仍许径赴和宁门外自陈,内侍省即时闻奏。

出处:《宋史全文续资治通鉴》卷三二。

大行皇太后陵寝务从俭省诏
(绍定五年十二月十六日)

大行皇太后陵寝当遵遗诏,务从俭省。诸路监司州府军监寺正进慰表,其余礼物并令免进,仍不得以助修奉攒宫为名,有所贡献。

出处:《宋史全文续资治通鉴》卷三二。

于宫中服三年之丧诏
(绍定五年十二月)

朕惟皇天降割,大行皇太后上仙,哀痛罔极。但内朝大典,不敢辄有改更,朕于宫中自服三年之丧。

出处:《宋史全文续资治通鉴》卷三二。

赠闵忠左誉朝奉郎敕
(绍定五年)

昔张巡以赢卒守危堞备寇,城陷,骂贼不屈而死,唐朝褒恤之典,仅闻庙食睢阳而已。尔左誉以一尉之微,乃能为巡所为,风节凛凛,今犹有生气,此朕之所甚嘉叹而重悯恻也。岳阳庙食,视睢阳无异矣,优赠员郎,赏延于嗣,虽迟迟一纪之后,九京可作,尚懋钦哉!可特赠朝奉郎,仍与一子恩泽,行下祠于学。

出处:同治《永新县志》卷二二,同治十三年刻本。

奉议郎直秘阁权发遣阆州蒲泽之除直宝章阁
利州路提刑兼提举制
（绍定五年后）

梁汉去朝廷远,吏或不良,则刑罚不中,疾苦不闻,谕我哀矜轸恤之意者,其惟贤部刺史乎！尔蜀人也,尝守蜀郡,有治理效,习于蜀故也。惟时经理西土,疮痍未瘳。狱民命也,食民天也,兹庸付之臬事,兼领常平。秉双节以惠一道,升内阁以重外台,使囹圄虚,仓廪实,以宽西顾之忧,则予汝嘉。

出处:《樵溪居士集》卷五。
考校说明:编年据蒲泽之官历补,见万历《四川总志》卷一〇。蒲泽之活动于理宗朝,此文当为《樵集居士集》误收。

理宗度宗恭帝朝卷三　绍定六年(1233)

再蠲临安嘉兴府竹木之征诏
(绍定六年正月三日)

两浙转运司,临安、嘉兴府、徽、严、安吉州竹木之征,再蠲三月。

出处:《宋史全文续资治通鉴》卷三二。

今岁明堂大礼并从省约诏
(绍定六年四月二十六日)

今岁明堂大礼,令有司惟事神仪物、诸军赏给悉循旧制,其乘舆服御、中外用度,并从省略,有司条具以闻。

出处:《宋史全文续资治通鉴》卷三二。

幸史弥远第视疾诏
(绍定六年十月十六日)

史弥远定策元勋,久以病告,朕欲亲幸其第视疾,令有司条具以闻。

出处:《宋史全文续资治通鉴》卷三二。

推恩史弥远子孙诏
（绍定六年十月十七日）

史弥远勤劳王室,垂及三纪,以疾解政,所宜曲加优礼。长子宅之权户部侍郎、兼崇政殿说书,次子宇之依旧直华文阁、枢密副都承旨,长孙同卿直宝章阁,次孙绍卿、会卿、晋卿并补承奉郎,女夫赵汝棋军器少监,孙女夫赵崇𤪽转一秩,与升擢差遣。

出处:《宋史全文续资治通鉴》卷三二。又见《宋史》卷四一《理宗纪》。

令薛极与三省以下措置楮币以闻诏
（绍定六年十月十七日）

楮币浸轻,关系甚重,薛极久参国政,练达时宜,令与三省以下措置以闻。

出处:《宋史全文续资治通鉴》卷三二。

住罢铜钱局诏
（绍定六年十月二十日）

出内帑缗钱二十万,令临安府措置兑易,日下住罢铜钱局。

出处:《宋史全文续资治通鉴》卷三二。

侍从不时面对诏
（绍定六年十一月一日）

侍从论思献纳之选,朕所亲擢,方作新庶政,渴想嘉猷。自今可不时面对,凡朕躬得失、国事便宜,悉以启告,毋有所隐。

出处:《宋史全文续资治通鉴》卷三二。

令宰执入对便殿诏
（绍定六年十一月十六日）

朕恭览孝宗皇帝宝训,景行懿德,如勤政之条,大臣不时宣引,商搉庶务,朕深慕焉。今视朝之顷,诹访未周,欲仰遵旧典,间令宰执入对便殿,从容启沃,各罄所怀,以副朕厉精之意。

出处:《宋史全文续资治通鉴》卷三二。

赵葵便宜施行捍御事诏
（绍定六年十一月二十七日）

今淮东安抚制置使兼知扬州赵葵任责详审措置边面捍御,如遇缓急,应调遣、赏罚等,并听便宜施行。

出处:《宋史全文续资治通鉴》卷三二。

赐史弥远第本家居止诏
（绍定六年十二月八日）

史弥远拥立眇躬,功在社稷,宅之缴纳赐第,今特赐本家居止,仍奉家庙,以称朕始终优礼之意。

出处:《宋史全文续资治通鉴》卷三二。

推恩薛极子孙诏
（绍定六年十二月十日）

薛极更练老成,久劳国事,求去屡矣,每谕留之。今以疾辞甚力,勉从雅志,俾均逸藩府。其子燧、光,孙坦各特转一秩,与升擢差遣,余一依宰臣恩数。

出处:《宋史全文续资治通鉴》卷三二。

赐赵善璙敕书
（绍定六年冬）

敕善璙：朕恭承丕绪，思大有为，三边帅阃，皆所亲擢。比岁二虏交攻，疆埸弗靖，《采薇》之侵，栉沐风雨，捍御劳瘁，朕甚念之。今事会鼎来，大运方新，属亲万机，整齐内治。凡我择臣，暨于爪士，宜思阃内之重，激怠惰，起事功，毋染旧沿，毋趋幸门，毋事苟苴，毋尚掊克，毋便文以自营，毋轻举以贪利。其有规略素定，计虑已审，尚一乃心力，观时制宜，勿复顾望，以勉图厥成，予有封爵，不汝靳也；否则有显罚，予曷汝贷。其明听毋忽。故兹戒谕，想宜知悉。冬寒，汝比好否，遣书指不多及。

出处：《永乐大典》卷六六九七。

黄干特赠朝奉郎告词
（绍定六年）

洙泗之斯文未丧，得颜、曾数子羽翼，而其教大明；伊洛之正学方兴，得杨、尹诸人发挥，而其传益广。今有倡道武夷，而门人之中卓然以扶世立教自任，是固国家之所当尊尚也。以尔绍兴名御史瑀之子，庆元朱侍讲熹之甥，密察精思，尽得师传之正；笃行力践，发为贤业之光。矧熹于易箦之时，属尔以传道之托，讨论三《礼》，敷绎《四书》。朕今读其书，求其徒，思坚正洪毅如干者，既不得与之同时矣，则追荣一秩，燕及后昆，朕又何爱焉！可特赠朝奉郎。

出处：元刻本《勉斋先生黄文肃公文集》附录。

理宗度宗恭帝朝卷四　端平元年(1234)

求直言并举官诏
(端平元年正月一日)

令内外小大之臣悉上封事,朝政得失、中外利病,尽言无隐。侍从、卿监、郎官、在外执政从官,举公廉信敏可为监司守令者,三衙、统帅、知閤、御带、环卫、在外管军举智勇忠悫可为将帅者各二人。

出处:《宋史全文续资治通鉴》卷三二。

钟震授兼侍读制
(端平元年正月一日)

敕:朕以眇躬,学于古训。六经之义何上,莫窥往圣之心;正月之吉始和,首遴鸿儒之选。庶裨实政,毋作美观。具官某,以文雅撷先儒之英,以淹通擅良史之誉。簪笔扈从,亦既有年。侍燕清闲,屡闻入告。爰即延英之席,用升进读之华。究观前朝,厥有成监。范祖禹进《帝学》八卷,色和而气平;吕公著列《时议》十条,义明而词约。盖于诵说之际,傅以箴规之词。无俾二人,专美元祐。可。

出处:《鹤林集》卷七。
撰者:吴泳
考校说明:编年据《宋史》卷四一《理宗纪》补。

李性传授兼侍讲制
（暂系于端平元年正月一日）

敕具官某：在昔泰陵，有臣祖禹，方侍延英之日，首陈《帝学》之书，以宪道稽德为言，以敬祖亲贤为法，经术讲论蔚为当时第一。朕方崇向往籍，敷求正人，博古通今，无如性传者。是用升之讲幄，以备谘访。夫祖禹亦蜀人也。益楳乃猷，惟前人是似。可。

出处：《鹤林集》卷七。

撰者：吴泳

考校说明：编年据《宋史》卷四一《理宗纪》补。"侍讲"，《宋史》卷四一《理宗纪》作"侍读"。

张虑授兼侍讲制
（暂系于端平元年正月一日）

敕具官某：朕闻之《书》曰："即我御事，罔或耆寿俊在厥服，予则罔克。"盖简在王庭者，不可亡白首耆艾之士也，矧迩英之地哉！尔儒之凤望，有德有年，聘从乡闾，长我庠校，士知所模楷矣。是用晋登讲筵，以引以翼。尔其据经守正，弼予于治。则予亦一话一言，永惟成德之彦是信。其往钦哉。可。

出处：《鹤林集》卷七。

撰者：吴泳

考校说明：编年据《宋史》卷四一《理宗纪》补。《宋史》卷四〇七《张虑传》："端平初，召为国子司业兼侍讲，以《礼记·月令》进读，至'狱讼必端平'之语，"《宋史》卷四一《理宗纪》作"侍读"。

陈公益授兼侍讲制
（暂系于端平元年正月一日）

敕具官某：朕获承圣绪，涉道未明。乃正月始和，博求儒雅，以待劝讲，思所以开太平、章缉熙也。尔史于柱下，经明行修，每侍清闲，敷畅厥旨，俾予迪兹古训,乃有获。昔贾昌朝于景祐元年说书崇政,四年侍讲天章阁,盖以其诵说明白耳。毋俾昌朝,专美景祐。可。

出处:《鹤林集》卷七。

撰者:吴泳

考校说明:编年据《宋史》卷四一《理宗纪》补。"侍讲",《宋史》卷四一《理宗纪》作"侍读"。

令礼部条具各州科举终场及发解人数详酌奏闻诏
(端平元年正月二日)

朕惟国家科举取士,群材辈出。中兴以来,承平百载,间有州郡士风极盛,里选之额至少,不无遗才,非所以示选举之均也。今岁大比,朕欲广搜罗之才,为精择之地。可令礼部条具各州科举终场及发解人数,详酌奏闻。

出处:《宋史全文续资治通鉴》卷三二。

荣王封三代诏
(端平元年正月二十七日)

太师、中书令荣王已进王爵,宜封三代,曾祖子奭赠太师、吴国公,祖伯旿赠太师、益国公,父师意赠太师、越国公。

出处:《宋史》卷四一《理宗纪》。

江海郭胜叙复元受军职诏
(端平元年正月二十九日)

京西忠顺统制江海、枣阳同统制郭胜,向因所部兵行劫,坐不发觉除名,广州拘管。遇赦,还军前自效有功,并叙复元受军职。

出处:《宋史》卷四一《理宗纪》。

李埴授兼侍读制
(暂系于端平元年正月前后)

敕:朕鼎新化原,晋用儒雅。谓万事之统犹阙,询兹黄发则罔愆;虽六经之道同归,学于古训乃有获。式资鸿宿之望,俾侍燕闲之游。具官某,一代耆英,四朝旧德。徽言善道,源流尚接于乾淳;全节高名,夷险弗渝于泰定。逮诸老收声之尽,屹孤忠贯日之明。补纫犀倾,扶立鳌断。每念尔身之在外,孰如以道而事君?精神可以折冲,故范镇有趣还之诏;筋力不以为礼,故次膺加毋拜之文。矧圣政之一书,实高皇之巨典,非得博古通今之士,岂当明师劝诵之筵?天下达尊三,尔尚式陈于猷训;九经行者一,予其弗替于箴言。毋曰遄归,庶期共治。可。

出处:《鹤林集》卷七。
撰者:吴泳
考校说明:编年据文中所述"朕鼎新化原,晋用儒雅……每念尔身之在外,孰如以道而事君?精神可以折冲,故范镇有趣还之诏"补,见《宋史全文续资治通鉴》卷四一。

梁成大降授承议郎制
(端平元年二月二日)

敕具官某:鄙夫而语事君,孔子存患失之戒;不仁而在高位,孟轲有播恶之议。尔趣操庸回,气姿恨愎。冒载籍所无之恶,为市人不耻之污。梯缘隶臣,斗上宪府。显排众正,莫逃偃月之奸;阴比元凶,弗省冰山之倒。蔇朕亲政,俾而革心。夜批一纸之书,明示二凶之罚。而烦言交喷,公议弗容。遂近徙于温陵,仍再镌于显秩。开国承家,小人勿用。予尚监于斯言;明德谨罚,我邦以修,汝图惟于终誉。可。

出处:《永乐大典》卷七三二三。又见《四库辑本别集拾遗》。
撰者:吴泳
考校说明:编年据《宋史》卷四一《理宗纪》补。

免百官表贺诏
(端平元年二月三日)

天佑我宋,获殄仇敌,八陵未崇,深用感怅。矧居恤制,尚御便朝。可特免百官表贺。

出处:《宋史全文续资治通鉴》卷三二。

令侍从等具前代本朝事迹关政体附己见进入诏
(端平元年二月九日)

自今侍从间五七日、经筵官遇假日,可具前代、本朝事迹关政体者一二,附以己见,不时进入。

出处:《宋史全文续资治通鉴》卷三二。

不许辄用徒刑诏
(端平元年二月十三日)

朕观敕令所旧册,恭睹孝宗皇帝逐事点勘增修删改,曲当情法,于恤刑条又加详焉。因思近日官府轻用徒刑,自今可除犯罪贷命、奸赃伏辨已结录人外,不许辄用,令诸道提刑月取情案人数上之朝廷,仍令御史台觉察。

出处:《宋史全文续资治通鉴》卷三二。

令卿监郎官以上诣尚书恭视祖宗陵寝图集议以闻诏
(端平元年二月十四日)

朕惟国家南渡之后,八陵迥隔,常切痛心。今京湖制置以图来上,恭览再三,悲喜交集,凡在臣子,谅同此情。可令卿监、郎官以上诣尚书省,恭视集议以闻。

出处:《宋史全文续资治通鉴》卷三二。

许端平元年正月以前命官贬窜物故者归葬诏
（端平元年二月十八日）

令端平元年以前命官得罪贬窜事故者,许归葬,令刑部刷具合叙复放便人数上于朝廷。

出处:《宋史全文续资治通鉴》卷三二。

编类端平会计录诏
（端平元年二月二十一日）

令尚书省计簿房置局稽考,委都司官同枢密院编修官编类端平会计录,仍令条具来上,权置检阅文字二员。

出处:《宋史全文续资治通鉴》卷三二。

加封昭州灵济庙五侯敕
（端平元年三月一日）

敕昭州龙平县灵济庙嘉应侯等:朕惟有位,咸秩百神,非有功于民,不居祀典。尔屹彼灵祠,奠于侯位。山川之能致雨,皆汝之功;舟楫以济不通,皆汝之佑。是用嘉乃丕绩,申命彻侯。於戏！神苟能益懋乃功,则封崇之典实未艾也。可依前件。奉敕如右,札到奉行。敕告嘉应侯等:兹特封金殿嘉应仁济侯,银殿显应仁佑侯,梅殿昭应仁泽侯,刘殿惠应仁顺侯,柴殿通应仁茂侯。钦哉！

出处:雍正《广西通志》卷九八。

令李心传修国朝会要诏
（端平元年三月九日）

李心传为著作佐郎、兼四川制置司参议官,修《国朝会要》,令成都府给笔札之费。

出处:《宋史全文续资治通鉴》卷三二。

条具俘获鬼章事宜来上诏
(端平元年三月九日)

礼部、太常寺条具合行事宜,礼官援俘获鬼章事宜,结故事来上,令赴都堂呈引,敕大理寺审实。

出处:《宋史全文续资治通鉴》卷三二。

二税折科令官民户一体施行诏
(端平元年三月十六日)

户部下诸路州县,凡二税折科,令官、民户一体施行。

出处:《宋史全文续资治通鉴》卷三二。

曾三异除秘阁校勘制
(端平元年三月十九日)

敕具官某:蓬莱方丈之胜,必老于词学者婆娑其间,亦邦之光也。尔年德可敬,神明不衰。登之木天,益饱观未见之书。懋哉!嗣有褒擢。

出处:《蒙斋集》卷九。
考校说明:编年据《南宋馆阁续录》卷九补。袁甫此时未任两制,此文或为《蒙斋集》误收。

免解进士曾三异年七十该庆典授承务郎
差监潭州南岳庙制
(端平元年三月)

敕具官某:人贵老者,为其近于亲也;贵有德者,为其近于道也。尔邦之寿隽,有德有年,该综群书,冲静恬退。方东朝庆寿七十,同里之士乃衰其行谊以闻,吾安得不尊显之？官以京秩,廪以岳祠。勉尔遁思,服此休命。可。

出处:《鹤林集》卷七。

撰者:吴泳

考校说明:编年据《南宋馆阁续录》卷九补。

以时赡给宗亲诏
(端平元年四月九日)

国家睦族之恩,过于三代,凡在孤遗,悉加赡给。近来所属多不留意,贫窭之家,或致失所,深可矜念。令大宗正司及西南外宗司下所属州县随时给之,察其违戾以闻。

出处:《宋史全文续资治通鉴》卷三二。又见《宋史》卷四一《理宗纪》。

集议和战攻守事宜诏
(端平元年四月十三日)

令侍从、两省、给舍、台谏、卿监、郎官、经筵官赴尚书省,集议和战攻守事宜,在外两淮制置大使、节制沿边军马兼沿江制置使。

出处:《宋史全文续资治通鉴》卷三二。

归顺人同鼎武翼郎王闻显武翼大夫
呼延实来伯友修武郎制
(端平元年四月二十二日)

敕具官某:国家推天覆之仁,舍逆取顺,岂以南北为间？尔等执羁绁以从亡虏,途穷力屈,束身归命,朕不汝弃也。易界武级之劳,毋忘忠力之报。可。

出处:《平斋集》卷一七。又见《永乐大典》卷一三四九八。

撰者:洪咨夔

考校说明：编年据《宋史》卷四一《理宗纪》补。

枢密检详袁肃除右司郎中兼权枢密副都承旨制
（端平元年四月二十四日前）

敕具官某：朕更张万化，首命一相管文武之柄。宰揆以赞政理，枢揆以参讦谟，非深识厉精求治之意，不在此选。尔学得其传而邃于知，气集以义而勇于行，端笏立朝，论议闳伟，朕知其可大受也。挈宏纲于省闼，导密旨于殿陛，肆兼命尔。维时股肱大臣，内欲为朕修《天保》以上之治，尔弥缝之；外欲为朕举《采薇》以下之治，尔佐佑之。往钦哉！可。

出处：《平斋集》卷一七。
撰者：洪咨夔
考校说明：编年据袁肃官历补，见《咸淳临安志》卷四九。

右司郎中袁肃除太府少卿兼知临安府制
（端平元年四月二十四日）

敕具官某：维前宁人得名法从，浚正大之源以养君德，折奸邪之气以兴人心。学无不该，用有未尽。求诸一庭诗礼之彦，为我四方岳牧之师。尔讲贯有源，业履甚度。盘根利器，奏民庸而独高；熟路轻车，耸朝望以更伟。肆简都曹之最，进参列寺之华，典吾神皋，资乃儒术。俗久坏而周南之化未浃，政积弛而商邑之治未张。澄精神于百为，妙机括于一转。迪若考诗书之训，宣朕躬道德之行。民情咸熙，国势自重。此非赵张三王所能知也。往远乃猷，用对予渥。可。

出处：《平斋集》卷一七。
撰者：洪咨夔
考校说明：编年据《咸淳临安志》卷四九补。

郑性之授兼侍读制
（端平元年四月二十四日）

敕：汉儒以明经擢谏议大夫，唐旧典以谏议入乾符门。讲读谏净，经术之相须,其来旧矣。至国朝绍兴以后,始有兼官之称。具官某,凝远而靖深,端方而简重。壮年射策,曾驰汉庭鲠直之声;幼学从师,尽得考亭精微之蕴。入居保氏之职,晋侍迩英之游。朕之不明不敏,尔康正之;朕之弗念弗庸,尔辅弼之。先民有言:"朝无争臣则不知过,国无达士则不闻善。"尔其交修,朕将有望焉。可。

出处:《鹤林集》卷七。

撰者:吴泳

考校说明:编年据《后村先生大全集》卷一四七《郑观文神道碑》补。

吴潜授秘合修撰兼江西路计度运副制
(端平元年四月二十七日后)

　　敕具官某:朕爱护人才,如植嘉木,息之以夜气,润之以膏雨,皆所以养其根而俟其实也。尔顷使江东,蔚有治状。一从家食,朕每念之。今复以江西漕饷起家矣。兵盗之余,民食为急。辑疲氓,戢贪吏,使西人如饥之望岁,亦犹东人之去后见思,则汝之此行,始为称指。可。

出处:《鹤林集》卷八。

撰者:吴泳

考校说明:编年据吴潜官历补,见《景定建康志》卷二六、《宋史》卷四一八《吴潜传》。

洪咨夔授试中书舍人制
(端平元年四月二十八日)

　　敕:朕式观人文,灼见天运。二《典》三《谟》之书既远,六《誓》七《诰》之旨不传。汉制诏犹有尔雅之风,唐宏词直类俳优之作。皇宋受命,五星聚奎。天圣、明道其气浑,熙宁、元祐其词达。一变西昆俪语之陋,养成南渡诸贤之英。今复百年,岂无名世?具官某,性从敏悟,学以博闻。刚大直方,不改山林之操;温纯深润,能为廊庙之文。顷司南台,晋掌西掖。悼大道之久郁,须嘉言之孔彰。必为章如云汉,而后足以见王者之心;必出令如风雷,而后足以鼓天下之动。庶几治古,复见斯今。可。

出处:《鹤林集》卷六。

撰者:吴泳

考校说明:编年据洪咨夔宦历补,见《宋史》卷四〇六《洪咨夔传》、《平斋集》卷一二《辞免殿中侍御史申省状》《辞免中书舍人申省状》、《南宋馆阁续录》卷九。

吴潜落秘阁修撰制
(端平元年四月二十九日)

敕:朕惟祖宗旧典,举进士第一,必历三司盐铁使,王蔡诸人,尤其显者。虽荣贵素定,而必烦之以财赋之任,盖所以老其才也。尔以抡魁之彦,出都赋舆,当军饷急迫中,乃能捐民租至八十余万,可以为难矣。朕方擢承密旨,以旌其劳,而言者谓汝违道干誉,朕亦安得庇汝耶?虽然,往蹇所以来硕,习坎所以维亨,尔其再思,以俟复用。可。

出处:《鹤林集》卷九。

撰者:吴泳

考校说明:编年据《宋史》卷四一《理宗纪》补。

吴渊落右文殿修撰制
(端平元年四月二十九日)

敕具官某:左丘明谓元凯为才子,扬雄谓公仪、仲舒为人才之首。才固未尝不善也,而过用其才,则咎之招也。尔名父之子,肤敏好修。置之省闼,见谓才选,而乃不自韬晦,好多上人。纪纲之地,不以心兢,而以力争,汝安得无过欤?落书殿罢宝冶,所以玉汝。傥能思牝牛之为吉,知木鸡之为全,则用之未晚也。可。

出处:《鹤林集》卷九。

撰者:吴泳

考校说明:编年据《宋史》卷四一《理宗纪》补。

国子司业张虑除祭酒仍兼侍讲制
（暂系于端平元年四月）

　　敕具官某：贤必希乎圣，士必希乎贤。朕欲新美天下之士，亲择老成有贤望者为国子师，士非幸欤？尔渊乎海滨之老也，见几而蚤遁，览德而肯来。俾参师氏，诏美于虎门。望其容则易直子谅之心生，听其辞则渊泉溥博之义见，而况抠衣问业于函丈之间者？兹用进之大司成，以专六德之教。师道立而善人多，丰芑所以为数世之仁，朕其庶几乎！可。

出处：《平斋集》卷一七。
撰者：洪咨夔
考校说明：编年据洪咨夔任两制时间、同集前后文时间补。

大理少卿李鸣复除大理卿制
（暂系于端平元年四月）

　　敕具官某：朕近观敕令所编类旧典，我孝祖宸笔逐事点勘，增修删改，曲当情法，于恤刑之条尤加详焉。企慕不已，因亲札以示轻用徒刑之戒。廷尉天下平，可不遴择？尔表于西州，仪于王朝，心夷气和，蔼然君子长者之风。乃者俘累之狱，咨尔听之，简稽得情，弊成以宥，而朕好生之德被于貉隶，达于穷发之北，良用嘉叹。晋跻九列，帅属棘廷，使四方司政典狱咸知朕钦恤之意。念之哉！刑期无刑，以长我王国。可。

出处：《平斋集》卷一七。又见《彭城集》卷一九。
撰者：洪咨夔
考校说明：编年据洪咨夔任两制时间、同集前后文时间补。此制又见《彭城集》卷一九，当为《彭城集》误收。

吏部郎中赵彦悈除大理少卿制
（暂系于端平元年四月）

　　敕具官某：朕近观敕令所编类旧典，我孝祖宸笔逐事点勘，增修删改，曲当情法,于恤刑之条尤加详焉。孰复企慕,因亲札以示轻用徒刑之戒。廷尉天下平,可不遴择? 尔讲学之粹,操履之茂,摽的于公族。而吏治更高,司臬江左,谳奏平允,一道无冤民。入为望郎,进参列棘,四方司政典狱于尔乎则焉。钦哉! 刑期无刑,以长我王国。可。

出处:《平斋集》卷一七。又见《彭城集》卷一九。
撰者:洪咨夔
考校说明:编年据洪咨夔任两制时间、同集前后文时间补。此制又见《彭城集》卷一九,当为《彭城集》误收。

国子博士李大同除秘书丞仍兼崇政殿说书制
(端平元年四月)

敕具官某:斯文在天地间,前乎管百世之既往,后乎钥百世之方来,非诸儒谁属? 尔以经明行修都伦魁之望,《诗》所谓“如金如锡,如圭如璧”者也。列在书帷,据经订古,以沃朕心,具有师法,朕甚嘉之。繇博士进丞中秘,仍懋金华之业,盖将闳其中而肆其外,用昌斯文,岂特以镇吾群玉之府! 可。

出处:《平斋集》卷一七。
撰者:洪咨夔
考校说明:编年据《南宋馆阁续录》卷七补。

著作佐郎蒋重珍除著作郎仍兼崇政殿说书制
(端平元年四月)

朕甚嘉之。繇佐撰进领著廷。余同前。

出处:《平斋集》卷一七。
撰者:洪咨夔
考校说明:编年据《南宋馆阁续录》卷八补。

校书郎黄朴除著作佐郎仍兼崇政殿说书制
（端平元年四月）

朕甚嘉之。进赓典校,佐撰秘廷。余同前。

出处:《平斋集》卷一七。
撰者:洪咨夔
考校说明:编年据《南宋馆阁续录》卷八补。

太常博士徐清叟太学博士叶味道并除秘书郎
仍兼崇政殿说书制
（端平元年四月）

尔以经明行修,茂名家之传。徐。尔以经明行修,都儒林之望。叶。朕甚嘉之。赓博士进典中秘,余并同前。

出处:《平斋集》卷一七。
撰者:洪咨夔
考校说明:编年据《南宋馆阁续录》卷八补。

秘书丞彭方除著作佐郎兼权侍左郎官制
（端平元年四月）

敕具官某:斯文在天地间,前乎管百世之既往,后乎钥百世之方来,非诸儒谁属? 尔以经明行修都儒林之望,《诗》所谓“如金如锡,如圭如璧”者也。丞于秘丘,摄组画省,铨综余隙,尽读未见之书。韬涵日富。进之佐著,盖将闳其中而肆其外,用昌斯文,岂特为时佳吏部哉! 可。

出处:《平斋集》卷一七。又见《永乐大典》卷一三五〇七。
撰者:洪咨夔
考校说明:编年据《南宋馆阁续录》卷七补。“著作佐郎”,《南宋馆阁续录》卷七、卷八均作“著作郎”。

秘书郎张洽除著作佐郎制
（暂系于端平元年四月）

入典中秘,尽读未见之书,余同彭方制。

出处:《平斋集》卷一七。

撰者:洪咨夔

考校说明:编年据洪咨夔任两制时间、同集前后文时间、张洽宦历补,见《宋史》卷四三〇《张洽传》。

著作郎权司封郎官吴泳除军器少监兼直舍人院制
（端平元年四月）

敕具官某:朕亲揽万机,总饬百度,与士大夫洒濯激昂,以追元祐,思得轼、辙掌我书命,兴起人心于播告之下。尔操行纯茂,文思汗澜,本之诗书,畅之庄骚。太史体宜演诰,朕有戒监,职优务省,往服少事,雍容讨论,推厉精更始之意著之训辞,浑厚森严,与越棘大弓同其古,斯无愧江汉之灵矣。论驳以扶国是,朕又于此观尔之风力。可。

出处:《平斋集》卷一七。

撰者:洪咨夔

考校说明:编年据《南宋馆阁续录》卷八补。

礼部郎官兼学士院权直赵汝谈除秘书少监
兼权直学士院制
（端平元年四月）

敕具官某:中兴百余年,公族之直禁林,惟淳熙间彦中一人。尔识度纯明,风概凝远,杜门著书,尚友千古,皎皎白驹之在空谷也。泰道宏开,勉为朕起。南宫北扉,文简而有法,进参木天之峻,仍直丹地之严,选妙擢殊,前后间见。尔其推朕厉精更始之意著之训辞,使四方万里咸曰"大哉王言,一哉王心",是为称职。可。

出处:《平斋集》卷一七。

撰者:洪咨夔

考校说明:编年据《南宋馆阁续录》卷七补。

敷文阁直学士知潭州余嵘除华文阁学士
沿海制置使知庆元府制
(端平元年四月)

　　敕:朕总治中朝,分任外阃,或统江淮表里之势,或当襄蜀风寒之冲。乃眷鄞江,近扼海道,欲壮股肱之郡,必求方面之材。具官某学明而履方,气充而用博。操纵阖辟,莫穷应变之长;卷舒屈伸,不改有常之度。拥甘泉之宿望,镇长沙之价藩。谓弄兵多出于无聊,而患盗每生于有欲。风采一振,号令具孚。欢绿林之革心,渺青草之息警。转闻良伟,简在逾深。寇恂之定颍川,久徇借留之请;萧生之守冯翊,更图详试之功。陟奎阁之穹班,总制垣之重寄,宏开四履,远控三韩。惟威望耸则风帆浪舶之无虞,惟恩信著则椎髻卉衣之来慕。以至业相安于田里,福并及于京师。繄我誉髦,奚烦多训! 可。

出处:《平斋集》卷一七。

撰者:洪咨夔

考校说明:编年据《后村先生大全集》卷一四五《余尚书神道碑》补。

趣召崔与之手札
(端平元年四月)

　　卿年高德邵,国之望也。朕亲政以来,渴想犹切,虚天官以俟。泝览奏牍,奚辞之确耶? 朕惟寡昧,冀扬前烈,当勉为朕起,以副图任之意。《书》不云乎:"尚犹询兹黄发,则罔所愆。"此朕惓惓于卿者,眷然有怀。其趣就道,勿复引辞。

出处:《崔清献公全录》卷九。又见《广东文献初集》卷二,民国《增城县志》卷二七。

监察御史王定授大理少卿制
(暂系于端平元年四月后)

敕具官某:执宪南台,明刑北寺,均于治天下之平也。尔年耆行高,智敏才赡。见闻之接诸老,尚有典刑;仕宦而升中都,不畏强御。辍从宰士之要,分典台纲之清。曾未浃旬,贰于卿谳,朕之所以待汝亦厚矣。尔其谨于庶言庶狱,稽用中德,尚朕钦恤之意。可。

出处:《鹤林集》卷六。
撰者:吴泳
考校说明:编年据王定官历补,见《宋史》卷四○六《洪咨夔传》等。

季衍直宝文阁致仕制
(暂系于端平元年五月前)

敕具官某:河东守以一人之毁而去,云中守以文吏之绳而罚,今昔之通恨。尔直方自信,无所挠折,宅牧淮右,竟以贾憎。朕夷考其平生,公于徇国,廉于居官,睽弧之疑可亡也。齿发未衰,遗荣何亟。进直宝奎,尚其吐气。可。

出处:《平斋集》卷一八。
撰者:洪咨夔
考校说明:编年据季衍官历补,见同集同卷《复中大夫直龙图阁致仕季衍特赠通议大夫制》。

师睿授知南外宗正事制
(端平元年五月九日前)

敕:周命司仪以大辑同姓,展亲也;汉置京师以纠察公族,尚贤也。盖敬不可不隆于上,训不可不严于下。此宗正之职,所以辅人主之教化,其重有如此欤?具官某器远质茂,属尊行高。奉璧而朝,进退不改其度;分璜而处,奇邪不接于心。虽云公爵之既崇,讵可祠庭之均佚?仍将使节,俾长宗盟。经不云乎:"子率以正,孰敢不正?"率正之道,又自尔躬始,其勉之哉。可。

出处:《鹤林集》卷六。

撰者:吴泳

考校说明:编年据赵师𡩋宦历补,见《宋史全文续资治通鉴》卷三二。

希丞换授皇叔右监门卫大将军高州刺史提举佑
神观免奉朝请制
（端平元年五月十一日）

敕具官某:周封三叔,而伯不获是分。惟不尚年,盖昭德也。尔信厚世济,温文性成。于宗属为亲,于荣邸为近,于朕则父党也。而克自抑畏,不期侈骄。既多淑声,宜有异数。于是以尔内领诸卫,外牧方州,佚以真祠,免其朝请,朕之展亲至矣。敬服王命,益懋乃庸。可。

出处:《鹤林集》卷六。又见《永乐大典》卷一三五〇六。

撰者:吴泳

考校说明:编年据《宋史全文续资治通鉴》卷三二补。

与荪换授皇弟太子右监门率府率制
（端平元年五月十一日）

敕具官某:若昔厚陵,睦叙公族,时濮王子与鲁王孙迁官一等,皆举亲也。矧子近属,可缓徽恩?尔胄出神明,动循法度。率履保氏之教,不替荣王之彝。宗党称焉,朕心乐只。俾掌东宫之率,仍居南内之班。惟忠孝可以提身,惟诗书可以永誉。益思祗谨,式对宠光。可。

出处:《鹤林集》卷六。

撰者:吴泳

考校说明:编年据《宋史全文续资治通鉴》卷三二补。

李知孝降授朝散郎制
（端平元年二月二日或五月十七日）

敕具官某：官师不恭有常刑，合正朋奸之罪；司寇佐王用轻典，未孚众论之公。爰申宪章，以警谖慝。以尔词辨而行诡，外夷而中深。眈视朝绅，显济权门之恶；嗾使台掾，阴为群小之宗。至于鼓弄是非之簧，包藏嘻笑之刃。盖卢杞延龄之裔，而惠卿刑恕之俦。如彼职凉，岂宜式内。朕方更新万化，收召诸贤。谓艾草不除，岂幽兰之能殖；而枭巢不毁，何祥凤之来仪。亟于半夜之间，声此二凶之罚。疾雷破柱，弗容涣号之稽留；沧海纳污，仍示鸿恩之宽大。继以中台之论奏，申之从省之封还。仅镌华阶，犹置旁郡。正卯之恶有五，既宽鲁观之诛；帝尧之宥曰三，姑后崇山之放。更深退省，以盖前愆。可。

出处：《永乐大典》卷七三二二。又见《四库辑本别集拾遗》。
撰者：吴泳
考校说明：编年据《宋史》卷四一《理宗纪》补。

梁成大降授宣教郎制
（端平元年五月十七日）

敕具官某等：《虞书》之识谗说，本欲并生；孔氏之疾不仁，岂为已甚。傥人言之未息，斯邦宪之靡容。尔知孝起自名家，尔成大奋于寒畯。一落权门之网，数持诡道之评。混淆忠邪，颠倒黑白。地天不泰者十载，日月无光者累年。朕犹以曾为侍臣，姑用中罚。属台臣之交疏，谓司寇之失刑。遂镌两阶，复徙他郡。愚山在望，庶知省咎之方；恶水横前，尚戒怙终之习。可。

出处：《永乐大典》卷七三二五。又见《四库辑本别集拾遗》。
撰者：吴泳
考校说明：编年据《宋史》卷四一《理宗纪》补。

权工部尚书沿江制置副使知黄州兼淮西制置使赵范除两淮制置大使节制巡边军马兼沿江制置副使制
（端平元年五月十八日）

敕：江为国之门户，淮为国之藩篱。门户严则谢玄无后顾之忧，藩篱固则祖逖有前进之势。盖出入运掉之如意，在表里撑拓之得宜。分外阃以相维，总中权而尤重。具官某兼资文武，世笃忠劳。赞筹江汉之冲，隐若敌国；制胜淮海之表，贤于长城。功虽著而有谦抑之风，气虽锐而有沉深之度。知可属于大事，期共成于远图。残虏宿仇，欻一朝之就烬；中原故壤，莽万里之为墟。欲乘《车攻》复古之机，无出《天保》治内之略。孰强吾意？尔壮其猷。拔诸八座之联，付以元戎之寄。淮东西之星垒，尽受指麾；江上下之云屯，参听号令。本之老成谨重之识，行之平定安集之心，以守为攻，以全取胜。乃若秦人之鹿，掎角相资；常山之蛇，首尾俱应。必能通脉络于诸道，斯可会精神于一家。迄济中兴，用光前烈。可。

出处：《平斋集》卷一七。

撰者：洪咨夔

考校说明：编年据《宋史全文续资治通鉴》卷三二补。"两淮制置大使、节制巡边军马兼沿江制置副使"，《宋史全文续资治通鉴》卷三二作"两淮制置大使、节制沿边军马兼沿江制置使"。

吏部尚书崔与之明堂进封南海郡开国公加恩制
（端平元年五月二十四日前）

敕：朕搜仪先甲，展采上辛。赋《思齐》之诗，制虽严于孝慕；稽《我将》之颂，礼不废于宗祈。恍三灵之宴娭，迪百禄之来下。聿怀耆俊，宜锡闳休。具官某行峻而约之中，气刚而养以直。风槩高古，秋霜烈日之严；典刑镇浮，泰山乔岳之重。洊十行之趣召，俨三命之滋恭。展也达尊，烂然全节。延英论事，莫遑汗盛夏之衣；宣室受厘，犹思前半夜之席。肆肇开于公社，仍申衍于爰田。縻举邦彝，实均帝祉。积德而后兴礼，安得鲁生之来；为治不至多言，勿替申公之告。可。

出处：《平斋集》卷一七。

撰者：洪咨夔

考校说明:编年据崔与之宦历补,见《宋史》卷四一《理宗纪》。《宋史全文续资治通鉴》卷三二:"(端平元年六月二日)己巳,诏新除吏部尚书崔与之为端明殿学士、提举西京嵩山崇福宫。以其恳辞召命也。"崔与之除端明殿学士、提举西京嵩山崇福宫,《宋史》卷四一《理宗纪》系于端平元年五月二十四日壬戌。

吏部尚书崔与之除端明殿学士提举西京崇福宫制
(端平元年五月二十四日)

敕:节谊天下之大闲,而厉其节者在人主;德齿天下之达尊,而褒其德者在朝廷。朕眷怀东海之滨,夙著南阳之望,渴于见晚,趣使来思。顾抗志之何高,宜疏恩之特异。具官某纯明而积学,静定而善谋。东抚淮壖,制胜纷拿之表;西驰蜀道,计安震扰之余。乃宁考简知之深,予冲人注想之切。迟十年之圭觐,游一旦之旌招。戈戈之赍丘园,仪图共政;嚣嚣之乐畎亩,恳请辞行。屹砥柱于患失之波,皆灵光于戒得之境。勉从雅志,丕振高风。维元祐诸贤之方来,独范镇屡召而不至。进承明之秘殿,领崇福之殊庭,兹复见于耆英,宜一循于优礼。凤翙翙而亦集爰止,朕虽阻于仪刑;驹皎皎而毋有遐心,尔尚殚于训告。可。

出处:《平斋集》卷一八。
撰者:洪咨夔
考校说明:编年据《宋史》卷四一《理宗纪》补。《宋史全文续资治通鉴》卷三二系于端平元年六月二日己巳。

华文阁待制江西安抚使陈韡除权工部侍郎
兼江西安抚使知隆兴府制
(端平元年五月二十四日)

敕:政失宽猛之中而后有苟泽之奸,民困饥寒之迫而后有潢池之盗。锄萌芽则力易,图滋蔓则功难。有嘉讨捕之劳,庸示褒迁之宠。具官某忠以体国,儒而知兵。遏淮寇之鸱张,威名蚤畅;殄闽凶之蜂起,筹略更高。绿林动于循梅,黑稍被于汀赣,跳梁莫制,震荡靡宁。朕合三道而建元戎,尔鼓诸将而鏖剧贼。访鸿雁于棘矜之下,追往骺于筼筜之间。左剪右屠而禽其良,既大惩于弗靖;下管上簟而安斯寝,遂咸乐于有生。以数年宣力之勤,底一旦成功之伟,宜进班于起部,仍宅牧于洪都。勉为朕留,益振如虎如貔之气;尽除民蠹,永凝买牛买犊之风。可。

出处:《平斋集》卷一八。

撰者:洪咨夔

考校说明:编年据《宋史》卷四一《理宗纪》补。

讨论沂靖惠王荣文恭王置立祠堂园庙诏
(端平元年五月二十八日前)

沂靖惠王、荣文恭王合依典礼置立祠堂园庙,令礼寺讨论以闻。

出处:《宋史全文续资治通鉴》卷三二。

黄干等赐谥复官诏
(端平元年五月二十八日)

黄干、李燔、李道传、陈宓、楼昉、徐宣、胡梦昱皆厄于权奸,而各行其志,没齿无怨。其赐谥、复官、优赠、存恤,仍各录用其子,以旌忠义。戴野其复元资,以励士风。

出处:《宋史》卷四一《理宗纪》。

徐瑄赠集英殿修撰制
(端平元年五月二十八日)

敕具官某:舍生而取义,杀身以成仁,惟刚者能之。尔烛理明,植志果,屡踬而气愈劲。晚治廷尉狱,怵之风旨不移,压之祸福不折,据经订律,反复开陈,宁以一身试不测之渊,而不忍以根连株送之命资其身,委蜕炎瘴,其甘如饴,非所谓刚者乎! 唐司刑有功守死明道,不阿旨诡辞以求苟免,吾于尔见之。追荣论撰,仍录遗孤,英魂如在,尚知未有久而不定之天也。可。

出处:《平斋集》卷二一。

撰者:洪咨夔

考校说明:编年据《宋史》卷四一《理宗纪》补。"徐瑄",《宋史》卷四一《理宗纪》作"徐宣"。

敷文阁学士通奉大夫程珌该庆典转正议大夫制
(端平元年五月)

敕:奉寿卮于长乐,方深追慕之悲;通禁籍于甘泉,尚共荣怀之庆。有嘉宿德,何爱崇阶!具官某学邃而识融,履纯而养厚。济时谠议,五英六茎之和;华国高文,四琰八簋之古。自玉堂之引去,每宣室之兴思。胡扼虎关,尚闲驹谷。复非遽复,已萌于硕果之余;睽不终睽,必合于遇雨之后。首进班于穿阁,仍赋廪于珍台。在尔初无慕爵之心,惟朕盖有懋官之典。肆加蕃锡,庸侈殊私。施戟方新,宁郁起家之望?佩囊惟旧,毋忘存阙之忠。可。

出处:《平斋集》卷一七。又见《洺水集》附录。
撰者:洪咨夔

秘书丞兼崇政殿说书李大同除右正言兼侍讲制
(端平元年五月)

敕具官某:师氏诏美,保氏谏恶,皆有道之士为之。朕厉精求治之初,增置经筵官,相与讲明五三六经之道,以养其源。诸儒序进,襜如翼如。尔于其间,须眉皓白,气肃而辞庄,渊乎其似道也。朕退而自喜,曰得一佳谏官矣。擢置骑省,仍侍毡厦,逆耳沃心,朕于尔乎嘉赖。官守一时之臧否,言责万世之荣辱,毋惮婴鳞,有怀不尽。然轫轮折槛,特救过于已著,望仪刑而意消,不闻亦式,不谏亦入,庶其置朕于无过之地乎!可。

出处:《平斋集》卷一七。
撰者:洪咨夔
考校说明:编年据《南宋馆阁续录》卷七补。

国子监丞张翀除秘书丞制
（端平元年五月）

　　敕具官某：寺监皆有丞，中秘为高。天球琬琰之出元圃，梗楠杞梓之生邓林，地望殊也。尔学殖瑰粹，材猷翘拔，蔚乎诸儒之颖。丞我胄监，不挠于法而教令行，贤问益昭。西昆群玉之府，游其间者皆天下选，尔往丞之，地望称矣。本固则末茂，形大则声宏，其益充所养，以待方来之用。可。

出处：《平斋集》卷一七。
撰者：洪咨夔
考校说明：编年据《南宋馆阁续录》卷七补。

太府少卿何炳除司农卿制
（暂系于端平元年五月前后）

　　敕具官某：文帝一形钱谷出入之问，贯朽粟腐，其效立见。朕于国计登耗，念之熟矣，而大农经费常患于不赡，何耶？尔性行纯固，材谞通明，蚤游刃而有余，晚韬光而更密。入参治藏之府，曾几何日，能声著闻，进长九扈，将以裕吾国也。孰漏当窒，孰蠹当除，孰冗当节，公尔忘私，毋惮丛剧，庸称予厉精政事之意。可。

出处：《平斋集》卷一七。
撰者：洪咨夔
考校说明：编年据同集前后文时间补。

金渊李槩并除太学博士制
（暂系于端平元年五月前后）

　　敕具官某等：科举之学，非所以淑士心也，必义理性命之学明，则多善士，化更而新，师选可不重乎？尔抱负闳，讲贯熟，制锦剧邑，弦歌蔼闻，可以为成均师矣。敷畅奥义，熏陶善性，使诸生人人有舞雩咏归之乐，则吾与点。可。

出处：《平斋集》卷一七。

撰者:洪咨夔

考校说明:编年据同集前后文时间补。

太学博士叶应辅除国子博士仍兼景献太子府教授制
(暂系于端平元年五月前后)

敕具官某:科举之学,非所以淑士心也,必义理性命之学明,则多善士,化更而新,师选可不重乎? 尔抱负闳,讲贯熟,模范贤关,惠训宗邸,能茂明所学,可以为胄子师矣。敷畅奥义,熏陶善性,使人人有舞雩咏归之乐,则吾与点。可。

出处:《平斋集》卷一七。

撰者:洪咨夔

考校说明:编年据同集前后文时间补。

奉议郎袁立儒犒赏转一官制
(暂系于端平元年五月前后)

敕具官某:间者均光襄房之役,靡劳不酬,尔材良气隽,优于边画,督犒以济军事,不惮鞅掌,御侮制胜,与有劳焉。朕方信赏以劝事功,进官一列,其懋承之。保障最闻,嗣有褒擢。可。

出处:《平斋集》卷一七。

撰者:洪咨夔

考校说明:编年据同集前后文时间补。

赠宝文阁直学士杨迈特赠龙图阁学士制
(暂系于端平元年五月前后)

敕:朕慨念汉宣,入承天统。博阳侯之定策,方共致于中兴;渼中翁之受诗,胡独成于长往! 密勿麟仪之旧,凄凉马鬣之新。眷怀若存,褒赠宜厚。具官某抱古粹学,事予初潜。反复发明,尽诗书礼乐之奥;从容规切,必仁义道德之言。每尊所闻,务藏诸用。既授五龙而夹日,忽比列星而骑箕。杂佩赠之,莫究仔肩之益;一鉴亡矣,可胜珍瘁之悲? 虽恤典之有加,尚徽章之未称。峻陟渊图之序,丕增泉壤之光。易文子之名,死宜不朽;录叔敖之后,生与俱荣。尚其营魂,服我休宠。可。

出处:《平斋集》卷一七。
撰者:洪咨夔
考校说明:编年据同集前后文时间补。

黄壮猷何处信课最各转一官制
(暂系于端平元年五月前后)

敕具官某:总核名实而信,必其赏罚,亲政之急务也。尔守何处信"贰"。辅藩有美政,且能浚导利源,坏窒蠹穴,版部课赋,入以最闻。增秩赏能,庸示予信,其益厉精白以承。可。

出处:《平斋集》卷一七。
撰者:洪咨夔
考校说明:编年据同集前后文时间补。

右正言王遂除殿中侍御史制
(暂系于端平元年五月前后)

敕具官某:朕始亲万几,首得一士,置在明目张胆之地,蔚有正色敢言之风。神鼎铸而魑魅莫逢,干将淬而犀兕亦断。善类吐气,贪夫革心。察之既稔所安,用之不厌其速。甫跻谏列,亟副台端。纯仁之内出姓名,盖非轻授;赵抃之不避权幸,抑所优为。朕方虚己以受人,尔亦得时而行道。难逢者风云之胥会,易失者日月之如流。万古在前,亿世在后,毋替精白承休之节,用为汗青传远之图。可。

出处:《平斋集》卷一七。
撰者:洪咨夔
考校说明:编年据同集前后文时间补。

吕殊除太学录制
（暂系于端平元年五月前后）

敕具官某：科举之学非所以淑士心也，必义理性命之学明则多善士，化更而新，师选可不重乎？尔抱负闳，讲贯熟，金玉其度而不苟售，可以为成均师矣。规矩修明之余，敷畅奥旨，熏陶善性，使人人有舞雩咏归之乐，则吾与点。可。

出处：《平斋集》卷一七。
撰者：洪咨夔
考校说明：编年据同集前后文时间补。

大宗正丞蔡范除户部郎中淮西总领制
（暂系于端平元年五月前后）

敕具官某：三表五饵，不如晁错实塞之策；破羌强弩，不如充国留田之奏。绥御皆不可废夫守也。尔名儒之胄，良吏之表，廉静有立，不为苟同，宜出入省闼，以缉庶务。中原事机方集，必事力之裕乃克济，庸辍尔以尚书郎给饷道。往哉！守淮所以蔽江而控河，士饱而歌，马腾于槽，淮西之成隽功以此。出纳有经而无壅利，取予有权而无近名。足食足兵，尔盖优为之，寓攻于守而不株其守，盍以方略上！可。

出处：《平斋集》卷一七。
撰者：洪咨夔
考校说明：编年据同集前后文时间补。

归顺人李义承节郎张瑀李德魏珏保义郎制
（暂系于端平元年五月前后）

敕具官某：讨叛以谊，怀服以仁，奸渠贷胁，归斯受之。尔能革心，奚爱勇爵！祗戴宽恩，勉图报效。可。

出处：《平斋集》卷一七。又见《永乐大典》卷七三二六。

撰者:洪咨夔

考校说明:编年据同集前后文时间补。

广州观察推官魏国梁殁于王事赠通直郎制
(暂系于端平元年五月前后)

　　敕具官某:岭甿不靖,尔挺身往谕恩信,亦既勤止。得疾于行,赍志以没,录劳进秩,尚慰九泉。可。

出处:《平斋集》卷一七。

撰者:洪咨夔

考校说明:编年据同集前后文时间、魏国梁官历补,见万历《广东通志》卷二一等。

淮西路钤范用吉授高州刺史节制京西北路军马制
(暂系于端平元年五月前后)

　　敕具官某:残虏就烬,中原为墟。关河方徯于来苏,陈颍首归于疆理。上功莫府,谓尔有劳,亟升遥刺之华,仍总进屯之重。祗承休渥,益励忠勤。可。

出处:《平斋集》卷一七。

撰者:洪咨夔

考校说明:编年据同集前后文时间补。

西和州守陈寅妻安人杜氏男基墅垦死节赠官制
(暂系于端平元年五月前后)

　　敕具官某妻某氏、男某人等:西和婴孤城抗贼,力穷援绝,臣为国死忠,子为父死孝,妻为夫死义,三纲立焉。捐身犯难,人所甚难,阖门徇节,古亦罕见。朕悲叹不忘,优赠以贲营魂,往从尔夫于庙食。可。三子改"夫"为"父"。

出处:《平斋集》卷一七。

撰者:洪咨夔

考校说明:编年据同集前后文时间补。

西和州守陈寅族人立照玺馆客李良臣死节赠官制
(暂系于端平元年五月前后)

敕具官某族人某人等、馆客某人:西和婴孤城抗贼,力穷援绝,臣为国死忠,子为父死孝,妻为夫死义,三纲立焉。尔以族党,良臣"尔馆于守"。义不苟免,亦相从于死,良用嘉叹。赠秩以贲营魂,往从寅于庙食。可。

出处:《平斋集》卷一七。
撰者:洪咨夔
考校说明:编年据同集前后文时间补。

权兵部侍郎陈公益磨勘转中大夫制
(暂系于端平元年五月前后)

敕:朕一日万几,厉精方切,三岁群吏,考绩尤严。肆畴法从之劳,庸涣明缯之宠。具官某操修无玷,问学有源。簪笔雍容,每罄论思之益;敷经密勿,屡殚启沃之忠。繇积日以效功,爰历年而会课。眷贤虽旧,诏爵惟新。汉中大夫之员,浸高秩序;周小司马之职,勿替谋猷。可。

出处:《平斋集》卷一七。
撰者:洪咨夔
考校说明:编年据同集前后文时间补。

秘书少监徐侨除太常少卿制
(暂系于端平元年五月前后)

敕具官某:礼者天地之序,乐者天地之和,夷夔不兼命也。而箪瓢陋巷之士,夫子遽以四代礼乐付之,何哉?尔好古学,行古道。瞻彼淇奥,其容比于礼;考盘在涧,其节比于乐。朕方网罗众俊,聚之本朝,老成典刑,思见如渴。擢贰蓬省,翔而未集,又举奉常亚卿以进之。时行则行,幡然一来,讲明王道于玉帛钟鼓之外,以善人心,视独善有间矣,毋使朕有齐鲁二生之叹。可。

出处:《平斋集》卷一七。又见《永乐大典》卷一三四九九。

撰者:洪咨夔

考校说明:编年据同集前后文时间、徐侨官历补,见《宋史》卷四二二《徐侨传》、《南宋馆阁续录》卷九。

杨一夔父秉迁明堂恩封承务郎制
(暂系于端平元年五月前后)

敕具官某父某人:宗祀庆成,均福寰宇,高年尤吾所尊礼。尔禀厚养深,年过九帙,有子登名于奉常,义方立矣。锡庆增封,用劝好德。可。

出处:《平斋集》卷一七。

撰者:洪咨夔

考校说明:编年据同集前后文时间补。

韩昱特转武功郎制
(暂系于端平元年五月前后)

敕具官某:乃者凶渠就歼于扬,逆俦犹负固于楚,元戎进讨,诸将争奋,薄城一鼓而空之,东垂以宁。第多来上,尔战尤力。用命必赏,朕不食言,进秩四等,总徒骑以护周庐,劝功之典渥矣。益懋卫上之忠,增壮居重之势。可。

出处:《平斋集》卷一七。又见《永乐大典》卷七三二六。

撰者:洪咨夔

考校说明:编年据同集前后文时间补。

门下省检正诸房公事辛克承除太府卿制
(暂系于端平元年五月前后)

敕具官某:朕阅班簿,辄兴才难之叹,得非比年以来,抱有用之才而郁于顿挫、老于闲退者多乎?尔纯实无华,廉靖不竞,越在外服,治誉凤著,顾善刀而藏之,若将终身焉。朕方收召四方俊义,以重周行,起尔宰士,又进尔治藏之长,岂以货贿出纳为足以烦吾老成哉!百辟卿士,媚于天子,不解于位,民之攸墍,尚求无愧于古。可。

出处:《平斋集》卷一七。又见《永乐大典》卷一三四九九。
撰者:洪咨夔
考校说明:编年据同集前后文时间补。

资政殿大学士曾从龙明堂加恩制
(暂系于端平元年五月前后)

敕:朕绍祖宗之休,蒙天地之况。十年养晦,垂衣裳于岩廊;三岁葳祠,奉珪币于重屋。肝鬷高灵之堕,嘉虞熙事之成。乃眷时髦,尝参政枋,有赫庆条之布,于昭命綍之敷。具官某肃括而端方,沉深而凝重。涵今茹古,学术两都之宗;尊主庇民,器业三代之佐。孰复于安危之势,雍容乎进退之机。始终几年,夷险一节。东山之卧安石,常存忧世之心;江左之见夷吾,盍究济时之略!登崇有待,注想惟深。顷展采于合宫,躬受厘于宣室。肆贲祭泽,增锡圭畬,以昭体貌之隆,以侈荣怀之盛。噫!靖四方于《我将》之颂,朕正切于仪刑;卜万寿于《天保》之诗,尔毋忘于归美。趣承丕涅,入告嘉谋。可。

出处:《平斋集》卷一七。
撰者:洪咨夔
考校说明:编年据同集前后文时间、曾从龙宦历补,见《宋史》卷二一四《宰辅表》。

资政殿学士葛洪明堂加恩制
(暂系于端平元年五月前后)

敕:朕稽周典九筵之规,酌羲经二篇之义,礼从简约,诚馨精纯。王瓒黄流哀时之对,泰元神策何天之休。属褣容之熙成,宜惠术之具举。畴咨旧德,诞播显纶。具官某简栗而廉,刚大以直。博学明辨,非一日用力于仁;特立独行,虽三公不易其介。甫馨弼谐之益,遽兴恬养之思。心广而体自胖,年高而德弥邵。方详延于俊义,每渴想于老成。翙翙而神,嘉虞虽阻受厘之问;皇皇而帝,宴飨盍均赐胙之恩!申衍租畬,光昭简注。噫!列文辟公之锡祉福,聿图继序之功;黄耇台背之介寿祺,尚笃乞言之意。体予寅畏,告尔辰犹。可。

出处:《平斋集》卷一七。

撰者:洪咨夔

考校说明:编年据同集前后文时间、葛洪宦历补,见《宋史》卷四二《理宗纪》、卷四一五《葛洪传》。

左谏议大夫郑性之明堂加恩制
（端平元年五月前后）

敕:朕搜仪先甲,展采上辛。赋《思齐》之诗,制虽严于孝慕;稽《我将》之颂,礼不废于宗祈。恍三灵之宴娭,遒百禄之来下。有嘉首谏,宜锡闳休。具官某抱陆贽之忠,励汲黯之直。深见远识,平国论于玉衡;忠言嘉谟,开君心于金鉴。其博大则廊庙之器,其浚明则邦家之光。启沃方深,乡用良切。授策而拜泰一,莫侍奉高之祠;受厘而问鬼神,尚前宣室之席。肆增华于骑省,庸申衍于爰田。虽举邦彝,实均帝祉。春秋承祀,欲大祖功宗德之传;夙夜畏威,勿替天命人心之戒。可。

出处:《平斋集》卷一七。

撰者:洪咨夔

考校说明:编年据郑性之宦历补,见《后村先生大全集》卷一四七《郑观文神道碑》。

直秘阁新成都府路提刑赵彦覃除都大坑冶制
（暂系于端平元年五月前后）

敕具官某:国计莫重乎铜楮之相权,朕出宝帑之储,敛宿楮而易之,物价浸平,又必钟官能振厥职。尔天支之秀,周行之隽,甫起家于蜀部,举圜府之权尽畀之,进用亟矣。唐诸道置炉九十有九,在东南为多,地产今犹昔也。尔能公以程浮冗,明以剔奸蠹,敏以干壅滞,少府水衡之积,何患不承平若哉? 可。

出处:《平斋集》卷一七。

撰者:洪咨夔

考校说明:编年据同集前后文时间补。

太后山陵复土钱忠表赵若浚转一官制
(暂系于端平元年五月前后)

敕具官某等:六騑复土,五使置官,凡备驱驰,悉沾赏赍。尔祗吏役,例进一阶,茂对恩荣,勉思策厉。可。

出处:《平斋集》卷一七。
撰者:洪咨夔
考校说明:编年据同集前后文时间补。

李安国特转武节郎制
(暂系于端平元年五月前后)

敕具官某:比岁蜀阃失驭,溃旅迸逸,为民害甚于寇。尔熏染忠义,奋扬骁雄,扼险要待其来,民恃以无恐,果山至今德之。增秩旌劳,嗣有褒擢。可。

出处:《平斋集》卷一七。
撰者:洪咨夔
考校说明:编年据同集前后文时间补。

直秘阁知温州游九功除司农少卿制
(暂系于端平元年五月前后)

敕具官某:良二千石入为九卿,汉法也。北海朱邑以治行第一掌周稷之业,盖此其选。尔肤敏而静,平易而立。京蜀荆闽,屡更名郡。刚不至瓤,柔不至坏,民安其政而有去思,可谓良矣。朕惩吏道放纷之弊,循名责实,思用其良,不俟东嘉上计,以汉法选贰司均。夫长于治民者必优于裕国,信能为朕养其和,节其流,而时斟酌焉,钱谷之问其纾乎! 可。

出处:《平斋集》卷一七。又见《永乐大典》卷一三四九九。
撰者:洪咨夔
考校说明:编年据同集前后文时间、游九功宦历补,见《宝庆四明志》卷一。

林禧子封父承务郎制
（暂系于端平元年五月前后）

敕具官某父某：宗祀庆成，均福寰宇，高年尤吾所尊礼。尔禀厚养深，年过九帙，有子登名于奉常，义方立矣。锡庆疏封，用劝好德。可。

出处：《平斋集》卷一七。
撰者：洪咨夔
考校说明：编年据同集前后文时间补。

林禧子封母孺人制
（暂系于端平元年五月前后）

敕具官某母某氏：宗祀庆成，均福寰宇，高年尤吾所尊礼。尔禀厚养深，年过九帙，有子登名于奉常，母训昭矣。锡庆疏封，用劝好德。可。

出处：《平斋集》卷一七。
撰者：洪咨夔
考校说明：编年据同集前后文时间补。

归顺人孙政鲍义边宝张仲于德杨翼张彪张实高三受张旺汲汉臣邢海蔡青魏成方元郭通綦仝张时并补承信郎制
（暂系于端平元年五月前后）

敕具官某人等：讨叛以义，怀服以仁，奸渠贷胁，归斯受之。尔能革心，奚爱勇爵？祗服宽恩，勉图报效。可。

出处：《平斋集》卷一七。又见《永乐大典》卷七三二七。
撰者：洪咨夔
考校说明：编年据同集前后文时间补。

归顺人王元纯补迪功郎制
（暂系于端平元年五月前后）

敕具官某人：讨叛以义，怀服以仁，奸渠贷胁，归斯受之。尔尝为士，奚爱文秩？祗服异恩，勉图报效。可。

出处：《平斋集》卷一七。又见《永乐大典》卷七三二五。
撰者：洪咨夔
考校说明：编年据同集前后文时间补。

史复祖除刑部郎中制
（暂系于端平元年五月前后）

敕具官某：朕间者闵雨，念中外狱吏奉吾法不虔，逮系多淹，上干和气，亟下宥减之令而雨。宪部列属，必求知朕意者。尔静而不浮，谨而不迫，明习于律令而不苛，累驾缇屏，具有善誉。辍郡而郎，参听四方之谳奏，其选甚高。公则强御不能欺，恕则文致不能入，勤则冗酿不能困。钦哉！监于兹，祥刑以达朕好生之德。可。

出处：《平斋集》卷一七。
撰者：洪咨夔
考校说明：编年据同集前后文时间补。

军器监兼刑部郎官李直柄除大理少卿制
（暂系于端平元年五月前后）

敕具官某：我神宗定官制，李寺卿一、少卿二，分左右听刑狱。今圜土空虚，治狱虽非宿其业可也，四方奏谳，萃于断刑，业可不宿乎？尔惆恫近厚，容气俨肃，习于舜士师、周司寇之典，而以恻怛行之。五为理官，三为宪曹，其业宿矣。爰命尔以亚卿断天下之刑。宥过无大，刑故无小，能知此意则可以明于刑之中。率乂于民，棐彝念之哉！可。

出处:《平斋集》卷一七。

撰者:洪咨夔

考校说明:编年据同集前后文时间补。

赵巍除大理寺丞陶木司农寺丞赵崇嵒太府
寺丞姚珌国子监丞贾似道军器监丞制
(暂系于端平元年五月前后)

敕具官某等:汉宣帝厉精求治,综核名实,以练群臣,黜陟有序,众职修理,上下无苟且之意,迄济中兴,朕甚慕之。尔巍世业之华,器能精敏;尔木儒林之望,议论坚明;尔崇岩公族之彦,材谞通畅;尔珌决科之隽,讲习有源;尔似道克家之美,趣尚不苟。廷尉、大农、太府有丞,胄监、戎监亦有丞,往为我分治之。丞者,承也,所以承辅其长使无旷职也。政事、文学、法理之士,继自今咸称厥职,则予以怿。可。

出处:《平斋集》卷一七。又见《永乐大典》卷一三四九八。

撰者:洪咨夔

考校说明:编年据同集前后文时间补。

林申除宗正寺簿赵镐夫司农寺簿赵汝譏太府寺
簿余元廙国子监簿制
(暂系于端平元年五月前后)

敕具官某等:汉宣帝厉精求治,综核名实,以练群臣,黜陟有序,众职修理,上下无苟且之意,迄济中兴,朕甚慕之。尔申茂于践扬,声华甚畅;尔镐夫勇于奋厉,材术孔优;尔汝譏抱负纯明,志不苟售;尔元廙涉历详练,材不自襮。宗正、大农、太府、胄监皆有簿,往为我分治之。先簿正祭器,圣人犹不敢忽职业之尽也。政事、文学、法理之士,继自今咸称厥职,则予以怿。可。

出处:《平斋集》卷一七。

撰者:洪咨夔

考校说明:编年据同集前后文时间补。

赵汝讷除司农寺丞杜范军器监丞李以制大理寺
簿章劢将作监簿制
(暂系于端平元年五月前后)

　　敕具官某等:汉宣帝厉精求治,综核名实,以练群臣,黜陟有序,众职修理,上下无苟且之意,迄济中兴,朕甚慕之。尔汝讷秀于公姓,材刃有余;尔范颖于儒绅,业履甚度;尔以制金玉其质,安雅自将;尔劢弓冶其传,谨畏自饬。大农、戎监有丞,李寺、匠监有簿,往为我分治之。丞以承辅其长,簿以纠正厥违,非特示进擢之荣也。政事、文学、法理之士,继自今咸称厥职,则予以怿。可。

出处:《平斋集》卷一七。又见《蒙斋集》卷八。
撰者:洪咨夔
考校说明:编年据同集前后文时间、《宋史》卷四〇七《杜范传》补。据《宋史》卷四〇七《杜范传》,杜范于端平元年除军器监丞,此文当为《蒙斋集》误收。

淮西安抚司机宜兼通判庐州刘子澄除军器监簿
兼淮西安抚司参议官制
(暂系于端平元年五月前后)

　　敕具官某:边阃上介之置非内地比,中原事机之集非他时比,故择材尤谨。尔气禀爽迈,论议英发,与闻经略,西事之机筹亦既熟矣。班王朝而长莫府,厥任逾重。深沉者无躁谋,老成者多远虑。尔能赞乃牧图全而制胜,功懋懋赏,朕所不吝也。可。

出处:《平斋集》卷一七。又见《永乐大典》卷一三五〇七。
撰者:洪咨夔
考校说明:编年据同集前后文时间、刘子澄宦历补,见《宋史全文续资治通鉴》卷三二。

太府寺丞尤焴除枢密院编修官兼权检详制
(暂系于端平元年五月前后)

敕具官某:国朝《经武要略》一书,尊阁于枢庭,朕万几之暇,亲御翰墨,作"经武阁"三大字扁之,事增重矣,职删润者宜称。尔涵负器识之高,讲明理义之熟,困能不失所亨,此致养所以致用也。中兴保大定功之略,咨尔纂修,垂则于亿世。时政有记,会计有录,并以属尔而检详兼组。尔祖淳熙间尝为之长虑却顾,密赞幄筹。求所以安国家,利社稷,期无忝家传之学。可。

出处:《平斋集》卷一七。
撰者:洪咨夔
考校说明:编年据同集前后文时间补。

太府寺簿刘炳除诸王宫大小学教授制
(暂系于端平元年五月前后)

敕具官某:《行苇》忠厚,内睦九族。朕岂惟睦之,必择师儒以玉其成。尔西产之良,邃于《易》,能发明未画之蕴。其师表于盘宗,紬绎义理,切劘情性,使成人有德,小子有造,则予汝嘉。可。

出处:《平斋集》卷一七。
撰者:洪咨夔
考校说明:编年据同集前后文时间补。

军器监丞谢奕礼除大宗正丞兼权兵部郎官制
(暂系于端平元年五月前后)

敕具官某:丞郎朕所重,非其人不轻畀。尔韦、平之裔,有诗礼之传,阴、马之族,无富贵之累,可谓雅器矣。丞我大宗,摄组郎省,岂特用为尔荣?恭俭惟德,恪勤乃事,朕将以是观尔之致远。可。

出处:《平斋集》卷一七。

撰者:洪咨夔

考校说明:编年据同集前后文时间补。

贾似道特转奉议郎制
(暂系于端平元年五月前后)

敕具官某:朕建后于相家,又命妃于法从家,而《关雎》之化行。进封有傲,推恩惟称。尔袭芳弓冶之传,承晖四星之首,擢丞武监,进秩二等,奕奕光荣矣。务学好修,用燕多祉。可。

出处:《平斋集》卷一七。

撰者:洪咨夔

考校说明:编年据同集前后文时间补。

度支郎中谢采伯除军器监制
(暂系于端平元年五月前后)

敕具官某:吴粤之剑,取其地良;妢胡之笴,取其材美。朕观诸此,得器使群工之道。尔生相家而无骄气,地之良也;挹儒科而有能声,材之美也。地良材美,繇郎版部长戎监,畴不谓宜,岂徒以肺腑进哉?《易》之除戎,《诗》之备械,《书》之敕胄敿干,皆今急务,毋视训工程作为猥酿而不之屑。可。

出处:《平斋集》卷一七。

撰者:洪咨夔

考校说明:编年据同集前后文时间补。

魏峻除太社令杨璪除藉田令制
(暂系于端平元年五月前后)

敕具官某等:社藉置令,类以公卿佳子弟处之。鸢停鹄峙于梧竹间,贵其称也。尔峻貂蝉世家,风度凝粹;尔璪笔橐名裔,气禀开敏。或司国社,或掌帝藉,列在容台,培养远器。其益励于学,以对宠荣。可。

出处:《平斋集》卷一七。

撰者:洪咨夔

考校说明:编年据同集前后文时间补。

华文阁待制知泸州魏了翁明堂恩进封
蒲江县开国男加食邑制
(暂系于端平元年五月前后)

敕:朕搜仪先甲,葳祀上辛。赋《思齐》之诗,慕亲方切;稽《我将》之颂,飨帝尤严。恍三灵之宴娭,遒百禄之来下。有怀时彦,宜锡神厘。具官某学贯乎古今,气塞乎穹壤。立朝素节,挺朝阳之梧桐;去国丹心,凛岁寒之松柏。属更张之伊始,顾趣召之宜先。颍川正急于借恂,宣室遂迟于见谊。既底于治,乃遄其归。维昔宗祈,敷时馂惠。骏奔百辟,曾齐胙之靡遗;燕衎一贤,胡鲁膰之未至?宜爵升于谷壁,仍户衍于畲圭。尔毋谓万钟之何加,朕方念四簋之不饱。亟承显渥,入告嘉猷。可。

出处:《平斋集》卷一七。又见《宋四六选》卷四。

撰者:洪咨夔

考校说明:编年据同集前后文时间补。

诸王宫教授蔡仲龙除太常博士制
(暂系于端平元年五月前后)

敕具官某:奉常礼乐之司,王政繇出,朕方起耆儒为介卿,以备诹访,博士参之,宜得贤。尔仲龙酝藉其学,详雅其度,楷模宫邸,蔚有贤声。端委佩玉,据经以订损益之文,折是非之议,盖裕如也。彼度吾所能行而迁就焉,朕安取此?可。

出处:《平斋集》卷一八。

撰者:洪咨夔

考校说明:编年据同集前后文时间补。

太社令季晞颜除大理司直制
(暂系于端平元年五月前后)

敕具官某:三尺法枉于舞文吏之手,朕甚悯焉,必得古之遗直而后可为邦之司直。尔词藻有华,业履有度,所居官惟法守是谨。以是议法于廷尉,不挠不折,不偕不滥,而王道行,皇极立矣。枉己未有能直人,则孟轲之戒。可。

出处:《平斋集》卷一八。又见《永乐大典》卷一三四九八。
撰者:洪咨夔
考校说明:编年据同集前后文时间补。

敷文阁学士李埴明堂恩加食邑实封制
(暂系于端平元年五月前后)

敕:朕搜仪先甲,蒇祀上辛。赋《思齐》之诗,慕亲方切;稽《我将》之颂,飨帝尤严。恍三灵之宴娭,迨百禄之来下。有怀时彦,宜锡神厘。具官某学博而识明,气全而节劲。螭头去国,望久郁于论思;豹尾行边,功独高于绥定。属大权之亲揽,务众正之详延。首告李泌以束装,欲为贾生而前席。正深乐只,宜匦来思。维昔宗祈,敷时馈惠。骏奔百辟,曾齐胙之靡遗;燕衍一贤,胡鲁膰之未至?肆畴采邑,仍衍真畬。尔毋谓万钟之何加,朕未尝五秉之轻与。懋承显渥,入告嘉猷。可。

出处:《平斋集》卷一八。
撰者:洪咨夔
考校说明:编年据同集前后文时间补。

户部侍郎京湖制置使史嵩之明堂恩进封
鄞县开国子加食邑制
(暂系于端平元年五月前后)

敕:朕搜仪先甲,蒇祀上辛。赋《思齐》之诗,慕亲方切;稽《我将》之颂,飨帝尤严。恍三灵之宴娭,迨百禄之来下。有嘉边最,宜锡神厘。具官某赋颖脱之才，抱辐凑之略。从涂融显，侈世业于韦、平；制阃崇严，耸军声于羊、陆。惟四履遄烽之绝警，故九筵精意之潜通。礼既底于熙成，福宁容于专向？爵升蒲璧，户衍畬圭。帝命式于九围，朕既荷受球之宠；天威不违咫尺，尔毋忘拜胙之恭。懋畅英猷，对扬景况。可。

出处：《平斋集》卷一八。
撰者：洪咨夔
考校说明：编年据同集前后文时间、史嵩之官历补，见《宋史》卷四一《理宗纪》。

徽猷阁学士新知太平州邹应龙明堂加恩制
（暂系于端平元年五月前后）

敕：朕搜仪先甲，展采上辛。赋《思齐》之诗，慕亲方切；稽《我将》之颂，飨帝尤严。恍三灵之宴娭，迺百禄之来下。有怀凤望，宜锡蕃厘。具官某学擅伦魁，望高法从。居易以俟命，初无徇世之心；充实而有辉，未究济时之蕴。试望之于冯翊，得汲黯于淮阳。虽广合宫之询，尚迟宣室之见。维时熙事，丕举庆条。肆加多邑之荣，庸示名藩之宠。绥我思成者在于温恪，介尔景福者由乎靖共。懋展英猷，对扬休渥。可。

出处：《平斋集》卷一八。
撰者：洪咨夔
考校说明：编年据同集前后文时间补。

杨汝明聂子述明堂进封加食邑制
（暂系于端平元年五月前后）

敕：搜仪先甲，展采上辛。赋《思齐》之诗，慕亲方切；稽《我将》之颂，飨帝尤严。恍三灵之宴娭，迺百禄之来下。有怀宿望，宜锡闳休。具官某业擅名儒，材优法从。骑星辰于奎阁，步武浸穹；挹风露于珍台，精神更远。属改弦而更始，每前席之兴思。乃眷明禋，迄成熙事，馂惠下逮乎辉胞之贱，脤膰上加乎族姓之尊，岂繄时髦，可后祭泽？肆肇开于公社，仍申衍于爰田。虽举邦彝，实均帝社。予靡忘于寅畏，尔毋替于辰犹。可。

出处:《平斋集》卷一八。

撰者:洪咨夔

考校说明:编年据同集前后文时间补。

大理寺丞郑伯谦差知常德府提举常德澧辰沅靖州兵马制
(暂系于端平元年五月前后)

敕具官某:武陵枕重湖,带五溪,民夷错处,牧御匪易,必熟知德意者往绥之。尔厚而不浮,庄而不挠,正于廷尉,恻然惟恐一民之冤,德意盖熟之矣。出布藩条,旁制四郡。奉法循理,以康乂民夷,俗亦将闻风而帖服,本正则末治也。朕方以责实课吏,尔求为可知,嗣对光华之渥。可。

出处:《平斋集》卷一八。

撰者:洪咨夔

考校说明:编年据同集前后文时间补。

复中大夫直龙图阁致仕季衍特赠通议大夫制
(暂系于端平元年五月前后)

敕具官某:天未有久而不定者,士君子所以不急乎人之知而蕲乎天之知也。尔公而忠,廉而直,所至厥绩用茂,顾以闲退终,人胜天乎! 朕思起事功于积弛而才之难,九京莫作,良深悼叹。既还尔秩,又寓直羲图,进两阶以追荣之。天者定矣,魂而有知,歆此愍章。可。

出处:《平斋集》卷一八。

撰者:洪咨夔

考校说明:编年据同集前后文时间补。

新知西外宗正事赵彦纾乞休致除直秘阁宫观制
(暂系于端平元年五月前后)

敕具官某:奔竞成俗,如水下趋,有安于命谊而无得心,吾能尊显之。尔业履平实,治行廉静,尝为部刺史,通显矣。耻于浚常之求,甘从肥遁之乐,读书求志,若将终身。朕起之外宗,曾莫能夺,何卷怀之深耶! 寓直木天,优游闲馆,身愈退而愈荣,可以愧世之嗜进而骛得者。可。

出处:《平斋集》卷一八。

撰者:洪咨夔

考校说明:编年据同集前后文时间补。

王仪特转朝奉郎致仕制
(暂系于端平元年五月前后)

敕具官某:仕者以员外郎致其事,则泽及后嗣,非会课应格,不可幸得。尔疏通而勤敏,尝贰安庆,板筑之功居多。引疾告老,进秩一等。不俟积阀,遂郎员外,殊恩也。归而教忠,尚其无斁。可。

出处:《平斋集》卷一八。

撰者:洪咨夔

考校说明:编年据同集前后文时间补。

朝散郎直秘阁李燔特转朝奉大夫直华文阁致仕制
(暂系于端平元年五月前后)

敕具官某:朕新美政化,民献有十夫予翼,方来而未艾也,胡一贤之不憖遗? 尔蚤从诸老之游,熟讲有用之学,果达而艺,从政何难? 时未可为,则卷而怀之,时可为矣,则岁不尔与,果制于命也耶? 陟序正郎,升华奎阁,荣其归老,示我惜贤。可。

出处:《平斋集》卷一八。

撰者:洪咨夔

考校说明:编年据同集前后文时间补。

归顺人伪防御使樊辛特补武翼大夫忠州刺史
淮西兵马副都监制
(暂系于端平元年五月前后)

敕具官某:淮右鞠旅,汝南归疆,尔有箪食壶浆之迎,我无亡矢遗镞之费。肆嘉知义,易授穹阶。往分刺郡之荣,仍领护戎之寄。勉殚忠力,用答殊恩。可。

出处:《平斋集》卷一八。
撰者:洪咨夔
考校说明:编年据同集前后文时间补。

李大谦特转朝议大夫依前直宝章阁致仕制
(暂系于端平元年五月前后)

敕具官某:竭忠尽瘁者,人臣之职分;荣始厚终者,人君之恩礼。尔宽平而栗,精练而介,吏能著闻久矣。辍从郎省,司臬左浙。皇皇临遣,精神犹炯然也,亡几何遽以谢事告,良用闵恻。华之奎直,佚之祠馆,又升之元士,始终恩荣,尔尚奚憾? 可。

出处:《平斋集》卷一八。
撰者:洪咨夔
考校说明:编年据同集前后文时间补。

宝谟阁待制致仕毛宪明堂加恩制
(暂系于端平元年五月前后)

敕:搜仪先甲,展采上辛。赋《思齐》之诗,慕亲方切;稽《我将》之颂,飨帝尤严。恍三灵之宴娭,迨百禄之来下。有怀宿望,宜锡蕃厘。具官某业擅名儒,材优法从。松阶凝邃,了忘势利之荣;栗里萧闲,自适性真之乐。属厉精而更始,每吁俊之兴思。乃眷明禋,迄成熙事,饫惠下逮乎辉胞之贱,脤膰上加乎族姓之尊,岂繄耆英,可后祭泽? 肆衍邑畲之富,庸增家食之华。虽举邦彝,实均帝祉。予方笃养老乞言之意,尔毋忘归美报上之忠。可。

出处:《平斋集》卷一八。

撰者:洪咨夔

考校说明:编年据同集前后文时间补。

许应龙除礼部郎中制
(暂系于端平元年五月前后)

敕具官某:朕亲政以来,除南宫郎者再,西垣北扉,斧藻王度,皆繇此其选。尔纫袭荃蕙之芳,步武珩璜之节,璧海瀛山,休问藉甚。望郎出守,挹汗澜之泽于潮,学益老矣。撰仪草奏,挈之华峻,能以博古之识昌用世之文,其升也孰御? 可。

出处:《平斋集》卷一八。

撰者:洪咨夔

考校说明:编年据同集前后文时间、《庸斋集》卷六《许枢密神道碑》补。

司农寺丞傅壅除都官郎中制
(暂系于端平元年五月前后)

敕具官某:周司隶总冗辱之役,属秋官;汉都官从事掌中郎官不法,属司隶。今庀曹宪部,挈令隶士,职古而事简。尔儒术通明,吏事详敏,累绾郡绂,绰有治行,盖能世其家者。涉笔农扈,甫谓之来,赐墨隃糜,趣进厥序。其钦饬百隶,使不枉于法,以培乡用之望。可。

出处:《平斋集》卷一八。

撰者:洪咨夔

考校说明:编年据同集前后文时间补。

淮西强勇军统制吕深转武经郎制
(暂系于端平元年五月前后)

敕具官某:乃者山东逆俦,敢犯王略,大振貔虎之气,亟正鲸鲵之诛。制阃第功,尔尝鏖战,进官三列,仍统一军。其日夕淬砺,以称信赏。可。

出处:《平斋集》卷一八。
撰者:洪咨夔
考校说明:编年据同集前后文时间补。

赵汝遇除度支郎中制
(暂系于端平元年五月前后)

敕具官某:地官帅属,以经邦用,司金职其入,司度职其出,赢虚所关,维材是授。尔扬历中外,以老成精练闻。国费积冗,军调纷集,楮币盐策,术穷而莫继。尔其精意计度,量入为出,斟酌损益而图厥中,毋徒委诸有司之吝。可。

出处:《平斋集》卷一八。
撰者:洪咨夔
考校说明:编年据同集前后文时间补。

安恭行除大理寺簿制
(暂系于端平元年五月前后)

敕具官某:朕缅怀先朝枢臣保蜀之勋而厚其报,既擢其子,又录其孙。尔竞爽而警敏,王父所钟爱也。丞郡东川,方腾善誉;簿正棘廷,趣登华缀。三世有迹于朝,荣矣哉!仕优则学,图称厥家。可。

出处:《平斋集》卷一八。
撰者:洪咨夔
考校说明:编年据同集前后文时间补。

利州路转运判官陈隆之除直宝章阁权知沔州
兼利州路提刑兼提举制
(暂系于端平元年五月前后)

敕具官某:蜀号天险,沔当要冲,积吾百年之经营,空于一旦之蹂躏。孰宽忧顾,宜得伟材。尔气锐于理梦,术优于应变。祁山斜谷之遗迹,木牛流马之故智,绅绎盖精。辍从漕挽,往图控御,合两节、奎阁,以重其行。尔能以公灭私,一意国事,厄塞常筑,堡坞当修,流离当集,疲弱当练,悉为朕挽旧观而回之,进可以瞰秦陇,退可以蔽梁益,则维汝功。可。

出处:《平斋集》卷一八。

撰者:洪咨夔

考校说明:编年据同集前后文时间补。

利州路提刑王翔除利路转运判官制
(暂系于端平元年五月前后)

敕具官某:武侯用蜀,每患饷道之不继,以木牛流马为未足,而杂耕渭上,规摹远矣。朕订古谋今,慨然于怀。尔志气闳壮,材猷瑰达,周旋剑栈之表,具著劳效。繇宪而漕,岂特以平时将输望尔?关隘空于寇攘,闾井荡于兵毁,旧规犹未还也。尔其以坚力行实政,安辑流离,经葺荒坠,使民陟生业之乐,则兵享耕屯之利,西顾庶其宽乎! 可。

出处:《平斋集》卷一八。

撰者:洪咨夔

考校说明:编年据同集前后文时间补。

宫观叶莫除权发遣赣州提举南安南雄汀州兵甲制
(暂系于端平元年五月前后)

敕具官某:章贡与闽粤错壤,其俗易摇而难服,奉吾诏令以填绥之,其惟良二千石乎? 尔和平而有制,庄静而有立。武冈戎伍之变,洞察情伪,密设方略,不数旬凶渠授首,一邦底宁。帅阃上功,既懋尔赏,绳于文吏,吾帅臣又为尔明白之。起分二水之符,坐总三州之甲。必恩意孚而善良吐气,威信著而悍犷革心,治化蒸蒸如汉良吏,是为不负所举。可。

出处:《平斋集》卷一八。

撰者:洪咨夔

考校说明:编年据同集前后文时间补。

陈良骥转承议郎制
(暂系于端平元年五月前后)

敕具官某:维扬蔚寇之赏,大阃第功,无微不逮。尔庀役瓜洲,赍伐援比以自请,亦升一列。责实方严,思称所蒙。可。

出处:《平斋集》卷一八。
撰者:洪咨夔
考校说明:编年据同集前后文时间补。

王丙特改承务郎制
(暂系于端平元年五月前后)

敕具官某:巴蓬山高林深,奸民渊薮,啸呼剽劫,实繁有徒。尔奋身书生,急义乡井,招怀其胁从,禽僇其不率,一方安堵。制阃上功,超授京秩。宦涂方开,亦克用劝。可。

出处:《平斋集》卷一八。
撰者:洪咨夔
考校说明:编年据同集前后文时间补。

李大同授朝奉郎制
(端平元年五月后)

敕具官某:昔我先朝,惟前猷是宪。太祖圣略,读于庆历;仁皇训典,览于元祐。矧阜陵大训,与六经并传,广夏细毡之上,可不知所以宝之耶? 尔邦之寿隽,年耆德明。本之诸老之传,敷作嘉猷之告。天下之是非得失,惟谏官能言之;人主之动息起居,惟经筵能知之。交修之益,于尔乎望。朕方缉熙钜典,餐进崇阶。则虽讲读之分,何有恩荣之异。勉而仁义,益辅光明。可。

出处:《永乐大典》卷七三二四。又见《四库辑本别集拾遗》。

撰者：吴泳

考校说明：编年据文中所述"天下之是非得失，惟谏官能言之；人主之动息起居，惟经筵能知之"补，见《平斋集》卷一七《秘书丞兼崇政殿说书李大同除右正言兼侍讲制》。

同签书枢密院事陈卓赠三代制
（端平元年三月至六月间）

故曾祖嘉谟朝奉郎赠太子少保特赠太子太保制

敕：有妫远系，为汉世家。咸而钦，钦而躬，躬而宠，则位司空；实而纪，纪而群，群而泰，则官仆射。縈流光之无致，盖钟庆之有源。具官某故曾祖具官某，充实中存，浚明外著。爱人利物，□□□□□；博古通今，□□□□□。子拔列卿之颖，孙搴法从之华。传至尔曾，进辅予治。培深而发必茂，积厚而报亦丰。雨露九霄，峻陟青宫之保；云来百世，益增黄壤之光。可。

故曾祖母黄氏上饶郡夫人特赠文安郡夫人制

敕：天降时雨，山川出云，《崧高》骏极之诗所以作也。必有陨祉发祥之懿，是钟经文纬武之英。具官某故曾祖母具官某氏，淑行椒兰，柔仪蘋藻。妇从夫而积累，始大厥家；孙生子以显扬，遂强吾国。丕显曾门之庆，申加名郡之封。慢然如存，歆此休渥。可。

故祖膏朝奉大夫太府少卿赠太子太傅特赠少傅制

敕：寤寐治功，登崇人杰。三阶联耀，不忘夙夜宥密之忠；五庙均休，益茂春秋烝尝之孝。宜隆尊祖，用显诒孙。具官某故祖具官某，德履纯明，风猷简远。淅更外服，阴成勿翦之棠；特立中朝，气凛后凋之柏。仅升华于卿月，竟钟瑞于枢星。赞我远图，皆而遗训。班高亚傅，时申加第之恩；望重世臣，益笃传家之庆。可。

故祖母蔡氏魏郡夫人特赠安国夫人制

敕:舜帝之后为陈,文王之昭有蔡,宜其家室,贻厥子孙。具官某故祖母具某氏,任只秉心,温其积行。礼严举桉,曳藻绶于名卿;教笃断机,飞翠绶于法从。传芳再世,制胜五兵。不忘报本之思,宜厚追荣之典。积恩徽于大郡,新汤沐于名邦。象服是宜,尚其不昧。可。

故祖母汪氏鲁郡夫人特赠崇国夫人制

敕:含饴弄孙者,家庭之庆;为醴烝祖者,寝庙之荣。肆倚重于良臣,庸追荣于大母。具官某故祖母具某氏,淑均姆训,雍肃妇仪。采南涧之蘋,躬承家而共祀;有北山之李,世为国以生贤。眷时枢纽之尊,赞我经纶之妙,孝思维永,德报宜隆。易郡号于曲阜之墟,进国封于崇墉之壤。潜光焕发,懿魄祗歆。可。

故父居仁华文阁学士正奉大夫赠太师特追封申国公制

敕:朕讲求《采薇》治外之略,企慕《烝民》任贤之风,擢时英猷,列我该辅。千寻之木以培埴而茂,九层之台以积累而高,必有教忠,乃能移孝。具官某故父具官某,心夷而履粹,学博而文雄。缔眷阜陵,佩荷囊之清切;受知光庙,拥茸蕖之森严。视万石以为轻,传一经而特重,克开哲嗣,进翊洪枢。祢庙疏荣,跻上公于二吕;师垣流庆,迈盛事于三陈。可。

故嫡母王氏镇国夫人特赠燕国夫人制

敕:延婴逵而开陶侃济世之功,窥元龄而卜王珪佐时之业。家或无于贤母,国奚有于名臣?具官某故嫡母具某氏,环佩雍和,帨纷肃穆。献纳论思之最,能勉其夫;弥缝辅赞之功,克昌厥子。任方隆于政路,报宜侈于脂田。进召公故国之封,正鲁人小君之号。音容未泯,飨嚠其歆。可。

故所生母俞氏新安郡夫人特赠和政郡夫人制

敕:彩衣之戏,天性真乐;板舆之奉,人生至荣。睠予两社为辅之英,抱此万钟致养之憾,匪隆�典,曷尉孝思? 具官某故所生母具某氏,毓诗礼之门,媲衣冠之族。怡声下气,奉棘列之尊章;柔则令仪,佐橐班之君子。爱笃生于国栋,肆坐斡于天枢。心如母存,义以子贵。易旧封于古歙,加新命于西岷,不惟纾《蓼莪》之悲,抑亦示《白华》之劝。可。

故妻林氏信安郡夫人特赠大宁郡夫人制

敕:《召南》、《鹊巢》之什,夫人起家;鲁侯燕嘉之诗,令妻受祉。何嗟契阔,不逮显融! 具官某故妻具某氏,佩服女箴,践修妇则。于沼于沚,齐明锜釜之共;如山如河,娴雅笄珈之饰。宜百年之偕老,胡一旦之溘先! 顾予枢臣,失此内助,宜郡封之加峻,俾庙食之增华。阴相其夫,永辅吾国。可。

出处:《平斋集》卷二三。
撰者:洪咨夔
考校说明:编年据陈卓宦历补,见《宋史》卷二一四《宰辅表》。

大理卿李鸣复除侍御史制
(端平元年六月九日)

敕具官某:朕稽家法之相传,眷台纲之特重。仁庙思得忠厚淳直之士,裕陵务革浇浮薄恶之风。盖心术正则无诡随,议论平则不沾激。欲维吾国,宜表若人。尔秉心澹夷,蕴识精粹。良吏之誉,溢于外服;吉士之称,著于中朝。甫升卿月之华,趣应法星之象。维昔田锡,暨于何郯,莫非西土之英,列在南床之选。几年无此,一旦得之。《春秋》之尽而不污,大关荣辱;《洪范》之会其有极,一洗党偏。百辟咸慕乎君子之中,四方耸闻乎仁者之勇。繄予所属,惟尔其承。可。

出处:《平斋集》卷一七。
撰者:洪咨夔
考校说明:编年据《宋史》卷四一《理宗纪》补。

李鸣复授兼侍讲制
(端平元年六月九日)

敕具官某:宪府兼经筵,自国朝庆历始。淳熙而后,以台端入侍讲幄,凡十有九人。虽其间人品固有不齐,然论事主乎忠厚,劝讲贵乎明白,祖宗所以命官之意,则无以异也。尔质直而义,忠和而仁。拔诸西蜀之珍,畀以南台之重。曾亡期月,又侍延英,朕之眷汝亦厚矣。《春秋》大义,炳如日星。一经始终,尔所明习。朕意若曰:"有国者而不知乎此,则内华外夷之分不明;有位者而不知乎此,则尊君卑臣之礼弗辨。"或隐其义,或微其文。尔宜开陈,以辅吾志。可。

出处:《鹤林集》卷七。
撰者:吴泳
考校说明:编年据《宋史》卷四一《理宗纪》补。

全子材除淮西安抚副使兼知庐州兼计度转运副使制
(端平元年六月九日后)

敕具官某:朕梦想东都,乃眷西顾。若昔濡须之筑,苟陂之屯,郾城之士饱马腾,淝水之风声鹤唳,欲追往躅,宅牧良难。尔强义而忠,果达且武,荆襄淮海,备著贤劳。入拳朝列之华,出镇边维之重,四履绥静,三军激昂。令行陈、颍之间,气薄潼、蓝之表。朕嘉尔勇于徇国,就畀帅旄,仍总飞挽,用究多多益办之韫。惟和战之议论不齐,守御之规模一定,必量敌而进,虑胜而会,必临事而惧,好谋而成。能图万全,何往不济? 尔尚勉之哉! 可。

出处:《平斋集》卷一七。
撰者:洪咨夔
考校说明:编年据全子才宦历补,见《宋史全文续资治通鉴》卷二二。"全子材",《宋史》《宋史全文续资治通鉴》等书作"全子才"。

参知政事兼同知枢密院事乔行简除知枢密院事
同提举编修经武要略加食邑实封制
（端平元年六月十一日）

敕：朕抚《车攻》复古之运，慕《烝民》任贤之风。我仪图之，则山甫柔嘉；侯谁在矣，则张仲孝友。乃眷股肱之重，夙咨德齿之尊。讲内治以既严，筹中兴而抑熟。进握本兵之寄，俾殚谋国之长。涣我明纶，诊于列序。具官某直大而不倚，沉深而有谋。翛然其臞，精神溢乎万物之表；皓然其老，志气塞乎两仪之间。予养晦则密勿以效忱，予更化则从容而赞决。凡君子小人之进退，暨中国外夷之盛衰，备输启沃之忠，居赖弼谐之助。惟关洛有鼎来之机会，而江淮有前进之规模，必元老壮猷乃可以出万全，必真儒无敌乃可以大一统。就烦旧德，坐管洪枢。总提经武之编，益懋运筹之略。申陪井赋，并实圭腴。噫！询黄发则罔愆，朕方谨仡仡番番之戒；有常德以立武，尔毋忘绵绵翼翼之图。涉历深则无躁谋，思虑精则无遗策。共恢大业，茂对阘休。可。

出处：《平斋集》卷一八。

撰者：洪咨夔

考校说明：编年据《宋史》卷四一《理宗纪》补。

资政殿大学士新知建康府曾从龙除参知政事
同提举编修敕令加食邑实封制
（端平元年六月十一日）

敕：庆历之开太平，范仲淹为参预；元祐之新大化，吕公著为疑丞。朕遵晦十年，厉精一旦，趣召先朝之彦，俾还近辅之联。诞扬丝纶，敷告簪绂。具官某学根乎正大，气抱乎纯明。其重足以挫众纷，屹然鼎吕；其静足以烛群动，了若蓍龟。蚤服在于大僚，耻苟同于污俗。不合则去，有待而行。鹤鸣九皋，久闻声而乐只；凤翔千仞，迄览德以来思。予兴相见何晚之嗟，尔动可为忠言之喜。举昔大对，劝今力行。嘿有契于此心，期共繇于斯道。更化则可善治，宜增重于本朝；折冲何必临边，奚尚劳于外服？爰辍居留之寄，聿严共政之图。苴敕局以提纲，拓爰田而衍赋，并昭异数，式奖英猷。噫！六典建于周家，莫先乎设参而置辅；庶绩凝于虞室，尤在乎同寅而协恭。勉殚诃谟之忠，共济垂拱之治。可。

出处：《平斋集》卷一八。

撰者：洪咨夔

考校说明：编年据《宋史》卷四一《理宗纪》补。

左谏议大夫郑性之除端明殿学士签书枢密院事同提举编修经武要略进封加食邑实封制
（端平元年六月十一日）

敕：朕迪简在廷，仪图共政。繇谏长而选，盖仅闻于二纪之间；自伦魁而升，况并见于一日之顷。繄非常之盛举，必不世之奇材。翊我事枢，扬于制綍。具官某身端而行治，心广而体胖。鸿渐可用为仪，望夙高于华著；鸡鸣不改其度，志晚适于盘阿。维予初潜，慕世贤喆。未亲魏征之论，已稔萧生之名。迨躬揽于万几，首旁招于众正。擢从郡最，列在从涂。朝入对于治朝，暮进登于骑省。规君德则《中庸》《大学》，条国事则《天保》《采薇》。方累疏之前陈，已一言之默寤。径跻宥府，密赞筹帷。由求之切而得之难，故知之深而用之速。总武经之大笔，陟书殿之穸班。爵肇启于彻侯，封更陪于多邑。以寄股肱之重，以示精神之强。噫！虞舜之治有五人，朕方笃任贤之意；宣王之德洽四国，尔盍思复古之图！叶济庙谟，丕昭儒效。可。

出处：《平斋集》卷一八。

撰者：洪咨夔

考校说明：编年据《宋史》卷四一《理宗纪》补。

郑性之曾祖己赠太子太保制
（端平元年六月十一日后）

敕：立公设辅惟其人，尤重副枢之选；自仁率亲至于祖，莫如皇考之尊。既钦四邻，式贲三庙。具官某曾祖具官某，钟全闽之秀，袭大郑之芳，蕴德未施，流光在后。诗书浸灌，登唐朝童子之科；议论深长，策汉世名儒之第。今以辅臣宠数，追远蜜章，进储宫上保之官，为宗庙不祧之祖。英灵如在，彷佛其承。可。

出处：《鹤林集》卷一〇。

撰者：吴泳

考校说明：编年据郑性之宦历补，见《宋史》卷二一四《宰辅表》。

郑性之曾祖母陈氏赠太宁郡夫人制
（端平元年六月十一日后）

敕：生珠之渊必深，栖凤之冈斯远。庆流三叶，积岂一朝？具官某曾祖母陈氏，躬娴令仪，世载淑闻。系以北陈之谱，不显其光；嫔于南郑之门，克昌厥后。参我右府，实其曾孙。易以大郡之封，仍以小君之号。吁，其盛矣！尚克嘉之。可。

出处：《鹤林集》卷一〇。

撰者：吴泳

考校说明：编年据郑性之宦历补，见《宋史》卷二一四《宰辅表》。

郑性之祖奖封太子太傅制
（端平元年六月十一日后）

敕：郑康成以经术名世，而小同官至侍中；郑余庆以文学致身，而从党位登辅相。均以诸姬之后，至于再世而昌。遗风甚高，千载如在。具官某祖具官某，植道淳固，立心裕和。语言文字之香，远追作者；翰墨笺题之妙，自成一家。视轩冕如傥来，期门闾之必大。伟哉孙子，时我宝贤。诞疏西府之恩，晋陟东宫之傅。申命有宠，尚其知荣。可。

出处：《鹤林集》卷一〇。

撰者：吴泳

考校说明：编年据郑性之宦历补，见《宋史》卷二一四《宰辅表》。

郑性之祖母陈氏赠文安郡夫人制
（端平元年六月十一日后）

敕：朕诵"莫莫葛藟"之诗，观"离离桐梓"之什，一则原世德之自起，一则喻孙枝之既蕃。若非栽培，何以贻燕？具官某祖母陈氏，淑谨恭俭，宜其室家；硕大光明,茝在后裔。推迹施于之祉,载流烝畀之荣。前则鱼轩象掮,以新石窬之封;今则蜜印丝言,以大任丘之宠。用昭慜饰,式慰孝思。可。

出处:《鹤林集》卷一〇。
撰者:吴泳
考校说明:编年据郑性之宦历补,见《宋史》卷二一四《宰辅表》。

郑性之父汝永赠太子太师制
(端平元年六月十一日后)

敕:乡之善士,斯友善士,既培积庆之源;子为大夫,祭以大夫,允重显亲之义。肆登近辅,申赉祢宫。具官某父具官某,在约而平宽,居家而敬谨。乘下泽,御款段,不好矜持;崇高节,抗浮云,每安冲澹。能教其子,克昌斯文。菜与阶齐,卒兆龙头之选;木临匜口,竟占枢字之祥。嘉其义方,式是恩宠。仍进宫师之秩,永为泉隧之光。可。

出处:《鹤林集》卷一〇。
撰者:吴泳
考校说明:编年据郑性之宦历补,见《宋史》卷二一四《宰辅表》。

郑性之母黄氏赠和政郡夫人制
(端平元年六月十一日后)

敕:朕闻教顺由亲始,当推六行之原;积善以家言,盖匪一人之力。眷言贤辅,实自母仪。具官某母黄氏,齐明靓庄,淑婉循嫕。奉姑以柔嘉之则,教子以忠孝之言。终有令名,为吾良佐。虽生不逮釜钟之养,而殁犹疏汤沐之封。古岷大邦,象服休命。尚尔泉丘之秘,知吾渥泽之临。可。

出处:《鹤林集》卷一〇。
撰者:吴泳
考校说明:编年据郑性之宦历补,见《宋史》卷二一四《宰辅表》。

郑性之妻潘氏赠平原郡夫人制
（端平元年六月十一日后）

敕：朕惟夫尊于朝，妇贵于室，今古一道，死生同荣。具官某妻潘氏，笄珈象服之美，以宜其夫；筥釜潢污之清，以相其祀。中馈尔职，嘉嫔尔共。方当夫人之起家，亦念君子之偕老。命之不淑，荣弗逮躬。载言翟茀之空，莫睹鸿枢之贵。晋封名郡，用贲穸台。庶几兰荪之共芳，不与草木而俱尽。可。

出处：《鹤林集》卷一○。

撰者：吴泳

考校说明：编年据郑性之官历补，见《宋史》卷二一四《宰辅表》。

故巴陵县公竑追复少保宁武军节度使济王
食邑四千户食实封一千五百户制
（端平元年六月十二日）

敕：朕惟昔我太宗，友于秦邸。贬涪陵之秩，不能废天下之大公；追王爵之封，于以笃人伦之至爱。周公之圣所未及，文帝之仁所不如。肆予冲人，式是祖训。具官某。荫分天属，职重宗藩。以梁爵之亲，方受食国居官之宠；若东平之乐，庶坚处家为善之思。事有不然，人所共叹。遽以一朝之变，迫于群狡之谋。州无谨备盗贼之臣，府无康正礼义之傅。竟底于戾，如痌乃身。朕尝谓仁人无藏怒宿怨之私，王者有因心则友之爱。还锡青旌之节，仍疏赤社之封。贲以孤卿，胙之采邑。孝悌之教不改，予其昭示于本心；死丧之威孔怀，尔尚式歆于异数。可。

出处：《鹤林集》卷一○。

撰者：吴泳

考校说明：编年据《宋史》卷四一《理宗纪》补。

巴陵县公赵竑尽复本身官爵诏
（端平元年六月十二日）

故巴陵县公竑胁于狂寇，不能固拒，遂陷于逆，朕甚痛之。今一新政化，加惠存殁，可尽复其本身官爵，仍令有司检视茔所，以时致祭。其立嗣一节，关系国家，难以轻议，朕不敢私。妻吴氏给祠牒为尼，特赐慧净法空大师，令绍兴府月给百券为衣钵钱。

出处：《宋史全文续资治通鉴》卷四一。又见《宋史》卷四一《理宗纪》。
考校说明：原书于此前已书六月事，复于此又书五月事，将此诏系于五月，误，据《宋史》卷四一《理宗纪》改。

史弥坚赐谥忠宣制
（端平元年六月十四日）

敕：朕惟汉以"共节"谥韦贤、韦成，而弘之行不显于世；唐以"正宪"谥苏瑰、苏颋，而诜之名不闻于时。今有父为"忠定"，兄为"忠献"，而抱元身之直，处翁季之间，生不失天下之令名，死复都朝廷之美号，兹岂韦、苏之门所可望哉？具官史某，以八行之家，居四明之望，逮事宁考，曾为从臣。机神足以爽邦，文雅足以饰治。入则峨冠簪笔，谋猷于内，惟汝嘉；出则握节秉麾，左右有民，惟汝翼。虽洊更中外之任，尝力避权势之嫌。在熙宁则不党于熙宁，如安国之于安石；在元祐则不趋于元祐，如大临之于大防。虽钟和乐之情，不替箴警之义。肆予嗣服，恨弗即庸。至一纪之投闲，竟九原之弗起。嗟无及矣，痛莫甚焉！既疏之以资殿之荣，复秩之以仪同之典。仁莫先于追远，哀恸已刻于蜜章；义莫重于易名，尊显复厥枢谥。不待颂台之议，特加亲札之褒。噫！惟纯仁之忧国爱君，始膺异数；惟洪皓之衔命仗节，方称嘉名。毋俾两贤，独专二美。可。

出处：《鹤林集》卷一〇。
撰者：吴泳
考校说明：编年据《宋史》卷四一《理宗纪》补。《宋史》卷四一《理宗纪》："（端平元年六月）辛巳，诏故端明殿学士、开府仪同三司史弥远赠资政殿大学士，谥忠宣。"此处"史弥远"为"史弥坚"之误。

赐辅臣御札
（端平元年六月二十四日）

近康守正、王全以马来献，朕已谕之云：御前自有马院可以供进，若驰骤骏马，汝等可自留用。朕方禁饬臣下勿受馈遗，岂又自开此门，兼恐远人以此窥朕好尚。昔汉文却千里马，朕素慕之。卿等以为如何？

出处：《宋史全文续资治通鉴》卷三二。

户部侍郎京湖制置使史嵩之除权兵部尚书制
（端平元年六月二十六日）

敕：朕仰稽《韩奕》《江汉》之诗，俯考《皇武》《方城》之雅，嗟古风之浸邈，眷王事之良劳。擢繇外阃之崇，列在中台之峻，有华从橐，宜锡赞书。具官某挺秀相门，出奇将略。审刺虎之势，必灭虏以为期；乘投鼠之机，虽会戎而不惮。震威声于垂瓠，褫营魄于穹庐。珍奇之灰既空，冒顿之镝遂绝。图八陵而效捷，固知天道之还；告九庙以归功，亦赖人谋之赞。肆嘉乃志，式奖尔庸。跻文昌八座之联，摄司马五兵之柄。维时眷遇，允谓遭逢。岂不怀归而畏简书，既举劳还之典；乃使帅属而平邦国，尚修献恺之仪。可。

出处：《平斋集》卷一九。
撰者：洪咨夔
考校说明：编年据《宋史》卷四一《理宗纪》补。《宋代诏令全集》误系于端平元年六月二十一日戊子（第一六九七页）。

将强盗等贷命黥隶之人押赴两淮京襄大军收管诏
（端平元年六月三十日）

刑部行下诸路州军，将强盗、窃盗、斗杀贷命黥隶之人，并押赴两淮京襄大军收管。

出处：《宋史全文续资治通鉴》卷三二。

褒赠李道传等诏
（端平元年六月）

　　赠集英殿修撰李道传、陈宓、娄昉并赠直龙图阁,仍各与一子升擢差遣;胡梦昱赠朝奉郎,与一子恩泽。端平元年六月某日。

出处:《象台首末》卷一。
考校说明:《宋史》卷四一《理宗纪》系于端平元年五月二十八日丙寅。

华文阁学士知庆元府余嵘明堂恩进封
信安郡开国侯加食邑制
（端平元年六月）

　　敕:朕搜仪先甲,展采上辛。赋《思齐》之诗,慕亲方切;稽《我将》之颂,飨帝尤严。恍三灵之宴娭,遄百禄之来下。有怀宿望,宜锡闲休。具官某学擅名儒,材优法从。长沙之称吴芮,久藉蕃宣;东海之得翁归,更需镇抚。虽缓受厘之访,靡忘吁俊之思。乃眷明禋,迄成熙事,馂惠下逮于辉胞之贱,脤膰上亲乎族姓之尊,岂繄时髦,可后祭泽?肆进彻侯之重,仍加采邑之腴。绥我思成在于温恪,介尔景福由乎靖共。趣懋展于英猷,用对扬于休渥。可。

出处:《平斋集》卷一八。
撰者:洪咨夔
考校说明:编年据《后村先生大全集》卷一四五《余尚书神道碑》补。

何处久除直宝谟阁知镇江府制
（端平元年六月）

　　敕具官某:南徐襟江枕海而控淮,地望重矣,制胜孔严,择守加遴。尔材猷闳硕,志气激壮,为御史谏官,尝陈内外修攘之略,具有本末,朕甚伟之。冠冕蓬山,未遑设施。祖逖击楫渡江之地,以奎直往,为朕图厥功。应接于外,屏蔽于内,威行爱孚而天险之势以强,京师并蒙福也。可。

出处:《平斋集》卷一八。

撰者:洪咨夔

考校说明:编年据《南宋馆阁续录》卷七补。

楼昉赠直龙图阁制
(端平元年六月)

敕具官某:士君子存心养性以事天,夭寿不贰以立命,岂计一时之屈伸哉!尔淹贯而有归,贞固而不挠,盖深于道者。立朝莅郡,声称甚茂,井虽渫而可汲,需见险而竟止。此心不失其本然之天,则命自我立,宜区区者之不能縻也。王通氏抱太平之策以殁,房、杜诸贤卒用之,以昌贞观之治道,安有终屈而不伸耶?羲图邃直,仍录遗孤,拱木九京,尚其可作。可。

出处:《平斋集》卷二一。

撰者:洪咨夔

考校说明:编年据《象台首末》卷一《褒赠李道传等诏》补。宋廷下诏褒赠李道传等人,《宋史》卷四一《理宗纪》系于端平元年五月二十八日丙寅。"楼昉",《象台首末》卷一《褒赠李道传等诏》误作"娄昉"。

李道传赠直龙图阁制
(端平元年六月)

敕具官某:学以见道为难,苟有见乎道则形而为实践,发而为正论,推而为美政,无异源也。尔以蜀庄之珍,荐清庙之璧,践履也方,议论也刚,政事也昌,非渐乎师友之泽,洞乎圣贤之奥,殆将委厥美以从俗,兰芷变而不芳矣。西风寥碧,骊虬独远,跂予望之,惜不我遇。奎躔峻直,且表其孤,以一时之屈易百世之伸,尔尚奚憾!可。

出处:《平斋集》卷二一。

撰者:洪咨夔

考校说明:编年据《象台首末》卷一《褒赠李道传等诏》补。宋廷下诏褒赠李道传等人,《宋史》卷四一《理宗纪》系于端平元年五月二十八日丙寅。

胡梦昱赠朝奉郎制
（端平元年六月）

敕具官某：朕访落伊始，首下诏来谠直，盖与谏鼓谤木同意。以直言求人而以直言罪之，岂朕心哉？尔风裁峭絜，志概激壮，繇廷尉平上书公车，言人之所难言。方嘉贯日之忠，已堕偃月之计。问途胥口，访事泷头，曾无几微见于面，何气节之烈也！仁祖能全介于远谪之余，孝祖能拔铨于投荒之后，抚今怀往，魂不可招，潦雾堕鸢，悲悔何及！陟阶员外，仍官厥子，用旌折槛之直，且识投杼之过，尔虽死，可不朽矣。可。

出处：《鹤林玉露》卷六，《象台首末》卷二。
撰者：洪咨夔
考校说明：编年据《象台首末》卷一《褒赠李道传等诏》补。宋廷下诏褒赠李道传等人，《宋史》卷四一《理宗纪》系于端平元年五月二十八日丙寅。

陈宓赠直龙图阁制
（端平元年六月）

敕具官某：列圣以隆宽大公涵养天下敢言之气，故虽世道波靡，必有岿然自见，折奸萌而扶正论者。尔风猷名相之裔，学问诸老之传，刷行出政，具有源委。嘉定一疏，朝阳独鸣于万喙皆喑之顷，恔壬褫魄而不敢肆，顽鄙洒心而思自立，何其伟也！分符界节，挽之莫回，乐道著书，死而后已，砥柱斯世之功甚大。进直渊图，仍奖厥子，泉扃有知，其识予恨不同时之意。可。

出处：《平斋集》卷二一。
撰者：洪咨夔
考校说明：编年据《象台首末》卷一《褒赠李道传等诏》补。宋廷下诏褒赠李道传等人，《宋史》卷四一《理宗纪》系于端平元年五月二十八日丙寅。

赐四川制置使赵彦呐夏药银合敕
（端平元年夏）

敕：申宅南交，正于炎序。乃眷西顾，怀我宗臣。矧更原上之久劳，冒人间之执热。式颁良剂，往示优恩。

出处：《鹤林集》卷一二。

撰者：吴泳

考校说明：编年据赵彦呐宦历补，见《宋史》卷四一三《赵彦呐传》、《平斋集》卷一六《赐权兵部侍郎四川安抚制置使赵彦呐银合夏药敕书》。

赐带御器械兼权主管马军行司公事兼知光州孟珙建康府都统制兼知泗州李虎鄂州江陵府都统制兼权发遣德安府王旻兴元府都统制李显忠镇江府副都统制刘虎襄阳府忠卫军副都统制江海权沔州都统制司职事陈昱权利州都统制司职事曹友闻权庐州强勇军都统制司职事王福利州后军统制权行管干金州都统制司职事吴桂银合夏药敕书
（端平二年夏）

三庚御序，万甲乘边。总戎律以良劳，犯炎威而不惮。宜放珍剂，用示眷怀。

出处：《平斋集》卷一六。

撰者：洪咨夔

考校说明：编年据孟珙宦历、文中所述"夏药"补，见《后村先生大全集》卷一四三《孟少保神道碑》。

赐龙图阁学士京西湖北路安抚制置大使兼知襄阳府赵范兵部侍郎淮东安抚制置使兼知扬州赵葵银合夏药敕书

(端平二年夏)

卿望耸禁涂,筹高边阃。属履炎蒸之序,备殚牧御之劳。宜锡上奁,用敚内剂,御兹烈日,扬我仁风。

出处:《平斋集》卷一六。
撰者:洪咨夔
考校说明:编年据赵范、赵葵官历补及文中所述"夏药"补,见《宋史》卷四一《理宗纪》、卷四二《理宗纪》。

何琮除直徽猷阁福建路转运副使制

(暂系于端平元年六月前后)

敕具官某:七闽乐郊也,间者鸱义奸宄多抵冒于法,非蕉萃菀结莫之省乎?尔风概凝远,性行修絜,世道渫浊,能不磷缁,朕器之奏对间久矣。敛武华要,寓直凝邃,夙驾暑征,往将使指,岂直为飞挽计?以铁冠触邪之余威,察一道臧否贪廉而刺举之,使吏奸澄而民气舒,斯称朕临遣之意。可。

出处:《平斋集》卷一八。
撰者:洪咨夔
考校说明:编年据同集前后文时间、弘治《八闽通志》卷三〇补。

董洪父自修王公瑾父囦方岳父钦祖赵子森父复先陈子椿父千期朱日炎父师友孙镛父价以明堂恩封官制

(暂系于端平元年六月前后)

敕具官某:总章大飨,熙事涓成。敛福锡民,同跻仁寿。尔旄期康强,有子仕版,京秩疏封,式昭善庆。可。

出处：《平斋集》卷一八。

撰者：洪咨夔

考校说明：编年据同集前后文时间补。

太中大夫曹叔远特转通奉大夫依前焕章阁待制致仕制
（暂系于端平元年六月前后）

敕：访贞元之遗事，尚想告犹；追长庆之高风，遽闻请老。莫回雅志，庸锡徽章。具官某襟度旷夷，风规凝粹。羊肠峻阪，矞备罄于忠勤；豹尾属车，晚浸隆于恩遇。劳禁涂而谂疾，佚真馆以言归。赐杖窃迟，挂冠何亟！叠进高华之秩，仍通严邃之班。祗服宠荣，益绥寿嘏。可。

出处：《平斋集》卷一八。

撰者：洪咨夔

考校说明：编年据同集前后文时间补。

闾丘梓林炎赵崇嫩赵崇森除大理评事制
（暂系于端平元年六月前后）

敕具官某等：典狱惟平之难，汉吏用法，巧文浸深，于是置廷尉平四人务平之。尔梓、尔炎、尔崇嫩、尔崇森，皆练习律令而文无害，故并命以司庶狱之平。"明启刑书胥占，咸庶中正"，中则平矣，钦哉！可。

出处：《平斋集》卷一八。

撰者：洪咨夔

考校说明：编年据同集前后文时间补、赵崇森宦历补，见《宋史全文续资治通鉴》卷三二。

虞衡除大理寺正制
（暂系于端平元年六月前后）

敕具官某：《王制》狱辞之成，史告于正，正听之。正所以正庶狱之不正也。

尔简澹而详敏,襄帷岭峤之东,以风力著,庸命尔正于李,吏有上下其手,以舞吾法,尔悉为朕纠之。庶几廷中称平而天下无冤民。可。

出处:《平斋集》卷一八。
撰者:洪咨夔
考校说明:编年据同集前后文时间补。

权知信州史弥忞除将作监丞制
（暂系于端平元年六月前后）

敕具官某:上饶间于江浙,顷悍卒轶纪律以骇吾民,翦其萌可缓乎?尔优于应变,勇于讨恶,尸二渠于市而群奸之魄褫,千里底定,朕甚材之。召丞匠监,用旌尔能,缮修务简,益培雅望。可。

出处:《平斋集》卷一八。又见《永乐大典》卷一三四九八。
撰者:洪咨夔
考校说明:编年据同集前后文时间、嘉靖《广信府志》卷七补。

赵与欢起复直宝谟阁淮西提刑制
（暂系于端平元年六月前后）

敕具官某:兵刑一也,西淮方整军经武,陈时臬事宜加谨。尔公族之隽,材优而气盛,尝守辅邦,蔚有能誉,繁弱可久橐乎?起之栾棘,进之奎直,往司臬于西。能使在泮献囚与在泮献馘同功,则移孝为忠之道得矣。可。

出处:《平斋集》卷一八。
撰者:洪咨夔
考校说明:编年据同集前后文时间、赵与欢官历补,见《嘉泰吴兴志》卷一四。

大理寺丞桂万荣除考功员外郎制
（暂系于端平元年六月前后）

敕具官某:冯唐白首,颜驷厖眉,尚书郎以老于识为重。尔行己纯固,莅事精恪,丞于北寺,不诡不挠,盖涉深而识定者也。考功课吏之法,公则一,私则万殊,勉为我权衡之。抑扬惟允,嗣有褒进。可。

出处:《平斋集》卷一八。

撰者:洪咨夔

考校说明:编年据同集前后文时间补。

权兵部尚书赵至道除宝谟阁直学士知镇江府制
（暂系于端平元年六月前后）

敕:法从莫如文昌八座之尊,价藩莫如扶风三辅之重,必卷舒之有裕,斯出入之俱荣。具官某夤以孝称,晚繇廉进。历耳目之寄,每侃侃以自将;升喉舌之官,尤循循而唯谨。久厌禁严之直,欲寻闲退之盟,莫挽而留,宜华其去。赤刀琬琰,峻秘职于西清;皂盖朱幡,巩名城于北固。亟上中和之最,慰予耆艾之思。可。

出处:《平斋集》卷一八。

撰者:洪咨夔

考校说明:编年据同集前后文时间补。

太常寺丞兼权右司曾天麟除将作少监制
（暂系于端平元年六月前后）

敕具官某:永惟技巧工匠之鲜及,不如宫室苑囿之无增,故缮监不以饬工而以储材。尔疏通而文,宽静而栗,材出邓林信良矣。容台省闼,趣升于少匠,厚其储以致用也。尔知器用利则用力少而就效众,斯识朕心。可。

出处:《平斋集》卷一八。

撰者:洪咨夔

考校说明:编年据同集前后文时间补。

王瀹转承议郎制
(暂系于端平元年六月前后)

敕具官某:朕观新店民之语,知和籴之厉民尚矣。尔守滁日,籴办而民不扰,数逾三万,应我赏格。增秩旌劳,尚鞭其后。可。

出处:《平斋集》卷一八。
撰者:洪咨夔
考校说明:编年据同集前后文时间补。

归顺人沙兀惹特补修武郎添差蔡州兵钤兼权蔡州事制
(暂系于端平元年六月前后)

敕具官某:襄汉奋伐,淮蔡底平,莫府以戎捷来上,谓尔能知逆顺之分,赤心归谊,愿效忠力。蔡人即吾人也,爰畀右阶,就命尔守。复民业以趋耕,作士气以待战,保障巩固,斯称委寄。可。

出处:《平斋集》卷一八。
撰者:洪咨夔
考校说明:编年据同集前后文时间补。

房应发转文林郎制
(暂系于端平元年六月前后)

敕具官某:六騆复土,五使置官,凡备驱驰,悉沾赏赉。尔祗吏役,例进一阶,茂对恩荣,尚思策厉。可。

出处:《平斋集》卷一八。
撰者:洪咨夔
考校说明:编年据同集前后文时间补。

刘显以父评战殁补承信郎制
（暂系于端平元年六月前后）

　　敕具官某：蜀关御寇，虓将死勇，尔父从之，鏖战继殁。羽林孤儿，汉恩特厚，录尔一官，用劝徇国。可。

出处：《平斋集》卷一八。又见《永乐大典》卷七三二七。

撰者：洪咨夔

考校说明：编年据同集前后文时间补。

石天瑞白华补秉义郎制
（暂系于端平元年六月前后）

　　敕具官某等：方城濯征，垂瓠震溃，执讯获丑，余烬为空。尔能自归，贷而官使。尚图忠效，用答生全。可。

出处：《平斋集》卷一八。

撰者：洪咨夔

考校说明：编年据同集前后文时间补。

李骏起复直龙图阁四川都大茶马制
（暂系于端平元年六月前后）

　　敕具官某：秦蜀榷牧之政，分合凡几，然非其人分任而不足，得其人合治而有余。尔沉毅足以经远，果达足以治剧，所居底绩，晚誉更伟。坤维事力日匮，茗法坏而后马政坏。顷尝分任，未见其益也，兹庸合以命尔，且寓直渊图，以重其行。毋俟祥琴，慷慨叱驭，能使廉信浃于园户，行于蕃落，则摘山富而效牵蕃矣。可。

出处：《平斋集》卷一八。

撰者：洪咨夔

考校说明：编年据同集前后文时间补。

工部郎中郑寅除尚左郎官制
(暂系于端平元年六月前后)

敕具官某:艮以止为体,能时止则止,然后能时行则行。尔简粹而通亮,为郡尝以治理效闻。顾时俗之流从,又孰能无变化? 惧荃蕙之俱茅也,而恬然归絜,坐玩岁华。待化机之转移,偕众正而汇集,其将有行乎? 郎选甚高,毋惮于剧,朕方思所以进尔者。可。

出处:《平斋集》卷一八。又见《永乐大典》卷一三四九八。
撰者:洪咨夔
考校说明:编年据同集前后文时间补。

王迈转朝请郎制
(暂系于端平元年六月前后)

敕具官某:榷务万货萃焉,而摘山煮海之利居多。羡入必赏,厥有著令。尔材优于从政,尝司出纳,岁有羡利,其知理财正辞之义乎! 一官懋赏,益图尔庸。可。

出处:《平斋集》卷一八。
撰者:洪咨夔
考校说明:编年据同集前后文时间补。

将作少监赵与芮除大理少卿制
(暂系于端平元年六月前后)

敕具官某:孟侯朕其弟,必卷卷以陈时臬事丕蔽要囚为诰,岂非刑者君子所尽心,友之笃则诲之切乎? 尔气质金玉,步趋绳矩,卓有大雅不群之风。朕犹欲其政事之熟更也,既试之大匠,又试之少大理。民命至重,国脉所关,钦哉恤哉,其宁惟永,尔亦与有令闻。可。

出处:《平斋集》卷一八。

撰者:洪咨夔

考校说明:编年据同集前后文时间补。

邓云转武节郎制
（暂系于端平元年六月前后）

敕具官某:山东逆俦,负固淮楚,大振貔貅之气,一空狐兔之群。制阃第功,尔尝鏖战,进官四等,护戎湖右。其日夕淬砺,以称信赏。可。

出处:《平斋集》卷一八。又见《永乐大典》卷七三二六。

撰者:洪咨夔

考校说明:编年据同集前后文时间补。

王旻武节郎制
（暂系于端平元年六月前后）

敕具官某:山东逆俦,负固淮楚。大振貔貅之气,一空狐兔之群。制阃第功,尔尝鏖战,峻升武级,用奖骁雄,仍颛戎律之严,坐镇边城之重。祗承异渥,勉策奇勋。可。

出处:《平斋集》卷一八。又见《永乐大典》卷七三二六。

撰者:洪咨夔

考校说明:编年据同集前后文时间补。

直宝谟阁宫观刘宰除太常寺丞制
（暂系于端平元年六月前后）

敕具官某:圣人与曾点说漆雕开,盖不汲汲于用,乃所以致用也。尔得于天者厚,求于人者薄,见几远引,乐道而著书,与行乎国政之久者相为终始。世方澜倒,独落落乎其有风飚,朕甚嘉之。拔之盘涧,丞我奉常,幡然一来,尚不负国人之望。可。

出处:《平斋集》卷一八。

撰者:洪咨夔

考校说明:编年据同集前后文时间、《宋史》卷四〇一《刘宰传》补。

前右正言何万龄特转朝奉大夫直宝谟阁致仕制
(暂系于端平元年六月前后)

敕具官某:台谏以触邪指佞为职,自仗马相戒而舍豺狼问狐狸有年矣。尔以骏发之材,迈往之气,列在骑省,能于波流风靡之中奋击大吏,疾于迅霆,非不畏强御者乎? 衔恤以殁,岁月奔驰,崇阶邃职,示不汝忘。可。

出处:《平斋集》卷一八。

撰者:洪咨夔

考校说明:编年据同集前后文时间补。

两淮制置使兼沿江制置副使赵范除江淮制置大使制
(暂系于端平元年六月前后)

敕:全江淮,济中兴,莫重乎要冲之势;筑坛场,拜大将,莫严乎专阃之权。乃眷时髦,密承庙算,内养威而植屏,外观变以投机,丕建使名,特加命绶。具官某挺姿果毅,抗志忠勤。材闳而用周,力振西平之业;气壮而识老,远追邓禹之风。自讨贼之策勋,即平戎之定计。入仪法从,出抚成师。朕惟九节度以无统率而危唐,四将军以有领属而强汉,必中权之独总,斯外治之咸张。《车攻》复会东都,首经营于江浒;《閟宫》遂荒徐宅,先疆理于淮夷。兹大恢表里之规摹,宜尽禀精明之号令。翼翼文昌之座,堂堂太一之旗,壮本根于荆扬,震声采于汴洛。诗书之师以尊主为德,仁义之将以安民为功。行三军则务于好谋,掌六师则贵乎同力。观宣劳之浸久,信任重之优为。江左自有夷吾,朕方倚深长之略;河南尽为晋土,尔盍坚绥定之图! 可。

出处:《平斋集》卷一八。

撰者:洪咨夔

考校说明:编年据同集前后文时间、赵范官历补,见《宋史》卷四一《理宗纪》。《宋代诏令全集》以《宋史全文续资治通鉴》卷三二、《宋史》卷四一《理宗纪》为据系于端平元年五月十八日丙辰(第二〇八二页)。《宋史全文续资治通鉴》卷三二:

"(端平元年五月丙辰)以权工部尚书赵范为两淮制置大使、节制沿边军马兼沿江制置使。"《宋史》卷四一《理宗纪》:"(端平元年五月)丙辰,以赵范为两淮制置使、节制军马兼沿江制置副使。"二书所载均非"江淮制置大使",《宋史全文续资治通鉴》所载"沿江制置使"又与《宋史》所载"沿江制置副使"矛盾。《宋史》卷四一七《赵范传》载:"加吏部侍郎,进工部尚书、沿江制置副使,权移司兼知黄州,寻兼淮西制置副使。未几,为两淮制置使、节制巡边军马,仍兼沿江制置副使。又进端明殿学士,京河关陕宣抚使、知开封府、东京留守兼江、淮制置使。"然《宋史》卷四一《理宗纪》端平元年八月乙亥条仅载"以赵范为京河关陕宣抚使、知开封府、东京留守",存疑待考。

权工部侍郎留元英除集英殿修撰知江州制
(暂系于端平元年六月前后)

敕:翠绥鸣玉,入联法从之荣;皂盖飞旗,出殿名藩之重。不轻厥选,宜贲其行。具官某笃实无华,宽平有则。物情方靡,初何意于鹰鹯;世道既回,仍可仪于鸿鹭。政藉居中之益,忽腾补外之章,勉徇恳祈,俾图共理。升班论撰,留凤望于甘泉;奉最蕃宣,寄壮怀于溢浦。予曲尽待臣之礼,尔益殚报上之忠。可。

出处:《平斋集》卷一八。
撰者:洪咨夔
考校说明:编年据同集前后文时间补。

叶奭除国子博士应鑅除太学博士兼
庄文府教授汪之道除国子录制
(暂系于端平元年六月前后)

敕具官某:道存乎人心,蕴之为德行,行之为事业,文辞陋矣。朕故谨择知道者为学校师。尔奭直简而廉,尔鑅融明而静,尔之道英拔而粹,俱有得乎正大之旨。庸命奭为博士以学胄子;鑅为博士以学士,仍典藩房之教;之道为录以纠胄监之不如规者。师道立而皆知以求仁明善为急,化成天下,独不在兹乎!可。

出处:《平斋集》卷一八。
撰者:洪咨夔

考校说明:编年据同集前后文时间补。应繇,又作应繇、应繇,见《宋史》卷四三《理宗纪》、卷四二〇《应繇传》等。

抚谕东京等处官吏遗黎等诏
(端平元年七月六日)

洪惟本朝,肇造区夏,忠厚相传于家法,公恕素结于人心。遭家不造,值国多艰,遂至大同之治,竟成分裂之形。列圣中兴,惟兼爱于南北;积年养晦,不轻用于干戈。因彼两方之构怨,致兹频岁之不宁。百姓至此极也,多方罔堪顾之。嗟惟故疆,皆吾赤子,痛念君师之责,实均父母之怀。乃敕元戎,往清余孽。室家相庆,俟我后以来苏;父老泣观,喜皇纲之载复。豪杰望风而慕义,城邑不战而请降。虽讴吟方切于中原,恐遐远未沾于王化。或胁兵锋而投拜,猥附蜂屯;或栖山谷而结联,仅防豕突。宜及惟新之治,咸思载旧之情。蚁犹有君,鸟则择木。盍思乃祖,俱我宋之遗臣;忍及尔身,隔中朝之治化。时哉不可失也,舍是欲何之乎?为父兄子弟之良图,有天地古今之大谊。亟回心而效顺,举率众以遄归。庶脱之涂炭之中,而易以室家之庆。远者来,近者悦,同我太平;抚则后,虐则仇,惟尔审择。繄此从违之顷,居然祸福之分。隗嚣阻天水之兵,自贻诛戮;窦融献河西之地,亦被宠荣。

出处:《宋史全文续资治通鉴》卷三二。

王珪转武显大夫制
(端平元年七月六日后)

敕具官某:西洛归疆,已奏三京之捷;东淮平寇,犹论一垒之功。尔于是行,尝奋其勇,升四阶而示劝,总尺籍以知荣。可。

出处:《平斋集》卷一九。
撰者:洪咨夔
考校说明:编年据文中所述"西洛归疆,已奏三京之捷"补,见《宋史全文续资治通鉴》卷三二。

缪梦达转武德郎制
（端平元年七月六日后）

敕：西洛归疆，已奏三京之捷；东淮平寇，犹论一垒之功。尔于是行，尝效其力，叠进官而示赏，虽去职以知荣。可。

出处：《平斋集》卷一九。又见《永乐大典》卷七三二六。

撰者：洪咨夔

考校说明：编年据文中所述"西洛归疆，已奏三京之捷"补，见《宋史全文续资治通鉴》卷三二。

正议大夫程珌磨勘转正奉大夫制
（端平元年七月十四日）

敕：等六曹而上课，严三岁之迁；超四品而升秩，重八年之转。虽循彝典，实著恩章。具官某粹学渊深，英规山立。谋猷献纳，备殚日月之忠；典册铺张，叶应风云之会。歠殊庭之引兴，每魏阙之存心。积阅既深，陟明可后？飞鸿自适，初何计于穹阶？鸣鹤相求，肯尚遗于宿德？可。

出处：《平斋集》卷一八。本文又见《洺水集》附录。

撰者：洪咨夔

考功员外郎桂万荣除尚右郎官制
（端平元年七月十八日前）

敕具官某：比岁幸门开而吏道杂，武级猥滥尤甚，综核方严，铨管宜允。尔为考功郎，气严词厉，吏莫敢欺。推是以修审官西院之法，鉴揭而妍丑分，衡设而轻重判，剧曹其澄乎？来几何日，三锡厥命，用惟其材，毋谓序进。可。

出处：《平斋集》卷一八。又见《永乐大典》卷一三四九八。

撰者：洪咨夔

考校说明：编年据桂万荣宦历补，见《棠阴比事》卷末《后序》。

著作郎兼权司封郎官蒋重珍除起居舍人兼崇政殿说书制
（端平元年七月）

敕具官某：迪惟先朝策士，多得伦魁之彦，敷遗后人休。朕既简在大僚，又简厥修。如尔重珍者，以柱史从华光之游，矫矫乎凤凰之集阿阁、黄鹄之下太液也。荣贵素定，盛名难居。诏美责难，益究尔韫，使硕大光明不愧天圣、嘉祐之盛，顾不伟欤！可。

出处：《平斋集》卷一八。

撰者：洪咨夔

考校说明：编年据《南宋馆阁续录》卷八补。

黄壮猷除金部郎官制
（端平元年七月）

敕具官某：朕方经理京洛，财计裕于内则事力充于外。金币委输，钩考其数，以周知登耗而颁节制，司珍职也。尔器局明整，材华畅茂，司庾左浙，能斟酌取予敛散之宜，以乂我民。趣践郎省，参掌国用。曹虽剧，刃游盘错矣，抑以是详观尔之能。可。

出处：《平斋集》卷一八。

撰者：洪咨夔

考校说明：编年据《宝庆会稽续志》卷二补。

国子监丞姚珤除秘书丞制
（端平元年七月）

敕具官某：自天圣至嘉祐，进士上之三人，多至公卿，岂惟后稷之穑有相，抑丰芑之仁也。尔以强立之学辅致远之器，大廷射策，名在龟列而安平进，朕亲政始徕之。丞于胄监，进丞于中秘，尽交瀛洲之彦，纵论藏室之书，浩乎沛然，光明秀杰之望，得所封植矣。可。

出处:《平斋集》卷一九。

撰者:洪咨夔

考校说明:编年据《南宋馆阁续录》卷七补。

司农寺簿赵镐夫除司农寺丞兼提领安边所制
(暂系于端平元年七月前后)

敕具官某:景寿昌丞大农,关内漕谷国便之,常平置仓民便之,北边亦借以给,丞不当如是耶? 尔镐夫机圜而不穷,气锐而有立。逾月再转,就丞九扈,且坐总边计,材选也。孰科当兴,孰害当除,毋使寿昌专美于汉,则职之称。可。

出处:《平斋集》卷一八。

撰者:洪咨夔

考校说明:编年据同集前后文时间补。

军器监簿陈振孙除诸王宫大小学教授制
(暂系于端平元年七月前后)

敕具官某:我仁宗诏诸宫院教授非止讲习经旨,须选履行端悫,盖欲其以身教也。尔静而不竞,简而不华,可谓端悫矣。振振麟定,以尔为之师。观榘度于步武之间,挹芳润于言论之顷,而成童既冠,莫非大雅丽泽讲习之功,将有考于此。可。

出处:《平斋集》卷一八。

撰者:洪咨夔

考校说明:编年据同集前后文时间补。

方大琮除司农寺簿楼杓除军器监簿制
(暂系于端平元年七月前后)

敕具官某:寺监有簿,职钩稽违失,简矣,国以养材,士以养望。尔大琮粹然其瑜而静,俾簿于农寺;尔杓凝然其度而立,俾簿于戎监。鸿之渐而鹭之振也。观其所养,朕不敢忽,尔益观其自养。可。

出处:《平斋集》卷一八。

撰者:洪咨夔

考校说明:编年据同集前后文时间、《后村先生大全集》卷一五一《方阁学墓志铭》补。

<h2 style="text-align:center">知南安军彭铉职事修举转一官制
(暂系于端平元年七月前后)</h2>

敕具官某:汉二千石有治理效,辄玺书勉厉,增其秩,故良吏为盛,朕甚慕之。尔果于事功,达于识虑而敏于材。江右南接岭峤,俗骃而难御,支至假守,能不以茧丝易保障,田里相安,蟊贼屏息,其汉吏之良乎!一秩示劝,益进于理,以对显擢。可。

出处:《平斋集》卷一八。

撰者:洪咨夔

考校说明:编年据同集前后文时间补。

<h2 style="text-align:center">施椅差知融州制
(暂系于端平元年七月前后)</h2>

敕具官某:融在广右为望郡,铜虎符不轻界。尔以淳熙执政之胄,克修令猷,履平而植固,三为别乘,抱璞不售,亦老于世故矣。以是起家,毋鄙远其民而厚拊之。廉善达于听闻,斯称惟良之选。可。

出处:《平斋集》卷一八。

撰者:洪咨夔

考校说明:编年据同集前后文时间补。

<h2 style="text-align:center">曹叔远赠光禄大夫制
(暂系于端平元年七月前后)</h2>

敕:老之将至,甫抗志于垂车;生也有涯,遽遗言于易箦。推我悲伤之意,形

于赠襚之章。具官某熏然泽物之春,蔚乎成己之学。中年去国留落而气不衰,晚节还朝虺陨而志已勃。进陟论思之选,退寻萧散之盟。方惜日以自休,胡御风而不返! 出处本末,具知存阙之忠;始终哀荣,茂享书棺之宠。可。

出处:《平斋集》卷一八。

撰者:洪咨夔

考校说明:编年据同集前后文时间补。

仓部郎中林清之除直宝章阁都大坑冶制
(暂系于端平元年七月前后)

敕具官某:盖闻有道之世,地不爱宝。比钟官之课不登,非地宝啬耶,抑裕之惟人。尔通练敏劭,治郡有善状。九府圜法,泉布为重,辍材星省,往斡东南三品之产,转啬而为丰。贾谊有言,上挟铜积以御轻重,钱轻则以术敛之,重则散之,货物必平。朕有望于汝矣。可。

出处:《平斋集》卷一九。

撰者:洪咨夔

考校说明:编年据同集前后文时间补。

黄埻权知建宁府制
(暂系于端平元年七月前后)

敕具官某:建安富庶文物之邦,比岁不登,粢踊而民易动,遗朝廷忧,故择守良难。尔审机于应物,迎刃于制事,咸以材属。驾轺漕粤,易辙殿闽,人宜其官,何嫌改令? 夫镇危疑之情,活雕瘵之俗,固守职也。揠苗常患于助长,种木亦忌于太恩,行所无事而不求赫赫,其吏治之良乎! 可。

出处:《平斋集》卷一九。

撰者:洪咨夔

考校说明:编年据同集前后文时间、嘉靖《建宁府志》卷五补。

大理少卿赵与芮除宝文阁待制提举佑神观仍奉朝请制
(暂系于端平元年七月前后)

敕:龟钮藻衣,甫奏平反之最;翠绶玉佩,趣跻次对之联。匪亲爱之私恩,实荣怀之彝典。具官某晖承霄极,秀挹天潢。性行忠和,践丞郎而养望;材猷通敏,历卿监以蜚声。朕观《葛藟》之绵绵,嘉《棠棣》之韡韡,久恬于进,宜峻其迁。延阁升华,俨荷囊而待问;真庭均逸,乐戏彩以承颜。益隆信厚之风,茂对炽昌之嘏。可。

出处:《平斋集》卷一九。

撰者:洪咨夔

考校说明:编年据同集前后文时间补。

辛克承除直显谟阁主管绍兴府千秋鸿禧观制
(暂系于端平元年七月前后)

敕具官某:"蒹葭苍苍,白露为霜",世道不竞,人材老于摧折者何可胜数!尔以练达之材,精密之识,屡更事任,具著劳效。意所不合,翻然驾飞鸿而独往,不计摇落之几秋也。朕厉精求治,亟起耆哲而用之,则以病谂,岂遂忘斯世乎?宝奎寓直,闲馆养恬,尚识予遄洄之意。可。

出处:《平斋集》卷一九。

撰者:洪咨夔

考校说明:编年据同集前后文时间补。

张洽除直秘阁主管建康府崇禧观制
(暂系于端平元年七月前后)

敕具官某:"蒹葭苍苍,白露为霜",世道不竞,人材老于摧折者何可胜数!尔以简澹之姿,明远之识,尝于抚字关决见其材。意所不合,翻然驾飞鸿而独往,不计摇落之几秋也。朕厉精求治,亟起耆哲而用之,则以病谂,岂遂忘斯世乎!秘廷寓直,闲馆养恬,尚识予遄洄之意。可。

出处:《平斋集》卷一九。

撰者:洪咨夔

考校说明:编年据同集前后文时间、《宋史》卷四三〇《张洽传》补。

宗正少卿张嗣古除秘阁修撰枢密院副都承旨制
(暂系于端平元年七月前后)

敕具官某:朕长驭中原,枢揆皆得以与闻庙算,矧导宣密命,日与柱下史并直文坳,为最近。尔识照未然之机,材擅有用之器,曩记言于朝,国势虏情,论建甚悉,恨不果用也。白首重来,识益定,材益老,其以中秘论撰,参承宥密。制胜之略,保大之谋,凡可以赞吾枢纽者,毋惩毋忽。可。

出处:《平斋集》卷一九。又见《永乐大典》卷一三四九九。

撰者:洪咨夔

考校说明:编年据同集前后文时间、张嗣古宦历补,见《绍定吴郡志》卷一一。

大宗正丞兼兵部郎官谢奕礼除将作少监制
(暂系于端平元年七月前后)

敕具官某:右贤左戚,国之令典,戚且贤,褒进可后乎? 尔端良而敏,英润而泽,芝辉玉映,有文靖故家之风度,宜不为流水游龙而移。摄郎□儿,亟贰缮监,非朕之私戚而贤也。其靖共尔位,以□鼎来之福。可。

出处:《平斋集》卷一九。

撰者:洪咨夔

考校说明:编年据同集前后文时间补。

太府寺丞陈韐除大宗正丞制
(暂系于端平元年七月前后)

敕具官某:绵绵瓜瓞,本支百世,必属近行尊者训齐之而丞以庶姓,春秋公族大夫之意也。尔颖然处囊之锥,恢然发硎之刃,而退然不自襮,涵负盖远。庀属外府,藉甚有声,董治大宗,勉赞而长,朕之进用尔者此其阶。可。

出处:《平斋集》卷一九。
撰者:洪咨夔
考校说明:编年据同集前后文时间、陈韡官历补,见正德《瑞州府志》卷五。

副都承旨张嗣古除右文殿修撰权知建康府江东安抚制
(暂系于端平元年七月前后)

敕具官某:秣陵盘盘一都会,进可以控中原,朕方规复舆图,思得魁垒俊伟之彦付以留钥。尔起自久间,入对便殿,敷陈攻守大要,具有颠末。擢承密旨,出总陪京。恤民以厚根本,厉兵以壮形势,巩护天堑,应接汴洛。地以人重,毋谓事权之非昔也。秘殿论撰,姑华尔行,有功见知,显拔未艾。可。

出处:《平斋集》卷一九。
撰者:洪咨夔
考校说明:编年据同集前后文时间、张嗣古官历补,见《绍定吴郡志》卷一一。

张元简除太府寺丞制
(暂系于端平元年七月前后)

敕具官某:士君子知用舍有命,行藏有义,则身可屈气不可折。尔轩岸而闳伟,任重器也。荆门城筑之役,平板干,程土物,其成不愆于素。如楚艾猎民,方便安之,遽掣其肘而去。身虽屈,其气全矣。起之家食,丞于外府,朕盖以是为事任之储。可。

出处:《平斋集》卷一九。
撰者:洪咨夔
考校说明:编年据同集前后文时间补。

金书枢密院事郑性之赠三代制
（暂系于端平元年七月前后）

故曾祖可大赠太子少保制

敕：朕仪图近弼，招选誉髦。自奇童而升，如天圣之晏殊；由伦魁而进，如端拱之蒙正。蔚扶舆之钟粹，侈演迤之储祥，荣烛九原，宠延三世。具官某故曾祖具官某，隐居求志，积善在身。无言不酬，著在乡评之望；非礼勿动，形为家法之传。轴虽折于壮龄，干实培于庆裔。予倚西府迩臣之重，尔登东宫亚保之崇。祗服襏章，茂绥庙祀。可。

故曾祖妣陈氏赠咸宁郡夫人制

敕：豫章生于邓林，璆琳出于元圃，积深蓄厚则发之远，推高原大则报之隆。具官某故曾祖妣某氏，娄居而肃于齐家，约处而丰于教子。惠来师友，燕及孙曾。睹警悟之姿则爱钟于心，闻弦诵之声则喜动于色，成兹国器，翊我政枢。虽入柱明堂不及生前之见，而六瑚清庙竟为身后之光。肇开汤沐之封，增贲烝尝之祀。尚其不昧，歆此殊荣。可。

故祖奖赠太子少傅制

敕：叔虞之唐必兴，毕万之魏必大，何天道之应若券剂以取偿，盖人事之修犹耒耨而望汧。欲验孙谋之远，盍观祖泽之休！具官某故祖某，颖悟秉姿，淹该进学。文从字顺，勇追贾、马之风；墨妙笔精，雅得钟、王之法。方贤哉之腾誉，胡逝者之兴嗟！不在其身，克昌厥后。緊我弼谐之助，皆而讲习之传。宫傅参华，起英魂于既往；泉扃增耀，垂景祐于方来。可。

故祖妣陈氏赠齐安郡夫人制

敕：上推乎八世者，康成之先；下占乎五世者，有妫之后。矧王母诲言之未泯，而闻孙承弼之方新，肆加告第之恩，庸表起家之庆。具官某故祖妣某氏，坦直无隐，静闲有仪。奉事娄姑，动不违于四德；扶携幼子，守益厉于三从。断机之教既严,含饴之爱更切。受兹介福,发尔幽光。文轩象服之华,愍典蜜章之宠,懿魂如在,尚克飨之。可。

故父汝永赠太子少师制

敕:为人君止于仁而仁莫宏于锡类,为人子止于孝而孝莫盛于扬名。朕博求开物成务之材,唯济修政攘夷之治。隆枢廷之眷倚,侈祢庙之褒崇。具官某故父具官某,蹈道有常,秉德无竞。周旋乡党,宽洪长者之风;盘礴丘园,正洁幽人之操。念义方之为训,岂科举之徒文? 凡一时师友之功,必千古圣贤之蕴。晁董公孙之对,固有源流;益稷皋陶之谟,正资羽翼。佩一经而追往,抚三釜以兴悲。欲慰孝思,可稽褒典? 超进宫师之亚,增光家学之传。式劝教忠,毋忘垂裕。可。

故母硕人黄氏赠宜春郡夫人制

敕:衮衣而感《蓼莪》,不如戏彩之为荣;鼎食而悲《凯风》,不如负米之为乐。矧乃三迁之训,成予四辅之贤。宜沛恩荣,用纾孝慕。具官某故母某氏,凤姿警慧,素履静柔。佩悦奉姑,修婉容而特谨;倾奁教子,揭懿范以尤严。迄培隆栋之材,克赞改弦之化。流徽无致,钟庆有源。几年马鬣之封,一旦鱼轩之锡。德无不报,魂尚知歆。可。

故妻硕人潘氏赠清河郡夫人制

敕:硕人其颀,必称厥德,君子偕老,谁无此心? 同甘苦于隐约之秋,异幽明于显融之日。有怀契阔,曷尉歆歆! 具官某故妻某氏,生自名门,俪于魁彦。淑均接下,佩缤荃芷之芳;雍肃奉先,锜釜藻蘋之洁。推举桉齐眉之意,致趋机断织之规。生资助以居多,殁追荣而宜厚。委佗象服,首正小君之封;积累鹊巢,益绵奕世之庆。可。

出处:《平斋集》卷一九。
撰者:洪咨夔
考校说明:编年据同集前后文时间、郑性之宦历补,见《宋史》卷二一四《宰辅表》。

直华文阁知江陵府杨恢除知襄阳府京西安抚副使时暂兼京湖制置司公事制
（暂系于端平元年七月前后）

敕具官某：荆襄自昔衿喉之地，吾国之上游也。师以进为功，故襄阳视荆南为尤重。尔隽伟而有志，庄静而有谋，顷上边最，擢帅于荆，事任盖重矣。王师方向河洛，俾尔拥旄进屯于襄，任又加重。望隆中而怀葛亮，眺岘首而慕羊祜，临江汉而思召虎。积谷练甲，控扼险要，使前茅无后顾之忧，首尾有相应之势，而吾之取中原可以万全，时乃功。可。

出处：《平斋集》卷一九。
撰者：洪咨夔
考校说明：编年据同集前后文时间补。

尤燧除直秘阁权知江陵府兼主管湖北路安抚司公事制
（暂系于端平元年七月前后）

敕具官某：荆州用武之国，东连吴会，西通巴蜀，而北控京洛，经理中原之秋，宅乃牧尤难其人。尔涉深而养之固，蓄厚而发之闳。太阿、龙泉之出匣，断蛟刿犀，忽若篲泛，岂安陆专城足以展其材！寓直中秘，全护荆楚。观三国必争之形势，考羊陆守御之规摹，熊卧虎视，精神折冲，上流之顾宽则朕可安意而图中原矣。往懋厥功，用副推择。可。

出处：《平斋集》卷一九。
撰者：洪咨夔
考校说明：编年据同集前后文时间补。

知吉州刘炜叔职事修举特转奉直大夫制
（暂系于端平元年七月前后）

敕具官某：汉二千石有治理效，辄玺书勉厉，增其秩，故良吏为盛，朕甚慕之。尔处己靖庄，待民乐易，所至有汉循吏之风。兹守庐陵，政平讼理，田瑞安其条教。而灌输章贡，以戢蠢动，曾靡告劳，休问达于朕听久矣。奉直必实历七年乃转，优于示劝，不汝靳也。其益勤弗懈，以需选拔。可。

出处：《平斋集》卷一九。
撰者：洪咨夔
考校说明：编年据同集前后文时间、刘炜叔宦历补，见光绪《江西通志》卷一一。

范炎辞免赴都堂审察特转承议郎与宫观制
（暂系于端平元年七月前后）

敕具官某：高帝有尊显贤士之诏，而鲁两生不至，朕收揽众正，如茅斯拔。尔顾安贫乐天，不屑弓旌之招，《易》所谓"履道坦坦，幽人贞吉"，非耶！进秩赋祠，姑遂雅志，病愈造朝，尚其有待。可。

出处：《平斋集》卷一九。
撰者：洪咨夔
考校说明：编年据同集前后文时间补。

叶武子辞免召命特落致仕除直秘阁主管华州云台观制
（暂系于端平元年七月前后）

敕具官某：元祐间，文彦博既老复与大政，范镇既老不复来，亦各行其志也。尔少而立，壮而仕有声，老而知止不殆，良可嘉尚。朕求士如渴，起之垂车。志益坚，节益固，可以愧钟鸣不休者。寓直秘丘，赋廪祠馆，贪贤重老之意，尚懋承之。可。

出处：《平斋集》卷一九。
撰者：洪咨夔
考校说明：编年据同集前后文时间补。

刘福转武德大夫制
（暂系于端平元年七月前后）

敕具官某：鹅鹳鱼丽，征行方锐，犀渠鹤膝，制作宜精。岩除上功，谓尔举职，进官一列，用劝忠勤。可。

出处：《平斋集》卷一九。
撰者：洪咨夔
考校说明：编年据同集前后文时间补。

高之问除直秘阁主管亳州明道宫制
（暂系于端平元年七月前后）

敕具官某：人之止以久为难，节或移于晚，守或失于终，此《艮》之上九所以为止道之至善也。尔姿简澹而践平易，用不尽材，渺送目于冥鸿之表，光生德宇之泰定，坐阅物华之变迁。时可以行，犹坚卧而莫起，其《艮》止之至善者乎！厖眉华发，与汗漫游，命职赋祠，用贲晚节。可。

出处：《平斋集》卷一九。
撰者：洪咨夔
考校说明：编年据同集前后文时间补。

知枢密院事乔行简赠三代制
（暂系于端平元年七月前后）

故曾祖胜之太保赠太傅制

敕：朕惟有维师尚父则成燮伐之功，有元老方叔则建中兴之业，延登寿俊，坐管洪枢。备殚启沃之忠，宏济规恢之治，垂休亡致，开迹有源。具官某故曾祖具官某，琼璧粹温，笙镛淳古。左图右书之外，一泯行藏；仰事俯育之间，两无愧怍。克笃曾孙之庆，肆跻近弼之联。申锡恩章，诞扬愍册。拜王祥之秩，凤敷贲于泉扃；进卓茂之官，益宠绥于庙祐。尚其冥漠，同此荣怀。可。

故曾祖母孙氏婺国夫人赠越国夫人制

敕:形大者声宏,膏沃者光烨,为仁虽在于一日之顷,积德实计于百年之余。眷华发之元龟,兆中兴之治象,溯求庆派,申赍曾闻。具官某故曾祖母具某氏,淑谨饬躬,惠和逮下。于沼于沚,克勤锜釜之共;宜室宜家,允穆琴瑟之好。积自一门之懿,流为三世之昌。地灵有开,天报不爽。小君都号,凤临婺女之区;大国进封,肇启会稽之壤。歆我漏泉之泽,扬而奕叶之休。可。

故祖尧太傅赠太师制

敕:袁安之为太尉,自良而传;陈群之录尚书,由实所积。寸云足以兴泰山之雨,勺水足以导黄河之源。方倚重于中枢,宜追荣于先庙。具官某故祖具官某,家庭肃穆,乡党雍和。机械俱忘,忠信之宝独富;胚晖不凿,仁义之爵尤尊。笃生万石之孙,坐斡五兵之柄。推功祖泽,锡命师垣。虽声迹已陈,何施灵寿之杖;而典刑具在,不愧进贤之冠。祗服予恩,永绥尔祀。可。

故祖母杜氏庆国夫人赠益国夫人制

敕:乐莫乐于抱孙,荣莫荣于尊祖。况枢机周密,特重旧臣之图;而源流深长,实受王母之福。欲报含饴之德,可稽刻蜜之章?具官某故祖母具某氏,婉娩令仪,幽闲懿行。受䕫兰而献,常存起孝之心;采蘋藻以承,益秉有齐之念。培本根而焘后,茂枝叶以光前。积累既丰,褒崇亦腆。彤管有炜,首开庆水之封;象服是宜,易胙岷山之壤。纾悲霜露,燕祉云仍。可。

故继祖母蒋氏华国夫人赠吴国夫人制

敕:有孚而它吉者,人事之当修;积善而余庆者,天理之必应。欲验自叶流根之泽,当观敛华就实之功。具官某故继祖母具某氏,冲静以和,嬺柔而度。三迁教子,未酬志士之怀;万卷诒孙,遂享真儒之效。惟股肱之寄甚重,故体貌之恩特隆。延及重闱,均加褫典。旌周公之远裔,既盛笄珈;相太伯之名邦,更丰汤沐。信在天之可恃,宜奕世之知荣。可。

故父森太师追封宁国公制

敕：四海之福，君明而臣良；一家之庆，父慈而子孝。眷言耆俊，服在大僚，上应极枢星纽之光，散为天街析木之润，增强吾国，用显其亲。具官某故父具官某，明善而诚身，弥中而彪外。学贯穿于千古，独得其宗；气充塞于两间，莫穷所养。培经畬而遗子，拓文苑以传家。成兹儒英，为我国镇。高车驷马，虽不觌于生前；衮冕植圭，果有开于身后。侈赫赫南山之望，启盘盘北地之封。庶可作于九京，尚克昌于百世。可。

故母俞氏福国夫人赠鲁国夫人制

敕：松产于徂徕而充栋梁，桐生于峄阳而中琴瑟。盖禀郁积蜿蜒之气，乃成光明俊伟之材。匪施告第之恩，曷显择邻之教？具官某故母具某氏，姿涵圭璧，行中准绳。夙夜组紃，恪谨女功之习；春秋锜筥，祗勤妇德之修。既举案以宾夫，又断机而训子。及今炽艾，念昔劬劳。幼学而壮欲行，岂为万钟之奉；欲养而亲不逮，空怀三釜之悲。尉孝慕于寒泉，拓恩封于曲阜。懿魂如在，休命知歆。可。

故妻吕氏安定郡夫人赠东阳郡夫人制

敕：宋启皇图，吕为望姓。赞太平之治则蒙正、夷简，辅更化之功则公著、大防。迨南渡之徙都，盛东阳之占籍。世传虽远，家法犹存。既有名儒以昌斯文，又有贤女以相君子。具官某故妻具某氏，性姿娴澹，襟度冲夷。诵《内则》之篇，佩左纷而克谨；玩《家人》之卦，主中馈以尤严。宜为偕老之期，俱享鼎来之庆。胡先朝露，莫共岁寒！拱木参天，护泉台之佳气；脂田易地，耸乡国之荣观。可。

故继妻楼氏谯郡夫人赠吴国郡夫人制

敕：鲁公有令德之妻，韩侯有燕誉之妇，惟宜家而得助，斯与国以同休。猗嗟契阔之情，于赫便蕃之渥。具官某故继妻具某氏，储英显胄，配德名门。礼法周旋，凛若惠昭之训；诗书熏染，粲然道韫之风。居既定于鹊巢，进方偕于鸿渐。命胡不淑，生遽有涯。易谯城之故封，斥茂苑之吉壤，增华窀穸，永燕烝尝。可。

出处:《平斋集》卷一九。

撰者:洪咨夔

考校说明:编年据同集前后文时间、乔行简官历补,见《宋史》卷二一四《宰辅表》。

赵应愚转保义郎制
(暂系于端平元年七月前后)

敕具官某:王后六服,周主以奄,女御及奚,实从其役。尔为胥史,亦既竣事,一秩酬劳,当思自勉。可。

出处:《平斋集》卷一九。又见《永乐大典》卷七三二六。

撰者:洪咨夔

考校说明:编年据同集前后文时间补。

林演权知德安府制
(暂系于端平元年七月前后)

敕具官某:黄霸为廷尉正,数决疑狱,廷中称平。至守颖川,其治遂为天下第一。尔以内宽外明,尝庀属棘寺,不阿不纵,钬之以祸福不顾。起家景陵,宜其政平讼理而民无愁叹也。安陆为湖右重镇,往布藩条,能推所以治景陵者治之,根本强则保障固,懋之哉!可。

出处:《平斋集》卷一九。

撰者:洪咨夔

考校说明:编年据同集前后文时间补。

李炜知崇庆府制
(暂系于端平元年七月前后)

敕具官某:西南六十州,惟唐安以蜀名最古,且阜陵潜藩也,不轻授。尔笃厚不欺,慈祥有则,分符天彭,制阃以实政上,既增秩矣,兹以蜀辟,将又观实政焉。朕厉精更始以来,宽恤之诏屡下,赋欲简,刑欲平,政令欲信,莫非实之。尚州县吏能勤于奉诏,泽安有不下流者哉!其典听朕毖。可。

出处:《平斋集》卷一九。

撰者:洪咨夔

考校说明:编年据同集前后文时间补。

吏部侍郎钟震除宝文阁待制知太平州制
(暂系于端平元年七月前后)

敕:大江以东,姑孰为重。先朝建侯植屏,莫非鸡翘之英;近世为人择官,未免龙断之贱。迨改弦而更始,每弄印以束求,得诸小宰之联,付以钜藩之寄。具官某家传正大,躬践和明。华国鸿文,辚轹常、杨之上;沃君谠论,颉颃褚、马之间。顾朝望之方孚,胡民庸之自诡!贪贤良切,申谕莫留。擢升次对之华,往膺共理之重。周行十五年之久,曾不磷缁;汉守二千石之真,何难镇抚!维川浍浸淫之后,加田间椎剥之余,正藉循良,为苏凋瘵。风规汲黯,谅无薄淮阳之心;事业周瑜,尚识屯牛渚之意。勉图治最,入告嘉犹。可。

出处:《平斋集》卷一九。

撰者:洪咨夔

考校说明:编年据同集前后文时间补。

将作少监谢奕礼除大理少卿制
(暂系于端平元年七月前后)

敕具官某:朕笃于同气之爱,必试之匠监,进之棘卿,封培其远器。推此以待椒掖之同气,顾不厚欤?尔谨言而敏行,履和而牧谦,貂蝉世家,龟紫大阀,有此天球琬琰之粹。亲贤并用,列在班著,既观之以缮修之俭,又观之以钦恤之仁,岂苟然哉?有《关雎》、《麟趾》之意,而后可以行周官之法度,宜识朕心。可。

出处:《平斋集》卷一九。

撰者:洪咨夔

考校说明:编年据同集前后文时间补。"将作少监",原缺"少"字,据同集同卷《大宗正丞兼兵部郎官谢奕礼除将作少监制》补。

吴昌裔除军器监簿制
(暂系于端平元年七月前后)

敕具官某:士以登朝为荣,伯仲同朝,又儒者之至荣,矧同官寺乎?尔学有源委,气明而材良,入充坤产之赋,如获琳璧。戎监务简,肩随伯氏,相与讲绎于钩稽之余,兑戈和弓,森然在目,杜武库萃一门矣。其益砥砺,以对宠荣。可。

出处:《平斋集》卷一九。又见《永乐大典》卷一四六○八。

撰者:洪咨夔

考校说明:编年据同集前后文时间、《宋史》卷四○八《吴昌裔传》补。

太社令魏峻上殿特改宣教郎制
(暂系于端平元年七月前后)

敕具官某:朕待天下士麿亲疏之间,日博士有以奏篇可采通金闺之籍者矣。尔气和姿整,将以儒雅,便殿入对,首陈天命人心坚凝之本,其味悠然而长。懿戚大家,好学喜文,良用嘉叹。升之京秩,仍司右社,显融焉奕,懋称厥家。可。

出处:《平斋集》卷一九。又见《永乐大典》卷七三二五。

撰者:洪咨夔

考校说明:编年据同集前后文时间补。

王极权发遣顺庆府制
(暂系于端平元年七月前后)

敕具官某:果山蹁于兵,厥既收合余烬,还井邑之旧,聚涣剔蛊,使斯民忘其阽危,怀其□□者□□之。尔博习修絜,以文学为政事,吾制闻者□□□谓婉画居多,举以守果。沛乎诗书之泽,家游泳而人鼓舞。潜藩重矣,勉哉,行且召。可。

出处:《平斋集》卷一九。

撰者:洪咨夔

考校说明：编年据同集前后文时间补。

权刑部侍郎周端朝磨勘转中大夫制
（暂系于端平元年七月前后）

敕：一日无旷，董治官之常规；三年有成，待法从之令典。属严会课，特重疏纶。具官某气庄以舒，学博而约。劝露门之讲，发韫奥于微言；绅石室之书，沂源流于绝笔。越在司刑之贰，久殚弼教之勤，爰计积劳，肆升华级。登崇方切，岂以日月而为功；献替有加，庶几夙夜之终誉。可。

出处：《平斋集》卷一九。

撰者：洪咨夔

考校说明：编年据同集前后文时间补。

曾庶赠通直郎制
（暂系于端平元年七月前后）

敕具官某：掎鹿固为共蹄之谋，养虎必有反噬之患。山阳荼毒，尔以幕僚死事，阖门不免焉，念之惨怛。追畀升朝之秩，仍录应门之孤。魂而有知，歆此殊渥。可。

出处：《平斋集》卷一九。

撰者：洪咨夔

考校说明：编年据同集前后文时间补。

军器监簿吴昌裔除将作监簿制
（暂系于端平元年七月前后）

敕具官某：簿皆以纠违钩坠，而匠监视戎监为高，非贤不捷进。尔茂于学，颖于文，而缜于识，蜀阃以贤闻。结绶登畿，诸大夫皆信其贤也。擢庀除戎之属，越三日改属于大匠，虽伯氏联治之嫌，实公朝褒进之意。鸿渐于干而至于磐，于尔乎观之。可。

出处：《平斋集》卷一九。又见《永乐大典》卷一四六〇八。

撰者：洪咨夔

考校说明：编年据同集前后文时间、《宋史》卷四〇八《吴昌裔传》补。

曾天麟除浙东提举常平茶盐公事制
（端平元年八月一日前）

敕具官某：朕亲政以来，诸道部使者选必精，察必谨，欲光华之被原隰也。尔名家之彦，周行之翘颖，知朕德意志虑盖熟。左浙庾台，往将使指。维昔先朝，有疏曹娥斗门，泄鉴湖入江而田不病，民至今德之，非尔祖也耶？远乃猷裕，乃以民宁，毋徒曰山海之藏足以利吾国。可。

出处：《平斋集》卷一九。

撰者：洪咨夔

考校说明：编年据《宝庆会稽续志》卷二补。

赈济河南新复郡县归附军民诏
（端平元年八月七日）

河南新复郡县，久废播种，民甚艰食，江、淮制司其发米麦百万石往济归附军民。仍榜谕开封、应天、河南三京。

出处：《宋史》卷四一《理宗纪》。

考校说明：《宋史全文续资治通鉴》卷三二所载此诏文句有异，录以备考："令江、淮制置大使司给米麦一百万斛，分拨三京归附州县，委官置务赈济。"

全子材降授朝散大夫落直秘阁差知随州制
（端平元年八月十二日后）

敕淮西安抚使全子材：始躬率戎士，繇淮堨渡淝水，登北狼山，涉项城胡子之国，转战数千里，遂臻汴都，尔亦自谓一世之雄也。而轻于向洛，仓猝遣军。敌之兵刃方交，我之师心已溃。《春秋》责帅，尔尚何辞？其上四阶，降为汉东太守。可。

出处:《鹤林集》卷九。

撰者:吴泳

考校说明:编年据《宋史全文续资治通鉴》卷三二补。"全子材",《宋史全文续资治通鉴》卷三二作"全子才"。

牛大年以子病乞祠除直敷文阁主管建康府崇禧观制
(端平元年八月二十四日)

敕具官某:立朝而引去,握节而赋归,殆不以富贵利达入其心者欤?尔玉雪其廉明,准绳其平直,卓有立于斯世。晚繇蜀道,入仪郎省,步武浸华矣,而出驾四牡,列城耸动,顾浩然有归志,何耶?父母惟其疾之忧,天性之爱也。尔以子谂,朕重违之,进班穹阁,均佚厘馆,非朕之不汝以也。尚培高风,用砺颓俗。可。

出处:《平斋集》卷二一。

撰者:洪咨夔

考校说明:编年据《宝庆会稽续志》卷二补。

王埜特授朝散郎制
(端平元年八月二十八日)

敕具官某:顷者龚贼袤凶,不式王命。尔摄昭武,乃提兵守隘,逆遏其冲。官军既会,知略幅凑。遂克殄歼丑类,实惟汝能。特升二阶,申劝列雄。可。

出处:《永乐大典》卷七三二二。又见《四库辑本别集拾遗》。

撰者:吴泳

考校说明:编年据文中所述史事补,见《宋史》卷四一《理宗纪》。

著作郎兼权左司彭方除将作少监兼景献太子府教授制
(端平元年八月)

敕具官某:省闼百司之纲领,万务之机衡,剧矣。而缮监为最简,用者以材,仕者以志。尔学有诚身之功,心无交物之累,泊乎其遇而不留也。顷繇著廷,参我宰掾,理明见定,优于丛剧,顾欲趋简以养天和,何志尚之远耶!升班少匠,靖共自守,宗盘峙秀,往为我淑艾之,宜有余裕。可。

出处:《平斋集》卷一九。
撰者:洪咨夔
考校说明:编年据《南宋馆阁续录》卷八补。

<h2 style="text-align:center">黄朴除著作郎兼权考功郎官徐清叟著作佐郎
兼权司封郎官叶味道著作佐郎兼权屯田郎官
并仍兼崇政殿说书制
(端平元年八月)</h2>

敕具官某:元祐初,程颐说书崇政,范祖禹在著廷。朕登崇睃良,思得若人发六经三史之韫。尔以魁垒之彦立于朝,如玉在山,辉润虹贯。经帷论说,屡为席前,承明金马之邃,网罗旧闻,采摭前记,以为一代之史,兹举以属尔。涵养君德,铺张帝典,求无愧于昔贤可也。青绫入直,又以观尔之吏能。可。

出处:《平斋集》卷二○。
撰者:洪咨夔
考校说明:编年据《南宋馆阁续录》卷八补。

<h2 style="text-align:center">校书郎杜幼节除秘书郎兼庄文府教授制
(端平元年八月)</h2>

敕具官某:汉藏书麒麟、天禄,命刘向、扬雄典校,谓之中秘书。后汉藏之东观,以马融为郎,惟其称也。尔深于龙韬豹略之学而进于经,蔚为两科之隽,翱翔册府,摩光奎壁。序升以司四部之图籍,且为宗藩师,畴不谓称?乃若万里之情,三边之势,讨论余隙,试为朕执计之。可。

出处:《平斋集》卷二○。
撰者:洪咨夔
考校说明:编年据《南宋馆阁续录》卷八补。

秘书少监赵汝谈除宗正少卿依旧兼权直学士院制
（端平元年八月）

敕具官某：宗正四星，在帝座东南，汉取象置官以序九族，辟强、德、更生递为之。尔学如辟强，行如德，文采议论有更生之风。羽仪道山，翛然泽臞，辉浸群玉，不可得而亲疏也。维今属籍蕃衍盛大过刘氏，其为朕奠世系，辨昭穆，而陶之信厚，以重盘石之宗，视草銮坡则已试可矣。可。

出处：《平斋集》卷二〇。
撰者：洪咨夔
考校说明：编年据《南宋馆阁续录》卷七补。

袁甫除秘书少监制
（端平元年八月）

敕具官某：朕惟五纬聚奎，天开离明之运，科目取士而异人出焉。故亲政以来，招选魁蠡之隽，登之政途，列之经幄，且进之策府。尔学传于家，磨砻于师友，所造盖深。麾节攸届，既推诗书之泽浸其民，又合秀民佳子弟，以义理性命之学启迪而熏陶之。自任以斯道若此，参领登瀛宜矣。《诗》曰"乐只君子，邦家之光"，其疾驱以副虚伫。可。

出处：《平斋集》卷二〇。
撰者：洪咨夔
考校说明：编年据《南宋馆阁续录》卷七补。

江西安抚使陈韡除工部侍郎制
（暂系于端平元年八月前后）

敕：朕永怀阜陵，妙选法从。越在内服，必有献可替否之益；越在外服，必有折冲厌难之劳。兹率循于燕谋，庸谨简于英望。具官某懿文而庄栗，洵武而沉雄。高山深林，卓尔济时之略；秋霜烈日，皓乎徇国之心。自蠢动于江闽，浸蔓延于岭海，民无宁处，国有隐忧。屡勤绣斧之行，未息櫜鞬之警。龚遂尉安渤海，令一布而已乎;景弇穷追尤来,威四驰而随定。策勋独茂,缔眷逾深。歌《出车》以劳还,趣《韩奕》而入觐。班参五正,密扈豹尾属车之尘;朝进一贤,坐扫旄头罕毕之祲。究尔论思之韫,副予柬注之怀。可。

出处:《平斋集》卷一九。
撰者:洪咨夔
考校说明:编年据同集前后文时间、《后村先生大全集》卷一四六《陈观文神道碑》补。

冯邦佐除直秘阁主管潼川路安抚司公事知泸州制
(暂系于端平元年八月前后)

敕具官某:泸南控扼六诏为重镇,顷连以法从宅乃牧,民夷按堵,继之厥选虽艰。尔文有英气,政有卓识,蜀士之位表著者亟称之。擢自偏州,往殿帅阃,且荣以中秘之直,朕于用材可谓超越拘挛之表矣。维昔武侯将有事于中原,必深入不毛,先定南方,欲无后顾之虑也。懋展凤韬,称此隆委。可。

出处:《平斋集》卷一九。
撰者:洪咨夔
考校说明:编年据同集前后文时间补。

黎伯登除直宝章阁潼川路提点刑狱公事兼提举制
(暂系于端平元年八月前后)

敕具官某:民无远近,悉恃部使者为司命。御史为朕言东蜀司臬之非材,谨择而亟易之。尔静实充于内,亮达著于外,立朝未几,翩然引去,累更名郡,栉垢濯痺,声称藉甚。出少府之节已晚,故寓直宝奎以贲之。周爱咨询则民情通,不畏强御则吏治耸,惟察惟法,其审克之,则狱讼平,蜀虽万里,夫何远之有?可。

出处:《平斋集》卷一九。
撰者:洪咨夔
考校说明:编年据同集前后文时间补。

项寅孙除直秘阁权成都府路转运判官制
（暂系于端平元年八月前后）

敕具官某：鱼凫蚕丛之国，邈在参井，皇华命使，自江汉差择而上之，庶忘登天之为难。尔以果达之姿，强义之志，给饷上流，既底厥绩。就易飞挽之节，驾言西征，其气盖已狎瞿唐滟滪，而旁礴峨雪之表矣。吏以不失平为良，民以不取赢为富，边徼以不求功为安，知此于将指乎何有？可。

出处：《平斋集》卷一九。
撰者：洪咨夔
考校说明：编年据同集前后文时间补。

童颐除直秘阁权发遣夔州兼主管本路安抚司公事制
（暂系于端平元年八月前后）

敕具官某：夔子之国，楚蜀衿吭，时平急于拊绥，有遽严于控扼，牧民御众，必惟其材。尔气岸瑰玮，风采英发，曩守齐安能不挠于强，衡阳又以节用爱人著推之。坐镇三峡，巩护十连，不惟刀耕火种之民怀生而乐业，平沙八阵，历历鱼复，折冲应变之略尽在目中矣。往哉，毋惮叱驭！可。

出处：《平斋集》卷一九。
撰者：洪咨夔
考校说明：编年据同集前后文时间补。

游九功除秘阁修撰知庆元府兼沿海制置制
（暂系于端平元年八月前后）

敕具官某：四明密拱吴会，遥控瀚海，制阃重寄，间以法从临之。苟当其材，何嫌超授？尔涵负之深，践扬之久，要冲巨镇，随所至以最闻。翊导承密旨，熟闻德意，而以中秘论撰莅吾股肱郡，办治易尔。虽然，维大家有礼，字细民有恩，奢鱼盐奸宄之出没有威，靡舛厥施，时乃良牧。其祗若予训！可。

出处:《平斋集》卷一九。

撰者:洪咨夔

考校说明:编年据同集前后文时间、《宝庆四明志》卷一补。

张元简除湖南路转运判官兼知鄂州制
(暂系于端平元年八月前后)

敕具官某:季子归鲁,廉颇用赵,民望素孚则舞蹈于熟路易为功。尔气壮而材丰,识高而论伟,曩守边垒,奋不顾身,以卫其民,重湖以北,莫不想闻其风采。兹驾漕辂,往填鄂渚,号令未施,列城已信,其能福我矣。转输澄按之余,扶羸饫饥,搜惰缮圮,使隐然长城之足恃,斯增重于夙望。可。

出处:《平斋集》卷一九。

撰者:洪咨夔

考校说明:编年据同集前后文时间补。

何元寿除太府寺丞总领湖广军马钱粮制
(暂系于端平元年八月前后)

敕具官某:绍兴分建四总,今垂百年,时有不同,得其人则转难而为易。尔肃括而将以敏,畅达而守以静,试郡并塞,不求快意之功,厥虑盖深。起守武昌,以漕挽摄军赋,切切于民之瘼、国之疚,厥虑益深。事惟知其难则易者将至,此朕所以就界饷节而华之丞郎也。信能以仁为本,以智为制,斡盈虚,权取予,俾掣肘用裕而民不病,则予以怿。可。

出处:《平斋集》卷一九。

撰者:洪咨夔

考校说明:编年据同集前后文时间补。

林半千除江东路提点刑狱公事制
(暂系于端平元年八月前后)

敕具官某:庆历初,谋国者欲渐易监司,使澄汰所部吏以兴太平。朕采是说于亲政之始,所易多矣,而一节以庚,再节以漕,三节以宪。独尔之升若梯级然,岂非进不失矩,施不失度,能以儒术行耶! 夫听狱之道,明则不滥,恕则不苛,敏则不淹,尔固无俟多告。察属吏贤不肖、廉浊而劝沮之,使江左风采有闻焉,惟汝嘉。可。

出处:《平斋集》卷一九。
撰者:洪咨夔
考校说明:编年据同集前后文时间补。

丘岳除淮东路转运判官兼知真州制
(暂系于端平元年八月前后)

敕具官某:国家有事于中原,淮民征调勤止,必知其俗者顺而拊之,庶几说以先民而忘劳。尔淮人也,忠实而无伪,精敏而有勇。久宦于淮,闾阎之休戚,边琐之利病,了然于中,朕知其非尝试者比也。虎符龙节,自西徂东,科敛思所以纾之,繇役思所以间之,和籴之害,屯田之便,思所以罢行之。筹画鞭算之中不失,鞠人谋人,保居以福一道,岂特□真之私哉! 可。

出处:《平斋集》卷一九。
撰者:洪咨夔
考校说明:编年据同集前后文时间补。

贵妃贾氏赠三代制
(暂系于端平元年八月前后)

故曾祖嗣业太子少保赠太子太保制

敕:朕仰观天枢四星之象,俯稽王宫六寝之仪,选名阀以建妃,帅列嫔而佐后,恩同宰辅,秩视公台。推庆系于一门,加愍章于三世。具官某故曾祖具官某,忠信行乎里,孝友著于家。源深流长,散作滂葩之润;本固末茂,敷为沛艾之芳。宜荷祉于孙曾,遂参华于宫壸。肆稽故典,茂发潜光。升青宫三太之荣,侈黄壤百年之报。歆予休渥,燕尔后昆。可。

故曾祖母於氏赠文安郡夫人制

敕:古者高禖之祠,带鞸而授弓;宗庙之服,躬桑而献茧。后必以妃参之,此朕所以柬求淑德,陪辅阴教而成王假有家之吉也。匪开其先,曷昌厥后! 具官某故曾祖母某氏,令仪中度,懿行应规。教子则朱鞧熊轼之荣,抱孙则茸纛油幢之重。庆垂三叶,化应二南。宜申拓于脂田,用增华于翟茀。予非私授,尔尚祇歆。可。

故继曾祖母於氏赠通义郡夫人制

敕:后顺承乾元,朕既选之貂蝉之裔;妃密赞坤德,朕必选之笔橐之门。顾积庆之有初,宜追荣之无斁。具官某故继曾祖母某氏,幽闲女则,婉娩妇仪。承先以于沼于沚之勤,垂后以如山如河之懿。是钟邦媛,实冠宫嫱。沂产嘏之源流,衍疏恩之命数。易封名壤,增贲幽扃。可。

故祖伟太子少傅赠太子太傅制

敕:赤城霞起而建标,双阙云竦而夹路。渟涵神秀,发越嘉祥。地灵人杰之有开,德厚流光之可卜。具官某故祖具官某,材猷隽茂,学问精深。射策决科,蚤耸士林之望;分符出守,晚骞宦路之华。惟所积如江河之源,故其传全川岳之气。子为法从,孙有贤妃。予方正王化之基,尔盍进储宫之傅。九京可作,百世其昌。可。

故祖母於氏赠蕲春郡夫人制

敕:帝喾建四妃而万化成,虞舜立二妃而四海乂,盖得正家之道,乃凝治国之功。兹位亚于轩龙,甫仪新于褕翟。肆嘉内德,爰奖先徽。具官某故祖母具某氏,秉柔嬺之姿,履惠和之行,闺门视则,姻党推尊。生也有涯,蚤弃采蘩之洁;死焉不朽,终流芼荇之芳。号既正于小君,封更加于大郡。慢乎如在,其克祇承。可。

故继祖母陆氏赠和政郡夫人制

敕:唐之诸妃有以恭顺称者,有以敏淑称者,虽禀天姿之懿,实原世范之严。具官某故继祖母具某氏,步节佩环,声谐琴瑟,言言乎勉君子之正,翼翼乎承先祖之恭。身无愧于女箴,家克贻于嫔则。膺子光宠,具乃肃雍。紫绶金章,既视仪于一品;文轩象服,宜追命于重闱。益开汤沐之封,永燕苕藁之杞。可。

故父涉太子少师赠太子太师制

敕:梁傅有孙,首被世宗之选;胶东生女,亦形光武之思。推百世之发祥,验一门之流庆。肇新妃掖,追贲亲闱。具官某故父具官某,敌忾精忠,折冲远略。披攘妖祲,功成淮泗之郊;抚纳遗黎,恩被淄青之境。施隆而报必腆,积厚而发亦闳。象开次北之星,光映遹明之月。《关雎》寤寐思服,克参窈窕之求;《鸡鸣》警戒相成,更致盈昌之助。望孚禁壸,泽被私庭。进东宫师范之尊,侈北岳神休之应。绳绳蛰蛰,尚克相之。可。

故母史氏赠太宁郡夫人制

敕:《葛覃》后妃之本,必以在父母家志女功之事言之。予得贤妃,言动中绳矩,母训岂无自来哉? 具官某故母具某氏,出韦、平之裔,归严、徐之门,熟熏染于诗书,恪步趋于礼法。维蛇协梦,笃生淑媛之姿;祺燕占祥,均迓众多之祉。眷起家之垂庆,宜告第之疏荣。申锡郡封,永绥庙食。可。

出处:《平斋集》卷二〇。
撰者:洪咨夔
考校说明:编年据同集前后文时间补。

桂如琥除川秦都大茶马制
(暂系于端平元年八月前后)

敕具官某:茗出于蜀,驵骏来于秦,熙宁分职,元丰合之,故迩者榷牧分而复合。尔气禀温良,治理平易,夔巫之民安其政。进妡阁之直,总秦蜀之务,兴利除

149

害,必有得于熟闻素讲者。《诗》曰:"秉心塞渊,騋牝三千。"又曰:"思无疆思,马斯臧精。"尔心思之运,蓄吾充廐之良,鲁卫之政且将改听易视矣。往哉毋忽! 可。

出处:《平斋集》卷二〇。
撰者:洪咨夔
考校说明:编年据同集前后文时间补。

高稼知沔州兼利州路提点刑狱公事制
(暂系于端平元年八月前后)

敕具官某:沔屏翰梁益而扼秦陇,自关堡险阻荡析于兵烬,连年缮治,旧观犹未还,故择牧尤遴。尔气度轩豁,议论精到,周旋阃幄,秦蜀如指诸掌。朕方趣之来,将有访也。而沔非尔莫固吾圉,荣以木天之直,一道臬事并属之。拊循必厚,经理必密,东西应援,同奖王室,必睦小大之狱,必以情奉计,入奏有日矣。可。

出处:《平斋集》卷二〇。
撰者:洪咨夔
考校说明:编年据同集前后文时间、高稼官历补,见《通鉴续编》卷二二。

陈隆之除直华文阁知兴元府兼安抚制
(暂系于端平元年八月前后)

敕具官某:西顾之忧,朕未尝一日忘也。制蜀既分置使副,梁又以谋帅请,得非原堡失其险,难于方面之勋乎! 尔出入兵间而胆略雄,往来塞下而机筹熟。沔虽重,孰与梁重? 进直文奎,建屏作牧,民生之未殖者尔集之,军政之未核者尔饬之,边防之未密者尔缉之。声援合而彼己无异情,志虑公而内外有实政,守固而战克矣。往,勿替朕命。可。

出处:《平斋集》卷二〇。又见《永乐大典》卷一三五〇七。
撰者:洪咨夔
考校说明:编年据同集前后文时间补。

权兵部侍郎陈公益除集英殿修撰知漳州制
(暂系于端平元年八月前后)

敕：荷紫橐而事主，儒生之荣；拥朱幡以奉亲，人子之乐。肆升华于论撰，庸增重于蕃宣。具官某韫笃实之姿，迪中和之度。通今博古，曾靡事于空言；明善诚身，常自安于平进。翼翼从涂之列，訚訚经幄之游。如庆云莫能名其祥，如时雨不自知其润。屡抗分符之请，勉为绅史之留。既上送官，爰畀便郡。眷言漳浦，近接海□，虽绿林妖祲之已空，而篁竹惊魂之靡定。亟图绥辑，尽息叹愁。雅在本朝，岂不念萧生之志？咸知上意，正欲观黄霸之功。可。

出处：《平斋集》卷二〇。
撰者：洪咨夔
考校说明：编年据同集前后文时间补。

吏部郎中权国子司业王与权除国子司业制
(暂系于端平元年八月前后)

敕具官某：大、少司成并置，定于隆兴。朕既得老成之望为大司成以范多士，少司成亦必于士望乎取之。尔经明而行修，本固而末茂，宜为人师。白首郎潜，摄贰成均，士翕然胥向，三学之教法政令，非尔其谁属？夫学校长育人材之地，宽以来之，必严以导之，生徒斤斤，皆有法度。阳城所以陶冶人心，必有在于记事纂言之外者，知此则知乐正后夔教胄子之意。可。

出处：《平斋集》卷二〇。
撰者：洪咨夔
考校说明：编年据同集前后文时间补。

枢密院编修官兼右司尤焴除枢密院检详兼右司制
(暂系于端平元年八月前后)

敕具官某：宰枢掾军国之管，强弱安危出焉。淳熙甲辰、乙巳间，三边无尘，九扈乐业，时则有文儒以检详为右司，行其所无事而天下安强，盖尔祖也。去之五十年,尔以奇材壮志践厥官,故事便宜。家有遗墨,自公退食,尽取而阅之,以尚论其世,岂特宝魏征之笏哉! 朕方惧祖武之不克绳,故申告。可。

出处:《平斋集》卷二〇。

撰者:洪咨夔

考校说明:编年据同集前后文时间补。

太府寺簿赵汝譡除枢密院编修官兼权兵部郎官制
(暂系于端平元年八月前后)

敕具官某:删润置官,隶枢属为卑。在绍兴有若直臣铨,在乾道有若名儒熹,能大其官。尔拔于公族,名在甲科,鞬掌州县,坐阅群飞之刺天而无竞心,不既贤乎! 朕搜英猎隽,首在选中。擢掾宥廷,摄郎武部,以贯穿驰骋之材,与闻庙画,从容援古谊以订邦国之若否,所居官大矣,毋安于卑而不之勉。可。

出处:《平斋集》卷二〇。

撰者:洪咨夔

考校说明:编年据同集前后文时间补。

太常寺簿朱扬祖除枢密院编修官兼权刑部郎官制
(暂系于端平元年八月前后)

敕具官某:八陵隔于腥墙踰百年,仇虏烬灭,伻来以图,朕洒涕恭览,慨怀朝谒,谋及卿士。尔锐于行,犯暑披榛,祗款陵下,桥山弓剑,俨乎犹昔,而嵩洛之王气可挹也。星言归奏,良尉朕心。进编摩于宥府,仍摄事于郎曹。姑奖忠勤,实阶选拔。可。

出处:《平斋集》卷二〇。

撰者:洪咨夔

考校说明:编年据同集前后文时间补。

罗愚除淮西提举兼知无为军制
（暂系于端平元年八月前后）

敕具官某：王师顺动，科调繁兴，朕惧淮民之告愈，亟下诏蠲逋已责，毋收今年租，非部使者之贤，殆壅吾泽。尔名家之隽，论事剀切，处事精练，出守江城，不求有余于官而虑民之不足，田里用乂。其以一节，观风于淮右。平尔籴，公尔权，蔡州县吏奉吾诏不勤而厉民者纠逖之，人心固则国势强矣。濡须斗垒，特游刃之余。可。

出处：《平斋集》卷二〇。
撰者：洪咨夔
考校说明：编年据同集前后文时间补。

赵与勤除太府寺丞余元庚国子监丞章劢太府
寺簿高奎国子监簿制
（暂系于端平元年八月前后）

敕具官某：君人在于阜财明道，大府掌贡赋之贰，师氏掌教国子，不容偏废也。与勤擢秀宗盟，首腾关决之最，其为我丞外府；而以吏事通敏，能称其家之劢为之簿。元庚蜚英胶庠，久著扬历之誉，其为我丞胄监；而以边画精练、克践所学之奎为之簿。夫善政得民财，善教得民心，其得民虽不同而同于尽君师之责。尔等其各效厥长，以助予治。可。

出处：《平斋集》卷二〇。
撰者：洪咨夔
考校说明：编年据同集前后文时间补。

刘用行除太常寺簿制
（暂系于端平元年八月前后）

敕具官某：孔子先簿正祭器，寅清礼乐之府，簿非冗曹比也。尔以凝重之器，和平之政，久著声于湖表，擢置容台，礼制乐作皆参听之。汉仪杂秦，唐舞因隋，情文本末,必稽其失而纠其违,毋徒诿之簿书之末。可。

出处:《平斋集》卷二〇。又见《永乐大典》卷一四六〇七。
撰者:洪咨夔
考校说明:编年据同集前后文时间补。

宗正寺簿林申差权发遣安吉州制
(暂系于端平元年八月前后)

敕具官某:众贤聚于朝,而郡国吏不能皆贤,元气犹未贯也,故间择周行之彦以出守。尔博习明修,蚤蔼时誉,翔而后集。甫簿正于麟宗,吴兴阙守,遂辍一贤以惠之,汉选博士、谏大夫为守相之意也。修门咫尺,转闻良易,勿棘勿弛,图惟厥中。可。

出处:《平斋集》卷二〇。
撰者:洪咨夔
考校说明:编年据同集前后文时间、《嘉泰吴兴志》卷一四补。

大理少卿谢奕礼除右文殿修撰主管佑神观仍奉朝请制
(暂系于端平元年八月前后)

敕具官某:本朝家法,上轧三代,戚畹富而贵之,不及以政,岂特防微杜渐之意,示优异也。尔晋太傅之懿传,汉长秋之笃友,丰神气度,洒然尘表,讵容久烦奏潋之冗!升班论撰,赋廪内祠,日奉便朝,玉色而山立,优且荣矣。益厉谦恭之美,对扬光大之休。可。

出处:《平斋集》卷二〇。
撰者:洪咨夔
考校说明:编年据同集前后文时间补。

林应龙转承直郎制
(暂系于端平元年八月前后)

敕具官某：飞钱造币，蜀材孔良，灌输外帑，岁有常额。尔董装发，应我赏科，其进一阶，益勤勿懈。可。

出处：《平斋集》卷二○。

撰者：洪咨夔

考校说明：编年据同集前后文时间补。

户部侍郎淮东总领岳珂磨勘转中大夫制
(暂系于端平元年八月前后)

敕：虞廷考百工之绩而黜陟行，周官计群吏之治而诛赏定，兹畴劳于法从，宜疏渥于纶言。具官某夙擅长材，屡膺烦使。控天堑之势，望久著于筹鞭；参地官之权，班浸高于禁橐。阀匪一朝之积，课当三岁之迁。爰举彝章，式增文秩。元丰近臣之品，特示宠荣；绍兴名将之家，益殚忠荩。可。

出处：《平斋集》卷二○。

撰者：洪咨夔

考校说明：编年据同集前后文时间补。

慈圣太后山陵复土提举官吴惟德转翊卫大夫制
(暂系于端平元年八月前后)

敕：慈殿升真，渺仙游于少广；茂陵卜祔，蠲王气于桥山。乃眷按行之劳，特循褒进之典。具官某禀姿温恪，莅事精勤。北省承休，特重遭逢之庆；东朝罹变，可胜攀慕之悲！沂沙麓之庆源，相稽山之吉壤，龙盘巩势，骕駬妥灵。宜陟序于横阶，用增华于留务。益思谦毖，祗对恩荣。可。

出处：《平斋集》卷二○。

撰者：洪咨夔

考校说明：编年据同集前后文时间补。"慈圣太后"乃仁宗曹皇后，当为"恭圣太后"（宁宗杨皇后，卒于绍定五年十二月）之误。

参知政事曾从龙赠三代制
（暂系于端平元年八月前后）

故曾祖详太傅赠太师制

敕：朕进宁考之旧臣，怀昭陵之硕辅，修纪纲于基命宥密之日，问政令于同寅协恭之时。终定策于两朝，用垂休乎亿世。去之几叶，有尔曾孙。具官某故曾祖具官某，灵台湛凝，泰宇昭晰。忠和孝友之行悉本诸身，诗书礼乐之风遂昌厥后。卓荦伦魁之彦，雍容近弼之联。远沂庆源，丕扬懋册。岩石之瞻师尹，蔚为甤夒之光；故国之有世臣，益介云仍之祉。可。

故祖橙太师卫国公赠魏国公制

敕：元受之参则一贯忠恕之学，参得之点则浴沂舞雩之风。出云必自于太山，导漾实由于嶓冢。不遡所积，曷观厥成？具官某故祖具官某，性抱冲和，气涵磅礴。款段下泽，夙优乡里之评；驷马高车，终遂门闾之志。钟闻孙而间出，参大政以更张。爰敷告第之恩，庸侈传家之庆。自天锡羡，文公之卫允臧；易地进封，毕万之魏必大。营魂俨在，宠渥祗歆。可。

出处：《平斋集》卷二〇。
撰者：洪咨夔
考校说明：编年据同集前后文时间、曾从龙宦历补，见《宋史》卷二一四《宰辅表》。

赵以夫除江西路提举常平茶盐公事制
（暂系于端平元年八月前后）

敕具官某：江右壤接闽粤，创残未补，思得贤使者药石而粱肉之，亟还元气之旧。尔以公族仪仪之麟，周旋外服，藉甚有闻。辍临漳之符，以庚节幸一道，部邑南丰，繄乃故治。民之情伪，俗之良窳，瞭如示诸掌，咨诹所及，精采一变，积惫苏醒矣，亦惟深求《大学》以义为利之意，则获我心。可。

出处:《平斋集》卷二〇。

撰者:洪咨夔

考校说明:编年据同集前后文时间、《后村先生大全集》卷一四二《赵公神道碑》补。

张嗣古右文殿修撰知平江府制
(暂系于端平元年八月前后)

敕具官某:汉重三辅,唐重四辅,阖闾故国,吾股肱郡也,选任维艰。尔夙闻前辈之论议,熟识昭代之典章,而材谞足以济之。龙泉、干将,鸣匣盖久,用之惟恐不亟。北门留钥,虽辍于行,屏翰近畿,徒得君重。其通班于秘殿,往宣朕意。时和岁丰,坻京相望,民有渔阳不可支之乐,而无新店实强取之苦,斯称厥职。可。

出处:《平斋集》卷二〇。

撰者:洪咨夔

考校说明:编年据同集前后文时间、《绍定吴郡志》卷一一补。

赵立夫除秘阁修撰枢密副都承旨制
(暂系于端平元年八月前后)

敕具官某:天下之势犹衡,朕既遴柬廷彦出长外服,必博选民庸入治内服,然后无轻重之偏。尔顷繇九列,观风近甸,声气不摇而百蠹戢,盖吏师也。孝宣厉精政事,枢机周密。周贵加详,密贵加谨。维尔老于识而精于虑,式遄其归,以撰著中秘。参宥廷之导旨,周密以济中兴,其庶矣乎。可。

出处:《平斋集》卷二〇。

撰者:洪咨夔

考校说明:编年据同集前后文时间补。

朱鉴除大理寺簿林瑰军器监簿制
(暂系于端平元年八月前后)

敕具官某等:作士而致猾夏之诛,献囚而参献馘之礼,此致刑储戎所以分职并命也。尔鉴所传者正,济以疏通;尔瑰所养者厚,守以静退。朕惟兵刑非二事,既命鉴以钩棘寺之违,又命瑰以稽戎监之阙,能使桁杨卧于圜扉,戈铤森于武库,厥职无不举矣。可。

出处:《平斋集》卷二○。
撰者:洪咨夔
考校说明:编年据同集前后文时间补。

张元简除直宝文阁知鄂州兼沿江制置副使制
(暂系于端平元年八月前后)

敕具官某:江汉上流而下,三制阃相望,撑里拓表之势也。鄂渚参襄阳、金陵之间,事权既还,责任与等。尔气盛于折冲,谋深于应变,而崇论足以发之,廷臣佥谓可当一面。宝奎寓直,龙节虎符,往为朕控长江而制胜。远观三国必争之形,近考中兴布置之略,民力汝裕,军实汝充,千艘万弩汝肆。坠者举,惰者奋,而隐然老罴当道之足恃,乃言底绩矣。可。

出处:《平斋集》卷二○。
撰者:洪咨夔
考校说明:编年据同集前后文时间补。

谢奕昌授知阁门事兼客省四方馆事制
(暂系于端平元年八月后)

敕:朕爵以驭其贵,仁以笃于亲。戚畹不除侍臣,固曰至公之无党;阁门仍视从橐,未尝宠数之不优。申锡明纶,式昭异渥。具官某,履恂恂之行,修抑抑之仪。雅称谢庭诸子之佳,不有窦氏长君之贵。周旋朝序之久,进止礼容之娴。用解右鞬,升华上合。况典掌宾胪之事,而阅稽天仗之藏。朕之待卿亦已厚矣。尔其念宠恩之难报,思高禄之易盈。尚循素风,式迪忧训。可。

出处:《鹤林集》卷八。

撰者:吴泳

考校说明:编年据同集同卷《谢奕礼知阁门事兼客省四方馆事制》补。

谢奕礼知阁门事兼客省四方馆事制
(暂系于端平元年八月后)

敕:朕疏荣贵戚,迪简良材。长君少君之贤,凤推望族;东合西合之序,联上清班。虽曰示恩,未尝挠法。具官某,仁行义处,《礼》习《诗》明。居上相之乡,籍甚家声之著;入小侯之学,熏然德性之良。素富贵而不以富贵自骄,见纷华而不以纷华为悦。宁屈文阶之峻,式共武卫之严。太微之座既明,载櫜矢箙;谒者之星有烂,俾赞宾胪。毋愆于仪,毋贰乃行,庶几承尔祖之烈,可以教天下之姻。可。

出处:《鹤林集》卷八。

撰者:吴泳

考校说明:编年据文中所述"宁屈文阶之峻,式共武卫之严"补,见《平斋集》卷二〇《大理少卿谢奕礼除右文殿修撰主管佑神观仍奉朝请制》。

王埜特授朝请郎制
(暂系于端平元年八月后)

敕具官某:世尝谓儒者不知兵,抑不思我战则克,好谋而成,皆儒者事。方盗发昭武,汝以书生将兵唐石,左剪右屠,尽折其首,战则克也。既佩州印绶,新军不轨,奸伏未发,而预防逆遏,卒貕其牙,谋而成也。朕既赏唐石之功矣,则如本军抚驭之劳,何爱一秩,不以为百吏劝? 可。

出处:《永乐大典》卷七三二二。又见《四库辑本别集拾遗》。

撰者:吴泳

考校说明:编年据《宋史》卷四一《理宗纪》补。《宋代诏令全集》:"《宋史》卷四一《理宗纪》一:端平元年八月甲午,'权邵武军王埜以平建阳寇有功,官两转'。疑即此事,俟考。"(第二七八四页)《宋史》卷四二〇《王埜传》:"绍定初,汀、邵盗作,辟议幕参赞,摄邵武县,后复摄军事。盗起唐石,亲勒兵讨之。"然据文中所述"方盗发昭武,汝以书生将兵唐石,左剪右屠,尽折其首,战则克之。既佩州印绶,新军不轨,奸伏未发,而预防逆遏……朕既赏唐石之功矣,则如本军抚驭之劳,何爱一秩",唐石盗贼平定后又有"新军不轨,奸伏未发",王埜此次授官似是为"本军抚驭之劳"而非"唐石之功"。

杜杲降授承议郎制
(暂系于端平元年九月前)

敕具官某:孔子曰:"毋意。"又曰:"非意之也,必知其情。"夫以意而论天下之士,难乎其知人矣。今范按杲之章,所论四事,而皆以其意言之,大抵谓巧于避事也。然则情实固未可知,而统体不可以不存。镌秩罢官,宜体朕意。可。

出处:《永乐大典》卷七三二三。又见《四库辑本别集拾遗》。
撰者:吴泳
考校说明:编年据杜杲官历补,见《永乐大典》卷七三二二《杜杲叙复朝散郎制》。

赵范除龙图阁学士京湖制置大使兼知襄阳府制
(端平元年九月四日)

敕:仲淹守庆州而纯粹踵其成规,世衡筑青涧而种谔保其遗绩,綮戟纛交辉之盛,实衣冠奕叶之荣。具官某望压江淮,志吞河洛。前茅后劲,不虞街亭节度之违;左纛右鞬,益慕金城图略之上。独差强于人意,常简在于朕心。眷上流形势之雄,有乃考威名之著,阚如虓虎,贤于长城。尔尝从士燮之谋晋□,□□□廉颇之用赵士。冠西清之邃职,护北门之□□。老农扶杖以欢迎,喜谈旧事;宿将帕红而上谒,誓立新功。惟寡欲可以全刚,惟集思可以广益,惟多算可以制敌,惟不杀可以结人。守果见于有余,攻奚忧于不足?功名未艾,何止复雁门之踦;机会无穷,正可奋渑池之翼。勉扬先烈,用答殊知。可。

出处:《平斋集》卷二一。
撰者:洪咨夔
考校说明:编年据《宋史》卷四一《理宗纪》补。

赵葵降授中奉大夫依旧兵侍兼淮东制置使制
（端平元年九月六日）

敕：褚裒指泗口以出征,咸谓中原之可复;彦之得河南而不守,坐隳成业以空还。每思古人,深惜事会。具官某,志非不勇,才亦长雄。戮鲸鲵于淮甸之东,共推忠壮;将貔虎于涣河之北,自许驰驱。既收应天,复捣清汴。所宜抚新附,吊遗黎,峙糗粮而足军,强士马以待用,而贪功向洛,值寇突防。九畿之藉既归,旋闻再失;两军之士未慭,亦复俱奔。总戎若斯,为国何赖! 姑正二阶之罚,以符众论之公。傥能思过于箕谷不戒之初,尚可图功于殽师既败之后。可。

出处:《鹤林集》卷九。又见《永乐大典》卷一三五〇七。
撰者:吴泳
考校说明:编年据赵葵宦历补,见《宋史》卷四一《理宗纪》、卷四一七《赵葵传》。

颜颐仲司农寺丞魏峻军器监簿制
（端平元年九月十三日）

敕具官某:三代盛时,因井田以制军赋,乃积乃仓,与干戈威扬非二事也。农寺、戎监,故并建属。尔颐仲抱材通敏,治郡可纪,其归以丞治粟之司。尔峻赋姿爽亮,立朝可观,其进以簿储戎之府。太仓、武库,虽异厥职,农以养兵,兵以卫农,尚于斯有考。可。

出处:《平斋集》卷二〇。
撰者:洪咨夔
考校说明:编年据《景定严州续志》卷二补。

权户部尚书真德秀除翰林学士知制诰兼侍读制
（端平元年九月十八日）

敕:天下之动正夫一,务兴起于群心;圣人之情见乎辞,在宣昭于大训。迪惟仁祖,有若臣修,朝京师于甲午之元,拜内相于季秋之月。其深厚则两都之正气,其坦明则三代之遗风。登崇若人,鼓舞斯世。具官某刚而济以大,和而约之中。

殚见洽闻,学贯乎百世之上;崇论闳议,名塞乎两仪之间。先帝封植以诒谋,冲人招徕而访落。甫辞傥直,遽厌论思。《羔羊》素丝五紽,每慨怀于正直;《白驹》生刍一束,徒嘉叹于逍遥。惟硕果之剥不穷,故拔茅之泰有待。少重十连之寄,遄归八座之班。属亲揽于皇纲,志中兴于帝业。予欲山东之听诏令,观化成于须臾;予欲河西之被玺书,惊明见于万里。畴咨大笔,乐得英髦。趣跻鳌禁之崇,仍侍虎门之邃。虞夏之书浑尔,远追雅奥之风;尧舜之道皇兮,备究缉熙之益。尚图大任,用穆群瞻。可。

出处:《平斋集》卷二〇。
撰者:洪咨夔
考校说明:编年据《鹤山先生大全文集》卷六九《真公神道碑》补。

将作监簿刘克庄除宗正寺簿制
(端平元年九月)

敕具官某:鹤鸣于九皋,声闻于天,士抱负足以鸣于世,虽逊隐未有不达于朕听者。尔学有源,文有度,敛芒铲采,不与韦布角进,而英声发越不容掩,朕凤有闻焉。瑶牒属籍与庆系仙源图谱,纂辑于司宗,天近地严,有列其中者皆名儒。咨尔往簿正之,途辙清矣。益养其声之所自出,以鸣国家之盛。可。

出处:《平斋集》卷二〇。
撰者:洪咨夔
考校说明:编年据《鹰斋续集》卷二三《刘公行状》补。

著作佐郎兼权屯田兼崇政殿说书叶味道
特授朝奉郎致仕制
(端平元年九月)

敕具官某:朕承先帝圣绪,涉道未深,嘉与四方耆隽之士讲论经理,而师意指殊,圣真未一。惟尔行谊纯淑,源流深长,熹之《四书》,洞究精蕴。朕方以为得师,而遽致其事,宁不怃然?今燔已议礼饬终,干亦欲尊名赐谥,况汝日侍金华,亲相启沃,则晋一阶,以华其后,尚何爱焉!可。

出处:《鹤林集》卷九。

撰者:吴泳

考校说明:编年据《南宋馆阁续录》卷八补。

曾颖秀除浙西路提点刑狱公事制
(暂系于端平元年九月前后)

敕具官某:畿内部使者,诸道取则,非识《召南》、《甘棠》、《行露》之意,不在绣斧之选。尔笃学喜修,风裁简远,抱夜光而不轻售。起之浙右之节,行以絜矩之道,贪残退听,善良吐气,四方将于是乎观,不特狴犴之无冤也。矧伯氏陈时臬事于闽,其思光华所被,无远迩之间。可。

出处:《平斋集》卷二○。

撰者:洪咨夔

考校说明:编年据同集前后文时间补。

都官郎中傅壅差知严州制
(暂系于端平元年九月前后)

敕具官某:谏大夫有以直声著于嘉定初者,吾不得而见之,思用其子。尔谨守家学而有父风,不阿不诡,安于平进。朕始亲政事,既起之丞,又进之郎,顾犹退然以疾辞。维尔郡县最著于江闽久矣,严陵辅邦,姑分符竹。少需葵丘之成,以俟疾平,朕不汝忘也。可。

出处:《平斋集》卷二○。

撰者:洪咨夔

考校说明:编年据同集前后文时间补。

邹应龙父徽赠宣奉大夫制
(暂系于端平元年九月前后)

敕:藏仪世室,备殚飨帝之诚;肆告端闱,诞布漏泉之泽。矧义方之垂庆,宜愍典之追荣。具官某侃侃德人,怡怡善士。一真不凿,但知椟玉之藏;万卷有传,何爱籯金之满。钟伦魁之雅望,通法从之穷班。严父之礼既成,显亲之恩可后? 萧零湛露,特升一列之华;木撼悲风,尚吐九原之气。可。

出处:《平斋集》卷二〇。

撰者:洪咨夔

考校说明:编年据同集前后文时间补。

<h1 style="text-align:center">叶宰直华文阁知泉州制</h1>

(暂系于端平元年九月前后)

　　敕具官某:朕嘉与海内更始,畴昔庶士御事,淫朋比德者退之,有为有猷有守者进之,而内外肃。尔以直简之器,明通之识,列在乌府,斡弃周鼎而宝康瓠,时论日陂,乃能不为咸股之随,有识韪之。泉七闽望郡,且管琛航,凋恙久而未苏。尔其以奎直起家,熟思振刷之方,挽回富庶之旧,用称简拔。可。

出处:《平斋集》卷二〇。

撰者:洪咨夔

考校说明:编年据同集前后文时间、万历《泉州府志》卷九补。

<h1 style="text-align:center">陈舜臣湖北提点刑狱公事林演提举
湖北路常平茶盐公事制</h1>

(暂系于端平元年九月前后)

　　敕具官某等:《禹贡》田赋,定于云土梦作乂之后;《召南》狱讼,息于美化行乎江汉之余。今荆楚境也,故出节而分遣。尔舜臣以详练之材治邑管,远民安之。司庾湖右,就进宪节,明刑弼教,必能使江汉皆善俗。尔演以平易之政治景陵,人有去思。易麾安陆,亟进庾节,推利予民,必能使云梦无横敛。夫监司贤则郡守贤,郡守贤则县令贤,转移习俗,当自身始。保护风寒,亦惟本固。往懋哉! 可。

出处:《平斋集》卷二〇。

撰者:洪咨夔

考校说明:编年据同集前后文时间补。

桂万荣直宝章阁知常德府彭方直秘阁知袁州制
（暂系于端平元年九月前后）

敕具官某等：汲黯愿出入禁闼，萧望之雅意本朝，士以华近为荣，自昔然也。而吾望郎如万荣，名监少如方，顾牵联以外庸请，岂朕待贤之道有未至耶，抑贤者体国无内外之间也！武陵统乎澧、辰、沅、靖，宜春介乎潭、洪、赣、吉，其俗皆易治而难服。尔万荣予职往守武陵，尔方予职往守宜春，宽以字之，静以镇之，异壤而同治矣。朕将于此乎选表。可。

出处：《平斋集》卷二〇。
撰者：洪咨夔
考校说明：编年据同集前后文时间、嘉靖《常德府志》卷一二及正德《袁州府志》卷五、卷六补。

留元刚转中大夫直宝文阁致仕制
（暂系于端平元年九月前后）

敕具官某：唐以博学宏词设科，裴度、陆贽、李绛、杜黄裳繇此途选。今其董声是科者，皆列在禁近，惜一贤之不及见也。尔学该七略，文成一家。先朝以殊科擢置柱下史，未为不遇，而留滞周南，抑何久耶！未衰告老，宜实仅秀，进之华秩，仍直宝奎，以寄贤隽之思，尚祗休渥。可。

出处：《平斋集》卷二〇。
撰者：洪咨夔
考校说明：编年据同集前后文时间补。

权刑部尚书李埴除权礼部尚书兼侍读制
（暂系于端平元年九月前后）

敕：羲《易》之定民志，莫先乎乾坤衣裳；禹《范》之叙彝伦，莫大乎威福玉食。朕收还八柄，扶立三纲，堂陛之分既严，鼎吕之势斯重。为国以礼，待人而行。具官某气清而神腴，齿宿而意壮。瀚沦其学，瞿唐三峡之深；纡余其文，邛郲九折之峻。自夹螭而振武,屡鸣凤以蜚声,去不可留,用然后见。油幢中立,坐息江湖之波;茸蘬外驰,尽收峨雪之禊。茂贤劳而不伐,坚初志以善藏。玩世何求,际时乃出。渴大老之入见,促便朝之给扶。《中庸》九经,所陈者天下国家之道;丘索五典,所读者上世帝王之书。嘉德义之可尊,知文献之足证。擢䌷司寇,进摄春官。以正名为卫之先,以秉礼为鲁之本。岂止九宾之胪句,群臣无敢喧哗;抑令三辅之威仪,老吏或至垂泣。乃若石室太史之业,金华师氏之功,具馨英猷,奚烦多训? 可。

出处:《平斋集》卷二〇。

撰者:洪咨夔

考校说明:编年据同集前后文时间、李埴官历补,见《南宋馆阁续录》卷九、《宋史全文续资治通鉴》卷三二。

礼部尚书陈卓除吏部尚书兼给事中兼侍读制
(暂系于端平元年九月前后)

敕:朕仰惟孝庙,凤重天官。妙选于乾道、淳熙之间,岂一二士;真除于俊卿、必大之后,才三数人。矧趋琐闼之严,仍侍露门之邃,辑兹茂渥,属我耆儒。具官某玉粹而春和,霜明而秋洁。代言尔雅,蔚乎廊庙之文;批敕森严,屹然社稷之器。久周旋于禁橐,日密勿于宸旒。望之则祥麟威凤之在廷,亲之则天球洪璧之照几。简知惟旧,乡用寀深。眷遵晦于十年,甫厉精于期月。内闲请谒,既绝侧门敕授之风;外杜营求,尽革都堂唱注之弊。犹虑三铨之法,未精九等之材,畴庸仪曹,冠序选部,以水镜之清而洗世道之浊,以衡石之公而遏物情之私。品藻之鉴既高,论思之望逾重。帅属掌治,朕方思周公六典之规;知人安民,尔盍究皋陶九德之训! 祗承眷倚,懋对仪图。可。

出处:《平斋集》卷二〇。

撰者:洪咨夔

考校说明:编年据同集前后文时间、陈卓官历补,见《宋史全文续资治通鉴》卷三二。

崔福转两官制
（暂系于端平元年九月前后）

敕具官某：边城仇保，虏将火攻，烈焰驾风，危橹飞烬。受降既久，论赏可稽？峻陟武阶，力图忠报。可。

出处：《平斋集》卷二〇。
撰者：洪咨夔
考校说明：编年据同集前后文时间补。

故通直郎游九言特赠直龙图阁制
（暂系于端平元年九月前后）

敕具官某：洙泗之传为伊洛，伊洛之传为建之熹、潭之栻，得其学者皆能著见于世。尔天姿敏强，博极群书，而质疑就正于二子，体之心，验之身，且推之民，其学进乎成矣。习伪有禁，秉德不回，弃通籍而抱遗经，赍志黄壤，朕闻而嘉之。羲图寓直，表厉节介。光明芬郁于百世者，未尝没也。可。

出处：《平斋集》卷二〇。
撰者：洪咨夔
考校说明：编年据同集前后文时间补。

叶爽除宗学博士金渊国子博士戚士逊太学博士
袁商武学博士兼魏惠献王府教授制
（暂系于端平元年九月前后）

敕具官某等：汉重师法，淄川、济南、齐鲁、燕赵之学，皆以专门名家为博士。或变其师说，虽众荐不得与，厥选盖精。尔爽直而方，有折角之风；尔渊庄而静，有下帷之志；尔士逊明而整，五业并授；尔商端而洁，诸家兼通，其学悉有师法。兹进爽于宗庠，进渊、士逊于上庠，进商于右庠，仍范我麟定。各推所蕴，招诸生立堂下，诲以仁义道德性命之归，正学有传矣。可。

出处:《平斋集》卷二〇。

撰者:洪咨夔

考校说明:编年据同集前后文时间补。

戴杰宗学谕何处恬太学正冯去疾太学录王万国子录制
(暂系于端平元年九月前后)

敕具官某等:士始进于朝,而优游诗书之林,餍饫道德之海,不其荣乎!尔杰之温明,雅有风致;尔处恬之沉厚,蔚有典刑;尔去疾之隽迈,远有志概;尔万之纯茂,深有韫藉,其学皆可为人师。杰往谕宗庠,处恬、去疾、万往正录成均,进之始也。大学始教,皮弁祭菜,宵雅肄三,知此则知立教之本。可。

出处:《平斋集》卷二〇。

撰者:洪咨夔

考校说明:编年据同集前后文时间补。

韩涛除太社令制
(暂系于端平元年九月前后)

敕具官某:司社置官,绍兴中首命臣彦直为之,盖以光宠勋将之家。尔同出一门,克绍弓冶,庀职漕幕,能寡悔尤,兹故命之世厥官。知寅直之难秉而轻肥之易纵,则亢厥官矣。可。

出处:《平斋集》卷二〇。

撰者:洪咨夔

考校说明:编年据同集前后文时间补。

史宜之直龙图阁致仕制
(暂系于端平元年九月前后)

敕具官某:维昔两朝元辅之犹子宜之,均俟厘馆,以谢事告。亡几何,台星亦坼。朕念之怛然。尔扬历四十余年,业行在州里,政理在郡国,人能诵之,胡遽止于斯也!华屋山丘,恍其昨梦,渊图进直,尚服恩荣。可。

出处:《平斋集》卷二〇。

撰者:洪咨夔

考校说明:编年据同集前后文时间补。

王升转承节郎制
(暂系于端平元年九月前后)

敕具官某:造币之楮,来自蜀道,尔督纲程,靡有稽失。进秩一等,用酬劳瘁。可。

出处:《平斋集》卷二〇。又见《永乐大典》卷七三二六。

撰者:洪咨夔

考校说明:编年据同集前后文时间补。

同鼎武节郎来伯友武翼郎王闻显武节
大夫呼延赏武翼郎制
(暂系于端平元年九月前后)

敕具官某等:汉开降者封赏之科,唐著异域归忠之传。尔委身王国,效力边城,叠二秩以升华,肩一心而图报。可。

出处:《平斋集》卷二〇。

撰者:洪咨夔

考校说明:编年据同集前后文时间补。

张震雷张万取并补承信郎制
(暂系于端平元年九月前后)

敕具某人等:武举以郭子仪重,尔兄弟讲磨兵略,外省联登。属边关之赞筹,阻万里之入对,悉授初品,开之荣途。其相勉以功名见。可。

出处:《平斋集》卷二〇。

撰者:洪咨夔
考校说明:编年据同集前后文时间补。

史弥巩转朝散郎高不俦转奉议郎制
(暂系于端平元年九月前后)

敕具官某:管榷,国计所关,羡利必赏。尔庀职京口,克懋厥官,岁入有常,能溢其额。俾进升于一列,庸奖厉于劳能。可。不俦改"京口"为"畿内"。

出处:《平斋集》卷二〇。
撰者:洪咨夔
考校说明:编年据同集前后文时间补。

高平郡夫人毛氏进封和国夫人制
(暂系于端平元年九月前后)

敕:明德伏波之女,自蔺发祥;和熹太傅之孙,由阴毓瑞。眷庆源之特异,宜宠数之增隆。具官某氏,性行金相,容仪玉度。河山禀粹,嫔于相国之门;江汉毓徽,钟我倪天之妹。笃祎衣之致养,侈象服之疏荣。号既正于小君,秩更加于大国。祗膺休渥,茂介耆龄。可。

出处:《平斋集》卷二〇。
撰者:洪咨夔
考校说明:编年据同集前后文时间补。

杨恢除直徽猷阁权知襄阳府京西安抚副使制
(暂系于端平元年九月前后)

敕具官某:西清邃阁,列圣图训在焉,寓直其间,非积望之旧、效绩之新不轻畀。躐级而升,尤为异数。尔撷岷峨之秀,吞云梦之雄,进牧京襄,坐控许洛。文奎峻直,越三等而上之,盖以方面之勋望尔,非徒以华尔也。矧徽猷实维哲庙宝储,遐想俘获鬼章青宜结之盛,尚起壮志。可。

出处:《平斋集》卷二〇。

撰者:洪咨夔

考校说明:编年据同集前后文时间补。

彭铉广东路提点刑狱公事石孝淳广东路转运判官制
（暂系于端平元年九月前后）

敕具官某等:五岭之东,官以征粟鬻醢牟利,民一疏食不获安,或怅于无聊而动,朕甚悯焉。尔孝淳守曲江无苛政,既出节以推平反之惠,就界外计,坐斡赋舆。尔铉守南安有善誉,甫增秩以奖中和之最,趣揽濡辔,往司祥刑。其践实同,好整同,熟于治理又同,观省民瘼,廉访吏奸,相与布宣诏条,如朕临遣,毋使远方重苏,洵刺史又抑之叹也。可。

出处:《平斋集》卷二〇。

撰者:洪咨夔

考校说明:编年据同集前后文时间及彭铉、石孝淳宦历补,见《宋史》卷四〇六《崔与之传》、《崔清献公集》卷三《申石运判李运判黄提举之功》等。

陈畏浙东路提点刑狱公事制
（暂系于端平元年九月前后）

敕具官某:泰与否相为消长,畴昔人材排根于恮人耳目之官者,朕悉起诸家食,用之不遏遗。尔岂弟而廉,端方而静,中外之誉俱高。赘箓菔以盈室,判独离而不服,宜险德之莫容也。错枉举直,公道是张,左浙乡部,亟为朕起,衣绣而昼行。狱谳之亭,吏治之澄,惟尔风力之凝。可。

出处:《平斋集》卷二〇。又见《永乐大典》卷三一五六。

撰者:洪咨夔

考校说明:编年据同集前后文时间、万历《温州府志》卷一一补。

司农寺丞陶木除大宗正丞制
（暂系于端平元年九月前后）

敕具官某：宗正以卿、少、丞、簿联事合治，大宗正独置丞，简且严乎？尔融明而凝重，有韫而不襮，论奏亹亹，切于为民。既俾丞大农矣，重惟明德睦族之意，非贤莫宣，故亟进之以丞大宗。尚书郎之选于此乎储，勉佐乃长，毋以再转为淹也。可。

出处：《平斋集》卷二一。
撰者：洪咨夔
考校说明：编年据同集前后文时间补。

权兵部尚书史嵩之除宝章阁直学士宫观制
（暂系于端平元年九月前后）

敕：封万里之侯，不足以敌过庭之荣；佩六国之印，不足以易戏彩之乐。方《杕杜》之还役，乃《式微》之赋归。具官某蚤奋儒科，浸跻朝列。牧民御众，拥汉水之驿旌；舍爵策勋，佩甘泉之紫橐。虽向日之云切，顾望云之抑深，愿为返哺之乌，退奉闲居之燕。重违雅志，俾领真游，以西清严邃之联，致南陔怡愉之养。石奋之教素谨，谅亟下于里门；子牟之心常存，尚毋忘于魏阙。可。

出处：《平斋集》卷二一。
撰者：洪咨夔
考校说明：编年据同集前后文时间、《宋史》卷四一四《史嵩之传》补。

林楷特转朝议大夫直敷文阁致仕制
（暂系于端平元年九月前后）

敕具官某：情莫切于闵劳，恩莫厚于崇卒。乃者赤子啸兵三衢，朕为之丙夜不安枕。尔以公平廉静，选拔出守，薙锄稂莠，不遗余力。廪廪向还定矣，而病以革告，天胡夺之亟耶！进官一列，升职四等，用昼尔枢，尚克知歆。可。

出处:《平斋集》卷二一。

撰者:洪咨夔

考校说明:编年据同集前后文时间补。

史洽转奉直大夫制
(暂系于端平元年九月前后)

敕具官某:间者鞑犯信阳,略云梦,转黄陂而薄浮光,虐焰盖烈烈也。尔为守将,能识事机,亟调貔貅,奋前迎击,贼褫气而宵遁,可谓敏则有功矣。一岁三阶,实为异数,赏无幸得,其懋承之。可。

出处:《平斋集》卷二一。

撰者:洪咨夔

考校说明:编年据同集前后文时间补。

孟点邓泳各转一官制
(暂系于端平元年九月前后)

敕具官某等:唐、邓、息、蔡,复归版图,虽发纵之有人,亦莫府之交助。尔能知体国,不惮从戎,效婉画于郾城,赞成功于岘首,特升一级,用奖贤劳。可。

出处:《平斋集》卷二一。

撰者:洪咨夔

考校说明:编年据同集前后文时间补。

张柟中奉大夫致仕制
(暂系于端平元年九月前后)

敕具官某:岷峨多奇士,朕弓旌下招,绞网略尽,其不克忍死以须更化,则囿于命。尔抱材翘隽,蕴识超迈,分教眉山,适遭蜀变,慷慨洒涕,不草贺伪之表,志节立矣。入仪班著,出最麾节,方将滂洋厥施于盈科之后,何返壑之速耶!万里搜贤,于嗟靡及,一阶告第,冥漠知荣。可。

出处:《平斋集》卷二一。

撰者:洪咨夔

考校说明:编年据同集前后文时间补。

杨必复赠朝请大夫制
(暂系于端平元年九月前后)

敕具官某:圣人有金城,以守圉捍敌之臣能死城郭封疆也。尔乘障文南,不虞溃卒之涉境,挺身谕告,期革鸮音,虽披赤心,竟蹈白刃,望风弃郡绂而逃者宜知媿矣。优加愍典,超进华阶,仍俾世延,用旌死节。可。

出处:《平斋集》卷二一。

撰者:洪咨夔

考校说明:编年据同集前后文时间补。

尤元龙赠通直郎制
(暂系于端平元年九月前后)

敕具官某:尉以警捕为职,盗发三衢,尔能躬帅弓刀婴其锋而死之,职不旷矣。官之升朝,仍录厥孤,尚纾九泉之悲。可。

出处:《平斋集》卷二一。

撰者:洪咨夔

考校说明:编年据同集前后文时间补。

赵与貌赠奉议郎制
(暂系于端平元年九月前后)

敕具官某:鞑靼顷为不道,犯我应山,尔以户曹摄邑,寄勇于徇国,率厉戍卒舆台迎击之。虽死于寡不胜众,而气吞此虏矣。旌之华秩,用尉忠魄。可。

出处:《平斋集》卷二一。

撰者:洪咨夔

考校说明:编年据同集前后文时间补。

宋昭远赠通直郎制
(暂系于端平元年九月前后)

敕具官某:盐城之役,飞刍走粟以饷师,亦既劳止,又转致于山阳,宜尔马瘏仆痡而卒于行也。官以升朝,知予闵恤。可。

出处:《平斋集》卷二一。

撰者:洪咨夔

考校说明:编年据同集前后文时间补。

吴渊转朝奉大夫制
(暂系于端平元年九月前后)

敕具官某:汉管盐铁有官,唐榷茶有使,利源出于东南为多,均通得宜,经费用裕。尔以儒术饰吏事,以宰士赞邦计,提纲管榷,有条不紊,一岁之入,沛乎其赢。既应懋赏之科,宜进正郎之秩,毋忘体国,用对恩华。可。

出处:《平斋集》卷二一。

撰者:洪咨夔

考校说明:编年据同集前后文时间补。

赵必法转承议郎制
(暂系于端平元年九月前后)

敕具官某:虏保陂山,王师进讨,调度旁午,陆运尤艰。尔赞画于计台,备宣劳于供亿,进升一列,益砺廉勤。可。

出处:《平斋集》卷二一。

撰者:洪咨夔

考校说明:编年据同集前后文时间补。

王子申落致仕除刑部郎中制
（暂系于端平元年九月前后）

敕具官某:韩厥既老而禀政,留侯道引不食谷而强起,材足以为斯世用,讵容得谢! 尔操尚浑厚,风致简远,郡国选表,再召再辞,遂以垂车请。幅巾林壑,独立氛埃之表,固泊乎世味矣。朕访西南人物于朝,谓尔年耆德明,精神犹未衰,怀香宪部,勉为一来。霜峡放舟,使观者知朕能致华发于万里,顾不韪欤! 可。

出处:《平斋集》卷二一。又见《永乐大典》卷一三四九八。
撰者:洪咨夔
考校说明:编年据同集前后文时间补。

赵希昔除工部郎官制
（暂系于端平元年九月前后）

敕具官某:朕日御便朝,与二三大臣妙柬四方之隽乂登崇之。乃眷西顾,有公姓之老在。尔秉心静夷,制行缜栗,声问蚤颖,擢于政事之科。晚守东川,材益练,政益美,捐有余以纾征调之迫,家诵而人德之。卷怀滋久,宿望犹郁,握兰起部,宜不俟驾。蜀之边防、军实、民赋、吏治,尔平日讲之盖熟,朕将修辇过郎舍故事而问焉。可。

出处:《平斋集》卷二一。
撰者:洪咨夔
考校说明:编年据同集前后文时间补。

辛稇潼川府路提点刑狱赵希瀿夔州路提点
刑狱张起良成都府路提点刑狱公事制
（暂系于端平元年九月前后）

敕具官某等:东井法令所取平,参下三星曰罚,主斩艾。分节司宪于参旗井络之分,加遴惟均。尔稇世传威望,身佩材名,直指夔巫,奸宄屏息,其进以典东川之狱。尔希瀿气禀笃厚,政术宽平,共理眉山,田里熙豫,其升以司巴峡之臬。

尔起艮吏事详敏,边筹精练,出入制幪,多所毗益,其擢以亭西州之谳。在《易》,《贲》无敢折狱,《丰》折狱致刑,《噬嗑》明罚敕法,皆有离象,取其外刚而内明也。然无欲者必刚,无私者必明,尔等果能以明用刚,则数道之间,吏之不良,民之无告,悉暸乎目击矣。钦哉,毋谓君门万里之远。可。

出处:《平斋集》卷二一。

撰者:洪咨夔

考校说明:编年据同集前后文时间补。

汪之强殁于王事特赠朝奉郎与一子恩泽制
(暂系于端平元年九月前后)

敕具官某:鲁诔贲父,汉录孤儿,闵死事也。尔庀职淮幪,密参机筹,变起仓卒,父子并命,闻者悲伤之。进官一等,泽及遗孤,营魂有知,可无衔憾。可。

出处:《平斋集》卷二一。

撰者:洪咨夔

考校说明:编年据同集前后文时间补。

杨伯雨除夔州路转运判官制
(暂系于端平元年九月前后)

敕具官某:四蜀财计,莫丰于大宁盐策之入。数十年来,漕臣以羡余济苞苴囊橐,无遗利矣。朕欲变而通之,故谨择所使。尔材甚颖,政甚练,可使治其职也。一节起家,六辔督饟,拥牢盆之富,运算鞭之长,轻车峻阪,夫谁能御! 然民力竭矣,盍思所以裕之;军饷棘矣,盍思所以济之。利源无壅,上下阜通,朕盖于此乎课尔之廉能。可。

出处:《平斋集》卷二一。

撰者:洪咨夔

考校说明:编年据同集前后文时间补。

王翔除直秘阁利州路转运判官兼知利州制
（暂系于端平元年九月前后）

敕具官某：宁武控梁蔽益，凤号重镇，故必以漕兼守，而制阃亦于此立莫府。今阃外之制移梁，阃内之制还益，漕守滋重。尔材茂而识远，志坚而虑密，陇蜀山川之形势，兵民之便宜，历历在目中。玉节铜符，采众誉而并属，且木天寓直以华之，委寄隆矣。夫边储军实，以厚民为本，农桑劝则食货通，田瑞安则保障固。祁山、斜谷之运与中和乐职之咏实相表里，尔其懋图之。可。

出处：《平斋集》卷二一。
撰者：洪咨夔
考校说明：编年据同集前后文时间补。

黎伯登除直华文阁知潼川府制
（暂系于端平元年九月前后）

敕具官某：实材用则天下治，尧舜三代循吏之效，惟其务实不务名也。尔庄静不襮而笃求己之学，廉直无华而坚为民之意。自去周行，屡牧壮郡，朝梳夕爬，不遗余力，用能害除而利兴，非善美充实之发耶！甫出宪节，随畀藩符，进以妙阁之直。维东梓地巨望隆，畴昔间以衮乌笔囊临之，非偏郡比。布吾实德，行尔实政，使民被实惠，选表有日矣。可。

出处：《平斋集》卷二一。
撰者：洪咨夔
考校说明：编年据同集前后文时间补。

国子录汪之道除诸王宫大小学教授制
（暂系于端平元年九月前后）

敕具官某：朕寤寐隽髦，以起治功，日轮百执事入对便朝，求其通达如贾谊、恳到如陆贽，未多见也。尔茹古而涵今，弸中而彪外。顷敷奏以言，慷慨英发，作兴天下之势，鼓舞天下之材，纚纚有契于心，朕甚奇之。楷模河间东平之系，陶冶成人小子之质,姑为朕往,起视六合,周览群动,朕方思所以访尔者。可。

出处:《平斋集》卷二一。

撰者:洪咨夔

考校说明:编年据同集前后文时间补。

大理寺丞赵蒘除司农寺丞制
(暂系于端平元年九月前后)

敕具官某:师行日费千金,石城非粟莫守,汉大将军票骑之出,所以必取给于大农也。尔居家有孝谨之行,治郡有廉静之誉,立朝有深远之识。甫丞棘廷,又丞农扈,夫岂轻进尔哉!仲季分阃淮襄日,讲立武足兵之略,一岁钱谷出入使尔与闻,则军国之调度供亿,倅埤交应矣。且以示奖拔之权舆。可。

出处:《平斋集》卷二一。

撰者:洪咨夔

考校说明:编年据同集前后文时间补。

赵崇涛直秘阁知遂宁府制
(暂系于端平元年九月前后)

敕具官某:沶夔、万而陆走,穿山复岭,虎兕出没。涉武信乃趋夷,良畴沃野,桑稻弥望,坤维乐土也,必填之良吏。尔以信厚之质,迈往之材,行平易之政,将指巴夔,灌输阜通而民不病,可谓良矣。寓直中秘,殿我巨屏,旁制于四郡,恩威兼济,办治无难。然元祐诸贤,邦有遗像,尚求闻于往行,用康保民,以表于蜀。可。

出处:《平斋集》卷二一。

撰者:洪咨夔

考校说明:编年据同集前后文时间补。

李鎺差知嘉定府制
（暂系于端平元年九月前后）

敕具官某：犍为古夜郎国，汉定西南夷，与沈黎俱置郡，而地望复出黎上，迨为潜藩又加重。尔玙璠其质，豫章其材，故家之最良也。试郡于黎，疾心边琐，所陈便民事宜恳切而详明，知必良于政。易镇犍为，昭示奖擢。体予不忘远之意，懋尔有常吉之行。恩信并著，民夷胥安，则所至可纪矣。可。

出处：《平斋集》卷二一。
撰者：洪咨夔
考校说明：编年据同集前后文时间补。

李艮孙知隆庆府李仲熊知绍庆府制
（暂系于端平元年九月前后）

敕具官某等：剑门北扼栈道，黔阳南控溪洞，皆要藩也，亦皆潜藩也，守不轻授。尔艮孙以敏劲之姿，著关决之誉，就拥剑麾，驾轻车于熟路。尔仲熊以骏迈之器，养融显之望，趣绾黔绂，发利刃于新硎。孟子曰："固国不以山溪之险。"险虽天设，必以人固，尔能虔奉吾诏，养民也惠，使民也义，则人心隐然可恃如金汤。往哉毋忽。可。

出处：《平斋集》卷二一。
撰者：洪咨夔
考校说明：编年据同集前后文时间、李艮孙官历补，见《蒙斋集》卷九《知隆庆府李艮孙转一官再任制》。

刘弘之改知重庆府制
（暂系于端平元年九月前后）

敕具官某：蜀有耆寿隽，直节著于庆元，高风振于嘉定，落落乎其不苟合，朕闻而贤之。尔其季子也，力学而修洁，抱材而谦粹，雍容气度，酷似厥考。方需偏全，趣典名藩，超等而授，人不谓过，而喜古渝之得贤守，家法可想也。益懋中和之治,用昌诗礼之业。可。

出处:《平斋集》卷二一。

撰者:洪咨夔

考校说明:编年据同集前后文时间补。

李景翱和籴赏转朝议大夫致仕制
(暂系于端平元年九月前后)

敕具官某:李悝平籴之法,百世可行也。居是邦而习其俗,则虽多易办。尔总蜀赋而归,优游家食。以富于才,任我籴事,年丰价平,农固乐市,积数逾亿,能无劳乎? 躐升元士之级,尚知告老之荣。可。

出处:《平斋集》卷二一。

撰者:洪咨夔

考校说明:编年据同集前后文时间补。

陈一荐屯田和籴赏转承议郎制
(暂系于端平元年九月前后)

敕具官某:羊祜垦田于襄阳,至有十年之积,岂一手足之力哉? 尔材高莫府,职莅耕屯,当危机交急之秋,收平时劝课之效,迄充兵廪,用济边功。进升一级之华,益懋方来之绩。可。

出处:《平斋集》卷二一。

撰者:洪咨夔

考校说明:编年据同集前后文时间补。

归顺周岊补武功郎遥郡刺史淮东兵马钤辖制
(暂系于端平元年九月前后)

敕具官某:朐山东峙,密迩淮浦,挈城归谊,尔实倡之,莫非王臣。超界武级,仍跻荣于遥刺,俾参领于戎钤。祗服异恩,勉殚忠力。可。

出处:《平斋集》卷二一。

撰者:洪咨夔

考校说明:编年据同集前后文时间补。

李敏补修武郎制
(暂系于端平元年九月前后)

敕具官某:虏情叵测,以间为奇,尔戍安丰,深察情伪,不为利诱,仍效战多。超授武阶,用旌知义。可。

出处:《平斋集》卷二一。又见《永乐大典》卷七三二六。

撰者:洪咨夔

考校说明:编年据同集前后文时间补。

蒲南强落致仕差知茂州制
(暂系于端平元年九月前后)

敕具官某:自筰以东北,冉駹为大,茂其地也。六夷七羌九蛮错处之俗,犹有遗者,置守必廉静。尔廉而介于守,静而恬于进,践扬可纪,蜀士共推之,讵容以据鞍矍铄挂神武之冠耶?起之里居,往镇汶水。化浃于裋褐,风行于旄毳,不待按筹边之图而遐徼奠枕矣。其毋徒以遗荣为高。可。

出处:《平斋集》卷二一。

撰者:洪咨夔

考校说明:编年据同集前后文时间补。

杨恢除直宝文阁淮西制置副使兼知黄州制
(暂系于端平元年九月前后)

敕具官某:弈莫先于审局布势,取势多则胜局也,江淮表里分置制阃亦然。尔乘塞于均,宅牧于荆,进屯于襄,抚机应变之材愈出而不穷。维时淮右,风寒最切,而齐安据山川之会。峻直宝奎,参领阃寄,往为朕守。中襄、鄂、升、扬而立,首尾联络,非取势独多乎!《江汉》之诗曰:"匪安匪舒,淮夷来铺。"又曰:"经营四方,告成于王。"淮服底宁,则四方可经营也。内缮诸关,外严列戍,怀来新氓,绥定故境,朕方倚重于汝,懋哉!可。

出处:《平斋集》卷二一。
撰者:洪咨夔
考校说明:编年据同集前后文时间补。

杨恢授兵部郎中制
(暂系于端平元年九月后)

敕具官某:襄淮之形胜三,岷山首也,合淝腰也,维扬、承、楚至尾之势也。而就其中言之,则运掉腰势者,其任为尤重。尔岷峨之英,富于儒学。虽冲澹如幽人,洁白如处子,而胸中所贮数万甲兵,足以鼓三军之士而夺其气。当北兵横溃时,以疲弊之孤城,亢日滋之锐卒,亦已奇矣。襄州缺守,命汝兼之;西淮缺帅,命汝傅之。镇于黄岗,郎于武部,盖将以大用也。尔其勿狃于和,勿轻于战,思古人所以安边保胜之策,朕将有赖焉。可。

出处:《鹤林集》卷六。
撰者:吴泳
考校说明:编年据文中所述"镇于黄岗,郎于武部,盖将以大用也"补,见《平斋集》卷二一《杨恢除直宝文阁淮西制置副使兼知黄州制》。

赵葵叙复太中大夫依旧兵侍淮东制置使知扬州制
(端平元年九月后)

敕:秦不以孟明于殽之败而复其政,晋不以林父于邲之劫而复其官。矧有道之清朝,无弃人之绝法。具官某,以熊罴之帅,握龙虎之韬,自城维扬,常志漠北。仗钺以清河洛之境,志气甚雄;班师而回亳泗之墟,威名稍减。虽胜负兵家之常势,然刑赏王国之大权。有过则镌,以劳而叙。况边声之靡定,而国步之斯频。所在兵骄,因之财匮。弟兄相友,二龙既共卧于辕门;将士贵和,两虎岂宜斗于私室?各摅忠愤,协济艰难。可。

出处:《鹤林集》卷九。

撰者:吴泳

考校说明:编年据赵葵宦历补,见《宋史》卷四一《理宗纪》、卷四一七《赵葵传》。

杜杲叙复朝散郎制
(端平元年九月后)

敕具官某:六月出师,古人所重;千里馈饷,战有所忧。曩者三京之役,尔既条其不便。而主帅乃以粮道不继为言,是汝不能尽其辞也。今览来章陈义慷慨,朕为之怃然。尽复故官,以伸宛结。可。

出处:《永乐大典》卷七三二二。又见《四库辑本别集拾遗》。

撰者:吴泳

考校说明:编年据文中所述史事补,见《宋史》卷四一《理宗纪》补。

徐侨授兼侍讲制
(端平元年九月至十月间)

敕具官某:古我先民,尊尚《论语》。抉圣人之精意大义,安国所以被遇于仁宗;绎孔子之善行嘉言,尹焞所以受知于高庙。皆以是书之蕴,敷于劝讲之筵。具有前彝,何拘近比?尔经粹行古,年耆德明。疏饭曲肱,不改山林之趣;玄端章甫,能为宗庙之容。朕方举贤而远不仁,修己以安百姓。悼大道之湮郁,必耆儒之发挥。如卿笃诚,斯可感悟。《鲁论》二十,既升六艺之科;《曲礼》三千,徐订诸儒之议。庶讲论唐虞之地,如从容洙泗之间。不徒空言,同底实治。可。

出处:《鹤林集》卷七。

撰者:吴泳

考校说明:编年据徐侨宦历补,见《徐文清公家传》、《宋史全文续资治通鉴》卷三二。

陈韡除工部侍郎沿江制置使兼江东安抚使知建康府制
（端平元年十月十一日）

敕：朕顾詹陪京，控扼天堑。折冲有术，武骑千群，奚所用之？设险无方，衣带一水，何足恃者？茂选从涂之隽，往开制阃之雄。具官某瑰韫钩深，英猷经远。智略辐凑，夙驰骋于淮楚之间；功名鼎来，晚震耀于江闽之表。进起部之妙选，总别都之重权。虎踞龙蟠，遗风犹昔；鱼丽鹅鹳，胜算方新。惟江陵、武昌之相望，暨合肥、芜城之对峙，首尾联络，辅车因依。其坚共奖王室之心，以壮外攘夷狄之势。顷奉圭而入觐，有嘉韩奕之忠；兹掌钥以居留，尚□郑侯之志。可。

出处：《平斋集》卷二二。

撰者：洪咨夔

考校说明：编年据《景定建康志》卷一四补。《宋代诏令全集》以《宋史》卷四一九《陈韡传》为据系于端平二年（第一七二一页），误。《宋史》卷四一九《陈韡传》："端平元年正月，进华文阁待制、江西安抚使……乃进权工部侍郎，仍知隆兴兼江西安抚使。未几，为工部侍郎，改江东安抚使、知建康府，兼行宫留守。二年，入奏事……迁权工部尚书，又权刑部尚书、沿江制置大使，依旧江东安抚使、知建康府。"

工部侍郎知建康府陈韡明堂加恩制
（端平元年十月十一日后）

敕：朕搜仪先甲，葳祀上辛。赋《思齐》之诗，慕亲方切；稽《我将》之颂，飨帝尤严。恍三灵之宴娭，遒百禄之来下。有怀时彦，宜锡神厘。具官某学擅名儒，望高法从。轮囷胆略，吞青海于胸中；磅礴威名，碎黑山于掌上。乃眷明禋之讲，迄臻熙事之成，虽阻清庙之执笾，靡忘宣室之前席。爵爰升于蒲璧，户仍衍于畬圭。帝命式于九围，朕既荷受球之宠；天威不违咫尺，尔毋忘拜胙之恭。懋畅英猷，对扬景况。可。

出处：《平斋集》卷二一。

撰者：洪咨夔

考校说明：编年据陈韡官历补，见《景定建康志》卷一四。

奏荐注官事诏
(端平元年十月十八日)

今后应奏荐人,并先补入国学,各以年齿肄业,方许授官。或限内请举登第舍选释褐,如任子及第换授法。左选文学注破格监当,任满,许注簿尉;右选校尉注作院以下阙,候年劳,转承信,方许注监当。绍定六年以后入赀补官者,令别换授。士子发解,三十年五到省,许就特科,以四分取一,置前四等。春秋班引虽举员及格,不许放。特班宗子凡遇庆典,非两举不补官,非三请不换授。战功补授人未得放令离军已参注者,不许收使,仍诣军自陈,收隶军籍,量与请给。省吏官至朝奉、中散、中奉大夫者,存殁任子不许过二三人,密院比类一体施行。令有司裁抑参定,著为令。

出处:《宋史全文续资治通鉴》卷三二。

中大夫参知政事陈贵谊特授正议大夫守参知政事致仕制
(端平元年十月二十一日)

敕:须股肱而治,甫新万化之更;乞骸骨而归,俄惜一贤之老。晋加异数,涣播明缯。具官某宽博而川涵,凝重而山立。道贯六学,足以羽翼乎圣传;文成一家,足以经纬乎国典。蚤华涂之遍历,亟迩列之延登。补衮于有阙之时,而胥训居多;改弦于不调之后,而同寅更力。允天民之先觉,蔚王佐之全材。况休然而有容,且澹乎而无欲。宜其俾艾,胡尔遗荣!维楫未施,朕方念乘航之势;辐轮俱壮,尔乃为税驾之图。眷委倚之素深,惜讦谟之未究,趣升峻秩,仍拓真畚。九老自娱,孰与绘乐天之社;五湖莫返,尚思铸范蠡之金。可。

出处:《平斋集》卷二一。
撰者:洪咨夔
考校说明:编年据《宋史》卷二一四《宰辅表》补。

故正议大夫守参知政事致仕陈贵谊特赠
少保资政殿大学士制
（端平元年十月二十六日）

敕：抗章太紫之北，归志方新；占象尾箕之东，游魂已远。乃眷谟明弼谐之輼，未究辅相弥缝之功，茂锡恩徽，诞扬命綍。具官某学根乎正大，气备乎中和。德盛礼恭，《谦》九三君子之美；义方敬直，《坤》六二大臣之风。自仪禁路之华，趣践政涂之重。了无缁磷，具馨猷为。欲仁而仁斯至，则无念非公；不言而言必中，则有谋斯断。属更大化，共振颓纲。三千惟一心，正赖烝徒之助；五十不称夭，遽惊隆栋之摧。惟庆历之仲淹，暨元祐之苏辙，用俱不尽，命尚奚尤！万金之药虽施，何嗟及矣；十渐之屏犹在，如将见之。欲纾殄瘁之悲，庸侈褒崇之典。位外朝之列棘，班秘殿之鸿名。噫！亮天功而弼一人，讵止书棺之宠；质鬼神而俟百世，永为铭鼎之光。极而生死之荣，歆我始终之遇。可

出处：《平斋集》卷二一。
撰者：洪咨夔
考校说明：编年据《宋史》卷四一《理宗纪》补。

虞孝先特转一官授朝奉大夫制
（暂系于端平元年十月前后）

敕具官某：蜀关赤白囊交驰，奸甿或乘间矫虔为郡县害，去败群之羊必良牧。尔以长材选拔，摄守阆川，芟夷不逞，封护善良，千里绝桴鼓之警，可无奖乎？进阶正郎，分麾边徼，益厉精白以承。可。

出处：《平斋集》卷二一。
撰者：洪咨夔
考校说明：编年据同集前后文时间补。

陈亚卿知德庆府制
(暂系于端平元年十月前后)

敕具官某:古康名藩也,邈在岭海之东,必习其风土谙其俗者为之守。尔裕于材谞,敏于事功,自笾仕至试郡,扶胥黄木之间,熟知津矣。蔼劳能之可纪,郁瑰韫之未究,起家分符,往镇泷水。其为朕布宣宽大之意,简赋平刑,以惠远民。可。

出处:《平斋集》卷二一。
撰者:洪咨夔
考校说明:编年据同集前后文时间补。

沈安义辟差知宜州制
(暂系于端平元年十月前后)

敕具官某:广右郡二十余,或缭而深控,蛮而枕海,守虑人器之不相习也,故委重于台阃之辟。尔赋材强敏,抗志骏伟,贰政长沙,绰有佳誉。辟函上于公车,谓宜方阙守,奉诏条以抚遐峤,莫如汝称。往哉!毋鄙远其俗而同其戚休,山甿溪獠,咸知德意,是为举能其官。可。

出处:《平斋集》卷二一。
撰者:洪咨夔
考校说明:编年据同集前后文时间、雍正《广西通志》卷五一补。

邓云特转武略大夫制
(暂系于端平元年十月前后)

敕具官某:功之多者赏必厚。尔江右捕盗,山阳讨虏,皆以功受赏,岗门盐城,又著奇功,信能迪果毅矣。躐进穹级,参护戎旅,毋玩宠荣而忘贾勇。可。

出处:《平斋集》卷二一。
撰者:洪咨夔

考校说明:编年据同集前后文时间补。

留子迈救荒推赏转朝奉大夫依旧潭州通判制
(暂系于端平元年十月前后)

敕具官某:救荒无定法,得其人则政举。尔试邑衡阳,再讲荒政,既脱民于沟瘠,又储粟为先备,朕惠养元元之意庶几下达矣。升秩正郎,贰政大府,益进民庸,惟勤惟愍。可。

出处:《平斋集》卷二一。
撰者:洪咨夔
考校说明:编年据同集前后文时间补。

王爟转朝奉郎致仕制
(暂系于端平元年十月前后)

敕具官某:官至员外郎则赏延于世,必年劳乃克转。尔饬己无玷,莅官有声,方谂疾以少休,遽遗荣而长往。肆畴前绩,式进华阶,燕尔后昆,服予异渥。可。

出处:《平斋集》卷二一。
撰者:洪咨夔
考校说明:编年据同集前后文时间补。

章谦亨除京西路提举常平茶盐公事制
(暂系于端平元年十月前后)

敕具官某:朕选拔四方誉俊,布列中外,苟当其材,用之惟恐不亟。纵骋景麾,过都历块,乃见啮膝乘旦之良也。尔业履正平,材气骏发,能不坠其家声。擢繇辖院,趣守壮藩,未合竹符,趣界英荡,盖欲及精锐而用之。维京右民力惫而未苏,财计屈而未裕,出纳敛散,权之以义而行以仁,惟尔之能。可。

出处:《平斋集》卷二一。
撰者:洪咨夔

考校说明：编年据同集前后文时间补。

淮东路兵马钤辖桑青转武功大夫制
（暂系于端平元年十月前后）

敕具官某：于台之役，大小三十七战而城降，士用命也。莫府上功，谓尔勇鸷而敢战，宜受酲赏。峻跻武级，统戎惟扬。报国赤心，更观来效。可。

出处：《平斋集》卷二一。
撰者：洪咨夔
考校说明：编年据同集前后文时间补。

赵彦橹除直宝谟阁权知广州兼广东路经略安抚制
（暂系于端平元年十月前后）

敕具官某：自唐以来，殿南服者能使海岭之陬既足既濡几何人？故宅牧必谨。尔严于治己而不绝物，切于爱民而不近名，公族之英、吏之良也。起乘蜀传，畀冶节，刀布之利方兴，番禺课帅，又辍以往。为官择人，奚嫌数易？夫贪泉不能污夷、齐之操固也。以身为表，州县吏闻风皆趋于精白，则遵海而南，斯民安必乐业如中州矣。朕盖以廉顽立懦而望汝。可。

出处：《平斋集》卷二一。又见《永乐大典》卷一三五〇七。
撰者：洪咨夔
考校说明：编年据同集前后文时间补。

翰林学士真德秀磨勘转中大夫制
（暂系于端平元年十月前后）

敕：用儒无敌，奚拘考绩之科；彰德有常，可后懋官之典？矧承晖于莲炬，盍疏宠于芝纶！具官某学富而文醇，行方而言正。孟氏舍齐而去，昔岂本心；季子为鲁而来，今维众望。冠銮坡而视草，列毡厦以侍言。展也开陈，隐然裨益。虽时行或异于时止，而岁会悉归于岁成。稽课簿之既高，陟文阶之宜峻，食旧德，从上吉也。政资密勿之规，有好爵与尔靡之，懋对便蕃之渥。可。

出处:《平斋集》卷二一。

撰者:洪咨夔

考校说明:编年据同集前后文时间、真德秀官历补,见《鹤山先生大全文集》卷六九《真公神道碑》。

项容孙改差知顺庆府制
(暂系于端平元年十月前后)

敕具官某:果山,朕潜藩也。眷焉西顾,未有以慰其父兄子弟,思得良二千石以惠之。尔材猷之伟,事功之敏,能称其家者。分符蜀道,亦既鼓枻三峡,易文以果,地益大,寄益重。疲甿凋俗,元气未固,视其戚休,为朕风披而雨濡之,使物物皆生意,泽庶乎不下壅矣。往哉,尽乃心!可。

出处:《平斋集》卷二一。

撰者:洪咨夔

考校说明:编年据同集前后文时间补。

李以制除大理寺丞赵师楷太府寺丞卫洙
大理寺簿魏峻太府寺簿制
(暂系于端平元年十月前后)

敕具官某:文帝明习国家事,首以决狱、钱谷为问,仁俭一念之发也,朕此意每于分职授任见之。以制学业粹明,心术平厚,勾稽棘谳惟允,故进之以丞廷尉。洙庄静有守,宽夷无竞,则擢繇司瓯为之簿。师楷宗枝秀颖,吏能通畅,讨论外计盖熟,故来之以丞外府。峻风规娴整,志尚简远,则辍繇储戎为之簿。狱者生民之司命,财者天下之血脉,朕甚重焉。尔等惟良折狱而不留狱,惟正理财而不伤财,斯副体仁行俭之意。可。

出处:《平斋集》卷二一。

撰者:洪咨夔

考校说明:编年据同集前后文时间补。

朝谒八陵朱复之除军器监主簿制
(暂系于端平元年十月前后)

敕具官某:绍兴间焘、士儇朝八陵之后,今且百年。朕祗承圣绪,慨想中原,未尝不望嵩洛而洒涕。龙庭□□,桥山敛埏,分道展省,尔弗惮行。骏极之势□□,□□□气如故。归陈梗概,若指诸掌,克尉抃□□□□□履之良劳,俾勾稽于戎监。胸中兵甲,笔端戈矛,尚于此培致远之器。可。

出处:《平斋集》卷二一。
撰者:洪咨夔
考校说明:编年据同集前后文时间、朱复之宦历补,见《宋史》卷四一《理宗纪》。

天水军教授权知军州曹友闻特转承事郎权知天水军事制
(暂系于端平元年十月前后)

敕具官某:矫矫虎臣,在泮献馘,此风无传久矣。尔奋迹诗书,典教边垒,寇至不为先去之谋,见义乃有必为之勇。迎锋鏖击,蜀关以宁,儒而知兵,良用嘉叹。趣升京秩,仍进一阶,就分保障之符,增壮金汤之势。可。

出处:《平斋集》卷二一。
撰者:洪咨夔
考校说明:编年据同集前后文时间、《宋史》卷四四九《曹友闻传》补。"承事郎",《宋史》卷四四九《曹友闻传》作"承务郎"。

吴驲特转武经郎制
(暂系于端平元年十月前后)

敕具官某:毂将中军,溱为之佐,赞筹幕府,每难其材。尔从元戎,备殚婉画,跻荣一列,毋替忠劳。可。

出处:《平斋集》卷二一。
撰者:洪咨夔

考校说明:编年据同集前后文时间补。

城固县尉赵僎特转儒林郎制
(暂系于端平元年十月前后)

敕具官某:尉黄绶,卑秩也,苟志事功,必露囊颖。尔警于边琐,克赞戎旃,进秩旌能,益勤勿懈。可。

出处:《平斋集》卷二一。
撰者:洪咨夔
考校说明:编年据同集前后文时间补。

武功大夫汤孝信转右武大夫制
(暂系于端平元年十月前后)

敕:繁缨不如多邑,弊袴必待有功,况品级超越于拘挛之表! 具官某抱姿枭勇,屡效战多。都梁之役,援近比以祈酴赏,虽碍止法,亦进横阶。予岂尔私,盖以劝忠劳也。懋建舟师之绩,仰酬异等之恩。可。

出处:《平斋集》卷二一。
撰者:洪咨夔
考校说明:编年据同集前后文时间补。

川秦都大茶马桂如琥除户部员外郎制
(暂系于端平元年十月前后)

敕具官某:尚书郎非民庸暴白不授,矧地官之属,选高而剧,可轻乎? 尔将漕于夔,就建帅阃,不苟急以牟利,不矫异以干名,刀耕火种之民悉安之。朕惟榷牧畀节,以示奖厉,孰与入奏明光之为密,式遣其归,赞我邦计。凋穷若何而裕,烦冗若何而节,币轻物重若何而权,推此类具言之,用观尔韫。可。

出处:《平斋集》卷二一。又见《永乐大典》卷一三四九八。
撰者:洪咨夔

考校说明：编年据同集前后文时间补。

吴昌裔除太常寺簿郑逢辰将作监簿制
（暂系于端平元年十月前后）

　　敕具官某等：朕惟汤执中立贤无方，故待天下之材未尝以进士、世家为轻重。尔昌裔气明而文富，所谓江汉炳灵，晔晔其秀者。尔逢辰志立而器整，所谓台阁之仪，不习自成者。朕知其皆崭然而角，升昌裔于奉常以订礼，登逢辰于匠监以信度。涂辙相望而簿正等，台莱杞梓尽在封植中，其竞厥职，以对搜拔。可。

出处：《平斋集》卷二一。
撰者：洪咨夔
考校说明：编年据同集前后文时间、《庸斋集》卷六《郑吏部墓志铭》补。

陈瑄授中奉大夫直敷文阁宫观制
（暂系于端平元年十月前后）

　　敕具官某：朕亲揽八柄，进退百辟，以成调瑟之化，苟爵于先甲，当其材则申命之。尔澹乎无欲，凝乎有度，蔼乎声称。江右绣斧之行，虽未竟乃功，亦既劳止。增秩进职于更化之前，今不与易也。真祠均佚，善刀而藏，时方急材，尚观新硎之发。可。

出处：《平斋集》卷二一。又见《永乐大典》卷一三五〇六。
撰者：洪咨夔
考校说明：编年据同集前后文时间补。"陈瑄"当为"陈垲"之误，见《宋史》卷四二五《陈垲传》。

中奉大夫赵善璙转一官回授本生父不卞赠承事郎制
（暂系于端平元年十月前后）

　　敕：松柏不生于培塿，而梧桐生于朝阳，士君子可忘其本哉？具官某故本生父某，秀挹天潢，评高月旦，是生贤息，出继同支。属进秩以旌能，愿弛恩而报本，爰加愍典，用慰孝思。显亲扬名之荣，衣被九原矣，尚歆承之无斁。可。

出处:《平斋集》卷二一。

撰者:洪咨夔

考校说明:编年据同集前后文时间补。

中奉大夫赵善璙转一官回授故本生母梅氏赠孺人制
（暂系于端平元年十月前后）

敕:松柏不生于培塿,而梧桐生于朝阳,士君子可忘其本哉? 具官某故本生母某氏,归媵宗盘,蔚著闻范,是生贤息,出继同支。属进秩以旌能,愿䄂恩而报本,爰加愍典,用尉孝思。显亲扬名之荣,衣被九原矣,尚歆承之无斁。可。

出处:《平斋集》卷二一。

撰者:洪咨夔

考校说明:编年据同集前后文时间补。

陈章特授中大夫致仕制
（暂系于端平元年十月前后）

敕具官某:幼学而壮行者在所立,生荣而死哀者在所遇。尔制行宽夷,莅事明练,荐更共理之寄,民熙于田野,士竞于庠序,蔽芾犹未拜也。方祝厘而自适,遽谢事以长逝。进跻崇秩,用答宿劳,朕之待臣下可谓有恩矣。营魂如存,歆此褴典。可。

出处:《平斋集》卷二一。

撰者:洪咨夔

考校说明:编年据同集前后文时间补。

伪观察副使颜仲明伪都总领王逸伪征仕郎化平县令
胡士元伪征仕郎单公履伪明威将军郑彦伪将仕郎尚
书户部任嘉言伪都总领亢志忠伪安平都尉张林伪宣
武将军安居信伪明威将军晋德伪武节将军同进伪同
知虢州军州事闻钧伪征仕郎王采苓伪登科人尚书令
史朝列大夫陈纪并补承信郎伪朝列大夫郝士特伪都
尉刘仪伪昭毅大将军杨全伪定远大将军郭春并补承
节郎伪光禄大夫张俊特补忠翊郎制
（暂系于端平元年十月前后）

敕具官某等：王者大一统，际天所覆，孰非吾臣？尔等效官外域，归谊中朝，授之右阶，拔于左衽。其相与竭忠以报上。可。

出处：《平斋集》卷二一。
撰者：洪咨夔
考校说明：编年据同集前后文时间补。

立限催督稽考诸道申奏狱案诏
（端平元年十一月二十一日）

诸道申奏狱案未断、已断未下者，于都司、刑部、大理寺各委官立限催督稽考，其经由去处，严立程限，月申御史台。其申宪司详覆而别无疑虑者，不许规避。

出处：《宋史全文续资治通鉴》卷三二。

金部郎中黄壮猷除直秘阁权知绍兴府兼浙东安抚制
（端平元年十一月）

敕具官某：会稽东南巨镇，中兴百年之冯翊，朕之丰沛也。吏治刚则瓶，柔则坏,故牧守以识体为良。尔韫姿融明,虑事精密,间者揽辔左浙,政得宽猛之中,朕深知之。辍自望郎,出殿帅阃。中秘寓直,拥高牙大纛而东,岂特以华旧部之观哉?《书》曰"以厥庶民暨厥臣,达大家",又曰"康济小民,率自中"。德礼刑政,导齐有序,而上下相安于和乐,体斯得矣。重楮币而轻和买,抑思乃言之践。可。

出处:《平斋集》卷二一。又见《永乐大典》卷一三五〇七。
撰者:洪咨夔
考校说明:编年据《宝庆会稽续志》卷二补。

郑寅授左司郎中兼枢密副都承旨制
(端平元年十一月至十二月间)

敕具官某:都司纪纲之地,非习知台阁故事,不在兹选。朕率是道,以官其人。矧尔父侨,在淳熙间,出入二省,凡先朝之典宪,往哲之言行,灿然开陈,如指诸掌。汝实闻而习之,具在家法。用是命汝董正左曹,寅纳密命,亦犹元祐用范纯礼之意也。往其钦哉。可。

出处:《鹤林集》卷六。
撰者:吴泳
考校说明:编年据郑寅官历补,见《宋史全文续资治通鉴》卷三二、《西山文集》卷一八《讲筵进读手记》。

从公拣汰军兵诏
(端平元年十二月二十六日)

令三衙、江西、四川诸军每遇岁余,主帅主兵官从公拣汰,不许蒙蔽。

出处:《宋史全文续资治通鉴》卷三二。

冲佑观护法神封协济侯制
(端平元年)

敕具某神:朕以旱魃为虐,望奔武夷,曾不崇朝,雨遍天下。山灵仙伯亦既尊显之矣,有司谓尔实护道门,霈泽之功,与有阴相,封之彻侯。其懋承之,永以无斁。可。

出处:《鹤林集》卷一一。

撰者:吴泳

考校说明:编年据弘治《八闽通志》卷五九补。

理宗度宗恭帝朝卷五　端平二年(1235)

科别缴入端平以来中外言事奏诏
（端平二年正月二日）

　　令中书后省将端平改元以来中外言事书疏科别,其申明条目,就速与缴入,以便省质。继自今计月类进,送之中书,俾大臣参阅酌行,如绍兴故事。

出处:《宋史全文续资治通鉴》卷三二。

禁军帅遽行诛戮诏
（端平二年正月二日）

　　令三衙、沿江、京湖、四川、两淮制帅并诸处军帅,非临阵对敌,至于军令不得遽行诛戮;如罪犯显著,须按验实,奏上取旨。

出处:《宋史全文续资治通鉴》卷三二。

荣文恭王府皇后宅置教授诏
（端平二年正月六日）

　　荣文、恭王府、皇后宅置教授各一员,皇后宅可依绍兴旧典四姓小侯立五经师之遗意,三省并行参酌以闻。

出处:《宋史全文续资治通鉴》卷三二。

择监司郡邑不职之尤者上奏诏
（端平二年正月六日）

令三省检照节次指挥,博加体访,择慢令之尤者以名闻奏。

出处:《宋史全文续资治通鉴》卷三二。

诫谕京湖四川两淮制臣帅臣恤民警边诏
（端平二年正月十三日）

京湖、四川、两淮制臣帅臣所宜练兵恤民,峙粮缮器,经理营屯,控扼险阻,使警饬之严常如敌至。诸军将士昨已第赏,令所在速与放行,或一时有失条具,并以姓名来上。其中原归附人忠节可尚,当视功推赏,随材录用,毋使失职。

出处:《宋史全文续资治通鉴》卷三二。

革科举弊诏
（端平二年正月十七日）

国家进士之科,得人为盛。比年场屋循习宽纵,易卷假手,传义之弊,色色有之,深恐真才实能无以自见。可令监试官严行觉察,犯者依贡举条制。取中人就尚书省覆试,以副亲策之选。

出处:《宋史全文续资治通鉴》卷三二。

赵立夫授守太府卿兼删修敕令官兼知临安府制
（端平二年正月十九日）

敕具官某:京师王化之首,严者以察为威,懦者不敏于事,皆非朕所尚也。尔谨厚而密,柔嘉而明,畀为九卿,尹正畿甸。虽不为灼灼之名如顾少连,不求赫赫之誉如魏少游,而上下相安,咸以为便。然朕之所以望汝者,又非前日比也。俗流化敝,汝其正之;官邪吏偷,汝其威之。若能体十二条之训,守之勿坠,则邦畿千里,朕可以无虑矣。可。

出处:《鹤林集》卷八。

撰者:吴泳

考校说明:编年据《咸淳临安志》卷四九补。

赵彦恢授试秘书监兼崇政殿说书制
（端平二年正月）

敕具官某:汉以宗儒典校册府,自大夫向、平望侯毅始。至国朝中兴以来,英才相望,然领袖蓬山者,犹未之见也。尔行粹学古,色爽气和。召归周行,明眉皓首,朕已用之晚矣。朕有美官,号群玉府,非国寿隽,曷使长之？用是盼此除命。尔其玩"学如不及"之语,观属辞比事之训,以其所师传者而表仪俊游,则朕之望也。可。

出处:《鹤林集》卷七。

撰者:吴泳

考校说明:编年据《南宋馆阁续录》卷七补。

赐少傅吴瑰生日诏
（嘉定三年二月至嘉定七年二月间或宝庆元年二月或端平二年二月）

敕吴瑰:汉都马、邓之贤,首推耆德;周岳甫、申之降,属在兹辰。方自适于燕颐,宜永绥于寿嘏。特伸颁式,庸示眷怀。

出处:《西山文集》卷二二。

撰者:真德秀

考校说明:编年据真德秀任两制时间、吴瑰生日补,见同集同卷同题诏。

赐少傅吴瑰生日诏
（嘉定三年二月至嘉定七年二月间或宝庆元年二月或端平二年二月）

敕吴瑰:思齐大任,仰徽音之如在;不显申伯,伟耆德之独存。属此仲春,时维初度。其加异渥,以介庞禧。

出处:《西山文集》卷二二。
撰者:真德秀
考校说明:编年据真德秀任两制时间、文中所述"属此仲春"补。

崔与之除端明殿学士广东经略制
(端平二年二月)

敕:朕思用物望,共济时艰。天下之达尊有三,夙推乡老;王者之制爵凡五,尤重帅权。乃以符竹之荣,就畀枌榆之寄。具官某,国之蓍蔡,世之典刑。论思著于立朝,肯阿权贵?镇静称于治蜀,归卧丘樊。粤从调瑟以来,谓可弹冠而起。班独高于八座,疏胡闻于再辞。属兹蜂垄之起戎,欲保羊城而靖难。俾宣上意,式副民瞻。见大夫谁可乎?博稽公论;逾老臣者无矣,蔽自朕心。峻兹端殿之除,就建乡邦之阃。威声远寄,奸宄潜消。少需不旬月之间,即见一指麾而定。朕知卿素履,慕古良臣。每熟览于来章,屡兴怀于前席。相见何晚,虽暂烦牧御之才;盍归乎来,行大展经纶之业。

出处:《蒙斋集》卷九。
撰者:袁甫
考校说明:编年据康熙《新修广州府志》卷一八补。

端明殿学士崔与之辞免除广东经略安抚使
兼知广州恩命不允诏
(端平二年二月后)

朕惟先朝以韩琦守相,范仲淹守苏,德选也。然拥旄里第于安平无事之时,孰与即家宅牧而分忧寄!卿风节在朝廷,威名在夷狄,朕之韩、范也。顷辞聘召,佚老海滨,悍卒啸凶薄番禺,幅巾登陴,赤心谕晓,众狙屏气宵遁,贤者有益于人国如此。就镇乡枌,全护海峤,家国一体,孰如卿宜!矧虽盗于淮,却寇于蜀,沉深有远略,为我强起可也。士君子行乎蛮貊易,行乎州里难,愈近而愈不可欺。卿忠信笃敬积乎于州里,推之可以孚蛮貊,鸮音之革奚难哉?即日建牙,四履欢舞。朕方嘉卿勇义而识变,巽楱非所乐闻也。所辞宜不允。

出处:《平斋集》卷一四。

撰者:洪咨夔

考校说明:编年据康熙《新修广州府志》卷一八补。

权兵部侍郎赵彦悈辞免除兵部侍郎恩命不允诏
(端平二年三月前)

卿学问造乎精微,论议根乎正大,垂绅端笏于朝,盖麟之仪仪,凤之师师也。引年告归,朕以金华之业未竟,擢縡武部之最,就进贰卿之真,亦可为勉留矣,而犹以归谂。历观在廷,番番黄发我尚有之,而公族之年耆德明,孰逾卿者?四郊多垒,主忧则臣辱。同姓之老,方与国同其戚休,而忍不为朕修九伐之法,明七德之武,遽舍之去乎?其强起就厥位。所辞宜不允。

出处:《平斋集》卷一五。

撰者:洪咨夔

考校说明:编年据赵彦悈官历补,见同集同卷《朝议大夫新除兵部侍郎兼国史院编修官实录院检讨官兼崇政殿说书赵彦悈辞免升兼同修国史实录院同修撰恩命不允诏》、《南宋馆阁续录》卷九。

余铸授权兵部尚书制
(端平元年四月至端平二年三月间)

敕:文昌之联八座,皆古纳言之官;武部之掌五兵,实周司马之职。欲重兹选,必惟其人。具官某,端良而才,廉正而辩。典刑诸老,言有物,行有恒;经综百为,澄不清,挠不浊。出入禁涂者三载,弥纶省闼者七年。善无近名,谋有忠益。朕方修总核之政,择经术之贤,指画山川厄塞之图,口占屯兵将校之数。弗资文献,曷济事功?仍从东府之游,晋典西曹之务。惟柔而栗,而后可整军经武;惟毅而弘,而后可绥远折冲。更殚厥心,同底于治。可。

出处:《鹤林集》卷六。

撰者:吴泳

考校说明:编年据余铸官历补,见《咸淳临安志》卷四九、《宋史全文续资治通鉴》

卷三二。

李壄授守吏部尚书兼给事中兼修国史实录修撰制
（端平二年正月至三月间）

敕：中台总天下之枢，法度修明则百官正；左省主朝廷之命，纪纲峻整则万目张。若稽前代之彝，必倚宿儒之重。用颁涣号，以穆师言。具官某，秀涵岷峨，名满宇宙。通今博古，家传太史之书；正国致君，躬备大人之事。夷险一节，典刑四朝。朕更弦以饬万几，加璧以致诸老。儒者在位，必强本朝，忠言逆心，斯迪朕德。岂众正并登于政路，而耆英犹侍于甘泉？盖典铨必毛玠而后可以厉廉隅，批敕必李藩而后足以裁贵幸。水鉴明则流品肃，衿喉谨则政令严。兹曰汝谐，庶期予治。下紫宸之拜，曾何筋力之拘；询黄发之猷，尚仁腹心之告。更勤励翼，毋曰遄归。可。

出处：《鹤林集》卷六。
撰者：吴泳
考校说明：编年据李埴官历补，见《宋史全文续资治通鉴》卷三二。

陈文蔚以所著尚书解注投进特补迪功郎制
（端平二年三月二日）

敕具官某：朕惟朱熹，《易》有《本义》，《诗》有《集传》，《中庸》、《大学》有《章句》，而《书》独无成书焉。尔于师门，得所传授。如涌日旸谷，如浚河昆仑。五十九篇之旨，皆章解而义释焉，亦可以补师之遗矣。何惜一阶，不酬稽古之力？可。

出处：《永乐大典》卷七三二五。又见《四库辑本别集拾遗》。
撰者：吴泳
考校说明：编年据《宋史》卷四二《理宗纪》补。

陈均以所编类长编投进可特补迪功郎制
（端平二年三月七日）

敕具官某：记繁而志寡，作史者之失也。尔胶庠布衣，学博而辩。上自建隆，讫于宣靖,凡百六十有七年,网罗旧闻,粹成一编,可谓有志矣。本朝之史,仿熹之法。大书以提要,分注以备言,可谓不繁矣。汝虽自言不敢尽同朱熹之法,然条目粲然,使皇纲帝范,一揽而尽得之,岂曰小补之哉？特命一官,以旌志尚。可。

出处:《永乐大典》卷七三二五。又见《四库辑本别集拾遗》。

撰者:吴泳

考校说明:编年据《宋史全文续资治通鉴》卷三二补。

真德秀授参知政事制
（端平二年三月十二日）

敕:朕载视治朝,畴咨近辅。真儒无敌天下,夙高一代之名;吉士劢相我家,允穆四方之望。蔽于朕志,涣以纶言。具官某,德粹而行方,望严而气裕。词章则日光玉洁,问学则湲涌泉流。雅度宽夷,能任大臣之重;至诚恻怛,笃行君子之恭。粤我先皇,暨予初服,秉孤忠而不贰,阅万变而弗渝。居则善道嘉言,有惓惓爱主之意;出则仁声义闻,有恳恳忧民之心。自长乐之还归,喜宣室之召见。所陈者先民为学之要,所述者往圣传心之微。欲以眇躬,进于大道。国人望之如岁,雅宜陪公辅之班;学者仰之如山,亦欲借斯文之润。既司俊造之选,即峻疑丞之除。予欲调娱万务,惟汝谐;予欲厘饬群工,惟汝翼。叠颁异数,以望本朝。噫！臣修緜内相而参秉事机,公著自经筵而擢丞政府。惟忠嘉可以名世,惟弘毅可以济时。式祈斯猷,往复于采。可。

出处:《鹤林集》卷六。

撰者:吴泳

考校说明:编年据《宋史》卷四二《理宗纪》、《宋史全文续资治通鉴》卷三二补。

陈卓授端明殿学士同签书枢密院事制
（端平二年三月十二日）

敕:朕仰宪乾文,俯经皇武。六子之运元气,共成赞化之功;四辅之环极枢,增重本兵之选。爰颁焕号,式倚时髦。具官某,柔嘉而明,文雅而介。躬循法度,曾无越礼之思;世掌丝纶,深得代言之体。风节素闻于嘉定,铨衡不挠于端平。

从容两朝,清白一意。靖惟万事之统,莫重五兵之权。惟除戎可以戒不虞,惟选将可以征不义。矧令疆埸未靖,羽符尚骚,丁夫供馈饷不得休,战士被甲胄弗得息。倘匪藉群贤之力,孰能折万里之冲?盖茸裘须众腋之扶,而善室非一工之聚。用升端殿,俾翊鸿枢。噫!治平以宣徽命郭逵,建炎以资政除颐浩。兼此文武之柄,付之耆喆之儒。庶单厥心,同底于治。可。

出处:《鹤林集》卷六。

撰者:吴泳

考校说明:编年据《宋史》卷四二《理宗纪》、《宋史全文续资治通鉴》卷三二补。

真德秀辞参政不允诏
(端平二年三月十二日后)

汉御史大夫吉当封,病,上忧之。夏侯胜谓必愈,果然,后遂至相。朕之贤卿,甚于宣帝之德吉也。卿其亲医自厚,且先即舍拜命,少间可就车,朕遣黄门召见卿矣。

出处:《续宋宰辅编年录》卷一○。

撰者:赵汝谈

考校说明:编年据真德秀官历补,见《宋史》卷四二《理宗纪》。

陈卓曾祖嘉谟赠太子少保制
(端平二年三月十二日后)

敕:朕惟太微四星,天枢为近;大夫三庙,皇考实尊。既膺基命之荣,当衍曾门之庆。具官某,秉哲迪义,为时闻人。抱道而不永于年,守官而不究其用。蔚有善行,施于曾孙。为吾宗工,晋登宥府。载举饰幽之典,以伸追远之思。班之宫寮,华尔泉罗。尚其营魄,知享宠休。可。

出处:《鹤林集》卷一○。

撰者:吴泳

考校说明:编年据陈卓官历补,见《宋史》卷二一四《宰辅表》。

陈卓曾祖妣黄氏赠上饶郡夫人制
（端平二年三月十二日后）

敕：朕妙束耆儒，进登密席。异数绝百寮之表，愍章疏三世之恩。某氏嫔于德门，懿彼阃范。淑谨恭俭，宜其家人；硕大光明，流于后裔。集有曾孙之庆，出为二府之臣。种德之功，其报不远。载锡小君之命，仍疏大郡之封。灵如有知，歆我殊宠。可。

出处：《鹤林集》卷一〇。

撰者：吴泳

考校说明：编年据陈卓官历补，见《宋史》卷二一四《宰辅表》。

陈卓祖膏赠太子太傅制
（端平二年三月十二日后）

敕：朕惟陈钦以议法名世，而宠至司空；陈实以好学致身，而群为辅相。均曰有妫之后，至于再世而昌。遗风甚高，千载如在。某植道淳固，立心裕和。漫仕周行，班甫升于卿月；退居里社，光已铲于德星。独留手泽之芳，衍作孙枝之秀。升华宥府，为时名臣。是用伸其尊祖之心，需我漏泉之泽。特进居文阶之首，虽衍旧封；太傅极宫臣之荣，载加新命。是为异数，以发幽光。可。

出处：《鹤林集》卷一〇。

撰者：吴泳

考校说明：编年据陈卓官历补，见《宋史》卷二一四《宰辅表》。

陈卓祖母汪氏赠鲁郡夫人制
（端平二年三月十二日后）

敕：朕惟流之长者其源深，叶之茂者其光沃。矧方崇尚孝治，登庸枢臣。肆以施于之恩，饰其氽界之典。某氏躬有懿行，嫔于名卿。其在母家，则克勤女工；其相君子，则蔼著梱范。可以为仁矣，是宜有后哉！故生文孙，作我近辅。用赐周公之宇，以华小君之封。烨然宠光，慰此柔魄。可。

出处:《鹤林集》卷一〇。

撰者:吴泳

考校说明:编年据陈卓宦历补,见《宋史》卷二一四《宰辅表》。

陈卓祖母蔡氏赠魏郡夫人制
(端平二年三月十二日后)

敕:朕畴庸硕辅,推本庆门。徂赍孝孙,则惟其贤;烝畀祖妣,则饰以礼。诞颁愍册,追贲幽扃。某氏云仍上蔡之家,天合有妫之后。滋植德本,有开后昆。是为枢臣,参我国柄。仍小君之旧号,开大名之新封。尚惟淑灵,其克嘉享。可。

出处:《鹤林集》卷一〇。

撰者:吴泳

考校说明:编年据陈卓宦历补,见《宋史》卷二一四《宰辅表》。

陈卓父居仁赠太师制
(端平二年三月十二日后)

敕:朕惟事君以道,父所以教忠;扬父之美,君所以教孝。矧予禁从之老,载陟枢密之庭,率循旧章,追贲祢庙。具官某,器资端亮,才识敏明。自著武于清班,遄跻华于要路。在孝宗时,则入侍甘泉之橐;在光庙时,则出分元帅之麾。王言如丝出如纶,凤衔密命;大蕃为屏宗为翰,虎踞上游。官未满能,晚而谢事。庆流哲嗣,晋陟洪枢。弘化贰公,虽积承于愍册;维垣极品,兹加贲于蜜章。尚其幽扃,歆我明命。可。

出处:《鹤林集》卷一〇。

撰者:吴泳

考校说明:编年据陈卓宦历补,见《宋史》卷二一四《宰辅表》。

陈卓嫡母王氏赠镇国夫人制
（端平二年三月十二日后）

敕：国以贤为基，母以子而贵。矧予近辅，晋翊鸿机。既颁异恩，以隆陟岵之报；可无愍册，以慰凯风之思？具官某故嫡母具官某氏，女德妇功，为世阃范，有光《彤管》之训，不愧《采蘩》之诗。即其宜家，是以有子，因陟枢庭之始，载疏石窌之荣。爰易郡封，奄受方国。尚其柔魄，歆我休光。可。

出处：《鹤林集》卷一〇。

撰者：吴泳

考校说明：编年据陈卓官历补，见《宋史》卷二一四《宰辅表》。

陈卓所生母俞氏赠新安郡夫人制
（端平二年三月十二日后）

敕：《春秋》之义，母以子贵。今吾阁老，登进宥密之庭；岂忘襚章，慰其劬劳之感？具位某氏，淑婉有仪，恭勤不懈。辅佐君子，极于显荣；载生名贤，讫至鼎贵。是用循国家之旧典，易小君之新封。尚惟淑灵，歆我休命。可。

出处：《鹤林集》卷一〇。

撰者：吴泳

考校说明：编年据陈卓官历补，见《宋史》卷二一四《宰辅表》。

陈卓妻林氏赠信安郡夫人制
（端平二年三月十二日后）

敕：朕畴咨公望，登进儒臣。书殿隆名，既畀以机密之柄；襚章异数，又伸其伉俪之私。具官某氏，以嘉定从橐之家，淳熙侍臣之子，克谨妇道，相成夫君。曾未赓《偕老》之诗，先已赋《悼亡》之什。鸿枢之荣不见，象服之礼未宜。兹吾辅臣，盖有遗憾。小君示宠，大郡启封。倘逝者而有知，尚服之而无斁。可。

出处：《鹤林集》卷一〇。

撰者:吴泳

考校说明:编年据陈卓宦历补,见《宋史》卷二一四《宰辅表》。

赵立夫授权户部侍郎兼同详定兼知临安府制
(端平二年三月十五日)

敕:朕据四方之极,以官人才;总八政之经,以裕邦用。出入雍底,源流浩穰。用谘尹厘,以式版部。具官某,汉世良吏,周家吉人。三为列卿,再典京兆。财之有不给不赡,汝能通之;民之有不惠不迪,汝能正之。著于显庸,简在朕意。肆从右翊之长,晋贰左民之曹。必生而不伤,厚而不困,而后根本丰;必为之者疾,用之者舒,而后经制定。克遵乃训,往祗厥官。可。

出处:《鹤林集》卷六。
撰者:吴泳
考校说明:编年据《咸淳临安志》卷四九补。

新除吏部尚书李塈辞免升兼修国史兼实录院修撰
专一提领纂修高宗皇帝正史恩命不允诏
(端平二年三月二十二日后)

自史策散逸于郁攸之后,思陵大典正史迄今犹未脱稿,朕甚惧焉。卿以开物成务之材,通今博古之识,入仪于禁途,国史、实录,俾参撰次,具有家法。兹既正厥职掌,而炎兴之酝纲懿矩,所以维人心而永天命者,并属卿钩玄提要,亟绪成之,用副予思皇祖烈之意。典铨批敕,精明有余,毋以学槁思昏为解,使太史公之业无传也。所辞宜不允。

出处:《平斋集》卷一四。
撰者:洪咨夔
考校说明:编年据《宋史全文续资治通鉴》卷三二补。

徐侨授工部侍郎依旧兼国子祭酒兼侍讲制
（端平二年三月）

敕：御事罔耆寿俊，何以造周；朝臣无骨鲠儒，莫能兴汉。朕永惟治统之缺，每叹人才之难。今得耆英，宜置近列。具官某，端信而诚悫，直清而澹夷。在野则布衣躬耕，在朝则端冕敬色。学如可乐，弗违颜子之仁；道或未行，不易下惠之介。剀切曲台之议，从容劝讲之箴。朕虽苑囿服御无所增，奇技淫巧无所作，实凭宿望，以重版曹。职简事清，无妨执艺以谏；道尊德贵，岂以饬材为工？若曰归哉，非所望也。可。

出处：《鹤林集》卷七。

撰者：吴泳

考校说明：编年据《徐文清公家传》补。

赵彦恓授权兵部侍郎兼说书制
（端平二年三月）

敕：朕更化以来，亲贤为务。畴咨群辟，亡逾于老臣；晋贰五兵，莫如我同姓。爰涣出纶之命，以华簪笔之班。具官某，肃乂端庄，澹夷温雅。其践修则言行邃于坛宇，其讲习则师友渐乎渊源。白驹之在空谷者累年，威凤之翔高冈者千仞。自还朝著，喜见仪刑。皓白而伟衣冠，惟恨识卿之晚；赫咺而如圭璧，尚嘉迪朕之勤。径从蓬山，遄陟荷橐。览安边之议，信儒者之知兵；献补阙之书，尚宗臣之报国。益新厥业，宏对兹休。可。

出处：《鹤林集》卷七。

撰者：吴泳

考校说明：编年据《南宋馆阁续录》卷七补。

蒋重珍授守起居郎依旧兼说书袁甫授起居舍人兼说书兼国史编修实录检讨官制
（端平二年三月）

敕具官某等：国家擢用魁才，必更记注。蔡齐端雅之品，被遇于仁宗；汝砺忠嘉之猷，简知于哲庙。盖名高则知所自爱，而地近则可以昌言。今斯百年，始得二士。尔重珍气刚而识粹，尔甫貌肃而心庄。一则崇论谠言，不避权奸之势；一则仁声义闻，能廉贪懦之风。鸿远弋兮高飞，凤览辉兮翔集。迨兹亲政，为朕偕来。毋曰朝亡阙政，而莫弼予违；毋曰圣有训谟，而弗书吾过。左记言，右记事，职所当思；上克明，下克忠，邦其用乂。往祗并命，式迈前修。可。

出处：《鹤林集》卷七。
撰者：吴泳
考校说明：编年据《南宋馆阁续录》卷七补。

王迈授秘书省正字江万里授秘书省正字制
（端平二年三月）

敕具官某等：兰台给笔札试颂，自汉始。逮我先朝，犹试词赋。治平末，畋策以经史世务，贵实材也。尔迈奋身甲科，尔万里撷秀璧水。直气不挠，浩浩沛乎词源；古心自鞭，奇奇见于笔力。既览北门之对，肆偕东观之游。朕之所以命汝，岂但订鲁鱼亥豕之谬哉？益恢儒猷，以赞文治。可。

出处：《鹤林集》卷七。
撰者：吴泳
考校说明：编年据《南宋馆阁续录》卷九补。

福州观察使杨凤孙辞免除安德军承宣使依旧提举佑神观免奉朝请恩命不允诏
（暂系于端平二年三月前后）

朕躬御路朝，永怀长乐，既推恩犹子，又推恩犹子之子，所以隆罔极之报也。

矧卿文雅自将,谦静寡过,尤慈宸所钟爱。进之留务,佚之祠馆,雍容家食,以奉其亲,可不谓荣乎！昔阴马氏以恂恂世厥家,用能龟紫传袭,与国同庆。尚祗践之,奚辞为？所辞宜不允。

出处:《平斋集》卷一四。

撰者:洪咨夔

考校说明:编年据同集前后文时间补。

朝议大夫新除兵部侍郎兼国史院编修官实录院检讨官兼崇政殿说书赵彦悈辞免升兼同修国史实录院同修撰恩命不允诏
（端平二年三月后）

经者道之纲也,史者事之纪也。八书十志而下,述作纷纷,经学之不明也。深于经则必良于史。卿学有师传,晚造自得。迩英论说,析微抉隐,多先儒所未发,用力于经深矣。《典》《谟》历代之轨范,《春秋》百王之绳墨,记言动者祖焉。卿能以经法为史法,品藻实录,方将轶迁、董而上之,进参纂修,尚奚逊？所辞宜不允。

出处:《平斋集》卷一五。

撰者:洪咨夔

考校说明:编年据《南宋馆阁续录》卷九补。

陈垲授司农寺丞制
（暂系于绍定六年十二月至端平二年四月间）

敕具官某:唐置农寺丞六人掌寺事,凡邦国委积,诸州稿秸,皆阅而纳之,至国朝则省为二矣。尔疏明而文,廉辨而直,衣绣持斧,为盗所憎,既畀之以词矣。朕寤寐英才,每有一长者,皆不遐弃,故复命汝贰我寺事。尔其敬体此意,不懈于位。可。

出处:《鹤林集》卷六。

撰者:吴泳

考校说明:编年据吴泳任两制时间、陈垲官历补,见《宋史》卷四二五《陈垲传》、《平斋集》卷二二《陈垲除直敷文阁知安庆府制》。

陈隆之叙复朝散郎制
(暂系于绍定六年十二月至端平二年四月间)

敕具官某:小廉曲谨,不以责英雄也。尔少自慷慨,驰驱戎马间,数建奇绩。一眚何足累汝耶? 然今汝显矣,廉以治民,庄以莅军,思称观风之职。可。

出处:《永乐大典》卷七三二二。又见《四库辑本别集拾遗》。

撰者:吴泳

考校说明:编年据吴泳任两制时间、陈隆之官历补,见《鹤林集》卷八《朝散郎直华文阁权知兴元府主管利路安抚司事陈隆之授朝奉大夫制》。此制时间当早于《鹤林集》卷八《朝散郎直华文阁权知兴元府主管利路安抚司事陈隆之授朝奉大夫制》。

朝散郎直华文阁权知兴元府主管利路安抚司事
陈隆之授朝奉大夫制
(暂系于端平元年八月至端平二年四月间)

敕具官某:往岁北骑驰蹂阆中,握兵之将,貔虎熊罴之士,哀凶猖逆,助寇为声势者,不但一贼珍耳。尔以参谋,勇于赴难,手锄元恶,卒涣其群。制府以状闻,朕何爱爵秩,不以旌汝? 然常胜者兵家之所虑,数幸者往哲之所戒,汝其谨之重之,周之密之,毋希功滋事。可。

出处:《鹤林集》卷八。

撰者:吴泳

考校说明:编年据陈隆之官历补,见《平斋集》卷二〇《陈隆之除直华文阁知兴元府兼安抚制》、卷二二《陈隆之除屯田郎官兼知兴元府兼利州路安抚制》。此制时间当早于《平斋集》卷二二《陈隆之除屯田郎官兼知兴元府兼利州路安抚制》。

彭协赠承信郎制
（暂系于端平元年十一月至端平二年四月间）

敕具官某：勇士不忘丧其元，义重于生也。武休之役，尔挺戈陷阵，效死封疆，而贼气夺，可谓勇矣。荐升武级，仍录孤儿，英魂有知，歆戴无憾。可。

出处：《平斋集》卷二一。又见《永乐大典》卷七三二七。
撰者：洪咨夔
考校说明：编年据同集前后文时间补。

归顺人王青刘天山米兴王庭李思齐门清刘全魏师
愈王瑜李裕范天保并补保义郎制
（暂系于端平元年十一月至端平二年四月间）

敕具官某等：王者大一统，际天所覆，孰非吾臣？尔等效官外域，归命中朝，授之右阶，拔于左衽，其相与竭忠以报上。可。

出处：《平斋集》卷二一。又见《永乐大典》卷七三二六。
撰者：洪咨夔
考校说明：编年据同集前后文时间补。

忠州团练使淮东路钤国用安除顺昌军
承宣使右武卫将军制
（暂系于端平元年十一月至端平二年四月间）

敕：李佑自蔡而至，效力擒吴；韩信由楚而来，抗谋灭项。惟知择主之义，斯著际时之勋。具官某山西枭雄，冀北翘骏。屹虎头之风概，勇盖三军；耸龙额之威名，气醋百战。耻委身于戎索，愿归命于王朝。抱志竟酬，乘机斯奋。杖剑而渡涟水，适会风云；搴旗而入汴都，不淹日月。朕肆嘉壮志，首录前劳，升班留务之崇，领卫周庐之重，仍提军律，坐振边隅。岂小丈夫哉，徒较一胜一负之势；此真将军矣，尚图万举万全之功。厉尔精忠，对予显渥。可。

出处：《平斋集》卷二二。

撰者：洪咨夔

考校说明：编年据同集前后文时间补。

李琦武义大夫吉州刺史制
（暂系于端平元年十一月至端平二年四月间）

敕某人：制域有华夷之辨，劝功无内外之殊。尔倡义来归，杖忠自奋，励貔虎以贾勇，屠鲸鲵而效功。峻陟武阶，仍跻遥刺，祗承异渥，勉究殊庸。可。

出处：《平斋集》卷二二。

撰者：洪咨夔

考校说明：编年据同集前后文时间补。

李琦除福州观察使萧均除和州防御使黄国弼转武功大夫除蕲州防御使李璨转武经大夫除和州防御使制
（暂系于端平元年十一月至端平二年四月间）

敕具官某：唐收契苾阿史之用，汉有弓高襄城之封。能效殊劳，可稽酴赏？尔拔身区脱，庀役蝥弧。王旅啴啴，气独高于后劲；戎容暨暨，志尤锐于先登。进乘汴洛之机，图合关河之势。趣升武级，仍畀廉车。益殚奋卫之忠，用对劝功之典。可。

出处：《平斋集》卷二二。

撰者：洪咨夔

考校说明：编年据同集前后文时间补。

归顺人李伯渊武翼大夫和州防御使制
（暂系于端平元年十一月至端平二年四月间）

敕某人：制域有华夷之辨，劝功无内外之殊。尔倡义来归，杖忠自奋，励貔虎以贾勇，屠鲸鲵而效功。趣升武级之穹，仍总军防之重，祗承异渥，勉究殊庸。可。

出处:《平斋集》卷二二。

撰者:洪咨夔

考校说明:编年据同集前后文时间、李伯渊官历补,见《宋史》卷四二《理宗纪》。

归顺人李璨补武功郎制
(暂系于端平元年十一月至端平二年四月间)

敕某人:制域有华夷之辨,劝功无内外之殊。尔倡义来归,杖忠自奋,振貔虎以贾勇,屠鲸鲵而效功。峻畀武阶,用厉壮志。可。

出处:《平斋集》卷二二。又见《永乐大典》卷七三三六。

撰者:洪咨夔

考校说明:编年据同集前后文时间补。

陈一荐除军器监簿兼淮西制置司参议官制
(暂系于端平元年十一月至端平二年四月间)

敕具官某:幕掾以王官兼之,朕亲政逾年,未尝轻假人也。尔抱骏拔之材,赞襄岘之画,积劳著矣。今严内柔外,淮右为要,思得识机达体者参外阃之谋,宜莫如汝。武监有簿,以荣其行,朕不得而吝也。繁弱之弓,阙巩之甲,尚精思古制以告。可。

出处:《平斋集》卷二二。

撰者:洪咨夔

考校说明:编年据同集前后文时间补。

刘用行知安庆府制
(暂系于端平元年十一月至端平二年四月间)

敕具官某:群舒瀄为大,兵调旁午之余,民亦劳止,畴为我分承流之寄! 以尔儒猷茂明,吏事宏达,可使足民而治赋也,辍之奉常,为我屏翰。推礼乐之泽以浸其民,庶有望矣。汉世循吏,蜀郡之文翁,东海之朱邑,皆生长于是邦。尚论千古而师友之,何民瘼之不瘳乎! 可。

出处:《平斋集》卷二二。
撰者:洪咨夔
考校说明:编年据同集前后文时间、《后村先生大全集》卷一五三《刘赣州墓志铭》补。

大理少卿赵彦悈除太府卿制
(暂系于端平元年十一月至端平二年四月间)

敕具官某:郑武公以同姓为王卿士,《缁衣》一诗,适馆而授粲,亲亲贤贤也。尔公族老成之典刑,而邃于学,力于行,入贰廷尉,平心以阅四方之谳,咸庶□正,兹庸进之卿于受颁货贿之府。《易》之理财有义,《大学》之生财有道,非言利析秋毫以为富也。推明经意,发舒儒术,裕民足国于道义之中,盖尔素学。朕抑将引之自近,以究讲贯之益。可。

出处:《平斋集》卷二二。
撰者:洪咨夔
考校说明:编年据同集前后文时间补。

崔福转四官授武功大夫制
(暂系于端平元年十一月至端平二年四月间)

敕具官某:于台之役,大小三十七战而城降,将士用命也。莫府上功,谓尔勇鸷敢战,宜受酞赏。峻跻武级,钤护南昌,公侯干城,毋忘努力。可。

出处:《平斋集》卷二二。
撰者:洪咨夔
考校说明:编年据同集前后文时间补。

杨孝锡赠通直郎予一子恩泽制
（暂系于端平元年十一月至端平二年四月间）

敕具官某：尔积学入官，奉檄督馈，见危授命，骂贼不降，父子并命于白刃，而女光讼其节，可哀也已。襚以升朝之阶，且录遗孤，用尉忠魄。可。

出处：《平斋集》卷二二。
撰者：洪咨夔
考校说明：编年据同集前后文时间补。

庞谦转武翼郎制
（暂系于端平元年十一月至端平二年四月间）

敕具官某：滁阳介于两淮，恃城以为固，修坏植圮，尔与有程督之劳。进官二列，用示激厉，庇职辕门，勿惮鞅掌。可。

出处：《平斋集》卷二二。又见《永乐大典》卷七三二六。
撰者：洪咨夔
考校说明：编年据同集前后文时间补。

陈畏除大理少卿制
（暂系于端平元年十一月至端平二年四月间）

敕具官某：朕尝诏有司毋轻用徒刑，顷又诏诸将毋专杀，重人命也。而哲人惟刑，必自士师始。尔见善之明，迪德之茂，山立时行，不与物靡。推以折狱，宜片言而人信之。甫宪节之起家，趣棘廷之参听，岂徒以登仙之行为尔荣！唐虞画象而民不犯，朕甚慕之。得淑问如皋陶者弼五教，则钦恤之仁达于四海矣，懋哉！可。

出处：《平斋集》卷二二。
撰者：洪咨夔
考校说明：编年据同集前后文时间、万历《温州府志》卷一一补。

白身人任震亨袭父官补修武郎充珍州绥阳县沿边都同巡检制
(暂系于端平元年十一月至端平二年四月间)

敕某人:士无世官,惟控扼西南夷则袭之。尔恪遵父训,洞晓边情,宜传勇爵之荣,仍践徼巡之职。抚宁退俗,惟信惟廉。可。

出处:《平斋集》卷二二。
撰者:洪咨夔
考校说明:编年据同集前后文时间补。

崔端纯除仓部郎官制
(暂系于端平元年十一月至端平二年四月间)

敕具官某:周设廪人之职,汉置仓氏之官,求会计当也,而重本之意存。尔静而不苛,平而不陂,修洁而不矫,田里相安之政,番之士民欢称之。襆被粉闱,司我庾事,盖以旌治行也。维时八蜡虽通,国与民犹未底俱裕。高廪万亿及秭,太仓红腐相因,果何道可以臻此? 亟其来思,具以告朕。可。

出处:《平斋集》卷二二。
撰者:洪咨夔
考校说明:编年据同集前后文时间、崔端纯宦历补,见《金石萃编》卷一五二《太学灵通庙牒》。

朱实之差知肇庆府制
(暂系于端平元年十一月至端平二年四月间)

敕具官某:朕广求民瘼,每患郡县吏不能体笃近举远之意,故岭峤择守尤谨。尔践历之久,通练而详明,佐理番禺,蔚有善誉,就界符组,假守高要。炎荒凋赢特甚,镇物以静,字民以宽,吾泽东渐于海矣。往既乃心,罔俾包拯之专美。可。

出处:《平斋集》卷二二。

撰者:洪咨夔

考校说明:编年据同集前后文时间补。

权刑部侍郎周端朝特转通议大夫守刑部侍郎致仕制
(暂系于端平元年十一月至端平二年四月间)

敕:孟氏修身立命,不以妖寿易其心;曾子正色出辞,不以寝疾忘其道。生惟无媿,殁亦有荣。具官某夙负直声,晚充素学。广厦细毡之上,考古以订今;法从属车之间,献可而替否。久朕心之简在,斯吾道之将行。胡不岁寒,乃先朝露!渺流光之莫返,湛正性之长存。跂予望之,尚想嘉猷之告;慨其叹矣,徒勤遗稿之求。往升二级之华,用作九原之气。可。

出处:《平斋集》卷二二。

撰者:洪咨夔

考校说明:编年据同集前后文时间补。

李伯度除直秘阁京西转运判官兼提举提刑制
(暂系于端平元年十一月至端平二年四月间)

敕具官某:京右比岁科调转输之繁,民不堪命,朕屡诏宽恤,必贤刺史奉行之。尔材周于用,政得其平,上流并边之郡,治理茂著。擢畀庚节,民情具宜,进丞戎监,就领漕挽,又华之中秘之直,宪庚并以属尔,身兼数器矣。孟子谓省刑薄敛,深耕易耨而修孝弟忠信,可以挞坚甲利兵,人心国势盖相为表里也。往图称朕指。可。

出处:《平斋集》卷二二。

撰者:洪咨夔

考校说明:编年据同集前后文时间补。

颜耆仲直秘阁淮东路提举常平茶盐兼提点刑狱公事制
(暂系于端平元年十一月至端平二年四月间)

敕具官某:江淮财赋之渊,唐所恃以用其国也。朕自亲万务,日讨御外理内之术,顾詹在廷,求善治赋者使于淮,乃今得之。尔开亮而敏,精练而实,越在省闼,事有可否,不为诡随。朕嘉其公尔忘私也,辍泉南之行,授节东出,庾政臬事并咨之。而牢盆之课为尤重,本钱给则亭户乐其廉,钞法定则商贾趋其信,浮盐窒则官府安其义。从容筹画,斡东南山海之藏以济经费,可不勉欤?可。

出处:《平斋集》卷二二。
撰者:洪咨夔
考校说明:编年据同集前后文时间补。

杨椿赠武经郎制
(暂系于端平元年十一月至端平二年四月间)

敕具官某:尔结发从戎,熟知虏势,赤心报国,竟死边锋。升再级以示褒,俾列屯之知劝。可。

出处:《平斋集》卷二二。
撰者:洪咨夔
考校说明:编年据同集前后文时间补。

李安国转武功郎依旧知金州兼管内安抚制
(暂系于端平元年十一月至端平二年四月间)

敕具官某:尔忠烈有传,材勇自奋,入庀八屯之列,备宣十稔之劳,既应赏科,宜升华级。往任蕃宣之寄,力图控御之勋。可。

出处:《平斋集》卷二二。又见《永乐大典》卷一三五〇七。
撰者:洪咨夔
考校说明:编年据同集前后文时间补。

周宗杰转四官授武功郎制
(暂系于端平元年十一月至端平二年四月间)

敕具官某:于台之役,大小三十七战而城降,士用命也。莫府上功,谓尔勇鸷而敢战,宜受酧赏。峻跻武级,统戎惟扬,报国赤心,更观来效。可。

出处:《平斋集》卷二二。
撰者:洪咨夔
考校说明:编年据同集前后文时间补。

宫人丘氏封信安郡夫人制
(暂系于端平元年十一月至端平二年四月间)

敕:曹大家之芳规,具存女训;蔺夫人之淑行,实重母仪。宜疏翟茀之荣,用侈《葛覃》之庆。宫人某氏性姿柔惠,德履懿和。祗事名臣,壮声猷于虓虎;笃生良媛,承辉采于轩龙。属通禁籍之华,盍涣郡封之宠!仍稽禄式,并著恩徽。尚谦毖之有加,对炽昌之未艾。可。

出处:《平斋集》卷二二。
撰者:洪咨夔
考校说明:编年据同集前后文时间补。

陈隆之除屯田郎官兼知兴元府兼利州路安抚制
(暂系于端平元年十一月至端平二年四月间)

敕具官某:诸葛亮北驻汉中,以图中原,以木牛流马为未足,又杂耕于渭上,食足兵强而后国势振,遗迹可寻也。尔材猷卓踔,志气轩岸,健帆烝楫,驾顺风于长川,谁能御之?褒斜建藩,瞰雍蔽益,威名一震,肤公亟奏,朕知其当一面有余也。惟边关虽靖,田莱尚荒,缮原堡,浚沟洫,贷牛种以耕,最今急务。咨尔良牧,郎于司田以莅之。垦屯积谷,貔貅宿饱,秦陇在吾目中矣。往哉,图称柬拔!可。

出处:《平斋集》卷二二。又见《永乐大典》卷一三五〇七。
撰者:洪咨夔
考校说明:编年据同集前后文时间补。

卢进李聚朱广等一十六人归顺补承节郎制
（暂系于端平元年十一月至端平二年四月间）

敕具官某等:王道以舍逆取顺为贵,人情以用夏变夷为难。唐邓归疆,尔能自拔,爵之鹓弁,为我王官。其祗服恩荣毋怠。可。

出处:《平斋集》卷二二。又见《永乐大典》卷七三二六。
撰者:洪咨夔
考校说明:编年据同集前后文时间补。

李虎赵邦永转右武大夫王政转左武大夫制
（暂系于端平元年十一月至端平二年四月间）

敕具官某等:隆兴诏旨,横阶非战功不授,劝忠勇也。山阳之役,尔等忠于卫国,勇于敌忾,功最来上,应我赏典。进升五列,特免赇恩。尚思在师中吉,以承天宠。可。

出处:《平斋集》卷二二。
撰者:洪咨夔
考校说明:编年据同集前后文时间补。

周衍转从事郎制
（暂系于端平元年十一月至端平二年四月间）

敕具官某:荒政莫先于劝分。建安饥,尔不俟劝捐私廪,与邦人共之,非轻财急义能尔耶?循升二列,用旌好善,抑厉异时居官及民之益。可。

出处:《平斋集》卷二二。
撰者:洪咨夔
考校说明:编年据同集前后文时间补。

王瓒转朝奉郎制
(暂系于端平元年十一月至端平二年四月间)

敕具官某:浮光子威巴湾之捷,论者疑之,然功疑惟重。尔提身肃括,莅事正固,非徼功为利者,关决于光,尝同调遣。书生而知戎情,何爱一官,不以为贤劳劝? 往分乘障之符,亟上安边之最。可。

出处:《平斋集》卷二二。
撰者:洪咨夔
考校说明:编年据同集前后文时间补。

林瑰除直秘阁与宫观制
(暂系于端平元年十一月至端平二年四月间)

敕具官某:朕惟华发国之元龟,年耆德明,靡不招选,而逸老养高,亦必有以厉其节。尔素履昭融,泰宇澄澈,逾八望九,脱屣世故之心,与冥鸿俱远,朕欲起之名藩,不能夺也。木天寓直,仍赋真祠,阅理多而更事深,尚乞言之有待。可。

出处:《平斋集》卷二二。
撰者:洪咨夔
考校说明:编年据同集前后文时间、《后村先生大全集》卷一五〇《林公墓志铭》补。

殿前司统领刘喜转武显大夫制
(暂系于端平元年十一月至端平二年四月间)

敕具官某:《诗》严备器,《易》重除戎。尔董工程,悉皆犀利。进升穹列,用奖精能,庀役羽林,益勤国事。可。

出处:《平斋集》卷二二。
撰者:洪咨夔
考校说明:编年据同集前后文时间补。

董升葛仙白身补忠翊郎制
(暂系于端平元年十一月至端平二年四月间)

敕具官某等:拔自材官,戍吾边垒,勇而知义,不堕贼谋。登名勇爵之荣,励志事功之会。可。

出处:《平斋集》卷二二。
撰者:洪咨夔
考校说明:编年据同集前后文时间补。

游似除军器监制
(暂系于端平元年十一月至端平二年四月间)

敕具官某:绍熙末,国有大议,蜀士主军器监簿者实发之,宜其有子哉!尔雅粹而明,静庄而舒。曩列于朝,慷慨论事有风概,意所不合,揽辔径去,朕未尝不思见贾生也。化弦更张,召自万里,便朝趣对,气不少衰。武监务简,姑为朕长之,以需柬拔。夫难得者可为之时,易夺者有为之志。立朝大节能若犀渠鹤膝,淬励而常新,尔父履綦犹在,与有荣矣。可。

出处:《平斋集》卷二二。
撰者:洪咨夔
考校说明:编年据同集前后文时间补。

知嘉兴府赵与懃政绩转朝议大夫制
(暂系于端平元年十一月至端平二年四月间)

敕具官某:槜李吾股肱郡,民众物繁,号难治,共理得人,朕不轻易也。尔明而整宽,静而有立,所至宜其材。典我辅藩,视田里疾痛抑搔之,亦既用义,而赋入不愆于期,知体国矣。孝宣亲政,以良二千石为重,有治状则增秩使留。朕于尔用之,度越品级不计也。然自昔政令以久而孚,亦以久而玩,力鞭其后,益茂厥成,则惟汝能。可。

出处:《平斋集》卷二二。

撰者:洪咨夔

考校说明:编年据同集前后文时间、赵与莣宦历补,见崇祯《嘉兴县志》卷一一。

李昂英除大理寺司直兼广东经略司机宜文字制
(暂系于端平二年正月至四月间)

　　敕具官某:东广弗靖,朕起壮犹之老于其乡以镇绥之,简僚必谨。尔抱迈往之气而有贤声,月评所重。进列棘廷,就参幕画。云川飞泳,熟讲长算,恩威得兼济之方,海峤息桴鼓之警,谓尔来矣。可。

出处:《平斋集》卷二二。

撰者:洪咨夔

考校说明:编年据同集前后文时间、《文溪集》卷首《忠简先公行状》补。

李华依旧直华文阁广东路转运判官制
(暂系于端平二年正月至四月间)

　　敕具官某:朕亲政逾年,深惟民贫而不加恤,军劳而不加闵,戒饬攸司屡矣。岭左吏奉吾诏不勤,酿成蒲泽之警,部刺史可不择乎? 尔践履平实,施置精敏,临汀政美,盗不敢近。尝进之奎直,以风厉四方,南顾未宽,用辍以往。星言夙驾,谨勿叹贤劳之独也。转输方亟,绥静为期,台阃相望,叶谋共济,斯称予重远之意。可。

出处:《平斋集》卷二二。

撰者:洪咨夔

考校说明:编年据同集前后文时间、李华宦历补,见嘉靖《广东通志初稿》卷七。

赵汝惮转中奉大夫致仕制
(暂系于端平二年正月至四月间)

　　敕具官某:生而在选拔之科,死则有赠禭之典,国家之待搢绅厚于恩,笃于礼矣。尔以公族之隽,蚤即鸿骞,中尝鹢退,老其材而用之,意盖有待,何崦嵫迅景之迫耶！进官一等,往书尔枢,荣光下烛,尚克祗歆。可。

出处:《平斋集》卷二二。
撰者:洪咨夔
考校说明:编年据同集前后文时间补。

赵希逾转两官授朝奉郎制
(暂系于端平二年正月至四月间)

敕具官某:维昔洞徭负固,湖湘绎骚,尔切于卫民,勇于徇国,深入穷讨,一方以宁。帅垣上功,叠进华秩,公议信其不忝也。益殚抚字之勤,茂对褒迁之渥。可。

出处:《平斋集》卷二二。
撰者:洪咨夔
考校说明:编年据同集前后文时间补。

李韶吕延年并授太府寺丞制
(暂系于端平二年正月至四月间)

敕具官某等:列寺有丞,职清事简。惟外府掌金谷之藏,司出纳之权,号为繁剧,非才之良者不畀。尔韶经学淹该,端廉而静,持麾有嘉最;尔延年家学渊邃,才美而文,转藩有令闻。今予诏还,俾参厘寺事。各忠乃职,用宏兹休。可。

出处:《鹤林集》卷六。
撰者:吴泳
考校说明:编年据李韶、吕延年宦历补,见《宋史》卷四二三《李韶传》、《平斋集》卷二二《太府寺丞吕延年除大理寺丞制》。

郑损谪居温州诏
(端平二年四月二日)

前四川制置郑损,城池失守,且盗陕西五路府库财巨万,削官二秩,谪居温州,簿录其家。

出处:《宋史》卷四二《理宗纪》。

葛逢除著作郎刘炳除司农寺丞制
(端平二年四月十五日)

　　敕具官某等:汉良二千石必选召,渤海入为水衡都尉,颍川入为太子太傅,左冯翊入为大鸿胪,美意犹在也。尔逢修洁而宽厚,守严能使其民咸乐于有生,承明有庭,进为之长。尔炳详明而通敏,守徽能与其民相安于无事,司均有丞,俾还其旧。文学政事之科虽异,表厉藩辅之意则同,或汗竹之摛华,或治粟之赞计,各摅素韫,用对殊奖。可。

出处:《平斋集》卷二二。又见《永乐大典》卷一三四九八。
撰者:洪咨夔
考校说明:编年据《景定严州续志》卷二补。

从臣李埴等乞将所得俸给减半帮支不允诏
(端平二年四月二十三日)

　　朕承世治垢敝之极,楮轻物重,公私交愈,夙夜不皇宁。惟昔司马光有言:撙节用度,宜自上始。故裁滥约冗,兴于眇躬,而大臣祈归赋禄之半。盖钱谷之问方棘,相与警敕贬损以图其阙,非以是为可裕吾国也。卿等谊深体国,援比有请,其未谕朕志乎?夫损贵酌损,节戒苦节,惟时之中。尔知厉《羔羊》五緎之风,予乃蹈《权舆》四簋之戒,国虽未裕,何至是! 勉思大计之裨,毋徇小廉之执。所请宜不允。

出处:《平斋集》卷一四。
撰者:洪咨夔
考校说明:编年据《宋史全文续资治通鉴》卷三二补。

参知政事真德秀除资政殿学士提举万寿观兼侍读制
(端平二年四月二十九日)

　　敕:避繁机于政府,特升书殿之班;祝曼寿于殊庭,仍劝经闱之读。眷予近弼,为世钜儒。虽寒疾未遂于造朝,然嘉猷何嫌于告后!茂扬异渥,诞播明缗。具官某玉裕而金相,川涵而岳负。十年去国,澹乎泂渊潜以自珍;一旦际时,幡然览德辉而复下。其入奏则祈天永命,其侍言则格物致知。嘉其有补衮之风,进而共改弦之政。偶婴微疢,遽起退心。鲁人望季子来归,期弼谐之有益;秦伯使医和视疾,谓辅养之宜先。稽典章于熙朝,隆体貌于旧德。跻荣穹职,均佚内祠,时从迩英延义之游,丕展《中庸》《大学》之韫。噫!道之将行也命,方无言之不酬;天之未丧斯文,尚勿药之有喜。勉加葆啬,用副倚毗。可。

出处:《平斋集》卷二二。
撰者:洪咨夔
考校说明:编年据《鹤山先生大全文集》卷六九《真公神道碑》补。

资政殿学士中大夫提举万寿观兼侍读真德秀
转太中大夫守资政殿学士致仕制
(端平二年四月二十九日)

　　敕:上印祈闲,风独高于东府;挂冠告老,景遽迫于西山。繄一身何有于去留,而四海实关于轻重。特隆礼貌,昭示眷怀。具官某俊伟而光明,直大而博厚。出则野老望车而迎拜,识恨不先;入则都人遮道以聚观,用嗟何晚。进陟词坡之长,密陪经厦之游。勉朕躬为天地而立心,使斯世见帝王之为道。久韫经纶之妙,径跻丞弼之崇。方观厥成,乃辞以疾。虽坚留于劝讲,莫力遏于怀归。何但上下床,信人才之有间;如失左右手,况时事之多艰。维圣贤之会难逢,而治忽之机易判。所期三事,宁计一阶?噫!君子不可谖兮,尚想英规之在;贤者乐与共也,竟嗟初志之违。往服恩徽,用光祖道。可。

出处:《平斋集》卷二三。
撰者:洪咨夔
考校说明:编年据《鹤山先生大全文集》卷六九《真公神道碑》补。

中大夫真德秀辞免资政殿学士在京宫观
兼侍读恩命不允诏
（端平二年四月二十九日后）

天之生贤不数，其得时行道亦非偶然者。朕以王佐器卿于十年之前，仪图共政，所以承天佑，慰人望也。平治之机方开，无妄之疾来谂，当馈重叹，天岂虚生是贤哉！惟《大学》一书，卿推致知格物之理，启沃甚悉而未竟。其以秘殿内祠，养疾阙下，少间则劝读于迩英。卿获专意啬卫，朕不失佛时仔肩之益，而大政易于谘访，是为兼得。天寿斯文，何恧不已！股肱嘉哉，毋轻于去朕。所辞宜不允。

出处：《平斋集》卷一四。

撰者：洪咨夔

考校说明：编年据《后村先生大全集》卷一六八《真文忠公行状》补。

军器少监直舍人院吴泳除秘书少监兼权中书舍人制
（端平二年四月）

敕具官某：东壁图书之府，西垣诰令之司，皆儒者至荣也。然成周盛时，内史掌策命，御史掌赞书，外史参其间，掌四方之志，掌三皇五帝之书，岂书志之藏与策赞之出相为源委欤！尔学明河洛之正，文擅江汉之奇。试代予言，韶雅而不华，翘明而有体，斧藻百度，律吕万化，具孚于观听，而还诏惟允，朕甚器之。用进贰于蓬山，以重四禁。汗牛之书饫于中，而倚马之藻挨于外，源而委也。唐武德、贞观间，是兼命师古，号为称职。尔尚懋乃训，以亢斯文。可。

出处：《平斋集》卷二二。

撰者：洪咨夔

考校说明：编年据《南宋馆阁续录》卷七补。

黄朴差知安吉州制
（端平二年四月）

敕具官某：董仲舒宜在汉廷，而出相江都、胶西，教令国中，所居而治，志在及物，无中外之间也。尔以《春秋》奉天人之对，褎然为举首，细毡广厦，著廷郎省，抟扶摇羊角而上，方将使九万里风在其下而一息，岂仲舒不遇比哉！雪川密拱行阙，姑烦共理，修材奥学，朕不汝忘。可。

出处：《平斋集》卷二二。

撰者：洪咨夔

考校说明：编年据《南宋馆阁续录》卷八补。

袁申儒授秘书省著作佐郎兼权考功郎官制
（端平二年四月）

敕具官某：汉有著作庭，晋有著作省，元康间始置佐著作郎，于是迁者，非淹洽之才，不以轻畀。尔耆儒之彦，既博既文，雠书西昆，涉笔东观，不期月之间，一命再命，于汝亦华矣。荣名止于一时，直笔定于万世。往佐而长，垂宪方来。可。

出处：《鹤林集》卷六。又见《永乐大典》卷一三五〇六。

撰者：吴泳

考校说明：编年据《南宋馆阁续录》卷八补。

徐清叟授军器少监依旧兼司封兼崇政殿说书制
（端平二年四月）

敕具官某：《易》象除戎器以戒不虞，《周官》掌兵器以待邦用，天下无一事一物非儒者之所当为也。尔今之闻人，古之遗直，经术文雅，风节议论，盖如兑之戈，垂之竹矢，大弓越棘，人共宝之。辍从佐著，往服少事，盖高一级也。虽然，尔之谏佳兵者是矣，而《易》、《礼》明训，又焉可忘？职思其忧，毋替朕命。可。《鹤林集》卷七。

出处：《鹤林集》卷七。

撰者：吴泳

考校说明：编年据《南宋馆阁续录》卷八补。《宋代诏令全集》误系于端平元年四月（第一六九四页）。

家演授校书郎兼景献府教授制
（端平二年四月）

敕具官某:昔欧阳修谓馆阁取人之路有三,进士高科其一也。尔类省抢魁,经明行饬,议论挺挺,早有直声,今则养益厚而器益闳矣。肆縻是正,升之校雠,非以序迁也。金华绝出之业,朕将可待焉。可。

出处:《鹤林集》卷七。
撰者:吴泳
考校说明:编年据《南宋馆阁续录》卷九补。

安癸仲除太府少卿依旧总领四川军马钱粮制
（暂系于端平二年四月前后）

敕具官某:西南民力竭矣,稽九赋之登耗,权万货之盈虚,以赡列营,惟王人是属。苟称厥职,九卿不吝也。尔畚尝与闻定蜀之谋,天险地产,历历在目,以烛照数计之智,济筹画鞭算之长,挈畚用裕。外府縻贰而长,岂特序迁,以奖尔劳。推周官九府之法,均通乎上下,兵食足而民不病,朕有望焉。可。

出处:《平斋集》卷二二。
撰者:洪咨夔
考校说明:编年据同集前后文时间补。

陈康熙除司农寺主簿兼知泰州制
（暂系于端平二年四月前后）

敕具官某:蜀有三陈,闽之三陈实似之。尔抱淹洽之学,虽退然不以殊科见,而素履行愿,含章时发,鸿雁行之良也。簿正农扈,出守海邦,盖以起尔,讵谓是足以处尔哉! 可。

出处:《平斋集》卷二二。
撰者:洪咨夔

考校说明:编年据同集前后文时间补。

归顺人王世昌补武翼大夫差知宿州制
(暂系于端平二年四月前后)

敕具官某:老上之庭既焚,月氏之头且漆,尔见几兴起,慕义来归,挈符离于版图,削左衽而冠带,朕甚嘉之。峻升武列,仍领军防,往分铜竹之符,用耸乡衯之望。其竭忠以称殊渥。可。

出处:《平斋集》卷二二。
撰者:洪咨夔
考校说明:编年据同集前后文时间补。

归顺人张子良补武翼郎京东路兵马钤辖制
(暂系于端平二年四月前后)

敕具官某:尔久厌旃裘,乐慕冠带,锋旗所指,相与挈符离而归职方,可谓知义矣。峻跻武级,往莅戎钤,茂对宠光,勉图忠效。可。

出处:《平斋集》卷二二。
撰者:洪咨夔
考校说明:编年据同集前后文时间补。

归顺伪进士出身齐希古补承直郎制
(暂系于端平二年四月前后)

敕具官某:尔久厌旃裘,乐慕冠带,锋旗所指,相与挈符离而归职方,可谓知义矣。特畀文阶,毋忘忠荩。可。

出处:《平斋集》卷二二。又见《永乐大典》卷七三二五。
撰者:洪咨夔
考校说明:编年据同集前后文时间补。

归顺人西珪补承信郎制
（暂系于端平二年四月前后）

敕具官某：尔久厌旃裘，乐慕冠带，锋旗所指，相与挈符离而归职方，可谓知义矣。易授勇爵，尚知激厉。可。

出处：《平斋集》卷二二。又见《永乐大典》卷七三二七。
撰者：洪咨夔
考校说明：编年据同集前后文时间补。

归顺人于仙郭珍刘用游淑并补承信郎制
（暂系于端平二年四月前后）

敕具官某等：尔等久厌旃裘，乐慕冠带，首挈唐邓，归吾版图，可谓知义矣。易授勇爵，尚知激厉。可。

出处：《平斋集》卷二二。又见《永乐大典》卷七三二七。
撰者：洪咨夔
考校说明：编年据同集前后文时间补。

伪朝列大夫张德直改补文林郎伪朝列大夫
李国贤改补从事郎制
（暂系于端平二年四月前后）

敕具官某等：江汉之师于征，唐邓之境尽复，尔等穷而归义，待以同仁。易授文阶，示有科级，祗服好生之德，勉殚事上之忠。可。

出处：《平斋集》卷二二。
撰者：洪咨夔
考校说明：编年据同集前后文时间补。

张叔寅赠宣教郎予一子恩泽制
（暂系于端平二年四月前后）

敕具官某：鞑犯蜀关，兵行如鬼，尔以郡博士从戎而死之，尽臣节也。褒进京秩，仍官遗孤，邽矢复魂，可以瞑目。可。

出处：《平斋集》卷二二。
撰者：洪咨夔
考校说明：编年据同集前后文时间补。

赵善璙除刑部郎中制
（暂系于端平二年四月前后）

敕具官某：吾欲省刑甚。宪部置郎，以参决四方之谳，必熟于布宣德意者乃在此选。尔守浔阳，能奉吾诏以惠利其民，近规社仓，远准平籴，露积相望，使千里无凶年，而婴孺之失乳保者皆有养，民之慈母也。推是心听刑于省户，天下无冤民，其庶矣乎！可。

出处：《平斋集》卷二二。
撰者：洪咨夔
考校说明：编年据同集前后文时间补。

太府寺丞吕延年除大理寺丞制
（暂系于端平二年四月前后）

敕具官某：中原故家落落如晨星，况盖世名儒之子乎！尔挹正大之泽，袭秀颖之芳，好修而有吏事，□外府转丞廷尉，能赞而长以钦恤之意，是为克家。可。

出处：《平斋集》卷二二。
撰者：洪咨夔
考校说明：编年据同集前后文时间补。

刘辉叔除太府寺丞制
（暂系于端平二年四月前后）

敕具官某：丞者述六职以辅治，故九卿皆有丞而外府为重。尔守家传之典刑，究吏术之本末，分符盱江，能使其民爱慕如贰郡时，知为政矣。治藏设官，来涉尔笔，尚思理财正辞之义。可。

出处：《平斋集》卷二二。

撰者：洪咨夔

考校说明：编年据同集前后文时间补。

何琮依旧直徽猷阁知福州兼福建路安抚制
（暂系于端平二年四月前后）

敕具官某：君子而有才，国之宝臣也，故孔子以为难。尔为台谏，清而不隘，和而有立，质直而知体，敷对详雅，蔼然君子之风。辍自版曹，出将漕指，不苛不靦，威爱胥济，豺虎兴于前而色不动，迄谈笑而□之，才之称也。闽中谋帅，弄印盖久，就为朕往，以诗书礼乐陶其民于整暇，使朕无方面乏才之叹，顾不美欤！可。

出处：《平斋集》卷二二。

撰者：洪咨夔

考校说明：编年据同集前后文时间、弘治《八闽通志》卷三〇补。

曾颖茂除直秘阁依旧福建路提点刑狱公事制
（暂系于端平二年四月前后）

敕具官某：端拱初，诏就崇文院建秘阁，择三馆书充其中。淳化御飞白以扁之，穹窿宏敞，号称木天。今伟观犹昔也，寓直其间，有登瀛之荣。尔佩诗书之训，济声猷之美，亭刑七闽而行帅事，薙奸植良，民听用肃，朕闻而嘉之。俾进直于东壁，以重枲台。天球琬琰，河图大训，虹光下饬，可挹可揽，益思所以称荣遇。可。

出处：《平斋集》卷二二。

撰者：洪咨夔

考校说明：编年据同集前后文时间补。

赵彦候湖南路转运判官姚子材湖南路提点刑狱黄静夫湖南路提举常平茶盐公事制
（暂系于端平二年四月前后）

敕具官某等：重湖以南，地大而物伙，二三部使者皆贤，则列城风动，与斯民相安于和平之域。尔彦候秀整而雅，疏亮而洁，陈我臬事，率乂棐彝，其升之漕节。尔子材宽夷而栗，安恬而邵，司我庾事，亦克用乂，其进之宪节。尔静夫平易而敏，详谨而练，著绩外服，善不近名，其畀之仓节。孔门三子果达艺，皆可从政，仁则未也。朕同日出三节以参举一道之政，治赋折狱能知用力于仁，民其有不被《皇华》之泽者乎？往哉，毋虚朕选！可。

出处：《平斋集》卷二二。

撰者：洪咨夔

考校说明：编年据同集前后文时间补。

陈垲除直敷文阁知安庆府制
（暂系于端平二年四月前后）

敕具官某：汉科琐边吏于赤白囊交驰之后，盖已晚矣。故并边择守，绸缪于未阴。尔清谨而有立志，宣劳江湖间非一日，起丞农扈，声问益华。皖城阙守，其寓邃严之直，勉为朕往。民尝苦于征调，兵犹疲于戍守，恪意镇抚，屹为保障，尚何风寒之虑哉！可。

出处：《平斋集》卷二二。

撰者：洪咨夔

考校说明：编年据同集前后文时间补。

厉模直秘阁知常德府制
（暂系于端平二年四月前后）

　　敕具官某：武陵人气和柔，多淳孝，常弹五弦以自乐，有虞夏之遗风，守得其人，易治也。尔气姿开敏，材谞通亮，自齐安改守是邦，尝以有政称。寓直中秘，往访故俗，蔽芾其犹旧乎！朕惟五溪蛮獠，昔梗汉化，与其得一讨击之名将，不若得一抚循之贤守，尔尚勉之。可。

出处：《平斋集》卷二二。
撰者：洪咨夔
考校说明：编年据同集前后文时间补。

王与权知宁国府制
（暂系于端平二年四月前后）

　　敕具官某：宛陵介吴楚之交，地望非不枵然大也。其土硗瘠，其民孅啬，大弦急则小弦绝，故其治贵清静。尔舍于昔而无愠容，用于今而无矜色，挈范六馆，士曰得师。翔翔孔鸾之在廷，何色举之哑耶！详试近藩，能如烹鲜之勿扰，岩耕谷隐，生意弥满，儒以道得民，尔尚有焉。可。

出处：《平斋集》卷二二。
撰者：洪咨夔
考校说明：编年据同集前后文时间、万历《宁国府志》卷二补。

韩祥转儒林郎制
（暂系于端平二年四月前后）

　　敕具官某：江东荒政之讲，民无捐瘠，夫岂一手足之力哉！部使者第劳来上，谓尔宜赏。其进一列，用劝字民。可。

出处：《平斋集》卷二二。
撰者：洪咨夔

考校说明:编年据同集前后文时间补。

钟玙转修职郎制
(暂系于端平二年四月前后)

敕具官某:六騑复土,五使置官,凡备驰驱,悉沾赏赉。尔祗冗役,例进一阶,茂对恩荣,毋忘策厉。可。

出处:《平斋集》卷二二。
撰者:洪咨夔
考校说明:编年据同集前后文时间补。

崔兴王信刘旺彭立刘政王才彭辛王用并补承节郎制
(暂系于端平二年四月前后)

敕某人等:寿春两寨,分扼东西,尔能效忠,寇不敢犯。登名勇爵,益厉功多。可。

出处:《平斋集》卷二二。又见《永乐大典》卷七三二六。
撰者:洪咨夔
考校说明:编年据同集前后文时间补。

刘谦王镕转两官并授保义郎制
(暂系于端平二年四月前后)

敕具官某等:虏既焚巢,尔因削衽。易之武级,列在王官。其加进于二阶,俾恪勤于乃职。可。

出处:《平斋集》卷二二。
撰者:洪咨夔
考校说明:编年据同集前后文时间补。

王福转武翼郎升差淮西路钤兼强勇军都统制
（暂系于端平二年四月前后）

敕具官某：军务孔严，将材匪易，尔以挽强射远，奋不顾身，为吾帅臣所举。升之一秩，进领戎钤，任责捍边，尚迪果毅。可。

出处：《平斋集》卷二二。

撰者：洪咨夔

考校说明：编年据同集前后文时间补。

戴翼转奉议郎制
（暂系于端平二年四月前后）

敕具官某：盗发江右，蔓延峤南，讨平虽倚于元戎，奔奏抑资于群吏。尔抱材试邑，竭力饷军，其进华阶，用旌劳效。可。

出处：《平斋集》卷二二。

撰者：洪咨夔

考校说明：编年据同集前后文时间补。

何元寿除户部郎官依旧总领湖广军马钱粮制
（暂系于端平二年四月前后）

敕具官某：我思陵诏户部郎建台鄂渚，专总军赋，自霍蠡始。良法美意，垂裕百世。尔以通练烛物理，以沉密制事宜，饷师逾年，有宿饱而无后爨，襄鄂用壮。正序地官之属，增重王人之权，有功见知矣。主兵主财，惟和惟一，汉之人杰岂以战胜攻取而后给馈之劳哉！可。

出处：《平斋集》卷二二。

撰者：洪咨夔

考校说明：编年据同集前后文时间补。

王伯大除江南路提举常平茶盐公事兼知池州制
(暂系于端平二年四月前后)

敕具官某:朕甚重部刺史之选,必试可然后为真。尔清粹而恬夷,多文而有政,所至以治行著。池阳密控天堑,台郡常相依而立。假节临藩,亦既满岁,牧御两得,军民胥安。爰畴屏翰之庸,就正司庾之寄。敛一道之权以重一州,又推一州之泽以幸一道,田间尔苏,卒乘尔辑,吏治尔澄,财计尔裕,贤誉日起,岂久于外服者! 可。

出处:《平斋集》卷二二。
撰者:洪咨夔
考校说明:编年据同集前后文时间、万历《池州府志》卷四补。

李江转四官授武功大夫依旧淮东路兵马钤辖制
(暂系于端平二年四月前后)

敕具官某:于台之役,大小三十七战而城降,士用命也。莫府上功,谓尔勇鸷而敢战,宜受酬赏。峻跻武级,总戍海陵,报国赤心,更观来效。可。

出处:《平斋集》卷二二。
撰者:洪咨夔
考校说明:编年据同集前后文时间补。

赵汝捍和籴赏转朝奉大夫制
(暂系于端平二年四月前后)

敕具官某:汉享平籴之利,唐被和籴之害,行之惟人。尔以材选,将漕畿内,虽乘丰籴贱,易于办集,而农乐与市,亦云善矣。进陟正郎,赏格维信。可。

出处:《平斋集》卷二二。
撰者:洪咨夔
考校说明:编年据同集前后文时间、赵汝捍官历补,见《咸淳临安志》卷五〇。

赵希恵转承事郎制
（暂系于端平二年四月前后）

敕具官某：永王朕大父行也，莫睹老成之则，尚思垂殁之请。尔其季子，信厚有传，进陟一阶，前言是践，庸示予追远睦族之意。可。

出处：《平斋集》卷二二。

撰者：洪咨夔

考校说明：编年据同集前后文时间补。

何琮除知福州制
（暂系于端平二年四月前后）

敕具官某：转漕七闽，事权虽重，然特一职耳。帅无所不统，治军则有训治之法，莅民则行绥辑之政，非负宏才大略者，莫称兹选。尔禀姿宽宏，制行峻洁，自班朝列，跻言路，不待更化禁戒，而四方赂遗已不得其门而入矣。出将使指，馈饷宣劳，适值多故之秋，一指麾而旋定。晋升延阁，就畀帅阃。正以尔之抱负，不可限以一职，故使总方伯连帅之权，究诗书礼乐之蕴。军政既饬，民生咸绥，皆于尔乎赖。尚其懋哉！嘉绩转而上闻，行且召卿矣。

出处：《蒙斋集》卷九。

撰者：袁甫

考校说明：编年据《平斋集》卷二二《何琮依旧直徽猷阁知福州兼福建路安抚制》补。

赵胜特转某州防御使除主管殿前司公事制
（绍定六年十二月至端平二年五月间）

敕：周公恤兹虎贲，而《立政》之书作；祈父转予爪士，而《小雅》之刺兴。凡典我王旅，爱人抚士，能使周庐内外，温如挟纩，则朕亦何爱爵赏，不以褒宠之耶？具官某，召从淮浦，来扈殿岩。恂恂有古良将之风，介介为士君子之行。异时羽林天仗，卒多不葺，而汝能修之；三衙赤籍，皆以赂补，而汝能革之。戎容精明，军务厘饬。是用迁以兵防之秩，正以连帅之名，不但荣其身而已也。倚仗言事，尚竭告猷。可。

出处：《鹤林集》卷八。

撰者：吴泳

考校说明：编年据吴泳任两制时间、赵胜官历补，见《宋史全文续资治通鉴》卷三二。

颜颐仲授直秘阁两浙运副制
（端平二年正月至五月间）

敕具官某：二浙素号剧部，凡领转输者，率为尹京之储，绍旧典也。尔闿爽而智，敏强而能，假守桐庐，蔚有善状。曾未满岁，俾丞大农，畀之畿甸之漕，亦可谓越彝比矣。仲尼有言："敏则有功，公则悦务。"持其敏而首奉乎公，朕深有望焉。可。

出处：《永乐大典》卷一三五〇六。

撰者：吴泳

考校说明：编年据颜颐仲官历补，见《后村先生大全集》卷一四三《颜尚书神道碑》，《咸淳临安志》卷四九、卷五〇。"两浙运副"，《后村先生大全集》卷一四三《颜尚书神道碑》作"两浙转运判官"。《咸淳临安志》卷四九亦载："颜颐仲：漳州人。是日（端平二年五月九日）以直秘阁、两浙路转运判官时暂兼知。"

游九功除司农卿依旧知庆元府沿海制置使制
（端平二年五月四日）

敕具官某：江淮制阃皆以王人临之，重其权也。分阃海服，其可轻？尔简而廉，刚而塞，强而义，顷繇农少，出殿东藩，待莹独高明有体而无吐茹□□□乎鲸波之表，朕用嘉之。进升列棘，仍镇旧□，□□晏澄，三农和乐，尚益加之意。可。

出处：《平斋集》卷二二。

撰者：洪咨夔

考校说明：编年据《宝庆四明志》卷一补。

光禄大夫右丞相兼枢密使郑清之再上奏札
乞从镌罢居家待罪不允不得再有陈请诏
（端平二年五月十日后）

国朝管军于三衙，本兵于宥府，务立上下相维之制，使知少长有礼之风，故服事有阶而犯法惟剑。是关国体，可忽庙谟？卿具守文应变之长，得禁暴和众之略。谓平陆失伍，固训齐之久隳；曲梁乱行，抑骄骍之难制。恩威并用，纪律复张。顾倚成之方深，胡引慝之荐至？乃眷周公之辅，克绥洛邑之顽。予以敉宁武功，每思艰而图易；我惟无斁康事，迄欲去而复留。宜体朕心，勉安厥位。惟京师南北军之置必谨，惟羽林左右卫之选必精，益奋乃庸，茂跻于治，尚奚罪之待？所请宜不允，不得再有陈请。

出处：《平斋集》卷一四。

撰者：洪咨夔

考校说明：编年据《宋史全文续资治通鉴》卷三二补。

知院乔行简参政曾从龙枢密郑性之同佥书陈卓再
上奏札仰祈明罚居家待罪不允不得再有陈请诏
（端平二年五月十日后）

维国大势，如人一身。病之受也有源，证之发也有候。粤从债帅，莫制骄兵，但知畏不识之烦，曾靡见光弼之整。适当其弊，乃在于今。卿宣弼谐之劳，懋绥靖之画。虎兕出于柙，知干戈之可忧；牛羊反诸人，念刍牧之有在。抗章自劾，陈义甚高。维开宝川班击鼓之时，与庆历卫士逾垣之日，股肱未尝引咎，精神自能折冲。勉殚讦谟，奚事挹损？所请宜不允。

出处：《平斋集》卷一四。

撰者：洪咨夔

考校说明：编年据《宋史全文续资治通鉴》卷三二补。

赐宣奉大夫知枢密院事乔行简辞免
除兼参知政事恩命不允诏
（端平二年五月十八日后）

存养固则智识明，阅历深则谋虑远，此朕倚重黄发之意也。眷留枢管，数日一朝，帷幄大议，了如蓍蔡。维我隆兴、淳熙，军国一体，典有密者必参大政，安有文武兼资之老，犹未与闻万微之务乎？命从中出，既喻朕心，何嫌何疑，而欲引避？况天下之弊莫大于因循姑息，朕瘝瘝治道，茫乎涉川，卿其与丞相同心协力，济斯世于艰，以副责治之切。施置罢行之得宜，则转移兴起之有渐。矍铄是翁，谨勿惮烦也。所辞宜不允。

出处:《平斋集》卷一四。
撰者:洪咨夔
考校说明:编年据《宋史全文续资治通鉴》卷三二补。

陶木除秘书丞兼右司郎官制
（端平二年五月）

敕具官某:中书之务清，而后能简节疏目，以经纶天下之大务，置掾不可不谨也。尔里夷表庄，言寡理中，蔚为通达国体之器。转丞道山，脱氛埃而凌沆瀣，俾得以悉心于省闼，整纷疏壅，剔烦撮要，中书之务其清乎！神宗圣训有云："左右司须是学为宰相。"尔虽兼官，尚帅志毋怠。可。

出处:《平斋集》卷二二。
撰者:洪咨夔
考校说明:编年据《南宋馆阁续录》卷七补。

姚珤除直秘阁权知建宁府制
（端平二年五月）

敕具官某:富沙军情屡摇，顷为甚，官治民庐，半委烈烬。朕念之怛然，故选孰知德意者为守，寓直中秘，以荣其行。尔名在文学之科，而议论锵发，志气英迈,丞于麟台,郎于宪部,与闻庙算于宥府,声问日起,讵宜轻去！一方病矣,勉为朕往。廉平以字民,简静以驭军,百废具举,而声色不动,以表列城,是为称选。可。

出处:《平斋集》卷二三。

撰者:洪咨夔

考校说明:编年据《南宋馆阁续录》卷七补。

赵与篲除大宗正丞兼权枢密院检详诸房文字制
（暂系于端平二年五月前后）

敕具官某:朕欲内外之轻重等,朝誉之休,或畀之麾节;民庸之茂,必登之班著。尔守近辅潜藩,民无茧丝之苦而有耕凿之乐,既增秩以表厉之,又趣之来丞我麟籍。刘德以千里驹尝为是官矣。职清务简,摄掾宥府,帷幄胜筹,勉思裨益。可。

出处:《平斋集》卷二二。

撰者:洪咨夔

考校说明:编年据同集前后文时间、赵与篲宦历补,见《宋史》卷四二三《赵与篲传》、万历《嘉兴府志》卷二。

赵与麑转一官授儒林郎制
（暂系于端平二年五月前后）

敕具官某:六骥复土,五使置官,凡备驰驱,悉沾赏赉。尔祇冗役,例进一阶,被服恩荣,毋忘策厉。可。

出处:《平斋集》卷二二。

撰者:洪咨夔

考校说明:编年据同集前后文时间补。

陈应星输粟补迪功郎制
（暂系于端平二年五月前后）

敕某人：一毛亦啬，富民之常。尔业儒乐善，能于兵荒发廪无靳色，富而知仁矣。文阶示劝，增耀旦评。可。

出处：《平斋集》卷二二。
撰者：洪咨夔
考校说明：编年据同集前后文时间补。

卫洙除大理寺丞方大琮太府寺丞制
（暂系于端平二年五月前后）

敕具官某：片言折狱，千乘治赋，孔门高第为之，于此可以观有用之学。尔洙浚明而不苛，尔大琮安雅而不襮，皆学者也。联翔表著，有问甚华，爰进丞于廷尉、外府。狱讼得哀矜之仁，财赋得阜通之谊，所学见于用矣。懋哉毋忽！可。

出处：《平斋集》卷二二。
撰者：洪咨夔
考校说明：编年据同集前后文时间、《后村先生大全集》卷一五一《方阁学墓志铭》补。

新太府寺丞刘辉叔除大理寺丞制
（暂系于端平二年五月前后）

敕具官某：郡太守以美最登朝著荣矣，修门未入，除书再下，其荣抑多。尔守剧垒于江右，政得宽猛之中，爱友者乐业，强弗友者无梗，化风物浸还旧矣。召丞外府，转丞廷尉，丈二之组犹绾也，惟服其荣而图其称。可。

出处：《平斋集》卷二二。
撰者：洪咨夔
考校说明：编年据同集前后文时间补。

知高邮军马光祖政绩转朝奉郎制
（暂系于端平二年五月前后）

敕具官某：承据江淮舟车之会，富庶出他郡上，能与民相安则为良守。尔以实颖之材，分共理之寄，政令明简，田里熙豫，其在惟良之选乎！进官一等，用旌善最，尚加鞭以须甄采。可

出处：《平斋集》卷二二。

撰者：洪咨夔

考校说明：编年据同集前后文时间补。据隆庆《高邮州志》卷五，马光祖于宝庆年间知高邮军，与此制不合，存疑待考。

何文美转武德郎依旧淮安州副都使制
（暂系于端平二年五月前后）

敕具官某：定远战御之劳，去今十有八年矣。尔累阀积阶而后自列，朝廷方厉忠勇以劝事功，不汝靳也。进升再级，仍将偏师，淮水汤汤，毋忘敌忾。可。

出处：《平斋集》卷二二。

撰者：洪咨夔

考校说明：编年据同集前后文时间补。

何处久除太府卿制
（暂系于端平二年五月前后）

敕具官某：九府设于周，今唯太府官名犹古；受其货贿之入，颁于受藏之府，职业亦犹古也。知圜法之为均通则为称职。尔登骑省而声采肃，长蓬山而风致远，治辅藩而恩威立，盖通儒也。盐楮之令屡变，钱谷之问日棘，非通莫济。盖法犹衡也，人犹权也，衡一定不易而权之以人则通矣。入仪九列，总斡万货，任法任人，庶其两得乎！可。

出处：《平斋集》卷二二。

撰者：洪咨夔

考校说明：编年据同集前后文时间补。

史嵩之除直宝谟阁致仕制
（暂系于端平二年五月前后）

敕具官某：范、吕世家多良材，所积厚也。尔师垣之孙，文昌之子，受材孔良，遗荣何早！禹阁寓直，尚尉出门折轴之憾。可。

出处：《平斋集》卷二二。

撰者：洪咨夔

考校说明：编年据同集前后文时间补。

莫异德白身袭父官授银青光禄大夫制
（暂系于端平二年五月前后）

敕具官某：舜化柔远，禹声暨南。尔知慕于华风，宜克承于世业。界阶崇禄，效职遐陬。祗服宠光，益肩忠孝。可。

出处：《平斋集》卷二二。

撰者：洪咨夔

考校说明：编年据同集前后文时间补。

陈韡磨勘转朝议大夫制
（暂系于端平二年五月前后）

敕：虞陟明于考绩之余，周诏赏于计治之后。眷时法从，镇我陪都，适铨簿之程劳，宜赞书之锡宠。具官某涵渟术业，震耀威名。豹尾属车之严，告犹良切；石头钟阜之胜，宣力惟勤。积日组以课功，按岁成而进秩，虽高贤躅，不废彝章。元祐之著定员，增重论思之望；绍兴之付剧政，益坚控御之图。可。

出处：《平斋集》卷二二。

撰者：洪咨夔

考校说明:编年据同集前后文时间、文中所述"镇我陪都"补,见《景定建康志》卷一四。

蒋重珍除集英殿修撰知安吉州制
(暂系于端平二年五月前后)

敕具官某:董仲舒宜在汉廷而出相,教令国中,所居辄治,志在及物,无中外之间。尔以奥学闳识奉天人之对,尝褒然为举首,不轻于售,挽莫能致。迨揽大政,幡然肯来,敷经毡厦,吮墨螭首,朕方倾意乡之,非仲舒不遇比也。卧疾念归,姑以论撰殿辅藩,勿药且召矣。可。

出处:《平斋集》卷二三。
撰者:洪咨夔
考校说明:编年据同集前后文时间、蒋重珍官历补,见《宋史》卷四一一《蒋重珍传》、《南宋馆阁续录》卷九。

何炳除集英殿修撰知江州制
(暂系于端平二年五月前后)

敕:长江上下,护风寒非一处,浔阳西挹武昌,东引京口,自晋以来为重镇,故辍从臣临之。具官某以拨烦之材,致远之识,尝建台阃于上流,厥绩用茂。晚登从涂,齿宿而气不衰。升华论撰,往控天险,酌保郭茧丝之计,严绸缪牗户之图,江波不惊,庐阜屹峙,尚可登庾亮之楼而销忧也。可。

出处:《平斋集》卷二三。
撰者:洪咨夔
考校说明:编年据同集前后文时间补。

国子监书库兼皇后宅教授徐雄除国子录制
(暂系于端平二年五月前后)

敕具官某:虞周有胄子、国子之教,汉有四姓小侯之学,朕参用之以作人。尔讲习克勤,圭角不露,方授经阴、马之家,遂分录成均之政,师道行焉。茂哉,思其所以为人师！可。

出处:《平斋集》卷二三。

撰者:洪咨夔

考校说明:编年据同集前后文时间补。

陈大朴平黎蛮赏转儒林郎制
(暂系于端平二年五月前后)

敕具官某:黎蛮干纪,海邦绎骚,尔密赞守臣,设谋致讨,论功宜赏,爰进一阶。汉水之阳,益勤警逻。可。

出处:《平斋集》卷二三。

撰者:洪咨夔

考校说明:编年据同集前后文时间补。

张绰平蛮督饷赏转儒林郎制
(暂系于端平二年五月前后)

敕具官某:黎蛮干纪,海邦绎骚,维时守臣,亟致讨定。尔服官黄绶,督饷良劳,示劝一阶,益勤警逻。可。

出处:《平斋集》卷二三。

撰者:洪咨夔

考校说明:编年据同集前后文时间补。

赵善瀚知岳州制
(暂系于端平二年五月前后)

敕具官某:岳阳处粤、蜀、荆、楚之会,吴、晋皆为重镇,以鲁肃、陶侃为之守。尔气盛于权奇,材优于盘错,杰杰然公族之颖,繁弱囊藏,人所共惜。起冯熊轼,揖肃、侃于千古之上,可无薄洞庭而羞君山也。维彼泽国,民生孔艰,悉力拊循,毋失休誉。我有好爵,将于尔乎进之。可出处:《平斋集》卷二三。

撰者:洪咨夔

考校说明:编年据同集前后文时间补。

黄朴改差知泉州制
(暂系于端平二年五月前后)

敕具官某:奉亲而守便郡,搢绅之至荣。尔学问昭融,议论激壮,以伦魁雅望昌文声于朝,而料戎情,商国势,类出人意表,识者以方面之材期之。甫怀吴兴之绶,随绾温陵之组。去家压境,能几何舍?板舆亲御,如行户庭。父老相与荣艳于道周,且喜色相告,曰仁孝同源,孝于亲必仁于民,凋瘵其苏乎! 可。

出处:《平斋集》卷二三。

撰者:洪咨夔

考校说明:编年据同集前后文时间、万历《泉州府志》卷九补。

涂显行知崇庆府制
(暂系于端平二年五月前后)

敕具官某:蜀在万里外,朕于人物之贤否难隃度,而耳目惟制阃之寄。尔之公廉律己,岂弟爱民,彦呐为朕言之。观远臣以其所主,唐安一麾不汝吝也。政平讼理,图称厥举,谨勿以去朝廷为邈。可。

出处:《平斋集》卷二三。

撰者:洪咨夔

考校说明:编年据同集前后文时间补。

厉模楮纲赏转朝请大夫制
(暂系于端平二年五月前后)

敕具官某:币行于东南而取楮于蜀,精实碩密,伪难以乱真也。尔抱材敏锐,将漕井络,岁发楮纲,适应赏令。其升一级,庸劝奉公。可。

出处:《平斋集》卷二三。

撰者:洪咨夔

考校说明:编年据同集前后文时间补。

朝议大夫试尚书工部侍郎沿江制置使兼江南东路安抚使马步军都总管知建康军府事兼行宫留守陈韡乞丞畀祠廪不允诏
（端平二年五月后）

天下一身也,论病以及国,原诊以知政。汉之跌豑,唐之疽根,皆识国体者所深忧。朕不能远德,矗然念三垂之不静。北门管钥,徒得卿重,除戎搜实,养威制变,靡一政之不举。再进文昌,用懋乃绩,俾修捍我于艰。病在膏肓,日甚一日,忽腾祠请,殊骇朕闻,得非切于忧国,以身之病谕国之病欤！天医缓所视,固砭剂所不及,秦越人浣肠涤胃,必有可起之方。盖国势之转移在人,未可诿之坏证而不之治也。卿亦勉为王事亲药饵,啬精神,以佩安危之寄。所请宜不允。

出处:《平斋集》卷一五。

撰者:洪咨夔

考校说明:编年据《后村先生大全集》卷一四六《陈观文神道碑》补。

吏部郎中兼右司李宗勉除监察御史制
（端平二年五月后）

敕具官某:盖闻淫朋去然后可以穀正人,侧媚屏然后可以用吉士。天运之往来消长,此其机欤？尔和而趋于中,大而进于正,日用力于明善之学,如恐不及。洊奉郡最,入仪郎省,素丝一节,未尝以爵禄入于心,诸大夫国人皆信其为贤也。朕方谨懔人充耳目之戒,仪图可御史者,莫如汝宜。在《易》一阴不能胜五阳则决之于夬,五阳不可忽一阴则柅之于遇。潜观机括而制其微,天下可常泰也,尔亦有辞于永世。可。

出处:《平斋集》卷一七。

撰者：洪咨夔

考校说明：编年据《宋史》卷四〇五《李宗勉传》补。

资政殿学士太中大夫致仕真德秀赠银青光禄大夫制
（端平二年五月后）

敕：致为臣而归，甫惜孟轲之去；非夫人之恸，忽惊颜子之亡。以十年退养廊庙之姿，不一日与闻朝廷之议。悲深易箦，恩重书棺。具官某休休焉有容，属属乎其敬。《中庸》、《大学》之经世，讲贯深微；《伊训》、《说命》之格君，敷陈坦白。少徊朔于禁路，首典领于文闱。为国搜贤，忘身竭瘁。方腾彻棘之誉，已告负薪之忧。趣升股肱，旋乞骸骨。钟全气于三光五岳，如斯几人？受正命于太极两仪，仅尔中寿。举朝叹息，行道咨嗟。顾民生之方殿屎，岂天意之未平治！咸觖金瓯之望，特升银艾之荣。噫！涉大水而无津，孰济奔流之势；仰高山而景行，尚闻屹立之风。九原可兴，百世不朽。可。

出处：《平斋集》卷二三。

撰者：洪咨夔

考校说明：编年据《鹤山先生大全文集》卷六九《真公神道碑》补。

吴渊除右文殿修撰知镇江府制
（端平二年六月前）

敕具官某：物不受变则材不成，人不涉难则智不明，此风雨霜露所以为天道至教。尔以昂霄耸壑之质，秀出于邓林，夫岂常材也哉！而匠石必取于敛华就实之后。京口为江淮襟喉，升班论撰，起家出镇。识老气定而政平，军民之福也。暇日登北固而长望，慷慨击楫，闻风作兴，斯称予蓄材待事之意。可。

出处：《平斋集》卷二三。

撰者：洪咨夔

考校说明：编年据《至顺镇江志》卷一五补。

度正授兼侍读制
(暂系于绍定六年十二月至端平二年六月间)

敕:《易大传》谓"圣人以此洗心,吉凶与民同患";《大学》谓"天子至庶人,壹是皆以修身为本。"修身治心之学,通上下一理也,而说者例曰"人主之学,与经生学士不同",朕则未喻。具官某,行粹而古,识醇而明。当学禁方严,赢粮撰屦,不远数千里,从游于武夷之下,其趣尚盖已高矣。《易》有《本义》,《大学》有《或问》,析疑辨惑,皆所习闻。今自劝讲,升之进读。其以得之心、体之身者,为朕悉之究之,熟之复之。庶几交修,克迈乃训。可。

出处:《鹤林集》卷七。
撰者:吴泳
考校说明:编年据吴泳任两制时间、度正宦历补,见《平斋集》卷二三《度正转朝议大夫守礼部侍郎致仕制》。

度正授兼侍讲制
(暂系于绍定六年十二月至端平二年六月间)

敕:在昔宁考,有臣朱熹,擢升金华,入侍经幄,如程颐之于元祐,如尹焞之于绍兴。训辞星日之烂垂,师友渊源之不坠。具官某,气淳质茂,精识博闻。撰先生之屦以从游,险夷不变;闻夫子之言而笃信,细大弗遗。矧跻从橐之崇,兼侍延英之邃。六经之义何上,虽各专官;五常之道为原,莫先说《易》。以发天地施生之蕴,以明阴阳消长之机。庶单厥心,同底于道。可。

出处:《鹤林集》卷七。
撰者:吴泳
考校说明:编年据吴泳任两制时间、度正宦历补,见《平斋集》卷二三《度正转朝议大夫守礼部侍郎致仕制》。此制时间当在同集同卷《度正授试礼部侍郎兼侍读制》《度正授兼侍读制》之前。

度正授试礼部侍郎兼侍读制
（暂系于端平元年正月至端平二年六月间）

敕：朕临御路朝，顾瞻法从。商耇成人之训，久迪予闻；周官宗伯之仪，曾共乃事。爰畴已试之效，即峻为真之除。具官某，笃厚而靖夷，端庄而和裕。衣深带博，蔚有大儒之风；词赡理精，真得讲官之体。笃守师说，以沃朕心。朕尝谓达于乐而不达于礼谓之偏，达于礼而不达于乐谓之素。兼古夔夷之任，畀今鸿硕之贤。尔宜导君臣之和，明上下之分，使会盟可以却莱兵之暴，而尊俎可以折晋国之强。毋弃尔成，益祗厥叙。可。

出处：《鹤林集》卷七。又见《永乐大典》卷八五二六。

撰者：吴泳

考校说明：编年据度正宦历补，见《宋史》卷四二二《度正传》、《南宋馆阁续录》卷九、《平斋集》卷二三《度正转朝议大夫守礼部侍郎致仕制》。《永乐大典》"度正"作"度正叔"，"叔"字衍。

赵彦呐授权兵部侍郎依旧四川安抚制置使制
（端平元年四月至端平二年六月间）

敕：朕荷天西顾，全畀余有家；谋帅坤维，莫如我同姓。比览筹边之奏，式嘉破敌之勋。弗跻禁涂，曷重制府？具官某，望严而气裕，志大而几沈。早从兵间，蔚有义闻。夔门讨贼，其勇足以夺三军之心；岷郡捍城，其谋足以制千里之难。中更蜀道之扰，慨想宗臣之忠。故拔之于积毁孤危之余，而任之于败军讧溃之际。二矛置传，每兴用晚之嗟；专钺出征，终畀为真之命。提虎旅于仙原之北，荡敌人于花峡之西。燕及巩城，亦归王土。肆颁春日之诏，俾亚夏卿之联。毋狃于既胜而骄士心，毋恃其不来而弛边备。更思长策，以励后图。可。

出处：《鹤林集》卷六。又见《永乐大典》卷一三五〇六。

撰者：吴泳

考校说明：编年据赵彦呐宦历补，见同集卷一二《赐四川制置使赵彦呐夏药银合敕》、《平斋集》卷一六《赐权兵部侍郎四川安抚制置使赵彦呐银合夏药敕书》。

吴潜除知隆兴府制
(暂系于端平二年三月至六月间)

敕具官某:孔子曰:"君子疾没世而名不称。"又曰:"君子之道暗然而日章。"夫名不称,己疾之;名显矣,人疾之。惟有暗然日章之德,则己尊而人不忌。尔之名高矣,扬历中外,能声益振,更化之始,首还班列。未几持节江右,暂摄阃寄。威行惠洽,政平俗安,朕甚嘉之。列卿高选,连帅真除,所以详试政事,而养尔日章之德。钦哉! 行且召卿矣。

出处:《蒙斋集》卷八。

撰者:袁甫

考校说明:编年据袁甫任两制时间、吴潜宦历补,见《宋史》卷四一八《吴潜传》、《平斋集》卷二三《江西路转运副使吴潜除太常少卿制》。

赐司农卿知庆元府兼沿海制置使游九功银合夏药敕书
(端平二年五月至六月间)

炎令司衡,赫威铄石。乃眷辅藩之彦,具宣制阃之劳。爰锡珍良,式资宝卫。

出处:《平斋集》卷一六。

撰者:洪咨夔

考校说明:编年据游九功宦历、文中所述"夏药"补,见《宝庆四明志》卷一。

存留拣汰军士请给诏
(端平二年六月三日)

令殿前司、步军司、马军司将绍定六年拣汰军士年老无依尚堪披带者,且与存留请给,续听处分。

出处:《宋史全文续资治通鉴》卷三二。

文举殿试策

（端平二年六月五日）

朕猥承至尊休德,于今一纪,夙寤晨兴,惧不克负荷,以羞列圣。乃者收揽大柄,躬亲万务,嘉与海内共济丕义。拔人材于久郁,疏言路于积壅,亦既逾年,而更化善治,犹未云获。岂弊端胶轕,污俗沉浸,未易遽更与? 抑崇名忘实,齐末遗本,所更者政而不及化与? 何责治愈切而愈邈也? 黄帝、尧、舜通其变,使民不倦,非听其穷而莫之反。垂衣裳而天下治,必有妙于化裁推行之表者。三代忠质文之尚,其敝未始不可救,而礼有损益,随时施宜,亦非区区于制度文为之间也。孔子变鲁至道,孟轲以齐王犹反手,绥来动和,过化存神,固不容以浅智窥。而四代礼乐,经世之大法,三王四事,治国之要道,知之者众而行之者寡,何与? 夫天命不难于迓续而难于凝,人心不难于转移而难于固。朕历观治忽消长之运,念此至熟,而行有弗逮。国体尝少振矣,而苟且相仍,未保其不弛。国论尝少定矣,而是非交至,未保其不摇。国势不可不强,而选将厉兵、屯田积谷,未能两全攻守之宜。国计不可不裕,而约己厚下,开源节流,未能一出取予之正。伊欲整纪纲于姑息之余,饬法度于因循之后,洒濯众志,新美大化,以凝固天命人心于无穷,其要安在? 子大夫强学待问久矣,其据经证古,科别以对。朕将亲览焉,靡有所隐。

出处:《平斋集》卷一六。

撰者:洪咨夔

考校说明:编年据文中所述史事补,见《宋史全文续资治通鉴》卷三二。

武举殿试策

（端平二年六月五日）

盖闻有天下者审其御,御有得失,则狙诈有作使、作敌之殊,自昔英君犹难之。朕厉精更始以来,无日不讨诸军国,以兴起治功,而辔策一世,衔檠四夷。每有慕于汉高祖经营帝业,筑坛而拜,以笼韩信,踞洗而召,以挫黥布,御将帅之法然也。周庐内卫,列屯外戍,使功使过,俾皆踊跃奔走于作兴之下,而无跅弛之累、儿戏之习,其道何先? 光武再造炎图,玺书明见,以服窦融,帷坐迎笑,以折马援,御豪杰之法然也。中原遗材,慕义来附,效智效勇,俾皆欢呼鼓舞于大受之中,而无养鹰之患、放虎之虞,其术何要? 孝宣号称中兴,先零负固则留屯浩亹以平之，呼韩称藩则置酒甘泉以飨之，御夷狄之法然也。故仇虽殄，新邻方张，或和或战，情伪叵测，在我必有以待之，进可为《车攻》之复古，退不失《采薇》之守卫，其策何上？夫能御将帅而后能御豪杰，能御豪杰而后能御夷狄，审本末之序，权缓急之势，以制动静之机，操纵阖辟，顾不在我乎？至若军律之当严，戎旃之当睦，边民之当恤，新氓之当抚，无一不关宵旰之虑。子大夫有志事功，其悉意茂明之，朕将亲览。

出处：《平斋集》卷一六。

撰者：洪咨夔

考校说明：编年据文中所述史事补，见《宋史全文续资治通鉴》卷三二。

光禄大夫右丞相兼枢密使郑清之乞解罢机政不允诏
（端平二年六月十七日前）

朕永惟万务之统在一相，相安厥位然后可图社稷之安。丞相蠡以天下为己任，弼予亲政，期底丕乂。谓宿弊沉痼，势难遽起，而正气浸还，徐当自愈。用能虚心无我，聚众贤于朝，拔茅而泰，盍簪而豫。朕日夜望之，遽以孤危，祈解机政，中流舍济川之楫，可乎？天下之理，一公可以胜众私，一敬可以胜百邪。益既乃心，终辅台德，毋使国人谓朕任贤之或贰也。所请宜不允。

出处：《平斋集》卷一四。

撰者：洪咨夔

考校说明：编年据《宋史全文续资治通鉴》卷三二补。

光禄大夫右丞相兼枢密使郑清之乞俾还故里不允诏
（端平二年六月十七日前）

乃六月庚寅，召对宰执于便殿，咨访庶务。漏过午，太史奏日有承气，其占为臣承君，其吾相开心布公，率同列以承弼厥辟之象欤？谆切谕留，既还需腠，越四日癸巳，仍以去请，殊咈朕怀。周公圣人也，群情犹不能遽孚，其欲去迄留，辅成太平之业，为文武申，固天命也。朕于卿一体无间，而明农之志浩不可遏。纵不念"公无困哉"之训，独不为前宁人付托之重，奉币供王以祈天永命虖？庆历之车主必行，元祐之丹戒偏重，卿既得之，推是心以往，何治不济？国步方艰而舍去，天下其谓卿何,其谓朕何? 所请宜不允。

出处:《平斋集》卷一四。
撰者:洪咨夔
考校说明:编年据《宋史全文续资治通鉴》卷三二补。

光禄大夫右丞相兼枢密使郑清之可特授特进
拜左丞相兼枢密使加食邑食实封制
(端平二年六月十七日)

　　门下:伊尹学而后臣,商后所以懋格天之业;周公相而为左,成王所以绵卜世之休。朕厉精百度之新,注意一贤之切。望既孚于岩石,位宜正于元台。咸辑群工,涣扬大号。具官某道包乎众甫,气塞乎两间。其无我则颜氏克己之仁,其有为则曾子守约之勇。升旸谷之日而春,万象翊我初潜;兴太山之云而雨,八瀛赞予更化。即上天下泽以辨分,本内阳外阴而进贤。凛谏路之复开,纷幸门之自塞。回狂澜于既倒,坐消贪浊之风;泝大川而独航,期济艰难之运。惟宿弊不容于骤革,而骏功有待于美成,修攘之务孔严,安危之寄逾重。匪进久虚之次,曷旋丕应之机? 是用稽之端拱赵普之元勋,参以咸平李沆之旧德,序升左辅,光践前修。总枢机于本兵,超品级于赐位,仍陪多邑,并衍真畬,以尊天官冢宰之权,以应太微上相之象。於戏! 一德咸有,莫大乎主善之为师;百志惟熙,莫先乎任贤之勿贰。予欲天缔之穆,汝翼;予欲国栋之隆,汝为;予欲职业咸修,汝明;予欲形声俱和,汝听。仰承尊帝吁俊之意,益究佐王治邦之功。一人以宁,万世永赖。可。

出处:《平斋集》卷一六。
撰者:洪咨夔
考校说明:编年据《宋史》卷四二《理宗纪》补。

宣奉大夫知枢密院事兼参知政事乔行简特授金紫
光禄大夫右丞相兼枢密使加食邑食实封制
(端平二年六月十七日)

　　门下:朕玩占泰象,稽若乾文。北斗璇玑之斡天枢,既运平于四序;太微端门之列次相,爰经纬于三光。肆嘉宥密之英,夙稔弼谐之望。诞扬制綍,敷告廷绅。具官某秉先觉之姿,历后凋之操,学问贯穿于千古,器能苞括于三才。退然不胜衣,充以至大至刚之气;渊乎其似道,形为可观可度之容。遍仪禁路之华,趣践政涂之峻。力扶更化,备罄陈谟。卷卷乎任贤而去邪,恳恳乎理内而御外。尚猷询兹黄发,独知筹虑之深;咨岳有能奋庸,咸谓延登之晚。眷予菲质,绍我前休。宴紫云之楼,念民生之未裕;开天章之阁,虞国事之多艰。楫舟必赖于烝徒,维厦匪资于一木。参诸梦卜,得尔耆明,庸合守文应变之长,共致经体赞元之助。仍总提于枢管,兼叠进于文阶,申锡多畬,并陪真采。於戏!仲虺为左而伊尹为右,本一体以相须;召奭在后而周公在前,必同心而叶济。惟密于补衮,则无弥缝之迹;惟妙于和羹,则有调一之功。惟精神强则国势张,惟纪纲正则人心定。俾予以治,时乃之休。可。

出处:《平斋集》卷一六。

撰者:洪咨夔

考校说明:编年据《宋史》卷四二《理宗纪》补。

光禄大夫右丞相兼枢密使郑清之辞免授特进左丞相兼枢密使恩命不允诏
（端平二年六月十七日后）

元祐更化,一日制下命二相,吕大防为左,范纯仁为右,而大防之宅左凡七年,君臣之际盛矣哉!朕遵晦养蒙之久,嘉与群生共跻新美。得卿旧学,相我亲政,壅者迪之,仆者植之,急者翼之,大明当天,群阴尽伏,靡容光之不照,卿之力也。左揆虚位有年,如人身之股肱,何可偏举?故进卿以首相,兼总文武之柄。且选于众,得耆俊以助之,朝夕纳诲,夹辅台德,庶几元祐之盛。执章来上,乃以宠荣为惧而求归老,卿岂人爵所能荣哉!得位与时,忧责弥重,勉殚金砺之益,迄成玉铉之功,独善非所望也。所辞宜不允。

出处:《平斋集》卷一四。

撰者:洪咨夔

考校说明:编年据《宋史全文续资治通鉴》卷三二补。

宣奉大夫知枢密院事兼参知政事乔行简辞免特授
金紫光禄大夫右丞相兼枢密使恩命不允诏
（端平二年六月十七日后）

　　帝王盛世，左禹而右皋，左周而右召，用能济登雍熙泰和之治。本朝稽古建官，并相非一，权臣专国，则独相如彼其久，可不变而通之乎？卿直大无竞心，老成有远虑。方威柄未还，他人所不敢言者，每雍容造膝历言之。简在朕心，知为宰相器，迨更化共政而益信。进升次辅，仍斡枢极，蔽自凤志，倚为蓍龟。谓宜亟展经纶之蕴，副予望治之切，顾犹以衰病诿。大廷朝会，进趋襜如，拜起翼如，搢绅动色相庆，谓少壮有不逮，精神折冲奚难哉？《书》曰："若济巨川，用汝作舟楫。"其勿辞。所辞宜不允。

出处:《平斋集》卷一四。

撰者:洪咨夔

考校说明:编年据《宋史全文续资治通鉴》卷三二补。

光禄大夫新除左丞相兼枢密使郑清之辞免
特进恩命不允不得更有陈请诏
（端平二年六月十七日后）

　　朕惟《说命》之进于王，《立政》之教厥后，既交孚于志虑，必共订于规摹，无言不酬，从欲以治。卿学足以正人心，承三圣；材足以经邦国，纪万民。进跻上宰之班，增壮中朝之势。牢辞欲去，力挽乃留。历历乎奏牍之数百言，卷卷乎治道之十余事。上勿摇于疑间，下自绝于依违。开元要说之姚崇，彼何取尔；贞观劝行之魏征，是盖似之。方坚此意以责成，必践乃言而底绩。胡为卑牧，犹逊崇贤？虽赐位之加隆，实懋官之宜厚。矧乾道并命之盛典，即元丰改制之首阶，匪朕敢私，惟人是称。亟对扬于休命，毋过事于挍词。所辞宜不允。

出处:《平斋集》卷一四。

撰者:洪咨夔

考校说明:编年据《宋史全文续资治通鉴》卷三二补。

光禄大夫右丞相兼枢密使郑清之再辞免授特进左丞相兼枢密使恩命不允批答

（端平二年六月十七日后）

元恺并举而百揆宅之司空，公孤俱立而六典掌之冢宰。大厦必栋梁之任，巨川惟舟楫之资。允系具瞻，曾微虚授。以卿韫帝师之学，抱王佐之材，畴绩中台，升班首辅。盖欲究致主泽民之业，凝调元赞化之功，使国势重于泰山而人心安于盘石。倚毗良切，考谨非轻。盍亟为奠枕之图，犹坚执循墙之请。人不足与适也，朕正赖于格心；时则勿有间之，卿何疑于立政？况此艰难之日，岂其闲退之时。所辞宜不允。

出处：《平斋集》卷一五。
撰者：洪咨夔
考校说明：编年据《宋史全文续资治通鉴》卷三二补。

宣奉大夫知枢密院事兼参知政事乔行简再辞免特授金紫光禄大夫右丞相兼枢密使恩命不允批答

（端平二年六月十七日后）

帝赉良弼而辅丕义，天生贤佐而佑中兴。繄一德之交孚，实千龄之幸会。卿三朝耆俊，四海达尊，充于性则硕大而光明，备于身则康宁而寿考。如圭如璧之猗重较，久人望之独隆；非龙非彲之遗汝师，新国均之对秉。盖天所相，维朕之承。中外之坏证已形，上下之忧心如醉。趣展济时之略，毋贻避事之嫌。所辞宜不允。

出处：《平斋集》卷一五。
撰者：洪咨夔
考校说明：编年据《宋史全文续资治通鉴》卷三二补。

宣奉大夫知枢密院事兼参知政事乔行简再上表辞免特授金紫光禄大夫右丞相兼枢密使恩命不允仍断来章批答
（端平二年六月十七日后）

朕以治国平天下，根本于人主之身，深宫暗室，左准右规，曷尝一息懈？而世道积坏之余，国势未振，物情易摇，中夜以思，懔乎若朽索之驭六马。榆塞又将秋矣，并建辅弼，亟图康济。免栈洊至，得无以补苴罅漏、扶植颓敝之难耶！列圣纪纲法度具在，天下事犹可为。以卿老于谋国，勇于致君，调元经武，特在机括之一转。趣亮天功，用答人望，牢辞可已也。所辞宜不允，仍断来章。

出处：《平斋集》卷一五。

撰者：洪咨夔

考校说明：编年据《宋史全文续资治通鉴》卷三二补。

光禄大夫右丞相兼枢密使郑清之再上表辞免特授特进左丞相兼枢密使恩命不允仍断来章批答
（端平二年六月十七日后）

元首明则股肱良，股肱喜则元首起，相须甚切，相值甚艰。卿学足以承三圣之传，识足以定万世之策。适更张之有待，嗟大坏之难图。救病于已危，以尔为上医之卢扁；葺庐于既朽，以尔为巧工之般输。特隆左揆之登，昭示右贤之切。交乎麾间，频巽奚为？瞑眩而厥疾瘳，妙试回生之剂；绸缪而彼桑彻，熟思御侮之规。毋弃尔成，亟祗朕命。所辞宜不允，仍断来章。

出处：《平斋集》卷一五。

撰者：洪咨夔

考校说明：编年据《宋史全文续资治通鉴》卷三二补。

左丞相郑清之口宣
（端平二年六月十七日后）

卿德尊朝廷,勋在社稷。欲重处中之寄,宜膺虚左之求。宅揆奋庸,扬庭孚号。亟祗殊姥,力济丕平。

出处:《平斋集》卷一六。
撰者:洪咨夔
考校说明:编年据郑清之宦历补,见《宋史》卷四二《理宗纪》。

右丞相乔行简口宣
（端平二年六月十七日后）

卿斯文砥柱,有国元龟。久枢纽之密旋,趣钧衡之对秉,纶言涣发,舆望金谐。亟祗予休,共图乃乂。

出处:《平斋集》卷一六。
撰者:洪咨夔
考校说明:编年据乔行简宦历补,见《宋史》卷四二《理宗纪》。

左丞相郑清之批答口宣
（端平二年六月十七日后）

延登上宰,翊赞中兴。增九鼎之尊安,永三阶之澄穆。趣祗成涣,毋事劳谦。

出处:《平斋集》卷一六。
撰者:洪咨夔
考校说明:编年据郑清之宦历补,见《宋史》卷四二《理宗纪》。

右丞相乔行简批答口宣
(端平二年六月十七日后)

孚号大廷,登庸硕辅。允赖巨川之济,式隆岩石之瞻。亟效赞襄,奚勤逊避!

出处:《平斋集》卷一六。

撰者:洪咨夔

考校说明:编年据乔行简宦历补,见《宋史》卷四二《理宗纪》。

右丞相乔行简批答口宣
(端平二年六月十七日后)

朕寤寐治功,延登耆德,既协从于龟筮,宜交济于盐梅。其遏牢辞,以图丕乂。

出处:《平斋集》卷一六。

撰者:洪咨夔

考校说明:编年据乔行简宦历补,见《宋史》卷四二《理宗纪》。

左丞相郑清之批答口宣
(端平二年六月十七日后)

天毖成功,帝赉良弼。首陟泰阶之峻,亟图鼎饪之和。勉为坚留,毋烦牢避。

出处:《平斋集》卷一六。

撰者:洪咨夔

考校说明:编年据郑清之宦历补,见《宋史》卷四二《理宗纪》。

魏了翁除权礼部尚书兼直学士院兼侍读制
(端平二年六月十八日)

敕:秩宗之典三礼,虞凝垂拱之功;春官之掌九仪,周格盈成之治。繄制作之自古，必推行之在人。进我鸿儒，膺兹妙选。具官某气以志为帅，学以经为宗。贾谊六太息之书，洞达国体；魏征十不终之疏，仰当帝心。梧桐方挺于朝阳，蒹葭已飒于白露。逆处以顺，乐忘其忧。务著书而立言，期精义以致用。绿竹猗猗而瞻彼奥，每兴磨切之思；白驹皎皎而食我苗，徒起絷维之叹。适中朝之更始，俾外服之遄归。眷百王之典浸微，而一代之防多阙，匪究定民之本，曷为经世之方？汉仅草仪，犹折武夫之气；鲁惟秉礼，卒回强国之谋。尔熟讲乎后仓之九篇，深稽乎姬公之六典，未入趋于宣室，趣摄长于容台。仍摛盘诰之文，更劝索丘之读。登崇伊始，简注良深。吏士之见官仪，正赖济时之略；公卿之明王制，毋忘致主之规。可。

出处：《平斋集》卷二三。

撰者：洪咨夔

考校说明：编年据同集卷一四《权礼部尚书魏了翁辞免兼直学士院恩命不允诏》补。

葛洪除资政殿大学士提举洞霄宫制
（端平二年六月十八日）

敕：武公睿圣，晚不忘箴国之心；文子廉忠，老犹笃事君之志。朕缅怀旧弼，久乐燕居，年垂九帙之崇，望稔三朝之重，峻升邃职，昭示隆恩。具官某峄阳特生之桐，新甫后凋之柏。致身廊庙，雍容麟也之来；引兴丘园，翕忽风兮之去。仁乐山而俱寂，义饮水以自娱。虽黄发之番番，愈丹心之炯炯。乃眷粹古，务尊耆儒，不得谢则赐杖而安车优游佚老，如有问则就室而珍从恳切乞言。方将遣掌故而访伏生，乃欲致少傅而从疏受。旄期虽重于趣召，爨铄讵容于告归！陟秘殿之大名，踯珍台之优廪，肆加体貌，式耸观瞻。噫！寿考维祺，朕敢忽日秩月存之礼？忧心如醉，尔毋忘晨兴夙寤之规。益茂养恬，对扬猷训。可。

出处：《平斋集》卷二三。

撰者：洪咨夔

考校说明：编年据《宋史》卷四二《理宗纪》补。

权礼部尚书魏了翁辞免兼直学士院恩命不允诏
（端平二年六月十八日后）

戊寅并命二相，越翼日己卯，便朝同班奏拟，首以卿进，曰："号令文章，有国之精神，禁林虚直，非了翁不可。"朕喜于得人，亟俞之。卿久困排根，趣还禁近，学益老，文益伟，夐摩三光，斧藻万象，沛乎有余思。以是而草内命，孰谓典诰之远？毋多逊也。所辞宜不允。

出处：《平斋集》卷一四。
撰者：洪咨夔
考校说明：编年据文中所述史事补，见《宋史》卷二一四《宰辅表》。

权礼部尚书魏了翁辞免兼侍读恩命不允诏
（端平二年六月十八日后）

王人求多闻以建事。朕自亲政以来，宏开毡厦，详延儒雅，性命道德之奥，治乱安危之机，所闻多矣，卿何相见之晚耶！一命而典礼，再命而爆直，三命而劝读，苏轼在元祐尝兼之，惟卿为允。平居之所讲切，忧患之所论著，本末该贯，从容前陈，朕将虚心以听。尚奚辞？

出处：《平斋集》卷一四。
撰者：洪咨夔
考校说明：编年据魏了翁宦历补，见同集卷二三《魏了翁除权礼部尚书兼直学士院兼侍读制》、同卷《权礼部尚书魏了翁辞免兼直学士院恩命不允诏》。《宋代诏令全集》以《宋季三朝政要》卷一为据系于端平元年秋（第四二二五页），误。

参知政事曾从龙除知枢密院事加食邑
实封仍兼参知政事制
（端平二年六月二十一日）

敕：圣贤相维而致升平，莫重弼谐之寄；文武兼资而有智略，尤严宥密之图。乃眷誉髦，洊参大政，进管五兵之重，用培九鼎之尊。倚成匪轻，作命惟允。具官某学该乎今古,识贯乎天人。长江、大河不足以喻其量之深,太山、乔岳不足以言其器之重。凤擅伦魁之望,尝陪近辅之联。仲舒见嫉孙洪,不少安于朝廷之上;李泌出避元氏,宁退处乎畎亩之间。既屡最于价藩,爰趣还于政路。属逢更化,备罄告犹。直方大之兼全,深得镇浮之体;知仁勇之并用,洞明应变之机。顾边琐之孔艰,期庙谟之宏济。宣帝枢机周密,固先二相之资;宪宗纪律设张,尤切众贤之助。肆畴庸于间社,俾进序于本兵。总提星纽之权,仍赞台衡之务。邑畲申衍,邦典增崇。以成道德之强,以全帝王之胜。噫!《天保》治内,所以收《采薇》之功;《烝民》任贤,所以定《车攻》之业。维真儒之无敌,知中国之有人。务远乃献,用底于义。可。

出处:《平斋集》卷二三。

撰者:洪咨夔

考校说明:编年据《宋史》卷四二《理宗纪》、《宋史全文续资治通鉴》卷三二补。

签书枢密院事郑性之除同知枢密院事加食邑四百户制
(端平二年六月二十一日)

敕:帝舜之格三苗,有伯益以赞禹;宣王之定四国,有吉甫以诵申。眷宥密之孔严,赖寅恭之协济。肆颁命绶,参典事枢。具官某资蚤悟而凤成,学旁贯而曲畅。函钟太蔟为角,始终皦绎之和;玉瓒黄流在中,表里清明之粹。久矣冥鸿之去,时哉仪凤之来。不累日而长谏坡,未再月而登政路。以非常之际会,为有大之规摹。难于定不难于回,熟知国势;可以战斯可以守,洞识戎情。爰进贰于本兵,仍申陪于赐邑。维予制胜,咨尔陈谟。府兵列于关中,孰是相维之制;属国置于塞下,曷为叵测之防。隐忧既深,区画可后?坐弭控弦之警,密输借箸之筹。噫!文武之宪万邦,政有赖中兴之画;明良之康庶事,盍共图丕应之功!惟尔之能,俾予以治。可。

出处:《平斋集》卷二三。

撰者:洪咨夔

考校说明:编年据《宋史》卷四二《理宗纪》、《宋史全文续资治通鉴》卷三二补。

同签书枢密院事陈卓除签书枢密院事加食邑四百户制
（端平二年六月二十一日）

敕：民献秋宁武功，求济于艰大之日；王师遵养时晦，用介于纯熙之余。眷国势之重轻，视人谋之臧否。进贤宥府，扬号明廷。具官某柳下惠之圣和，乐正子之好善。谦谦自牧，夙全君子之风；蹇蹇匪躬，克慕王臣之操。纷炎门之竞骛，独夷轨之徐行。一泯伎求，两无缁磷。去知有命，靡矜器能政理之长；来亦何心，益稔议论文章之望。迨亲揽于威柄，爰趣登于政涂。勤朴斫于梓材，力赞厉精之治；绸牖户于桑土，常怀先事之忧。备罄壮猷，采深邃简。就陟枢庭之序，仍循书殿之班，爵进公圭，秩陪邑采。俾密裨于胜算，用坐折于遐冲。噫！明主可为忠言，朕方合介胄搢绅之议；上策莫如自治，尔盍思车马器械之图！必同寅协恭而和衷，斯禁暴定功而保大。式孚民听，庸对王休。可。

出处：《平斋集》卷二三。
撰者：洪咨夔
考校说明：编年据《宋史》卷四二《理宗纪》、《宋史全文续资治通鉴》卷三二补。

端明殿学士广东经略知广州崔与之除
参知政事加食邑四百户制
（端平二年六月二十一日）

敕：朕仰稽列圣，并建辅臣。在乾德则除余庆于荆南，就参国秉；在绍兴则擢赵鼎于江右，入预政机。肆嘉牧御之贤，久郁讦谟之望，讨论旧典，扬厉新纶。具官某存心以事天，行义以达道，风节高乎一世，威名耸乎四夷。泛三峡而归，久适山林之乐；越五岭而召，尚安水石之闲。甫升书殿以赋祠，旋即里门而宅牧。期释宵衣之虑，忘居昼锦之荣。方飞鸮怀我好音，已肃登陴之谕；迨急鹿铤而走险，竟伸负固之诛。环扶胥黄木以怀生，极交址苍梧而息警。益深简在，可后仪图？维汉化之虽更，尚唐纲之未振。聚民献以为秋宁之本，每拊髀于才难；开皇极以示会归之方，尤拂膺于道远。畴可裨于大政，信无易于老成。以叶群心，以熙庶务。仍总提于邦典，兼申衍于邑租。趣装而来，虚宁以待。噫！召公成南国之化，既茂著于民庸；尚父起东海之滨，盍共扶于国势。体予至意，究尔嘉猷。可。

出处:《平斋集》卷二三。

撰者:洪咨夔

考校说明:编年据《宋史》卷四二《理宗纪》、《宋史全文续资治通鉴》卷三二补。

金紫光禄大夫参知政事兼同知枢密院事曾从龙
辞免除知枢密院事兼参知政事恩命不允诏
(端平二年六月二十一日后)

乾坤以六子为用而化功成,朕同日命二相,又同日命四执政,六子备矣。卿以凝重参大政,以深沉赞庙算,履正奉公,言可底绩,朕简注盖深。进管五兵之寄,仍预万微之务,夫岂以序迁为卿荣! 天下大势,方屋火于积薪;朝廷远虑,宜彻桑于未雨。讨诸军国,一日不可缓也。抗章祈免,欲别求文武全材而用之,孰有加于卿者乎? 既深多事之忧,毋徇一谦之执。所辞宜不允。

出处:《平斋集》卷一四。

撰者:洪咨夔

考校说明:编年据《宋史全文续资治通鉴》卷三二补。

端明殿学士太中大夫签书枢密院事郑性之
辞免除同知枢密院事恩命不允诏
(端平二年六月二十一日后)

庆历以韩琦、范仲淹为枢密副使,士大夫酌酒相贺,朕思见其人若饥渴。卿气明而抗志远,见定而虑事精,列在宥府,隐忧更切,指陈可否,多中肯綮。进参枢管之严,增壮精神之本。待之优乃望之深也,卿能以琦、仲淹自勉,则何巽避之有? 所辞宜不允。

出处:《平斋集》卷一四。

撰者:洪咨夔

考校说明:编年据《宋史全文续资治通鉴》卷三二补。

端明殿学士正议大夫同签书枢密院事陈卓辞免
除依旧端明殿学士签书枢密院事恩命不允诏
（端平二年六月二十一日后）

朕即政之七年,尝命旧德为同签书,寻进签书,今右揆是也,故甚重其选。卿廉方足以起懦,谦悫足以压浮,擢联肴密,讦谟备究。如玉在山,隐然邦家之光,循序而升,宠数非过。深长边琐之思,恳切筹帷之助,朕所以进卿者未艾也。懋哉,毋格成涣! 所辞宜不允。

出处:《平斋集》卷一四。

撰者:洪咨夔

考校说明:编年据《宋史全文续资治通鉴》卷三二补。

端明殿学士太中大夫广东经略安抚使崔与之再辞
免除参知政事趣令就道恩命不允不得再有陈请诏
（端平二年六月二十一日后）

朕慨念为君之难,仪图耆寿俊共政,用康保民,以长我王国,诏书屡下,申之亲札,致敬有礼,视安车蒲轮为加厚。卿抱道俟时,可幡然起东海之滨矣。巽章至再,陈义何切! 范镇年未及谢事而休致,在元祐固不以为矫,独不思文彦博起于既老之余,力扶丕义,岂徒为保身之哲耶? 夫麒麟凤凰之出,百鸷率服,以其德非以其力也。卿旅力虽愆,精神逾劲,坐而谋国,必能折奸弭慝,翼朕攸济。维日望之,强饭就道,毋惮于行。所辞宜不允,不得再有陈请。

出处:《平斋集》卷一四。

撰者:洪咨夔

考校说明:编年据《宋史全文续资治通鉴》卷三二补。

金紫光禄大夫参知政事兼同知枢密院事曾从龙上表再辞免除知枢密院事兼参知政事恩命不允仍断来章批答
(端平二年六月二十一日后)

国朝之治,莫盛于嘉祐。时则有大臣考核兵数、地理,使边防无阙戍,奉行典章故事,使百官奉法循理而朝廷尊,卿之祖也。卿山立川流,克世厥德。兹以参预进本兵之重,且世厥官。运筹帷中,制胜堂上,修攘两尽,庶几海内复还全盛之风。《诗》不云乎:"对扬王休,作召公考。"此朕所望于卿者,挖辞徒费。所辞宜不允,仍断来章。

出处:《平斋集》卷一五。
撰者:洪咨夔
考校说明:编年据《宋史全文续资治通鉴》卷三二补。

端明殿学士太中大夫签书枢密院事郑性之上表再辞免除同知枢密院事恩命不允仍断来章批答
(端平二年六月二十一日后)

有国之患,莫大于君臣上下以危为安而不知惧,知惧则可为矣。朕静观天下之势,惕如涉渊,故并建股肱心膂,图济于艰。二三大臣,切于体国,莫不念戒惧之不可已。而卿踧然以外忧内患为己责,天所以训楚警晋之意其庶矣乎!本强则精神折冲,得道则狙诈作使。力赞枢机之运,毋徒伛俯之恭。所辞宜不允,仍断来章。

出处:《平斋集》卷一五。
撰者:洪咨夔
考校说明:编年据《宋史全文续资治通鉴》卷三二补。

端明殿学士正议大夫同签书枢密院事陈卓再上表
辞免签书枢密院事恩命不允仍断来章批答
（端平二年六月二十一日后）

盖闻宣王中兴，倚重于孝友之张仲。有孝友之臣主于内，则戎车四牡，始得以成伐功于外。卿践履全君子之和，操守得大臣之正，朕之张仲也。自登宥府，物望具孚，进不躐等，厥任增重。夫国势之安危在所寄，边防疏阔，军律放纷，风寒之虑方深，阴雨之备宜急。卿虽位枢庭之末，可过谦乎？所辞宜不允，仍断来章。

出处：《平斋集》卷一五。

撰者：洪咨夔

考校说明：编年据《宋史全文续资治通鉴》卷三二补。

知枢密院曾从龙同知郑性之签书陈卓批答口宣
（端平二年六月二十一日后）

外治有严，中枢尤重，必进爽邦之彦，乃凝基命之功。勉效胜筹，毋勤逊楱。

出处：《平斋集》卷一六。

撰者：洪咨夔

考校说明：编年据曾从龙、郑性之、陈卓宦历补，见《宋史》卷四二《理宗纪》。

吴叔告补承事郎制
（端平二年六月二十一日后）

敕具官某：朕玩索《中庸》之旨，常取要切之训，笔之于书。洎策士大廷，茂明正学，隐然言意之表，固有在也。尔抱负所蕴，来从远方，乃能若稽古训，举发强密察之语，敷畅厥义，深契朕心。尔其亦有味于《中庸》之书矣。是用亲擢，褒然为举首。懋之哉！毋志温饱，益充器业，以其所以勉予者自勉焉，庶乎无忝。

出处：《蒙斋集》卷九。又见《永乐大典》卷七三二五。

撰者：袁甫

考校说明：编年据吴叔告官历补，见《宋史全文续资治通鉴》卷三二。

两浙转运判官颜颐仲除户部郎官兼知临安府制
（端平二年六月二十九日）

敕具官某：朕间者亲札十有二条，敕畿尹以重四方之本，丁宁恳到，奉行惟人。尔立心直而平，见理静而明，处事果而精。将漕阙下，声采奋厉，抚虎兕之出柙，知牛羊之求牧，兼组弹压，都人士安之。兹用擢之版部郎，俾为真。周以奠枕于京为盛，汉以桴鼓不鸣为能。燮友、强弗友，刚柔异施，而国势增鼎吕之重，斯克训于朕志。可。

出处：《平斋集》卷二三。

撰者：洪咨夔

考校说明：编年据《咸淳临安志》卷四九补。

权工部侍郎徐侨除集英殿修撰提举佑神观兼侍读制
（端平二年六月）

敕：劳侍从之事，愿去承明；考仁圣之风，勉留广厦。虽优老之令典，实崇儒之盛心。具官某志操孤高，问学淳古。咏归沂水之上，世果何求；作兴北海之滨，时然后出。有嘉耆艾，置在清华。守益固而眷益隆，进愈峻而辞愈力。兹领祠于阙下，仍劝读于禁中，以体貌大臣之旧规，为尊宠高年之特礼。更升论撰，不替纂修。《行苇》之养老乞言，亦孔厚矣；《大学》之致知格物，尚茂明之。可。

出处：《平斋集》卷二三。

撰者：洪咨夔

考校说明：编年据《徐文清公家传》补。

刘克庄除枢密院编修官兼权侍右郎官制
（端平二年六月）

敕具官某：《时政记》者，国史之椎轮，《经武要略》则先朝制胜典刑之囊括。

其书纂次于枢属,自昔必名儒文士。尔家传儒艺,蚤著文声,韫抱不凡,脱饵科级,诸老先生多之。簿正属籍,进升删润,维汗青之称也。与闻庙画,摄事郎潜,精毖简通,对我殊擢。可。

出处:《平斋集》卷二三。又见《永乐大典》卷一三五〇七。
撰者:洪咨夔
考校说明:编年据《鹗斋续集》卷二三《刘公行状》补。

赐工侍沿江制使兼江东安抚知建康兼
行宫留守陈韡夏药银合敕
(端平二年夏)

敕:久以威名,劳于牧御。麟符居守,当江上之风寒;羽扇麾军,冒人间之炎热。式颁上剂,昭示惓怀。

出处:《鹤林集》卷一二。
撰者:吴泳
考校说明:编年据陈韡宦历补,见《景定建康志》卷一四。

赐工部侍郎沿江制置使知建康府陈韡银合夏药敕书
(端平二年夏)

卿法从名流,陪京重寄。余同上。

出处:《平斋集》卷一六。
撰者:洪咨夔
考校说明:编年据陈韡宦历、文中所述"夏药"补,见《景定建康志》卷一四。

赐权兵部侍郎四川安抚制置使赵彦呐银合夏药敕书
(暂系于端平二年夏)

卿天派名流,坤维重寄。余同上。

出处:《平斋集》卷一六。

撰者:洪咨夔

考校说明:编年据同集前后文时间、文中所述"夏药"补。

赐右文殿修撰四川安抚制置副使兼知成都府丁黼银合夏药敕书

(暂系于端平二年夏)

乃眷汉廷之彦,具宣蜀阃之劳。余同游九功词。

出处:《平斋集》卷一六。

撰者:洪咨夔

考校说明:编年据同集前后文时间、文中所述"夏药"补。

赐兵部郎官兼淮西安抚制置副使兼知黄州杨恢银合夏药敕书

(暂系于端平二年夏)

乃眷汉廷之彦,具宣淮阃之劳。余同游九功词。

出处:《平斋集》卷一六。

撰者:洪咨夔

考校说明:编年据同集前后文时间、杨恢官历、文中所述"夏药"补,见同集卷二一《杨恢除直宝文阁淮西制置副使兼知黄州制》。

赐直宝章阁权发遣鄂州兼权沿江制置副使张元简银合夏药敕书

(暂系于端平二年夏)

炎令司衡,赫威铄石。乃眷上流之寄,具宣外御之劳。爰锡珍良,式资宝卫。

出处:《平斋集》卷一六。

撰者:洪咨夔

考校说明:编年据同集前后文时间、张元简官历、文中所述"夏药"补,见同集卷二〇《张元简除直宝文阁知鄂州兼沿江制置副使制》。

赐镇江府都统制王虎池州都统制赵邦永鄂州江陵府副都统制樊文彬江州左军统制权管干光州武定都统制司职事王忠银合夏药敕书
(暂系于端平二年夏)

三庚御序,万甲分屯。总戎律以良劳,犯炎威而不惮。宜放珍剂,用示眷怀。

出处:《平斋集》卷一六。

撰者:洪咨夔

考校说明:编年据同集前后文时间、文中所述"夏药"补。

赐平江府许浦水军都统制董琳银合夏药敕书
(暂系于端平二年夏)

三庚御序,万甲分屯。护海道以良劳,犯暑威而不惮。宜放珍剂,用示眷怀。

出处:《平斋集》卷一六。

撰者:洪咨夔

考校说明:编年据同集前后文时间、文中所述"夏药"补。

黄埒知肇庆府制
(暂系于端平二年六月前后)

敕具官某:朕惟民生之不易,吏治之不良,虽斗垒未尝轻畀,矧名藩乎? 尔承元祐故家之传,材优而气壮,自著劳于试邑,即振誉于登畿。仅尔小休,倏焉复起,为遐峤之民择守也。溃旅未殄,地迫高要,往疾其驱,亟图按堵。可。

出处:《平斋集》卷二三。

撰者:洪咨夔

考校说明:编年据同集前后文时间补。

丁晔除直宝谟阁淮东路转运判官制
(暂系于端平二年六月前后)

敕具官某:王良、造父之御,鸣和鸾,逐水曲,无不中节,人与马相习也。尔气明而敏,材通而伟,屏翰澄清之最,荐著于淮左,物情地利,习之久矣。兹还宝奎之直,俾膺飞挽之寄。咨诹贵广,积贮贵丰,往究乃心,用图厥绩,以宽我东顾。可。

出处:《平斋集》卷二三。
撰者:洪咨夔
考校说明:编年据同集前后文时间补。

余玠起复宣教郎襄阳府通判兼京西制置司机宜文字制
(暂系于端平二年六月前后)

敕具官某:夺情非令典也,惟从戎则许其墨。尔以明敏练达,受知于制阃,秋防孔迩,辟置自助。起之垩室,贰政要藩,且参莫府之画,不以家事辞王事,其礼之变乎! 移孝为忠,勉图协济。可。

出处:《平斋集》卷二三。
撰者:洪咨夔
考校说明:编年据同集前后文时间补。

李勉平黎赏转朝奉郎制
(暂系于端平二年六月前后)

敕具官某:广右平黎上功,尔以强敏宣劳于莫府,进二秩以奖之。甫通闺籍,遂阶员外,异渥也。试邑于虔,益励勿懈。可。

出处:《平斋集》卷二三。
撰者:洪咨夔

考校说明:编年据同集前后文时间补。

军器少监徐清叟除将作监依旧兼司封郎官
兼崇政殿说书制
(暂系于端平二年六月前后)

敕具官某:朝廷之用贤非一途,信其贤耶,用之惟恐不亟,故必蹑正郎,梯监少而升。尔家传正大之学,躬厉直方之操,金华开说,援古以证今,亹亹不倦,朕甚嘉之。摄主爵,贰戎监而进大匠,华轨直矣。朴素化行,缮修务简,涵泳竹素,绰乎余暇。轮人有释椎凿议堂上之读者,试详访之以告,庶乎他山之石可以攻玉也。可。

出处:《平斋集》卷二三。

撰者:洪咨夔

考校说明:编年据同集前后文时间、徐清叟官历补,见《宋史》卷四二○《徐清叟传》、《南宋馆阁续录》卷八。

大宗正丞蒋岘除军器少监仍兼权侍左郎官制
(暂系于端平二年六月前后)

敕具官某:武监戎部之附庸,官闲无事,少也占位,涉笔无几牍,然乡用之材于此乎储。尔学问醇茂,义理融畅,恬夷而庄舒,《卷阿》吉士其人欤!丞我麟宗,摄郎铨省,几案文书填委,不动声气,随手冰泮,而九品无遗鉴,体用具矣。试材以剧,养望以暇,鹤膝犀渠,姑贰程作,朕方图所以进尔者。可。

出处:《平斋集》卷二三。

撰者:洪咨夔

考校说明:编年据同集前后文时间补。

丘岳除兵部郎官赵与篡除都官郎中兼枢密院检详文字制
(暂系于端平二年六月前后)

敕具官某等:国朝最重尚书郎之选,怀香而奏明光,襆被而直建礼,非郡最不真授。尔岳笃茂而畅迈,守仪真以吏畏民怀称。尔与篡疏明而详达,守嘉禾以政平讼理著。朕厉精政事以来,历课吏治,皆其良也。表惟良之吏以劝郡国,故俾岳郎于司武,与蒘自丞大宗郎于司仆,且摄属于宥府。太微积星之次,即日为真,顾不谓荣乎! 兵不可黩,刑不可滥,必寝必措,勉赞而长。可。

出处:《平斋集》卷二三。

撰者:洪咨夔

考校说明:编年据同集前后文时间、丘岳宦历补,见《宋史全文续资治通鉴》卷三二。

枢密院编修官赵汝譡除宗正寺丞仍兼右司制
(暂系于端平二年六月前后)

敕具官某:三丞望华职简,而宰属为剧,授官兼剧以简,欲其材有余于事也。尔荄收危级,蔚著雅望,摄组省闼,靡枉于法守而事不辞难,沛乎其材也。擢繇编纂,涉笔宗盟,仍行纪纲百司之职,轻车熟路,畴能及之? 益涵致远之器,用对方来之渥。可。

出处:《平斋集》卷二三。

撰者:洪咨夔

考校说明:编年据同集前后文时间、赵汝譡宦历补,见《南宋馆阁续录》卷八。

汪之道除太常寺丞制
(暂系于端平二年六月前后)

敕具官某:汉制朝仪,武夫拔剑击柱之风,为之气夺,使成周礼乐得见于后世,情伪之防何如哉! 故奉常置丞,必通于古谊。尔学博而约,气直而清,时辂冕舞之传,孰复盖久,谈经宫邸,熏陶信厚,涉笔曲台宜矣。因革损益,订古而施诸今,以美化善俗,亦惟无忘夙夜惟寅之义。可。

出处:《平斋集》卷二三。

撰者:洪咨夔

考校说明:编年据同集前后文时间补。

陈一荐护献俘有劳转朝奉郎制
（暂系于端平二年六月前后）

敕具官某：垂瓠合围，穹庐就烬，函守绪，槛天纲，献功于稿街，修途护役，尔实宣劳。其升员外之阶，往效幕中之画。可。

出处：《平斋集》卷二三。
撰者：洪咨夔
考校说明：编年据同集前后文时间补。

颜信之献俘有劳转保义郎制
（暂系于端平二年六月前后）

敕具官某：淮蔡函骨献俘之役，尔与有劳，其升一阶，以酬跋涉。可。

出处：《平斋集》卷二三。
撰者：洪咨夔
考校说明：编年据同集前后文时间补。

蔡仲龙除大宗正丞兼权屯田郎官袁商太常博士并兼沂靖王府教授制
（暂系于端平二年六月前后）

敕具官某等：沂邸于属为近，朕笃内睦，择师而教之，久则递迁奖其勤。尔仲龙、尔商，皆以经明行修立于朝，如玉在山，烨然其辉润，楷范麟趾，丽泽多益。是用进仲龙丞于大宗，且摄省郎；进商继仲龙议礼于曲台而典教，悉惟求旧。懋诗书礼乐之训，陶河间、东平之风，不特讲留屯、搜绵蕞之钦厥职也。可。

出处：《平斋集》卷二三。
撰者：洪咨夔
考校说明：编年据同集前后文时间、袁商宦历补，见《南宋馆阁续录》卷八。

安恭行除大理寺正制
(暂系于端平二年六月前后)

敕具官某:廷尉有正、监及平,汉制也。我朝置正于卿、少之下,丞、司直之上,厥选盖谨。尔材姿亮通,风桀明整,蔚其梧鹄之秀。丞郡以李法簿召,未至,升之正以听狱成,甄拔峻矣。《书》曰:"明启刑书胥占,咸庶中正。"勉哉,图厥称! 可。

出处:《平斋集》卷二三。
撰者:洪咨夔
考校说明:编年据同集前后文时间补。

魏峻除宗正寺簿杨璪太府寺簿赵与爽藉田令制
(暂系于端平二年六月前后)

敕具官某等:楩楠杞梓之材生于邓林,其地美矣,非雨露之养不成。尔峻简而温,雅而文;尔璪茂而通,整而练;尔与爽颖而秀,韶而明。英英世家,翘翘天支,朕皆欲养其材以待用。故进峻簿正于瑶牒,璪继峻簿外府,与爽继璪令帝藉。前辉后暎,其各懋于自献。可。

出处:《平斋集》卷二三。
撰者:洪咨夔
考校说明:编年据同集前后文时间补。

冯去疾除武学博士制
(暂系于端平二年六月前后)

敕具官某:善用兵者不学古兵法,而圯下一编亦讵容无师? 庆历置右庠之意昉此。尔以通经博古之学,彪炳于文,成均诸生咸敛衽其下风。而平时慷慨激烈,论南北离合之势,兵家胜负之略,皆有据依。迁之博士,使业韬钤者又得所矜式。新美作成之下,安知不有武举如子仪出于中乎? 可。

出处:《平斋集》卷二三。

撰者:洪咨夔

考校说明:编年据同集前后文时间补。

刘宰除将作少监制
(暂系于端平二年六月前后)

敕具官某:朕宵旰图治,计效犹邈,每叹君子有材之难,然不敢诬斯世之无其人也。尔隐居以求志,深造而自得,君子人欤! 其论天下事目无全牛,投刃可以中桑林之节,材抑伟矣。旌招屡下,未肯从吾游,何耶? 超越拘挛,繇丞奉常径贰缮监,迎之致敬有礼矣。惠然来思,毋兴尽而返。可。

出处:《平斋集》卷二三。

撰者:洪咨夔

考校说明:编年据同集前后文时间、《宋史》卷四〇一《刘宰传》补。

尤爖除知江陵府兼京湖路安抚刘辉叔
政绩转一官依旧知建昌军制
(暂系于端平二年六月前后)

敕具官某等:河东以地望之重归季布,颍川以民情之安留寇恂,悉惟其宜。尔爖抱识时应变之长,往帅荆州,事权非昔而承上抚下无间言,可以为难矣。故齿召复还,以壮吾上游控扼之势。尔辉叔厉尽职奉公之志,出守旴江,邑里甫集,而兴利除害无遗功,可以为善矣。故选擢复留,以慰千里恋慕之情。分阃乘垒,任有轻重,朕为地望民情而择官,奚有间哉? 各鞭厥后,毋弃尔成。可。

出处:《平斋集》卷二三。

撰者:洪咨夔

考校说明:编年据同集前后文时间、刘辉叔官历补,见同治《建昌府志》卷六。

何处久太府卿兼知嘉兴府制
(暂系于端平二年六月前后)

敕具官某：士君子任于时，入仪九列，出殿三辅，通显矣。矧建惟月之旝，冯扶风之轼而为王人！尔守故家之学术，熟昭代之典章，色庄辞毅，争是非于殿陛间不少诎。用之郡国，何奸萌之不戢，戾气之不弭哉？因南徐惜其去之早，知樀李恐其来之暮。就乘夏缦，趣布藩条。徒得君重，毋薄淮阳也。可。

出处：《平斋集》卷二三。
撰者：洪咨夔
考校说明：编年据同集前后文时间补。光绪《嘉兴府志》卷三六："赵与悊：(端平)二年任。何处久：三年任，从《改建城隍庙碑记》增。"据同集卷二二《赵与悊除大宗正丞兼权枢密院检详诸房文字制》，赵与悊已于端平二年五月前后离任。

度正转朝议大夫守礼部侍郎致仕制
(暂系于端平二年六月前后)

敕：允矣君子，佩笔囊以方真；贤哉大夫，挂衣冠而何亟！能知所止，盍贲其行。具官某学守粹传，性全至善。见于治郡，有闭合思过之风；推以立朝，得自牖纳约之体。进贰秩宗之典，仍参师氏之司。尚赖绳愆，遽闻告老。一正君而定，未究责难之恭；致为臣而归，乃慕保身之哲。宜升华秩，用尉耆龄。还家峨雪之边，遗世烟霞之表。莫回尔志，徒怆予怀。可。

出处：《平斋集》卷二三。
撰者：洪咨夔
考校说明：编年据同集前后文时间补。

礼部侍郎致仕度正赠通议大夫制
(暂系于端平二年六月前后)

敕：有十夫予翼方来，下于井参；不一老慭遗乃去，骑于箕尾。宜加襚典，庸示眷怀。具官某秉心醇明，制行平实。大夫国人之誉，盍推其贤；诸老先生之传，晚试所学。践禁途而献替,簉经幄以开陈。每望其仪,尝期以寿,胡夕阳之莫驻,忽朝露之先零! 卧病于数千卷之间,性焉已尽;殓含于二三子之手,命也何言! 凄凉万里之归,赫奕四阶之赠。英魂如在,茂渥歆承。可。

出处:《平斋集》卷二三。

撰者:洪咨夔

考校说明:编年据同集前后文时间补。

赵綝除大理寺丞诸葛十朋除大理寺司直制
(暂系于端平二年六月前后)

敕具官某等:狱重事也,锻炼以为巧,捃摭以为察,析律以为密,深文以为公,而民命近止,国脉斫矣,理官其可不选? 尔綝器涵浑璞,熏然忠厚长者之风,挈绳直于圜棘,刑不失仁,故就进之丞。尔十朋步中规矩,蔼然悃幅无华之美,赞笏画于国牒,利不失义,故俾继綝司邦之直。皆以达吾好生之德也。敬之哉,惟良折狱! 可。

出处:《平斋集》卷二三。又见《永乐大典》卷一三四九八。

撰者:洪咨夔

考校说明:编年据同集前后文时间补。

太学博士李矩除诸王宫大小学教授制
(暂系于端平二年六月前后)

敕具官某:大学在西郊,小学在国中,四代之制然也。二学并设,以教神明之胄,则我朝作古。尔行应周旋之规,学茂讲习之泽,相观而善,六馆得师。而吾葛藟瓜瓞之秀不可无良范也,故辍之司教于宫庠。小以成小,大以成大,等就傅肄简而上皆知勉于为善,则振振之化行矣。可。

出处:《平斋集》卷二三。

撰者:洪咨夔

考校说明:编年据同集前后文时间补。

太学正何处恬除太学博士制
（暂系于端平二年六月前后）

敕具官某:博士掌通古今,汉始以五经置施雠之《易》,孔霸之《书》,张生之《诗》,小戴之《礼》,皆尝以是论同异于石渠,其通经何如哉！尔涵浑厚之气,蕴精深之学,正于胶庠,士服习其训而不敢犯。升之分经讲授之官,剖疑析滞,导正释回,以成首善之风,乃见师法。可。

出处:《平斋集》卷二三。
撰者:洪咨夔
考校说明:编年据同集前后文时间补。

架阁林宋伟除太学正临安府学教授林伯顺
除武学谕郑斗祥除太学录制
（暂系于端平二年六月前后）

敕具官某等:文武异庠,而枢纽风化、坯冶人物之功等,故选授皆明师。尔宋伟志气激昂,讲艺精博;尔伯顺风规凝整,汲古深长;尔斗祥抱负瑰杰,造理闳奥。掌故郡博士中一举而得三士,上庠以宋伟为正,斗祥为录,右庠以伯顺为谕。望实孚矣,教学相长之道,尚观所进。可。

出处:《平斋集》卷二三。
撰者:洪咨夔
考校说明:编年据同集前后文时间、郑斗祥官历补,见《宋史全文续资治通鉴》卷三二。

都官兼检详赵与篲除直宝章阁两浙路转运判官制
（暂系于端平二年六月前后）

敕具官某:岁九迁而日三接,遇合之盛也。未半岁褒表者五六,其非常之遇欤！尔良而材宽,夷而精密,治辅郡有善最。朕既增秩原其任,未几以丞大宗召,又未几以都官、枢掾进,又未几以宝奎寓直、国畿将漕选。翼乎鸿鹄之遇顺风,谁能御之！夫诸路之漕一也，而漕于畿为难。嘘弱揉强，压浮镇薄，与牧尹参错为功，皇皇枕奠矣。可。

出处：《平斋集》卷二三。

撰者：洪咨夔

考校说明：编年据同集前后文时间、《咸淳临安志》卷五〇补。

凌嵩除大理评事制
（暂系于端平二年六月前后）

敕具官某：天下之平一倾，则用法者皆为之轻重，故廷尉置评以平之。尔秉心近厚，莅事详敏，退然不知而不愠。擢画一之科，亭四方之谳，以身体之，以心求之，何往不得其平哉？毋徒曰三尺法安出。可。

出处：《平斋集》卷二三。

撰者：洪咨夔

考校说明：编年据同集前后文时间补。

江西路转运副使吴潜除太常少卿制
（暂系于端平二年六月前后）

敕具官某：礼乐根于心，著于日用，达于天地之化，百物之产，隆古圣人重之，故分命夷夔以治其精。后世文胜实衰，一奉常掌其粗足矣，矧卿不常命，惟贰之置。尔以伦魁之望，发名父之传，事亲从兄，仁义充于一性，而礼以节之，乐以乐之，无非实理。出扬濡笔之光华，入总容台之制作，孰非实用哉！世教之防范不立，人心之情伪益滋。借鉏取帚，拔剑击柱，纲常几少隳矣。尔其思辨上下、和神人之道，以畅所学。可。

出处：《平斋集》卷二三。又见《都官集》卷五。

撰者：洪咨夔

考校说明：编年据洪咨夔任两制时间、吴潜官历补，见《宋史》卷四一八《吴潜传》、万历《新修南昌府志》卷一二。本文当为《都官集》误收。

冯田改差知金州兼管内安抚制
（暂系于端平二年六月前后）

敕具官某：襄沔上流为安康，以守行帅事，左符每艰其选。尔守洋川有治行，制阃谓才周应变，绩著筹边，宜易镇要藩。信如其言，吾得良牧矣。郡据秦楚蜀之会，距商虢孔迩，非识常山蛇势，不足以图攻守，而抚军字民其本也。毋怠毋易！可。

出处：《平斋集》卷二三。又见《永乐大典》卷一三五〇七。
撰者：洪咨夔
考校说明：编年据同集前后文时间补。

家抑除将作监丞制
（暂系于端平二年六月前后）

敕具官某：参井之光下济，岷峨之气上直，钟其英者多清庙之器，故选拔为盛。尔渊于学而晬，范于词而峻，西产之珍也。外阃荐以名荐，深镉弗售，特招乃来。球璧宜在东序，而涉匠监之笔，朕岂以阆、剑善最为可略哉！职优事简，姑涵雅望，伯仲倅廗，声问孰御！可。

出处：《平斋集》卷二三。
撰者：洪咨夔
考校说明：编年据同集前后文时间补。

四川制置司机宜文字赵垲夫除太社令制
（暂系于端平二年六月前后）

敕具官某：朕重名器甚，录其父之劳而进其子于周行，不一二见也。尔父以名法从当方面，抚蜀控秦，具有威略。赞筹莫府，尔抑有助，朕何爱司社，不以为循陔之荣哉！其砥砺事功，使人知西平之有子。可。

出处：《平斋集》卷二三。

撰者：洪咨夔

考校说明：编年据同集前后文时间补。

史弥巩王县榷务羡赏各转一官制
（暂系于端平二年六月前后）

敕具官某等：管榷国计所关，羡必赏。尔庀职京口，克懋厥官，岁入有常，能溢其额，俾进升于一列，庸奖厉于劳能。可。

出处：《平斋集》卷二三。

撰者：洪咨夔

考校说明：编年据同集前后文时间补。

史全之监军平蔡州转两官制
（暂系于端平二年六月前后）

敕具官某：方城负固，我师进讨，摩垒鏖战，遂复故境。尔监厥军，计功受赏，两秩升华，勉思来效。可。

出处：《平斋集》卷二三。

撰者：洪咨夔

考校说明：编年据同集前后文时间补。

孙林张旺告发军奸并补承信郎制
（暂系于端平二年六月前后）

敕具某人：羽林失驭，敢犯纪律，尔发其奸，悉正显戮，而京邑以宁。登名武阶，储材将列，表示戎行，使知惩劝。可。

出处：《平斋集》卷二三。又见《永乐大典》卷七三二七。

撰者：洪咨夔

考校说明：编年据同集前后文时间补。

陈文孙知高州制
(暂系于端平二年六月前后)

敕具官某:炎峤守吏,必谙风土,稔习俗,然后能尽心于抚字。尔端饬而敏于政,守封川民无叹愁,易符高凉,必能推之共理。《诗》不云乎,"谁能亨鱼,溉之釜鬵",贵不扰也。往,毋鄙远其民。可。

出处:《平斋集》卷二三。
撰者:洪咨夔
考校说明:编年据同集前后文时间补。

淮东路兵马领辖耶律均复山阳有功转三官授武德大夫兼知淮安州盐城县制
(暂系于端平二年六月前后)

敕具官某:山阳淮之门户,间为寇保,王师大讨,蚁溃鼠逸。尔搴旗鏖击之勇,莫府高之。叠进武阶,往理边邑,加意抚循,毋失军民之誉。可。

出处:《平斋集》卷二三。
撰者:洪咨夔
考校说明:编年据同集前后文时间补。"领辖",清刻本、四库本作"提辖",疑当作"铃辖"。

知院兼参政乔行简辞免权监修国史日历恩命不允诏
(端平二年六月后)

《春秋》修鲁史之旧,以事系日,以日系月,而书法著。因书法以求圣人心法,不在钜儒乎?卿学优柔而餍饫,文赡直而详核。军国讦谟之暇,振挈纲领,错综注记,袭六为七而作一经,盖浩乎沛然也。矧自薛居正以来,执政总统尚矣。其毋以兼三为解而旷大典。所辞宜不允。

出处:《平斋集》卷一四。

撰者：洪咨夔

考校说明：编年据《南宋馆阁续录》卷七补。

乔行简辞免提举国史实录院提举会要敕令经武
要略恩命不允诏
（端平二年六月后）

　　房玄龄之监修国史、实录，崔铉之进读会要，与萧何之次律令，魏相之知兵略，皆宰相职也。卿以名世鸿硕，爰立作相，内外万务，盖无不统，矧简策之记、兵律之志乎？维是诸书，事严体重，设官分纂，旷岁未就，非老于经制述作之学总提其纲要，诸儒将奚所折衷而收汗青之功哉？国典有常，巽章良过。所辞宜不允。

出处：《平斋集》卷一四。

撰者：洪咨夔

考校说明：编年据《南宋馆阁续录》卷七补。

奖谕陈𬱖御笔
（端平二年七月前）

　　卿以儒知兵，阅熟义理，必能恢休休有容之量以大所受，廉、蔺、寇、贾之事，其深念焉。

出处：《后村先生大全集》卷一四六《陈观文神道碑》。

考校说明：编年据陈𬱖官历补，见《景定建康志》卷一四。

赐左丞相郑清之辞免兼职不允诏
（端平二年六月至七月间）

　　朕惟成周之制，策书世系，官成政典，虽各有职掌，而典式法则，太宰实总提之。所以严载籍，谨政刑，信令而贻后也。汉失其指，礼仪章程，律令军法，相国仅与诸臣分掌其一。至我国朝，始命宰辅尽仿成周之旧。卿以忠忱笃厚相予亲政，登吁群献，宣昭令猷。若玉镂金科之书，戎昭武略之要，提纲既久，厥有端绪。今又以史筵著局，属卿董正，而逊牍来上，并露归志。夫此五书之目，卿且不得以辞其劳。矧方命卿以周公之事，往求朕济，事有大于此者？其勉为朕留，总领众职，毋替成绩。

出处：《鹤山先生大全文集》卷一四。又见《古文渊鉴》卷六四，乾隆《蒲江县志》卷三，嘉庆《邛州志》卷四二。

撰者：魏了翁

考校说明：编年据魏了翁任两制时间、同集前后文时间补。

赐淮东制置赵葵乞遂退闲不允诏
（端平二年六月至七月间）

朕惟用人之法，盖非一涂。昔晋用荀林父，秦用百里奚，人始疑而终信之。虽然，抑可以为难矣。使须暇三年，终无以自见也，晋景、秦穆，不得为遂非乎？以卿世笃忠孝，肆排群议，倚殿东淮，而新疆未固，蹙境丧师，需章复来，固请闲佚。今秋防孔迩，岂卿闲佚时邪？其为朕量国力，固封守，明邦谍，纠搜慝，察相翔，先为自治之图，以杜必至之患，尚有以雪殽邲之耻也。

出处：《鹤山先生大全文集》卷一四。

撰者：魏了翁

考校说明：编年据魏了翁任两制时间、同集前后文时间补。

赐左丞相郑清之乞上印绶不允诏
（端平二年七月五日）

朕骏惠先猷，登庸二相，以左右乃辟宅师，非苟以爵位为光宠也。卿乞身之请，至于再三，援贾谊书，将以古大臣之节自厉，词指开亮，不忘叹嘉。虽然，节之为义，刚柔分而刚得中，盖止所当止，非直以一退为谅也。泽上有水，或过或不及，皆不得谓之节。朕自亲万几，卿能为朕搜览俊茂，收回威柄，丕阐言路，肃遏吏饕。正当须暇岁月，言观厥成，而一日非终，奉身勇退。朕方以刚居中，为甘节之主，卿顾欲决于一去，以蹈于上六之苦节，岂所望于旧学之臣邪？典听朕言，亟祗厥叙。

出处：《鹤山先生大全文集》卷一四。

撰者:魏了翁

考校说明:"端平二年"据魏了翁任两制时间补。

赐葛洪辞免资政提宫乞休致不允诏
(端平二年七月十二日)

七十而致,为臣礼之节也。若耄期称道不乱,则有不得谢者。故在朝则共王杖,大祭祀则供杖,咸非惟贵爵崇齿,亦以乞言考德。如睿圣武公、延州来子,皆年过九十,固不以齿为限也。朕闵劳耆硕,听就退闲,秘殿隆名,真祠闲廪,亦庶几月存日秩之意。参诸《礼经》,孰曰不可? 毋以辞逊为也

出处:《鹤山先生大全文集》卷一四。

撰者:魏了翁

考校说明:"端平二年"据魏了翁任两制时间补。

闻喜宴口宣
(端平二年七月十五日)

乐得贤才,式颁燕衎。乐奏《嘉鱼》之什,歌陈《鸣鹿》之三。爰示周行,匪章私惠。

出处:《鹤山先生大全文集》卷一四。

撰者:魏了翁

考校说明:"端平二年"据魏了翁任两制时间补。

曾参政从龙生日赐牲饩诏
(端平二年七月十七日)

储休庆阀,生德明时。冠一世之伦魁,陪两朝之该辅。爰颁好赐,庸介寿祺。其茂体于眷怀,益勉殚于忠报。

出处:《鹤山先生大全文集》卷一四。

撰者:魏了翁

考校说明:"端平二年"据魏了翁任两制时间补。

召崔与之诏
(端平二年七月)

朕妙柬英耆,参预大政,命下之日,朝野交欢。亦惟卿名德素孚,有以压服众论也。属时多虞,正赖协济。毋事巽辞,亟祗承渥。今专遣札书赐卿,虽未能如古者安车聘召之礼,倾心注想,实则过之。其即戒行,以副朕尊用老成之意。

出处:《崔清献公全录》卷九。又见《广东文献初集》卷二,民国《增城县志》卷二七。

兵部侍郎淮东制置使赵葵乞罢黜不允诏
(暂系于端平二年七月前后)

维予前宁人经德秉哲,咨乃父宅,牧于江汉,匪舒匪棘,肆柔宁武图功,迄今靡间言,良用嘉叹。乃者锡壹惠之谥,以忠冠肃,亦惟旌往劝来,庶几世有不二心之臣,服劳于王家。卿佩教忠之训,奋志孔武,朕推心任之。整淮浦之旅,雪崿函之耻,奄观后效,顾以群疑,自鞠自沮,何耶?夫简物议者丧功之本,畏人言者进德之机。揽卿来奏,谓忠孝有闻,忧惧无所,且重感于綦间不行之子仪,继自今其知所进矣乎!秋风戒寒,严《车攻》之修备,谨《采薇》之守卫,以张吾国而昭乃辟之有义,睽疑何有哉!避谗祈免,非朕乐闻。所请宜不允。

出处:《平斋集》卷一四。
撰者:洪咨夔
考校说明:编年据同集前后文时间、赵葵官历补,见《宋史》卷四一《理宗纪》、卷四二《理宗纪》、卷四一七《赵葵传》。

权礼部尚书兼侍读魏了翁辞免兼同修国史实录院
同修撰恩命不允诏
(端平二年七月后)

西狩绝笔,迁固独以良史称。迨唐魏谟领起居注,人主索观之,以兼书善恶不奉诏,厥职举矣。尔系出于谟,论议挺挺,犹有征之风烈。缃书史馆,裁成一代之典,畴不谓宜? 况为望郎名卿、为柱下史,皆尝执简纂次,今顾以大宗伯参纪录之职而辞乎? 往钦哉,书法毋隐。所辞宜不允。

出处:《平斋集》卷一四。
撰者:洪咨夔
考校说明:编年据《南宋馆阁续录》卷九补。

权礼部尚书魏了翁辞免兼权吏部尚书恩命不允诏
(端平二年七月后)

朕谋庙访落之始,卿以嘉猷入告曰:"王位在德元,厥亦惟棐,民彝用怿,宁人受命。"实获我心。无人乎子思之侧,不我留也。间去而嗑,惠然来思,敷奏以言,亦克用乂。方将迪简在庭偕,庶明翼于朕躬,以春官行天官事,顾以为大介赍尔耶! 惟寅斯清,惟公斯明,卿盖裕于率属,毋违朕! 所辞宜不允。

出处:《平斋集》卷一四。
撰者:洪咨夔
考校说明:编年据魏了翁宦历补,见《宋史》卷四三七《魏了翁传》、《南宋馆阁续录》卷九、《鹤山先生大全文集》卷二〇《乙未秋七月待班奏事》。

魏了翁授兼侍读制
(端平二年七月后)

敕:朕惟《大学》失传,微言辍响。以愈之博闻明辨,言"修身治国"而遗"致知"之一章;以光之真践笃行,能诚意正心而误"格物"之二字。惟程颢弟兄次其简编于始,而朱熹师友为之章句于终,义方著明,功在讲贯。具官某,高明荡乎宇宙,正学源乎圣贤。去国十年,不改孤忠之洁白;谪居七载,尽研六籍之精微。深惟孔氏之遗书,能究先王之成法。肆班法从,劝读经帷。三在一篇之纲,汝敷畅之;六毋十章之旨,汝切磋之。如行道之有程,如耘田之有畔。师在前,讲在后,勿托空言;化于口,笔于书,仍输忠告。庶乎闻大道之要,可以开太平之基。可。

出处:《鹤林集》卷七。

撰者:吴泳

考校说明:编年据魏了翁官历补,见《宋史》卷四三七《魏了翁传》、《南宋馆阁续录》卷九。

赐吏部尚书李埴乞归田里不允诏
(端平二年闰七月四日)

朕始躬万机,靡皇他务。迪吁耆俊,共图康功。卿作我恭先,为时特起。言论有伟,聪明未衰,而陈谊再三,绳以礼律。朕惟七十而致君事,时其大闲耳。若耆耋好礼,耄期称道,有不得谢,则不以齿为限也。《书》不云乎:"罔或耆寿,俊在厥服,予则罔克。"尚安厥位,毋骏尔行。

出处:《鹤山先生大全文集》卷一四。

撰者:魏了翁

考校说明:"端平二年"据魏了翁任两制时间补。

陈韡除工部尚书依旧沿江制置制
(端平二年闰七月十日)

敕:介长江而分阃,式严留钥之司;掌邦土以命卿,增峻中台之重。维时明牧,显有骏功。庸就畀于迩联,示益彰于隆委。具官某,抱承家之学,有济世之才。淮楚未宁,已见出奇之画;江闽作孽,居多靖难之勋。宠司陪京,往护诸将。蠢兹介士,扰我朱方。倚铁瓮以倡谋,栖金峰而假息。布元戎之令,誓不招携;耆群叛之心,期以赎过。情辞真切,祸福著明。且信且疑,方自怀于犹豫;不留不处,遽尽掩于鲸鲵。一扫姑息之风,亟奏荡平之捷。爰升常伯,晋长缮曹。如亲九陛之前,益焕中权之宠。缅惟入觐,语及筹边。观其为国深谋,每以用兵为戒。度德量力,朕不忘龟告之言;御侮折冲,尔尚奋鹰扬之志。

出处:《蒙斋集》卷九。

撰者:袁甫

考校说明:编年据《景定建康志》卷一四补。

乔行简奏庶事务皆得及时剖决答诏
（端平二年闰七月十七日）

行简所陈,深契朕意,百司庶府并合遵行。可榜朝堂。

出处:《宋史全文续资治通鉴》卷三二。

申禁列郡兼签摄官之弊诏
（端平二年闰七月二十一日）

令吏部检坐累降禁约指挥,遍下诸路监司州郡,各令遵守,见入幕人并还本任。

出处:《宋史全文续资治通鉴》卷三二。

决狱诏
（端平二年闰七月二十一日）

大理寺、三衙、临安府属县、两浙州军决系囚,杖以下释之,仍蠲赃赏钱。

出处:《宋史全文续资治通鉴》卷三二。

议倪思傅伯成谥号诏
（端平二年闰七月二十三日）

倪思、傅伯成先朝遗直,可令有司议谥以闻。

出处:《宋史全文续资治通鉴》卷三二。

赵方赐谥忠肃制
(端平二年闰七月二十四日)

敕:朕闻真才之生宇内,疾没世而无称;公论之在人心,至阖棺而始定。弗诏美号,曷昭元勋!具官某,磊磊人中之豪,奇奇塞上之宝。逮事宁考,作镇襄州。由唐邓以图中原,无与贼俱生之志;援江淮而连巴蜀,有鞠躬尽死之心。勤劳十年,忠恪一意。奈规恢之未半,忽殄瘁之兴悲。朕方听鼓鼙而思将臣,阅礼乐而谋元帅,每嗟一老,恨不同时。涕连南岘之碑,爱及西平之子。虽不壮行不铭墓,固往哲之高风;然以壹惠以尊名,尚先王之成宪。肆举饰终之典,用彰成德之休。夫虑国忘家之谓忠,正己摄下之谓肃。合兹二美,贲于九原。噫!执爵以怀羊太傅之功,托旐以著杨荆州之诔。尚旌既往,以励方来。可。

出处:《鹤林集》卷一〇。
撰者:吴泳
考校说明:编年据《宋史》卷四二《理宗纪》补。

同知枢密安丙赐谥忠定制
(端平二年闰七月二十五日)

敕:班超数征西域,而生不过"定远"之封;葛亮时出秦川,而死仅加"忠武"之号。能兼二美,代不数人。具官某,本以儒癯,荷兹戎重。其魁奇足以开物成务,其沈毅足以御侮折冲。奉诏而讨元凶,几白忧时之发;奋身而诛群盗,益丹报国之心。烂然殊勋,载在盟府。朕每念宁考图功之志,若稽先朝恤往之恩。义莫重于辍朝,仁莫荣于诏葬。独惟谥典,扼以柄臣。属多垒之未清,拊遗忠而慨叹。蔽自朕志,锡之尊名,以旌虑国之劳,以示安民之法。噫!咸平之于张咏,曾著徽称;嘉定之于汝愚,亦昭异数。盖存则有勋劳于四蜀,而殁焉无愧怍于九泉。以此诔卿,庶几称德。可。

出处:《鹤林集》卷一〇。
撰者:吴泳
考校说明:编年据《宋史》卷四二《理宗纪》、《宋史全文续资治通鉴》卷三二补。

全子材降授朝请郎制
（端平二年闰七月二十六日）

敕具官某：马谡，亮之爱将，而街亭之衄所不容；元谟，斌之前锋，而滑台之败所不贷。矧尔节制于范，师不以律。既偾于洛，寻奔于汴。又以辎粮器械，委弃于唐，是再比矣。范首以状闻，台臣继以章上。褫官镌秩，俾侣于衡山之云，尚圣朝宽厚之典。可。

出处：《永乐大典》卷七三二二。

撰者：吴泳

考校说明：编年据《宋史》卷四二《理宗纪》、《宋史全文续资治通鉴长编》卷三二补。"全子材"，《宋史》卷四二《理宗纪》、《宋史全文续资治通鉴长编》卷三二均作"全子才"。

未修复围田许官民户承佃经理诏
（端平二年八月）

令浙西、临安、平江、嘉兴、镇江府、常州、安吉守臣，将未修复围田，许官、民户承佃经理。

出处：《宋史全文续资治通鉴》卷三二。

余元㢜除司农寺丞赵必愿除太府寺丞制
（端平二年三月至八月间）

敕具官某等：大农外府，皆财赋之职，必得通儒，深究本末源流，然后国用饶而民不告病。尔元㢜学《周官》而明理财赋之说，尔必愿出相门而知制国用之道，并丞二寺，佥论惟允。夫议论多而功实寡，世以此病儒，尔其夙夜惟勤，一雪此言。食货生人之本也，果称职，则儒不腐矣。懋哉！

出处：《蒙斋集》卷八。

撰者：袁甫

考校说明:编年据袁甫任两制时间、赵必愿官历补,见《宋史》卷四一三《赵必愿传》等。此制时间当早于同集卷九《赵汝遇除军器监丞赵必愿除户部郎官制》。

<h1 style="text-align:center">王极除太府寺簿制</h1>
(端平二年三月至八月间)

敕具官某:朕念不泄迩不忘远之训,蜀士凡有所长,搜罗惟恐后,矧隽声著闻者乎?尔生有异质,早掇巍科,不自矜夸,益加培养,通达古今,晓畅事宜,非碌碌常才比。簿正外府,用由此阶。《诗》不云乎:"靖共尔位,好是正直。"予以远到期汝,钦哉,勿予负!

出处:《蒙斋集》卷九。又见《永乐大典》卷一四六〇八。
撰者:袁甫
考校说明:编年据袁甫任两制时间、王极宦历补,见《宋史全文续资治通鉴》卷三二。

<h1 style="text-align:center">赵汝遇除军器监丞赵必愿除户部郎官制</h1>
(端平二年三月至八月间)

敕具官某等:除戎器,戒不虞,义著于萃;不伤财,不害民,训垂于节。而吾圣门讲明实学,有勇知方,子路能之,治国足民,冉求能之,皆确然有可用之实。尔汝遇之谨重,职在缮戎;尔必愿之明练,职在理财。一为监长,一为郎曹,其足食足兵之所深赖乎?治兵而毋佳兵,治财而毋蠹民,此圣门之所尚,而宗英之所以培植宗社者也。懋哉!服我休命。

出处:《蒙斋集》卷九。又见《永乐大典》卷一三四九八。
撰者:袁甫
考校说明:编年据袁甫任两制时间、赵必愿宦历补,见《宋史》卷四一三《赵必愿传》等。

赐知阁韩休乞休致不允诏
（暂系于端平二年闰七月至八月间）

　　上阁之长，九仪是司。揆之故常，必付耆宿。卿以勋臣之后，练习宪章。徒赖仪刑，以重宾赞。而仍岁请老，求遂私佚，此非朕所望也。

出处：《鹤山先生大全文集》卷一四。
撰者：魏了翁
考校说明：编年据同集前后文时间补。

戒饬将帅抚恤士卒诏
（端平二年八月）

　　敕何炳：朕仰惟艺祖皇帝立国以仁，制国以义，抚军驭军，恩威不相掩，用能赋民养军而民不惮，整军卫民而军不怨。经制一定，国势尊安。慨慕风烈，常惧弗逮。间者惠阳、建安、京口、高沙之军，蠢为不静，以骇民听。虽怙终必戮，迄伸邦宪，而事非获已，痛切朕躬。夫三纲五常之理，在人未始泯绝。彼其忘平时抚养之恩，背理捐生，而以卫民者厉民，岂尽本心哉？有司奉令不虔，故其病于掊克而饥寒之不免，困于力役而休息之无期，郁悒于沮遏而赴诉之无所，殆非一日。亦惟朕之不明有以致之。《诗》不云乎："祈父，予王之爪牙，胡转予于恤？"内而三衙，外而列阃，暨诸军主兵官，其各体至意，上下交饬，训礼示信，威以儆其玩，而恩以恤其私。使人人自爱，相安于纪律而国势张，时惟汝嘉。狃故必罚，朕不敢赦。故兹诚谕，想宜知悉。秋热，汝比好否？遣书，指不多及。

出处：《平斋集》卷一四。又见《咸淳临安志》卷四一，《永乐大典》卷六六九七。
撰者：洪咨夔

李埴除端明殿学士提举万寿观兼侍读兼修史制
（暂系于端平二年八月前后）

　　敕：朕尊延耆俊，嘉尚名儒。伟秘殿以升华，专付史权之重；冠祠庭而命秩，俾陪经幄之游。时预议于昕朝，爰视仪于政路。具官某，爽邦由哲，事君以忠。

品藻才高,得十志八书之奥;渊源学富,参一翁二季之间。更出入于累朝,凛孤高于晚节。粤新大化,召长禁庭。方资柄用之储,遽动浩归之志。谕以尺一,至于再三。何所闻而来,心乎徇国;不得职则去,过实在予。岂无体貌之隆,曷以筋力为礼。是用付神京之真馆,躐学士之穹班。庸究业于金华,肆垂光于汗简。嘉谋尔则入告,尚赖箴规;大事吾其与闻,益殚忠荩。

出处:《蒙斋集》卷九。

撰者:袁甫

考校说明:编年据《鹤山先生大全文集》卷一四《赐李埴辞免除端明殿学士提举万寿观兼侍读不允诏》补。此制时间当稍早于《鹤山先生大全文集》卷一四《赐李埴辞免除端明殿学士提举万寿观兼侍读不允诏》。

赐李埴辞免除端明殿学士提举万寿观兼侍读不允诏
(暂系于端平二年八月前后)

承明学士之选,凡宥府之初除,从臣之久次者为之。若优以内祠,留之经幄,自非耆宿,不在兹选。卿三朝扬历之旧,副朕柬求,而陈力不能,累章来葳。夫知止知足者,人臣律己之分;而尚德尚齿者,国家礼贤之宜。是用闵劳禁涂,参考故实,凡以待久次、处耆宿者,并用付卿。礼秩既优,眷怀未愁。其毋固谢,嗣有宠章。

出处:《鹤山先生大全文集》卷一四。

撰者:魏了翁

考校说明:编年据同集前后文时间、李埴宦历补,见《平斋集》卷一四《端明殿学士提举万寿观兼侍读李埴乞赐骸骨不允诏》等。

赐李埴再辞免除端明内祠侍读不允断章批答
(暂系于端平二年八月前后)

优老之典,朕自嗣位以来,未尝轻以假人。今辍以荣卿之归,而来奏以不良于行,固辞未已。夫三揖而进,一辞而退,此固卿去就之分。《诗》不云乎:"谨尔优游,勉尔遁思。"其尚以经学辅朕,无重陈也。

出处:《鹤山先生大全文集》卷一四。

撰者:魏了翁

考校说明:编年据同集前后文时间、李埴官历补,见《平斋集》卷一四《端明殿学士提举万寿观兼侍读李埴乞赐骸骨不允诏》等。

李埴再辞免除端明内祠侍读不允断章口宣
（暂系于端平二年八月前后）

内祠佚老,经幄留贤,矧书殿之隆名,皆圣朝之优典。亟祗厥叙,毋费于辞。

出处:《鹤山先生大全文集》卷一四。

撰者:魏了翁

考校说明:编年据同集前后文时间、李埴官历补,见《平斋集》卷一四《端明殿学士提举万寿观兼侍读李埴乞赐骸骨不允诏》等。

赐洪咨夔辞免除吏部侍郎兼给事不允诏
（暂系于端平二年八月前后）

朕俶操大权,卿首以忠清翦涤垢污,陟乃辟于成宪,乃有非谋非彝以肆甚闲。迨更掌书命,摄贰选曹,犹几纠逖愆违,昭乃辟之汝庸也。而书诏填委,以渗节宣之和,数以告谂,兹庸擢正贰卿,晋兼琐闼。盖官虽要重而事简于前,其庶乎可留,以汔济乃辟矣。始卿以元祐望我,间为朕言曰:"今元祐绝望。"朕闻之惕然。若遽舍去,其果无望也夫!

出处:《鹤山先生大全文集》卷一四。

撰者:魏了翁

考校说明:编年据同集前后文时间补。"给事"后疑脱"中"字。

赐葛洪再乞休致不允诏
（暂系于端平二年八月前后）

七月癸卯诏书,尝为卿言,昔人如周之睿圣武、吴之延州来,皆年过九十而不得谢。斯言属耳,而忱请再莫。朕惟七十致仕,古有明训。大夫云者,亦公卿之通称。然而由周以上,毫不得谢,尚多有之,盖不特前二人为然。或者既尝在大臣之位,则当与国同其戚休,非若卿以下得以引年嘉遁也。《诗》曰:"毋金玉尔音,而有遐心。"其毋重陈,以章朕之不德。

出处:《鹤山先生大全文集》卷一四。

撰者:魏了翁

考校说明:编年据同集前后文时间补。

赐崔与之辞免参知政事不允诏
(暂系于端平二年八月前后)

自比年以来,义理不竞,名节堕颓。思得守谊握正、秉忠蹈方之士,表仪群辟,是用待卿为政。夫当仕有官职而以官召之,则不得以疾为解。卿献念专固,不肯设中于心,以相从也。今外讧内鬨,事会沓来,岂卿闲遁时耶?《诗》曰:"独寐寤歌,永矢弗过。"旧说谓誓不过君之朝,而先儒非之,曰:"此自陈不得过君之朝也。"今卿以二说孰非孰是,奚厚奚薄?则去就决矣。朕命不易,卿来毋迟。

出处:《鹤山先生大全文集》卷一四。

撰者:魏了翁

考校说明:编年据同集前后文时间、崔与之官历补,见《宋史全文续资治通鉴》卷三二。

赐陈卓乞解签书枢密辞执政恩例奉祠不允诏
(暂系于端平二年八月前后)

朕惟天命难谌,事几错出,肆庸众建该辅,以绥我受民。维时百工,莫肯夙夜,暨厥表臣,不恤我士,厥既宪禁宣猷以申儆之。惟卿践修有闻,翊我枢管,尚几与二三大吏,祗勤无怠,以律我有臣。而浩然怀归,陈谊恳恳,虽以视恩政路,厥有常典,亦不我屑。《诗》云:"无弃尔辅,员于尔辐。"其克忱裕乃猷,以讫尔庸。

出处:《鹤山先生大全文集》卷一四。

撰者:魏了翁

考校说明:编年据同集前后文时间、陈卓官历补,见《宋史》卷二一四《宰辅表》。

赐陈韡辞免除工部尚书不允诏
（暂系于端平二年八月前后）

比岁姑息成风，诲奸赏盗，讧溃相袭，势尽复然。虽以王之爪牙，有不可恃，而南徐又见告矣。卿以忠忧内发，威信夙孚，殄剿所加，靡有遗育。庶其为朕免于诲赏之耻，以张辟威，以折乱萌。晋摄文昌，庸昭在师之宠，而辞弗敢有，且曰："若假千百人之命，以求宠利，天且不容，况于人乎！"呜呼，此古人哀矜勿喜之意，充是心也，可以无愧于天牧矣。懋功之典，匪朕攸私。

出处：《鹤山先生大全文集》卷一四。

撰者：魏了翁

考校说明：编年据同集前后文时间、陈韡官历补，见《景定建康志》卷一四。

赐陈卓再乞祠不允诏
（暂系于端平二年八月前后）

癸未诏书，言未脱口，而忱辞再葳，秉谊莫夺。惟今戎心弗谯，疆候绎骚，积贤累才，犹虑弗给。而无背无侧，何恃不虞？矧惟股肱之臣，先天下而忧，后天下而乐。今国事未济，而私佚是图，匪朕攸闻。尚其以义自闲，永弼乃后。

出处：《鹤山先生大全文集》卷一四。

撰者：魏了翁

考校说明：编年据同集前后文时间补。

洪咨夔除吏部侍郎兼给事中制
（暂系于端平二年八月前后）

敕：朕总揽大权，宣明公道。以叙正群吏，职重铨衡，施命诰四方，事严封驳。顾瞻在廷之彦，孰号兼人之才？必得通儒，始称兹选。具官某，孤忠自许，劲节不回。立台端则不避权奸，居披垣则匪徒润色。谁云贤者无益人国，藉尔输诚；固知明主可为忠言，助予更化。积劳云久，以病丐归。雅怀难徇于洁身，大义合思于体国。就正天官小宰之任，更观夕郎批敕之风。职掌虽进于前，词头则简于旧。比览卿疏，深契朕怀。众皆醉，我独醒，信非立异；昔者疾，今日愈，云胡不留！矧当乏才之秋，尤隆久任之典。引领以望，尔终为元祐之正人；矢心而言，朕不负端平之初志。尚殚忠荩，式副简知。

出处：《蒙斋集》卷九。

撰者：袁甫

考校说明：编年据《鹤山先生大全文集》卷一四《赐洪咨夔辞免除吏部侍郎兼给事不允诏》补。此制时间当稍早于《鹤山先生大全文集》卷一四《赐洪咨夔辞免除吏部侍郎兼给事不允诏》。

赐右丞相乔行简生日礼物诏
（端平二年九月一日）

叶熊罴之卜，正渭滨八十之年；歌《凫鹥》之诗，祝鲁国万千之寿。爰考匪颁之式，庸昭眷遇之私。既有旨酒，又有嘉殽，以将其厚意；俾尔戬谷，降尔遐福，尚辅予一人。

出处：《鹤山先生大全文集》卷一四。

撰者：魏了翁

考校说明："端平二年"据魏了翁任两制时间补。

赐左丞相郑清之生日礼物诏
（端平二年九月一日）

观度铜浑，正龙驷开晨之候；调元玉铉，记熊罴协梦之辰。肆迪彝章，式颁嘉赉。美郑公之德，爰加授粲之勤；颂鲁侯之功，盖介如冈之寿。

出处：《鹤山先生大全文集》卷一四。

撰者：魏了翁

考校说明："端平二年"据魏了翁任两制时间补。

赐李埴乞还故里不允诏
（端平二年九月二十四日）

朕惟周有黄耉台背之老，诗人以美王；汉无白首耆艾之臣，识者以忧世。肆稽众允，咸吁时髦。卿以四纪勤劳，三朝扬历，长我六事，为今名卿。曾几何时，数以归谂。夫经帷史观，有理义之悦心；书殿祠宫，非筋力以为礼。何疑何间，予请予求。睿圣武公，耄期而入相；延州来子，九十而帅师。为朕少留，于卿奚损？

出处：《鹤山先生大全文集》卷一四。

撰者：魏了翁

考校说明："端平二年"据魏了翁任两制时间补。

赐李埴再上章乞还故里不允不得再有陈请诏
（端平二年九月二十四日后）

《书》不云乎："尚猷询兹黄发，则罔所愆。番番良士，旅力既愆，我尚有之。"古之人欲其罔愆也，虽以旅力既愆之人，尚几其我有焉。今卿陈力不能，累章未已，所以自为谋则善矣，朕独不惜良士之去乎？而况比日以来，狄难未衰，边声孔棘。淮汉陕蜀，羽书重迹。朕为此惧，正惟黄耉成人，是谘是信。今顾以礼律义命自徼，以亲旧规晓为疑。夫委质为臣，苟有以毕诚殚虑，济登乃辟，如汉汲、萧，则宁复以居中为嫌？勉蹈前修，毋庸亟请。

出处：《鹤山先生大全文集》卷一四。

撰者：魏了翁

考校说明：编年据同集同卷《赐李埴乞还故里不允诏》补。

申严禁约请托事诏
（端平二年九月二十九日）

端平亲政以来，务革前弊，禁约求举驰书事目之类。近闻循习如旧，害政尤甚。自今内而百司、外而台郡，月具无请托事申御史台，仍令常切觉察。

出处:《宋史全文续资治通鉴》卷三二。

应繇除著作郎诰
(暂系于端平二年九月)

著庭清选也,矧由小至大,步武浸高,傥匪名儒,曷称厥职?以尔学粹而精,词丽以则,礼闱校艺,卓冠群英。由璧水而登蓬山,陟郎曹而直翰苑,休声绰著,远业未涯,兹除特寄径耳。益加韬养,以俟柬求。

出处:《东涧集》卷三。
撰者:许应龙
考校说明:编年据《南宋馆阁续录》卷八补。《南宋馆阁续录》未见应繇除著作郎之记载,"著作郎"或为"著作佐郎"之误。应繇,又作应䌖,见《宋史》卷四三《理宗纪》、卷四二〇《应䌖传》等。

杜幼节除著作郎制
(端平二年九月)

敕具官某:著庭储才之地,尔毓秀挺奇,联中两科。当此国事多虞,固应亟见于用,奚以储为哉!望实贵乎相副,既有实才,复养资望,朕意固有在也。毋曰职清事简,勉究远猷,嗣有褒擢。

出处:《蒙斋集》卷九。
撰者:袁甫
考校说明:编年据《南宋馆阁续录》卷八补。

应繇除著作郎制
(暂系于端平二年九月)

敕具官某:朕诵"丰芑"之诗,思为培植人才计。尔博学多闻,属辞知体,繇中秘升著庭,众咸曰宜,抑朕所深取者。以质美行修,《易》所谓吉人之辞寡者,盖庶几焉。恢尔器业,励尔风节,乃可副予储才之意,岂但与瀛洲学士相颉颃哉!

出处：《蒙斋集》卷九。

撰者：袁甫

考校说明：编年据《南宋馆阁续录》卷八补。

陶本除著作佐郎兼权右司制
（端平二年九月）

敕具官某：朕观前史，有此官要而不清，清而不要之说矣。我朝设官，莫要于宰掾，莫清于儒馆。兼斯二者，必惟其人。尔宝婺之秀，悃愊无华，魁然其形，班行之羽仪也。裨赞庙谟，亦既光宠。承明著作之庭，复俾涉笔其间，不其荣哉！夫木天固储才之地，都司乃学为宰相者也，又奚但清要而已。毋自菲薄，益迓宠休。

出处：《蒙斋集》卷九。

撰者：袁甫

考校说明：编年据《南宋馆阁续录》卷八补。"陶本"，《南宋馆阁续录》卷八作"陶木"，当以为是。

家横除秘书郎制
（端平二年九月）

敕具官某：秘馆必用名流，所以养器业也。尔天赋英资，自为太学诸生，已不肯碌碌。洎归蜀，又冠春闱，才刃恢然有余矣。乃不矜其能，隆师尚友，以致远自期。校雠未久，兹复序迁。以尔词学之富，顾何官不可为。其务潜心古训，益造平实，则予汝嘉。

出处：《蒙斋集》卷九。

撰者：袁甫

考校说明：编年据《南宋馆阁续录》卷八补。

陈至除国子监丞曾三异除太社令制
（端平二年九月）

敕具官某等：在《诗》有之："济济多士，克广德心。"士有靖共自重、老成可敬者，于其德心有取焉耳。尔至履行有常，勤于审计；尔三异韬养不露，精于典校。朕察其德心，盖能安于素守者。或晋联胄监，或列属奉常，皆清选也。尚其懋勉，以对休命。

出处：《蒙斋集》卷九。
撰者：袁甫
考校说明：编年据《南宋馆阁续录》卷九补。

蔡仲龙除秘丞兼屯田杜范除秘书郎制
（端平二年九月）

敕具官：十洲蓬岛，号风月不到处，职为丞郎，儒者高选也。尔仲龙夷雅自将，尔范端方有守，蔚然令闻，士论推之。同时登瀛之荣，岂汝私哉？朕率厉群工，治事于局，木天虽无吏责，经史皆实学也。及兹暇日，培殖器业。如或知尔，举而措之，乃罔后艰。

出处：《永乐大典》卷一三四九八。
撰者：袁甫
考校说明：编年据《南宋馆阁续录》卷八补。

宝谟阁学士正议大夫提举江州太平兴国宫
余嵘乞俾致其事不允诏
（暂系于端平二年七月至十月间）

华发旧德，壮犹元老，有国者所甚重。故朕亲政以来，乐得耆喆，是冯是翼。兆渭水以奋庸，起海滨而共政，经闱、史观亦参列备咨访。安有先朝名法从，老于学问政事如卿，而简拔独后乎？顾卿牧御湖湘，积劳婴疢，姑俾均佚祠庭，啬精神以俟用。兹揽来章，祈致厥事，恻然宿恙之未平也。知止不殆，抗怀固高，渴想仪刑,讵容得谢! 其务玩勿药有喜之象,以康乃身,伫嘉谋之入告。所请宜不允。

出处:《平斋集》卷一四。

撰者:洪咨夔

考校说明:编年据同集前后文时间、余嵘宦历补,见《后村先生大全集》卷一四五《余尚书神道碑》。

太中大夫权礼部尚书兼直学士院兼同修国史实录院同修撰兼侍读魏了翁乞赋祠廪不允诏
(端平二年十月二十五日后)

靺鞨不道,闯我蜀关,卿伯氏杖使者节乘沔,誓不与俱生而死之。朕蠢然叹嘉,诏褒金城之节以劝忠,且以纾卿孔怀之戚。而请祠欲西,将进至荆、夔,与父老谋救乡国,陈义甚高。昔汉尝有事于四方,驰传谕蜀,属之司马相如,汲黯则留以自近。山立玉色,奸宄夺气,功出大将军上,本强则精神折冲故也。卿其图济乃辟,谨勿言去,有胜算亟入告。所请宜不允。

出处:《平斋集》卷一四。

撰者:洪咨夔

考校说明:编年据《鹤山先生大全文集》卷二五《丐祠奏状》补。

赐权刑部尚书沿江制置大使兼江东安抚使知建康府陈韡银合腊药敕书
(端平二年十月二十八日后)

卿佩囊法禁,典钥陪都。凛水泽之中坚,严风寒之外护。爰锡摄调之剂,用昭眷倚之怀。壮尔精神,宽予忧顾。

出处:《平斋集》卷一六。

撰者:洪咨夔

考校说明:编年据陈韡宦历补,见《景定建康志》卷一四。

高稼殁于王事转官予职制
（端平二年十月二十九日前）

惟赏无常，视功轻重，矧著死节，盍锡异恩。以尔公尔忘私，忠以卫上，自把麾而持节，每加意于练兵。适当强敌之凭陵，坚守孤城而捍御，见危致命，允谓精忠。崇德报功，当隆恤典，畀以文阶之峻，升之学士之联。仍录后昆，俾膺庙食。英魂如在，茂渥其承。

出处：《东涧集》卷六。
撰者：许应龙
考校说明：编年据《鹤山先生大全文集》卷二五《辞免同产兄利路提刑高稼赠恤恩例奏状》补。

召崔与之诏
（端平二年十月）

朕亲政之始，访求耆硕，卿其首也。侧席已逾两期，而俟驾之行，尚尔悠邈，岂朕好贤之意未笃耶？先朝如文彦博以九十余老，犹肯预闻国事，卿年何如，乃不为朕一出，使贻恨同时，恐非仁贤之志。方虚政地以待，其勉趣车，亟副延。再此亲札，宜体至怀。

出处：《广东文献初集》卷二。又见《崔清献公全录》卷九，民国《增城县志》卷二七。

赵汝譡除秘书丞兼右司制
（端平二年十月）

敕具官某：《诗》曰“不解于位”，又曰“夙夜在公”，谓人臣居一职，则任一职之责，自朝至暮，罔敢怠遑也。尔少驰隽誉，备掇巍科，临政勤敏，转而上闻。登朝著，兼宰掾，夙夜不懈犹昔也。擢丞中秘，号为清简矣。虽然，身在蓬莱，饱观典故，以其所得于方册者，裨赞庙谟，剖决庶务，则夫清简者乃所以为繁剧之资欤？往尽乃心，嗣有褒擢。

出处:《蒙斋集》卷八。

撰者:袁甫

考校说明:编年据《南宋馆阁续录》卷七补。

礼部尚书魏了翁辞免庆典转一官不允诏
(暂系于端平二年十月前后)

"缁衣之宜兮,敝予又改为兮",好贤之心无致也。卿囊以言去国,非朕意。更化入仪橐从,直谅之气不少衰。朕爱其有元祐诸贤之风,既还铨簿之四阶,兹又进庆典之一秩。眷隆恩浃,岂以周南留滞为间哉! 夫天爵之尊,固无慕于人爵缁衣之好,朕心庶几焉。其毋过辞。所辞宜不允。

出处:《平斋集》卷一四。

撰者:洪咨夔

考校说明:编年据同集前后文时间、魏了翁官历补,见同集卷二三《魏了翁除权礼部尚书兼直学士院兼侍读制》、《宋史》卷四二《理宗纪》。"庆典"或即《宋史全文续资治通鉴》卷三二所载端平二年十一月四日"日南至,群臣朝贺"事。

安癸仲抚谕四川官吏军民诏
(端平二年十月至十一月间)

敕四川官吏军民等:朕以眇冲,嗣守历服,上天孚佑,一纪于兹。虔恭凤霄,罔敢暇逸。载惟西蜀,居国上游。蠢兹犬羊,敢犯王略。乃季秋月朔,疆吏告警。维时阃帅进屯险要,奖率王旅。若守封捍敌之臣,暨我将士,躬冒矢石,挺身戎行,虽时有克捷,而贼势鸱张,音邮隔绝。深虑逾关越险,滋蔓难图。朕为民父母,而不明厥德,绥御失道,以召衅纳侮,使吾赤子仍岁劳不得息,将吏被甲胄不得卧。恫瘝乃身,过实在朕。一念及此,疾首痛心。惟尔官吏军民,念三百年涵养之恩,其尚同德一心,以殄歼乃仇。朕既颁手书以付彦呐,爰命太府卿安癸仲兼四川抚谕使,奉将朕指,劳问将士,抚绥黎元,招辑流散,纠合骁武,其有监司牧守、虓将勇夫、巨室豪民、忠臣义士,凡以靖难敌忾,为吾制臣之助者,姓名来上,朕将第功行赏,大报忠劳,勒名策书,垂耀罔极。尔其聪听,朕不食言。故兹抚谕,想宜知悉。冬寒,汝等各比好否? 遣书指不多及。

出处:《鹤山先生大全文集》卷一四。

撰者:魏了翁

考校说明:编年据魏了翁任两制时间、文中所述"冬寒"补。

金紫光禄大夫知枢密院事兼参知政事曾从龙可除枢密使督视江淮军马加食邑食实封制
(端平二年十一月六日)

门下:朕祇承洪业,远慕骏功。督江左之军而国势张,晋赖谢安之略;视淮右之师而皇威畅,唐资裴度之筹。顾《采薇》治外之孔严,宜《烝民》任贤之尤急。妙简元枢之望,尽提诸将之权,肆诹刚辰,式涣乎号。具官某学醇而识邃,德厚而器闳。盖擅两都之伦魁,蔚为三代之王佐。炳谋国之智,先见洞乎蓍龟;励事君之忠,精诚贯乎金石。再践政涂之峻,独颛宥府之崇。一念虑必图乂于邦家,一讦谟必思安于社稷。气塞乾坤之大,志期宇宙之清。蠢鞑靼之黠戎,乘女真之末绪。并吞诸郡,莽万里之丘墟;蹂躏中原,惨兆民之涂炭。不顾夷夏大分之定,不思帝王正统之尊,敢啸余凶,自干显讨。况太之一神来格,久占福曜之临;而甲子之历有开,适应初阳之复。趣迎善气,特命元戎。皇天付予有家,莫重要冲之守;宁王遗我大宝,适资艰运之扶。维文武之全才,蕴沉深之大略,就升使领,仍衍井畬。总表撑里拓而建规摹,合前茅后劲而受节度。风生草木,声震山川。圣策定则有功,可必应兵之胜;真儒用而无敌,何难贼虏之平?注倚非轻,延登有待。於戏! 义问之拒逆亮,收万全于指顾之间;张浚之却伪齐,奏三捷于谈笑之顷。朕方恢于祖烈,尔宜迈于前修。众思集则精神强,列戍睦则首尾应。亟灾攘于外侮,用劢相于中兴。可。

出处:《平斋集》卷一六。

撰者:洪咨夔

考校说明:编年据《宋史》卷四二《理宗纪》补。

知枢密院事曾从龙辞免枢密使督视江淮军马恩命不允诏
(端平二年十一月六日后)

朕承艰难之业,昧绥御之方,蜀既被兵,襄复告警,长淮、大江,风寒之备孔棘。元戎重寄,安危惟人。然自昔康时济世,非便儇瓛厉者所能,为此截截善谝言,《秦誓》所以重悔也。卿沉深如邓禹,镇静如谢安,始对延英,首以佳兵为戒,识虑远矣。共政逾年,威重有体,朕知可属大事。时方多垒,辍股肱之臣以尽护边将,国有令典。便朝咨卿,勉为朕往,卿既许朕矣,而犹以取具临时为解。夫军国一机,内外同体,措置得宜,精采立变。走苻坚于肥水,折佛狸于瓜步,尽在卿指纵之下。毋留成命,亟奏肤公。所辞宜不允。

出处:《平斋集》卷一四。

撰者:洪咨夔

考校说明:编年据《宋史》卷四二《理宗纪》补。

权礼部尚书魏了翁辞免除端明殿学士同签书枢密院事督视京湖军马恩命不允诏
(端平二年十一月六日后)

可大之业,由事而生,此功业所以见乎变也。蠢兹黠虏,窥我蜀襄,朕慨事变之方来,一日建两督府于江上,使声援相接,以全制胜。卿学洞古今安危之略,识照夷夏盛衰之几,眷知特深,谗慝莫间。趣进参于枢管,往尽护于上流。成命一颁,江汉重湖已隐然有虎豹在山之势。顾以军旅未学辞,何耶? 中军谋帅,必本之诗书礼乐,万里戎情,亦惟儒者能料之,文事、武备不容异观也。集思广益之有加,保大定功之可必。亟究真儒之韫,毋迟先乘之行。所辞宜不允。

出处:《平斋集》卷一四。

撰者:洪咨夔

考校说明:编年据《宋史》卷四二《理宗纪》补。

同知枢密院事郑性之辞免兼参知政事恩命不允诏
(端平二年十一月六日后)

军国虽有异容,文武初非二道。属时多故,辑我众谋。召虎来旬来宣,既出总彻疆之寄;山甫令仪令色,宜进参赋政之规。卿学术深明,气度轩豁。蚤培远业,尝有志于着鞭;晚篷迩联,犹不忘于运甓。居切风寒之虑,图为阴雨之防。适当东府之暂虚,爰藉西枢之兼领。虽相与经纶于万务,何以假为;然熟观酬酢于百为,自此升矣。勉殚忠益,奚事劳谦! 所辞宜不允。

出处:《平斋集》卷一四。
撰者:洪咨夔
考校说明:编年据《宋史》卷四二《理宗纪》补。

太中大夫同知枢密院事兼参知政事郑性之
辞免同提举编修敕令恩命不允诏
(端平二年十一月六日后)

道者立治之本,法者制治之具。成周盛时,冢宰以六典八法八则治邦国,都鄙官府必有掌其贰者,重成宪也。我朝敕局之设,总以宰臣,贰以执政,盖此意。卿富博古通今之学,茂致君泽民之志,擢副枢管,进翊政枋。凡前律后令著在简策,参举而科别之,非卿谁宜为? 有次律令之萧何则规摹宏远,有奏故事诏书之魏相则品式备具,而况以三代之佐修三代之法乎? 分职有常,引避徒赘。所辞宜不允。

出处:《平斋集》卷一四。
撰者:洪咨夔
考校说明:编年据郑性之官历补,见《宋史》卷四二《理宗纪》。

曾从龙再辞免枢密使不允批答
(端平二年十一月六日后)

召虎江汉之命,姬旦淮夷之征,皆爵上公,往卫中国。欲威灵之旁畅,必名位之加崇。卿有武而有文,能定而能应,处基命宥密之寄,得受任危难之风。果为朕行耶,趣进临于都会;吾无复忧矣,知坐折于退冲。胡尚逊于使端,似未孚于予志。望之重则可以尽护诸将,权之尊则可以奖率三军。矧视周家之礼犹轻,其在国朝之典未远,匪隆总统,曷耸观瞻? 抑使表里联络之诸屯,皆识上下纲维之深意。狎狁孔炽,我是用急。姑烦筹笔之劳,徐方来庭,王曰还归;仁锡命珪之宠,倚毗良切,伛俯奚勤? 所辞宜不允。

出处:《平斋集》卷一五。

撰者：洪咨夔

考校说明：编年据《宋史》卷四二《理宗纪》补。

魏了翁再辞免签枢督视京湖军马不允断章批答
（端平二年十一月六日后）

昔在先朝，蜀出名辅。张浚精忠之山立，允文硕画之渊深，皆于王事靡盬之秋，克奋元戎启行之略。朕方深于忧顾，卿盍展于英猷！荐披谦椟之勤，犹逊师干之重。眷禁涂之献纳，暨经厦之建明。虽所陈略施，未尽如贾谊之志；然其策常用，已深识子房之心。兹共济于艰难，乃过虞于捍格。况上流之形势甚重，而中朝之体统不殊，精神既孚，脉络自贯。甲寅报可，亟宜上方略于金城；辛巳飨功，讵止讫天诛于洄曲？倚须戒道，勿事循墙。所辞宜不允，仍断来章。

出处：《平斋集》卷一五。

撰者：洪咨夔

考校说明：编年据《宋史》卷四二《理宗纪》补。

曾从龙第二次辞免枢密使都督江淮军马不允断章批答
（端平二年十一月六日后）

《易》之"师贞，丈人吉"，非必以素居富贵称也。才谋德业，众所尊信畏服，则国势倚之而重。卿德业之茂，才谋之伟，积孚于众望。出分忧寄，尽董师干，十乘启行有日矣。本兵置使，特壮前茅，岂以富贵卿哉？矧两相兼官于中，元戎专官于外，体貌均壹，脉络贯通。修捍于艰，以敉宁武图功，盖在此行。虎拜稽首，对扬王休，毋屡勤逊牍为也。所辞宜不允，仍断来章。

出处：《平斋集》卷一五。

撰者：洪咨夔

考校说明：编年据《宋史》卷四二《理宗纪》补。

枢密使曾从龙批答口宣
(端平二年十一月六日后)

十乘董戎,亟宜引道;五兵置使,奚尚循墙? 体予忧顾之深,寝尔执谦之过。

出处:《平斋集》卷一六。

撰者:洪咨夔

考校说明:编年据曾从龙宦历补,见《宋史》卷四二《理宗纪》。

给两督视府随军支用之费诏
(端平二年十一月九日)

给两督视府随军支用之费,金各一千两,银各五万两,度牒各一千道,会子各五百万缗。

出处:《宋史全文续资治通鉴》卷三二。

权工部尚书兼知建康府陈韡辞免刑部尚书沿江制置大使控扼长江往来武昌巡视恩命不允诏
(暂系于端平二年十一月上旬)

西陵之至江都,俱切风寒之护;建邺之控天堑,尤严王气之占。方边遽之孔殷,宜中权之增重。卿弘深智略,沉毅威名。自膺留钥之司,备举戎旃之务。贤于长城矣,既高阃外之谋;岂忧匈奴哉,何啻师中之宠。常伯申加于妙选,制垣仍进于大名。宁于卿荣,徒得君重。盍亟讲于胜画,毋过为于逊辞。乃若上流更资巡视之勤,陪都恐有空虚之虑,肆披来奏,式契朕怀。况西府尽护于列屯,北门毋劳于行役。第江流之绝警,暨海道之无虞。宽予顾忧,维尔成绩。所辞宜不允。

出处:《平斋集》卷一四。

撰者:洪咨夔

考校说明:编年据同集前后文时间、《后村先生大全集》卷一四六《陈观文神道碑》补。

端明殿学士提举万寿观兼侍读李埴乞归田里不允诏
(暂系于端平二年十一月上旬)

岷峨、江汉之英灵，钟为人物，其萃在本朝，莫今为盛，而德爵齿之俱尊，孰有过于卿者？累章祈去，挽留愈力，朕岂私卿哉？一阳在内，众阳朋来，留卿所以聚坤产之珍，为邦家之光也。矧蜀警未弭，思卿畴昔控御还定之功犹未大暴白于时，傥听之轻去，人谓朕何？卿以礼义廉耻而自砥砺，朕以耆寿俊在厥服而加萦维。宜体贪贤之心，益究格君之学。所请宜不允，不得再有陈请。

出处：《平斋集》卷一四。
撰者：洪咨夔
考校说明：编年据同集前后文时间补。

端明殿学士提举万寿观兼侍读李埴乞赐骸骨不允诏
(暂系于端平二年十一月上旬)

卿宿学深于造微，壮略优于经远。简知惟旧，礼遇特殊，专绅石室之藏，首劝金华之读。班升书殿，恩视政涂，示委曲以贪贤，俾从容而献可。胡为陈力，屡欲乞骸？岂齐王无以留孟轲，抑鲁公不能安孔伋，致烦耆德，遂起遐心？朝无白首大儒则内势轻，国有黄发良士则外侮息。当此艰图之日，岂卿得谢之时？毋以兄弟之子而婴其心，勉为君臣之义而安厥位。所请宜不允。

出处：《平斋集》卷一四。
撰者：洪咨夔
考校说明：编年据同集前后文时间补。

宝章阁直学士太中大夫提举江州太平兴国宫史嵩之辞免除华文阁直学士知隆兴府江西安抚使恩命不允诏
(暂系于端平二年十一月上旬)

南昌为江湖间一都会，蛮荆瓯粤，左控右引，形势今犹古也，必得威望夙著者宅乃牧。以卿抱应变之材，怀经远之志，分阃京岘，厥有劳绩，故进妙阁之直，起家以镇之。顾以亲年喜惧辞。往来击鲜，独不可耶？亟其入觐，朕将临遣。所辞宜不允。

出处：《平斋集》卷一四。

撰者：洪咨夔

考校说明：编年据同集前后文时间补。史嵩之除知隆兴府事，同治《南昌府志》卷二一系于端平元年。

新除端明殿学士太中大夫同签书枢密院事督视京湖军马魏了翁辞免兼同提举编修经武要略恩命不允诏
（端平二年十一月十一日后）

国朝以武名书，究鹖冠、黄石之旨，则有《神武秘略》；采留侯、杨仆之制，则有《武经总要》；三朝控御之方，则有《经武要略》；阜陵规恢之志，则有《武经龟鉴》。而《经武要略》为尤重，创业中兴之宏模懿范皆在焉。编划以儒臣，提纲以宰辅，尊阁以枢廷，其来尚矣。朕方整军修戎以折冲固圉，既进卿翊本兵于内，又属卿视成师于外，而是书命以参掌。凡兵制、边防而下，发金匮之閟藏，续玉钤之会粹，旷分汇辑，熟订详施，职也，亦时之宜也。卿胸蟠四库，神斡五兵，笔力所至，挟雷霆而驱风雨，奚逊为？所辞宜不允。

出处：《平斋集》卷一四。

撰者：洪咨夔

考校说明：编年据《鹤山先生大全文集》卷二六《辞免同提举编修经武要略奏状》补。

皇叔祖少傅保宁军节度使充万寿观使嗣秀王师弥生日诏
（端平元年十一月十七日或端平二年十一月十七日）

新阳逾浃，协气先春。生一代之宗英，为两朝之国老。眷隆列棘，恩贲垂蓬。备牢饩以陈仪，茂燕颐而介寿。

出处：《平斋集》卷一五。

撰者：洪咨夔

考校说明:年份据洪咨夔任两制时间补。

李性传授权刑部侍郎兼侍讲制
(暂系于绍定六年十二月至端平二年十二月间)

　　敕:成周以太史掌刑书,先汉以明经决疑狱。盖谙识宪章,而后足以辨八法之情伪;精通义理,而后可以权诸罚之重轻。必惟其人,始称是选。具官某,缜密而栗,从容以和。弓冶父子之良,邃于六学;伊箧弟兄之乐,博极群书。自绍定之登朝,既端平之更化,曲台议礼,亡所依阿,文陛记言,数多论建。肆侍石渠之讲,晋绅金匮之藏。重惟祥刑,当酌古谊。过轻则几纵有罪,过重则恐伤无辜。朕方体列圣之好生,尔宜念先民之弼教。期予于治,时乃之休,可。

出处:《鹤林集》卷七。

撰者:吴泳

考校说明:编年据吴泳任两制时间、李性传官历补,见《平斋集》卷一五《权刑部侍郎李性传辞免除礼部侍郎恩命不允诏》。

尤焴授淮南路运判兼权知庐州主管
淮南西路安抚司公事制
(暂系于端平元年八月至端平二年十二月间)

　　敕具官某:朕爱护人才,如护嘉木,长短小大,各裁其偏而器使之,盖欲以待材用之宅也。尔乾道、淳熙名臣之孙,浚明而文,淹洽而辨。一摈七载,才益老,气益坚悍,抵掌谈功名益不衰,朕尝试之枢掾矣。淮沚重镇,帅事久虚,是用辍汝将输,共贰其事。尔其念食者生民之命,兵者不祥之器,谨之重之,毋使佳兵而食不足,则惟汝嘉。可。

出处:《鹤林集》卷八。又见《永乐大典》卷一三五○七。

撰者:吴泳

考校说明:编年据尤焴宦历补,见《平斋集》卷一六《赐兵部侍郎淮东制置使兼知扬州淮东安抚使赵葵将作监淮西制置副使兼知庐州尤焴银合腊药敕书》等。此制时间当早于《蒙斋集》卷八《尤焴除兵部郎官兼淮西制置制》。

尤熺除兵部郎官兼淮西制置制
(暂系于端平二年三月至十二月间)

敕具官某:朕简拔贤俊,畀以麾节。方面之寄,尤不敢轻。苟以称职闻,则必授之爵秩,以风励远迩,盖司勋颁爵意也。尔故家人物,志尚恢宏,更历既多,夷险一节,可以验所学之实地也。入仪周行,裨赞机务,言论规画,有足大者。合肥为今重镇,畴咨得尔,果胜其任。坐镇而绥御有方,转漕而调度不乏,以尔能事,宽我顾忧。欲增重于使权,爰肇开于阃制,擢跻戎部,足为望郎,其所谓远而有光华耶?郊圉尚多,其益思修备固圉,强本折冲,建尔殊勋,对我休命。

出处:《蒙斋集》卷八。

撰者:袁甫

考校说明:编年据袁甫任两制时间、尤熺官历补,见《平斋集》卷一六《赐兵部侍郎淮东制置使兼知扬州淮东安抚使赵葵将作监淮西制置副使兼知庐州尤熺银合腊药敕书》。"淮西制置"后疑脱"副使"二字。

李韶除吏部郎官制
(端平二年三月至十二月间)

敕具官某:朕自更化以来,省闼之官,未尝轻授。议者谓六曹事剧,郎多虚员,而铨部未公,尤为大弊。必得儒英,熟知当世之务,乃称斯选。尔敏而笃学,介而通方,本诸躬行,施于有政,蔼然廉平之誉,搢绅高之。肆畴郡最,径陟刑曹,兹复付以铨衡之任。其为朕甄别能否,振拔滞淹,俾吏道清而庶绩熙。尚其懋勉,嗣有褒擢。

出处:《蒙斋集》卷八。

撰者:袁甫

考校说明:编年据袁甫任两制时间、《宋史》卷四二三《李韶传》补。本制时间当晚于同集卷九《刘炳除金部郎中李韶除都官郎中制》。

刘炳除金部郎中李韶除都官郎中制
（端平二年三月至十二月间）

敕具官某等：尚书郎，高选也，非有资望不轻授。尔炳愿而和，尔韶清而通。尝为朕牧民，且登诸朝矣。青绫入直，班序浸穹，非徒为尔荣。尚其懋勉，异时称为端平良吏，惟乃之休。

出处：《蒙斋集》卷九。又见《永乐大典》卷一三四九八。

撰者：袁甫

考校说明：编年据袁甫任两制时间、《宋史》卷四二三《李韶传》补。

吴昌裔除监察御史制
（端平二年四月至十二月间）

敕具官某：六察之任，所以纠官邪、肃朝纲也，非得论议动众心、忧国如饥渴者，曷称兹选？尔西蜀之英，中朝之望，节概甚伟，问学日新，其于古今治乱与本朝典故，尝熟讲之矣。每在周行，睹国有阙政，侃然义形于色。今居言责，可替素心？其思藜藿不采之喻，励精金百炼之节，不避权幸，不受调停，斯为真言官矣。朕更化两载，治未云获，乐闻忠谠，犹初意也。我毋尔讳，尔毋我负。懋哉！

出处：《蒙斋集》卷八。

撰者：袁甫

考校说明：编年据吴昌裔宦历补，见《宋史》卷四〇八《吴昌裔传》、《宋史全文续资治通鉴》卷三二等。

李宗勉除司谏制
（端平二年九月至十二月间）

敕具官某：台谏均天子耳目之官也。然纠官邪者，在于论议之间；而沃上心者，超乎言语之表。设官之始，寓意各不同，则居其职者，可不体斯意乎？尔涵养之素，涉历之深，讲求之熟，既已为朕乌台振风采矣。阅岁滋久，嘉猷屡闻，此特得于议论之间者耳。峻升谏省，以绳朕躬，又将观尔于言语之外焉。格心之道，由明处入,大《易》纳约自牖之义也。朕每患刚德之未充,而善政之未固,汝何道以开朕心之明,而立于寡过之地乎?用卿不尽,其责在朕。台省遍试,亦足以究卿之蕴矣。虚怀以仔,尚其懋哉!

出处:《蒙斋集》卷八。

撰者:袁甫

考校说明:编年据李宗勉宦历补,见《宋史》卷四○五《李宗勉传》、《宋史全文续资治通鉴》卷三二。

同知枢密院事郑性之生日诏
(端平元年十二月一日前后或端平二年十二月一日前后)

小寒届节,骏岳储神。应昌运以生贤,幹洪枢而赞治。特隆眷遇,肇锡忾牵,介黄发之修龄,侈《缁衣》之笃好。

出处:《平斋集》卷一五。

撰者:洪咨夔

考校说明:编年据洪咨夔任两制时间、文中所述"小寒届节"补。

赐端明殿学士同签书枢密院事督视江淮
京湖军马魏了翁银合腊药敕书
(端平二年十二月二日后)

卿推诚体国,决计视师。犯霜露以靡宁,护风寒而良苦。爰锡上池之剂,用纾先乘之劳。壮尔精神,宽予忧顾。

出处:《平斋集》卷一六。

撰者:洪咨夔

考校说明:编年据魏了翁宦历补,见《宋史》卷四二《理宗纪》。

特封显祐通应惠利侯敕
（端平二年十二月八日）

敕安吉州新市镇永灵庙显佑通应侯：朕操庆赏之权，以爵有功，其于神犹人也。尔以晋永和之大将，迨周广顺以启封，垂庇一方，血食□古，旱干有祷，响答如应。比岁以来，灵异尤著，蝗孽随风而入水，寇巢托梦以指迷。既功状之上闻，岂宠章之可□？侯封增二，庸侈神休，加惠我民，俾世世享。可特封显佑通应惠利侯。

出处：《两浙金石志》卷一一。

考校说明：原文末句后云："奉敕如右，牒到奉行。端平二年十二月八日，告显佑通应惠利侯。奉敕如右，符到奉行。"

赐司农卿知庆元府兼沿海制置使游九功银合腊药敕书
（端平二年十二月十二日前）

卿坐绥海服，密拱京畿，凛水泽之中坚，严风寒之外护。爰锡摄调之剂，用昭眷倚之怀。民瘼既苏，戎容益振。

出处：《平斋集》卷一六。

撰者：洪咨夔

考校说明：编年据游九功宦历补，见《宝庆四明志》卷一。

赐直徽猷阁沿海制置副使兼知庆元府王定银合腊药敕书
（端平二年十二月十二日后）

卿显膺阃寄，坐镇瀛壖。余同游九功词。

出处：《平斋集》卷一六。

撰者：洪咨夔

考校说明：编年据王定宦历补，见《宝庆四明志》卷一。

赐魏了翁督视江淮便宜施行诏
(端平二年十二月十四日)

朕以皇天畀予有家,惧德弗荷。比年戎寇,迭我边陲,赤囊屡闻,旰食靡暇。爰简枢庭之望,俾督诸道之师。南连江淮,北抵襄汉。尽护诸将,以张皇威。师徒之有不惠不懋,汝训齐之;师乘之有不辑不和,汝调一之。益张乃猷,毋失其统。然而事从中则难度,帅禀命则不威。必进厥良,率其不良,而后可以作兴人材;必赏用命,戮不用命,而后可以激励将士。爰考绍兴之彝典,式颁臣浚之诏书。悉听便宜,毋拘文法。庶几帅友邦之众,可以成敌忾之功。故兹开谕,想宜知悉。

出处:《鹤林集》卷一二。
撰者:吴泳
考校说明:编年据《宋史》卷四二《理宗纪》补。

曾从龙致仕制
(端平二年十二月十六日前后)

运筹制胜,方十乘之启行;引疾丐休,忽一封之来上。闵劳以事,勉徇所陈。具官某道德宗工,伦魁重望,早负经纶之志,峻登丞弼之司。进思尽忠,善弥缝而藏用;退不失正,肯俯仰以随时。适更化以厉精,图任人而共治,复登两地,密赞洪钧。被命视师,威欲宣于沙漠;忧边思职,疾倏在于膏肓。既莫殚叱驭之忠,姑许遂挂冠之请。何恙不已,仁膺勿药之祥;俾寿而昌,尚介如茨之祉。

出处:《东涧集》卷五。
撰者:许应龙
考校说明:编年据曾从龙卒年补,见《宋史》卷四二《理宗纪》。

赐郑性之再上札子雷发非时乞出不允诏
(端平二年十二月二十三日后)

左右厥辟,二臣共政。疑丞之任,止卿一人。所宜协心修辅,俾朕远德。上以迓续明命，下以治育群生。见乔礼书，当虎观之清闲；正图修辅，拜龙墀之剀切。乃欲言归。

出处：《永乐大典》卷一四九一二。又见《四库辑本别集拾遗》。

撰者：吴泳

考校说明：编年据郑性之宦历补，见《后村先生大全集》卷一四七《郑观文神道碑》、《宋史》卷四二《理宗纪》。

侍御史兼侍讲李鸣复辞免除权工部尚书恩命不允诏
（暂系于端平二年十二月前后）

朕抚艰难之运而求治，越拘挛之法以用人，苟得非常之材，可无不次之举？卿顷阶卿列，峻陟台端，蔚乎直其正方其义之风，挺然刚不吐柔不茹之操，力扶国论，密契朕衷。兹繇耳目之官，超进喉舌之寄，盖中兴百年所未有也。侍从职在献纳，何事不可言？卿其毋以言责官守为间，祗若予命。所辞宜不允。

出处：《平斋集》卷一四。

撰者：洪咨夔

考校说明：编年据同集前后文时间、李鸣复宦历补，见《宋史》卷二一四《宰辅表》、卷四一九《李鸣复传》。

殿中侍御史王遂辞免除户部侍郎恩命不允诏
（暂系于端平二年十二月前后）

朕自亲政以来，台谏以直声著者必超轶等级而进之，所以劝敢言、广忠益也。卿气壮而材茂，识高而论伟，繇分察再迁，察非法于殿中，暴未殄之恶，折方萌之奸，蹇蹇匪躬，闻于天下，朕甚器其真。稽诸故府台臣，以供奉赤墀摄贰版部仅一二见，如卿即日为真，亦足昭眷简之殊、旌拔之异矣。矧尝考核郡国计簿，具见本末，理财有疏，义利之辨尤严。今特举而措之，毋多逊。所辞宜不允。

出处：《平斋集》卷一五。

撰者：洪咨夔

考校说明：编年据同集前后文时间、王遂宦历补，见《南宋馆阁续录》卷九。

权户部侍郎赵立夫辞免除户部侍郎恩命不允诏
(暂系于端平二年十二月前后)

小司徒掌建邦之教,法令贡赋抑其细也,而后世专以理财为职。卿本固而末茂,外宽而内明,践扬所至,务以有余不敢尽之意寓于政事。摄贰地卿,恂恂如不能言,而钩索原委,检核渗漏,吏无所容其欺心,计精矣。就俾为真,用懋前业。夫天下大计分隶四总,其入于版曹者才二十七郡。生寡而食众,用疾而为舒,故常患不赡。鞭算笏画之长,朕方以陈恕望卿,勿辞可也。所辞宜不允。

出处:《平斋集》卷一五。
撰者:洪咨夔
考校说明:编年据同集前后文时间、赵立夫官历补,见《咸淳临安志》卷四九。

权刑部侍郎李性传辞免除礼部侍郎恩命不允诏
(暂系于端平二年十二月前后)

有虞氏命伯夷作秩宗,曰:"夙夜惟寅,直哉惟清。"寅故直,直故清也,知此然后可以为礼乐之官。卿务敬以直内之学,有渊乎似道之风。甘泉之论思,露门之劝讲,责难陈善,备罄忠益,而不汲汲于进,寅直清矣。若昔折民惟刑,与降典相为表里,畴庸邦宪之平,正序春官之贰,选妙望华,朕命惟允。齐仲孙来省难,知鲁秉周礼而不敢动;晋欲服楚,必先大搜被庐示之礼。时方多艰,卿其思所以尊吾国者,徒鸣其谦,非朕所望。所辞宜不允。

出处:《平斋集》卷一五。
撰者:洪咨夔
考校说明:编年据同集前后文时间、李性传官历补,见《宋史》卷四一九《李性传传》、《南宋馆阁续录》卷九。

赐龙图阁学士京西湖北路安抚制置大使
兼知襄阳府赵范银合腊药敕书
（暂系于端平二年冬）

　　卿任隆外阃,威耸上游。犯霜露以靡宁,护风寒而良苦。爰锡卫生之宝,用旌敌忾之劳。壮尔精神,宽予忧顾。

出处:《平斋集》卷一六。

撰者:洪咨夔

考校说明:编年据同集前后文时间、赵范官历、文中所述"腊药"补,见《宋史》卷四一《理宗纪》、卷四二《理宗纪》、卷四一七《赵范传》。

赐宝章阁待制沿江制置副使兼知鄂州
黄伯固银合腊药敕书
（暂系于端平二年冬）

　　卿承恩中宸,建阃上游,犯霜露以夙征,护风寒而良苦。爰锡卫生之宝,用旌敌忾之劳。壮尔精神,宽予忧顾。

出处:《平斋集》卷一六。

撰者:洪咨夔

考校说明:编年据同集前后文时间、文中所述"腊药"补。

赐兵部侍郎淮东制置使兼知扬州淮东安抚使赵葵
将作监淮西制置副使兼知庐州尤焴银合腊药敕书
（暂系于端平二年冬）

　　朔雪方霏,淮风更凛。言念制垣之重,备殚王事之劳。爰锡珍良,用资葆啬。增壮鱼丽之气,茂扬鹤唳之威。

出处:《平斋集》卷一六。

撰者:洪咨夔

考校说明:编年据同集前后文时间、赵葵宦历、文中所述"腊药"补,见《宋史》卷四一《理宗纪》、卷四二《理宗纪》、卷四一七《赵葵传》。

赐权兵部侍郎四川安抚制置使赵彦呐右文殿修撰四川安抚制置副使兼知成都府丁黼银合腊药敕书
(暂系于端平二年冬)

卿分忧北顾,制胜西垂,犯霜露以靡宁,护风寒而良苦。爰锡摄调之剂,用昭眷倚之怀。大振戎容,亟苏民瘝。

出处:《平斋集》卷一六。

撰者:洪咨夔

考校说明:编年据同集前后文时间、赵彦呐宦历、文中所述"腊药"补,见《宋史》卷四一三《赵彦呐传》。

赐太府卿四川总领兼抚谕使安癸仲银合腊药敕书
(暂系于端平二年冬)

卿分忧北顾,宣指西垂。余同上。

出处:《平斋集》卷一六。

撰者:洪咨夔

考校说明:编年据安癸仲宦历、文中所述"腊药"补,见同集卷二二《安癸仲除太府少卿依旧总领四川军马钱粮制》。

立嗣事御笔
(端平二年)

立嗣之事,难以轻议。

出处:《后村先生大全集》卷一五一《方阁学墓志铭》。

赐带御器械兼权主管侍卫步军司公事兼建康都统制
王鉴带御器械兼权主管侍卫马军行司公事兼知黄州
孟琪带御器械镇江都统制李虎池州都统制赵邦永鄂
州江陵都统制兼权发遣德安府王旻兴元都统制李显
忠平江府许浦水军都统制刘虎权光州武定都统制司
职事于俊权利州都统制司职事曹友闻利州后军统制
权行管干金州都统制司职事吴桂权江州副都统制杨
福兴襄阳府忠卫副都统制江海鄂州江陵副都统制兼
知枣阳军樊文彬平江府许浦水军副都统制兼知海州
赵东淮西路钤兼权庐州强勇诸军副都统制司职事王
福权管沔州都统制司职事和彦威银合腊药敕书

（端平二年冬）

　　卿等系出山西,威行塞北。慨朔风之未静,忘霏雪之为劳。赍以宝食,实之
珍剂,用壮前茅之气,进图破竹之功。

出处:《平斋集》卷一六。
撰者:洪咨夔
考校说明:编年据王鉴宦历补,见《景定建康志》卷二六。

赐黄伯固辞依旧兵侍知隆兴抚安使不允诏
（端平二年）

　　情生于文,岂不念天伦之爱;义重于死,而容辞王事之劳。

出处:《永乐大典》卷一〇三〇九。又见《四库辑本别集拾遗》。
撰者:吴泳
考校说明:编年据万历《新修南昌府志》卷一二补。"抚安"二字疑倒。

赐真德秀等诏
（端平二年）

国家得士之盛,昉于贡举,法未始易也,而乏才于今。意论选之地,职考察者浸失其指欤？朕方躬亲政理,寤寐英俊,妙柬儒硕,董司文衡,将以新美天下之士。其崇雅黜浮,参观器识。理致必溯其渊源,毋惑于傅会；词章必主于浑厚,毋喜其缀缉。绝私臆,合众见,庶几实才罔致遗轶,使丰水有芑,复还先朝之旧,则惟尔嘉。其殚厥心,以副朕意。

出处:《咸淳临安志》卷一二。

曾治凤除直徽猷阁知建宁府制
（端平二年）

敕具官某:闽粤接壤,比岁黔首失职,相挺而动,亦既底定矣。推吾德意,燠寒饫饥,以遂其欲安欲寿之情,在贤牧守。尔器识邃明,材猷通亮,所至以最称。宅牧番禺,恩信茂著,一道晏然沉柝。建安巨屏,号称难治,其进直奎躔,易地填绥之。尔知闽之俗与粤近,则爕友柔克,强弗友刚克,何往非美政哉？可。

出处:《平斋集》卷二一。
撰者:洪咨夔
考校说明:编年据万历《泉州府志》卷一六补。

王霆改知光州主管蔡州安抚司事制
（端平二年前后）

敕:光,古弋阳,襟带淮甸,当蔡、息道,接界边疆。具官某,宽而强,勇而义,牧人御众,有翼有严。边浸方骚,赤羽如日,沟河勺水,一苇可杭。故从濠梁,易填兹土,仍秩右武,就分左符。勉图康功,以答隆遇。可。

出处:《鹤林集》卷八。
撰者:吴泳

考校说明：编年据王霆宦历补，见《宋史》卷四〇八《王霆传》。

邹应龙落徽猷阁学士制
（端平二年前后）

　　敕：黯能极言以补禁闼之缺，而居官亡以愈人；城能引谊以辩忠臣之诬，而为政率书下考。今有仕为侍从，中外践更，直声夙著于朝端，治行弗闻于州里，是不可以一眚而废其德也。具官某，蚤擅抢魁之望，偏仪华序之清，三仕于朝，独行其道。在嘉定时，则有封驳皇子之疏；在宝庆时，则有留行侍臣之书。风节之高，搢绅所重。岂期去国之后，曾乏好仁之称。居乡无睦姻任恤之声，治郡无岂弟循廉之誉。纷台章之交上，凛王度之靡容。肆从公言，姑寝新命。尔其充仪朝之德美以善俗，励事君之节操以表民，勉图令猷，以俟褒诏。可。

出处：《鹤林集》卷九。
撰者：吴泳
考校说明：编年据邹应龙宦历补，见《宋史》卷四一九《邹应龙传》、《平斋集》卷一八《徽猷阁学士新知太平州邹应龙明堂加恩制》等。

理宗度宗恭帝朝卷六　端平三年(1236)

赵汝谈授吏部侍郎直学士院兼侍讲制
(端平元年八月至端平三年间)

敕:朕眠朝南面,图任东曹。蔼蔼王多吉人,既选于众;番番我有良士,则惟其能。用盼纶言,以望禁橐。具官某,文物河间之彦,风流江左之英。擢从丘园,置彼朝宁。辞章古雅,如升堂而闻正音;气貌冲夷,如入国而望乔木。乃眷甘泉之地,久虚法从之班。非白首耆艾,则不足以羽仪周行;非黄目清明,则不足以鉴裁流品。晋侍金华之殿,升直玉堂之庐。若卿能砥节奉公,则朕亦清心省事。往祗厥叙,益务起哉。可。

出处:《鹤林集》卷七。
撰者:吴泳
考校说明:编年据赵汝谈官历补,见《宋史》卷四〇〇《王介传》、卷四一三《赵汝谈传》,《南宋馆阁续录》卷七。

徐愿除直秘阁依旧福建提举制
(端平二年三月至端平三年间)

敕具官某:《皇华》之诗曰:"每怀靡及。"朕使之职,驰驱咨度,必有常如不及之意,民瘼其少瘳乎? 尔气和质美,学有师承。由尚书郎出持庾节,敛散合宜,亦既活吾赤子矣。顷建卒之叛,尔勇无所避,亲行抚谕者再焉,不有其功,继以自劾,可谓"每怀靡及"者欤? 寓直中秘,庸尔褒嘉。服此休光,益思称职,朕将图所以进尔者。

出处:《蒙斋集》卷八。

撰者:袁甫

考校说明:编年据徐愿宦历补,见弘治《八闽通志》卷三〇。

赵彦呐除焕章阁学士依旧四川安抚制置使制
(端平二年四月至端平三年间)

制阃畴庸,已正贰卿之位;昕庭涣号,复升学士之班。增重藩宣,益隆眷倚。具官某诗书元帅,礼乐宗英。至能应来能名,潜搋妙算;排其锋挫其锐,屡奏肤功。属边境之绎骚,提孤军而捍御。灰飞强寇,枕奠坤舆。予嘉乃勋,遂真除于武部;徒得君重,仍因任于制垣。载疏北阙之恩,申锡西川之职。惟圣人能无外患,孰与图功;而元老克壮其犹,正资协力。勉思康济,以宽顾忧。

出处:《东涧集》卷五。

撰者:许应龙

考校说明:编年据许应龙任两制时间、赵彦呐宦历补,见《宋史》卷四一三《赵彦呐传》。"赵彦讷",又作"赵彦呐"。

郑起潜授太学博士赵发授国子正制
(绍定六年十二月至端平三年正月间)

敕具官某等:博士,古秦官也。国子置正录,与太学官分掌教导,昉于大观。尔起潜璧水之彦,尔发鼎科之英。士之有迪与不迪,尔身率之;才之有良或不良,尔纠正之。各观尔成,毋懈于位。可。

出处:《鹤林集》卷七。

撰者:吴泳

考校说明:编年据吴泳任两制时间、赵发宦历补,见《南宋馆阁续录》卷八。

洪咨夔授兼侍讲制
(端平元年四月至端平三年正月间)

敕:朕闻六经统天地之心,八卦通神明之德。讲《乾》龙于便殿,艺祖所以眷昭素之深;说《泰》象于路门,真宗所以待冯元之宠。虽曰洁静精微之旨,难加语言训诂之繁,然非明经,何以见《易》？具官某,行介如石,节清于冰。直道事君,深得静而方之体;英词纬国,自成奇而法之文。虽视草已极儒生之荣,非横经莫称侍臣之选。肆升劝讲,俾对延英。靖惟两仪四象之分,一君二民之辨,进阳爻而退阴位,辟君子而阖小人,粲然一书,萃此众理。宜于密勿雍容之顷,时以忧虞失得为言。庶几吾身,浑是《易》道。可。

出处:《鹤林集》卷七。

撰者:吴泳

考校说明:编年据洪咨夔宦历补,见同集卷六《洪咨夔授试中书舍人制》、《平斋集》卷一二《辞免兼侍读奏》。《平斋集》卷一二《辞免兼侍讲奏》:"右,臣准尚书省札子,今月十八日,三省同奉御笔,洪某兼侍讲者。"年、月待考。洪咨夔于端平三年正月一日除侍读,侍讲位在侍读之下,傅璇琮、程章灿主编《宋才子传笺证·南宋后期卷》将洪咨夔除侍讲系于端平三年正月十八日(辽海出版社,二〇一一年,第二六〇页),恐误。据《平斋集》所收表奏顺序,洪咨夔除侍讲在除中书舍人之后、除侍读之前。

洪咨夔磨勘授朝请郎制
（端平元年四月至端平三年正月间）

敕:朕制爵可以驭贵,而不能以縻天下之异才;限年可以劝功,而不能以厉人臣之高节。今有恬退之士,拔诸废闲之中。不登周官计吏之书,弗隶汉世考课之法。敕由朕志,甄别汝能。具官某,质美而材良,气刚而识正。考文稽古,当在言游之科;守道安贫,能寻颜子之乐。一自直言而去国,盖尝简注之在心。故于迁陟之间,越厥拘挛之外。十载不申磨勘,在神宗时,则有典礼之官;终身不叙年劳,在孝庙时,则有劝讲之士。用加特命,并理前阶。以消躁竞之风,以表方廉之操。可。

出处:《永乐大典》卷七三二二。又见《四库辑本别集拾遗》。

撰者:吴泳

考校说明:编年据洪咨夔宦历补,见《鹤林集》卷六《洪咨夔授试中书舍人制》、卷七《洪咨夔授兼侍讲制》。据《平斋集》所收表奏顺序,洪咨夔授朝请郎在授中书舍人之后、授侍讲之前,故本制时间当晚于《鹤林集》卷七《洪咨夔授兼侍讲制》。

特进左丞相兼枢密使郑清之等奏为雷发非时
乞赐罢黜家居待罪不允诏
（端平三年正月一日）

自昔有国之患，莫大于君臣玩天变而不知惧。间者雷洊发于首春。雷，君象也，烨烨震电，不宁不令。朕方引咎修省，卿等亦以阳不敛藏俟罪于家，上下相与儆惧若此，吾国其庶几乎？汉丙魏同心辅政，风雨灾变，时气失节，皆惕然以为己忧，而中兴之治成。卿宜一乃心德，图所以回天意者，移灾股肱，非朕志也。明发其率百辟以朝端朔。所请宜不允。

出处：《平斋集》卷一五。

撰者：洪咨夔

考校说明：编年据《宋史全文续资治通鉴》卷三二补。

特进左丞相兼枢密使郑清之等奏为
满散天基圣节乞许免肆筵不允诏
（端平三年正月一日）

朕惟天心仁爱人君，故出灾异以谴告之。星雷示变，天所以大儆朕也，而卿等职思其忧，莫不震恐引慝，可谓得交修之谊矣。然损贵酌损，节戒苦节，礼以义起，必惟厥中。朕于诞日既寝上寿之礼，群臣嘉宾之式燕可尽略乎？勉体示慈之意，毋勤引避之嫌。所辞宜不允。

出处：《平斋集》卷一五。

撰者：洪咨夔

考校说明：编年据《宋史全文续资治通鉴》卷三二补。

太中大夫同知枢密院事兼参知政事郑性之
奏为雷电非时乞赐显加黜罚不允诏
（端平三年正月一日）

乃立春再翼日庚戌，殷雷始发，又再翼日壬子而震，少阳骤泄，恐惧靡宁。故预戒百官,天基节寝介寿,辍用乐,庶几上答天谴。卿乃谓咎在臣等,乞加显黜。昔我仁祖以春雷为异,明诏责躬,曷尝归过股肱?卿宜悉心辅朕,以虩虩致福,勿复辞费。所请宜不允。

出处:《平斋集》卷一五。

撰者:洪咨夔

考校说明:编年据《宋史全文续资治通鉴》卷三二补。

吏部侍郎洪咨夔除给事中制
(端平三年正月一日)

朕董正治官,纲维政本。念琐闼邃严之地,素号清华;隶银台通进之司,实专封驳。欲称厥职,每难其人。故自比年以来,率以他官兼领,兹得硕望,盍畀真除。具官某学广闻多,身端行治。刚不吐柔不茹,强而义简而廉。属当励精更化之初,首任正色敢言之责。纪纲大振,贤否洞分。为官择人,藉甚清通之誉;敷文纬国,灿然黼黻之华。比兼掌于黄扉,屡封还于紫诏。疏恩元日,正位夕郎,仍跻进读之班,庸示殊常之眷。以阶大用,益展壮猷。

出处:《东涧集》卷四。

撰者:许应龙

考校说明:编年据《平斋集》卷一二《辞免除给事中奏》补。

李鸣复授兼侍读制
(端平三年正月一日)

敕:朕躬宅天命,位在德元。正月之吉始和,布治方新于历象;六经之义何上,尊王莫善于《春秋》。式涣纶言,俾升诏读。具官某,气刚方而沈,涵之以厚;量闳肆而密,察之以文。横榻二年,升华八座。当其论事,肯言诸老之未言;既于谈经,能发先儒之未发。爰即冬官之序,晋陪春诵之班。本《孟子》为纲,明义当师于安国;以《鲁论》为说,知言宜祖于九成。庶殚厥心,同底于治。可。

出处:《鹤林集》卷七。

撰者:吴泳

考校说明:编年据李鸣复宦历、文中所述"正月之吉始和",见《宋史》卷四一九《李鸣复传》,《平斋集》卷一四《侍御史兼侍讲李鸣复辞免除权工部尚书恩命不允诏》、《平斋集》卷一五《工部尚书李鸣复辞免玉牒兼侍读恩命不允诏》。

洪咨夔授兼侍读制
(端平三年正月一日)

　　敕:朕惟正月之吉始和,顾六经之义何上。《大易》有圣人之道四,既撤皋比;《中庸》言天下之德三,盍陈龟鉴。爰即延英之席,特升劝读之班。具官某,风猷浚明,议论坚正。词垣缴奏,率皆彰善瘅恶之辞;经幄进陈,莫非格王正事之训。用正夕郎之拜,俾承冬读之书。静惟孔氏心法之传,莫若朱熹章句之备。精粗辨析,脉络贯通。三谓一篇之纲,大无外,小无内;七诗末章之要,费而隐,显而微。宜演绎于微言,以发挥于圣道。庶几冲菲,允蹈中和。可。

出处:《鹤林集》卷七。

撰者:吴泳

考校说明:编年据《平斋集》卷一二《辞免兼侍读奏》补。

工部尚书李鸣复辞免玉牒兼侍读恩命不允诏
(端平三年正月一日后)

　　周小史掌邦国之志,奠系世,辨昭穆;师氏以美诏王,居虎门之左,司王朝。自唐以来,瑶牒之纂修,经帏之诵说,盖昉诸此,而兼其长为难。卿着御史之冠,曳尚书之履,声称籍甚,而执《春秋》一经以陪缉熙之讲,尤多所发明。朕孰察所韫,阂中而肆外,故以开元褚无量、开成李衢之职兼命之。进而劝读,则明引君于当道之谊;退而撰次,则用大事书于策之法,恢乎有余地也。所辞宜不允。

出处:《平斋集》卷一五。

撰者:洪咨夔

考校说明:编年据《鹤林集》卷七《李鸣复授兼侍读制》补。

特进左丞相兼枢密使郑清之金紫光禄大夫右丞相兼枢密使乔行简再上奏为雷发非时乞赐罢免退伏田里不允不得再有陈请诏

（端平三年正月一日后）

《春秋》书三月大雨、震电，夏正月也。刘向谓雷未可以发而发，阳不能闭阴之象。故迩者雷发于春始，朕甚惧焉。丞相与国同其戚休，既夙夜熏心，图答谴告，积阴随霁矣，而犹执咎不自已。夫敕天之命，惟时惟几，元首股肱，交相儆戒，固应天之实。然宣王遇灾而惧，侧身修行，讵尝分过于申伯、仲山甫哉？况今外患未弭，内治未饬，朕方倚丞相如左右手。其安厥位，懋我政事，以保乂我有夏，穆我天繂，毋轻于奉身而退，以孤朕也。所请宜不允。

出处：《平斋集》卷一五。

撰者：洪咨夔

考校说明：编年据《宋史全文续资治通鉴》卷三二补。

文武百寮宰臣郑清之等上表奏请皇帝正月五日天基圣节御紫宸殿上寿不允批答

（端平三年正月五日前）

朕亲揽政枋以来，嘉与海内相安于善治，而秉德不康宁，无以辑天人之和，咎证荐形于象纬，妖氛旁煽于疆垂，致使吾民重罹其害。夙夜怵厉，心焉如捣，其敢晏然盛礼，备乐于廷，以侈诞弥之庆哉？群公百辟盍图往求朕攸济，顾援承平旧章以请君，曰"卜尔万寿无疆"，固《天保》归美之至情。而严恭寅畏，天命自度，治民祗惧，无逸享国之长，在此不在彼也。其思将顺，用副忧勤。所请宜不允。

出处：《平斋集》卷一五。

撰者：洪咨夔

考校说明：编年据《宋史全文续资治通鉴》卷三二补。

文武百寮宰臣郑清之等再上表奏请皇帝正月五日天基圣节御紫宸殿上寿不允批答
（端平三年正月五日前）

诞节之置非古也。我朝列圣观会通以合礼，必随时而酌损之。上天示变则寝同天之祦容，万民失业则蠲天申之缛典，盖以畏天恤民为心，不以位为乐也。朕获承至尊休德，于今一纪，露囊献贺，每抑而不进。矧今玩浘雷之象，恐惧修省，莫敢遑息，而可效千秋为宴乐乎？约浮崇简，朕志坚定，卿等勿重请也。所请宜不允。

出处:《平斋集》卷一五。
撰者:洪咨夔
考校说明:编年据《宋史全文续资治通鉴》卷三二补。

太学土地特赐灵通庙额封正显侯制
（端平三年正月九日）

敕具某神:古我先王各因其方以祠后土，示有主也。矧司我首善之地，而不襃表之欤？方绍兴建学，尔以聪明正直，妥灵其间。凡鼓箧而入，解褐而出，莫不骏奔走在庙。用物宏多，厥灵炳著，不但呵星妖，叱鬼怪，而悉我髦士，发挥斯文，以为邦光，亦有阴助焉矣。锡之彻侯，都以美号，尚庶几敬祭重祠之意。可。

出处:《鹤林集》卷一一。又见《两浙金石志》卷一一。
撰者:吴泳

兵部侍郎赵彦悈辞免侍讲恩命不允诏
（暂系于端平三年正月前后）

元祐中，程颐为说书，以敬涵养君德;范祖禹为侍讲，以和开导主意。亲学士大夫之益如此。朕知卿和而能敬，始进之以颐，今进之以祖禹。德性之迪，意向之正，惟吾宗老是准。巽楗来上，谓究心自得而无能悟主，朕实愧焉。虽然，学有缉熙于光明，"佛时仔肩，示我显德行"，亦惟卿勉之。所辞宜不允。

出处:《平斋集》卷一五。

撰者:洪咨夔

考校说明:编年据同集前后文时间补。

端明殿学士宣奉大夫李埴上表辞免除资政殿
学士知眉州恩命不允诏
(暂系于端平三年正月前后)

朝廷以耆儒而尊,故国以世臣而重。朕万里召卿,期以为股肱心膂,讵肯使一日去修门哉?惟西土尝不靖,朕为之废寝食者累月。峨英岷秀,尽萃王庭,卿大夫之旧德宿望莫有留者。拊髀踌躇,忧顾无所寄,然后知季良在随、廉颇用赵之足以重乡国也。辍经幄之优,进书殿之重,高牙大纛,归镇鸣珂。荐绅父老,念畴昔绥靖之勋犹在,必动色相告,坤维可无忧矣。况峻职以尚贤,即家而为守,在蜀才止一人,朕于卿可谓尽体貌之宜。往哉,毋以中外为间。所辞宜不允。

出处:《平斋集》卷一五。

撰者:洪咨夔

考校说明:编年据同集前后文时间补。

端明殿学士宣奉大夫李埴再上表辞免除资政殿
学士知眉州恩命不允诏
(暂系于端平三年正月前后)

孔子自卫而反鲁,孟轲去齐而归邹,弗逢其时,乃诿诸命。卿心存于致主,朕志切于用贤,将以有行,未为不遇。曩频年外服,尝著绩于制垣;今再岁中朝,遂视班于执政。雍容劝读,缱绻给扶,顾图任之念未忘,何引谢之章屡至?跻隆名于秘殿,建巨屏于故乡,历考前闻,罕见近比。相如之谕蜀道,方来弩矢之迎;买臣之守会稽,何勤印绶之上!谅薄言于昼绣,尚远告于辰猷。所辞宜不允。

出处:《平斋集》卷一五。

撰者:洪咨夔

考校说明:编年据同集前后文时间补。

太中大夫守兵部侍郎淮南东路安抚制置使兼知扬州军州事赵葵以护边无状乞赐罢归不允诏
（暂系于端平三年正月前后）

善射或失于百命中之余，良医多得于三折肱之后，此操危虑深者所以达也。卿畚怀智略，锐赴事功，虽鸣剑伊吾之志未酬，而坚壁细柳之风犹在，梁荆俶扰，淮独晏然。涉历多而识虑老，可与图守矣。边烽少敛，亟上归请。兵法曰："毋恃其不来，恃吾有以待之。"贼情叵测，吾围尚疏，卿宜日讨军实，思敌王忾，其可遽奉身而退乎？所请宜不允。

出处：《平斋集》卷一五。

撰者：洪咨夔

考校说明：编年据同集前后文时间、赵范宦历补，见同集卷一六《赐龙图阁学士京西湖北路安抚制置大使兼知襄阳府赵范兵部侍郎淮东安抚制置使兼知扬州赵葵银合夏药敕书》《赐兵部侍郎淮东制置使兼知扬州淮东安抚使赵葵将作监淮西制置副使兼知庐州尤焴银合腊药敕书》、《宋史》卷四二《理宗纪》。

太中大夫守尚书户部侍郎兼删修敕令官赵立夫乞畀丛祠不允诏
（暂系于端平三年正月前后）

汉张苍为计相，更以列侯主计；唐刘晏自度支领租庸、盐铁，至仆射犹领使如旧。理财不宿其官，簿书放纷，吏并缘为奸利，虽竭江河之入莫供尾闾之泄也。卿践更中外之久，财赋脉络，洞烛表里，而姿禀静固，精力强义，又足以行之。左户为真，朕方委重，阅日几何，遽以春衣办集而求均佚，苍、晏职业，仅以是自诿耶？维时调度孔殷，尚究尔材，毋旷吾事。所请宜不允。

出处：《平斋集》卷一五。

撰者：洪咨夔

考校说明：编年据同集前后文时间补。

中奉大夫宝文阁待制赐紫金鱼袋钟震辞免除宝章阁直学士知静江府广西经略安抚恩命不允诏
（暂系于端平三年正月前后）

朕待臣下无中外之间，以久不见卿，召自姑孰，赐对于便朝，议论平实，可见于行，良用嘉奖，摄长起曹。诏墨犹湿而啧言已至，怃然不得而私也。乃眷桂筦为广右都会，有江山之胜，无瘴疠之虐，峻直西清，往颛牧御。过家上冢，行道谓荣，岂若季布徒以一毁誉为进退哉？勉敷德意，使海蜑山獠人人怀其生，则予以怿。所辞宜不允。

出处：《平斋集》卷一五。
撰者：洪咨夔
考校说明：编年据同集前后文时间补。

朝议大夫权尚书兵部侍郎四川安抚制置使赵彦呐乞速加汰斥不允诏
（暂系于端平三年正月前后）

西南六十州，倚天险以为固。卿老于边筹，控仙原之险以挫贼锋，功与马服先据北山等。朕既下诏奖劳矣，而尔子洗夫又能狁溃旅以纾心腹之忧。威名既立，贼虽狼贪无厌，觝触未已，独不忌吾老黑之当道耶！进卿武部之贰，且官厥子于朝。其体有功见知之意，益坚授任危难之图，收合散亡，谨固封守，使全蜀以宁，毋过为引咎以自馁其气也。所请宜不允。

出处：《平斋集》卷一五。
撰者：洪咨夔
考校说明：编年据同集前后文时间补。

赵彦愢授兼侍讲制
（暂系于端平三年正月前后）

敕：朕以眇躬，郁于大道。谓仲尼如代明之日月，百世所师；而《论语》乃六艺之喉衿，一言难尽。用晋登于讲席，俾温绎于遗经。具官某，年耇而明，行粹而古。林泉七载，不竞声华之途；糟粕群书，自寻名教之乐。朕以冰霜其操，金玉其音，故隆之以紫橐之班，而赍之以金华之宠。抉圣人之精意大义，当如安国之佑我仁宗；述夫子之善行嘉言，当若尹焞之辅予高庙。度讲论唐虞之地，有雍容洙泗之风。可。

出处:《鹤林集》卷七。

撰者:吴泳

考校说明:编年据《平斋集》卷一五《兵部侍郎辞免侍讲恩命不允诏》补。本制时间当稍早于《平斋集》卷一五《兵部侍郎辞免侍讲恩命不允诏》。

赐洪咨夔以恙加乞予祠不允诏
（端平二年正月后或端平三年正月后）

朕以卿谔谔有溯凌霄汉之气节，英英有纫补造化之词章，亲政召归，忠劳炳著。

出处:《永乐大典》卷一四五四五。又见《四库辑本别集拾遗》。

撰者:吴泳

考校说明:编年据洪咨夔宦历补，见《宋史》卷四〇六《洪咨夔传》、《宋史全文续资治通鉴》卷三二、《平斋集》卷一二《乞丛祠奏》。

户部侍郎王遂辞免同修国史实录院同修撰恩命不允诏
（端平三年正月后）

文以气为主，职史事者有直气则无曲笔。卿以学问养集义之气，顷为御史，不为强御屈，刚且直矣。进升言语侍从之联，参举纪传编年之法，以前日之是非一时者荣辱，百世均是气也。况司马迁之进奸雄，崇执利；班固之否正直，轻仁义，曾莫能当卿麾诃之余锋。一代大典，久未就绪，非卿其谁宜为？所辞宜不允。

出处:《平斋集》卷一五。

撰者:洪咨夔

考校说明:编年据《南宋馆阁续录》卷九补。

朝奉大夫权工部尚书时暂兼权吏部尚书兼修玉牒官兼侍读李鸣复辞免除权刑部尚书日下供职兼职并依旧恩命不允诏
（端平三年正月后）

朕惟舜命九官，垂作共工，皋陶作士，皆终其身不易，后世必递迁熟试以观通材。卿为棘卿，有明清之风，则峻总一台为台端；有直亮之操，则超跻八座为起部；有简静之誉，则并摄天官。知卿深，故进卿亟也。然经远猷者贵事功之详历，图大任者在望实之积乎。兹緵五雉之华，趣典鹓鸿之重，擢无虚月，意盖有在。卿以因人序升而辞，过矣。其思式敬尔由狱，以长我王国。所辞宜不允。

出处：《平斋集》卷一五。
撰者：洪咨夔
考校说明：编年据同集前后文时间、《鹤林集》卷七《李鸣复授兼侍读制》补。

权工部尚书李鸣复除权刑部尚书制
（端平三年正月后）

为官择人，方畀共工之任；明刑弼教，复新宠命之颁。虽均号于文昌，实晋升于华武。具官某风规凝重，器局恢宏。即之也温，备四时之和气；挠之不浊，凛万窨之层冰。自陟宪台，力扶公道。去其太甚，每思激浊以扬清；知无弗言，未尝矫枉而过正。特授纳言之职，已为不次之除，兹长刑曹，益昭隆眷。庶狱庶慎，式资明允之才；嘉谋嘉猷，尤赖论思之益。期予于治，时乃之休。

出处：《东涧集》卷四。
撰者：许应龙
考校说明：编年据《平斋集》卷一五《朝奉大夫权工部尚书时暂兼权吏部尚书兼修玉牒官兼侍读李鸣复辞免除权刑部尚书日下供职兼职并依旧恩命不允诏》补。此制时间当稍早于《平斋集》卷一五《朝奉大夫权工部尚书时暂兼权吏部尚书兼修玉牒官兼侍读李鸣复辞免除权刑部尚书日下供职兼职并依旧恩命不允诏》。

李大同授兼侍讲制
（端平三年正月后）

敕具官某：昔我先王春诵诗，以太师诏之；秋学礼，以执礼者诏之。居礼乐之官，而以礼乐之书劝讲，犹古意也。尔游东莱之门，撰武夷之屦，学问苗脉，所从来久。每迩英入侍，皓首伟衣冠。敷畅厥旨，能使朕于言语讽道之间，油然心悟。金华再入，不惩于仪。朕尝阅国史，见祖禹讲《王制》祭祀，以牺牲币帛粢盛，皆出于民力。旨哉渊乎，岂但为元祐鉴哉！其诵所闻，无愧祖禹。可。

出处：《鹤林集》卷七。
撰者：吴泳
考校说明：编年据李大同宦历补，见《宋史》卷四二三《李大同传》、《南宋馆阁续录》卷九。

崔与之辞免参知政事第六札子批答
（端平三年正月后）

卿清忠足以范俗，直惠足以扰邦，国之纪也，民之望也。朕自去秋以来，数降诏书，趣卿政路。而奏牍来上，至于五六，殊咈朕意。夫有德者进，则朝廷尊严，强暴消靡。卿可便驱车造朝，秉德辅时，不责卿以事。

出处：《广东文献初集》卷二。
考校说明：编年据《崔清献公集》卷四《第六次辞免参知政事奏状》补。

杨凤孙换授福州观察使知閤门事制
（暂系于绍定六年十二月至端平三年二月间）

敕：朕尝观国朝佐戚之制，无任文臣侍从之官。虽负英才，亦屈彝宪。具官某，生高明之胄，蹈夷雅之风。自官中都，蔚然嘉誉。既烦之以外府受藏之冗，又佚之以西厢奉祠之清，而乃执德谦冲，露章控免。尔之辞其职则是矣，朕每念思齐大任之德未报，不显申伯之功弗酬，既乎支孙，积有余庆，宁换观风之印，仍知上合之班。束带与宾客言，尚无越礼；升车有澄清志，犹可泽民。往懋淑声，迪忱猷训。可。

出处:《鹤林集》卷八。
撰者:吴泳
考校说明:编年据吴泳任两制时间、杨凤孙官历补,见《平斋集》卷一四《福州观察使杨凤孙辞免除安德军承宣使依旧提举佑神观免奉朝请恩命不允诏》。此制时间当晚于同集同卷《杨凤孙授中大夫杨蕃孙授朝奉大夫杨衍孙授朝请郎杨缵授朝请郎制》。

杨凤孙授中大夫杨蕃孙授朝奉大夫杨衍孙授
朝请郎杨缵授朝请郎制
(暂系于绍定六年十二月至端平三年二月间)

敕具官某等:昔我文母保佑朕躬,有大功于天下,今升自閟宫,袝于太室,戚畹内外,嘉与推恩,盖报其亲者不敢弗尽也。尔等生自高华,素于富贵,有敬谨威仪之度,无康好佚豫之失。并升一秩,宜懋厥官,毋曰居宠而不思危也。可。

出处:《鹤林集》卷八。又见《永乐大典》卷一三四九八。
撰者:吴泳
考校说明:编年据吴泳任两制时间、杨凤孙官历补,见《平斋集》卷一四《福州观察使杨凤孙辞免除安德军承宣使依旧提举佑神观免奉朝请恩命不允诏》。

谢奕礼换授眉州防御使带御器械兼干办皇城司制
(暂系于端平元年八月至端平三年二月间)

敕:"后族戚里,不除文臣从官",建炎诏也,朕何敢逾?具官某,松阁故家,椒房懿属,而能被服诗礼,缫藉典刑。盖尝升诸月卿之清,宠以书殿之邃。尚循法度,控避职名。贵而能谦,于汝见矣。通义兵防之任,禁庭鞬佩之班。典司皇居,悉以命汝。汝其思名器之不易,惟文献之自持,保此宠光,以永终誉。可。

出处:《鹤林集》卷八。
撰者:吴泳
考校说明:编年据谢奕礼官历补,见同集同卷《谢奕礼知閤门事兼客省四方馆事制》、同集卷五《谢奕礼保康军节度使制》。

谢奕昌换授和州防御使带御器械兼干办皇城司制
（暂系于端平元年八月至端平三年二月间）

敕：祖宗之法，后族戚里无得任文臣班法从也。虽有济美之才，亦屈换授之典。具官某，气资阔爽，性行淑均。生于上相之门，克谨厥德；贵以倪天之妹，不惄于仪。自擢置于周行，已平跻于华路，而乃辞书殿之邃，易武阶之崇。晋秩捍防，属鞬左右。朕之待汝，义弗敢私。薄氏以仁善保家，马侯以清约守位。尚终令誉，无替前猷。可。

出处：《鹤林集》卷八。

撰者：吴泳

考校说明：编年据同集同卷《谢奕礼换授眉州防御使带御器械兼干办皇城司制》补。

起居舍人吴泳除起居郎诰
（端平二年十二月至端平三年二月间）

记动记言，各分所掌，在右在左，以次而迁。虽姑徇于彝章，实浸阶于大用。以尔言传伊洛，秀挺岷峨，伯仲并立于要津，议论一循于直道。典铨守法，端如绳墨之诚陈；视草演纶，编之诗书而无愧。久参法从，行畀真除，暂资鸿渐之仪，增重螭坳之左。益宏远业，庸副深知。

出处：《东涧集》卷三。

撰者：许应龙

考校说明：编年据吴泳官历补，见《南宋馆阁续录》卷七、《宋史》卷四二《理宗纪》。

范钟除吏部郎官葛逢除都官郎官制
（端平二年三月至端平三年二月间）

敕具官某等：朕惟郎选至重，必属闻人，傥或轻授，非所以应列宿、凝庶续也。亟起家食之贤，序进周行之彦。爰得二人，以称兹选。尔钟问学平实，尔逢资禀朴茂,士论推许,素有定价,且扬历多而世故熟矣。朕患吏道不清,而选法日坏,正有赖于铨综之公,而都官一职,即古司隶,亦显曹也。各敬尔事,赞尔长,以无负朕选任之意。

出处:《蒙斋集》卷八。

撰者:袁甫

考校说明:编年据袁甫任两制时间、范钟官历补,见《宋史》卷四一七《范钟传》、《南宋馆阁续录》卷七。

史嵩之除淮西制置使沿江制置副使兼知鄂州制
（端平三年二月十七日）

扶风冯翊,方资藩翰之功;边境要冲,尤赖捍防之力。盖理内当严于御外,而制难惟在于得贤。具官某望耸万夫,身兼数器。能定能应,规摹自得于胸中;惟几惟深,韬略不专于纸上。矧十载勤劳于疆埸,而三军思慕于恩威。载念西淮,密邻敌境,瞻言鄂渚,实控上流。非制阃之得兼,恐事权之难一。徒得君重,勉为朕行。师克在和,尤贵并谋而合智;事难预度,要当应变以随机。皆尔优为,奚烦多训。

出处:《东涧集》卷五。

撰者:许应龙

考校说明:编年据《宋史》卷四二《理宗纪》补。

魏了翁除端明殿学士签书枢密院事荆湖军马制
（端平三年二月十七日）

敕:计安诸夏,图任大儒。荆楚国之西门,最重上流之势;枢机天之北斗,全提外阃之权。峻端殿以升班,伟元戎之开府。诞敷涣号,式穆师虞。具官某,德粹而业闳,气全而节劲。望为万夫之所属,砥柱中流;学承百圣而不惭,典刑大雅。儿童知其姓字,草木识其威名。越有服于大僚,将共熙于庶绩。属兹边境,扰我南陲。祖宗积累三百年,思保艰难之业;东南生聚亿万户,亟为奢定之图。环顾在廷,畴堪兹选。不待灵龟之协卜,尽推白鹤为闻人。然而任重者责惟艰,用大者宠宜厚。破拘挛牵制之积弊,杜异同惎间之浮言。兵财悉应其需,寮案自由尔辟。朕志决矣，惟汝予同；卿往视之，在师中吉。增重本兵之寄，式昭敌忾之威。协熊罴之力，以掎角戎师；扫豺虎之迹，以底绥庶士。并壮岷峨之声援，遂清河洛之埃氛。俾一人辑宁于尔邦，兹为长算；用真儒无敌于天下，当验斯言。徯卿衮衣之归，翊我垂裳之治。

出处：《蒙斋集》卷九。

撰者：袁甫

考校说明：编年据《宋史》卷四二《理宗纪》补。

魏了翁辞免依旧端明殿学士除签书枢密院事令疾速赴行在奏事恩命不允诏

（端平三年二月十七日后）

《采薇》以遣戍，视薇之刚柔为行役久近之候，而《出车》劳还，《杕杜》勤归继之，所以闵历时之劳也。间者岁聿云暮，卿愤于封豕长蛇荐食上国，烈然以枢臣视师于江上。星言凤驾，冒犯霜露，曾无几微见颜面，亦云壮矣。吴楚上下数千里，臂指运掉，气势翕合，有出门同人之应，朕寝为安。乃眷莫春，阅时且再，劳于王事，盍遄其归？在师中吉，序进一等，特以示吉甫之燕喜，而舍爵策勋，犹有待也。何行而弭敛戍之后艰，何施而杜挺忧之内衅，何所处置而使朝廷尊强，生灵之无失所，延英入对，其孰数于前，以图绥靖。引疾而辞，非朕所望。所辞宜不允。

出处：《平斋集》卷一五。

撰者：洪咨夔

考校说明：编年据《宋史》卷四二《理宗纪》补。

魏了翁再辞免依旧端明殿学士除签书枢密院事令疾速赴行在奏事恩命不允诏

（端平三年二月十七日后）

兵难隃度则倍道而疾征，事有密奏则乘传而趣入，王事靡盬，所以不皇启处也。国朝儒而知兵，莫加于范仲淹。庆历中出经略西事，久之未获要领，而召为副枢，定庙谟于殿陛之间，震天声于灵夏之表，卒揉服之。卿腹有万甲，名齐一韩,乃者视师之行,协比诸阃,拊循三军。有关疆事,既得以直达朕听,今又以所目击还归坐筹。折槥笞之,好音怀之,吾有以待虏矣。恢台之交,风日未烈,其遄驱以慰渴伫。所辞宜不允,不得再有陈请。

出处:《平斋集》卷一五。
撰者:洪咨夔
考校说明:编年据《宋史》卷四二《理宗纪》补。

江万里赵发除校书诰
(端平三年二月)

校雠东观,汉以硕学名儒任其职,唐则以为文士起家之良选。肆我国家,益加崇重,非儒科前列,黉宇名流,殆不轻畀。以尔万里蜚英舍选,直谅多闻;以尔发得隽鼎魁,安恬有守。俱假涂于学省,遂给札于玉堂,敷陈谠言,切中时病。或畀校雠之职,或居是正之官,茂对宠荣,益加韬养。

出处:《东涧集》卷三。
撰者:许应龙
考校说明:编年据《南宋馆阁续录》卷八补。

左司谏李宗勉除殿中侍御史制
(端平三年二月前后)

言事仗下,虽资直节之忠;执法殿中,孰任副端之寄。畴咨已试,佥曰汝宜。以尔不倚不流,能定能应。心无私主,惟思激浊以扬清;言必可行,未尝矫枉而过正。放黜者有愧心而无怨,更革者虽害己而谓然。既允穆于师言,宜久居于宪府。涣发其号,晋升供奉之班;往服厥官,益振纠绳之职。勿云序进,嗣有褒迁。

出处:《东涧集》卷四。
撰者:许应龙
考校说明:编年据李宗勉宦历补,见《宋史》卷四〇五《李宗勉传》等。

谢奕昌辞免特授保宁军节度使提举万寿观恩命不允诏
（暂系于端平三年二月前后）

　　我孝宗迪《关雎》之风，重《葛覃》之本。言告师氏，间归谒于祖祢之庭；诏驭群臣，必进襃于伯仲之列。著为国典，用厚人伦。卿笙磬和平，珩璜缜粹。清规雅度，具存江左之风；嘉则令仪，同禀洽阳之气。联雁行于朱合，肃鹭序于彤墀。祗奉宫闱，还展寝庙。荣光接于五世，异数萃于一门。超陟斋坛，总提真馆。盖率先朝之旧，匪繇近戚之私。宜益务于好修，毋过勤于引避。所辞宜不允。

出处：《平斋集》卷一五。

撰者：洪咨夔

考校说明：编年据同集前后文时间补。

谢奕礼辞免特授保康军节度使提举万寿观恩命不允诏
（暂系于端平三年二月前后）

　　朕尊临函夏，凤建长秋。化成二《南》，曾无示私外家之意；礼成五庙，宜有昭德异姓之恩。卿性行淑均，风神秀彻。如圭如璧，沂庆派于貂蝉；吹埙吹篪，播英声于鹡鸰。托在肺附，蔚为羽仪。奉翟祎而修寝庙之恭，拥旄节以领祠庭之佚。宠超二等，荣动一时。以淳熙戚畹之彝章，为庆元相阀之盛事。匪徒驭贵，抑以教姻。勉循制节之规，宜略执谦之请。所辞宜不允。

出处：《平斋集》卷一五。

撰者：洪咨夔

考校说明：编年据同集前后文时间补。

谢奕昌再辞免特授保宁军节度使提举万寿观
恩命不允仍断来章批答
（暂系于端平三年二月前后）

　　后父据《春秋》襃纪之义，帝舅缘《大雅》申伯之意，而外戚恩泽浸博，其来尚矣。卿以相门芝兰之彦，中闱棠棣之隽，蹈履规矩，蔼有令誉。翟车归谒，首建驿旄，虽恩数超出拘挛之表，而人不谓过。岂特旧章之可循，抑官惟其称，非私昵之及也。樊氏世笃，阴亦戒侈，恂恂苗裔，传龟袭紫。朕所以期卿者甚远，毋留成命。所辞宜不允，仍断来章。

出处：《平斋集》卷一五。

撰者：洪咨夔

考校说明：编年据同集同卷《谢奕昌辞免特授保宁军节度使提举万寿观恩命不允诏》补。此文时间当稍晚于同集同卷《谢奕昌辞免特授保宁军节度使提举万寿观恩命不允诏》。

谢奕礼再辞免特授保康军节度使提举万寿观恩命不允仍断来章批答
（暂系于端平三年二月前后）

闺门者王道之本，后有进贤之志，无私谒之心，则公道行而幸门塞，纪纲立而名器重，虽同气何有乎滥恩？卿傃富贵而退逊，服儒雅而谨敕，后实嘉之。于邑于谢，寝庙既成，祎衣归省，相祀有恪。伯仲一日而授两节，度越常科，恩义称也。免榇来上，谓隆名盛典不容幸得，而谦畏有加，汉四姓罔克专美于前矣。亟祗若予命。所辞宜不允，仍断来章。

出处：《平斋集》卷一五。

撰者：洪咨夔

考校说明：编年据同集同卷《谢奕礼辞免特授保康军节度使提举万寿观恩命不允诏》补。

节度使谢奕昌批答口宣
（暂系于端平三年二月前后）

卿世业韦平，家法阴马，宠陟斋坛之峻，荣施先庙之崇。涣綍已孚，巽函可遏。

出处：《平斋集》卷一六。

撰者：洪咨夔

考校说明:编年据同集卷一五《谢奕昌辞免特授保宁军节度使提举万寿观恩命不允诏》补。

节度使谢奕礼批答口宣
(暂系于端平三年二月前后)

卿椒披流晖,芝庭峙秀,袭冠貂之积庆,膺绥鹘之殊恩。朕授非私,尔辞毋屡。

出处:《平斋集》卷一六。

撰者:洪咨夔

考校说明:编年据同集卷一五《谢奕礼辞免特授保康军节度使提举万寿观恩命不允诏》补。

谢奕昌保宁军节度使制
(暂系于端平三年二月前后)

门下:周首二《南》之化,所以著夫妇之经;汉疏四姓之封,所以袭衣冠之盛。兹衍中闱之庆,用推左戚之恩。粤从廉车,超授斋钺。扬以明纶之告,肃于会弁之瞻。具官某柔嘉而明,缜栗而润。进止合威仪之制,话言循德义之闲。鸿渐周行,蔼有淑均之誉;退居私第,恬无华竞之心。径从文石之清,换授武阶之峻。为社稷卫,属鞬韔座之南;与宾客言,束带紫宸之北。虽多仪之济济,常自牧以谦谦。况保衡曾励相于我家,而太姒实助修于阴教。久矣宫闱之正位,方兹寝庙之告成。桂栋斯芬,既定恋祠之所;袆衣有烂,聿严归谒之仪。岂于常棣之华,不施葛藟之祉?爰即金华之壤,俾分茸纛之辉。佚以琳宫,丰之采邑。於戏!孝庙眷成肃之弟,爵已列于横班;宁皇褒恭圣之兄,宠复隆于一品。酌两朝之中典,焕昭代之弥文。往承于休,益茂而戒。

出处:《鹤林集》卷五。

撰者:吴泳

考校说明:编年据《平斋集》卷一五《谢奕昌辞免特授保宁军节度使提举万寿观恩命不允诏》补。本制时间当稍早于《平斋集》卷一五《谢奕昌辞免特授保宁军节度使提举万寿观恩命不允诏》。

谢奕礼保康军节度使制
(暂系于端平三年二月前后)

门下:《国风》之系《周南》,率本人伦之厚;《大雅》之褒申伯,实由寝庙之成。惓我戚藩,生于相阀。爰出丝纶之宠,并加节钺之崇。卜以刚辰,谂于列位。具官某甚德而度,大盈若冲。温恭有韦布之风,澹泊无绮襦之习。姻联椒掖,元侯之阴德尚存;秀擢芝庭,太傅之芳猷未远。方晋登于华路,乃屈就于彝章。径自郎闱,式共武服。东阁西阁之序,秩视从班;长君少君之贤,人推世美。朕方考先代已行之典,修后家归觐之仪。神祇安乐之,已毕享静嘉之荐;兄弟相好矣,讵可无蕃锡之恩?彻土上庸,出节少府。鹊衔绶带,有严上将之坛;鹤驭云轩,乃奉真仙之馆。爰晋盼于腴赋,庸昭示于龙光。於戏!四姓之列为小侯,虽衣冠之代有;二卿之称于巨鹿,常名誉之难全。惟忠谨可以褆身,惟勤俭可以保位。往祇明训,益茂淑声。

出处:《鹤林集》卷五。
撰者:吴泳
考校说明:编年据《平斋集》卷一五《谢奕礼辞免特授保康军节度使提举万寿观恩命不允诏》补。本制时间当稍早于《平斋集》卷一五《谢奕礼辞免特授保康军节度使提举万寿观恩命不允诏》。

赐保宁军官吏军民僧道耆寿等敕
(暂系于端平三年二月前后)

朕以谢奕昌胄出相门,姻连戚畹。恂恂德行,尚存小侯入学之风;暨暨戎容,蔚有大将登坛之望。眷言星婺,实屏神京。班虽在于龙墀,威已信于虎钺。提封所暨,赞善惟均。

出处:《鹤林集》卷一二。
撰者:吴泳
考校说明:编年据《平斋集》卷一五《谢奕昌辞免特授保宁军节度使提举万寿观恩命不允诏》补。

赐保康军官吏军民僧道耆寿等敕
（暂系于端平三年二月前后）

朕以谢奕礼敬尔威仪，娴于诗礼。宣麻帝殿，已蕃褒纪之恩；授钺将坛，益迈戍申之士。相彼古庸之地，烂其双节之临。若耄若倪，而兵而吏。想遹闻于成命，咸大慰于舆情。

出处：《鹤林集》卷一二。

撰者：吴泳

考校说明：编年据《平斋集》卷一五《谢奕礼辞免特授保康军节度使提举万寿观恩命不允诏》补。

赐谢奕昌除节钺口宣
（暂系于端平三年二月前后）

卿相门之彦，戚畹之良。兹特举于涣恩，俾专持于节钺。往祗明命，允迪令猷。

出处：《鹤林集》卷一二。

撰者：吴泳

考校说明：编年据《平斋集》卷一五《谢奕昌辞免特授保宁军节度使提举万寿观恩命不允诏》补。

赐谢奕礼除节钺口宣
（暂系于端平三年二月前后）

卿谱系大相，源流小侯。久联宾阁之华，兹畀节楼之宠。往祗予训，图懋厥官。

出处：《鹤林集》卷一二。

撰者：吴泳

考校说明：编年据《平斋集》卷一五《谢奕礼辞免特授保康军节度使提举万寿观恩

命不允诏》补。

曹豳前任浙西提举和籴转一官制
（端平三年二月后）

积贮天下之大命也，矧今边事未宁，调度百出，而丰歉之不常，广籴以备缓急，非心于体国者畴克如此？尔司庾西浙，敛散有方，赈饥恤贫，民怀其德。被命收籴，复能革科敛，戢侵克，增价而平概之，人皆乐趋，不日而办。进官一秩，以旌其能。岂无异恩，观汝来效。

出处：《东涧集》卷六。
撰者：许应龙
考校说明：编年据曹豳官历补，见《宝庆会稽续志》卷二。

曹豳再以和籴转一官制
（端平三年二月后）

以仁存心，视饥由己，两载收籴，所种甚丰。既陟一阶，再加华秩，更图后效，嗣有异恩。

出处：《东涧集》卷六。
撰者：许应龙
考校说明：编年据曹豳官历补，见《宝庆会稽续志》卷二。

扈斌送广东摧锋军拘管诏
（端平三年三月一日）

前知光化军扈斌特与贷命，追毁出身以来文字，送广东摧锋军拘管。

出处：《宋史全文续资治通鉴》卷三二。

起居郎兼权吏部侍郎吴泳特除吏部侍郎制
（端平三年三月二十四日）

持衡铨部，蔼著休声，出綍昕庭，真升小宰。虽事权之仍旧，而涣渥之维新。具官某识远而才高，气和而节劲。难兄难弟，相辉台省之间；有德有言，杰出搢绅之表。惟所学之既正，顾何施而不宜。君举必书，咸称直笔，予言其代，贲饰皇猷。至兼铨综之司，藉甚清通之誉，既云试可，何以旌能。秩爰正于贰卿，班益高于法从。善于其职，縯裁鉴之精明；推其所为，乃陶甄之事业。益殚所蕴，庸副予知。

出处：《东涧集》卷四。

撰者：许应龙

考校说明：编年据吴泳官历补，见《鹤林集》卷二二《缴奏赵汝谈指摘告词状》、卷二三《辞免除权吏部侍郎状》。

方大琮除秘书郎诰
（端平三年三月）

蓬莱道山，储才之地也，华涂要津，皆繇此而进。故于擢用，必选名流。以尔礼闱前列，久著懋庸，策足周行，安恬有守。为丞外府，通练而勤，晋秩书林，以阶显用。益加涵养，庸副予知。

出处：《东涧集》卷三。

撰者：许应龙

考校说明：编年据《南宋馆阁续录》卷八补。"方大琮"，《南宋馆阁续录》卷八误作"方大琛"。

永宁郡王杨石生日诏
（端平二年春或端平三年春）

纪凤标春，将临铭柏；传龟毓瑞，先庆垂蓬。丰好赐于周官，洽燕私于汉戚。祇予宠渥，介尔耆龄。

出处:《平斋集》卷一五。

撰者:洪咨夔

考校说明:编年据洪咨夔任两制时间、文中所述"纪凤标春"补。

王遂除四川制置使制
(暂系于端平三年四月前)

戎阃系于安危,当求礼乐诗书之帅;朕心为之忧顾,特辍言语侍从之臣。爰锡徽章,晋升次对。具官某身兼数器,望重群公,有能定能应之才,负至大至刚之气,峻登言路,力振朝纲。击搏何心,纵横秋之雕鹗;奸邪褫魄,无当路之豺狼。擢置贰卿,正图大任。属坤维未臻于奠枕,而制垣正藉于协谋。暂烦王尊叱驭之劳,期底诸葛理民之绩。能胜其任,岂嫌蜀道之难;式遄其行,当使雪山之重。其思康济,用副眷怀。

出处:《东涧集》卷五。

撰者:许应龙

考校说明:编年据王遂宦历补,见《绍定吴郡志》卷一一。《绍定吴郡志》卷一一:"王遂:朝奉大夫、新除焕章阁待制、四川安抚制置副使兼知成都府,端平单年四月十二日三省同奉圣旨依旧焕章阁待制,改差知平江军府事、节制许浦都统司水军。"《宋史》卷四一五《王遂传》:"进焕章阁待制、四川安抚制置副使兼知成都府。差知平江府。"皆与本制"四川制置使"不合,待考。

王遂知平江府制
(端平三年四月十二日)

用之则行,方叱西征之驭;引以自近,复分左翊之符。宣王化以承流,庶京师之蒙润。具官某定而能应,直哉惟清,惓惓怀忧国之忠,蹇蹇厉匪躬之节。施无不可,岂惟振职于宪台;事岂辞难,尤欲宣威于制阃。遄不谓矣,朕深念之。与其劳十乘以启行,孰若易一麾而出守。使见日觉长安之近,无登天嗟蜀道之难。茂对殊休,勉图治最。

出处:《东涧集》卷六。

撰者:许应龙

考校说明:编年据《绍定吴郡志》卷一一补。

明堂之礼并从省约诏
（端平三年四月二十日）

以今年九月有事于明堂,惟事神仪物、诸军赏给悉循旧制,其乘舆服御、中外用度并从省约,仍令条具以闻。

出处:《宋史全文续资治通鉴》卷三二。

赐资政殿学士新知潭州魏了翁夏药银合百两敕
（端平三年四月二十三日后）

敕某:视师江上,未酬叙府之劳;作镇湘中,复冒畏涂之暑。颁冰在候,赐药以彝。式广上恩,更谂民瘼。

出处:《鹤林集》卷一二。

撰者:吴泳

考校说明:编年据魏了翁宦历补,见《宋史》卷四二《理宗纪》。

赐洪咨夔内翰口宣
（端平三年四月二十四日）

禁闼荩臣,词林鸿笔。久视銮坡之草,兹升学士之真。宣召有严,式承光命。

出处:《鹤林集》卷一二。

撰者:吴泳

考校说明:编年据《平斋集》卷一二《辞免除翰林学士知制诰奏》《再辞免除翰林学士知制诰奏》补。

端平三年罪己诏
(端平三年四月二十七日)

敕门下:朕以寡德,君于万邦。惟皇天既付中国民,实任宠绥之托。予小子不替上帝命,欲图绍复之功。岂期轻动于师干,反以激成于边祸,至延强敌,荐食神州。虔刘我西陲,蹂躏我襄土。近至淮壖之地,亦成戎马之场。宅里墟于青烟,甲卒屠于白刃。凡三百年之生聚教训,与数十郡之城郭封疆,凭陵无厌,荼毒甚惨。斩桑伐枣破屋流离之状,朕既不得而见;慈父幼子寡妇哭泣之声,朕亦不得而闻。其如关头溃散之军,塞外畔亡之将,或者抚循之失道,因而怵迫以从夷。序言其情,谁执斯咎?皆繇朕责治太速,知人不明,误信佳兵之言,弗思常武之戒。抚心若厉,欲悔何追?朕今退自省躬,益皇敬德。念三军暴露之久,悯百姓转输之劳。敕不虔之吏,以赈新甿;捐不急之费,以资战士。问伤吊死,录善弃瑕。庶几与予同仇之人,咸奋敌王所忾之志,以遏绝寇虐,以攘除奸凶。降服而哭殽函之师,尚增修于国政;下诏以陈轮台之悔,益申儆于边防。凡怀忠良,各励勋业。故兹诏示,想宜知悉。

出处:《鹤林集》卷一二。
撰者:吴泳
考校说明:编年据《宋史》卷四二《理宗纪》补。

罪己诏
(端平三年四月二十七日)

朕猥以眇躬,获承丕绪。率宁人有指,疆土亦大惟艰,予小子若涉春冰,罔知攸济。自江闽之群盗弗靖,墍淮楚之余党为妖,数年之间,多难已甚。属金人之寖灭,而蒙古之与邻。不利西南,盖尝蹑阶、成而扰兴、沔;其在辛卯,遽乃穿金、房以瞰襄樊。逮合谋成破蔡之功,恐假道有及虞之势。心之忧矣,脐可噬乎?固将布告于国中,以志吾过;但使留屯于塞上,自守我疆。忽西陲之弗宁,骇北骑之深入。赖仙原有以议后,而蜀道得以安全。然虐焰之所经,视曩岁而尤惨。重以唐均之叛将,发此京湖之祸机。肆荼毒于列城,至蔓延于他路。兵民之死战斗,户口之困流离。室庐靡存,骼胔相望。致援师之暴露,及科役之繁苛。为之骚然,有足悯者。是皆朕明不能烛,德有未孚,上无以格乎天之心,下无以定乎民之志。遂令有众,多告非辜。朕方施令发政,以为绥辑之图;补卒搜乘,以严守御之备。想疮痏之溢目,如疾病之在身。更赖文武一心,忠良协力,与斯民而共守,措吾国于多盘。咨尔群僚,体予至意。

出处:《宋史全文》卷三二。又见《少微通鉴续编节要》卷二二,《经济类编》卷五○,《宋史纪事本末》卷九三,乾隆《中江县志》卷八,《宋代蜀文辑存》卷七九。
撰者:吴泳

四川安抚制置使赵彦呐坚守边关将士用命奖谕诏
（端平元年四月至端平三年五月间）

坤维国之上游,我高宗皇帝畅威远之略,炳知人之鉴,拔虓将玠,俾□□□□□□□□□□扼贼虏,出奇制胜,隐如长城,蜀固而国势定。于皇祖烈,朕甚慕之。蠢兹新虏,荐食亡厌。乃者窥我蜀关,诸将尝奋,前鏖却矣,兹又涉汉沔以逞。卿儒而知兵,忠于徇国,用玠胜算,身为金汤。驻军于原上,冯高下临,熊卧虎视。围合累旬而气不折,将士感厉用命,人百其勇。虏有后顾,逡巡不敢深入,卿之力也。朕自闻卿犯危难,控险阻,每饭意未尝不在原。忽揽吉奏,且叹且喜。彼曲我直,彼竭我盈,乘神人之共愤,鼓吾貔貅,涤氛墙而空之。劳士辑民,治堡缮塞,使西陲安堵如故,毋患有功之不见知也。《书》曰:"汝多修捍我于艰,若汝予嘉。"卿尚勉之哉!

出处:《平斋集》卷一四。
撰者:洪咨夔
考校说明:编年据洪咨夔任两制时间补。

资政殿学士提举万寿观兼侍读宣缯除资政殿
大学士光禄大夫提举洞霄宫制
（端平三年正月至五月间）

敕:朕眷怀元祐,登用群贤,范镇以内祠召而辞行,冯京以劝读除而请老。维予宿德,有昔遗风,肆加进律之恩,庸涣告廷之綍。具官某体全硕大,性韫端良。蚤擅文场,尽夺诸儒之气;晚跻政路,首参元化之机。国论之可否未明,人材之进退未决,深沉筹画,密勿敷陈。已究同寅协恭之谋,乃抗陈力就列之谊。功成名遂而身退，固适雅怀；齿宿才壮而意新，每形渴想。属亲政柄，趣侍经筵。远稽真庙之命耆儒，近法阜陵之尊旧学。亟宜强起，胡不果来？进秘殿之大名，升争臣之穹秩，夷犹故里，匽薄殊庭。式昭体貌之隆，增重仪刑之旧。且酒醴维醹以祈黄耇，岂忘寿俊之思；毋金玉尔音而有遐心，尚赖远猷之告。可。

出处：《平斋集》卷二〇。

撰者：洪咨夔

考校说明：编年据洪咨夔任两制时间、《宋史》卷四一九《宣缯传》补。

翰林学士洪咨夔除端明殿学士提举万寿观兼侍读诰
（端平三年五月十九日）

翰苑辞荣，爰畀祠庭之佚；迩英进读，仍升秘殿之华。庸示异恩，肆颁成命。具官某才周世用，誉冠时髦。激浊扬清，謇謇厉匪躬之节；闲邪陈善，拳拳怀忧国之忠。掖垣推润色之工，铨部著清通之誉。甫升琐闼，复上玉堂。不进不休，方图柄任；至三至再，乃以疾辞。盍隆礼以尊贤，使清心而省事，峻陟延恩之职，时游广厦之间。既俾躬而处休，当勿药而有喜。精加葆啬，用副朕怀。

出处：《东涧集》卷三。

撰者：许应龙

考校说明：编年据《平斋集》卷一二《辞免除端明殿学士在京宫观奏》补。

赵汝柄知严州制
（端平三年五月二十日前）

严陵密迩京都，素号望郡，非朝绅之有声绩者不畀也。由别驾而升，允为异擢。以尔强敏疏通，优于吏治，例条关决，绰著声称，晋秉州麾，仍兼泉监，其委寄盖不轻矣。正身帅下，薄敛省刑，检察吏奸，使无病吾民，则予汝嘉。往究乃心，以图报称。

出处：《东涧集》卷六。

撰者：许应龙

考校说明：编年据《景定严州续志》卷二补。

赵与䜣知庆元府兼沿海制置制
（端平三年五月）

　　四明兼海道之寄，任重责专，非通敏有谋，长于抚御者，朕不轻畀。以尔望重宗英，才周世用。所居而治，既驰辅郡之声；何施不宜，复奏计台之最。畴咨阃寄，佥曰汝谐。爰升邃阁之华，增重制垣之任。讲求民瘼，训练舟师。控扼要冲，阜通蛮舶。往修厥职，以副予知。

出处：《永乐大典》卷一三五〇七。
撰者：许应龙
考校说明：编年据《宝庆四明志》卷一补。

李韶除正言制
（端平二年三月至端平三年六月间）

　　敕具官某：朕观庆历中，御笔三谏官之除，臣襄作为歌诗，有"风采动朝端"之语。至今读之，犹有生气。信哉！忠言有益于国，直道非以要誉，至公血诚，寿此气脉，繄名儒是赖。尔经明行修，外和内刚，谏垣之选，朕审之久矣。国步孔艰，意者朕德多阙，而政未得其理欤？自宫庭以达于朝著，皆尔所得言也。一念恳恻，有犯无隐，使远迩中外由此改视易听，不敢有轻量之心，则先朝得人之盛，尚庶几见之。

出处：《蒙斋集》卷八。
撰者：袁甫
考校说明：编年据袁甫任两制时间、李韶官历补，见《宋史》卷四二三《李韶传》、《宋史全文续资治通鉴》卷三二等。

赐焕章阁知庆元兼沿海制司职事赵与䜣夏药银合敕
（端平三年五月至六月间）

　　敕：朕临遣帅臣，控扼海道。属兹瘴暑，眷彼遐征。式颁药剂之珍，以助节宣之用。

出处：《鹤林集》卷一二。

撰者：吴泳

考校说明：编年据赵与𥲅官历补，见《宝庆四明志》卷一。

颜颐仲修三殿毕工转一官制
（端平三年六月二日）

朕自临御以来，示端朴为天下先，未尝兴木土之功也。然正衙便殿，乃视朝听治之所，不修不饰，曷耸观瞻？尔治剧剸烦，恢恢游刃，程督营缮，不日而成，私弗扰民，公无重费。进官一秩，庸旌尔能。虽率旧章，式昭新渥。

出处：《东涧集》卷六。

撰者：许应龙

考校说明：编年据《咸淳临安志》卷四九补。

端明殿学士提举万寿观兼侍读洪咨夔转四官致仕制
（端平三年六月十四日前后）

悯劳以事，姑令横帙于迩英；惟疾之忧，遽欲挂冠于神武。勉从雅志，爰锡徽章。具官某特立无朋，至刚以直。十年去国，嗟大道之莫容；一旦登台，喜真儒之复用。耸横秋之雕鹗，无当道之豺狼。披垣铨曹，琐闼翰苑，遍历清华之选，蔼腾声誉之休。方资纳诲以辅台，倏尔抗章而谢事。犹切忧国爱君之念，力陈祈天永命之言。允谓忠诚，益深嘉叹。特陟四阶之峻，庸旌一节之坚。茂对宠荣，以光终始。

出处：《东涧集》卷五。

撰者：许应龙

考校说明：编年据洪咨夔卒年补，见《宋史》卷四二《理宗纪》。

洪咨夔特与执政恩数诏
（端平三年六月十四日）

咨夔鲠亮忠悫，有助亲政，可特与执政恩数。

出处：《宋史全文续资治通鉴》卷三二。

卫泾除秘书郎诰
（端平三年六月）

图书之府，星应东壁，地号西昆，居其间者率以登瀛目之。苟匪名流，曷称兹选？以尔擢秀名家，蜚声儒级，践更滋久，所居见称。策足周行，晋丞理寺，惟明克允，不激不随。擢置蓬山，师言允穆。益宏远业，以俟柬求。

出处：《东涧集》卷三。
撰者：许应龙
考校说明：编年据《南宋馆阁续录》卷八补。

方大琮除著作郎兼侍左郎官制
（端平三年六月）

承明著作之庭，昔人以为文学之清选，非史才不居，必得名流，始称厥职。以尔气温而和，词丽以则。登省闱之前列，驰宦路之休声。策足周行，晋承外府。究心职守，见谓公勤。方擢置于蓬山，复晋司于论撰，仍兼铨选，庸示简知。往服厥官，益宏远业。

出处：《永乐大典》卷一三五〇七。
撰者：许应龙
考校说明：编年据《南宋馆阁续录》卷八补。"方大琮"，《南宋馆阁续录》卷八误作"方大琛"。

赐资政殿学士新知眉州李埴夏药银合百两敕
(端平三年夏)

敕:以卿故乡之怀,远道于役。冒六月之暑,如惔如焚;溯三峡之涛,如震如怒。可无尚药之赐,以示宗工之思?

出处:《鹤林集》卷一二。
撰者:吴泳
考校说明:编年据李埴宦历、文中所述"夏药"补,见《平斋集》卷一五《端明殿学士宣奉大夫李埴上表辞免除资政殿学士知眉州恩命不允诏》、《宋史》卷四二《理宗纪》。

赐宝章阁学士淮西制使兼沿江制副知
鄂州史嵩之夏药银合敕
(端平三年夏)

敕:遐念制臣,宏开边阃。韬藏龙虎,甫息精神;野宿貔貅,宁无暴露?爱即颁冰之候,式分上药之珍。其溥恩光,永蠲祥暍。

出处:《鹤林集》卷一二。
撰者:吴泳
考校说明:编年据史嵩之宦历、文中所述"夏药"补,见《宋史》卷四二《理宗纪》、卷四一四《史嵩之传》。

赐兼权侍卫马军行司公事知黄州孟珙
并诸路都统制夏药银合敕
(端平三年夏)

敕:朕身居殿阁,心运边陲。眷予守圉捍敌之臣,咸有执戈卫社之志。久于暴露,加以炎歊。升糦半冰,劳苦想同于卒伍;宝奁珍剂,清冷首及于军门。

出处:《鹤林集》卷一二。

撰者：吴泳

考校说明：编年据孟珙宦历、文中所述"夏药"补，见《后村先生大全集》卷一四三《孟少保神道碑》。

赐郑清之以久雨乞上丞相印不允诏
（端平三年六月后）

省所奏，具悉。朕亲政之初，考谨辅相。以卿抱道守正，冲澹宏雅，退然有古君子之风，是用畴咨，使宅百揆。端平以来，图事揆策既与卿共焦劳矣，未曾一日共其逸也。乃者孟贼内讧，霪潦为沴，岂天所以大警予耶？昔乾道间淫雨不止，首相颙乞罢政，表至再上，圣谕丁宁，且曰"不必如此，此皆朕失"。皇祖有训，卿尚何辞？所请宜不允。

出处：《鹤林集》卷一二。

撰者：吴泳

考校说明：编年据郑清之宦历、文中所述史事补，见《宋史》卷四二《理宗纪》。

赐乔行简以久积霪雨乞解丞相不允诏
（端平三年六月后）

省所奏，具悉。当尧之时，浲水泛滥，尧不以责诸臣，而曰"儆予"。春秋之季，天作淫雨，宋公不以尤诸人，而曰"孤实不敬"。以灾异策免三公，汉末世事也。矧卿寿隽之彦，年耆德明，朕以万几至繁，故命置诸右相，与调燮佐理。入秋以来，积雨伤稼。方欲询兹黄发，以免所愆，而卿尚得以尧佐年高为言耶？传不云乎："肃时雨若，不肃则其罚常雨。"君臣上下以作肃之道相警，毋费辞。所请宜不允。

出处：《鹤林集》卷一二。

撰者：吴泳

考校说明：编年据乔行简宦历、文中所述史事补，见《宋史》卷四二《理宗纪》。

赐乔行简以久积霖雨连旬再乞罢归不允诏
(端平三年六月后)

省所奏,具悉。顷者夏五月入毕,太史占之,谓为雨淫水溢之象。已而连月不止,不但予一人以为忧,二三执政亦莫不共忧之也。卿佐理阴阳,再疏乞上丞相印绶,朕岂不悉? 但稽之先朝,陈康伯、朱倬以久雨待罪,高宗曰:"罪在朕躬,岂可移过大臣!"魏杞、叶颙以霖雨不止乞罢政,孝宗曰:"实朕不德,方赖卿等克修庶政,以致消弭。朕但知常雨之罚,弗加于大臣而已。"卿所援彝章,却不为此,所请宜不允。

出处:《鹤林集》卷一二。
撰者:吴泳
考校说明:编年据乔行简宦历、文中所述史事补,见《宋史》卷四二《理宗纪》。

驾部郎官王极除监察御史制
(端平二年八月至端平三年七月间)

勿用憸人,其惟吉士,此朕励精更化之本意也。然人实难知,易至杂揉,必赖正色敢言之彦,庶几扬清激浊之公。以尔德宇粹夷,风规秀整。施之政事,已腾公勤明敏之称;其在朝廷,益厉正直端方之操。擢居宪府,谁不谓宜。然今日之患,莫大于君子方盛而潜消,小人虽衰而暗长。尔其彰善瘅恶,杜渐防微,则天下可以常为泰而不为否矣。往振厥职,以副朕知。

出处:《东涧集》卷四。
撰者:许应龙
考校说明:编年据王极宦历补,见《宋史全文续资治通鉴》卷三二。

杜范除监察御史制
(端平二年九月至端平三年七月间)

敕具官某:朕自更化以来,擢骨鲠之士,布列宪府,斥佞排邪,王道以清。呜呼! 正邪贤佞消长之际,亦可畏哉。《泰》之六四曰:"翩翩,不富以其邻,不介以孚。"察乎此,顾不当为杜渐防微虑耶? 尔清介之操,表于朝著;剀切之论,粲于奏篇。善人附焉,憸人惧焉。风宪之任,尔宜当之。其为朕明目张胆,折奸萌,窒蠹穴,维持国是,俾勿替更化之初。岂惟宗社赖之,抑亦尔有令闻。

出处:《蒙斋集》卷八。

撰者:袁甫

考校说明:编年据杜范宦历补,见《宋史》卷四二《理宗纪》、卷四〇七《杜范传》、《南宋馆阁续录》卷八。

权刑部尚书兼权吏部尚书李鸣复除端明殿
学士签书枢密院事制
(端平三年七月十二日)

精神折千里之冲,方恢远略;文武为万邦之宪,允赖真儒。擢诸喉舌之官,付以枢机之寄。肆颁涣号,式副具瞻。具官某识敏才高,气和节劲。备光大含洪之德,休焉有容;无党偏好恶之私,粹然出正。晋登宪府,大振朝纲。典铨如止水之平,论事有回天之力。善于其职,既允穆于师言;庸嘉乃勋,遂擢居于右府。升华秘殿,增锡爰田。噫! 辅予一人,既善谋而善断;式是百辟,当同德以同心。益展壮猷,辅成至治。

出处:《东涧集》卷四。

撰者:许应龙

考校说明:编年据《宋史》卷四二《理宗纪》补。

赐郑性之辞参政不允永断来章批答
(端平三年七月十二日后)

今天下大政,岂无所当先者? 卿其以所闻于师者,正身正君,以正朝廷百官,则天下之事,无不纲举矣。

出处:《鹤林集》卷一二。

撰者:吴泳

考校说明:编年据《宋史》卷四二《理宗纪》补。

吴昌裔除大理少卿制
(暂系于端平三年七月十三日)

廷尉天下之平也,苟匪其人,岂能无轻重出入之差乎？特屈正臣,典司邦禁,以广朕好生之德。以尔直谅多闻,安恬有守,蹇蹇厉匪躬之节,惓惓怀忧国之忠,绰著休声,遂膺亲擢。务扬清而激浊,不吐刚而茹柔。正色立朝,既有言而必尽;明刑弼教,谅执法以无私。擢诸柏府之中,畀以棘卿之任。钦予成命,往服厥官。

出处:《东涧集》卷四。

撰者:许应龙

考校说明:编年据吴昌裔宦历补,见《宋史》卷四二《理宗纪》、卷四〇八《吴昌裔传》。《宋史》卷四二《理宗纪》:"(端平三年七月)戊辰,监察御史杜范、吴昌裔以言事不报,上疏乞罢官,诏改授范太常少卿,昌裔太常卿。"《宋史》卷四〇八《吴昌裔传》:"拜监察御史……出为大理少卿,屡疏引去,不许。"不知《宋史》卷四二《理宗纪》所载"太常卿"是否为"大理少卿"之误,姑系于此,待考。

范钟除国子祭酒诰
(端平三年七月)

成俗化民,必由乎学;传道授业,当立之师。然非博习修洁之儒,曷任教养作成之寄？以尔禀资恬淡,履行粹纯,列职郎闱,靖共尔位,谈经秘殿,启沃朕心。擢由册府之中,进陟儒宫之长。成均以治学政,精勤而诲诸生,汝所素明,奚劳多训？

出处:《东涧集》卷三。

撰者:许应龙

考校说明:编年据《南宋馆阁续录》卷七补。

王会龙除工部郎官制
(端平二年四月至端平三年八月间)

起部司营缮之事,比诸曹为清简,擢居是职,庸示优贤。实为大任之基,兹岂久淹之地。以尔文追灏噩,望重伦魁,策足清班,靖共正直。部符辅郡,慈惠公勤。既内外以俱宜,况荣进之素定。甫任著庭之职,即升郎省之华。茂对宠荣,以需柬拔。

出处:《东涧集》卷四。

撰者:许应龙

考校说明:编年据王会龙宦历补,见《铁庵集》卷一《(端平三年)八月分第二札》。

颜颐仲除太府少卿诰
(端平三年八月九日)

京兆素号难治,非明敏长材恢恢游刃者,曷胜其任? 克称厥职,可后褒迁? 以尔通练而勤,宽猛相济,明于听讼,枉直立分,惠以恤民,丝毫无扰,寇攘相弭,闾里相安。予嘉乃勋,擢置月卿之列;涣汗其号,以为天府之光。益著休声,嗣膺异渥。

出处:《东涧集》卷三。

撰者:许应龙

考校说明:编年据《咸淳临安志》卷四九补。

游似授宗正少卿制
(暂系于端平元年十一月至端平三年九月间)

敕具官某:朕更化以来,录前言之曾忤权贵者,聚之本朝,以宏直士之气。尔以端重鲠介,挺有父风,当绍定辛卯间,首上封章言火灾事,锄奸厉贪,读者缩颈,朕甚伟之。出使既还,遂长武监。庀官未几,复贰宗籍。朕固知卿非爱官职也,直言国之华,善人国之纪,以此望汝,尚其懋哉。可。

出处:《鹤林集》卷六。

撰者:吴泳

考校说明:编年据游似宦历补,见《宋史》卷四一七《游似传》、《南宋馆阁续录》卷九、《平斋集》卷二二《游似除军器监制》。

游似授兼侍讲制
(暂系于端平元年十一月至端平三年九月间)

敕具官某:学不专不足以明道,诚不积不足以感人。朕以卿秉心有常,持论不诡,故置之金华,相与共学。顾乃援程颐旧比以告,且谓营营于职事,纷纷其思虑,则不能以感动上心。子之辞承旨,而请以宗少执经,似矣。然《春秋》大义数十,炳如日星,奥旨微辞,隐而难见,此又颐之所究心也,试为朕发明之。可。

出处:《鹤林集》卷七。
撰者:吴泳
考校说明:编年据游似官历补,见《宋史》卷四一七《游似传》、《南宋馆阁续录》卷九、《平斋集》卷二二《游似除军器监制》。此制时间当晚于同集卷六《游似授宗正少卿制》。

朱复之除太府寺簿刘伯正除军器监簿
王好生除耤田令制
(端平二年三月至端平三年九月间)

敕具官某等:《棫朴》,官人之诗也。《传》曰:"能官人,则民无觎心。"官以才选,有是才乃称是官;不才者自当知分,而敢萌觎心乎? 尔复之抱负瑰伟,尔伯正器局秀整,尔好生智略恢闳。或簿正寺监,或典司帝耤,可谓以才选矣。然朕玉汝于成之意,不止是也。钦乃攸司,嗣有褒擢。

出处:《蒙斋集》卷九,殿本。
撰者:袁甫
考校说明:编年据袁甫任两制时间、刘伯正官历补,见《宋史》卷四一九《刘伯正传》等。

宗正少卿兼权礼部侍郎游似除权礼部侍郎诰
(端平二年四月至端平三年九月间)

修礼明乐,盖有司存,为官择人,当繇试可。已著直清之誉,盍申褒擢之恩。

具官某器局恢洪,风规秀整,和不流而中不倚,言有物而行有常。劝讲经帷,辅成君德。仪曹兼摄,尤夙夜以惟寅;旧典聿新,岂礼文之犹阙。既能胜任,何以假为。爰正位于贰卿,俾升华于法从,益修厥职,用副予知。

出处:《东涧集》卷三。

撰者:许应龙

考校说明:编年据许应龙任两制时间、游似官历补,见《宋史》卷四一七《游似传》、《南宋馆阁续录》卷九。

宗正少卿兼检正兼权户部侍郎赵与权除户部侍郎诰
(端平二年四月至端平三年九月间)

司民部之权,既能称职;涣昕庭之号,就使为真。允谓殊休,式昭隆眷。具官某禀资信厚,律己公清,登文学法理之科,有俊敏疏通之识。出则任侯藩之寄,入而膺宰掾之司,随所设施,蔼然声誉。暨副地官之职,尤知邦计之源,遂令绰绰以有余,足见多多而益办。宜正贰卿之秩,仍参省闼之华。茂封宠荣,益思献纳。

出处:《东涧集》卷三。

撰者:许应龙

考校说明:编年据许应龙任两制时间、赵与欢官历补,见《宋史》卷四一三《赵与欢传》、《咸淳临安志》卷四九。"赵与权"当为"赵与欢"之误。《宋史》卷四一三《赵与欢传》:"兼权检正,迁宗正少卿兼权户部侍郎,寻兼知临安府、浙西安抚使,同详定,剖决明畅,罪者咸服。"《咸淳临安志》卷四九:"赵与欢:庆元府人。是日(端平三年九月二十一日)以权户部侍郎兼检正依旧权户部侍郎兼知,二十七日兼同详定敕令官。"本诰标题后一"户部侍郎"前疑脱"权"字。

赵与权除刑部郎官制
(端平二年四月至端平三年九月间)

法者一成而不易,情者日出而无穷。以有限之法驭无穷之情,非惟明克允之才,岂能无轻重出入之差乎?以尔登名桂籍,得隽金科。曩典刑曹,明清详审。暨守辅郡,察狱得情,吏戢民怀,政声洋溢。夺情予节,毅然控辞,礼制既终,亟加召擢。明刑之职,乃尔所已试者。往究乃心,即膺显用。

出处:《东涧集》卷四。

撰者:许应龙

考校说明:编年据许应龙任两制时间、赵与欢宦历补,见《宋史》卷四一三《赵与欢传》、《咸淳临安志》卷四九。"赵与权"当为"赵与欢"之误。

高定子除军器监依旧江东转运副使制
(端平二年四月至端平三年九月间)

有功见知则说,此《四牡》劳使臣之诗也。朕尝三复斯言,谓将指于外,苟有劳绩而无以旌别之,则何以作其趋事赴功之心乎?以尔擢秀儒科,枚华辉映,侯藩郎省,所居见称。久典将输,公勤廉介,不加赋而用足,真有用之才也。课最登闻,趣颁召节,咸愿借留,勉令因任,擢长戎监,俾远而有光焉。益究乃心,以须茂渥。

出处:《东涧集》卷六。

撰者:许应龙

考校说明:编年据许应龙任两制时间、高定子宦历补,见《宋史》卷四○九《高定子传》等。

许应龙授试国子祭酒依旧兼权直舍人院制
(端平二年四月至端平三年九月间)

敕具官某:朕若稽成周,祗式旧典。师氏掌教国子,则今校官之长也;内史掌书王命,则今省官之贰也。非得守道秉文之士,曷兼明伦演诰之司?尔以闽山宿儒,端靖夷雅,词章缊白贲之饰,学问得黄离之中。草奏南宫,论说东序,朕观之审矣。贤关系风化之张本,词掖乃纪纲之命脉,故使汝长之直之,以究其成。若会讲礼肃如元和祭酒,封还职举如熙宁舍人,则予汝嘉。可。

出处:《鹤林集》卷六。

撰者:吴泳

考校说明:编年据许应龙宦历补,见《庸斋集》卷六、《宋史全文续资治通鉴》卷三二等。本制时间当晚于《蒙斋集》卷九《许应龙除国子司业兼礼部郎官制》。

许应龙除国子司业兼礼部郎官制
（端平二年四月至端平三年九月间）

敕具官某：先朝选儒英为成均长，日延诸生，切磨为己之学，不但勤课试，谨绳墨，故得人为盛。自风俗之颓，人心斫丧，士子皆波流风靡，不复有先辈典刑，朕甚忧之。尔履行粹和，不自表暴，俾范多士，誉处蔼然。正小司成之席，岂徒为尔荣哉！昔闵子骞有言，少而不学，则苟而可，苟之为患大矣。尔其率励后进，毋使学殖荒落，国家将有赖焉。懋哉！

出处：《蒙斋集》卷九。

撰者：袁甫

考校说明：编年据许应龙宦历补，见《庸斋集》卷六《许枢密神道碑》、《宋史全文续资治通鉴》卷三二等。

左正言李韶除殿中侍御史制
（端平三年六月至九月间）

进思尽忠，方赖格心之益；涣汗其号，晋升执法之除。庸示眷怀，一新风采。以尔靖共正直，肃括宏深。知无不言，每务扬清而激浊；引之当道，未尝炫己以取名。允谓作者之七人，奚愧先朝之四谏。肆颁异渥，进陟副端。其以闲邪陈善之规，施之正色敢言之地，益振纲纪，以尊朝廷。

出处：《东涧集》卷四。

撰者：许应龙

考校说明：编年据李韶宦历补，见《宋史》卷四二三《李韶传》、《宋史全文续资治通鉴》卷三二等。"左正言"或为"右正言"之误，见《宋史》卷四二三《李韶传》、《宋史全文续资治通鉴》卷三二。

资政殿大学士光禄大夫提举洞霄宫宣缯除观文殿学士依所乞守本官致仕制
（端平三年九月九日）

尊贤敬老,已申进职之褒;引疾抗章,乃上挂冠之请。勉从雅志,爰锡殊恩。具官某名擅两优,道包众有。定而能应,中不倚和不流;公矣无私,德可尊事可法。晋登枢管,参预政机。同寅协恭,善弥缝而藏用;备内御外,每处置以得宜。罔以宠利而居成功,故能进退而不失正。真祠久佚,全节愈高。图任旧人,冀获老成之助;洊陈奏牍,胡为逊避之坚。兹偶爽于摄调,乃力求于休致。噫!予嘉乃德,爰晋陟于延恩;俾寿而昌,其永绥于嘉祉。以光终始,式表眷怀。

出处:《东涧集》卷五。
撰者:许应龙
考校说明:编年据《宋史》卷二一四《宰辅表》补。“观文殿学士”,《宋史》卷二一四《宰辅表》作“观文殿大学士”。

赐乔行简等以星雷示异乞退不允诏
（端平三年正月一日后或九月十六日后）

省所奏,具悉。昔昭王不以赤云之异移于司马,孔子以为知道;景公不以荧惑之变移于相,子韦以为知言。春秋列国之君,犹能克己就义,不置其咎于股肱,矧雷君令也,而朕又焉敢移之?以《震》恐惧修省,以《益》迁善改过。朕方欲回怒渝以帅彼天常,则亦赖卿等燮和赞理,懋德奋庸,汔济乃辟于义。顾援汉末世策免之文,欲上丞相印归丘园,朕所不取。所请宜不允。

出处:《鹤林集》卷一二。
撰者:吴泳
考校说明:编年据乔行简宦历、文中所述史事补,见《宋史》卷四二《理宗纪》。

明堂册文
（端平三年九月十七日）

景灵宫

明明我祖,道峻于天。濯濯厥灵,其基明辟。犹木有本,犹水有源。肆台小子,既受帝祉。季秋之月,宗祀明堂,其日用辛,工祝致告。丕釐景命,终万斯年。

太庙

於穆清庙,世有哲王,德厚流光,必百世祀。台恐德弗类,遏前人光,是用孝飨,入太室祼。洞洞属属,苾苾芬芬。来燕来宁,俾缉熙于纯嘏。

昊天上帝

倬彼昊天,皇矣上帝。亲德飨道,监观四方。施予冲子,绥受兹命。服大裘而冕,祀乎明堂。高高在上,无曰不显。以祈福祥,以弭灾兵,乂我受民,永寅念于祀。

皇地祇

惟王建国,掌邦地祇。瘞埋泰坼,有册有典。今冲子嗣主名,山川相其阴阳。居明堂左个,礼以黄琮,祀用黝牲。土谷惟修,庶草蕃庑。万邦咸休,敬拜下土之灵。

太祖皇帝

天作之君,神武不杀。肇造区夏,启迪后人。以予小子,夙夜愍祀,是用大飨帝,度九尺之筵。笾豆静嘉,牲牷肥腯,格于艺祖,克配彼天。永言孝思,无坠宝命。

太　宗

天造草昧，文王康之，始基矣。嗣武受之，耆定尔功，布昭圣武，天下为一，百世不迁。今文子文孙，敬宗尊祖。我将我享，王者之堂。洁尔牛羊，与其黍稷。神保是格，日靖四方。

出处：《鹤林集》卷五。
撰者：吴泳
考校说明：编年据吴泳任两制时间、南宋明堂大礼时间补，见《宋史》卷四二《理宗纪》。

明堂赦文
（端平三年九月十七日）

朕嗣宅丕后，保绥受民。上帝临汝，无贰尔心，敢不尽灵承之事？先王惟时，懋敬厥德，未尝忘裸飨之忱。每夙夜以惟勤，庶神天之克典。顾德不类，遭时多艰，兵氛未澄，星纪弗静。京畿邦之根本，而淫雨害于粢盛；汉岘国之咽喉，而蟊贼摇我边鄙。战士被介胄不得卧，丁夫罢转饷不得休。瘝兹下民，靡所宁宇。念天地以好生为德，遍覆包含而无殊；而祖宗以兼爱为仁，聪明神武而不杀。岂亲接三才之奥，亡哀矜庶狱之心？盖尝以干戈省厥躬，以裖象救其政。虽承宇之霁开雰，未还时和岁稔之风；虽侵疆之骑倏回，宁保地净冰寒之日？若匪吁苍旻而洁告，其何措方夏于阜安！爰刺六经之文，更规五室之制。有秩礼闱，有严颂堂。奉牲以告不在牲，而在民力之普存；更币以祈不惟币，而惟国用之均节。凭至诚之洞属，荐明德之馨香。于是登閟宫，奠璧清庙，凤驾斋辂，亲祠总章。衮龙作绘而五采施，锵玉鸣诗而九歌应。多士显相，陟降在庭；百工伻从，左右厥辟。瞻和气之熏浃，俨神光之陆离。岂惟钟喤喤，管锵锵；如见旗容容，骑沓沓。盖上天日监王者之处，曾咫尺之不违，而庶民是近天子之光，宜始终之若保。既荷灵娱之来燕，岂应馂惠之不均？乃御端闱，式盼大号。嘉与函生之众，共迎景贶之新。於戏！崇《周官》九尺之筵，精意已通于肸蠁；肆《吕命》五刑之赦，湛恩斯遍于延垓。尚赖奋庸亮采之臣，秉德陪祠之彦，烈文群辟，孔武六师，永肩励翼之忠，宏济丕平之业。

出处:《鹤林集》卷五。

撰者:吴泳

考校说明:编年据《宋史》卷四二《理宗纪》补。此赦文内容原书未载,《宋史》载有部分内容,今录以备考:

诸路州县坑冶兴发,在观寺、祠庙、公宇、居民坟地及近坟园林地者,在法不许人告,亦不得受理。访闻官司利于告发,更不究实,多致扰害。自今许人户越诉,官吏并讼者重置典宪,及有坑冶停闭、苗脉不发之所,州县勒令坑户虚认岁额,提点铸钱司核实追正。(《宋史》卷一八五《食货志》)

皇叔祖奉国军节度使提举万寿观主奉吴王
祭祀天水郡开国公多谟加食邑食实封制
(端平三年九月十七日后)

朕虔修祀事,涓选吉辛。天施地生,丕展精禋之报;祖功宗德,并严升侑之容。维时公族之英,实相躬祠之礼,宜敷惠术,诞告昕庭。具官某大雅不群,为善最乐。制节谨度,荣膺茸藟之华;思孝奉先,均佚琳宫之邃。属当大享,克赞盛仪,爰加多邑之封,仍锡真畲之食。於戏!莫如同姓,既先祭泽之颁;绥我思成,并衍蕃厘之介。毋替厥命,永孚于休。

出处:《东涧集》卷五。

撰者:许应龙

考校说明:编年据南宋明堂大礼时间补,见《宋史》卷四二《理宗纪》。

皇叔祖检校少保安德军节度使提举万寿观会稽郡
开国公师潞加食邑食实封制
(端平三年九月十七日后)

朕涓吉杪秋,乘上辛之正气;肇禋重屋,修邃古之盛仪。惟时公族之英,实相躬祠之礼,爰均惠术,敷告明庭。具官某履行靖庄,秉姿和粹。度德定位,已登亚保之班;植藟建旐,久处祠庭之佚。肃雍显相,扈从弥勤,爰加多邑之封,仍衍真畲之食。於戏!赐齐侯之胙,既加一级之隆;扬召虎之休,当继万年之颂。往服成命,践修厥猷。

出处:《东涧集》卷五。

撰者:许应龙

考校说明:编年据南宋明堂大礼时间补,见《宋史》卷四二《理宗纪》。

皇叔祖少傅保宁军节度使充万寿观使师贡
加食邑食实封制
(端平三年九月十七日后)

朕肇禋重屋,茂举盛仪。见泰元之尊,幸潜孚于鸿造;眷宗室之老,宜先被于龙光。锡以命书,告于列位。具官某器宏识敏,心正气和。植蠹建旟,均佚祠庭之邃;贰公洪化,峻升亚傅之尊。允为公族之表仪,多阅天下之义理。兹讲合漠之礼,实殚参酌之功,爰广旧封,并加真赋。於戏!相予肆祀,既绰著于贤劳;立爱惟亲,当首颁于祭泽。其祗成命,益衍蕃禧。

出处:《东涧集》卷五。

撰者:许应龙

考校说明:编年据南宋明堂大礼时间补,见《宋史》卷四二《理宗纪》。

太傅保宁军节度使充万寿观使永宁郡王杨石
加食邑食实封制
(端平三年九月十七日后)

朕载涓刚日,祗见明堂。天地祖宗,洁牲牢而合飨;辉胞阍翟,彻祭俎以均颁。矧予戚畹之英,入护禁庭之重,可无茂赏,以奖贤劳?具官某温厚而谦恭,疏通而乐易。辉华节钺,登三公一品之班;闻望圭璋,为四姓小侯之冠。动必循于法度,习尽屏于膏粱。属届季秋,相予肆祀。宸居密扈,既殚雍肃之忱;熙事告成,盍举褒崇之典。爰加多邑,庸笃懿亲。於戏!锡申伯之田,已沐湛恩之溥;修广国之行,益延多福之绥。兹谓尔荣,毋替朕命。

出处:《东涧集》卷五。

撰者:许应龙

考校说明:编年据南宋明堂大礼时间补,见《宋史》卷四二《理宗纪》。

保康军节度使提举万寿观临海郡开国侯
谢燧礼加食邑食实封制
（端平三年九月十七日后）

我将我享，既祗见于合宫；来下来崇，宜永膺于多福。敢私专乡，期与咸休，矧予戚畹之英，可后徽章之宠？诞扬涣号，敷告群工。具官某行归于周，世济其美。致身通显，虽联肺腑之亲；行己谦恭，尽屏膏粱之习。升华茸纛，均佚琳庭。兹因相事之勤，盍侈受厘之锡，爰加多邑，仍衍真畲。於戏！福自己求，已获时歆之况；施由亲始，当先祭泽之颁。永孚于休，毋替厥命。

出处：《东涧集》卷五。
撰者：许应龙
考校说明：编年据南宋明堂大礼时间补，见《宋史》卷四二《理宗纪》。"谢燧礼"当为"谢奕礼"之误。

邹应龙加恩制
（端平三年九月十七日后）

天施地生，丕展精禋之报；祖功宗德，并严升侑之仪。惟时文昌，实陪祀事。既均敷于惠术，盍宠畀于褒章。具官某才擅无双，名推第一。出藩入从，已登常伯之尊；避宠辞荣，久处祠庭之逸。然苍生愿起于谢傅，而宣室兴思于贾生。屡膺召节之颁，晋陟仪曹之长。甫登清著，即侍亲祠，迨熙事之告成，广湛恩而敷锡，载加多邑，以奖贤劳。其益懋于远猷，用对扬于休命。

出处：《东涧集》卷五。
撰者：许应龙
考校说明：编年据南宋明堂大礼时间补，见《宋史》卷四二《理宗纪》。

赵彦悈加恩制
（端平三年九月十七日后）

具官某风度严凝，才华肆应。不改其操，挺然松柏之后凋；自明而诚，炳若著龟之先见。经帷横帙,铨部持衡,属葳祀于九筵,实参华于五使。迄成熙事,敷锡湛恩,晋升封爵之荣,仍衍爱田之食。莫如同姓,既先祭泽之颁;绥我思成,益衍蕃厘之介。往服朕命,践修厥猷。

出处:《东涧集》卷五。
撰者:许应龙
考校说明:编年据南宋明堂大礼时间补,见《宋史》卷四二《理宗纪》。

李宗勉加恩制
(端平三年九月十七日后)

具官某学问邃深,风规峻整。持论若权衡之正,不激不随;履节如金石之坚,可尊可法。遍历谏诤抨弹之职,峻登言语侍从之班。立以执绥,相予葳祀,暨迄成于熙事,爱广锡于神厘。欲奖贤劳,肆封名邑。其体宠光之渥,益殚献纳之忠。

出处:《东涧集》卷五。
撰者:许应龙
考校说明:编年据南宋明堂大礼时间补,见《宋史》卷四二《理宗纪》。

郑清之加恩制
(端平三年九月十七日后)

门下:朕获执珪币,恪恭神人。畏天之威,常若承祀齐明之日;哀时之对,敢忘在廷奔走之臣!矧予元台,式是百辟。既与合宫之显相,岂容馂惠之后施?具官某俊德爽邦,懿文纬国。秉蹇蹇王臣之节,持谦谦君子之心。粤惟宁人,遗我哲辅。会六龙于潜跃之始,盖不缘肖象而求;作霖雨于荟蔚之余,曾不以片言而悟。初辅端平之治,庶跻元祐之风。调娱万几,政不宽而不猛;收采众善,道无陂以无偏。比因迅烈之灾,力上退闲之请。华之书殿,贲以经帷。虽云鼓枻以绝江,犹冀朝宗之在望。而况亲陪宗祀,董正上仪。合加进律之恩,庸广受厘之意。以开井赋,以实畚租。於戏!衍以旧相居河阳,尚侈大礼庆成之赐;浩繇师臣侍经幄,特疏明禋采邑之封。盖不归福于朕者上之仁,而能责难于君者臣之义。尚宏鸿施,益馨嘉猷。

出处:《鹤林集》卷五。

撰者:吴泳

考校说明:编年据南宋明堂大礼时间补,见《宋史》卷四二《理宗纪》。

<h2 style="text-align:center">杨谷加恩制</h2>
(暂系于端平三年九月十七日后)

　　门下:朕聿祇旧章,称秩宗祀。使宰孔赐齐侯胙,所以旌祭事之劳;命召公彻申伯田,所以隆采邑之宠。式褒懿戚,诞告群工。具官某质粹而外和,量闳而中裕。宝书在几,居无华竞之风;玉带趋朝,动中折旋之度。早疏荣于斋钺,晚避宠于师垣。身贵而心愈谦,年高而行弥谨。每怀恭圣之保佑,常念母家之典刑。兹以明禋,俾共使事。领内廷之卫,辑虎士以无哗;相中坛之仪,粲貂冠而有耀。既德馨之上达,宜饯泽之下盼。爰即旧封,载陪新食。於戏! 我将我享,既能敛福锡庶民;维戚维贤,先以贺礼亲异姓。有嘉耆老,毋用训词。

出处:《鹤林集》卷五。

撰者:吴泳

考校说明:编年据南宋明堂大礼时间补,见《宋史》卷四二《理宗纪》。

<h2 style="text-align:center">师弥加恩制</h2>
(暂系于端平三年九月十七日后)

　　门下:明王分宝玉以展亲,特厚戚贤之爱;大宗执珪瓒而亚祼,每崇祭祀之伦。剡备享于明堂,既相成于熙事。合加徽数,诞告治朝。具官某属近而行尊,年耆而德邵。世縻高爵,已疏白茅青社之荣;班立长身,颇称玉带金鱼之样。恪奉秀园之祀,董司周室之盟。肃然仪形,蔼有誉处。属三载举亲祠之典,而九筵严并侑之仪。当辇路之初晴,导驾已劳于扈从;逮斋居之将雨,历阶逾重于降升。四体有庄舒之容,一毫无惰慢之气。既辑涓成之庆,式敷饯惠之休。赉以爰田,增之贞赋。於戏! 作鲁公之册,盖繇于入祼太室之余;益东平之封,实起于定议南郊之后。尚绥素履,以答灵娭。

出处:《鹤林集》卷五。

撰者:吴泳

考校说明:编年据南宋明堂大礼时间补,见《宋史》卷四二《理宗纪》。

师正加恩制

(暂系于端平三年九月十七日后)

门下:周封同姓五十国,义莫重于展亲;汉召助祭九百人,恩独隆于赐爵。朕参稽旧典,搜举明禋。仪礼成而三神顾歆,需泽下而四方丕享。矧于仲父,宜锡庆条。具官某禔身有仪,乐善无斁。承诸姬之后,不以富贵而骄人;袭二献之风,颇能博雅而好古。朱邸共推于贤誉,青旂双拥于节旄。素娴朝会之容,克相祀禋之礼。龙旗耳耳,周旋乎法驾之间;麟趾振振,进退以先王之度。迨扬烟之竣事,广馂惠以旌劳。衍以爰田,华其巨镇。於戏!望祀不祈其福,朕常怀畏威时保之心;居宠必思其危,尔其懋作德日休之戒。更图励翼,以答熙成。

出处:《鹤林集》卷五。

撰者:吴泳

考校说明:编年据南宋明堂大礼时间补,见《宋史》卷四二《理宗纪》。

不擅加恩制

(暂系于端平三年九月十七日后)

门下:昔在成周,厚于同姓。命史佚作伯禽册,当太室既裸之时;使石尚归鲁国膰,在诸侯助祭之后。矧秩肇禋之典,实共相祀之班。盍考彝章,亟盼馂惠?具官某温恭而信厚,闲雅而裕和。蔼有诗书之风,泊无富贵之习。文王之昭,武王之穆,循礼度于《二南》;庄公之子,周公之孙,奉蒸尝于百世。自赐先王之履,首陪重屋之祠。结缡入斋,能将洞属之敬;展轸从趾,不惮骏奔之劳。熙事备成,灵娭来燕。既出濮园之胄,宜均宣室之厘。加以采田,实其圭赋。於戏!飨帝而臣受职,已昭明德之馨香;笃亲则民兴仁,宜溥湛恩之汪濊。绥而寿祉,强我本支。

出处:《鹤林集》卷五。

撰者:吴泳

考校说明:编年据南宋明堂大礼时间补,见《宋史》卷四二《理宗纪》。

谢奕昌加恩制
（暂系于端平三年九月十七日后）

门下：朕获奉嘉牲瑄玉，以歆上帝明神。穆穆周筵，俨诸侯之助祭；煌煌汉殿，伟四姓之侍祠。既毕飨于合宫，当疏荣于戚畹。特扬制綍，以谂朝伦。具官某韵宇象贤，气姿竞爽。一家诗礼，雅有好修之称；奕叶簪缨，泊无富贵之累。身虽被渥云之泽，门不停流水之车。比因寝庙之成，并建双旐之美。恂恂德行，每居大而能谦；抑抑威仪，常率履而不越。有韬瑞节，有秉介圭。典领营屯，恪共使事。相我上仪之盛，讫于熙礼之成。敛福以锡庶民，既广十伦之泽；赐级以劳伯舅，仍加五等之封。於戏！先民有言，君子所履。思袭紫传龟之所以盛，鉴重侯累将之所以微。往懋淑声，永绥多祉。

出处：《鹤林集》卷五。
撰者：吴泳
考校说明：编年据南宋明堂大礼时间补，见《宋史》卷四二《理宗纪》。

皇帝赐皇后明堂贺表答诏
（端平三年九月十七日后）

朕祇迪旧章，遹严宗祀。黻冕之美，皆出亲蚕之共；豆笾之嘉，实繄流荇之助。清明燠矣，福履绥之。载披庆函，式奖勤意。

出处：《鹤林集》卷一二。
撰者：吴泳
考校说明：编年据《宋史》卷四二《理宗纪》补。

赐贵妃明堂贺表答诏
（端平三年九月十七日后）

朕出祼清庙，入熙紫坛。凡泰元神媪之顾歆，皆月后星妃之协助。甫还诏跸，首阅露封。颂祷既虔，叹嘉弗已。

出处:《鹤林集》卷一二。

撰者:吴泳

考校说明:编年据《宋史》卷四二《理宗纪》补。

赐美人明堂贺表答诏
（端平三年九月十七日后）

朕肃躅刚日,祗见合宫。璧玉华光,笙镛纯绎。荷苍灵之来格,覩熙事之备成。载阅露封,良深嘉叹。

出处:《鹤林集》卷一二。

撰者:吴泳

考校说明:编年据《宋史》卷四二《理宗纪》补。

赐杨谷加恩口宣
（暂系于端平三年九月十七日后）

朕宗祀明堂,飨亲事帝。受厘宣室,左戚右贤。盍增采邑之华,祗服纶言之宠。

出处:《鹤林集》卷一二。

撰者:吴泳

考校说明:编年据南宋明堂大礼时间补,见《宋史》卷四二《理宗纪》。

郑发先封父母制
（端平三年九月十七日后）

敕具官某:祀明堂而民知孝,于是老老之恩溥焉。尔夫妇偕老,有子从仕,可无劝乎？宜均祭泽,锡以官荣。服我命书,永娱釜养。

出处:《蒙斋集》卷八。

撰者:袁甫

考校说明:编年据南宋明堂大礼时间补,见《宋史》卷四二《理宗纪》。

杨汝明父大全赠少师制
（端平三年九月十七日后）

敕：朕若稽故典，深体人情。扬名显亲，所宜先于祢庙；施禄及下，岂复间于里居！爰因熙事之成，增焕密章之宠。具官某父某官，操行端洁，问学渊源。当宁考临御之年，正宾赞盗权之日。侯门谁不伺候，进而趑趄；热官我岂愿为，思之烂熟。脱屣奉常之职，驰车蜀道之难。追念高标，幸有英嗣，克承家法，久在迩联。珍祠暂俟于贤劳，襚服宜彰于世美。储师峻陟，旌尔教忠之能；宗祐增光，钦予广孝之义。

出处：《蒙斋集》卷八。

撰者：袁甫

考校说明：编年据南宋明堂大礼时间补，见《宋史》卷四二《理宗纪》。

杨汝明母史氏赠汉国夫人制
（端平三年九月十七日后）

敕：陟岵怀亲，孰不知夫孝养？择邻教子，端有望于显扬。宗祀告成，恤章加贲。具官某母某氏，行遵慈俭，姿缊柔嘉。咏蘋蘩之章，能循妇道；明经幅之喻，蔼著母仪。有贤嗣以大其门，验积善之昌于后。属我邦厘之洽，增尔家采之荣。锡命副笄，已少光于幽壤；彻田绵竹，益可慰于寒泉。缅兹淑灵，歆予茂渥。

出处：《蒙斋集》卷八。

撰者：袁甫

考校说明：编年据南宋明堂大礼时间补，见《宋史》卷四二《理宗纪》。

令学士院降罪己诏御札
（端平三年九月十九日）

以季秋仲辛，雷声骤发，上天示谴，恐惧修省。避正殿，减膳彻乐，求直言，令学士院降诏。

出处:《宋史全文续资治通鉴》卷三二。

求直言诏
（端平三年九月十九日）

朕以眇躬，获承大统，十有三年于兹，惟德弗类，不敢宁于上帝命，兢业祗惧，夙夜靡渝。比岁以来，时事多虞，日思艰大，若涉渊冰，罔知津涯。乃季秋仲辛，朕方斋精秉纯，为民请命，祈福于天地祖宗，冀幸神灵顾答，又我受民，以辑宁我邦家。而将事之夕，天大雨，雷非时发声，明威震怒，炳然甚著。厥咎不远，在予一人，朕不胜忧畏。今避正殿，减常膳，命有司非祠祀毋得举乐。侧身省愆，犹惧弗茂，其令小大之臣，下至民庶，推原致灾之由，敷陈销变之策。凡朕躬过失，朝政阙违，悉意以言，靡有所隐。以告中外，咸使闻知。

出处:《宋史全文续资治通鉴》卷三二。

金紫光禄大夫右相兼枢密使乔行简加食邑食实封制
（端平三年九月十七日至二十一日间）

朕载涓刚日，祗见合宫。天施地生，丕展精禋之报；祖功宗德，并严升侑之仪。惟时耆英，实陪毖祀，爰涣扬庭之号，俾均拜胙之厘。具官某谟明弼谐，年高德劭。期予于治，每思补过以尽忠；克壮其猷，首务安民而和众。内销奸慝，外固封疆，致宗祀之熙成，获神歆之嘉况。肃雍显相，端由左右之勤；弗禄尔康，宜锡褒崇之宠。进封多邑，申衍真畬。於戏！式典而靖四方，益谨仪刑之念；享天而有一德，咸膺孚佑之休。尚克钦承，以永终誉。

出处:《东涧集》卷五。
撰者:许应龙
考校说明:编年据南宋明堂大礼时间、乔行简官历补，见《宋史》卷四二《理宗纪》。

文武百僚参知政事郑性之等上表
奏请皇帝御正殿不允批答
（端平三年九月二十一日）

省表具知。翼翼小心，方严葳祀；烨烨震电，倏尔动威。既垂警戒之机，敢替寅恭之念？侧身修行，下诏求贤，图所以销弭而感格者，不遑宁处，避正殿减膳羞彻音乐，益加贬损，以示夙夜畏威之忧。乃若指陈时弊，启沃朕心，以辅其不逮者，实惟公卿百执是赖。庶形声和而天地应，以永孚于休。便坐畴咨，治固无壅，若御正宁，诚非所安。所请宜不允。

出处:《东涧集》卷三。
撰者:许应龙
考校说明:编年据文中所述"翼翼小心，方严葳祀；烨烨震电，倏尔动威"、郑性之官历补，见《宋史》卷四二《理宗纪》。

金紫光禄大夫右丞相兼枢密使乔行简特授
观文殿大学士醴泉观使兼侍读制
（端平三年九月二十一日）

门下:寅亮天地，实司洪化之权；燮理阴阳，允谓经邦之道。既勤辅翼，必遂感通，何引咎以自陈，屡抗章而丐去。爰颁异数，曲徇高怀。具官某节挺后凋，道推先觉。介然有守，中不倚和不流；公而忘私，德可尊事可法。久任献纳论思之职，晋登凝承辅弼之司。知无不言，每务防微而杜渐；引之当道，未尝扬己以取名。迨晋长于秉枢，益忧边而思职。爰立作相，暨予同心。进思尽忠，文武为万邦之宪；定而能虑，精神折千里之冲。属届明禋，倏闻震电，兹高穹之示戒，念精意而钦承。乃荐上于囊封，遽力求于策免。侧身修行，朕方怀寅畏之思；当轴处中，尔盍图销弭之实。胡为勇退，莫遂挽留。作朕股肱，既久著勤劳之绩；全其体貌，盍愈加恩渥之隆。秘殿升华，真祠均佚，俾辅成于台德，仍进读于经帏。茂对殊休，以光晚节。於戏！予欲汝为汝翼，当仰体于深知；尔有嘉谋嘉猷，尚毋忘于忠告。以永终誉，益懋远图。

出处:《东涧集》卷四。

撰者:许应龙

考校说明:编年据《宋史》卷四二《理宗纪》补。

特进左丞相兼枢密使郑清之特授观文殿
大学士醴泉观使兼侍读制
(端平三年九月二十一日)

门下:王者承意而从事,每怀寅畏之思;宰相理物以代天,实任燮调之寄。欲潜销于变异,当共致以严恭,胡辞政柄之司,屡上囊封之奏? 勉从雅志,爰锡湛恩。具官某心正气和,量宏识远,卓尔负庙堂之器,潇然如山泽之癯。旧学于甘盘,已致缉熙光明之益;选众举伊尹,晋登凝承辅弼之尊。属当更化之初,首任秉钧之重。收召耆哲,拔去凶邪。以廉律贪,一洗旧污之染;量能授职,咸欣公道之开。虽振厉以更新,每弥缝而藏用。入而陈善,为格君心之非;出以告人,曰惟我后之德。期予于治,时乃之休。何积潦之甫停,至明禋而复作。晔晔震电,昭垂警戒之机;翼翼小心,敢替侧修之谨? 将欲致和于枹鼓,曷尝移咎于股肱。乃荐腾引去之章,竟莫遂挽留之意。肆升华于秘殿,仍进读于经帷。全其素节之高,假以真祠之佚。於戏! 学于古训,尚资良弼之交修;克享天心,罔俾前贤之专美。以永终誉,茂对殊休。

出处:《东涧集》卷四。

撰者:许应龙

考校说明:编年据《宋史》卷四二《理宗纪》补。

资政殿学士太中大夫提举临安府洞霄宫崔与之
特授正议大夫右丞相兼枢密使加食邑食实封制
(端平三年九月二十一日)

朕作新政化,总揽权纲。思德以承天心,欲尽和同之妙;奋庸而熙帝载,当资辅弼之良。肆选任于耆英,俾协图于极治。诞扬明命,敷告群工。具官某天为时生,才不世出。年弥高德弥劭,挺然松柏之后凋;事能应物能名,炳若蓍龟之先见。荐临屏翰,绰著恩威,久安绿野之游,实系苍生之望。比少施于方略,即潜弭于寇攘。予嘉乃勋,亟图重任。胡屡陈于逊牍,殊未体于至怀。载惟国事之多虞,正赖真儒之无敌。内绥诸夏,外抚四夷。克壮其猷,信无逾于元老;爰立作相,期共济于巨川。广井邑之提封,增赋租之奠食,仍兼枢管,峻陟文阶。於戏!道德之威成安强,予欲振中兴之业;股肱之寄在忠力,尔其殚叶赞之勤。庶几和气之致祥,永使万邦之作乂。勉思康济,庸副眷知。

出处:《东涧集》卷五。

撰者:许应龙

考校说明:编年据《宋史》卷四二《理宗纪》补。

崔与之未至命郑性之李鸣复时暂协力赞治诏
(端平三年九月二十一日)

朕比葳明禋,雨雷倾迅,天心示戒,在于朕躬。辅弼之臣,控章引咎,联车迭去,抗志莫留。勉徇高怀,俾安祠秩,畴咨一相,已遣蒲轮。虽鼎轴暂虚,而执政与宰相同,令郑性之、李鸣复时暂协力赞治,无负朕倚注之意。

出处:《宋史全文续资治通鉴》卷三二。

特进郑清之三辞免观文殿大学士醴泉观使
兼侍读恩命不允不得更有陈请诏
(端平三年九月二十一日后)

恳辞政柄,既曲徇于雅怀;留侍经帷,盍勉从于朕志。已尝谆谕,何至沥陈。眷言旧学之臣,久勤台德之辅,倏然舍去,云胡不思。况非劳以职事之烦,第欲广予见闻之益。不远伊迩,初无跋履之难;盍归乎来,庸副眷怀之切。所辞宜不允。

出处:《东涧集》卷一。

撰者:许应龙

考校说明:编年据《宋史》卷二一四《宰辅表》补。

资政殿学士太中大夫提举临安府洞霄宫崔与之再辞免特授正议大夫右丞相兼枢密使恩命不允不得再有陈请令疾速赴都堂治事诏
（端平三年九月二十一日后）

天下大老，咸傒来归，若时登庸，中外胥庆。已令帅臣以礼劝勉，复遣中使谕旨趣行。宜乘安车，亟造廊庙，以副眷怀之切，以图康济之功。奏牍沓陈，乃坚逊避。虽道之云远，不无跋履之劳；然民具尔瞻，实佩安危之寄。徒得君重，勉为朕行，毋徇小廉，以孤众望。所辞宜不允。

出处：《东涧集》卷二。

撰者：许应龙

考校说明：编年据《宋史》卷二一四《宰辅表》补。《宋史》卷二一四《宰辅表》："（端平三年）九月乙亥，崔与之自参知政事特转正议大夫，除右丞相、兼枢密使。"与本诏不合。

观文殿大学士光禄大夫醴泉观使兼侍读乔行简辞加食邑食实封恩命不允诏
（端平三年九月二十一日后）

朕躬亲珪币，宗祀明堂，仰获顾歆，迄成熙事。率循彝典，敷锡湛恩，邦甸侯卫，辉胞翟闱，罔不沾被。矧吾硕辅，显相盛仪，盍先焕号之颁，申衍土田之锡。义所当受，毋复重陈，所辞宜不允。

出处：《东涧集》卷二。

撰者：许应龙

考校说明：编年据南宋明堂大礼时间、乔行简宦历补，见《宋史》卷四二《理宗纪》。清乾隆翰林院抄本"辞"字后有"免"字，当以为是。

赐乔行简辞免加恩不允诏
（端平三年九月二十一日后）

省所奏,具悉。朕获执牺牲珪币,以承上下神祇。荐郊之夕,昊天降威,以示谴告,何敢专咎股肱? 况卿次辅也,秉德陪朕,而乃援故实祈解印绶,殆非朕志。召还东第,入侍经幄。恩礼既与宰臣等,则侍祠锡祉自有孝皇赐浩典册在,又何逊? 所辞宜不允。

出处:《鹤林集》卷一二。
撰者:吴泳
考校说明:编年据文中所述"朕获执牺牲珪币,以承上下神祇。荐郊之夕,昊天降威,以示谴告,何敢专咎股肱? 况卿次辅也,秉德陪朕,而乃援故实祈解印绶,殆非朕志"补,见《宋史》卷四二《理宗纪》。

赐崔与立辞免右丞相不允诏
（端平三年九月二十一日后）

乐君子之乐,固无轩冕之情;忧天下之忧,犹有君臣之义。盍云来止,毋勉遁思。

出处:《鹤林集》卷一二。
撰者:吴泳
考校说明:编年据《宋史》卷四二《理宗纪》补。"崔与立"当为"崔与之"之误。

金紫光禄大夫乔行简辞免观文殿大学士
醴泉观使兼侍读恩命不允批答
（端平三年九月二十一日后）

卿善谋善断,同德同心。老成而有典刑,惓惓忧国;论谏而本仁义,炳炳如丹。暨秉钧衡,愈宣忠力,方喜获赞襄之益,与共图康济之功。曷因变异之临,屡上退休之请? 莫回雅志,姑佚祠庭,冠书殿以通班,侍迩英而进读。岂惟纳诲以辅德,盖将论道以经邦。谓亟钦承,乃坚逊避。盍念十二年之久,相得益彰;胡为再三渎之烦,悫然求去? 不独卿有报国未遂之叹,亦使朕获用贤不终之讥。其体至怀,以全大节。

出处:《东涧集》卷三。

撰者:许应龙

考校说明:编年据乔行简宦历补,见《宋史》卷四二《理宗纪》。

赐右丞相崔与之不允辞口宣
(端平三年九月二十七日后)

卿清德瑞时,忠勋贯日。来伯夷于北海,岂应林壑之留;起安石于东山,实倚庙堂之望。毋容隐蔽,宜疾驰驱。

出处:《鹤林集》卷一二。

撰者:吴泳

考校说明:编年据《宋史》卷二一四《宰辅表》补。

卫泲除著作郎诰
(端平三年九月)

由秘郎而佐著庭,盖旧典也;越次而升,允为异渥。以尔学粹词丽,得隽儒科,策足周行,靖共正直。由棘庭而跻秘府,步武浸清,晋名论撰之司,仍兼郎省,乃显用之阶也。茂对殊休,益宏远业。

出处:《东涧集》卷三。

撰者:许应龙

考校说明:编年据《南宋馆阁续录》卷八补。

彭铉除直秘阁知广州兼广东经略安抚制
(端平三年九月)

敕具官某:五羊去天远,兵悍难制,震惊一道。朕起元老殿乡邦,乱然后定。顾瞻中外之臣,畴可继者? 尔名父之子,蔚有令闻。我宁考最念旧学,擢尔弟昆,抑眷尔考也。由详刑摄帅阃,委寄隆矣。克称厥职,就命为真。夫俗儒多懦,健吏鲜仁。钦哉! 仁而不懦,戢奸靖民,则予汝嘉。

出处:《蒙斋集》卷九。

撰者:袁甫

考校说明:编年据康熙《新修广州府志》卷一八补。

太中大夫参知政事兼同知枢密院事郑性之
再乞放归田里不允不得再有陈请诏
(暂系于端平三年九月后)

朕以实应天,侧身修行,尚虚揆席,以待耆英。翊赞万几,惟资执政,同心体国,方副予怀。胡为抗章,幡然求去? 挽留甚力,宜即钦承,何嫌何疑,至陈再渎。况今边陲未靖,民瘼未苏,欲庶事之康哉,岂一夔之足矣。其思夹辅,毋庸固辞。所请宜不允。

出处:《东涧集》卷一。

撰者:许应龙

考校说明:编年据郑性之宦历补,见《后村先生大全集》卷一四七《郑观文神道碑》。

赐郑性之以台章乞赐罢黜不允诏
(端平三年九月后)

夫御史天子耳目,岂容蔽耳目而不言? 执政犹吾股肱,安可废股肱而独运? 朕已勉谕,卿毋牢辞。

出处:《鹤林集》卷一二。又见《永乐大典》卷一九六三九。

撰者:吴泳

考校说明:编年据郑性之宦历补,见《后村先生大全集》卷一四七《郑观文神道碑》。

殿中侍御史李韶除权工部侍郎制
(端平三年九月后)

立朝正色,既驰謇谔之声;任官推贤,盍畀论思之职。肆颁涣渥,庸示隆知。具官某公而忘私,定而能应。虽跻荣路,每怀勇退之心;既陟谏垣,复厉敢言之气。旋登宪府,益振朝纲。然于激扬清浊之间,初蔑好恶党偏之意。人无异议,朕所深嘉。畴若予工,俾董缮修之政;入告于内,盍殚剀切之忠。茂对殊休,以阶大任。

出处:《东涧集》卷四。

撰者:许应龙

考校说明:编年据李韶宦历补,见《宋史》卷四二三《李韶传》等。

推恩胡斌赵师槚后诏
(端平三年十月一日)

殿前司将胡斌,曩死邵武之寇,赠武节大夫,有司为立后授官,因旧庙赐额。宗室师槚死尤溪之战,赠武节郎,官其一子进义校尉,立庙林岭。

出处:《宋史》卷四二《理宗纪》。

留乔行简御札
(端平三年十月四日)

乔行简三朝元老,一代鸿儒,趣中使以宣回,盍示冕旒之眷;对经筵而进读,庸彰体貌之恩。勉为朕留,伫闻忠告。

出处:《宋史全文续资治通鉴》卷三二。

赐安南国陈日煚特授静海军节度观察处置等使特进检校太尉兼御史大夫上柱国特封安南国王食邑三千户食实封一千户特赐效忠顺化功臣仍赐袭衣金银带制

（端平三年十月二十二日）

朕更新庶政，奄有四方。来献其琛，既展称藩之礼；涣汗其号，盍加进律之褒。庸侈湛恩，以光要服。安南国王陈日煚，制节谨度，和众安民，处黎氏之故封，缵陇西之旧绪。同文同轨，夙慕华风；来享来王，久怀忠节。不惮航海梯山之阻，欲申望云就日之忱，附奏囊封，底贡方物。有嘉恭顺，可后褒崇？植纛建旄，升陟公台之贵；分茅胙土，便蕃使命之华。畀井邑之提封，衍赋租之奠食，并加勋号，益涣宠章。於戏！修德以来远人，既广暨南之教；率典而藩王室，其坚拱北之心。永孚于休，毋替厥命。

出处:《东涧集》卷五。

撰者:许应龙

考校说明:编年据《宋史全文续资治通鉴》卷三二补。

余元廙江万里同除秘书郎诰

（端平三年十月）

图书秘府，天下之清选也，或迁或擢，罔匪名流。以尔元廙心醇气和，年高德劭，迭丞寺监，一意靖共。既茂著于休声，宜晋登于册府。以尔万里早升黄舍，屡冠文闱，校雠道山，敷陈谠论。欲养成于远器，姑序进于典书。茂对宠荣，以需柬拔。

出处:《东涧集》卷三。

撰者:许应龙

考校说明:编年据《南宋馆阁续录》卷八补。

赵必愿除度支郎官兼权右司制
（端平三年十一月前）

不典州不为郎，此祖宗良法也。矧屡著郡最，可后褒迁？以尔家传相业，望重宗英，不激不随，能定能应，荐司藩屏，俱号循良。晋陟版曹，仍兼宰掾。益尽弥纶之职，岂惟计度之精。往究乃心，以需异擢。

出处：《东涧集》卷四。

撰者：许应龙

考校说明：编年据赵必愿官历补，见《宋史全文续资治通鉴》卷三二。《宋史全文续资治通鉴》卷三二端平三年十一月庚申条称赵必愿为"新除度支郎官兼权左司郎官"，"左司"疑为"右司"之误。《宋史》卷四一三《赵必愿传》亦作"右司"。

赵以夫除两浙转运判官制
（端平三年正月至十一月间）

畿漕兼道之权，事丛责重，非详练通敏、随试辄效者，曷胜其任？以尔学粹词丽，心醇气和，治郡则惠爱及民，持节则公清振职。郎闱枢属，俱著声称，敷奏详明，尤称朕意。寓直邃阁，晋陟计台，庸昭简眷之隆，盍展澄清之志。尚观来效，嗣有褒迁。

出处：《东涧集》卷六。

撰者：许应龙

考校说明：编年据《咸淳临安志》卷五〇补。

少傅保宁军节度使判大宗正事嗣秀王师弥特授
少师加食邑食实封制
（端平三年十一月五日）

朕思治励精，以贤制爵。明德以亲九族，久资董正之司；洪化以弼一人，盍畀褒迁之宠。肆颁显册，敷告群工。具官某典丽才华，春容气度，议论冠诸宗室，声名重于朝廷。非刘氏不王，已袭胙土分茅之贵；于诸姬为近，尤增建旗植纛之辉。

惟夙全信厚之资，故特授训齐之任。属当三载，因考绩以陟明；晋拜亚师，示尊贤而隆礼。实踵棣华之旧典，益高孤棘之新班，申锡爰田，仍加真赋。於戏！善于其职，已隆公族麟趾之风；时乃之休，愈壮磐石犬牙之势。毋斁朕命，勉迪令猷。

出处：《东涧集》卷五。
撰者：许应龙
考校说明：编年据《宋史》卷四二《理宗纪》补。

乔行简授特进左丞相兼枢密使进封萧国公制
（端平三年十一月五日）

门下：大臣君所体貌，进退以示天下之公；丞相朕之股肱，眷留以为朝廷之重。方此时机之交急，岂应揆席之久虚？仪图旧弼之英，宅正元台之位。式颁温綍，诞告群工。具官某，博大而宏明，端廉而庄静。学问粹正，实源流于圣贤；讦谟忠嘉，皆根本于仁义。盖自黄耇凋零之后，独闻朱弦清越之音。践扬三朝，夷险一节。既登庸于次辅，尝避远于要权。调娱万机，犹负鼎适中和之济；扶植众正，犹宰舟无轻重之偏。小人得其欲而义安，君子有所恃而宗主。顾思人物之妙，尤见相才之难。矧今百度未厘，三维弗靖。邦材当裕，未有均节之方；军纪当修，莫闻申警之实。在廷则狃于议论多而行事少，在边则伤于意见异而谋国疏。凡职所忧，靡知所届。每当馈而太息，曾命龟而旁求。然安石未起于东山，而伯夷尚居于北海。遂即延英之邃，晋升上衮之华。以康时屯，以穆天绎。兹一儒既用于鲁，宜侵疆之复归；若二老共来于周，则赤子之焉往。肆疏公爵，兼典神枢。於戏！去国而遄召王曾，同列竞推于首相；侍经而勉留赵鼎，阅旬乃拜于昭文。予欲燮和，四序汝为；予欲纲纪，万方汝翼。惟黜陟公而后足以彰善瘅恶，必经纶密而后足以绥远折冲。宣乃之猷，期予于治。

出处：《鹤林集》卷六。
撰者：吴泳
考校说明：编年据《宋史》卷四二《理宗纪》补。

少傅保宁军节度使判大宗正事嗣秀王师弥再辞免特授少师加食邑食实封恩命不允批答
（端平三年十一月五日后）

朕立爱惟亲,以德诏爵,矧卿以宗盟之长,董属籍之司。比及三年,悉陶善教,遂多彬彬文学之彦,有如振振信厚之时。载念难兄,尝膺褒渥,兹有成绩,盍举旧章。晋陟亚师,金言惟允,宜钦成命,勿庸固辞。所辞宜不允。

出处:《东涧集》卷三。

撰者:许应龙

考校说明:编年据《宋史》卷四二《理宗纪》补。

少傅保宁军节度使判大宗正事嗣秀王师弥三辞免特授少师加食邑食实封恩命不允仍断来章批答
（端平三年十一月五日后）

董正宗盟,已更三祀,率循旧典,盍进一阶。遂扬涣号之新,俾陟亚师之位。朕非私予,人无间言。胡为谦逊之深,乃至再三之渎。虽辞荣避宠,固欲全风节之高;然敬老尊贤,当仰体眷怀之笃。亟祗成命,毋复重陈,所辞宜不允,仍断来章者。

出处:《东涧集》卷三。

撰者:许应龙

考校说明:编年据《宋史》卷四二《理宗纪》补。

观文殿大学士金紫光禄大夫醴泉观使兼侍读乔行简辞免特进左丞相兼枢密使进封肃国公加食邑一千户食实封四百户恩命不允诏
（端平三年十一月十三日后）

立政惟人,明王所以宁万国;辞荣避宠,君子所以善一身。权之以义,孰为重轻？卿之事朕十有三载,知无不言,言无不验。弥缝藏用,善则称君,暨予同心,爰立作相。方喜获老成之助,与共图康乂之功,属咎证之未消,援故事而丐去。趣遣四辈,留侍经帏。虽询黄发罔所愆,固赖蓍龟之益;然涉巨川求攸济,讵容维楫之无。爰启沃于朕心,俾晋升于上宰。明纶甫播,舆论交欢。谓衮衣归周公,岂止京师之奠;而中国相司马,自无边隙之生。毋徇谦冲之私,宜从中外之望。所辞宜不允。

出处:《东涧集》卷二。
撰者:许应龙
考校说明:编年据《宋史》卷四二《理宗纪》补。

观文殿大学士金紫光禄大夫醴泉观使兼侍读乔行简辞免特进左丞相兼枢密使进封肃国公加食邑食实封恩命不允批答
(端平三年十一月十三日后)

进退不失其正,虽欲全名节之高;辅弼以成厥功,当尽展经纶之蕴。比莫回于雅志,姑屈侍于经帏。咸欣大老之来归,倾傒真儒之复用,亟扬涣号,晋陟元台。天日为之开明,中外闻而呼舞。既上下之叶应,岂勋业之难为！进英俊则可以强本朝,择将帅则可以安边境,总庶职则无苟且之弊,开众正则绝侥幸之私。况善断而善谋,复同心而同德,从欲以治,永孚于休。毋固执于谦辞,盍勉徇于大义。所辞宜不允。

出处:《东涧集》卷三。
撰者:许应龙
考校说明:编年据《宋史》卷四二《理宗纪》补。

赐乔行简特进左相不允辞批答
(端平三年十一月十三日后)

维师尚父,年九十杖钺;睿圣武公,越九十有五入相。丹书烂然,懿戒勤甚,此所以作周孚先也。

出处:《鹤林集》卷一二。

撰者:吴泳

考校说明:编年据《宋史》卷四二《理宗纪》补。

诫谕士大夫诏
（端平三年十一月十五日）

朕嗣大历服,于兹十有三年,宵旰图治,栗栗祗惧,永惟孟子手足腹心之言,凡所以待遇士大夫者,未尝不忠且厚也。比年以来,鲜廉寡耻,相师成风,背公营私,恬不知省。大言无当者,敢以傲诞而不恤;肆行无忌者,习于欺罔而不悛。因循苟且,玩岁愒日,由内而外,靡然同流。士大夫朕之所尊礼,任之以为股肱心膂者,趋向若此,朕何赖焉?矧今内则百度之未修,外则四郊之多垒,国事如此,宁不动心?倘不易辙而改弦,何异抱薪而救火!朕于履长之日,申训迪之言。咨尔文武小大之臣,各宜体一阳来复之义,思君子道长之理,清白一心,澡涤故习,以称予一人孜孜求治之意,则予汝嘉。其或不虔,朕不敢赦。

出处:《宋史全文续资治通鉴》卷三二。

魏了翁知绍兴府制
（端平三年十一月十五日）

不见贾谊,方兴宣室之思;爰命君陈,往任东郊之尹。益隆委寄,庸示眷知。具官某间世真儒,斯民先觉,以学问渊源之邃,为黼黻河汉之文。惓惓忧国之忠,无言不尽;蹇蹇匪躬之节,所守弥坚。甫晋陟于枢庭,即宏开于督府。趣还廊庙,莫遂挽留,旋界藩宣,复坚逊避。然大贤之去就,系四海之观瞻。载念会稽,密迩王室。徒得君重,庶帅阃之增辉;勉为朕行,冀京师之蒙福。虽暂劳于镇抚,行大展于经纶。尚体至怀,亟祗成命。

出处:《东涧集》卷六。

撰者:许应龙

考校说明:编年据《宋史》卷四二《理宗纪》补。

资政殿学士魏了翁再辞免依旧资政殿学士知
绍兴府浙东安抚使恩命不允不得再有陈请诏
（端平三年十一月十五日后）

式遄其归，屡兴思于宣室；引以自近，俾分治于东郊。庶几善政之得民，抑使京师之蒙福。盍钦成命，言脂尔车，胡尚执于谦冲，至浃求于退避？徒得君重，以为屏翰之光；勉为朕行，亟任保厘之寄。庸副舆望，毋烦固辞，所辞宜不允。

出处：《东涧集》卷一。

撰者：许应龙

考校说明：编年据《宋史》卷四二《理宗纪》补。

令侍从等条陈防边方略诏
（端平三年十一月十九日）

令侍从、两省、台谏、卿监、宰掾、枢属、郎官、馆学各随己见，条陈方略，上于三省、枢密院，务在的切可行，不必徒事文词。

出处：《宋史全文续资治通鉴》卷三二。

赐签书枢密院事兼权参知政事李鸣复生日诏
（端平三年十一月）

荣司枢管，参预政机。兹当来复之初，适届诞弥之节。宜颁异数，以介寿祺。

出处：《东涧集》卷一。

撰者：许应龙

考校说明：编年据李鸣复生日及宦历补，见同集同卷《赐参知政事李鸣复生日诏》、《宋史》卷二一四《宰辅表》。

赵以夫除左曹郎官赵翀除右曹郎官制
（端平三年十一月）

朕励精思治，量能授官，凡郎选俱欲得人，矧版曹尤为剧任，擢居是职，必考金言。以尔以夫报政临漳，民安惠养，持节江右，吏服廉明。兹予付汝以左曹之任，必能理讼牒而稽邦赋。以尔翀曩处都司，疏通精练，今抚凋郡，岂弟公勤，兹予命汝以右曹之职，必能权敛散而均力役。用既乃心，往佐而长。

出处：《东涧集》卷四。

撰者：许应龙

考校说明：编年据赵以夫宦历补，见《后村先生大全集》卷一四二《赵公神道碑》、《咸淳临安志》卷五〇。《后村先生大全集》卷一四二《赵公神道碑》："除直宝谟阁、两浙转运判官……除右曹郎官，兼左司，继兼检正，遂为左司郎中，兼提领安边所。""右曹郎官"与本制"左曹郎官"不合。《咸淳临安志》卷五〇："赵以夫：端平三年运判，十一月除左司。""左司"疑为"左曹"之误。

李宗勉授兼侍讲制
（端平二年春或端平三年二月至十二月间）

敕具官某：朕御大昕之朝，百官献臣进见引对，习容辉如，率顷刻而罢。谏议大夫伏青蒲，殿中执法奉白简，亦不过一月一论事。至若昼访夕问，从容献纳，得以学术辅佐人主，而进之以唐虞治国之道，惟金华讲官，始为亲且近也。尔风猷峻整，议论粹正，更践台省，素以直闻。然论谏救失于已往，劝讲闲邪于未形。汝宜尽规，朕所深望。可。

出处：《鹤林集》卷七。

撰者：吴泳

考校说明：编年据李宗勉宦历补，见《宋史》卷四〇五《李宗勉传》、《宋史全文续资治通鉴》卷三二等。本制时间当在《东涧集》卷二《朝请大夫试工部侍郎兼权给事中兼侍读李宗勉辞免升兼侍读恩命不允诏》之前。

李宗勉授兼侍讲制
（端平二年春或端平三年二月至十二月间）

　　敕具官某：周以保氏掌谏恶，必兼六艺之教；汉谏议大夫掌论议，率用明经之儒。盖谏者所以辅拂于王躬，而讲者所以熏陶于德性。奋乎百世之下，而蔚然有三代两汉之风者，实难其人也。尔以经生，久居宪府。内涵性德，如蕴藏金玉之渊；时草奏书，有鼓舞风霆之妙。既擢登于骑省，复密侍于延英。朕之德有不迪，汝交修之；朕之政有不懋，汝康翼之。使随事有剪桐之规，而过为无折槛之迹，则若汝予嘉。可。

出处：《鹤林集》卷七。
撰者：吴泳
考校说明：编年据李宗勉宦历补，见《宋史》卷四〇五《李宗勉传》、《宋史全文续资治通鉴》卷三二等。本制时间当在《东涧集》卷二《朝请大夫试工部侍郎兼权给事中兼侍读李宗勉辞免升兼侍读恩命不允诏》之前。

王野除军器监诰
（端平二年四月至端平三年十二月间）

　　毋以日月为功，实试贤能为上，此用人良法也。以尔学问词章，世济其美，施之政事，绰绰有余。晋总除戎，仍兼导旨，允为异擢，益展壮猷。

出处：《东涧集》卷三。
撰者：许应龙
考校说明：编年据许应龙任两制时间、王埜宦历补，见《宋史全文续资治通鉴》卷三二。

李寿朋直显谟阁知太平州制
（端平二年四月至端平三年十二月间）

　　当涂素称道院，事简民淳，法从重臣，多均佚于此。然控扼江面，实为要冲，思患预防，诚不容缓。能胜其任，必赖通才。以尔禀资隽敏，临事激昂，分阃典藩,究心兵略,厥有成绩,所居见称。久郁壮犹,兴思宣室,晋升邃阁,俾任藩宣。以昔日之规摹,为此时之捍御。仁观来效,嗣有异恩。

出处:《东涧集》卷五。

撰者:许应龙

考校说明:编年据许应龙任两制时间、康熙《太平府志》卷一四补。

朝请大夫试工部侍郎兼权给事中兼侍讲
李宗勉辞免升兼侍读恩命不允诏
（端平三年二月至十二月间）

朕惟台谏言国家之得失、纠命令之过差,然进见之尚疏,犹开陈之未尽,岂若谈经于间日,许其赐坐以移时,用广多闻,以辅台德。卿有博古通今之学,怀忧国爱君之忠,执法乌台,升华骑省,并兼劝讲,多所发明。兹擢长于谏垣,宜进读于经席。其摅素蕴,以沃朕心,何固执于冲怀,未即膺于成命。所辞宜不允。

出处:《东涧集》卷二。

撰者:许应龙

考校说明:编年据李宗勉宦历补,见《宋史》卷四〇五《李宗勉传》、《宋史全文续资治通鉴》卷三二等。本诏时间当晚于同集卷四《殿中侍御史李宗勉除工部侍郎兼给事中制》。

殿中侍御史李宗勉除工部侍郎兼给事中制
（端平三年二月至十二月间）

进思尽忠,允谓正直端方之士;德以诏爵,盍居言语侍从之班。爰锡徽章,庸昭隆眷。具官某英姿玉立,直节冰清。见善明而用心刚,介然有守;行己恭而事上敬,知无不言。每于激扬清浊之间,初蔑好恶党偏之意。人无异议,朕所深知。俾晋贰于起曹,仍升华于琐闼。资尔正色敢言之气,振兹批敕还诏之风。益展大猷,以阶大用。

出处:《东涧集》卷四。

撰者:许应龙

考校说明：编年据李宗勉宦历补,见《宋史》卷四〇五《李宗勉传》、《宋史全文续资治通鉴》卷三二等。

赵以夫除左曹郎官兼左司制
（端平三年十一月至十二月间）

版曹都司,俱号烦剧,非资已试,曷称厥官？以尔禀资信厚,遇事精明,中外践更,何施不可。京畿将漕,方著休声,省部需贤,无以易汝。复畀郎闱之选,仍升宰掾之司。剖决弥纶,各振其职,皆汝所优为者。益图来效,以副予知。

出处：《东涧集》卷四。

撰者：许应龙

考校说明：编年据赵以夫宦历补,见同集同卷《赵以夫除左曹郎官赵翀除右曹郎官制》、《吴兴金石记》卷一一《永灵庙加封显佑通应侯敕牒碑》。

赐参知政事郑性之生日诏
（端平三年十二月一日前后）

新阳来复,爱日迎长,实惟良辰,是生贤佐。宜颁宠数,以示眷私。

出处：《东涧集》卷一。

撰者：许应龙

考校说明：编年据郑性之生日及宦历补,见《平斋集》卷一五《同知枢密院事郑性之生日诏》、《宋史》卷二一四《宰辅表》。

存抚江北流民诏
（端平三年十二月八日）

朕以菲质,抚有多方,德不足以庇民,威不足以服远,致兹草寇,犯我边陲,使百年生聚之人,罹一旦流亡之苦。朕为民父母,使尔百姓至于此极,深用痛伤。窃虑流民所至之地,有司或不能体朕爱民如子之意,有失存拊。可令沿江州郡如遇江北流民入界,仰多方措置存著,无令暴露,仍于有管官钱米内支拨救济。其间有强壮愿为军者,填刺军额,收管请给,庶几不致失所,以称朕劳来安集之意。

出处:《宋史全文续资治通鉴》卷三二。

协惠夫人加封昭庆敕
(端平三年十二月八日)

敕安吉州新市镇永灵庙显佑通应侯妻协惠夫人:朝廷爵赏有功之臣,则必及其内助,人神一也。永灵侯庙食千古,坐镇一方,比以使者上其功状,朕心数叹,既衍侯封,淑配之号,岂容弗称? 姑次一等,加之二字,其祗宸渥,永佑阴功。可特封协惠昭庆夫人。

出处:《吴兴金石记》卷一一。
考校说明:原文末句后云:"奉敕如右,牒到奉行。端平三年十二月八日,告协惠昭庆夫人,奉敕如右,符到奉行。"

淮东总领兼知镇江府吴渊除权兵部侍郎制
(端平三年十二月一日至十二月十五日间)

克壮其猷,已底要冲之固;涣汗其号,晋升法从之班。以穆师言,式昭隆眷。具官某材高通变,谋极机深,至能应来能名,直而温强而毅,入赞枢机之密,出宣藩翰之劳。积仓裹粮,赡给貔貅之众;蠲租减赋,绥安鸿雁之民。遂令铁瓮之区,益巩金城之势。厥有成绩,盍锡徽章。趣觐枫宸,俾贰兵曹之任;联荣棣萼,益增朝列之辉。殚而献纳之忠,赞我修攘之政,善于其职,时乃之休。

出处:《东涧集》卷四。
撰者:许应龙
考校说明:编年据吴渊宦历补,见《宋史》卷四一六《吴渊传》、《至顺镇江志》卷一五、同集卷六《吴渊除户部侍郎淮东总领知镇江府制》。

吴渊除户部侍郎淮东总领知镇江府制
(端平三年十二月十五日)

给饷不绝,既腾办治之声;有功见知,可后褒迁之宠? 肆颁涣号,以穆师言。

具官某识敏而明，气刚以直。蔼然誉望，既表表以出群；措诸施为，尤多多而益办。入则为羽仪于班列，出则著勋绩于节旄。戢吏爱民，允称宣化承流之职；理兵足食，务为折冲强本之谋。予嘉乃勋，用锡尔祉。俾为真于民部，庸增重于饷台，仍兼藩屏之司，益壮安强之势。徒得君重，冀宽忧顾之怀；益图尔庸，嗣沐便蕃之渥。

出处：《东涧集》卷六。

撰者：许应龙

考校说明：编年据《宋史》卷四二《理宗纪》补。

权罢天基节集英殿大宴诏
（端平三年十二月二十一日）

圣节有宴，盖常仪也。国家闲暇，宇内欢乐，讲此为宜。三边骚动，战守之士，日冒于锋镝，流徙之民，远去于乡间，朕方惨怛于怀，不遑暇食，又何敢作乐备礼，以举为寿之觞？其天基节集英殿大宴可权罢，以见朕忧边之意。

出处：《宋史全文续资治通鉴》卷三二。

觉察弹奏监司守令措置会子不职事诏
（端平三年十二月二十一日）

措置会子，已降黄牓，务在必行。尚虑监司、守令或有庸谬，纵吏为奸，不知体国，任意沽名，奉行不力。非独会价不登，亦恐朝廷威令浸弛。可令两监察御史觉察弹奏。

出处：《宋史全文续资治通鉴》卷三二。

余元礐除著作佐郎诰
（端平三年十二月）

著庭之选，素号清华，名公巨卿，多由此而进。以尔舍选菁英，谦和通练，践更中外，所居见称，擢置蓬山，师言允穆，复提史笔，仍摄郎闱。步武浸高，式昭隆眷,益宏远业,茂对殊休。

出处:《东涧集》卷三。
撰者:许应龙
考校说明:编年据《南宋馆阁续录》卷八补。

徐雄除秘书丞史弥巩除秘书郎余元廙除著作佐郎制
(端平三年十二月)

蓬莱道山,清华之选也,非硕学鸿儒,盖不轻畀。以尔雄刚毅有守,公正亡私,屡振职于成均,宜进丞于中秘。以尔弥巩安恬不竞,恫愊无华,既为模范于金枝,盍掌图书于秘府。以尔元廙,身端行治,学广闻多。允为册府之英流,晋秉著庭之直笔。罔非吉士,允穆师言。茂对荣恩,益宏进业。

出处:《永乐大典》卷一三四九八。
撰者:许应龙
考校说明:编年据《南宋馆阁续录》卷七补。

起居郎丁伯桂除中书舍人诰
(端平三年)

西掖演纶,既云试可,中宸出綍,遂畀真除。以穆师言,式昭隆眷。具官某量吞云梦,秀挹湖山。接物待人,上不谄下不渎;修身端行,简而廉直而温。居乌府则务激浊以扬清,立螭坳则屡直前而奏事。晋兼词掖,贲饰皇猷。必也正名,庶示宠褒之意;肆予命汝,俾登侍从之班。茂对殊休,以阶大任。

出处:《东涧集》卷三。
撰者:许应龙
考校说明:编年据《后村先生大全集》卷一四一《丁给事神道碑》补。

王伯大除吏部郎中制
（端平三年）

铨选之任其平如衡，不容一毫之轻重也。非公尔忘私，曷称厥职？以尔安恬有守，详练而明，荐典侯藩，廉勤不扰，肃将使指，风采耸闻。擢置铨曹，师言允穆。其以激浊扬清之志，施之量材授职之间。肆观尔能，嗣有褒宠。

出处:《东涧集》卷四。
撰者:许应龙
考校说明:编年据《宋史》卷四二〇《王伯大传》补。

陈垲直宝文阁江西安抚制置使知江州制
（端平三年）

国十为连，允谓重任；王三锡命，遂畀兹除。以尔直哉惟清，定而能应，运筹决胜，盗息民安，宣化承流，刑清讼简，随试辄效，所居见称。载念帅垣，实任抚绥之寄；至于江面，尤关要害之冲。非尔长才，曷称兹职？爰升华于邃阁，俾克展于壮犹。茂对殊休，勉图伟绩。

出处:《东涧集》卷五。
撰者:许应龙
考校说明:编年据万历《新修南昌府志》卷一二补。

临安府余杭县洞霄宫龙神封灵泽公祠制
（端平三年）

敕具某神:昔景德画龙以祠，雨；天圣塑龙于会灵观，亦雨。绘像尚尔，况真龙哉。方旱魃为灾，百神遍走而未应。兴自朕怀，以默祠祷，中使未还，而甘泽已滂沱矣。建尔上公，对予光命。可。

出处:《鹤林集》卷一一。
撰者:吴泳

考校说明:编年据《洞霄图志》卷一补。

卫王功茂御笔
(端平三年)

卫王功茂,深欲保持其家。

出处:《后村先生大全集》卷一五一《方阁学墓志铭》。
考校说明:"卫王"指史弥远。

王野知邵武日先事弭变转一官制
(端平三年前后)

先事弭变,易危而安,非善谋善断者畴克能尔。舍而不录,何以示劝?尔昨守樵溪,凶徒兆乱,机筹密运,歼厥渠魁,民获堵安,兵无血刃。疏恩增秩,庸示褒嘉,列属枢庭,益观妙画。

出处:《东涧集》卷六。
撰者:许应龙
考校说明:编年据文中所述"列属枢庭"补,见《宋史》卷四二〇《王埜传》、《宋史全文续资治通鉴》卷三二。

李昂英前任广东机宜说谕叛卒有劳转一官制
(端平三年前后)

凶徒倡乱,声势鸱张,直抵广城,阖郡震恐。尔忠于体国,勇不顾身,径造贼营,谕以逆顺。继居机幕,复赞筹谋,遣兵捍防,迄臻平定。厥绩甚茂,盍进一阶,以示褒宠。

出处:《东涧集》卷六。
撰者:许应龙
考校说明:编年据李昂英宦历补,见《文溪集》卷首《忠简先公行状》。

袁甫授起居郎兼权中书舍人依旧兼说书制
（端平三年前后）

敕具官某：若昔成周，分命二史。曰太史友，则执册书，今记言之任也；曰内史友，则掌王命，今代言之官也。苟非全材，曷共贰事？尔世以儒名，好是正直。自擢第先朝，暨予更化，几二纪于兹。扶善嫉邪，无所回挠。斯士林之冠冕，吾道之羽翼也。擢升左坳，仍典右掖，岂但取之以科目哉！记注之失有四，汝其刊之修之；王言之制有七，汝其究之复之。使直笔足以垂万世之法，而英辞足以鼓天下之动，则予汝嘉。可。

出处：《鹤林集》卷七。

撰者：吴泳

考校说明：编年据袁甫宦历补，见《宋史》卷四〇五《袁甫传》等。

理宗度宗恭帝朝卷七　嘉熙元年(1237)

资政殿学士李埴加恩制
（暂系于端平三年正月至嘉熙元年正月间）

敬老尊贤，既进升于华职；以德诏爵，盍申锡于殊恩。式涣明纶，庸昭隆眷。具官某量吞溟渤，秀挹岷峨，词章后学之宗师，德望清朝之标准。材何施而不可，名弗求而自高。国十为连，屡宣威于戎阃；王三锡命，遂正位于天官。涉跻书殿之穹班，仍比枢庭之优礼。进封公爵，增衍圭田。噫！名位不同，朕既加于异数；谋猷入告，尔盍罄于精忠。茂对宠光，以永终誉。

出处:《东涧集》卷五。

撰者:许应龙

考校说明:编年据李埴官历补,见《平斋集》卷一五《端明殿学士宣奉大夫李埴上表辞免除资政殿学士知眉州恩命不允诏》、《宋史》卷四二《理宗纪》。

魏了翁加恩制
（端平三年十一月至嘉熙元年正月间）

具官某气塞两间，学希百圣。蹇蹇匪躬之节，公尔忘私；惓惓忧国之忠，言无不尽。晋跻右府，大展壮猷。式遄其行，已宣威于督府；涣汗其号，俾入觐于昕庭。胡涉腾逊避之章，竟莫遂挽留之意。暂处真祠之佚，实勤宣室之思。兹以受厘，可忘锡祉，肆进加于封爵，仍申衍于爰田。噫！来下来崇，岂朕躬之专乡；俾昌俾炽，当与国以咸休。茂对宠光，益图经济。

出处:《东涧集》卷五。

撰者:许应龙

考校说明:编年据文中所述"晋跻右府,大展壮猷。式遄其行,已宣成于督府;涣汗其号,俾入觐于昕庭。胡洊腾逊避之章,竟莫遂挽留之意。暂处真祠之佚,实勤宣室之思"补,见《宋史》卷四二《理宗纪》、卷四三七《魏了翁传》。

资政殿学士魏了翁再辞免依旧资政殿学士知福州福建安抚使恩命不允不得再有陈请诏
（嘉熙元年正月三日后）

我图尔居,信莫如于南土;徒得君重,谅无薄于淮阳。谓即钦承,岂宜引避?已尝谆谕,奚复重陈。矧惟三山易治之邦,第烦卧护;当戒十乘启行之日,毋以疾辞。往服厥官,以称朕意,所辞宜不允。

出处:《东涧集》卷一。

撰者:许应龙

考校说明:编年据《宋史》卷四二《理宗纪》补。

资政殿大学士李埴除同知枢密院事四川宣抚使制
（嘉熙元年正月九日）

克壮其犹,宜任元戎之寄;涣汗其号,晋升右府之崇。增重事权,式符人望。具官某年高德劭,节劲气和,声名满四海之间,文武为万邦之宪。载惟全蜀,重遭强敌之凭陵;虽建制垣,复命大臣而抚谕。兹置宣威之任,益恢御外之规,庸陟副枢,以昭隆委。既恩信之素著,必处置以得宜。噫!属老臣勿以为忧,当有万全之计;用真儒而焉得削,仁收无敌之功。永底敉宁,以宽忧顾。

出处:《东涧集》卷五。

撰者:许应龙

考校说明:编年据《宋史》卷四二《理宗纪》补。

宣奉大夫李埴辞免除同知枢密院事四川宣抚使恩命不允不得再有陈请诏

（嘉熙元年正月九日后）

尽护诸将，当属重臣，克壮其猷，无如元老。况士卒乐为之用，而草木亦知其名。成命初颁，师言允穆。先声所至，已处置以得宜；威令既孚，岂安强之难致。能胜其任，盍图尔庸，毋固执于谦冲，庶亟宽于忧顾。所辞宜不允。

出处：《东涧集》卷二。

撰者：许应龙

考校说明：编年据《宋史》卷四二《理宗纪》补。此诏时间当稍晚于《鹤林集》卷一二《赐李埴辞同知四川宣抚不允诏》。

赐李埴辞同知四川宣抚不允诏

（嘉熙元年正月九日后）

治民如治乱绳，朕固无拘于文法；望君如望慈母，尔其思慰于国人。亟往于宣，毋宜多逊。

出处：《鹤林集》卷一二。

撰者：吴泳

考校说明：编年据《宋史》卷四二《理宗纪》补。

赈济淮襄避地流民诏

（嘉熙元年正月十二日）

两淮、荆襄之民，避地江南，沿江州县间有招集赈恤，尚虑恩惠不周，流离失所。江阴、镇江、建宁、太平、池、江、兴国、岳、江陵境内流民，计其口给米，期十日竣事以闻。

出处：《宋史》卷四二《理宗纪》。又见《宋史全文续资治通鉴》卷三二，《南宋书》卷五，《宋史记》卷一三。

考校说明:《宋史全文续资治通鉴》卷三二系于嘉熙元年正月十四日。

圣节赐三省官乳香口宣
（端平元年正月或端平二年正月或端平三年正月或嘉熙元年正月）

虹生华渚,适逢正月之和;鹭集明庭,咸祝万年之永。爰颁宝篆,以赍法筵。

出处:《鹤林集》卷一二。

撰者:吴泳

考校说明:编年据吴泳任两制时间、文中所述史事补。

魏了翁昨遇庆典应转官制
（端平三年正月后或嘉熙元年正月后）

庭闱七帙,肆颁庆寿之恩;文武百寮,悉沐迁官之宠。矧久跻于迩列,胡未被于徽章。特焕明纶,俾沾旧渥。具官某斯民先觉,当代正人。进思尽忠,忧国家而如渴;退不失正,付轩冕于傥来。至庆霈之当升,亦辞荣而弗受。今予命汝,初非滥予之私;式克钦承,庶合已行之典。

出处:《东涧集》卷六。

撰者:许应龙

考校说明:编年据宋理宗生日、魏了翁卒年补,见《宋史》卷四一《理宗纪》、卷四二《理宗纪》。

宣奉大夫新除礼部尚书邹应龙辞免
兼修玉牒官恩命不允诏
（端平二年四月至嘉熙元年二月间）

编年以纪帝系而载其历数,及朝廷政令之因革者为玉牒,以宰臣提纲而命从臣以修之,盖重其事也。擢居是职,必择鸿儒。以卿魁伦硕望,直谅多闻。晋长仪曹,已著寅清之誉;进读经幄,复殚启沃之忠。俾兼职于纂修,胡抗章而逊避。毋稽朕命,往服厥官,所辞宜不允。

出处：《东涧集》卷一。

撰者：许应龙

考校说明：编年据许应龙任两制时间、邹应龙宦历补，见《宋史》卷四二《理宗纪》、卷四一九《邹应龙传》。此诏时间当稍晚于同集卷四《宣奉大夫邹应龙除礼部尚书制》。

宣奉大夫新除礼部尚书邹应龙辞免兼侍读恩命不允诏
（端平二年四月至嘉熙元年二月间）

朕若稽古训，图济治功，乃择儒绅之英，俾陪经幄之邃。以卿学问渊粹，议论正平，怀尊主庇民之心，有博古通今之识。可辅成于台德，宜进读于迩英。盍体至怀，亟殚素蕴。胡执谦冲之意，尚陈逊避之章。所辞宜不允。

出处：《东涧集》卷一。

撰者：许应龙

考校说明：编年据许应龙任两制时间、邹应龙宦历补，见《宋史》卷四二《理宗纪》、卷四一九《邹应龙传》。此诏时间当稍晚于同集卷四《宣奉大夫邹应龙除礼部尚书制》。

宣奉大夫邹应龙除礼部尚书制
（端平二年四月至嘉熙元年二月间）

不见贾谊，久勤宣室之思；金曰伯夷，宜锡秩宗之命。肆颁召节，趣使造朝。具官某器度恢宏，风规峻整，奥学探圣贤之蕴，魁名满宇宙之间。入则遍历于清华，出则荐临于藩屏。属予践阼之始，畀以纳言之司。胡厌直于承明，乃久安于真馆。虽辞荣避宠，固欲全素节之高；然思治励精，讵可后旧人之任？遂颁涣渥，复位文昌。其殚日月献纳之忠，益振夙夜寅清之誉，以阶大任，式副具瞻。

出处：《东涧集》卷四。

撰者：许应龙

考校说明：编年据许应龙任两制时间、邹应龙宦历补，见《宋史》卷四二《理宗纪》、卷四一九《邹应龙传》。

杨恢除太府少卿兼潼川利路制置副使
兼利路运判兼知利州制
（端平二年四月至嘉熙元年二月间）

　　一身而兼数职，最号剧烦，非才周世用、屡试有功者，盖不轻畀。以尔资兼文武，识炳眇绵，应变随机，恢乎余刃。欲求礼乐诗书之帅，往镇西陲，采之公言，无以易汝。肆升卿月，晋贰制垣，郡寄计台，并以命汝，其任固不轻矣。备内御外，理民驭军，使调度不乏而暴乱潜销，则予汝怿。其祗成命，益展壮猷。

出处：《东涧集》卷五。

撰者：许应龙

考校说明：编年据许应龙任两制时间、杨恢官历补，见《宋史全文续资治通鉴》卷三三。

杨恢除宝章阁待制四川制置使兼知利州制
（端平二年四月至嘉熙元年二月间）

　　惟尔之能，宜副元戎之职；其犹克壮，盍专制阃之权。复锡明纶，以昭隆委。具官某资兼文武，识炳眇绵。思患预防，益固黄冈之势；随机应变，潜销紫塞之尘。晋陟列卿，肃将使指，属三路重遭于纷扰，非一贤孰任于驱攘。特升次对之华，尽总西维之寄。外御其侮，当为折冲强本之谋；逷观厥成，庶底和众安民之绩。勉思经济，以宽顾忧。

出处：《东涧集》卷五。

撰者：许应龙

考校说明：编年据许应龙任两制时间、杨恢官历补，见《宋史全文续资治通鉴》卷三三。此制时间当晚于同集同卷《杨恢除太府少卿兼潼川利路制置副使兼利路运判兼知利州制》。

端明殿学士朝奉大夫签书枢密院事兼权参知政事李鸣复乞退归不允诏
（端平三年九月至嘉熙元年二月间）

朕惟二三执政,犹吾股肱,一体相资,斯成至治。卿顷由言路,晋陟文昌,曾未几时,径司枢管。正赖同心而协力,庶几强本以折冲。知无不为,盍忧边而思职;谦以自牧,乃推贤而逊能。虽卿欲全进退之宜,而朕当笃始终之眷。其体至意,毋劳重陈,所请宜不允。

出处:《东涧集》卷一。

撰者:许应龙

考校说明:编年据李鸣复官历补,见《宋史》卷四二《理宗纪》。《宋史》卷二一四《宰辅表》:"(嘉熙元年)八月癸巳,李鸣复自兼参知政事除参知政事。"误。《宋史》卷四二《理宗纪》:"(嘉熙元年二月癸未)李鸣复罢,以资政殿学士知绍兴府……(八月)癸巳,以李鸣复参知政事,李宗勉签书枢密院事。"《宝庆会稽续志》卷二所载与《宋史》卷四二《理宗纪》相合。

端明殿学士朝奉大夫签书枢密院事兼权参知政事李鸣复再乞归田里不允不得再有陈请诏
（端平三年九月至嘉熙元年二月间）

见几而作,虽欲为决去之谋;事君以忠,盍仰体挽留之意。矧边烽之屡警,而阙政之尚多,贤和于朝,苟并谋而合智;外御其侮,庶保大以定功。所当怀报国之思,胡屡上封囊之奏。勉图经济,庸副倚毗,所请宜不允。

出处:《东涧集》卷一。

撰者:许应龙

考校说明:编年据李鸣复官历补,见《宋史》卷四二《理宗纪》。《宋史》卷二一四《宰辅表》:"(嘉熙元年)八月癸巳,李鸣复自兼参知政事除参知政事。"误。《宋史》卷四二《理宗纪》:"(嘉熙元年二月癸未)李鸣复罢,以资政殿学士知绍兴府……(八月)癸巳,以李鸣复参知政事,李宗勉签书枢密院事。"《宝庆会稽续志》卷二所载与《宋史》卷四二《理宗纪》相合。

赐邹得龙除佥书兼参政口宣
（嘉熙元年二月一日）

卿雅以人望，蔚为儒家。晋典鸿枢，仍参大政。宜祗承于涣命，毋教废于需章。

出处:《鹤林集》卷一二。

撰者:吴泳

考校说明:编年据《宋史》卷四二《理宗纪》、卷二一四《宰辅表》补。"邹得龙"当为"邹应龙"之误，见《宋史》卷四二《理宗纪》、卷二一四《宰辅表》。

赐郑性之除参政口宣
（嘉熙元年二月一日）

基命斗枢之庭，参谋鼎铉之府。蔽自朕志，谐于佥言。亟祗涣纶，毋赞谦牍。

出处:《鹤林集》卷一二。

撰者:吴泳

考校说明:编年据《宋史》卷四二《理宗纪》补。

赐李宗勉除同佥书口宣
（嘉熙元年二月一日）

皂直谏之囊，出从骑省；管神兵之务，入典鸿枢。已沐师言，毋烦执牍。

出处:《鹤林集》卷一二。

撰者:吴泳

考校说明:编年据《宋史》卷四二《理宗纪》补。

宣奉大夫守礼部尚书兼修玉牒官兼侍读邹应龙辞免除端明殿学士签书枢密院事兼权参知政事恩命不允诏
（嘉熙元年二月一日后）

　　卿自掇魁伦,遍更清要,出藩入从四十余年,每怀静退之心,未展经纶之蕴。属更大化,图任旧人。进读经筵,每及三边之备御;究心兵略,见于十事之开陈。宜陟枢庭,仍参大政,当以平时之议论,亟图今日之事功。胡固执于谦冲,乃力形于逊避。其祗承命,以副眷怀,所辞宜不允。

出处:《东涧集》卷一。

撰者:许应龙

考校说明:编年据《宋史》卷二一四《宰辅表》补。

端明殿学士中奉大夫新除签书枢密院事兼权参知政事邹应龙辞免同提举编修经武要略恩命不允诏
（嘉熙元年二月一日后）

　　圣祖神宗,克振炎图之业;明谟睿断,具存要略之书。非赖编摩,曷昭轨则?然任提纲之寄,实资执政之臣。卿有学有文,能定能应,既处枢机之地,宜参总领之司。必撮其要举其宏,纂成巨典;庶显哉谟承哉烈,启佑后人。往究乃心,毋致朕命,所辞宜不允。

出处:《东涧集》卷一。

撰者:许应龙

考校说明:编年据邹应龙宦历补,见《宋史》卷二一四《宰辅表》。"中奉大夫"疑为"宣奉大夫"之误,见同集同卷《宣奉大夫新除礼部尚书邹应龙辞免兼修玉牒官恩命不允诏》《宣奉大夫守礼部尚书兼修玉牒官兼侍读邹应龙辞免除端明殿学士签书枢密院事兼权参知政事恩命不允诏》《端明殿学士宣奉大夫签书枢密院事兼权参知政事邹应龙乞解机政不允诏》《宣奉大夫邹应龙再辞免除资政殿学士知庆元府沿海制置使恩命不允不得再有陈请诏》。

端明殿学士朝奉大夫李鸣复辞免除资政殿学士知绍兴府恩命不允诏

（嘉熙元年二月一日后）

善谋善断，正赖倚毗，何嫌何疑，力求退避。屡遣中使，以示挽留之意；复颁诏旨，以昭眷遇之隆。虽曲尽于真忱，竟莫回于雅志。晋升秘殿，俾镇帅藩。勉为朕行，冀使京师之蒙润；不远伊迩，庶宽宣室之兴思。何未体于至怀，尚复形于逊牍。其祗成命，毋至重陈，所辞宜不允。

出处：《东涧集》卷一。

撰者：许应龙

考校说明：编年据《宋史》卷四二《理宗纪》补。

太中大夫参知政事兼同知枢密院事郑性之辞免除知枢密院事兼参知政事恩命不允诏

（嘉熙元年二月一日后）

朕立号改元，励精更始，既得人以共政，盍隆礼以尊贤。卿直谅一心，周旋两地，外不动于声色，中默运于筹谋。同寅协恭，忧边思职。予嘉乃德，宜晋陟于元枢；惟尔之能，仍复参于大政。纶音甫播，舆论交孚。宜体眷怀，益殚经济，胡执谦冲之意，乃陈逊避之章。亟祗厥官，毋替朕命。所辞宜不允。

出处：《东涧集》卷一。

撰者：许应龙

考校说明：编年据《宋史》卷四二《理宗纪》补。

朝散大夫权户部侍郎兼同详定敕令官兼知
临安府浙西安抚使赵与权辞免除户部侍郎
兼权兵部尚书兼职依旧恩命不允诏
（嘉熙元年二月一日后）

辇毂弹压,素号剧繁,财赋源流,尤难稽考。卿恢恢游刃,藉藉休声,既左右之俱宜,岂褒扬之可后? 爰正贰卿之位,复升常伯之班。庸重藩宣,式昭简眷,盍即承于休命,胡尚执于谦词。往修厥官,益宏远业。所辞宜不允。

出处:《东涧集》卷二。
撰者:许应龙
考校说明:编年据《咸淳临安志》卷四九补。"赵与权"当为"赵与欢"之误。

朝请大夫试左谏议大夫兼侍读李宗勉辞免
除端明殿学士同签书枢密院事恩命不允诏
（嘉熙元年二月一日后）

改元更化,期臻绥定之功;立政惟人,莫重枢机之寄。参稽舆议,咸曰汝谐。况谏疏屡陈,罔匪忧国爱君之意;及经筵进读,悉关理内御外之规。尤不激以不随,复能定而能应,允为正士,宜弼朕躬。盍仰体于隆知,胡尚形于逊牍。令行弗反,卿毋固辞。所辞宜不允。

出处:《东涧集》卷二。
撰者:许应龙
考校说明:编年据《宋史》卷四二《理宗纪》补。

端明殿学士朝请大夫新除同签书枢密院事李宗勉
辞免同提举编修经武要略恩命不允诏
（嘉熙元年二月一日后）

卿允武允文,善谋善断。度德定位,既登宥密之司;强本折冲,正赖赞襄之力。载惟要略,具在成书。虽编摩已属于有司,而典领实资于近辅。肆予命汝,盍撮其要而举其宏;传之无穷,庶轨易遵而度易则。亟祗成涣,毋庸固辞。所辞宜不允。

出处:《东涧集》卷二。
撰者:许应龙
考校说明:编年据李宗勉官历补,见《宋史》卷四二《理宗纪》。本诏时间当稍晚于同集同卷《朝请大夫试左谏议大夫兼侍读李宗勉辞免除端明殿学士同签书枢密院事恩命不允诏》。

赐邹应龙上表辞金书不允批答
(嘉熙元年二月一日后)

卿历践词垣,直青琐闼,动阅三四十年,英名高节,朕知其有廊庙之器久矣。借筹密席,参贰宰涂,尚恨其晚,复何以辞。

出处:《鹤林集》卷一二。
撰者:吴泳
考校说明:编年据《宋史》卷四二《理宗纪》补。

宣缯所进即位事宣付史馆诏
(嘉熙元年二月十一日)

缯宝庆初元所进朕即位事始,悉本先帝遗训,可宣付史馆。

出处:《宋史全文续资治通鉴》卷三二。

张顺屈伸等以功转官诏
(嘉熙元年二月十四日)

忠义选锋张顺、屈伸等,以舟师战公安县之巴芒有功,各官一转,余推恩有差。

出处:《宋史》卷四二《理宗纪》。

趣召崔与之手札
(嘉熙元年二月)

朕亲揽万机,敷求贤哲,用励相我国家,若时登庸,莫如耆德。卿才高经济,节守清忠,信为国之蓍龟,宜秉钧于廊庙。诞扬涣号,允穆师言。已令帅臣,优礼津发。昔卫武公九十而为相,今卿年未八帙,寿考康宁,亟乘蒲轮,进登槐位。使蛮夷畏汉相之风采,人民瞻师尹之仪型,以尊朝廷、安社稷而有无穷之闻,岂不休哉!

出处:《崔清献公全录》卷九。又见《广东文献初集》卷二,民国《增城县志》卷二七。

别之杰除秘撰兼制置副使制
(嘉熙元年正月至三月间)

朕惟荆襄伤残之余,兵力单弱,民生凋瘵,捍防经理,实难其人,非资已试之才,曷任维藩之寄? 以尔身兼数器,望冠群公。曩帅荆南,宽明精练。理内御外,克壮其猷。兵悦民怀,边尘不警。今兹谋帅,金曰汝宜,特升秘殿之华,俾贰制垣之任。徒得君重,勉为朕行。不惟慰旧治去思之心,抑以成真儒无敌之效。勉图康济,以宽顾忧。

出处:《永乐大典》卷一三五〇七。
撰者:许应龙
考校说明:编年据别之杰官历补,见《宋史》卷四二《理宗纪》、卷四一九《别之杰传》,乾隆《江陵县志》卷一七。

两淮荆襄四川州县被寇宽恤德音
(嘉熙元年三月一日)

敕门下:朕更化励精,视民如子。固封守而康四海,期臻保定之功;修文德以来远人,每切绥怀之念。然内治之尚缺,致外患之未平,荆襄既被于创残,淮蜀重遭于侵扰。道路流离之众,惨不聊生;室庐焚毁之余,茫无所托。骨肉罹于荼毒,丁壮困于转输。常产仅存者,莫供征敛之须;旧业乍还者,又乏耕犁之具。肆夙宵之轸虑,如冰炭之交怀。嗟汝何辜,由吾不德。幸天人犹助于信顺,而将帅悉力于捍防。虽烽燧之甫停,奈疮痍之未复,肆颁涣号,用慰群情。发粟以赈贫,蠲租而布惠,血战之士当议优恩,死事之家盍加恤典。或乘时而啸聚,或失律以逋逃,咸与维新,同归于治。於戏! 各得其所,既推还定劳来之恩;通观厥成,永底安静和平之福。咨尔藩宣之吏,奉予宽大之书。毋事虚文,俾沾实惠。

出处:《东涧集》卷三。又见《宋史全文续资治通鉴》卷三三。
撰者:许应龙

朝散大夫权吏部侍郎兼直学士院兼玉牒所检讨官吴泳辞免除权刑部尚书兼职依旧恩命不允诏
(嘉熙元年三月一日后)

　　朕改元更化,任贤使能,矧惟常伯之尊,盍选真儒而用。卿忠勤一节,直谅多闻,自联侍从之班,屡罄论思之益。敷为帝制,雅健雄深,晋贰铨曹,清通平允。肆陟刑曹之长,庸昭眷意之隆。以次而迁,何辞之有? 亟祗成命,益茂远猷。所辞宜不允。

出处:《东涧集》卷一。
撰者:许应龙
考校说明:编年据吴泳官历补,见《鹤林集》卷二三《辞免除权刑部尚书状》、卷二四《吏部侍郎乞祠状》《已见奏事丐祠状》。

朝散大夫权刑部尚书兼直学士院兼玉牒所检讨官吴泳辞免升兼修玉牒官其余兼职依旧恩命不允诏
(嘉熙元年三月二日后)

　　纂修瑶编,属之词臣,盖旧典也。卿学该百氏,才擅三长,帝籍讨论,已逾再襈。盍升一级,以示宠褒。兹乃次迁,何劳逊避? 能于前而不能于后,岂有是哉? 毋弃尔成,益励厥职,所辞宜不允。

出处:《东涧集》卷一。

撰者:许应龙

考校说明:编年据《鹤林集》卷二四《辞免兼修玉牒官状》补。

别之杰等募兵守边诏
(嘉熙元年三月五日)

别之杰募二万人屯公安、峡,许晟大募三千人屯岳州,其廪给等费所合科拨条具以闻。

出处:《宋史全文续资治通鉴》卷三三。

陈韡转两官除阁学依旧建康府江东安抚使
兼沿江制置使兼淮西制置使行宫留守制
(嘉熙元年三月十八日)

护长江之险,未究壮图;兼边面之权,式昭隆委。肆加恩渥,庸示眷怀。具官某劲气横秋,精忠贯日。识微见远,至能应来能名;整师修戎,撄者摧触者灭。自司留钥,屡奏肤功,已歼京口之逆傔,复抗敌兵而鏖战。论功行赏,遂疏北阙之恩;进职迁官,并总西淮之寄。既事权之增重,而威望之素孚。立致安强,以宽忧顾。

出处:《东涧集》卷五。

撰者:许应龙

考校说明:编年据《宋史》卷四二《理宗纪》、《景定建康志》卷一四补。

宝谟阁学士朝议大夫沿江制置使兼知建康府陈韡
辞免特转两官除焕章阁学士依旧沿江制置使兼知
建康府行宫留守兼淮西制置使恩命不允诏
(嘉熙元年三月十八日后)

卿允武允文,善谋善断。首平七闽盗贼之扰,阖境堵安;继专三道节制之司,群凶影灭。暨金陵之分阃,歼京口之逆俦。比因强寇之鸱张,复厉精兵而血战。士卒乐为之用,真足追良将之风;草木皆知其名,宜兼任淮西之寄。肆升华职,仍陟崇阶。总两路之权,所制者广;决千里之胜,何功不成。宜即钦承,以宽忧顾,胡遽陈于巽牍,殊未体于至怀。所辞宜不允。

出处:《东涧集》卷二。

撰者:许应龙

考校说明:编年据《宋史》卷四二《理宗纪》、《景定建康志》卷一四补。"淮路"疑为"淮西路"之误。

赐宝谟阁学士朝议大夫沿江制置使江南东路安抚使马步军都总管知建康府事兼行宫留守新除兼淮路制置使陈韡辞免兼淮西制置使恩命不允诏
(嘉熙元年三月十八日后)

守边备塞,正资处置以得宜;应变随机,尤贵事权之归一。遂令制阃,兼总帅垣,庶脉络之贯通,无彼此之捍格。胡过形于谦逊,谓莫任于驱驰。况八面之才,无施不可;而十连之寄,夫岂难胜! 体予眷倚之隆,亟底拊绥之绩。令无反汗,卿勿固辞。所辞宜不允。

出处:《东涧集》卷二。

撰者:许应龙

考校说明:编年据《宋史》卷四二《理宗纪》、《景定建康志》卷一四补。"淮路"疑为"淮西路"之误。

故资政殿大学士通奉大夫临邛郡开国侯魏了翁赠少师制
(嘉熙元年三月二十四日)

此道觉此民其谁也,所望数贤;斯人有斯疾其命夫,又弱一个。顾在驰驱之役,忍闻殄瘁之音。肆举优恩,聿加追命。具官某身兼数器,言贯九流,天津穷问学之源,旸谷发功名之轫。仕惟事道,更三纪之勤劳;志在康时,庆两朝之际会。危言忤世而不惧,正色立朝而不阿。嗟去国之十年,而投闲者七载。硕人窭寠,永矢弗谖,永矢弗过;皇极敷言,无有作好,无有作恶。粤更善治之新化,慨念先君之旧臣。式遄其归,以康乃辟。官以尚书之喉舌,位诸执政之股肱。尽护江淮,来甸荆楚。闵尔久劳于外,使之趋造于朝。屡以疾辞,疑而难进。用锡殿藩之命,忽闻易箦之言。天不憖遗,人皆惋愤。虽卿之所守,不待生而存,弗随死而亡;然政所不通,于何考而问,奚所咨而取?蹙然遗疏,襚以亚师。噫,贤焉然后用之,怅未遂犹询之中悔;死者如可作也,尚庶几淑艾于后生。

出处:《永乐大典》卷九一八。
撰者:高定子
考校说明:编年据《宋史》卷四二《理宗纪》补。高定子此时未任两制,此文作者或非高定子。

召崔与之诏
(嘉熙元年三月)

卿允文允武,善断善谋,简自朕心,爰立作相。缙绅交贺,中外均欢。亟令帅臣,以礼导发,申饬专使,赍诏趣行。既侧席以待贤,宜脂车而就道。胡屡称于耋老,谓莫任于驱驰?昔卫国武公百岁,犹勤于箴儆,而我朝彦博九十,尚总于平章。矧卿力则弗衰,年犹未及。盍副四方之望,不远千里而来,共图事功,以安社稷。岂特卿有无穷之闻,抑使邦其永孚于休。

出处:《崔清献公全录》卷九。又见《广东文献初集》卷二,民国《增城县志》卷二七。

赐许应龙辞吏部兼侍读不允诏
(嘉熙元年春)

以卿履行纯淑,色气和平,劝讲路门,敷绎诗训。其于朕进德修省,抑有助矣。昔刘珙以供奉翰林摄,周必大以掌选部升。乾淳之风,比迹三代。卿欲固辞,则是不以乾淳望朕也。所辞宜不允。

出处:《鹤林集》卷一二。
撰者:吴泳

考校说明：编年据许应龙宦历补,见《庸斋集》卷六《许枢密神道碑》。本诏时间当稍晚于《铁庵集》卷六《吏部侍郎兼中书舍人兼权直学士院许应龙兼侍读制》。

吏部侍郎兼中书舍人兼权直学士院许应龙兼侍读制
（嘉熙元年春）

昔我孝祖日御经帷,尝讲毕赐茶,命讲官稍前,曰："朕无大过,岂无小失?况朕未能无过乎!"具官某种学有本,秉心有常。不激不阿,夙夜禁密。緐讲而读,匪曰序升。乾、淳五十卷之书,盖将关抽而钥启焉。卿其以孝祖之风烈望朕,朕亦以克家等之规益望卿。交修胥敕,无忝先朝,非徒曰能读也。期尔有猷,置朕无过。可。

出处：《铁庵集》卷六。
撰者：方大琮
考校说明：编年据《庸斋集》卷六《许枢密神道碑》补。

孟珙转八官以三官转横行五官转遥郡制
（暂系于嘉熙元年春）

功多有厚赏,所以厉将士而为缓急之用也。苟有其人,褒扬可后?以尔性资明甚,气节伟然,出自将门,熟知兵略。北兵为梗,疆场靡宁,奋不顾身,鏖战获捷,厥绩甚茂,朕甚嘉之。遥刺横行,并以命汝,勉图来效,以称异恩。

出处：《东涧集》卷六。
撰者：许应龙
考校说明：编年据孟珙宦历补,见《后村先生大全集》卷一四三《孟少保神道碑》。

侍御史李大同除权刑部侍郎制
（嘉熙元年四月前）

正色立朝,独厉方刚之操;以德诏爵,盍居侍从之班。爰锡徽章,式昭隆眷。具官某道推先觉,节挺后凋。晋秩谏垣,每务闲邪而陈善;辅成君德,未尝扬己以取名。典容台而惟寅惟清,秉直笔而记言记动。欲大明于国是,复擢置于台端,

435

乃以亲嫌，力求逊避。载念刑曹之贰，实持邦宪之平。傥非端介以无私，宁免重轻之失当？肆予命汝，式资明允之才；进思尽忠，更赖谋猷之告。益宏远业，茂对殊休。

出处：《东涧集》卷四。

撰者：许应龙

考校说明：编年据李大同官历补，见《南宋馆阁续录》卷九。

与芮换授扬州观察使提举佑神观仍奉朝请制
（绍定六年十二月至嘉熙元年四月间）

敕：朕维周隆母弟之亲，入为卿士；唐笃诸王之爱，迭处京师。懿我熙朝，兼此异数。况申之以换文之典，而优之以锡觐之恩。非曰尔私，实维予翼。具官某，出神明之胄，躬儒素之风。端介不扰于中，甚德而度；纷华无夺于外，大盈若冲。朕尝追惟荣邸之生，因笃亲支之友。故自大宗而升缮监，繇少理而擢西厢。凡所屡迁，亦云殊宠。然仁人之于弟，当循法度之公；而君子之于亲，不以姑息之爱。用易廉车之节，仍供真馆之祠。若曰孟侯，毋慢家人之训；其维吉士，永陪京室之朝。可。

出处：《鹤林集》卷六。又见《永乐大典》卷一三五〇六。

撰者：吴泳

考校说明：编年据吴泳任两制时间、赵与芮官历补，见《宋史》卷四二《理宗纪》。"与芮"当为"与芮"之误。

与芮授武康军承宣使依旧提举佑神观制
（绍定六年十二月至嘉熙元年四月间）

敕：朕监观烈祖，厚睦宗盟。谓濮王之属当序迁，韪矣英宗之识；以皇弟之恩不可杀，懿哉神考之谟。岂予亲支，缓此缛典？具官某，气韶而质美，行介而知良。有芳斯猷，不倨于贵。出则干于侯，方惟汝翼；入则仪于朝，序惟汝嘉。遂超廉使之华，径典留台之重。仍祠真馆，日奉便朝。朕其弟封，既已笃广亲之爱；命作册毕，尚其需疏爵之荣。毋逸有邦，毋懈于位。可。

出处:《鹤林集》卷六。又见《永乐大典》卷一三五〇六。

撰者:吴泳

考校说明:编年据吴泳任两制时间、赵与芮官历补,见《宋史》卷四二《理宗纪》。"与芮"当为"与芮"之误。此制时间当晚于同集同卷《与芮换授扬州观察使提举佑神观仍奉朝请制》。

王鉴特授拱卫大夫某州观察使制
(端平二年三月至嘉熙元年四月间)

敕具官某:《诗》曰:"赳赳武夫,公侯干城。"又曰:"赳赳武夫,公侯腹心。"夫武力之士,外敌王忾而内托腹心,赏以懋功,岂拘常比!尔淮安之功隽矣,进横阶,登廉车,叠此宠章,匪直赏边功而已。羽林千列,师律静严,隐然有虎豹在山之威焉。尚厉尔志,庶乎无忝。

出处:《蒙斋集》卷八。

撰者:袁甫

考校说明:编年据袁甫任两制时间、王鉴官历补,见《景定建康志》卷二六。

王野除太府少卿兼权枢密副都承旨制
(端平三年十二月至嘉熙元年四月间)

敕具官某:嘉定初,尔考介侍螭陛,兼掌掖垣,论事无所回挠,清风劲节,至今不泯。尔才识兼茂,能世其家者也。自为枢掾,裨益居多。今进尔外府少列,而宥密导旨,亦仍其旧。夫兵财当今急务也,毋但曰钱谷甲兵之问不至于庙堂,读《周官》一书则得之矣。尚其懋勉,以称朕嘉奖之意。

出处:《蒙斋集》卷八。

撰者:袁甫

考校说明:编年据王埜官历补,见《宋史全文续资治通鉴》卷三二、《南宋馆阁续录》卷九。

宣奉大夫新除同知枢密院事四川宣抚使
李埴求早遂退休不允诏
（嘉熙元年正月至四月间）

载览封章，备知伟绩。招携以礼，已安反侧之心；整师修戎，复振驱攘之略。渠魁就戮，声势浸张，尤坚一意于防秋，足见尽忠于体国。自任以重，既能胜委寄之隆；图惟厥终，庶立底辑宁之效。胡为逊避，犹至再三。身实佩于安危，所关者大；心苟怀于进退，是弃尔成。益殚元老之壮猷，罔使前人之专美。所请宜不允。

出处：《东涧集》卷二。

撰者：许应龙

考校说明：编年据李埴宦历补，见《宋史》卷四二《理宗纪》。

宣奉大夫同知枢密院事四川宣抚使
李埴乞免奏事不允诏
（嘉熙元年正月至四月间）

闵劳以事，遂颁诏以趣还；式遣其行，冀有谋而入告。曷腾奏牍，遽欲挂冠？卿老成而有典刑，靖共而好正直。宣威全蜀，备历艰勤，召对昕庭，庸昭简注。虽道之云远，不无跋履之劳；然民具尔瞻，已徯来归之亟。其体至意，毋庸固辞。

出处：《东涧集》卷二。

撰者：许应龙

考校说明：编年据李埴宦历补，见《宋史》卷四二《理宗纪》。

同知枢密院事四川宣抚使李埴乞退归田里不允诏
（嘉熙元年正月至四月间）

自任以重，既处置之得宜；毋弃尔成，庶安强之可致。胡为谦逊，又欲退休。方特建于宣威，弗复分于制阃。事权归一，脉络相通，况有请以必行，顾奚施而不可。是崇是信，方笃于眷怀；何嫌何疑，尚虞于谗谤。其体至意，永肩一心，岂惟收善胜之功，抑亦有无穷之闻。所请宜不允。

出处:《东涧集》卷二。

撰者:许应龙

考校说明:编年据李埴宦历补,见《宋史》卷四二《理宗纪》。

宣奉大夫同知枢密院事四川宣抚使李埴
辞免仍知成都府恩命不允诏
(嘉熙元年四月一日后)

四路之权,既能胜任,一州之寄,夫岂难兼。况诸制垣,悉总郡事,胡独陈逊避之牍,谓莫当酬应之繁。然各有司存,奚待躬亲于细务;徒得君重,第烦振举于大纲。矧元老克壮其猷,而群材乐为之用。必能共理,毋庸固辞。所辞宜不允。

出处:《东涧集》卷二。

撰者:许应龙

考校说明:编年据《宋史》卷四二《理宗纪》补。

与芮除武康军节度使制
(嘉熙元年四月十一日)

门下:朕穆叙宗盟,迪稽周典。建之藩屏,首推曾孙王发之仁;分以旗旌,爰锡孟侯弟封之宠。粲亲亲之恩意,肃暨暨之戎容。扬于大庭,诏尔群辟。具官某气韶质美,德粹行恭。蕴藉诗书,进止必由其度;沈潜学问,奇衺不接于心。莫登神京,蔼有芳闻。峨冠在列,宛如青袍朝士之癯;奉璧陪祠,弗类赤社亲王之贵。每阅起居之奏,屡殚忠益之箴。实毗皇家,式壮宗翰。朕方裂地以分诸镇,即坛而拜元戎,凡沾横草之功,亦被建旟之命。矧贵介弟,非他人昆。外虽欲得腹心爪牙之臣,内岂可无骨肉本根之辅?用是辍留台之务,进而升将钺之坛。巨毂高幢,奄宅洋川之澳;真祠采食,仍陪魏阙之班。以光桐叶之封,以广常华之覆。於戏!仁祖锡允良之节,尚云宠不期骄;孝宗彻伯圭之田,犹曰卑以自牧。盖相友睦者,所以教诸侯之悌;而胥训诲者,所以示万世之公。惟汝念闻,则予以怿。

出处:《鹤林集》卷五。

撰者:吴泳

考校说明:编年据《宋史》卷四二《理宗纪》补。

贵谦除保康军节度使制
(嘉熙元年四月十一日)

门下:继世以立诸侯,固王者尚贤之谊;建旗以封同姓,乃圣人笃近之仁。矧予贵介之英,维国宗荪之瑞。涓辰授钺,涣号扬庭。具官某躬信厚之姿,秉祗庸之德,宿邸惟谨,奉朝滋恭。性雅好儒,能嗣北海靖王之后;日勤为善,弗贪东平邑国之封。重惟宁考之初元,每笃沂王之深爱。和乐根于天性,有常华韡韡之风;锡与异于他人,无杜叶菁菁之刺。始畀之以斋坛之节,复开之以青社之茅。一时荣怀,百代鲜俪。盖自庆元至于嘉泰,常宠数之便蕃;兹繇宝庆迄于端平,尚情文之希阔。爰举建旆之典,载疏友弟之恩。爵尔上公,信已孚于麟趾;与之多邑,班仍在于龙墀。於戏!汉启九国而交独好修,唐册五王而宪尤谨度。毋游于逸,然后可以保高位;毋居于贵,然后可以全令名。勉图淑声,祗服先训。

出处:《鹤林集》卷五。
撰者:吴泳
考校说明:编年据《宋史》卷四二《理宗纪》补。

赐保康军官吏军民僧道耆寿等敕
(嘉熙元年四月十一日)

朕以贵谦魏王之孙,沂邸之子,分璜佩玉,既久典于留台;植节建旆,宜宏开于巨屏。遂即上庸之壤,式昭半楚之封。遥想吏民,悉陶风化。

出处:《鹤林集》卷一二。
撰者:吴泳
考校说明:编年据《宋史》卷四二《理宗纪》补。

赐武康军官吏军民僧道耆寿等敕
(嘉熙元年四月十一日)

朕以与芮鲁卫之穆,开平之贤,宣文德之麻,既懋展亲之典;授武康之钺,仍疏胙土之恩。若吏若民,而兵而士,想闻嘉命,式慰舆情。

出处:《鹤林集》卷一二。

撰者:吴泳

考校说明:编年据《宋史》卷四二《理宗纪》补。

皇弟保康军承宣使贵谦辞免特授保康军节度使
仍奉朝请依前皇弟进封天水郡开国公加食邑食
实封恩命不允诏
(嘉熙元年四月十一日后)

朕继志述事,每思祖武之绳;立爱惟亲,当笃天伦之眷。矧吾介弟,夙迪令猷,方隆友睦之情,可后褒崇之典?擢从留务,晋陟斋坛,爰升公爵之封,并衍圭畬之食。由序而进,非朕尔私,顾出令以惟行,岂循墙之可避。亟祇成涣,毋劳固辞,所辞宜不允。

出处:《东涧集》卷一。

撰者:许应龙

考校说明:编年据《宋史全文续资治通鉴》卷三三补。

皇弟武康军承宣使提举佑神观与芮辞免特授
武康军节度使提举万寿观进封天水郡开国子
加食邑食实封恩命不允诏
(嘉熙元年四月十一日后)

朕立爱始于家,实圣经之明训;于弟欲其贵,乃大义之当然。矧有彝章,难稽成涣。是用分洋川而作镇,肇建节旄;即天水以进封,并加井邑。增棣华之韡韡,延瓜瓞之绵绵。既允穆于师言,宜亟钦于明命。所辞宜不允。

出处:《东涧集》卷一。

撰者:许应龙

考校说明：编年据《宋史全文续资治通鉴》卷三三补。

唐璘除江东转运判官制
（嘉熙元年四月十三日前）

敕具官某：昔庆历中，谏臣修以言事无所顾避，出为河北转运。是时保州未宁，压难折冲，信不可无直谅骨鲠之士耶！国家多事，倚金陵为重镇，置漕帅于兹，要与制臣协规同力，以奖王室。今之金陵，昔河北也。朕顷闻尔名，擢为御史。侃然正色，凛如秋霜，古称寝淮南之谋者，非斯人欤？转输之事，非所以累卿，暂借威望，以助北门之重。抑尝闻仁皇语臣修曰："有事第言之。"修对以"谏官乃得风闻，在外越职罪也"。仁皇曰："事苟有闻，岂可以中外为辞？"朕之望卿亦然。

出处：《蒙斋集》卷九。
撰者：袁甫
考校说明：编年据《景定建康志》卷二六补。

李仙等赠官诏
（嘉熙元年四月十五日）

两淮策应军战宣化，两军杀伤相当，阵亡将校李仙、王海、李雄、廖雷各赐武翼大夫，余赠官有差。

出处：《宋史》卷四二《理宗纪》。

赐与芮永断来章口宣
（嘉熙元年四月十七日后）

卿以亲屏周，以德辅汉，出节旄于少府，播纶綍于大庭。往钦茂恩，毋忘忠报。

出处：《鹤林集》卷一二。
撰者：吴泳

考校说明:编年据赵与芮宫历补,见《宋史》卷四二《理宗纪》。

田兴隆特与转一官诏
(嘉熙元年四月二十五日)

沔州诸镇将帅,昨以大元兵压境,皆弃官遁。夔路钤辖、知恩州田兴隆独自大安德胜堡至潼川,逆战数合,虽兵寡不敌,而忠节可尚,特与转一官。

出处:《宋史》卷四二《理宗纪》。又见《宋元通鉴》卷一一一。

与崔与之诏
(嘉熙元年四月)

朕比以亚辅,起卿海滨,屡览来章,引病力甚,良为忺然。此去天气上炎,度决未可就道,趣行之命,当俟凉秋。第今中外之务猥多,以卿老成之虑,凤怀康济之猷,凡政事之孰当罢行,人才孰当用舍,卿宜条画来上,朕当密自施行。毋事匿情,式副延伫。

出处:《崔清献公全录》卷九。又见《广东文献初集》卷二,民国《增城县志》卷二七。

左司谏曹豳兼侍讲制
(嘉熙元年四月后)

国朝诸臣称言官者必曰颢,讲官者必曰颐。朕谓颢气和岂不宜讲官?颐气直岂不宜言责?其不得兼者,可恨也。尔东嘉宿学,内直外和,每览奏篇,谓宜兹选。端平初尝以语之大臣矣,亦阅三载,乃遂于怀,昔贤之不得兼者悉以命汝。夫鲁经二臣所最究心者也,益懋所学,朝夕诲台,以成二臣之志,以绸绎信谏之义,盖朕之信卿久矣。可。

出处:《铁庵集》卷六。
撰者:方大琮
考校说明:编年据曹豳宫历补,见《宋史全文续资治通鉴》卷三三。

赵以夫除左司郎中制
(端平三年十二月至嘉熙元年五月间)

敕具官某:清中书之务,方今所宜急也。然非得识治之良材,赞予辅弼,乌能专意弥纶大经乎?尔之才猷,绰有余地,且更中外,而腾声华夷。比国家多事,章奏填委,以省郎摄宰掾,密裨庙论,屡罄忠嘉,朕固已心奇之。就俾为真,式昭异奖。都司学为宰相,先朝明训也。懋哉!将于是观器业焉。

出处:《蒙斋集》卷八。

撰者:袁甫

考校说明:编年据赵以夫官历补,见《后村先生大全集》卷一四二《赵公神道碑》、《吴兴金石记》卷一一《永灵庙加封显佑通应侯敕牒碑》等。《咸淳临安志》卷五〇:"赵以夫:端平三年运判,十一月除左司。"据此本制当作于端平三年十一月。然《后村先生大全集》卷一四二《赵公神道碑》载:"除直宝谟阁、两浙转运判官……除右曹郎官,兼左司,继兼检正,遂为左司郎中,兼提领安边所。"《咸淳临安志》"左司"疑为"左曹"或"右曹"之误(《东涧集》卷四《赵以夫除左曹郎官赵翀除右曹郎官制》作"左曹",《后村先生大全集》卷一四二《赵公神道碑》作"右曹")。

赈恤京城被火者诏
(嘉熙元年五月二十一日)

蠲临安府城内外征一月,仍核焚室之数上于朝,议行赈赡。其救焚将佐优与迁秩,有伤没者厚恤之如军功。诸禁卫营栅之遭毁者,下所隶措置,毋令暴露。

出处:《宋史全文续资治通鉴》卷三三。

太中大夫知枢密院事兼参知政事郑性之端明殿
学士宣奉大夫签书枢密院事兼权参知政事邹应
龙端明殿学士朝请大夫同签书枢密院事李宗勉
以郁攸挺灾乞退归田里不允诏
（嘉熙元年五月二十二日后）

祝融为沴,盖过在于朕躬;近辅抗章,谓咎繇于臣等。力求解职,将以弭灾。然移疾于股肱,曷召和于形气。侧身修行,朕方怀兢业之思;同寅协恭,尔盍尽赞襄之力。惟交修其不逮,庶有感以必通。兹所当为,岂宜引去,所请宜不允。

出处:《东涧集》卷一。

撰者:许应龙

考校说明:编年据文中所述史事补,见《宋史》卷四二《理宗纪》。

殿中侍御史蒋岘除侍御史制
（嘉熙元年六月前）

朕躬亲政事,总揽权纲,其于风宪之官,必择端方之士。既能执法,可后疏恩?以尔学问精深,词章遒劲,每因秘殿谈经之顷,屡闻嘉谋告后之忠,肆擢置于副端,俾力扶于公道。介然有守,宁肯吐刚而茹柔;知无不言,惟欲扬清而激浊。晋登横榻,庸表正臣。其殚报称之思,益振纠绳之职,勿云序进,嗣有殊荣。

出处:《东涧集》卷四。

撰者:许应龙

考校说明:编年据蒋岘官历补,见《宋季三朝政要》卷一。

善昙换授皇叔祖太子右监率府率制
（绍定六年十二月至嘉熙元年六月间）

敕具官某:朕追惟沂邸,诞正名称。葆于宝玉之亲,贲厥丝纶之宠。尔肺腑亲也,外庸久试,合应褒迁。擢居南内之班,俾掌东宫之率。益思励翼,以对休光。可。

出处：《鹤林集》卷六。
撰者：吴泳
考校说明：编年据吴泳任两制时间补。

善秾授州防御使制
（绍定六年十二月至嘉熙元年六月间）

敕具官某：濮王诸孙一迁官，元丰成宪；宗室十年一磨勘，绍兴旧章。尔安懿裔孙，行尊属近。虽至鼎贵，蔼然癯儒。奉朝既阅于十春，戎使合跻于一秩。往承异渥，益远乃猷。可。

出处：《鹤林集》卷六。
撰者：吴泳
考校说明：编年据吴泳任两制时间补。

希瑾授知南外宗正事制
（绍定六年十二月至嘉熙元年六月间）

敕：国家西南两京置外宗正，其来旧矣。中兴渡江，于温陵、长乐各选其亲贤一人典司其事，犹两京之旧也。具官某赋姿谨恪，制行淑均。服诗书之勤，进退弗改其度；阅义理之熟，纷华不流于心。久燕祠庭之闲，未符公族之望。式资纠正，咸俾训齐。昔仲尼有言，"子率以正，孰敢不正。"率正之道，又自尔躬始，其勉之哉。可。

出处：《鹤林集》卷六。
撰者：吴泳
考校说明：编年据吴泳任两制时间补。

希瑾可改知西外宗正事制
（绍定六年十二月至嘉熙元年六月间）

敕：朕绍帝统绪，思皇本支。展亲以恩，所以示推崇之典；合族而教，所以严纠正之官。辍卿南班，长我西外。具官某，以属则仲父，以官则上公。敬谨有仪，多阅天下之理；纷华不竞，能读河间之书。靖惟汉朝元始之间，迄至我宋崇宁之际，或选用德义以使之考察，或精择才贤以俾之训齐。勉思前猷，钦服休命。可。

出处：《鹤林集》卷六。

撰者：吴泳

考校说明：编年据吴泳任两制时间补。

自明换授皇叔太子右内率府副率制
（绍定六年十二月至嘉熙元年六月间）

敕具官某：宗子之换授南班，自景祐始。矧尔厚陵诸孙，吴、益二王之后，福唐观察使多誉之子，于朕则叔父也。卓尔大雅，蔼于宗盟。东宫率府之副，朕何爱之而不以官汝耶？时庸展亲，往服休命。可。

出处：《鹤林集》卷六。

撰者：吴泳

考校说明：编年据吴泳任两制时间补。

希逦授□□军承宣使制
（绍定六年十二月至嘉熙元年六月间）

敕：三载考绩，三岁计史，施于在服，厥有典彝。独惟宗藩，率十年一进秩，盖艰其进者，乃所以厚其亲也。具官某，属尊而行高，器远而识茂。炳禹穴之秀，蔚有好修之称；读河间之书，泊无负贵之累。既积劳于累岁，遂晋典于留台。仍疏采邑之封，复继祠庭之廪。同姓曰叔父，岂于朕而敢私；任官惟贤才，必其人而后可。往钦渥命，永迪善猷。可。

出处:《鹤林集》卷六。

撰者:吴泳

考校说明:编年据吴泳任两制时间补。

希誋授州防御使依前皇叔提举佑神观制
（绍定六年十二月至嘉熙元年六月间）

敕具官某:端肃嗣秀王,于属为近。而尔于王为子,于朕则父党也。王不幸即世,遗奏一官,阅十年而后陈请,朕甚悯焉。落环卫之阶,正军防之任。尔宜敬谨,勿坠家声。可。

出处:《鹤林集》卷六。又见《永乐大典》卷一三五〇六。

撰者:吴泳

考校说明:编年据吴泳任两制时间补。此制时间当早于同集同卷《希誋复和州防御使致仕制》。

希誋降授右监门卫大将军蕲州防御使制
（绍定六年十二月至嘉熙元年六月间）

敕:周厚宗盟,而议亲之辟不废;汉宗同姓,而酎金之罚必行。倪出礼以入刑,难以恩而掩义。具官某,于宗荤为近,于父党为尊。开国而奉祠庭,当自知于止足;捐资而求廉使,又未免于侥觎。寻被人言,难逃邦宪。朕犹念璇源实同其派,葛藟犹庇其根。姑镌一阶,庶别异姓。帝家之驹虽逸,尚能施礼义之闲;屋上之鼠不熏,讵可使本支之削! 可。

出处:《鹤林集》卷六。

撰者:吴泳

考校说明:编年据吴泳任两制时间补。此制时间当早于同集同卷《希誋复和州防御使致仕制》。

希諟復和州防御使致仕制
（绍定六年十二月至嘉熙元年六月间）

　　敕：朕惟天官操驭贵之权，司寇典议亲之辟。法行惟义，甄叙以仁。具官某，秀邸亲支，和王的裔。居中而奉朝请，方一洗于丹书；望外而求廉车，遂再污于白简。兴言及此，姑示薄惩。既坐阅于岁华，当复还于故职。体予德意，勉尔令猷。可。

出处：《鹤林集》卷六。
撰者：吴泳
考校说明：编年据吴泳任两制时间补。

尹甫换授皇弟太子右内率府副率制
（绍定六年十二月至嘉熙元年六月间）

　　敕具官某：国家设十阶以待公族，然非属之近者，不以换授也。尔胄出神明，动循法度，率履保氏之教，不替亲贤之彝。宗族称焉，朕心乐只。合掌东宫之副率，仍联南内之华班。惟忠孝可以提身，惟诗书可以永誉。益思淑谨，以对宠光。可。

出处：《鹤林集》卷六。
撰者：吴泳
考校说明：编年据吴泳任两制时间补。

与乔换授太子右监门率府副率制
（绍定六年十二月至嘉熙元年六月间）

　　敕具官某：朕遹祗先猷，笃叙邦族。循景祐换授之典，疏治平广亲之恩。盖隆本支，以壮磐石。尔天潢之岳，宗属之星。既闲于仪，式厚厥典。用掌东宫之率，仍居南内之班。其励忠勤，以答休宠。可。

出处：《鹤林集》卷六。

撰者:吴泳

考校说明:编年据吴泳任两制时间补。

与爽换授吉州刺史提举佑神观仍奉朝请制
(绍定六年十二月至嘉熙元年六月间)

敕具官某:《麟趾》之诗作而周家盛,《鸿宝》之书成而汉祚隆。宗荽得人,磐石增壮。而天潢之秀,禹穴之英,令于容台,丞于棘寺,既闲礼法矣。国家换授有典,故以庐陵遥刺命之,俾奉会朝,仍界祠廪。体予睦族之意,懋乃维城之庸。可。

出处:《鹤林集》卷六。又见《永乐大典》卷一三五〇六。
撰者:吴泳
考校说明:编年据吴泳任两制时间补。

赵崇健授大理寺正制
(绍定六年十二月至嘉熙元年六月间)

敕具官某:《王制》"狱辞之成,正听之以告于大司寇",则棘寺有正,其来尚矣。尔天宗之秀,明习条章。三入为廷评,谳议惟克允。出分半刺,蔚有民庸。兹赐汝环,俾正寺事。其味《周书》审克之旨,体汉吏持平之心。监兹祥刑,嗣有明陟。可。

出处:《鹤林集》卷六。
撰者:吴泳
考校说明:编年据吴泳任两制时间补。

徐清叟授朝奉郎黄朴授承议郎制
(绍定六年十二月至嘉熙元年六月间)

敕具官某等:器车与《河图》并传,弘璧与《大训》俱显。富哉天地之藏,无书焉,未足以为宝也,矧阜陵之训欤?尔清叟直道足以康时,尔朴英风足以励俗,俱自册府,说书金华。随事而言,不徒陈折柳之诚;指兵而谏,亦屡进杀羔之箴。至论格言,熏聒予听者,盖不少矣,彻章第赏,兹亦典彝。益单厥心,以答扬我祖之休烈。可。

出处:《鹤林集》卷七。

撰者:吴泳

考校说明:编年据吴泳任两制时间补。

蔡仲龙以魏惠宪王府讲毛诗彻章授朝散郎制
(绍定六年十二月至嘉熙元年六月间)

敕具官某:朕祖宗朝诸宫院教授,率用朴学醇儒充。尔愿悫而纯,端方而静,横经宫邸,议礼曲台,盖敏于行而讷于言者。今藩房授道,讽诵言语,皆不易情性之正。彻章转秩,自宜旌汝。若诵《诗》三百而无忠信诚悫之心以莅之,虽多亦奚以为?可。

出处:《鹤林集》卷七。

撰者:吴泳

考校说明:编年据吴泳任两制时间补。

李炜特授朝请大夫周文虎特授朝散郎制
(绍定六年十二月至嘉熙元年六月间)

敕具官某等:周以岁会考四国,汉立殿最课郡县,我孝皇帝设臧否考察郡守事实,皆良法也。朕捐四蜀之赋,供饷西师,日告匮乏。尔炜乃能拘核郡计,持其赢以裨军饷之缺;尔文虎亦能检催经赋,时其入以应军期之会。王人最书来上,何惜一官,不旌汝耶?可。

出处:《鹤林集》卷七。

撰者:吴泳

考校说明:编年据吴泳任两制时间补。

陈埙以庄文府讲毛诗彻章授朝奉郎制
（绍定六年十二月至嘉熙元年六月间）

敕具官某：汉毛苌以《诗》学为河间献王博士，后之为宫僚而说《诗》者，盖昉乎此。尔以开爽之资，负崛奇之气，其性情咏歌，言语兴道，盖能使人有兴起感动之意。朕常命汝授《诗》藩房矣。彻章转秩，岂以内外为间耶？勉图淑声，以称嘉宠。可。

出处：《鹤林集》卷七。
撰者：吴泳
考校说明：编年据吴泳任两制时间补。

蔡仲龙授朝请郎袁商授朝奉郎制
（绍定六年十二月至嘉熙元年六月间）

敕具官某等：汉《左氏》不立学官，独赵人贯公以所授传训为河间献王博士。王邸之习读《左传》，其来尚矣。尔仲龙靖厚钟于气禀，尔商淳方得于家传，自为宫僚，颇通艺业，比既以说《诗》受赏矣。丘明亲授经于圣人，训艳而富，义幽而章，又得尔等为之发挥，其裨益岂少哉！彻章转官，用酬稽古之力。可。

出处：《鹤林集》卷七。
撰者：吴泳
考校说明：编年据吴泳任两制时间补。

杨师谦以景献府讲春秋彻章授朝奉大夫制
（绍定六年十二月至嘉熙元年六月间）

敕具官某：祖宗朝诸宫院教授，率用朴学醇儒充，盖遴其选也。尔生长淮壖，笃于履行，其质朴矣；究心经学，粹于修辞，其文醇矣。掌教宫邸，谁曰不宜？然《春秋》大义数十，炳然者易见，微妙者难知。今赖汝发挥，既终篇矣，则何惜一官，不以尊显之耶？尔其茂承之。可。

出处:《鹤林集》卷七。

撰者:吴泳

考校说明:编年据吴泳任两制时间补。

蔡仲龙授朝奉大夫袁商授朝请郎制
（绍定六年十二月至嘉熙元年六月间）

敕具官某等:比岁以汝等诵《诗》卒章转秩矣,寻又以读《左氏》终篇益一秩矣,今复绝韦编而第赏,是三也。昔汉桓荣经学成,毕陈车马印绶以夸示诸生,曰:"今日所蒙,稽古之力。"然则一岁三迁官,岂不盛于荣哉? 毋谓官爵如探囊中物。可。

出处:《鹤林集》卷七。

撰者:吴泳

考校说明:编年据吴泳任两制时间补。

张文用授随龙武经大夫王伦授保义郎
董有恭授武翼郎制
（绍定六年十二月至嘉熙元年六月间）

敕具官某等:阜陵之书,如天球弘璧,历代宝之,以为大训。经筵进读,今已终篇。恩光所沾,下逮而属,既优既渥矣。尔其敬谨于仪,往祗厥事,毋曰一官可以幸得也。可。

出处:《鹤林集》卷七。又见《永乐大典》卷一三四九八。

撰者:吴泳

考校说明:编年据吴泳任两制时间补。

刁起授宗学谕兼景献府教授奉议郎戴杰授武学谕制
（绍定六年十二月至嘉熙元年六月间）

敕具官某等:古者师氏教人以事而谕诸德,国家之学校置谕,犹古意也。尔起年耆德劭,尔杰才老意新,俱有闻于时。朕谓起掌教外宗,故命之训迪宗庠;谓杰常分教天府,故命之诱诲右序。尔其茂明嘉学,招诸生而教之。俾属籍之英乐为善而不倨于贵,鹖冠之士崇诗书而不专于武,则予汝嘉。可。

出处:《鹤林集》卷七。又见《永乐大典》卷一三五〇六。
撰者:吴泳
考校说明:编年据吴泳任两制时间补。

齐仲甫授额外翰林医官沈仲龄授额外翰林医官制
(绍定六年十二月至嘉熙元年六月间)

敕具官某人等:《礼》曰:"执技以事上者,不贰事,不移官。"尔等固医官也,给事东朝,岁月滋久。近以祔于太室,各进一阶。阶可升也,官不可移也。往其懋承之。可。

出处:《鹤林集》卷七。又见《永乐大典》卷一三五〇六。
撰者:吴泳
考校说明:编年据吴泳任两制时间补。

邹淮授挈壶正制
(绍定六年十二月至嘉熙元年六月间)

敕某:挈壶之职,咏于《诗》,载于《周官》,由来尚矣。尔乞职清台,洞晓《乾》象,且能会萃历代灾祥之占为一书,用是迁汝壶正。其共乃事,使朝廷无东方未明之刺,则惟汝嘉。可。

出处:《鹤林集》卷七。
撰者:吴泳
考校说明:编年据吴泳任两制时间补。

谢采伯换授蕲州防御使提举佑神观免奉朝请制
(绍定六年十二月至嘉熙元年六月间)

敕:东汉后族,不过九卿;国朝戚里,不除侍从。虽服文雅,必换武资,盖公法也。具官某，履行孝谨，禀资温纯。出王谢之故家，为邓阴之尊属，而不有贵胄，蔚然儒风。进《女诫》以奉坤仪，缉圣谟而裨乙览。肆予嘉叹，示以优恩。擢从戎监之班，对授兵防之任。非特私于名器，亦庸宠乎才良。益茂先猷，以俟甄擢。可。

出处：《鹤林集》卷八。又见《永乐大典》卷一三五〇六。

撰者：吴泳

考校说明：编年据吴泳任两制时间补。

谢采伯授州观察使仍旧提举佑神观免奉朝请制
（绍定六年十二月至嘉熙元年六月间）

敕：朕维先王建国亲诸侯，何分异姓，伯舅加劳赐一级，当有殊恩。矧伊近戚之尊，岂爱恋官之宠？具官某，器怀竞爽，儒雅扶轮。虽胄出相阀，而不以相阀自高；虽姻连掖庭，而不以掖庭致贵。每说学于缙绅之囿，曾争名于俊造之场。固曰汝能，当为朕屈。昔野王以德显，尚难陪与于列卿；而樊侯以经名，不过徙封于东国。爰览扬章之上，既知故典之详。仍启男邦，进升廉察。毋曰尔身之在外，尚思忠德之辅君。往承之休，以辅予治。可。

出处：《鹤林集》卷八。又见《永乐大典》卷一三五〇六。

撰者：吴泳

考校说明：编年据吴泳任两制时间补。此制时间当晚于同集同卷《谢采伯换授蕲州防御使提举佑神观免奉朝请制》。

俞朴授权知阁门事兼客省四方馆事兼干办皇城司制
（绍定六年十二月至嘉熙元年六月间）

敕具官某：朕惟朱华之二合，当太微之法宫，非得英流，不在兹选。尔戎容武毅，材略伟闳，沂王肺腑亲也。属鞬帝右，祗事端门，宾礼朝章，素所谙熟。今命汝总知馆事。其句传明命，纠正官联，俾廉陛之间，肃莫敢犯，则予汝嘉。可。

出处：《鹤林集》卷八。

撰者：吴泳

考校说明:编年据吴泳任两制时间补。

韦兴宗授州防御使依旧知閤门事制
(绍定六年十二月至嘉熙元年六月间)

敕:昔我孝宗皇帝书老氏三去之戒,赐尔父璞,明训具在,世服儒素,澹如也。具官某,王孙之贤,后族之彦。饬身自警,循礼义之中;被服不华,绝贵游之习。属鞬左右,阅岁滋多,近已晋长朱阁矣。解带卫之劳,秩军防之峻。尚共乃事,毋忝厥考。可。

出处:《鹤林集》卷八。
撰者:吴泳
考校说明:编年据吴泳任两制时间补。

韦兴宗授州观察使依旧知閤门事制
(绍定六年十二月至嘉熙元年六月间)

敕:朕永怀沂邸,诞正官名。既于内外之亲,锡以褒迁之宠。具官某,显仁茂族,平乐诸孙,于靖惠亦近属也。禀性闿爽,受才敏宏。画自警之图,蔼有仁贤之誉;守三去之戒,更无奢丽之风。自董朝仪,不愆宾礼。用辍州防之旧,兼升廉使之华。尚对恩荣,益肩忠报。可。

出处:《鹤林集》卷八。
撰者:吴泳
考校说明:编年据吴泳任两制时间补。此制时间当晚于同集同卷《韦兴宗授州防御使依旧知閤门事制》。

许堪授閤门宣赞舍人差充京湖制司计议官
兼发遣枣阳军制
(绍定六年十二月至嘉熙元年六月间)

敕具官某:京西为上流重镇,而枣阳又京西重戍也。尔奋自右科,素有才具。兹命乘障,带上合之班,计元幙之议,非但华之以美职尔。边上吏士,宜厚抚摩,勿太察,勿太懦,使人人皆兵,为我之用,则惟汝嘉。可。

出处:《鹤林集》卷八。

撰者:吴泳

考校说明:编年据吴泳任两制时间补。

张澄授阁门宣赞舍人制
(绍定六年十二月至嘉熙元年六月间)

敕具官某:阁门荣视馆职,宣赞旧隶西台,选亦华矣。尔勋臣之后,秀谨而腴。顷以父忧解官,亦既三载,率礼不越,以终其丧,可为笃孝。夫孝于事亲,必能忠于事君。其就故官,以承新命。可。

出处:《鹤林集》卷八。

撰者:吴泳

考校说明:编年据吴泳任两制时间补。

葛忱授阁门宣赞舍人制
(绍定六年十二月至嘉熙元年六月间)

敕具官某:阁门视馆职,宣赞又在言语之科,国家不轻畀也。尔仪范谨饬,辞令闲华,故命汝束带与宾客言,汝毋曰此官可以格法授也。可。

出处:《鹤林集》卷八。

撰者:吴泳

考校说明:编年据吴泳任两制时间补。

林柘授阁门宣赞舍人制
(绍定六年十二月至嘉熙元年六月间)

敕具官某:宣麻舍人,清视馆职。尔开爽敏给,右科自奋。顷将明命,祇谒寝园。成礼而还,法当酬赏。兹越候班之秩,径升宾赞之阶。可谓闲华,往其钦谨。可。

出处:《鹤林集》卷八。

撰者:吴泳

考校说明:编年据吴泳任两制时间补。

<h2 style="text-align:center">张棨授閤门祇候制</h2>

(绍定六年十二月至嘉熙元年六月间)

敕具官某:看班熟识仪数,历五年然后祇事上合,此熙宁旧典也。尔棨恪谨矩度,习娴朝容。岁月未深,乃援郎陛、引彝比以请,朕勉从之。若夫躐升弗已,则有驭幸之法在。可。

出处:《鹤林集》卷八。

撰者:吴泳

考校说明:编年据吴泳任两制时间补。

<h2 style="text-align:center">郑焕宗授武德郎依旧閤门宣赞舍人制</h2>

(绍定六年十二月至嘉熙元年六月间)

敕具官某:宣麻舍人共职五载,则与转官,嘉泰令典也。尔进陟闲华,音吐鸿畅,赞命上合,已及七年,亦可谓劳矣,何靳一官,不以华汝耶?益单忠勤,对扬休宠。可。

出处:《鹤林集》卷八。

撰者:吴泳

考校说明:编年据吴泳任两制时间补。

<h2 style="text-align:center">王师石授閤门祇候制</h2>

(绍定六年十二月至嘉熙元年六月间)

敕具官某:閤门乃祖宗储才之地,而祇候之班在文臣为馆职,其选严矣。尔生自将门,通于儒学。其在定远以孤城抗敌,宰资兴以一身当寇,仁者之勇也。祇事上合,径点清班,朕盖以功授。往共厥服,益励乃猷。可。

出处:《鹤林集》卷八。

撰者:吴泳

考校说明:编年据吴泳任两制时间补。

何嗣武授阁门祗候仍知滁州制
(绍定六年十二月至嘉熙元年六月间)

敕具官某:赤也可束带立于朝,则使之主宾;由也可千乘之国,则使之治赋。知效一官,事不贰适,古之道也。尔为滁阳守,治兵理财,岂不足以壮吾藩屏?顾乃屡请,欲带合职以行,是主兵治赋合而一之也。姑华尔躬。朕之所望,盖不在此。可。

出处:《鹤林集》卷八。

撰者:吴泳

考校说明:编年据吴泳任两制时间补。

孟琳授阁门祗候制
(绍定六年十二月至嘉熙元年六月间)

敕具官某:东西上阁门礼均法从,而祗候清视馆职,祖宗朝非谙识典章者不轻畀也。尔以时髦,娴于朝度。既辍祥琴之御,欲还束带之班。朕方以孝治天下,岂惜故官,不以命汝?可。

出处:《鹤林集》卷八。

撰者:吴泳

考校说明:编年据吴泳任两制时间补。

房应龙授阁门祗候仍旧干办御前忠佐军头引见司制
(绍定六年十二月至嘉熙元年六月间)

敕具官某:阁门视文臣为馆职,其选重矣。尔精明敏达,和风祗修。干于御营,厥有成绩。故命汝祗事上合,束带与宾客言。益楙其勤,往共厥事。可。

出处:《鹤林集》卷八。

撰者:吴泳

考校说明:编年据吴泳任两制时间补。

陈圻差充阁门祗候制
(绍定六年十二月至嘉熙元年六月间)

　　敕具官某:阁门祗候在文臣为馆职,岂可责以求财,此司马光之言也。尔仕于管库,欲干禄者也,非求财者也。洁彼冗浊,置之清华,亦何戾宪章之有? 可。

出处:《鹤林集》卷八。

撰者:吴泳

考校说明:编年据吴泳任两制时间补。

辛恳特授州防御使依旧知阁门事制
(绍定六年十二月至嘉熙元年六月间)

　　敕:横阶非殊恩不迁,遥郡非显庸不转。兹襃阁使,难徇彝章。具官某,生长将门,习娴宾礼,逮事宁考,既于冲人。左右橐鞬,久领内庭之直;句胪殿陛,遂司朱合之仪。爰推解带之恩,特畀州防之任。祗承宠数,益梛忠勤。可。

出处:《鹤林集》卷八。

撰者:吴泳

考校说明:编年据吴泳任两制时间补。此制时间当晚于同集同卷《辛恳授知阁门事兼客省四方馆事兼干办皇城司制》。

辛恳授知阁门事兼客省四方馆事兼干办皇城司制
(绍定六年十二月至嘉熙元年六月间)

　　敕:朕惟东西上二合当太微法官之北,莅职其间,非才不畀。具官某,韫气沈毅,受材敏阂。生于将家,晓畅军务;逮事宁考,娴于朝章。兹擢自于属鞬,俾统司于宾谒。尔其句传明命,纠正官联,俾堂陛之仪,肃莫敢犯,则予一人以怿。可。

出处:《鹤林集》卷八。

撰者:吴泳

考校说明:编年据吴泳任两制时间补。

侯忠信授左武大夫依旧宫观制
(绍定六年十二月至嘉熙元年六月间)

敕:朕闻先王以立武为善经,中国以除戎为大事。傥能称职,何爱赏官? 具官某,沈鸷而有谋,朴忠而能勇。秉麾海道,驰驱戎马之间;唤伏阁门,服习礼文之内。虽在祠庭之均佚,每遇武库之前劳。比缘控陈,兹用褒擢。因之以戎围之任,华之以左武之阶。往其钦承,服此嘉命。可。

出处:《鹤林集》卷八。又见《永乐大典》卷一三五〇六。

撰者:吴泳

考校说明:编年据吴泳任两制时间补。

罗晟以广西擒捕海寇授朝奉大夫制
(绍定六年十二月至嘉熙元年六月间)

敕具官某:汉列侯受封,以职馈饷,居野战略地之右。尔守合浦,当海濒盗弄之冲,能使军有流钱,士无后顾,以底成绩,非区画之善不能也。揆诸汉典,岂在诸将下? 增秩二阶,用劝来者。可。

出处:《鹤林集》卷八。

撰者:吴泳

考校说明:编年据吴泳任两制时间补。

赵师楷授江淮荆浙福建广南路都
大提点坑冶铸钱公事制
(绍定六年十二月至嘉熙元年八月间)

敕具官某:周外府掌邦布之入出,以待邦之用。布即泉也,货泉之司而以丞于外府者掌之,尚周人遗意也。矧尔宗荂之英,吏干之敏,使乎广右,曾以最闻。今举九路百八州之计,并于一大有司。汝其为朕扼弊奸,集公利,使宝冶之藏饶羡,圜府之法流通,则国家深有赖焉。可。

出处:《鹤林集》卷八。

撰者:吴泳

考校说明:编年据吴泳任两制时间、赵师楷宦历补,见《东涧集》卷六《赵师楷除直秘阁依旧都大提点坑冶铸钱公事制》。此制时间当早于《东涧集》卷六《赵师楷除直秘阁依旧都大提点坑冶铸钱公事制》。

王安行特授州防御使依旧提举宫观制
(绍定六年十二月至嘉熙元年六月间)

敕:横班序爵,固存定法之常;解带迁官,或出特恩之异。具官某,韬藏武略,晓畅戎情。筑定远之城,以一身而护塞;调安封之卒,不逾月而擒渠。右鞬之赏未酬,左武之阶犹旧。爰念勤劳之久,肆升捍御之班。仍秩祠庭,式对宸渥。可。

出处:《鹤林集》卷八。又见《永乐大典》卷一三五〇六。

撰者:吴泳

考校说明:编年据吴泳任两制时间补。

王樯授州防御使制
(绍定六年十二月至嘉熙元年六月间)

敕:朕宅丕后,遹祇先猷。广厦对儒臣之英,路门彻皇祖之训。恩荣所被,内外惟均。具官某,淑谨有仪,勤明寡过。服于貂省之事,在朕龙潜之时。属燕清闲,精思典学,顾瞻殿宇,名以"缉熙",汝则承之,以宣朕旨。今既终篇,第赏何爱一官?益楙其勤,往服休命。可。

出处:《鹤林集》卷八。

撰者:吴泳

考校说明:编年据吴泳任两制时间补。

林景衡权发遣德庆府制
（绍定六年十二月至嘉熙元年六月间）

　　敕具官某：束带立于朝，与治千乘之国，职守固自不同也。然德庆为郡，其民蠢，其俗野，非娴于礼者，莫能治之。尔右庠诸生，策名进士，祗事上合，进止舒徐，可以为良二千石。朕方仰法孝宗，于所不闻知处留意，尔毋谓广远，皇明不及也。可。

出处：《鹤林集》卷八。
撰者：吴泳
考校说明：编年据吴泳任两制时间补。

许堪权发遣德安府制
（绍定六年十二月至嘉熙元年六月间）

　　敕具官某：德安为郡，竟陵接其西，棘阳介其北，重镇也。尔气姿闿爽，谙晓戎情。曾未逾年，历守三郡。仍赞中权之画，且联上合之班，今事任亦不轻矣。尔其申讨军实，葺厚城堡，使托里之计密而风寒不侵，则朕将有赖焉。可。

出处：《鹤林集》卷八。
撰者：吴泳
考校说明：编年据吴泳任两制时间补。

曹顺权发遣应天府制
（绍定六年十二月至嘉熙元年六月间）

　　敕具官某：睢阳，古郡会也。唐守之以遮蔽江淮，国家因之以肇基王业。沦胥之久，再归版图。牧守之任，实艰其选。尔沈鸷善谋，忠勇寡二，摄承边障，亦几一年，军务民政，已著嘉绩。今会汝为真，往哉，毋弃尔成！可。

出处：《鹤林集》卷八。
撰者：吴泳

考校说明：编年据吴泳任两制时间补。

孙应龙权发遣德庆府制
(绍定六年十二月至嘉熙元年六月间)

敕具官某：德庆古康州,中兴潜藩也。郡将之任,每难其人。尔奋身右科,屡乘边障,民庸戎事,晓畅谙悉,故命汝分左符以往。远乃猷,裕乃事,俾内外粗定,则予汝嘉。可。

出处:《鹤林集》卷八。
撰者:吴泳
考校说明:编年据吴泳任两制时间补。

毕衍权发遣德庆府制
(绍定六年十二月至嘉熙元年六月间)

敕具官某：德庆古康州也,朕以中兴潜邸,不轻畀其人。尔练更民庸,晓畅戎事,绥御内外,必能得情,用是委汝共理。我孝宗尝曰："于所不闻知处留意。"汝毋谓广远,皇明所不烛也。可。

出处:《鹤林集》卷八。
撰者:吴泳
考校说明:编年据吴泳任两制时间补。

郝容权发遣均州军州兼管内安抚京西路
兵马钤辖均金房达州兵甲事制
(绍定六年十二月至嘉熙元年六月间)

敕具官某：武当在盛时为山水郡,往岁北兵闯署,关涉均水,飊襄邓以蠚残金,遂为上流重镇。出总边琐,实难其人。尔禀姿骁雄,洞识机略。命为郡将,兼总兵钤,以厄金、达、房陵之冲。其思练民丁,严斥堠,镇压一面,以宽朕西顾忧。可。

出处:《鹤林集》卷八。

撰者:吴泳

考校说明:编年据吴泳任两制时间补。

缪梦达权发遣琼州琼管安抚制
(绍定六年十二月至嘉熙元年六月间)

敕具官某:琼山在海中洲居,控扼生熟黎峒一百二十聚落,广南要地也。郡将之任,盖难其人。尔沈鸷而明,果艺以达,专城之任,今以命汝。惟恩威并用,可以使将士;惟忠信素孚,可以行蛮貊。念兹鉴兹,俾朕无南顾之忧。可。

出处:《鹤林集》卷八。

撰者:吴泳

考校说明:编年据吴泳任两制时间补。

缪梦达权发遣宜州兼广西兵马都监制
(绍定六年十二月至嘉熙元年六月间)

敕具官某:宜城控牂牁诸部,岭南要冲也。郡将之选,盖难其人。尔沈鸷而明,果毅而达,专城之任,今以命卿。惟恩威并用,可以使将士;惟忠信素孚,可以行蛮貊。念兹鉴兹,俾朕无南顾之忧。可。

出处:《鹤林集》卷八。

撰者:吴泳

考校说明:编年据吴泳任两制时间补。

张可大授武显大夫添差淮南西路马步副总管
依旧知寿春府制
(绍定六年十二月至嘉熙元年六月间)

敕具官某:寿阳前控陈、颍,后蔽光、丰,实今南北重镇。尔忠忱果毅,为诸将所推。往乘其障,于诸叛连衡之冲,乃能修筑城堡,调壹归附,独隐若一敌国焉,亦可嘉矣。何惜一阶,不以旌汝?益壮尔猷,嗣有褒用。可。

出处:《鹤林集》卷八。又见《永乐大典》卷一三五〇六。

撰者:吴泳

考校说明:编年据吴泳任两制时间补。

李虎授左武大夫依旧达州刺史知淮安州制
(绍定六年十二月至嘉熙元年六月间)

敕:赵苞对阵之语,孰如徐庶之思念其亲;温峤绝裾之风,岂若冯勤之贵显其母? 不图薄俗,复见斯人! 具官某,胄出山西,声驰漠北。段枪而刺元恶,顿清淮海之尘;尺棰而鞭群凶,尽拔高邮之帜。功虽高于李愬,义弗背于张飞。嫠言萱草之怀,用有翟茀之请。载披柔牍,特晋崇阶。求忠臣于孝子之门,既膺妙简;令刺史居牧伯之位,仍懋显庸。多而战功,光我休命。可。

出处:《鹤林集》卷八。又见《永乐大典》卷一三五〇六。

撰者:吴泳

考校说明:编年据吴泳任两制时间补。

李大声授武节郎游击军统制制
(绍定六年十二月至嘉熙元年六月间)

敕具官某:结发从军,累能办贼;戍濠备塞,以鸷勇闻。今又进秩而升于制府矣。沿江千里,吏阛如罴虎当道,朕何忧? 可。

出处:《鹤林集》卷八。又见《永乐大典》卷一三五〇六。

撰者:吴泳

考校说明:编年据吴泳任两制时间补。

赵汝擢授州刺史权知德安军府制
(绍定六年十二月至嘉熙元年六月间)

敕具官某:唐制,州刺史即郡太守也。国朝以遥刺典藩,名称少异。汝以宗英,曾守淮郡,捍城御侮,厥有成绩,朕已增秩因任矣。德安,古郧子国。仍以使名,贲之州绂,往懋乃功。可。

出处:《鹤林集》卷八。

撰者:吴泳

考校说明:编年据吴泳任两制时间补。

江显授常州刺史充亲从第三指挥都指挥使制
(绍定六年十二月至嘉熙元年六月间)

　　敕具官某:古者天子必有亲军,今之亲事亲从是也。尔沈勇忠实,夙夜有劳。比及三年,实应迁格。仍都使号,兼绾州符。勉竭勋勤,以报荣遇。可。

出处:《鹤林集》卷八。又见《永乐大典》卷一三五〇六。

撰者:吴泳

考校说明:编年据吴泳任两制时间补。

袁晟授湖州刺史充殿前指挥使左班都虞候
依旧押行门祗应制
(绍定六年十二月至嘉熙元年六月间)

　　敕具官某:朕有熊罴之士掌先后王,以虞度视候为职,其选严矣。尔纠纠武夫之勇,番番良士之忠。比及三年,厥有成绩。肆升华于州刺,仍祗事于行门。思懋厥修,少宽予恤。可。

出处:《鹤林集》卷八。又见《永乐大典》卷一三五〇六。

撰者:吴泳

考校说明:编年据吴泳任两制时间补。

王亨授忠州刺史制
(绍定六年十二月至嘉熙元年六月间)

　　敕具官某:武臣副使,非有功效显著不带遥郡,令格也。尔沈骛善谋,忠勇寡二。控扼睢口,已跨一年;捍城之功,实冠诸将。兹轶彝比,升刺望州。体予异恩,懋尔嘉绩。可。

出处:《鹤林集》卷八。
撰者:吴泳
考校说明:编年据吴泳任两制时间补。

刘廷美授秉义郎开州刺史充京西路兵钤制
(绍定六年十二月至嘉熙元年六月间)

敕具官某:襄州,上流重镇。迩者叛贼啸凶,堕我金城,虽握兵之将、貔虎熊罴之士弗能捍。尔以樊城土豪,乃能奖率义旅,驱贼徒而歼之。昔人称一寨户之勇,过于禁兵百人,子之谓矣。捷书夜闻,朕用嘉叹。升华遥刺,俾总兵钤,尚有功见知之意。可。

出处:《鹤林集》卷八。又见《永乐大典》卷一三五〇六。
撰者:吴泳
考校说明:编年据吴泳任两制时间补。

陈泂益授随龙右武大夫庆州团练使制
(绍定六年十二月至嘉熙元年六月间)

敕:朕惟太仆之道王,闻于《礼》;爇御之忧国,见于《诗》。给事官省之臣,傥能旦夕承辟,左右宣劳,则朕亦何爱官爵,不以荣宠之耶?具官某,专良而慧,敬谨而能。留代邸者有年,潜跃皆随于龙驭;居王朝者累载,缉熙常侍于燕闲。属解职于内庭,遂转归于铨部。载橐御器,仍典戎团。尔其服《诗》、《礼》之箴,佩忠信之胄,毋嫉庄士,毋进侧言,各率其属,惟正直是与,则予汝嘉。可。

出处:《鹤林集》卷九。
撰者:吴泳
考校说明:编年据吴泳任两制时间补。

叶俊授郴州团练使充亲从亲事官都指挥使制
（绍定六年十二月至嘉熙元年六月间）

敕具官某：羽林，天之壁垒；武卫，王之爪牙。地禁职严，盍遴其选！尔老于亲从，擢自都将，忠勇勋力，皆有可称。畀之州团，服我休命。可。

出处：《鹤林集》卷九。
撰者：吴泳
考校说明：编年据吴泳任两制时间补。

蔡兴授州团练使提举宫观制
（绍定六年十二月至嘉熙元年六月间）

敕：《祈父》之诗曰："王之爪牙，胡转予于恤。"夫不转于忧恤，而转于安佚者，是固六军之士所深望也。具官某，沈毅而勇，淑均而良。神策诸军，既共武卫；濠梁大郡，久带戎团。今旅力既愆矣，式正使名，畀休禁务，尚体闵劳之意。可。

出处：《鹤林集》卷九。又见《永乐大典》卷一三五〇六。
撰者：吴泳
考校说明：编年据吴泳任两制时间补。

李实授同州团练使庆元府兵马总管制
（绍定六年十二月至嘉熙元年六月间）

敕：汉虎贲宿卫积久必迁，唐神策正官依资改授。今之三岁转员，尚其制也。具官某，以拳勇选，以忠实著。既掌先后王之旅，又兼左右厢之屯。比及三年，厥有劳效。进戎团之任，升总府之华，兹盖优恩。尔尚迪果毅，以对休宠。可。

出处：《鹤林集》卷九。又见《永乐大典》卷一三五〇六。
撰者：吴泳
考校说明：编年据吴泳任两制时间补。

李载授州团练使依旧带御器械制
(绍定六年十二月至嘉熙元年六月间)

敕具官某:国朝以皇城使比文臣为亚卿,其选重矣。每三岁一迁,厥有彝比。尔才毅而武,机沈而雄。躬佩橐鞬,日侍左右,亦既有劳矣。落遥刺之阶,进戎团之任,尚仍故职,往服新休。可。

出处:《鹤林集》卷九。
撰者:吴泳
考校说明:编年据吴泳任两制时间补。

辛悊授州团练使依旧带御器械制
(绍定六年十二月至嘉熙元年六月间)

敕:唐旧典,皇城宫殿诸门,命官赏其开阖之节,奉其管钥而出纳之,谓之城门郎,今之皇城司是也。然非横行御带,不领其事。具官某,才毅而武,机沈而雄。躬佩橐鞬,日侍左右,亦既三年矣。落遥刺之阶,进戎团之秩,尚仍故职,往服新休。可。

出处:《鹤林集》卷九。
撰者:吴泳
考校说明:编年据吴泳任两制时间补。

倪祖常授军器监主簿制
(绍定六年十二月至嘉熙元年六月间)

敕具官某:见乔木而思世臣,爱甘棠而思召伯。昔嘉定更化,尔考思为侍从之臣,立朝有榘度,论事有风概。朕尝思得若人而用之,以尔实世其家,擢司奏邸。兹又属戎监,以官其能。若厥父灾,厥子乃弗肯播,则非朕之所闻也。可。

出处:《鹤林集》卷九。又见《永乐大典》卷一四六〇八。
撰者:吴泳

考校说明：编年据吴泳任两制时间补。

黄梦龙特补修职郎差权万安军陵水县主簿兼县事制
（绍定六年十二月至嘉熙元年六月间）

敕具官某：黎人之为陵水患久矣。尔父奋不顾身，采入其阻，仅能复所侵邑，竟死王室。朕念功未已，任汝以官。尔宜裕乃父功，长于新邑。可。

出处：《鹤林集》卷九。
撰者：吴泳
考校说明：编年据吴泳任两制时间补。

康守正授容州观察使特改添差两浙西路
马步军都总管临安府驻札不厘务制
（绍定六年十二月至嘉熙元年六月间）

敕：朕修文德以来远人，弃细故而阶大道，凡列藩卫，并为王臣。具官某，生长殊邻，扳援贵胄。截我淮浦，岂无婴城拒守之私？归予齐疆，终有慕义来宾之意。昔莅抚于属国，今召趋于阙庭。涵濡华风，密迩皇化。既擢升于廉使，仍典总于戎旃。朕方弘孝庙之规模，尔宜效萧巴之恭顺。往祗明命，嗣有宠休。可。

出处：《鹤林集》卷九。又见《永乐大典》卷一三五○六。
撰者：吴泳
考校说明：编年据吴泳任两制时间补。

王温补忠训郎差充忠勇诸军统制应天府驻札
王亨授武翼郎差充应天府兵马钤辖制
（绍定六年十二月至嘉熙元年六月间）

敕具官某等：朕抚有方夏，悉主悉臣。尔本吾编氓，久隔王化。挈下邳而归顺，控濉口以捍边。备罄忠劳，合加宠数。用峻跻于武爵，仍总率于新军。益懋厥功，嗣有褒用。可。

出处:《鹤林集》卷九。

撰者:吴泳

考校说明:编年据吴泳任两制时间补。

张天纲授武翼郎添差隆兴府兵马钤辖制
(绍定六年十二月至嘉熙元年六月间)

敕某:《春秋》书潞子之爵,汉史纪阳侯之封,既曰来庭,讵无锡宠?矧尔仕于伪国,隔绝中华,天讨所临,穷而归我。朕以天地为心,靡不含覆。如守者挈属内附,尚冠带而臣妾之,则汝天纲,何惜武爵戎钤,不以畀汝?可。

出处:《鹤林集》卷九。又见《永乐大典》卷一三五〇六。

撰者:吴泳

考校说明:编年据吴泳任两制时间补。

王克谦起复淮西安抚司准备差遣制
(绍定六年十二月至嘉熙元年六月间)

敕具官某:铨未试而筮仕,丧未终而入官,皆非古也。尔甫受一阶,遄丁家难。淮壖阃帅,请以驱驰。用颁夺情之恩,宜服移忠之训。可。

出处:《鹤林集》卷九。

撰者:吴泳

考校说明:编年据吴泳任两制时间补。

邹公锐起复添差东南第二副将制
(绍定六年十二月至嘉熙元年六月间)

敕具官某:子墨缞绖,礼之变也,后世夺情之典,实仿乎此。尔奋身右庠,晓畅军务。遭忧之久,朕惜其才,起而用之,尚求忠臣于孝子之门。可。

出处:《鹤林集》卷九。

撰者:吴泳

考校说明:编年据吴泳任两制时间补。

张应珙起复差充建康府都统制司干办公事制
(绍定六年十二月至嘉熙元年六月间)

敕具官某:三年之丧,天下之达礼也。春秋以来,有墨而从军者焉。尔身都戎幕,适值内艰。矧当多垒之秋,盍用夺情之典? 其还旧次,移孝为忠。可。

出处:《鹤林集》卷九。

撰者:吴泳

考校说明:编年据吴泳任两制时间补。

范用吉叙复武翼郎高州刺史制
(绍定六年十二月至嘉熙元年六月间)

敕具官某:赏罚,军国之纪纲。迩者洛师之败,坐视弗救,尔之过也;久任边面,仗义来归,尔之功也。功过不相掩,庸威不偏用,朕何心哉? 甄叙元阶,勉思来效。可。

出处:《鹤林集》卷九。

撰者:吴泳

考校说明:编年据吴泳任两制时间补。

王夬亨叙复通直郎差充沿江制机制
(绍定六年十二月至嘉熙元年六月间)

敕具官某:观远臣以其所主。向者尔倅合肥,控于吏议;今沿江帅臣,谨简机幄,而以习知疆事闻。观其所主,则其人可知矣。甄叙元阶,往裨密议。可。

出处:《鹤林集》卷九。

撰者:吴泳

考校说明:编年据吴泳任两制时间补。

颜戮叙复通直郎知琼州乐会县制
（绍定六年十二月至嘉熙元年六月间）

敕具官某：观远臣以其所主。尔向者试邑广右，绥御黎人，能服其心，咸以父事。前经略使胡槻以其议论弗同而劾之，后经略司丁黼等以其筹略可采而进之。观其所主，而其人可知矣。甄叙元阶，仍宰故邑，固欲安之也。可。

出处：《鹤林集》卷九。
撰者：吴泳
考校说明：编年据吴泳任两制时间补。

夏全叙复武功郎特添差京西路马步军
副总管襄阳府驻札制
（绍定六年十二月至嘉熙元年六月间）

敕具官某：山东义旅本皆孝子顺孙，逆雏背恩，相挺为乱，至使尔等舍乐郊而北去。尔既回心向顺矣，国朝春育海涵，念其穷而归我，特叙元阶，仍总军政。彼死安用，尚与节度；若汝能生立奇功，则高官厚禄，朕又何爱焉？可。

出处：《鹤林集》卷九。
撰者：吴泳
考校说明：编年据吴泳任两制时间补。

黄孟先降授朝奉大夫周汝霖降授朝请郎制
（绍定六年十二月至嘉熙元年六月间）

敕具官某等：昔陆余庆罢魏州，有车一乘，图书半之，此士大夫去官法也。尔孟先提舶广南，尔汝霖司臬湖右，不能酌贪泉以自励，而乃总货宝以自丰。被论得祠，宜发深省，又复航琛辇赆，以归私室，视余庆岂不靦颜乎？各镌二秩，以惩百吏。可。

出处：《鹤林集》卷九。

撰者:吴泳

考校说明:编年据吴泳任两制时间补。

马执中降授朝奉大夫虞方简降授通奉大夫
高泰叔降授朝议大夫鲜于光降授朝请郎制
(绍定六年十二月至嘉熙元年六月间)

敕具官某等:周以岁会考四国,汉以殿最课郡县,我孝宗皇帝以臧否考察郡守事实,皆良法也。朕捐四蜀之赋,供饷西帅,日告匮乏。尔等不思庚癸之呼,而纲解稽违,动失期会。王人课殿来上,岂容不少惩以存体统? 可。

出处:《鹤林集》卷九。

撰者:吴泳

考校说明:编年据吴泳任两制时间补。

蔡廙降授朝请大夫方淙降授朝请郎落阁职制
(绍定六年十二月至嘉熙元年六月间)

敕具官某等:行轻则招辜,扬雄所戒;进锐其退速,孟氏所讥。尔廙少年入仕,足高志扬;尔淙甫岁登科,神躁心荡。坐享丰腴,连典名郡,弗自谨饬,贿赂章闻。其所以致此者,轻与锐成之也。台评屡上,朕不敢私。各上一阶,罢祠褫职。庶几德薄而位尊者,亦知所警也。可。

出处:《鹤林集》卷九。

撰者:吴泳

考校说明:编年据吴泳任两制时间补。

赵汝楳降授朝散大夫黄汉章降授宣教郎制
(绍定六年十二月至嘉熙元年六月间)

敕具官某等:科举之法,自唐已弊矣。若士以正应,有司以公取,则法虽弊而人犹未弊也。今言者谓汝楳之请托,汉章之徇私,则有弊人矣。朕方革去旧习,以新美多士,则汝等一阶之罚,尚何辞? 可。

出处:《鹤林集》卷九。

撰者:吴泳

考校说明:编年据吴泳任两制时间补。

郭伯良降授朝奉大夫杨垓仲降授朝散郎制
(绍定六年十二月至嘉熙元年六月间)

敕具官某等:《周官》以岁会考岁成,以诏废置,此殿最法也。尔等仕于闽中,既以殿闻,罚其可逭哉?各镌一秩,以警慢官。可。

出处:《鹤林集》卷九。

撰者:吴泳

考校说明:编年据吴泳任两制时间补。

吴愈落焕章阁待制制
(绍定六年十二月至嘉熙元年六月间)

敕:朕闻长江备风寒,不过数处,尤重武昌;元帅阅礼乐,使将中军,何拘文法?若身谋之太甚,亦邦宪之靡容。具官某,奋自儒家,骤升朝列。舒徐和缓,雅宜豹尾之班;福厚奇庞,似有虎头之相。然而色庄而胆薄,志广而材疏,蒙冲坏而不修,卒乘单而不补。金刀龟贝,不以资国用,而以厚橐装;竹屑木头,不以备军需,而以营第宅。但有问舍求田之志,曾无誓江击楫之风。以若所为,难胜其任。爰览抨弹之疏,遂从褫罢之文。尚为宽恩,庶发深省。可。

出处:《鹤林集》卷九。

撰者:吴泳

考校说明:编年据吴泳任两制时间补。

卫朴降授朝请郎赵汝捍落阁职制
(绍定六年十二月至嘉熙元年六月间)

敕具官某等:监司,列郡之仪表,而京漕又诸路监司之仪表也。尔朴名父之子,轻儇疏爽;尔汝捍天族之支,机巧健决,亦号治辩。观风畿甸,不务廉平,以风四方,而卷公府之金以自丰,事鞭靴之馈以媒进。使人人累数其过于有司,朕岂得庇汝耶? 贬秩罢祠,肃儆群慝。可。

出处:《鹤林集》卷九。
撰者:吴泳
考校说明:编年据吴泳任两制时间补。

翟朝宗降授州团练使制
(绍定六年十二月至嘉熙元年六月间)

敕:朕闻《周礼》有驭臣之柄,《春秋》存责帅之文。苟庋纲常,曷逃宪法? 具官某,曩从领合,出典维扬。以轻儇之资,当重大之寄。边人有警,既不能援枹鼓以出征;戎帐无筹,但只欲敛金帛以求好。爰观吏议,合置严诛。尚念尝侍轩墀,弥历岁月,姑削停于祠廪,仍降授于戎团。是曰宽恩,勉图来效。可。

出处:《鹤林集》卷九。
撰者:吴泳
考校说明:编年据吴泳任两制时间补。

荆世显降授中官正周奕降授春官正制
(绍定六年十二月至嘉熙元年六月间)

敕具官某等:以主测景,日官职也。夏政典以先时,不及时者无赦。矧国有大事,分阴不容以毫厘紊。尔尸厥官,藐焉视之,不职甚矣。其下一阶,以戒食焉而怠其事者。可。

出处:《鹤林集》卷九。
撰者:吴泳
考校说明:编年据吴泳任两制时间补。

沈杰降授保章正制
（绍定六年十二月至嘉熙元年六月间）

敕具官某：昏迷于天象，古有常宪。尔相我文母山陵之事，而圭测不虔，晷度差舛，失职甚矣。姑镌一级，以警旷官。可。

出处：《鹤林集》卷九。
撰者：吴泳
考校说明：编年据吴泳任两制时间补。

刘燧可特授拱卫大夫依旧和州防御使致仕制
（绍定六年十二月至嘉熙元年六月间）

敕：束带立于朝，服劳滋久；安车致其事，敷奏甚勤。具官某，端粹而靖夷，肃庄而娴雅，从容二合，周阅两星。与宾客言，方喜仪章之慎慎；劳侍从事，乃祈心志之休休。遂升拱卫之班，仍领捍防之秩。庶华而老，以广朕恩。可。

出处：《鹤林集》卷九。
撰者：吴泳
考校说明：编年据吴泳任两制时间补。

王用亨授武翼郎阁门宣赞舍人致仕制
（绍定六年十二月至嘉熙元年六月间）

敕具官某：亲亲贤贤，此周家享国之道也。尔敬谨祗恪，廪乎祠官。厥疾弗瘳，欲挂冠神武门外。朕以其为荣王戚属，岂不念之？晋陟一阶，宾赞上阁，以致其事。可。

出处：《鹤林集》卷九。
撰者：吴泳
考校说明：编年据吴泳任两制时间补。

钟武授武经郎致仕制
（绍定六年十二月至嘉熙元年六月间）

　　敕具官某:少而陈其力,病而养其衰,固人情之所欲也。况尔沈毅而勇,练通而明,以淮南副戎贰郡东海,拊麾安集,备著勤劳。今以病闻,乞致其事,朕心悯焉。升之一秩,以华其退。宜专辅养,期以永年。可。

出处:《鹤林集》卷九。
撰者:吴泳
考校说明:编年据吴泳任两制时间补。

翟朝宗叙复潭州观察使致仕制
（绍定六年十二月至嘉熙元年六月间）

　　敕:朕惟"明哲保身",诗人之至戒;"见险知止",《易》卦之格言。矧惟擐甲之臣,亦识垂车之义。露情如此,抚奏恻然。具官某,本以中才,班于上阁。束带而语宾客,进若有文;据鞍而问甲兵,退如不武。虽忝熊罴之帅,曾无虎兕之防。人得致疑,朕难废法。尔今骎骎加病,恺恺输衷,欲思末路之免愆,乞以前官而上事。乌哀鸣于将死,谁闵厥勤;鸮无毁于卒荼,复还其旧。庶几没齿,仍戴宽恩。可。

出处:《鹤林集》卷九。
撰者:吴泳
考校说明:编年据吴泳任两制时间补。

张镒追复奉议郎致仕制
（绍定六年十二月至嘉熙元年六月间）

　　敕具官某:国家以法绳士大夫,而以恩绥之,未有终身放焉而不齿者也。尔勋臣裔孙,逮事先帝,文雅才艺,殊无将家之风。一偾二纪,遂死瘴乡,士之不幸,亦可悯矣! 尽复元官,泽及后嗣。荐蒿如在,光宠知歆。可。

出处:《鹤林集》卷九。
撰者:吴泳
考校说明:编年据吴泳任两制时间补。

皇叔祖多谟父居端赠太师制
(绍定六年十二月至嘉熙元年六月间)

敕:明堂祀上帝,已迎申命之休;敛福锡庶民,式霈漏泉之泽。眷言近属,申贲祢宫。具官某故父某,英祖之支,吴王之裔。甚德而度,不愆朝会之仪;大盈若冲,弗倨留台之贵。虽抱才而未究,然积庆之有传。是生嗣贤,相我熙事。用裒大享之祐,以为幽扃之荣。太师维垣,位既跻于一品;畊季授土,封仍袭于大邦。营魂有知,服命无斁。可。

出处:《鹤林集》卷一〇。
撰者:吴泳
考校说明:编年据南吴泳任两制时间补。

皇叔祖多谟母任氏魏国夫人制
(绍定六年十二月至嘉熙元年六月间)

敕:朕宗祀明堂,均庆宇内。眷予同姓之老,可后显亲之恩?用遵旧章,申锡愍禭。具官某母某氏,禀性柔惠,处身俭慈。出自德门,嫔于天族;是生令子,相我肇禋。鸿霈诞敷,易函秦之旧壤;龙光叠被,开全魏之新封。尚其淑灵,歆此休命。可。

出处:《鹤林集》卷一〇。
撰者:吴泳
考校说明:编年据吴泳任两制时间补。

皇叔祖多谟妻闻人氏封齐安郡夫人制
(绍定六年十二月至嘉熙元年六月间)

敕:朕受厘祉,均庆公卿大夫之家,而况宗妇之懿夫尊于朝者乎?具官某妻某,生自华胄,嫔于德门。饰珩璜象服之仪,躬沼沚采繁之荐,见之内助,蔼有芳猷。兹熙事之展成,宜庞恩之覃被。正二品小君之位,启齐安大郡之封。兹谓徽章,勉服休命。可。

出处:《鹤林集》卷一○。

撰者:吴泳

考校说明:编年据吴泳任两制时间补。

皇叔祖多识赠开府仪同三司追封崇国公制
(绍定六年十二月至嘉熙元年六月间)

敕:朕磐石奠国,宝玉展亲,生则累茵列鼎以疏荣,殁则襚印蜜章而广孝。可无愍饰,式赍营魂?具官某,躬雅静之姿,肖神明之胄。读河间之书,而道之以学;履江夏之贵,而守之以谦。久持节钺以奉朝,乃畀祠庭而主祭。天胡不憗,人遽云亡。永怀同姓之宗,特广漏泉之泽。既秩之以仪同之礼,复胙之以崇国之封。兹谓徽章,祗服休命。可。

出处:《鹤林集》卷一○。

撰者:吴泳

考校说明:编年据吴泳任两制时间补。

皇伯希瑛赠开府仪同三司杞国公制
(绍定六年十二月至嘉熙元年六月间)

敕:仁莫厚于睦亲,义莫隆于追远。朕率是道,以绥有邦。虽云属籍之疏,亦懋饰终之典。具官某,躬有常之行,居不竞之途。敬谨威仪,弗恃廉车之贵;缘饰儒雅,蔼如素士之风。曾不遐年,奄至大故。仪台视秩,胙国启封。知无及于生前,尚有光于身后。灵而不昧,式克歆承。可。

出处:《鹤林集》卷一○。

撰者:吴泳

考校说明:编年据吴泳任两制时间补。

皇伯希瑾父师钐赠和州防御使制
（绍定六年十二月至嘉熙元年六月间）

朕躬执瑄币,祗见泰坛,式哀帝休,均庆有位。肆予助祭之老,可后显亲之恩? 具官某,蔚为宗英,绰有雅度,自秉靖共之操,习亡礼义之愆。官不满能,报在其子。用进兵防之秩,以为泉户之华。营魂有知,膺受亡敆。可。

出处:《鹤林集》卷一○。
撰者:吴泳
考校说明:编年据吴泳任两制时间补。

皇叔希𥕤赠少师追封咸宁郡王制
（绍定六年十二月至嘉熙元年六月间）

朕遹祗先猷,笃叙同姓,生则展宝玉之爱,殁则裂茅土而封。爰锡愍书,以贲幽壤。具官某,肖神明之胄,躬雅静之姿。读河间之书,甚德而度;履江夏之贵,大盈若冲。久持节钺以奉朝,乃界祠庭而佚老。云何不淑,罹此闵凶! 永怀死丧之威,特异哀荣之数。冠之以左棘孤卿之位,疏之以蜜章三襚之恩。尚其英灵,歆此休宠。可。

出处:《鹤林集》卷一○。
撰者:吴泳
考校说明:编年据吴泳任两制时间补。

皇叔希舘赠少师追封郡王制
（绍定六年十二月至嘉熙元年六月间）

敕:三雍宫之赐对,汉河间以儒雅称;五原塞之耀兵,唐江夏以功名著。若匪一时之显擢,则将没世以无闻。朕于宗族之贤,不以死生而间。锡兹愍册,贲若幽扃。具官某,帝胄之潢,天孙之岳。被服儒素,蚤有能文之声;奋身仕林,泊无负贵之习。而况凤闲戎务,屡馨嘉言。方提军以遏峒寇之披猖,真儒者之勇;将谢事而论禁兵之单弱,尚宗臣之心。朕于初潜之时,属尔大雅之望。云何不淑,罹此闵凶！既生不能胙土之封，则殁当有蜜章之褾。爵隆五社，秩冠孤卿。岂独慰九泉之思，盖将劝庶邦之义。可。

出处：《鹤林集》卷一○。

撰者：吴泳

考校说明：编年据吴泳任两制时间补。

皇伯希瑾妻郑氏特封郡夫人制
（绍定六年十二月至嘉熙元年六月间）

敕：朕惠绥邦族，燕及家人。班视衮章，既愍元侯之赠；荣加翟茀，载疏宗妇之封。越诸丕彝，华以异数。具妻某氏，秉心婉嫕，率履端良。生于德门，姆训不越；作配天属，梱范有严。合赓《偕老》之诗，俄赋《柏舟》之什。朕兴嗟既往，加劳生存。用覃石窌之恩，特畀小君之宠。服予休命，保尔寿祺。可。

出处：《鹤林集》卷一○。

撰者：吴泳

考校说明：编年据吴泳任两制时间补。

毛氏以皇后谒家庙恩特封国夫人制
（绍定六年十二月至嘉熙元年六月间）

敕：朕通祗先献，嘉惠左戚。拥翟车而归谒，既遵乾道之彝；疏纶诰以展亲，率用绍兴之典。推本庆源之自，宜加宠数之隆。具位某氏，性德柔嘉，丰仪燕婉。不愆于履，尚闻松阁之清风；有淑其声，肆衍椒涂之芳润。用循故实，载畀恩章。久荒大国之封，兹锡嘉名之宠。承予异渥，燕尔寿祺。可。

出处：《鹤林集》卷一○。

撰者：吴泳

考校说明：编年据吴泳任两制时间补。

皇叔希逦故妻石氏赠硕人制
（绍定六年十二月至嘉熙元年六月间）

敕:合宫备享,熙事汔成。厥有同姓之卿,实修助祭之职。可无骏惠,贲及私庭? 具官某妻某,懿范出于名家,柔风著于中梱。式相其事,亦云有年。既不诵"君子偕老"之诗,则宜受"硕人其颀"之祉。尚其胐蠁,来服宠灵。可。

出处:《鹤林集》卷一〇。
撰者:吴泳
考校说明:编年据吴泳任两制时间补。

赵氏改封东平郡主赵氏改封文安郡主制
（绍定六年十二月至嘉熙元年六月间）

敕:妇从夫爵,古之谊也。惟内女之妇者,则爵邑不系于其夫。具官某妻某氏,素含柔风,率用祗德。饬珩璜之佩,不愆于仪;共蘋藻之羞,动合乎礼。永惟文母,班袝皇姑。用疏戚畹之恩,仍开汤邑之宠。尔其思贵名之难保,戒宠禄之易骄。则于有家,永其无斁。可。

出处:《鹤林集》卷一〇。
撰者:吴泳
考校说明:编年据吴泳任两制时间补。

沂王夫人俞氏父俞治赠潭州观察使制
（绍定六年十二月至嘉熙元年六月间）

敕:朕惟若昔厚陵,加惠濮邸,凡仙游之若父若母,皆与封赠,盖先制也。矧沂王夫人之亲,其可缓恩章耶? 具官某,禀姿端醇,与物和裕。蚤缘姻娅,逮事先朝。朱合通班,凤著舍人之样;戎团分总,殁跻诸使之荣。兹诞需于隆恩,复升华于廉察。九原有识,尚克知歆。可。

出处:《鹤林集》卷一〇。

撰者:吴泳

考校说明:编年据吴泳任两制时间补。

沂王夫人母刘氏赠惠国夫人制
(绍定六年十二月至嘉熙元年六月间)

敕:朕云云同前,盖先制也。矧予近戚,可缓愍章耶?具官某妻某氏,性禀柔嘉,躬履慈俭,蔼有闺范,以昌德门。是生淑媛,妃我沂邸。兹覃异渥,用贲幽扃。仍小君之旧封,开大国之新命。淑灵未泯,宠数钦承。可。

出处:《鹤林集》卷一〇。

撰者:吴泳

考校说明:编年据吴泳任两制时间补。

何进特赠节度使右金吾卫上将军制
(绍定六年十二月至嘉熙元年六月间)

敕:朕收图书而知厄塞之处,每严蜀道之防;听鼓鼙而思将帅之臣,必及山西之彦。云何中道,忽丧元身!具官某,朴忠而有谋,真勇而无敌。身鏖百战,曾收荡寇之勋;义激三军,时有灭仇之志。当北骑溃防之日,正王师思奋之秋,而功力常分于备多,事机屡失于遥制。遂赏忠愤,竟死封疆。昔李广之殁,而三子为郎;张巡之亡,而百世庙祀。朕之恤汝,无愧于斯。更加双节之荣,复班二品之贵。以甄壮烈,以励贪夫。可。

出处:《鹤林集》卷一〇。

撰者:吴泳

考校说明:编年据吴泳任两制时间补。

赵传夫弟伉夫父彦轼赠特进制
(绍定六年十二月至嘉熙元年六月间)

敕:朕躬执瑄币,祗见泰坛。虽当恭默思道之时,不废齐明承祀之典。嘉与文武之士,均其神天之休。具官某,蔚为宗英,绰有雅度。抱才自处,官不满能;

积庆所钟,报在其子。或践武阶之峻,或登禁橐之清。推迹本原,用彰愍饰。进其位叙,特以上公。是为泉壤之华,且慰霜露之感。可。

出处:《鹤林集》卷一〇。

撰者:吴泳

考校说明:编年据吴泳任两制时间补。

<h2 style="text-align:center">赵传夫母段氏赠定襄郡夫人制</h2>
(绍定六年十二月至嘉熙元年六月间)

敕:朕读《蓼莪》衔恤之诗,观《閟宫》燕喜之颂,一以不得终养为戚,一以既受多祉为荣。推原人情,是有赠典。具位某母段氏,柔嘉淑谨,式是闺仪;温敬齐庄,共于典祀。命之不淑,没有余哀。用开大国之封,仍正小君之号。不但慰思亲之望,庶几广教化之仁。可。

出处:《鹤林集》卷一〇。

撰者:吴泳

考校说明:编年据吴泳任两制时间补。

<h2 style="text-align:center">赵传夫母连氏赠秦宁郡夫人制</h2>
(绍定六年十二月至嘉熙元年六月间)

敕:严父配天,国之大典;以子贵母,古之彝章。矧兹禁从之官,相我明庭之祀。尚何爱于爵赏,不以成其孝思?具位某母连氏,淑谨有仪,柔嘉维则。亲执锜筥,恭俭以相其夫;笃好图书,仁爱以昌其后。生不终养,没有余哀。载疏大国之封,庸正小君之号。九原虽邈,不显其承。可。

出处:《鹤林集》卷一〇。

撰者:吴泳

考校说明:编年据吴泳任两制时间补。"秦宁郡"疑为"泰宁郡"之误。

翟朝宗弟崇故父显赠保康军节度使制
（绍定六年十二月至嘉熙元年六月间）

敕：朕躬执瑄币，祗见泰坛。喜与文武之臣，均共神天之庆。用哀祭泽，申赍祢宫。具官某，以武发身，以仁裕后。戎容暨暨，生不侯封；螽印煌煌，没以子贵。兹因宗祀，重衍庆条，再颁鹊绶之华，益侈䝱封之宠。灵如未泯，休克歆承。可。

出处：《鹤林集》卷一○。
撰者：吴泳
考校说明：编年据吴泳任两制时间补。

翟朝宗嫡母杜氏赠信安郡夫人制
（绍定六年十二月至嘉熙元年六月间）

敕：朕惟严父配天，国之大典；以子贵母，古之彝章。用敷享帝之休，爰霈漏泉之泽。具官某母某氏，挺生望族，来嫔庆门，均其鸤鸠之仁，毓我熊罴之士。兹讫成于熙事，宜申锡于愍书。正位小君，启封大郡。柔魂未泯，茂渥其承。可。

出处：《鹤林集》卷一○。
撰者：吴泳
考校说明：编年据吴泳任两制时间补。

邓彭年赠节度使制
（绍定六年十二月至嘉熙元年六月间）

敕：朕惟爵禄，天下之公器也。劝功懋赏，未尝以私昵之爱而妄加；送往昫恩，亦不以近习之嫌而终废。具官某，褆身谨饬，植志忠勤。粤自淳熙，已服劳于南内；讫于嘉定，遂参领于北司。久矣投闲，奄其沦谢。朕念先朝之簪履，特颁内府之节旄。用招嘉魂，式贲泉路。灵如有识，尚克祗歆。可。

出处：《鹤林集》卷一○。
撰者：吴泳

考校说明:编年据吴泳任两制时间补。

李大昌加赠武康军节度使制
(绍定六年十二月至嘉熙元年六月间)

敕:国朝旧制,非勋绩显著者,不除节钺,渡江而后,稍宽矣。若赠官,则所不吝也。具官某,忠实敬谨,谙于吏道,事朕初潜,历年滋久。以攀附之勤,当享遐福,命之不淑,遂至云亡,则亦可伤矣。赐之旌纛,姑示饰终之典。可。

出处:《鹤林集》卷一〇。
撰者:吴泳
考校说明:编年据吴泳任两制时间补。

麻申特赠武功大夫遥郡刺史制
(绍定六年十二月至嘉熙元年六月间)

敕具官某:朕置武功之赏,以宠战士;听鼓鼙之声,而思将臣。既陷元身,可无愍典?尔本山西之杰,早驰漠北之名。破敌旗边,曾著先锋之号;受降城畔,更无匹马之还。方北骑之窥关,拥白丁而赴敌。但知报国,不惜捐躯。虽一门之死者数人,而劲敌之退者三舍。勋名如此,岂不伟欤?立岑彭之祠,官李广之子。朕于何进,既率用厥典矣。尔进之偏也,则甄录二阶,追封遥刺,朕又何爱焉?可。

出处:《鹤林集》卷一〇。
撰者:吴泳
考校说明:编年据吴泳任两制时间补。

李虎母高氏特封咸安郡夫人制
(绍定六年十二月至嘉熙元年六月间)

敕:昔张辽进爵乡侯,厥母亦蕃锡车马,诸屯将吏,悉罗拜道周,史册书之,以为荣观。今有身都大将,亲号小君,较之前闻,无所与逊,岂不两尽其美哉?具官某母某氏,仪家以正,守节而坚。为人谋而忠,烈何惭于伏剑;与子言于孝,劳不止于断机。庆绵后昆,官至刺史。积五年之恩数,貤一秩于慈闱。朕之锡,汝之受,皆宜也。上承天宠,下慰子心。可。

出处:《鹤林集》卷一〇。

撰者:吴泳

考校说明:编年据吴泳任两制时间补。

钟震弟霖父将之赠宣奉大夫制
(绍定六年十二月至嘉熙元年六月间)

敕:君子思孝,笃于亲而民仁;圣人广恩,敬其父则子悦。式哀祭泽,申贲祢宫。具官某父某,撷儒之英,蹈道之正。勤于讲学,撰先生之屦以从游;志在济民,易大夫之箦而后已。仕皆由礼,爵不满能。是钟禁橐之贤,来相明庭之祀。既合棣华之韡韡,宜加蜜印之煌煌。上崇二品之阶,下漏九泉之泽。灵其不昧,式克歆承。可。

出处:《鹤林集》卷一〇。

撰者:吴泳

考校说明:编年据吴泳任两制时间补。

钟震妻邓氏赠硕人制
(绍定六年十二月至嘉熙元年六月间)

敕:朕合宫汔享,熙事备成。厥有秉文之臣,实修助祭之职。可无骏惠,贲及私庭?具官某故妻具位某氏,清范出于名家,柔风著于中梱。式相其事,亦云有年。既不诵"君子偕老"之诗,则宜膺"硕人其颀"之报。尚其胖蠁,来顾宠灵。可。

出处:《鹤林集》卷一〇。

撰者:吴泳

考校说明:编年据吴泳任两制时间补。

冯氏封硕人制
（绍定六年十二月至嘉熙元年六月间）

敕：读《閟宫》之诗，曰："鲁侯燕喜，令妻寿母。"夫既不能以养亲为寿，而仅得以宜家为喜者，亦人之情也。具官某妻冯氏，生自华胄，嫔于德门，鼓琴瑟和乐之音，絷珩佩委蛇之度。供大夫之祭，既享于成；衣硕人之衣，实称其服。益思谨淑，以保尔有家。可。

出处：《鹤林集》卷一〇。
撰者：吴泳
考校说明：编年据吴泳任两制时间补。

刘芥赠武功大夫某州刺史制
（绍定六年十二月至嘉熙元年六月间）

敕：朕闻《春秋》书潞子之爵，汉史纪弓高之封，既曰来臣，何爱饰典？具官某，生于异壤，慕我中华，方关河怀赴之秋，有唐邓来归之报。迎王师以箪食，诚出本心；解辫髻以衣冠，欲沾圣化。方报功之未几，遽掩骼以云亡。爰赠武功，并升遥刺，以示纳降之典，以恢怀远之仁。英魂有知，尚式时享。可。

出处：《鹤林集》卷一〇。
撰者：吴泳
考校说明：编年据吴泳任两制时间补。

葛氏封宜人制
（绍定六年十二月至嘉熙元年六月间）

敕具官某妻某氏：朕修文德，以来远人，不间臣妾。尔生自异域，嫔于贵臣。慕义来归，亦期偕老，岂图中道，忽殒良人？宜疏命妇之封，以示皇恩之渥。可。

出处：《鹤林集》卷一〇。
撰者：吴泳

考校说明:编年据吴泳任两制时间补。

李复明赠忠州刺史制
（绍定六年十二月至嘉熙元年六月间）

敕具官某:北兵慢防,奄薄荆渚。尔以统兵官,愤敌深入,出斗于城闉之西。武功虽多,而元身亦殒,可谓死于义矣。升刺望藩,往旌毅魄。可。

出处:《鹤林集》卷一〇。
撰者:吴泳
考校说明:编年据吴泳任两制时间补。

俞东赠修武郎制
（绍定六年十二月至嘉熙元年六月间）

敕具官某:朕追惟藩邸,嘉惠近亲,生锡异恩,死彰愍饰。尔亦肺腑亲也,降年弗永,官不满能。载升八品之阶,式漏九泉之泽。尚其营魄,歆此休光。可。

出处:《鹤林集》卷一〇。
撰者:吴泳
考校说明:编年据吴泳任两制时间补。

冯履特赠直秘阁制
（绍定六年十二月至嘉熙元年六月间）

敕具官某:昔邵子雍闻鶱鸟之声而占气运,因木叶之动而起时数。声音之学,盖与造化相流通,非深于《易》者,不能知也。尔蚤以爽邦之英,邃于先天之数,声文韵法,尤所究心。当权倖用事时,课历之差,议祭之变,推测虹见之咎,了然如指诸掌。至于进退不以吉凶,行违不以忧乐,则又在于经世图外。惜乎此道孤行,无有褒表之者。朕用颁愍典,俾真秘丘,尚庶几丰道植教之意。可。

出处:《鹤林集》卷一〇。
撰者:吴泳

考校说明:编年据吴泳任两制时间补。

王氏封硕人制
(绍定六年十二月至嘉熙元年六月间)

敕:朕肇禋国阳,均福方外。属我臣妾,一视同仁。具官某妻王氏,生自殊邻,嫔于贵胄。能佐而长,慕义来朝。车书既同,冠带不异。则疏硕人之宠,以对廉使之华,亦其宜也。毋贰尔心,相勉以义。可。

出处:《鹤林集》卷一〇。
撰者:吴泳
考校说明:编年据吴泳任两制时间补。

赵氏赠安人制
(绍定六年十二月至嘉熙元年六月间)

敕某氏:妇从夫爵,死生一也。国有湛恩,于是有不从夫而封赠者焉。尔荣王近亲,有淑其行,降年不永,至于云亡。再疏命妇之封,庸侈泉扃之宠。柔魂未泯,尚克知歆。可。

出处:《鹤林集》卷一〇。
撰者:吴泳
考校说明:编年据吴泳任两制时间补。

傅宗道母陈氏封孺人制
(绍定六年十二月至嘉熙元年六月间)

敕具官某母某氏:朕宗祀明堂,均庆宇内。凡我小大之臣,举得以宠绥其父母焉。尔积善蕴仁,年过九十,在官有子,际此异恩。用贲徽封,益恢寿嘏。可。

出处:《鹤林集》卷一〇。
撰者:吴泳
考校说明:编年据吴泳任两制时间补。

吴洪道父权授保义郎母陈氏封孺人制
(绍定六年十二月至嘉熙元年六月间)

敕具官某父母某:汉礼高年,九十者已为异数,矧父母之年又加于九十者欤?尔绍兴遗民,蕴仁积善,年耆德明,至于偕老,是宜日有秩也。初品之封,尔其笃受。可。

出处:《鹤林集》卷一○。

撰者:吴泳

考校说明:编年据吴泳任两制时间补。

赠高年制
(绍定六年十二月至嘉熙元年六月间)

敕:《王制》以五载存问百年,国朝三岁大礼,应士庶年百岁而上,特与补初品官,尚三代遗意也。尔积善于身,享仁者寿。吾何爱一秩,不以慰而子孙?其承宠休,以燕遐福。可。

出处:《鹤林集》卷一○。

撰者:吴泳

考校说明:编年据吴泳任两制时间补。

赠妇人高年制
(绍定六年十二月至嘉熙元年六月间)

敕:《王制》以五载存问百年,国朝三岁大礼,应士庶年百岁而上,特与疏封,尚三代遗意也。尔齿于编氓,独享上寿。非慈仁好善,何以登兹?锡之嘉号,以慰而子孙。可。

出处:《鹤林集》卷一○。

撰者:吴泳

考校说明:编年据吴泳任两制时间补。

池州青阳县协济庙封惠显灵应昭泽普济公制
（绍定六年十二月至嘉熙元年六月间）

敕具某神：九华之山，神人宅焉。其岩幽，故其神宅；其鬼灵，故其德盛。当农畴告旱，田毛欲槁，环邑之士，奔走其祠而祷焉。鞭池龙为霆，嘘圣水为雨。顷刻之间，泽满四野，亦可谓有功烈于民矣。已建上公，再加美号，神其懋承之。可。

出处：《鹤林集》卷一一。

撰者：吴泳

考校说明：编年据吴泳任两制时间补。

忠州功显庙神封广佑灵济公制
（绍定六年十二月至嘉熙元年六月间）

敕具某神：朕闻祷祀于黄河，故乌乌之声乐而齐师遁；求助于钟山，故草木皆人形而秦师潜。赫然灵光，载在往牒。尔显于西土，宅我生民。顷因北敌之鸱张，加以溃兵之豕突，植红旗于山上，朔骑自奔；拖白雾于江中，凶渠敛戢。需章来上，朕用叹嘉。命载衍于旧封，肆登加于新号。尚哀阴施，以对休光。可。

出处：《鹤林集》卷一一。

撰者：吴泳

考校说明：编年据吴泳任两制时间补。

邛州依政县惠显庙神封博济灵应孚佑公制
（绍定六年十二月至嘉熙元年六月间）

敕具某神：古者国有水旱之灾，则祟于神，为民事也。矧兹有庙，宅彼曲山，惠绥一方，载在往牒。亢旱槁苗则雨应，淫潦伤稼则晴舒。灵绩上闻，钦叹无致。用视上公之秩，益增徽号之荣。尚迪威灵，哀对休宠。可。

出处：《鹤林集》卷一一。

撰者：吴泳

考校说明：编年据吴泳任两制时间补。

潼川府通泉县孚惠庙神封应济普惠灵润公制
（绍定六年十二月至嘉熙元年六月间）

敕具某神：通泉，古县也。山明而水秀，地瘠而人稠。神宅其间，民以为命。往因西师亡绝，溃入中州，黄旗章章，熊虎奋怒，贼弗敢近，民赖以宁。发诩灵威，济登美号。尚迪休宠，永绥遐方。可。

出处：《鹤林集》卷一一。

撰者：吴泳

考校说明：编年据吴泳任两制时间补。

顺庆府西充县利应庙神封忠显公制
（绍定六年十二月至嘉熙元年六月间）

敕具某神：先王制祭祀五，以死勤事与能捍大患，尤为有功于民。尔奋身多难之街，奉使叵测之域，一介行李，周旋磁相，移民于城，转粟于庾，亦无负州人矣。高皇知之，而磁之人有不能尽知者。元身既殁，英爽如生。以忠介公显于东土，北兵临江不敢犯，则斯二事，岂不应祀典欤？进爵上公，肇封忠显，尚朕所以缵承高皇之意。可。

出处：《鹤林集》卷一一。

撰者：吴泳

考校说明：编年据吴泳任两制时间补。

两佐神封翼惠公助顺公制
（绍定六年十二月至嘉熙元年六月间）

敕具某神等：河神请缨，而楚国之师燔；山鬼返璧，而祖龙之魄丧。尔二将于昭其武，有赫厥声。从汉祖入关，勋烈已垂于千祀；佐粤王平寇，威灵复振于七闽。繇其功盛以化神，莫不户祠而家祝。式衷显迹，庸建上公。庶几长乐二将之祠,不减睢阳双庙之盛。可。

出处:《鹤林集》卷一一。

撰者:吴泳

考校说明:编年据吴泳任两制时间补。

威州康佑庙神封显佑灵泽孚烈威济公制
（绍定六年十二月至嘉熙元年六月间）

敕具某神:朕敬共明神,厥有常祀。至于幽赞国家,光于上下,又当褒表之,以为黔首则。尔庙食西土,功施于民。顷者诸番侵我汉地,神赫斯怒,卒能殄歼乃仇。其如出雨兴云,反风灭火,特其迹也。爰秩灵休,衍加徽号,尚其歆享。可。

出处:《鹤林集》卷一一。

撰者:吴泳

考校说明:编年据吴泳任两制时间补。

雅州严道县顺应庙神封忠烈公制
（绍定六年十二月至嘉熙元年六月间）

敕具某神:佑直助顺,幽明之理惟均;褒德表功,神礻之祀不废。尔奋自越巂,来游蔡蒙。杀伪守以庇民,一扫美新之习;指真人而纳贡,不忘思汉之心。生为千里之依,殁作一方之主。阴捍边境,默司雨旸。有赫厥灵,彻于朕听。用建上公之爵,肇开忠烈之封。永绥遐方,宽朕西顾。可。

出处:《鹤林集》卷一一。

撰者:吴泳

考校说明:编年据吴泳任两制时间补。

临安府昌化县灵惠庙百丈神封显应侯城隍神
封顺应侯柳湘神封灵应侯制
（绍定六年十二月至嘉熙元年六月间）

敕具某神等：朕以功诏爵，以敬事神，凡能保佑于民，不废褒表之典。尔等鼎力幽潜，山民依怙，旱干之祷随应，札瘥之患不生，虽京师众大之区，亦蒙灵润。兹肇封于侯爵，庸慰答于舆言。尚祇明恩，益远灵施。可。

出处：《鹤林集》卷一一。
撰者：吴泳
考校说明：编年据吴泳任两制时间补。

南康军都昌县英佑庙神封威烈惠利侯制
（绍定六年十二月至嘉熙元年六月间）

敕具某神：佑直助顺，幽明之理惟均；褒德表功，神礻之祀不废。尔仕东晋，董督八州，庙食都昌，绵历千载，一方宝祠，不但水旱疾疫之祷而已。顷者峒寇猖獗，阴兵逆防，红旗章章，贼遂宵遁。惟神明鉴，犹往日击杜弢，斩苏峻，平王敦之心也。增锡嘉名，尚先王宗功秩祀之意。可。

出处：《鹤林集》卷一一。
撰者：吴泳
考校说明：编年据吴泳任两制时间补。

建宁府瓯宁县灵佑庙神封孚济昭应广利
嘉惠侯广惠利泽显应侯制
（绍定六年十二月至嘉熙元年六月间）

敕具某神：朕遹祗宗祀，咸秩百神，凡领于祝官，载在祀典者，靡不封爵有差。尔等庙于瓯宁，垂二百禩，御灾捍患，灵迹彰闻。虎不敢渡河，盗不敢入境，实惟侯之烈。各因旧封，申锡二字：一曰嘉惠，以昭其德；一曰显应，以赫厥灵。神其懋承之。可。

出处:《鹤林集》卷一一。

撰者:吴泳

考校说明:编年据吴泳任两制时间补。

徽州英烈庙钱岂封惠显侯惠济侯制
(绍定六年十二月至嘉熙元年六月间)

敕具某神:昔仲尼有言,"纲纪天下曰神"。方建炎辛亥,敌马饮江,荡摇二浙。尔兄弟无尺寸兵在手,乃能仗义,率乡丁战乌珠于桐庐下,如拿舟礧石,敌几不能支,遂遁去。推较功烈,当与刘、韩并驱,而史佚其事,朕甚悼焉。既列庙祠,又班侯爵,尚其子孙,世笃忠正,以休于前功。可。

出处:《鹤林集》卷一一。

撰者:吴泳

考校说明:编年据吴泳任两制时间补。"惠济侯"前疑脱"钱𪟝封"三字,见嘉靖《徽州府志》卷一〇。

施州永福县嘉惠侯封灵应惠侯制
(绍定六年十二月至嘉熙元年六月间)

敕具某神:汉破匈奴而风雨之声皆神兵,晋败苻秦而草木之状皆勍敌。方敌兵犯顺,边马慢防,云安夔子之间,军声未震。神赫厥灵,幽赞冥讨。彼望见朱旗汗马,惊遁溺死,遄就招安。若尔威灵,弗加褒宠,殆非所以重依人尊受职也。用览漕臣之奏,申锡美号,神其懋承之。可。

出处:《鹤林集》卷一一。

撰者:吴泳

考校说明:编年据吴泳任两制时间补。

建宁府建安县神应庙神封昭惠显应灵助侯
昭佑显济灵顺侯制
（绍定六年十二月至嘉熙元年六月间）

　　敕具某神：河神受玉以济晋师，山鬼持璧以遮秦使。昔疑其事，今悟兹理。方盗起汀邵间，州县长吏不能安之，神赫厥灵，幽赞冥讨。邦民夜半时闻有甲马声，此岂足为异耶？贼平而益封，尚朕报功之典。可。

出处：《鹤林集》卷一一。
撰者：吴泳
考校说明：编年据吴泳任两制时间补。

处州丽水县协应庙神封显应周泽惠济昭佑侯
显济嘉贶利泽孚佑侯制
（绍定六年十二月至嘉熙元年六月间）

　　敕具某神等：山林川谷能出云为风雨皆曰神。矧庙于丽水，宅于风门，又能嘘石罅之雷以鞭群动，则旱干之祷而甘泽随澍，盖其所也。旧为彻侯，增都显号，示朕所以重祠之意。可。

出处：《鹤林集》卷一一。
撰者：吴泳
考校说明：编年据吴泳任两制时间补。

龙山真圣观灵感大权尊圣招宝七郎封助灵侯制
（绍定六年十二月至嘉熙元年六月间）

　　敕具某神：朕以神皋众大，旱魃为虐，并走群望以祈甘澍。惟神率迪朕命，触石为云，曾不崇朝，雨遍畿甸，其为施博矣。爰锡嘉名，封之彻侯，以见朕先勤民而致力于神之意。可。

出处：《鹤林集》卷一一。

撰者:吴泳

考校说明:编年据吴泳任两制时间补。

西和州武显庙神封灵佑孚惠广应侯制
(绍定六年十二月至嘉熙元年六月间)

敕具某神:大兵之后,继以凶年,何边州之不幸也!尔迈迹西土,宅祠古岷。驱敌而风霆奔,祷雨而云雾瀹,人孰不曰幽赞之助?用嘉尔绩,申锡侯封。侯其懋承之,永以无斁。可。

出处:《鹤林集》卷一一。

撰者:吴泳

考校说明:编年据吴泳任两制时间补。

临安府浙江顺济庙神封灵佑显应公神
次子封助宁佑顺侯制
(绍定六年十二月至嘉熙元年六月间)

敕具某神:以劳定国则祀之,为道水之功设也。迩者恭圣发引,水道湮塞,潮回沙涌,不可以舟。凭神威灵,驱叱海若,安流顺波,顷刻而济。袝恩载颁,有司以益封请,朕用申锡美号,神其懋承之。可。

出处:《鹤林集》卷一一。

撰者:吴泳

考校说明:编年据吴泳任两制时间补。

南剑州尤溪县惠泽庙神封孚应灵顺侯制
(绍定六年十二月至嘉熙元年六月间)

敕具某神:朕君临四海,礼驭百神,傥有功烈于民,何爱封爵于我?矧兹剑浦,屹彼丛祠,能出云雨于鸿闲之间,能驱盗贼于傲扰之日。爰锡再命,用增侯封。其懋承之,永以无斁。可。

出处:《鹤林集》卷一一。

撰者:吴泳

考校说明:编年据吴泳任两制时间补。

眉州彭山县英惠庙神封嘉应侯制
(绍定六年十二月至嘉熙元年六月间)

敕具某神:神也者,气之盛者也。其气发扬乎上,为阳为刚,为昭明,为忠义。神故汉将军岑谥曰壮侯者,庙于武阳。国朝淳乾嘉绍间,幽赞讨贼,夜半时闻有甲马声,今未尝亡也。锡命彻侯,用甄壮烈。可。

出处:《鹤林集》卷一一。

撰者:吴泳

考校说明:编年据吴泳任两制时间补。

佐神封英惠赞烈协应侯制
(绍定六年十二月至嘉熙元年六月间)

敕具某神佐神某神:六子《乾》、《坤》之佐也,五帝太一之佐也。凡尊位乎两间者,莫不有物焉赞之。尔左右明神,劻相东土,御灾捍患,厥有灵光。益衍侯封,以绥庙食。可。

出处:《鹤林集》卷一一。

撰者:吴泳

考校说明:编年据吴泳任两制时间补。

饶州德兴县思惠庙神封文昭清孝正烈侯制
(绍定六年十二月至嘉熙元年六月间)

敕具某神:桐乡之爱朱邑而祀于桐乡,石室之慕文翁而祠于石室。傥有功于仕国,宜与享于祝官。尔仁明而庄,正直而壹。设学官于邑,户有隆山之书;行义役于民,家藏县令之谱。生则班于循吏,殁则典于明神。英魂所之,昭答如响。矧翦凶徒于洲浒,复驱厉鬼于山阿。爰酌舆言,再都美号。蕙肴蒸兮兰藉,想清德之犹芳;荔子丹兮蕉黄,尚灵斿之来下。可。

出处:《鹤林集》卷一一。

撰者:吴泳

考校说明:编年据吴泳任两制时间补。

神次子李兵部道传封文惠侯制
(绍定六年十二月至嘉熙元年六月间)

　　敕具某神:朕闻人者鬼神之会也,生而为英,殁而为灵。其气发扬而为昭明,其体魄降而为百物之精。况夫贤者,又万灵之一秀,则命之曰神,岂不足以为黔首则哉!尔坤维可珍,隆山之子,江东仓庾氏之使。其事君则鲠鲠谔谔,以直谅闻;其治民则恳恳恻恻,以廉平著。德兴旧有李长官祠,东人德汝遗爱,亦复以汝侑食于县。爵为通侯,贲以文惠,尚士与民嘉魂合莫之意。可。

出处:《鹤林集》卷一一。

撰者:吴泳

考校说明:编年据吴泳任两制时间补。

忠佑庙神封英济忠应灵惠侯制
(绍定六年十二月至嘉熙元年六月间)

　　敕具某神:朕尝谓将军有大忠于汉,而功不入表,行不立传,史氏失之。当刘、项相距京索间,兴亡之几,不能以守。而侯乃诈乘黄屋,诳羽军荥阳,启炎汉四百年,亦可谓奇矣。县故有丛祠,水旱必祷,贼兵睨之不敢近,非神遗风余烈有以动悟之而何? 载视彻侯,申锡美号。庶几扶龙之人,世世子孙愍明祀。可。

出处:《鹤林集》卷一一。

撰者:吴泳

考校说明:编年据吴泳任两制时间补。

庆元府鄞县贺成庙神封灵济侯制
（绍定六年十二月至嘉熙元年六月间）

敕具某神：《崧高》之诗曰："维岳降神，生甫及申"。天地扶舆之气盘结，而生人物于其间，未有无神焉佑之也。尔庙食于鄞，自建炎初灵迹已著。挺生硕辅，劢相我家。将以纪纲天下，岂但时其雨旸而已哉！载都庙号，肇锡侯封。俾海滨之民，世世子孙恁明祀。可。

出处：《鹤林集》卷一一。
撰者：吴泳
考校说明：编年据吴泳任两制时间补。

安吉州归安县善利庙神封威济侯制
（绍定六年十二月至嘉熙元年六月间）

敕具某神：龙津以双剑发祥，涪陵以刁斗肇祀。天地间昭明刚正之气，盖有钟于物而为神者。矧元和相国奉命征讨，宿师之地，以矢志之。自唐迄宋，灵异濯濯。其能却饮江之戎马，去害稼之螟螣，皆矢之余也。肇封彻侯，以诏嘉德。可。

出处：《鹤林集》卷一一。
撰者：吴泳
考校说明：编年据吴泳任两制时间补。

龙州江油县牛心山显济庙神封显应忠惠王制
（绍定六年十二月至嘉熙元年六月间）

敕：朕闻之，仲尼曰："山川之神，足以纲纪天下。"盖不但为能出云雨设也。具某神，昭明而体物，正直而依人。相彼江油，宅于岩屋。发纵指示，溃卒就擒；鸣鼓张旗，丑夷自北。凡蜀道底宁之效，亦尔神幽赞之功。朕用嘉之，申锡徽号。王其益侈宏休，以佑吾民。民亦将世世奉王无怠。可。

出处:《鹤林集》卷一一。

撰者:吴泳

考校说明:编年据吴泳任两制时间补。

静江府义宁县惠宁庙神封英济王制
(绍定六年十二月至嘉熙元年六月间)

敕:朕闻之仲尼曰:"山川之神,足以纲纪天下。"盖非但为兴云致雨设也。具神某,昭明而体物,正直而依人。乃眷桂林,实控岭海。徭丁出役,省地绎骚,若非幽赞于神明,安得永清于郡邑?昔也建上公之爵,既极显荣;今焉即真王之封,益昭徽数。尚其英爽,不昧钦承。可。

出处:《鹤林集》卷一一。

撰者:吴泳

考校说明:编年据吴泳任两制时间补。

衡州茶陵县福清庙神封孚佑昭应英惠王制
(绍定六年十二月至嘉熙元年六月间)

敕:琼玉不畀而楚师燔,草木皆兵而苻秦败。国有山川封守之神,非但兴云致雨也。具某神,昭明体物,正直依人。荡定水波,屡济漕舟之厄;阴驱甲马,汔收平盗之功。朕用嘉之,申锡美号。尚凭宠命,益懋灵厘。可。

出处:《鹤林集》卷一一。

撰者:吴泳

考校说明:编年据吴泳任两制时间补。

信州贵溪县自鸣山孚惠庙神封威德英济忠惠圣烈王制
(绍定六年十二月至嘉熙元年六月间)

敕:汉破王邑于昆阳,雷风撼屋;晋败苻坚于淝水,草木皆兵。大而却敌,小而平贼,幽冥之间,岂无神物之助耶?具某神,兴自典午,垂八百年,用物精多,灵迹特异。方盗起三衢,官军未集,神赫厥灵,幽赞冥讨。人望见其赭袍汗马,罗列而拜。未几而渠魁就戮,岂非倚神之力耶！王旧有封,兹易二字:事无不通曰圣,民无不安曰惠。益懋显德,以承宠光。可。

出处:《鹤林集》卷一一。

撰者:吴泳

考校说明:编年据吴泳任两制时间补。

成都府永怀庙神封忠烈广福仁佑文惠王制
(绍定六年十二月至嘉熙元年六月间)

敕:昔汉宣帝闻益州金马碧鸡之神,遣使持节求之。今载祀典,领于祠官者,又不但金马碧鸡之神。以忠义而祠于眉者二,孟昭图之于蟆颐津,花敬定之于东馆镇是也。具神某,英风盖世,勇略过人。当子璋僭叛时,卿特成都一牙将耳,乃能手锄元凶,以五六州挈还唐之职方。使高祖当此时,必不兴猛士之叹;孝文当此时,必不起良将之思。其明威义烈,亘万古而如在,所谓镇蕃部,擒溃贼,特其细也。爰即旧封,再加美号。尚时式享,以奠四方。可。

出处:《鹤林集》卷一一。

撰者:吴泳

考校说明:编年据吴泳任两制时间补。

佐神封灵佑王制
(绍定六年十二月至嘉熙元年六月间)

敕:古者至敬不坛,今庙貌像设遍于州县,不可谓智。然礼缘人情,凡可以义起者,亦所不废也。具佐神某神,能赞而长功于民,捍患御灾,式克顾享。申锡王封,用答扬尔烈,尔其懋承之。可。

出处:《鹤林集》卷一一。

撰者:吴泳

考校说明:编年据吴泳任两制时间补。

抚州崇仁县梅仙封灵虚妙隐真人栾仙灵纪妙济真人邓仙灵一妙应真人叶仙灵白妙通真人制
（绍定六年十二月至嘉熙元年六月间）

敕具某真人等:朕闻真人恬漠,独与道息,而犹假封号焉,不可谓知。然灵迹之著,远近彰闻,驱蝗而蝗不为灾,施药而药能疗死,则祀之亦人情之所不能废也。其诏祠官,增崇徽号,永垂道荫,以庇邦民。可。

出处:《鹤林集》卷一一。
撰者:吴泳
考校说明:编年据吴泳任两制时间补。

永康军青城县冲妙观何中仙封灵惠真人制
（绍定六年十二月至嘉熙元年六月间）

敕具某神:汉作飞廉桂馆以求神仙,自求多福而已,非为民也。尔以诗鸣蜀,贲于宝园。生则德行道义之望无不钦,殁则水旱疫厉之祷无不应。祠而祝之,亦人情之所不容废也。用锡徽名,永宏道荫。可。

出处:《鹤林集》卷一一。
撰者:吴泳
考校说明:编年据吴泳任两制时间补。

隆州井研县宅真观蔡真人封仁格真人制
（绍定六年十二月至嘉熙元年六月间）

敕具某神:朕闻真人恬漠,独与道息,又岂假封号之荣哉!然纪功崇祀,亦国之所不废也。尔灵异之迹,著于三隅,捍水而涨不为灾,驱蝗而物无疵疠,凡以诚祷,如响斯答,朕安得不汝嘉?其诏祠官,载锡徽号。苟能用力于仁,则报功之典无致。可。

出处:《鹤林集》卷一一。

撰者:吴泳

考校说明:编年据吴泳任两制时间补。

冲佑观仙女胡氏封普应真人李氏慈应真人
鱼氏顺应真人鱼氏助应真人制
（绍定六年十二月至嘉熙元年六月间）

敕具某仙等:朕闻真人恬漠,独与道息,然心诚求之,则未有不感通者也。尔等灵异之迹,著于武夷,生则保形炼气于岩之隈,殁则驾风驱霆以雨遍天下。朕用嘉之,载锡徽名,永宏道荫。可。

出处:《鹤林集》卷一一。

撰者:吴泳

考校说明:编年据吴泳任两制时间补。

冲佑观真人封冲妙孚惠真人仙人张湛显应真人
孙绰灵应真人赵元奇妙应真人彭令昭冲应真人
刘景嘉应真人顾思远静应真人白石善应真人马
鸣生惠应真人制
（绍定六年十二月至嘉熙元年六月间）

敕具某仙等:汉作飞廉桂馆以求神仙,为己也,非有志于求民也。属者旱魃为虐,靡神不宗。以武夷之巅,神人所萃,望走洞府,以祈甘澍,不崇朝之间,触石而雨,朕安得不嘉之? 爰锡徽名,以宏道力。可。

出处:《鹤林集》卷一一。

撰者:吴泳

考校说明:编年据吴泳任两制时间补。

汪泽落直秘阁降授朝请郎制
(绍定六年十二月至嘉熙元年六月间)

敕具官某:"世禄之家,鲜克由礼",此《周书》至诫也。尔泽生长从橐之门,豢醋贵胄之习。所至居官,一切以治辨闻,政以鹰击,民以狼牧,吏以虎而冠,不但越吾礼法而已。恶声既著,公议弗容。褫职镌官,尚曰轻典。可。

出处:《永乐大典》卷七三二二。又见《四库辑本别集拾遗》。
撰者:吴泳
考校说明:编年据吴泳任两制时间补。

牟元龟降授朝请郎制
(绍定六年十二月至嘉熙元年六月间)

敕具官某:守令,民之师帅也。尔奋自两科,行不素饬。居亡乡曲之誉,仕亡循廉之政。宰永康,守涪陵,俱以贿闻于大夫诸侯间,尚何以师帅元元哉?姑上两阶,毋怠三省。可。

出处:《永乐大典》卷七三二二。又见《四库辑本别集拾遗》。
撰者:吴泳
考校说明:编年据吴泳任两制时间补。

韩大伦降授朝请郎制
(绍定六年十二月至嘉熙元年六月间)

敕具官某:朕闻廉吏兴化之本也。尔都赋舆,以不贿闻于诸侯,宜其可以化强暴,销戈矛矣。共贰州事,曾不浃日,忽起奸卒之巷,岂亦遭时之不幸耶?台臣以否律告,朕不得不行其言。姑镌一阶,毋使廉士失职,贪夫长利。可。

出处:《永乐大典》卷七三二二。又见《四库辑本别集拾遗》。
撰者:吴泳
考校说明:编年据吴泳任两制时间补。

张即之降授朝请郎制
（绍定六年十二月至嘉熙元年六月间）

敕具官某：朕惟古人不以一眚弃士。汝屡眚矣，朕以其为先朝执政之子，且才而艺，故每洒濯而用之。今台评犹尔，岂迷复而不知返耶？虽然，书心画也，心正则笔正矣。其镌一秩，式讹尔心。可。

出处：《永乐大典》卷七三二二。又见《四库辑本别集拾遗》。

撰者：吴泳

考校说明：编年据吴泳任两制时间补。

黄学行降授朝请郎制
（绍定六年十二月至嘉熙元年六月间）

敕具官某：盗发广东，百姓失职不赡。尔幸得备郡守，专治千里。无仁爱德美以抚摩疮残，而乃科丁钱，减籴价，又从而槌剥之，何纷然其扰也。部使者以状闻，岂容不镌秩罢官，以谢循之百姓？可。

出处：《永乐大典》卷七三二二。又见《四库辑本别集拾遗》。

撰者：吴泳

考校说明：编年据吴泳任两制时间补。

追官勒停人张宗涛叙复朝请郎制
（绍定六年十二月至嘉熙元年六月间）

敕具官某：节义天下之大闲，宽大圣朝之厚泽。雪川之变，衣冠之被污者，不但汝一人也。原咎眚，振滞淹，朕方与士大夫更始，如尔元阶，可忘甄叙？可。

出处：《永乐大典》卷七三二二。又见《四库辑本别集拾遗》。

撰者：吴泳

考校说明：编年据吴泳任两制时间补。

魏崐降授朝散郎制
（绍定六年十二月至嘉熙元年六月间）

敕具官某：师行千里，其谁不知蹇叔子料敌之精也。迩者鞑人犯我夷陵，焚我郊堡。尔为之守，徼逻不设，若罔攸闻。敌至，则委民社仓廪府军而去之。朕何赖焉？薄镌二阶，用警列雄。可。

出处：《永乐大典》卷七三二二。又见《四库辑本别集拾遗》。
撰者：吴泳
考校说明：编年据吴泳任两制时间补。

程植降授朝散郎制
（绍定六年十二月至嘉熙元年六月间）

敕具官某：茂林居夷之腹。尔为郡将，土丁赤籍，缺而不补。乃利粮估，以为己赀。脱有一骑落于边关，其何以宽朕顾忧乎？即兹一眚，合议薄惩。可。

出处：《永乐大典》卷七三二二。又见《四库辑本别集拾遗》。
撰者：吴泳
考校说明：编年据吴泳任两制时间补。

黄埻落直秘阁降授朝散郎制
（绍定六年十二月至嘉熙元年六月间）

敕具官某：顷者州郡官军，相挺为乱，不但富沙翼虎也。朕不敏，明智弗能烛远，以销未形之患。尔幸得备郡守，号曰主将。绥御失策，鞠成凶顽。甚至纵火城闉，衣冠华族俱为之燔荡，汝安得不任其咎欤？虽亡台评，亦当以失职坐。可。

出处：《永乐大典》卷七三二二。又见《四库辑本别集拾遗》。
撰者：吴泳
考校说明：编年据吴泳任两制时间补。

郑扬祖降授朝散郎制
（绍定六年十二月至嘉熙元年六月间）

敕具官某：孟献子曰："畜马乘不察鸡豚，伐冰之家不畜牛羊。"言享民之奉者，不当复与之争利矣。尔为半刺史，又摄州事。不能分其利以布之上下，而低昂物价，以取赢焉，则几以吏而商也。镌秩罢官，尚曰轻典。可。

出处：《永乐大典》卷七三二二。又见《四库辑本别集拾遗》。
撰者：吴泳
考校说明：编年据吴泳任两制时间补。

朱俯降授朝散郎制
（绍定六年十二月至嘉熙元年六月间）

敕具官某：漕江西之粟以实淮堧，旧比也。尔倅隆兴，受和籴之令。适值歉岁，王人谓汝不能航一粟以应期会，岂汝之辜耶？然不可不存体统也。姑镌一阶，嗣有叙用。可。

出处：《永乐大典》卷七三二二。又见《四库辑本别集拾遗》。
撰者：吴泳
考校说明：编年据吴泳任两制时间补。

王夬亨降授宣教郎陆垢降授朝散郎制
（绍定六年十二月至嘉熙元年六月间）

敕具官某等：郡有丞贰，盖欲与我良二千石共理吾民也。尔夬亨倅合肥，尔垢倅吴门，皆半刺史。不能同宣教化，而厉民自养，倚法以削，岂朕加惠元元之意乎？各镌一阶，毋怠三省。可。

出处：《永乐大典》卷七三二二。又见《四库辑本别集拾遗》。
撰者：吴泳
考校说明：编年据吴泳任两制时间补。

马光祖特授朝散郎制
（绍定六年十二月至嘉熙元年六月间）

敕具官某：耿寿昌籴四百万斛谷，遂赐爵关内侯。后之以边籴被赏者，实昉乎此。尔以儒生守高沙郡，虽于戎事非所闲习，而木饥水毁之后，乃能峙粮于仓，储麦于庾。视旧将所籴乃倍蓰焉，则亦为有劳矣。晋升一阶，以劝来绩。可。

出处：《永乐大典》卷七三二二。又见《四库辑本别集拾遗》。
撰者：吴泳
考校说明：编年据吴泳任两制时间补。

杨公说特授朝散郎制
（绍定六年十二月至嘉熙元年六月间）

敕具官某：曩岁鞑兵犯边，溃卒挺乱。绵冲要之道，简富饶之邦。绵守定子，既以干城上功。尔倅简乃能明斥堠，纠乡丁，屏蔽一州，贼人睨之弗敢近，则次于定子矣。差录其功，故升二等。尚庶几风厉守相焉。可。

出处：《永乐大典》卷七三二二。又见《四库辑本别集拾遗》。
撰者：吴泳
考校说明：编年据吴泳任两制时间补。

颜楘特授承议郎游一龙特授朝散郎制
（绍定六年十二月至嘉熙元年六月间）

敕具官某等：蠢尔黎蛮，干我王略。尔一龙倅于琼山，智略辐凑。乃能说谕贼党，面缚以降。尔楘起于废籍，胆气如虹。乃能殄歼渠魁，骈首就戮。二人者，亦可以为隽功矣。各进二阶，体朕旌擢之意。可。

出处：《永乐大典》卷七三二二。又见《四库辑本别集拾遗》。
撰者：吴泳
考校说明：编年据吴泳任两制时间补。

黄炎孙追复朝散郎制
（绍定六年十二月至嘉熙元年六月间）

　　敕具官某：坐法而贬，会赦而叙，邦之彝也。尔贰郡涪川，摄州宕渠。职不思其居，为帅所劾。命下而汝死矣。累经赦宥，朕安得不恻然。追复故官，庸示哀恤之典。可。

出处：《永乐大典》卷七三二二。又见《四库辑本别集拾遗》。
撰者：吴泳
考校说明：编年据吴泳任两制时间补。

高稼叙朝散郎制
（绍定六年十二月至嘉熙元年六月间）

　　敕具官某：往岁鞑虏犯关，握兵之将，与捍敌守围之臣，望贼而溃，闻风而委去者肩相摩，地相属也。尔以儒生守洋川郡，当贼马驰突，无尺兵在手，乃能结聚居民，保于境上，奖率将士，同复汉沔，可谓仁而勇矣。当在封赏之科，而反贻吏议，朕为之忧然。甄叙元阶，往其祗服。可。

出处：《永乐大典》卷七三二二。又见《四库辑本别集拾遗》。
撰者：吴泳
考校说明：编年据吴泳任两制时间补。

刘必端叙复朝散郎制
（绍定六年十二月至嘉熙元年六月间）

　　敕具官某：昔盗起京西，光化守臣弃城遁。时富弼欲置之法，范仲淹欲薄其罪。我仁祖竟从仲淹议，至仁也。尔昭武之罪，实类于此。矧经赦宥，可不以元阶叙耶？惟一乃心，毋贰其遇。可。

出处：《永乐大典》卷七三二二。又见《四库辑本别集拾遗》。
撰者：吴泳

考校说明:编年据吴泳任两制时间补。

宋明远叙朝散郎制
(绍定六年十二月至嘉熙元年六月间)

敕具官某:粮道不继,蜀师所以还;粢谷既丰,羌人弗敢动。二事古人所难。尔之不称其职,是过也。既以过而劾,复以能而叙。朕于尔明远夫亦何心之有? 可。

出处:《永乐大典》卷七三二二。又见《四库辑本别集拾遗》。
撰者:吴泳
考校说明:编年据吴泳任两制时间补。

马光祖叙复朝散郎制
(绍定六年十二月至嘉熙元年六月间)

敕具官某:昔晁仲约为高邮守赂贼,弼欲重其罚,仲淹欲薄其罪。盖仕于边州者,议法有时而不同也。尔守高邮,恪谨侯度,师不夙饱,亦欲以廉律之,难矣。然一眚何能掩大德耶? 还尔元阶,服吾新命。可。

出处:《永乐大典》卷七三二二。又见《四库辑本别集拾遗》。
撰者:吴泳
考校说明:编年据吴泳任两制时间补。

邵该赠承奉郎制
(绍定六年十二月至嘉熙元年六月间)

敕具官某:三衢密迩畿甸,顷者愚民盗弄棘矜于山谷间。尔以大冠黄绶里居淳安,乃能捐家赀以募兵,参军议以励众,劳于王事,致殒元身。则饰终之典,朕何爱焉。增秩五阶,可谓异数。岂徒贲于幽乡,亦以劝于将来。可。

出处:《永乐大典》卷七三二二。又见《四库辑本别集拾遗》。
撰者:吴泳

考校说明：编年据吴泳任两制时间补。

朱应之特授儒林郎制
（绍定六年十二月至嘉熙元年六月间）

敕具官某：海濒盗起，干我王略。尔海康一尉耳，乃能奋躬鏖击，擒贼奴而献之幕府，亦可谓奇功矣。进升一级，以劝百劳。可。

出处：《永乐大典》卷七三二二。又见《四库辑本别集拾遗》。
撰者：吴泳
考校说明：编年据吴泳任两制时间补。

钟鉴特授儒林郎制
（绍定六年十二月至嘉熙元年六月间）

敕具官某：逆全煽乱，士大夫不能臣死城郭封疆者多矣。尔一簿领耳，无尺兵在手。乃能防羝角之突，以护边藩；夺马口之麦，以饲王旅。岂不贤于捍城之夫也哉？始循华阶，嗣有酬赏。可。

出处：《永乐大典》卷七三二二。又见《四库辑本别集拾遗》。
撰者：吴泳
考校说明：编年据吴泳任两制时间补。

赵汝举特授儒林郎制
（绍定六年十二月至嘉熙元年六月间）

敕具官某：黄绶大冠，追捕盗贼，汉尉职也。曩者唐石之民，犷悍弗友，弄兵山谷间。尔尉于建阳，能亲率隅总，驭凶渠而生致之，亦可谓不旷厥职矣。特升一秩，以为趋事赴功者之劝。可。

出处：《永乐大典》卷七三二二。又见《四库辑本别集拾遗》。
撰者：吴泳
考校说明：编年据吴泳任两制时间补。

陈端章特授儒林郎制
（绍定六年十二月至嘉熙元年六月间）

敕具官某：黎人不共，傲扰海道，频年于兹矣。尔以琼州户曹，乃能深入其阻，训之话言，一矢不驰，卒致耆定。忠信无邦而不可行也。晋登二阶，以劝百吏。可。

出处：《永乐大典》卷七三二二。又见《四库辑本别集拾遗》。
撰者：吴泳
考校说明：编年据吴泳任两制时间补。

王维特授儒林郎制
（绍定六年十二月至嘉熙元年六月间）

敕具官某：班超一布衣耳，能辑和塞上之士；柳浑一书生耳，能谙晓军戎之情。金陵留守臣鞬，谓汝起自儒家，习知军务。调和将卒，曲尽其情。则是兼二长而为一人也。特华二阶，以望游幕。可。

出处：《永乐大典》卷七三二二。又见《四库辑本别集拾遗》。
撰者：吴泳
考校说明：编年据吴泳任两制时间补。

诸葛琰特授儒林郎制
（绍定六年十二月至嘉熙元年六月间）

敕具官某：观远臣以其所为主。当七闽之寇，弄兵于山谷篁竹间，温陵以南为之震动。尔于东北隅，提督队伍。器备兵精，卒能式遏。真德秀曹白其事，则尔之忠勤亦可嘉矣。姑进一阶之华，以伸六载之郁。可。

出处：《永乐大典》卷七三二二。又见《四库辑本别集拾遗》。
撰者：吴泳
考校说明：编年据吴泳任两制时间补。

杨明远授儒林郎制
（绍定六年十二月至嘉熙元年六月间）

敕具官某：尔有行有文，吏而华者也。方东朝庆寿七十，戚畹内外，锡命加恩，同与祥风流转，讵可遗汝耶？特升二资，往服嘉命。可。

出处：《永乐大典》卷七三二二。又见《四库辑本别集拾遗》。

撰者：吴泳

考校说明：编年据吴泳任两制时间补。

任公迁降授儒林郎制
（绍定六年十二月至嘉熙元年六月间）

敕具官某：善吏不能为治，自汉然也。尔为诸侯上幕，旅力既愆，不能察吏之偷，致逋饷所。经赋计臣，以庸谬闻，此则徒善之过也。镌官一阶，盖存体统。可。

出处：《永乐大典》卷七三二二。又见《四库辑本别集拾遗》。

撰者：吴泳

考校说明：编年据吴泳任两制时间补。

万忱降授儒林郎制
（绍定六年十二月至嘉熙元年六月间）

敕具官某：鬻契之令，自嘉祐始。尔为州从事，而奉部刺史之檄，再三辞焉，涉避事矣。其上一阶，往其循省。可。

出处：《永乐大典》卷七三二二。又见《四库辑本别集拾遗》。

撰者：吴泳

考校说明：编年据吴泳任两制时间补。

庄述降授儒林郎制
（绍定六年十二月至嘉熙元年六月间）

敕具官某：常平仓，汉法也。盗用欠少者有罚，唐制也。尔丞肃山，实掌庾事。而启封擅用积斛，以百数计。非镌一秩，何以示惩？可。

出处：《永乐大典》卷七三二二。又见《四库辑本别集拾遗》。
撰者：吴泳
考校说明：编年据吴泳任两制时间补。

赵弼降授儒林郎制
（绍定六年十二月至嘉熙元年六月间）

敕具官某：挟铜之禁，殃民甚矣。大者连艘入海不之问，小者一镪之利必索也。神皋之不澄，而责幕府之渗漏，岂理也哉！然以言上人，尹自引退，汝不能无过也。姑削一阶，以示弹压之体。可。

出处：《永乐大典》卷七三二二。又见《四库辑本别集拾遗》。
撰者：吴泳
考校说明：编年据吴泳任两制时间补。

赵崇吕降授儒林郎制
（绍定六年十二月至嘉熙元年六月间）

敕具官某：朕闻"麟之趾，振振公子"，言其信厚如祥麟也。尔宝玉之亲，出佐幕府。不以信厚著，而以不才称。解组既归，百谪呈露。昔人以去后见思为美，而今乃使人指摘其瑕于其后，是得为贤公子哉？褫职罢官，以警谀愿。可。

出处：《永乐大典》卷七三二二。又见《四库辑本别集拾遗》。
撰者：吴泳
考校说明：编年据吴泳任两制时间补。

张先之降授儒林郎制
（绍定六年十二月至嘉熙元年六月间）

　　敕具官某：思不出位者，《易》之诚；职思其居者，《诗》之箴。尔饷台一属吏尔，分司淮安，于州郡自不相统属。而乃挞吏淫刑，凌蔑州将。甚至黄堂官吏，皆趋而避之。其得无妄作之愆乎？镌秩罢官，尚曰中典。可。

出处：《永乐大典》卷七三二二。又见《四库辑本别集拾遗》。
撰者：吴泳
考校说明：编年据吴泳任两制时间补。

赵恛夫降授儒林郎制
（绍定六年十二月至嘉熙元年六月间）

　　敕具官某：吏捕盗及七人者有赏，令甲也。尔为常德纠掾，狱有湖贼，防闲不密而乃逸其人，乌得不议罚欤？一阶之镌，薄乎云尔。可。

出处：《永乐大典》卷七三二二。又见《四库辑本别集拾遗》。
撰者：吴泳
考校说明：编年据吴泳任两制时间补。

赵希絜降授儒林郎制
（绍定六年十二月至嘉熙元年六月间）

　　敕具官某：丞位高而逼，以嫌不任事，固非也。然职思其外，越受民词。而因以为利焉，则过矣。镌秩罢官，尚曰轻典。可。

出处：《永乐大典》卷七三二二。又见《四库辑本别集拾遗》。
撰者：吴泳
考校说明：编年据吴泳任两制时间补。

赵时恪降授儒林郎制
(绍定六年十二月至嘉熙元年六月间)

敕具官某:汉奏罢酒酤,而盐铁官不与,盖安边足用之本,不可废也。长山盐场,累政课入亏度。谗者谓笼碱地以归私室,汝实致之。夫地献于未解褐之前,额亏于已去官之后,汝得不执契券以自明欤? 姑镌一秩,稍存风宪之体。可。

出处:《永乐大典》卷七三二二。又见《四库辑本别集拾遗》。

撰者:吴泳

考校说明:编年据吴泳任两制时间补。

沈先庚降授儒林郎制
(绍定六年十二月至嘉熙元年六月间)

敕具官某:司寇参军专掌鞠劾,不得预帑廪之事,雍熙诏旨也。尔典狱通州,不靖共尔位,而占领仓事,因以为利焉。岂祖宗设官初意哉? 姑镌一秩,为侵官者之戒。可。

出处:《永乐大典》卷七三二二。又见《四库辑本别集拾遗》。

撰者:吴泳

考校说明:编年据吴泳任两制时间补。

丘鳞降授儒林郎制
(绍定六年十二月至嘉熙元年六月间)

敕具官某:刑之颇类,狱之放纷,国侨所耻也。尔出宰建宁,有狱户之寄,而无审克之心。人命所系,不可言误也。误至于再矣,则岂容佚罚哉? 其降一阶,以谢百里。可。

出处:《永乐大典》卷七三二二。又见《四库辑本别集拾遗》。

撰者:吴泳

考校说明:编年据吴泳任两制时间补。

戴宗昭降授儒林郎制
（绍定六年十二月至嘉熙元年六月间）

　　敕具官某：狱，人之大命也，凡丽于辟者，必加敬谨，而况一命以上哉？尔为郓城纠掾，折狱不良，桁扬榜楚之苦，施及鹮弁，不堪其虐，遂殒厥身。尔得无淫刑之过乎？姑镌一阶，尚曰轻典。可。

出处：《永乐大典》卷七三二二。又见《四库辑本别集拾遗》。

撰者：吴泳

考校说明：编年据吴泳任两制时间补。

陶永降授儒林郎制
（绍定六年十二月至嘉熙元年六月间）

　　敕具官某：古之教者，师严而道尊，今则宽且慢矣。尔永横经滁阳，齿宿年邵。弗能模楷多士，易于威仪。祀之日且崇饮无度，其能免人之嘲议欤？镌一秩罢官，尚可退省。可。

出处：《永乐大典》卷七三二二。又见《四库辑本别集拾遗》。

撰者：吴泳

考校说明：编年据吴泳任两制时间补。

沈端仁降授儒林郎制
（绍定六年十二月至嘉熙元年六月间）

　　敕具官某：狱，人之大命也。兰溪人有狱，罪其父而复孥其子，是可悯者。尔为审究官，不能察之，又曲法以内之，冤民何赖焉？其罚一阶。可。

出处：《永乐大典》卷七三二二。又见《四库辑本别集拾遗》。

撰者：吴泳

考校说明：编年据吴泳任两制时间补。

袁宜中降授儒林郎制
(绍定六年十二月至嘉熙元年六月间)

敕具官某等:晋有偷石头米百万斛,而治督监者,人以为冤。尔宜中一法曹掾尔,武陵仓储几何,而部刺史以侵盗告,弊固不免也。而盗之名,何忍加汝哉?各镌一阶,退自三省。可。

出处:《永乐大典》卷七三二二。又见《四库辑本别集拾遗》。
撰者:吴泳
考校说明:编年据吴泳任两制时间补。

赵时晔降授儒林郎制
(绍定六年十二月至嘉熙元年六月间)

敕具官某:若石洪为河南从事,吏治民宽,考功为天下第一。尔为会稽上幕,不知钤吏爱民。而乃规求羡余,以希进用。是所谓图利于大夫,而私便其身者也,岂不有负祝规耶? 特上一阶,以警官懦。可。

出处:《永乐大典》卷七三二二。又见《四库辑本别集拾遗》。
撰者:吴泳
考校说明:编年据吴泳任两制时间补。

朱梦应降授儒林郎制
(绍定六年十二月至嘉熙元年六月间)

敕具官某:尔者建昌之乱,诸军以掊克廪给为辞。前车既覆,后辙当戒。如之何而复躬自鬻盐,以毒吾民也。既徵二罪,合降一阶。可。

出处:《永乐大典》卷七三二二。又见《四库辑本别集拾遗》。
撰者:吴泳
考校说明:编年据吴泳任两制时间补。

施溃降授儒林郎制
（绍定六年十二月至嘉熙元年六月间）

　　敕具官某：国初置州司寇，不得兼莅他职及预帑藏，良法也。尔有狱户之寄，而乃出贰宾幕，外领籴事，才则才矣，而非先王之典，况又以贿为市哉？削秩免官，尚云薄罚。可。

出处：《永乐大典》卷七三二二。又见《四库辑本别集拾遗》。
撰者：吴泳
考校说明：编年据吴泳任两制时间补。

赵彦仞降授儒林郎制
（绍定六年十二月至嘉熙元年六月间）

　　敕具官某：畔官离次，国有常刑。提舶使缺官，尔为留幕。有国家之宝藏府库在，寇至则委而去之，夫谁与守哉？姑示薄镌，以惩百吏。可。

出处：《永乐大典》卷七三二二。又见《四库辑本别集拾遗》。
撰者：吴泳
考校说明：编年据吴泳任两制时间补。

陈松龙降授儒林郎制
（绍定六年十二月至嘉熙元年六月间）

　　敕具官某：唐人通榜取士，以杜牧之才，而武陵必欲擢之第一，此犹以望选也。松龙何能寄何人，而乃欲效武陵荐牧之所为乎？其得罪于公议宜也。然而名不可幸而取，学尚可勉而能。姑镌一阶，其思补过。可。

出处：《永乐大典》卷七三二二。又见《四库辑本别集拾遗》。
撰者：吴泳
考校说明：编年据吴泳任两制时间补。

赵崇端降授儒林郎制
(绍定六年十二月至嘉熙元年六月间)

　　敕具官某:秦有揭竿之氓隶,汉有探丸之恶子。凡民之不获遂其生者,未有不盱盱然疾视其长也。江西诸邑,民以盐为利。尔为安远宰,督办太苛。不能使盐丁商贩作务,致令操戈于室,是谁之过欤? 镌秩罢官,盖令箴也。可。

出处:《永乐大典》卷七三二二。又见《四库辑本别集拾遗》。
撰者:吴泳
考校说明:编年据吴泳任两制时间补。

钱谦降授儒林郎制
(绍定六年十二月至嘉熙元年六月间)

　　敕具官某:畔官离次,国有常刑。尔出宰翁源,不能靖共尔位。轻弃厥司,铜章墨绶,将何所而托乎? 其上一阶,以惩其慢。可。

出处:《永乐大典》卷七三二二。又见《四库辑本别集拾遗》。
撰者:吴泳
考校说明:编年据吴泳任两制时间补。

谈沐降授儒林郎制
(绍定六年十二月至嘉熙元年六月间)

　　敕具官某:县令,民之师帅也。尔为清流宰,道爱不闻,而视民如仇,笼利如刻。更无抚字之意,安用师帅为哉? 薄镌以警令箴。可。

出处:《永乐大典》卷七三二二。又见《四库辑本别集拾遗》。
撰者:吴泳
考校说明:编年据吴泳任两制时间补。

赵希沛降授儒林郎制
（绍定六年十二月至嘉熙元年六月间）

敕具官某：狱夺于货，先王所戒。尔为郡狱掾，而事无大小，率以货成。岂朕庶谨庶狱之意乎？姑夺一阶，往其三省。可。

出处：《永乐大典》卷七三二二。又见《四库辑本别集拾遗》。
撰者：吴泳
考校说明：编年据吴泳任两制时间补。

徐矩降授儒林郎制
（绍定六年十二月至嘉熙元年六月间）

敕具官某：宓子贱治单父，民不忍欺；卓茂治密，吏不忍欺。尔有百里之寄，而鸿雁小民视之如仇，蟊贼猾吏昵之如亲，尚何足以为政哉？其上一阶，亦克用劝。可。

出处：《永乐大典》卷七三二二。又见《四库辑本别集拾遗》。
撰者：吴泳
考校说明：编年据吴泳任两制时间补。

沈应丑降授从事郎陈叔岘降儒林郎制
（绍定六年十二月至嘉熙元年六月间）

敕具官某等：狱者，民之大命。吏不奉法，而以货为市，朕甚悯焉。尔应丑为四会令，邑有豪大家，丽于死辟，甘受其请托而不之问。冤者何所伸耶？代以叔岘，犹应丑也。部刺史以失刑告，各镌一阶，尚曰轻典。可。

出处：《永乐大典》卷七三二二。又见《四库辑本别集拾遗》。
撰者：吴泳
考校说明：编年据吴泳任两制时间补。

王采特授文林郎制
（绍定六年十二月至嘉熙元年六月间）

敕具官某：盗起江右，长民之官不能安之，遂致持刃发廪，殃及良善。尔邑尉耳，乃能殄渠魁，散群党，卒底宁一。何爱一资，不以旌汝。可。

出处：《永乐大典》卷七三二三。又见《四库辑本别集拾遗》。
撰者：吴泳
考校说明：编年据吴泳任两制时间补。

李说特授文林郎制
（绍定六年十二月至嘉熙元年六月间）

敕具官某：勇爵以级论，今之尉受捕盗赏亦以数推。尔尉巫山，功半于十。格既应是，序而进之。可。

出处：《永乐大典》卷七三二三。又见《四库辑本别集拾遗》。
撰者：吴泳
考校说明：编年据吴泳任两制时间补。

褚南降授文林郎制
（绍定六年十二月至嘉熙元年六月间）

敕具官某：为教授者，须先正己，然后可以率人，高宗皇帝圣训也。尔典教维扬，提身不谨。临文则用君父之名而不知避，怀利则阁生员之俸而不知养。己之不正，何以师表青衿哉？姑镌一阶，以植五教。可。

出处：《永乐大典》卷七三二三。又见《四库辑本别集拾遗》。
撰者：吴泳
考校说明：编年据吴泳任两制时间补。

陈亨祖降授文林郎制
（绍定六年十二月至嘉熙元年六月间）

敕具官某：非讫于威，惟讫于富，典狱之大戒也。尔为临川纠掾，有狂户之寄。事无大小，皆冒是戒而行之。岂朕庶谨庶狱之意哉？姑镌一阶，尚用中典。可。

出处：《永乐大典》卷七三二三。又见《四库辑本别集拾遗》。

撰者：吴泳

考校说明：编年据吴泳任两制时间补。

赵希垒降授文林郎制
（绍定六年十二月至嘉熙元年六月间）

敕具官某：沿江额外苛征，绍兴有检察之诏；州县名色收税，淳熙有宽恤之文。尔司征九江，素号廉谨，不获乎上，乃以苛取，缠于刑章。绍淳科条，汝岂不熟悉哉？姑上一阶，以存统体。可。

出处：《永乐大典》卷七三二三。又见《四库辑本别集拾遗》。

撰者：吴泳

考校说明：编年据吴泳任两制时间补。

赵希导降授修职郎陈懋降授文林郎制
（绍定六年十二月至嘉熙元年六月间）

敕具官某等：昔孔子以冉求附益于季氏，欲鸣鼓而攻之。尔等为县佐曹，入州议舍。不能公勤佐理，而乃厚府库之财，丰仓庾之粟。阅所言状，岂容佚罚。姑从镌褫，往自省循。可。

出处：《永乐大典》卷七三二三。又见《四库辑本别集拾遗》。

撰者：吴泳

考校说明：编年据吴泳任两制时间补。

赵崇玭特授文林郎制
(绍定六年十二月至嘉熙元年六月间)

敕具官某:赏罚军国之权衡。三衢盗起,尔以宗英能团结民丁,以保护乡井。前之倅以两阶来上,后之守以一级审奏。朕惟其人之是信也,初亦何心之有? 可。

出处:《永乐大典》卷七三二三。又见《四库辑本别集拾遗》。
撰者:吴泳
考校说明:编年据吴泳任两制时间补。

邓梦龙特授文林郎制
(绍定六年十二月至嘉熙元年六月间)

敕具官某:建邵盗起,弄兵山谷间,往往而群。尔为三州提督官,辐凑智略,随贼所发,即行剿捕。卒使其徒各正邦典,亦可谓有劳矣。超进三阶。尚服异宠。可。

出处:《永乐大典》卷七三二三。又见《四库辑本别集拾遗》。
撰者:吴泳
考校说明:编年据吴泳任两制时间补。

李陕降授文林郎制
(绍定六年十二月至嘉熙元年六月间)

敕具官某:免役之法,司马光犹疑其不便于民也。尔为永丰长,无德美道爱以子其民,而复创助役钱等第敛。役既以钱免矣,而又可以钱助乎? 其上一阶,以为作法于贪者之戒。可。

出处:《永乐大典》卷七三二三。又见《四库辑本别集拾遗》。
撰者:吴泳
考校说明:编年据吴泳任两制时间补。

谢正夫降授文林郎制
（绍定六年十二月至嘉熙元年六月间）

敕具官某：汉吏入粟拜爵，率有可称。尔以赀进尉于淳安，宜以不贿闻。而郡疏来上，取偿于吾民者乃尔，罚其可逭哉？镌秩罢官，尚曰轻典。可。

出处：《永乐大典》卷七三二三。又见《四库辑本别集拾遗》。

撰者：吴泳

考校说明：编年据吴泳任两制时间补。

吴昭嗣降授文林郎制
（绍定六年十二月至嘉熙元年六月间）

敕具官某：恩平故南海郡，去朝廷僻远。尔以元寮，承摄州事，不能敬谨俟度，以治育编氓。鹰吏渔民，苟取亡艺。部使者以劾闻宜也。姑上一阶，往其三省。可。

出处：《永乐大典》卷七三二三。又见《四库辑本别集拾遗》。

撰者：吴泳

考校说明：编年据吴泳任两制时间补。

陈植降授文林郎制
（绍定六年十二月至嘉熙元年六月间）

敕具官某：国朝置州户曹，使之专掌仓庾，受纳欲其平也。永春、德化盗起，民不粒食，不得已而赋于官，尔又从而取盈焉。淫刑肆行，冤气缠结。若据外铨劾上，则其罪难擢数也。姑镌一阶，尚曰中典。可。

出处：《永乐大典》卷七三二三。又见《四库辑本别集拾遗》。

撰者：吴泳

考校说明：编年据吴泳任两制时间补。

李衍可降授文林郎制
（绍定六年十二月至嘉熙元年六月间）

敕具官某：出纳之吝，谓之有司。尔望幕府，视人之攫金弗之问，失监临之职矣。镌秩罢官，姑示薄罚。可。

出处：《永乐大典》卷七三二三。又见《四库辑本别集拾遗》。
撰者：吴泳
考校说明：编年据吴泳任两制时间补。

李木降授文林郎制
（绍定六年十二月至嘉熙元年六月间）

敕具官某：吏以贪勤民久矣，朕方嘉与士大夫更始。尔昔为天台户曹，有奸如山，既弗之问；今职管库，尚迷复不改，则是谓过矣。其镌一秩，以饬二维。可。

出处：《永乐大典》卷七三二三。又见《四库辑本别集拾遗》。
撰者：吴泳
考校说明：编年据吴泳任两制时间补。

马楗降授文林郎制
（绍定六年十二月至嘉熙元年六月间）

敕具官某：为人臣者无外交，古之训也。尔摄景陵宰，督运蔡城。私以糗粮，博易宝玉。尔曾思垂瓠城下，宿师万灶，亦有登首山而呼庚癸者乎？镌之二阶，以戒群慝。可。

出处：《永乐大典》卷七三二三。又见《四库辑本别集拾遗》。
撰者：吴泳
考校说明：编年据吴泳任两制时间补。

章 子 仁 降 授 文 林 郎 制
（绍定六年十二月至嘉熙元年六月间）

　　敕具官某：始听其言而失宰我，孔子叹取人之为难；夷考其行而知琴张，孟轲言得士之非易。矧以才而受上赏，复有过而丽常刑。尔自为之佞贤，朕何意于黜陟。姑镌二秩，庸示三思。可。

出处：《永乐大典》卷七三二三。又见《四库辑本别集拾遗》。
撰者：吴泳
考校说明：编年据吴泳任两制时间补。

赵 汝 静 孙 德 之 降 授 文 林 郎 制
（绍定六年十二月至嘉熙元年六月间）

　　敕具官某等：朕更化之初，首戒贪吏，钦恤庶狱，诏敕非不严也。尔汝静为郡从事，尔德之为州司寇，一以贿闻，一以富鬻，何奉吾诏不虔耶？镌秩罢官，以谢千里。可。

出处：《永乐大典》卷七三二三。又见《四库辑本别集拾遗》。
撰者：吴泳
考校说明：编年据吴泳任两制时间补。

叶 直 清 降 授 文 林 郎 制
（绍定六年十二月至嘉熙元年六月间）

　　敕具官某：刑之颇隳，狱之放纷，国侨所耻也。尔出宰象山，无岂弟近民之政，而决罚出于法外，估籍及于平人，其为颇类放纷，不亦多乎？命镌二阶，毋忝三省。可。

出处：《永乐大典》卷七三二三。又见《四库辑本别集拾遗》。
撰者：吴泳
考校说明：编年据吴泳任两制时间补。

孟继勤宋蟠孙降授文林郎制
（绍定六年十二月至嘉熙元年六月间）

敕具官某等：善事长官，古人目以巧宦，况逢迎其恶乎？尔继勤为郡纪纲，尔蟠孙为州司寇，所职者何事，而乃专剥吾民，以媚其长。元元何辜，而罹此酷哉？各镌二阶，以谢千里。可。

出处：《永乐大典》卷七三二三。又见《四库辑本别集拾遗》。
撰者：吴泳
考校说明：编年据吴泳任两制时间补。

朱晡降授文林郎制
（绍定六年十二月至嘉熙元年六月间）

敕具官某：朕夙夜思救铜楮之弊，以通货泉。而州县吏奉吾诏不虔，至有并缘为奸者，朕甚怫焉。尔为醴陵丞，弗务饬谨。乃因秤堤之令，市虚楮，易实铜，争十百之利于齐民，不几于吏而商者乎？昔陆景倩为扶沟丞，人号贞清，尔则太污矣。镌秩罢官，尚曰轻典。可。

出处：《永乐大典》卷七三二三。又见《四库辑本别集拾遗》。
撰者：吴泳
考校说明：编年据吴泳任两制时间补。

王瑰降授文林郎制
（绍定六年十二月至嘉熙元年六月间）

敕具官某：鬻鄐田之狱，而羊舌之罪彰；辞梗阳之狱，而魏舒之名显。尔为晋陵理掾，不自敬审。囹圄有重囚，乃以贿闻，从末减焉。独不思人命所关耶？姑镌两秩，毋怠三省。可。

出处：《永乐大典》卷七三二三。又见《四库辑本别集拾遗》。
撰者：吴泳

考校说明：编年据吴泳任两制时间补。

林应龙降授文林郎制
（绍定六年十二月至嘉熙元年六月间）

敕具官某：昔我高宗皇帝实训有曰："为教授者，先须正己，乃可率人。"大哉王言乎，真校官典法也。尔掌教建安，弗自检柅。殖货海淫，以贻吏议。青衿何所矜式哉？其上两阶，以弼五教。可。

出处：《永乐大典》卷七三二三。又见《四库辑本别集拾遗》。
撰者：吴泳
考校说明：编年据吴泳任两制时间补。

汪耒降授文林郎罢祠制
（绍定六年十二月至嘉熙元年六月间）

敕具官某：《书》曰："凡我有官君子，钦乃攸司。"又曰："无旷庶官。"尔为州司寇，阅三载而一日弗共其事，罚其可逭哉？夺祠镌秩，以警畔官。可。

出处：《永乐大典》卷七三二三。又见《四库辑本别集拾遗》。
撰者：吴泳
考校说明：编年据吴泳任两制时间补。

赵汝扶降授儒林郎罗公著降授文林郎制
（绍定六年十二月至嘉熙元年六月间）

敕具官某等：朕乃眷西顾，尝以蜀师粮饷为忧。故分命漕臣，各率其属，以协济辅事。汝扶奉西台之令，督饷军前，尔公著捧利司之檄，部夫塞下，不能尽瘁事国，至愆军期，亦思貔貅万灶，登首山以呼庚癸者乎？各镌一阶，尚曰轻典。可。

出处：《永乐大典》卷七三二三。又见《四库辑本别集拾遗》。
撰者：吴泳
考校说明：编年据吴泳任两制时间补。

曹南强降授文林郎制
（绍定六年十二月至嘉熙元年六月间）

敕具官某：宓子贱治单父，民不忍欺；卓茂治密，吏不忍欺。尔为贵平令，宽循谨愿，民粗安之。而宽失之懦，谨失之畏，刻木之徒，得以挠法其间，则吏犹可欺以其方也。外台劾奏，姑上两阶，盖存统体。可。

出处：《永乐大典》卷七三二三。又见《四库辑本别集拾遗》。
撰者：吴泳
考校说明：编年据吴泳任两制时间补。

季鋆降授文林郎制
（绍定六年十二月至嘉熙元年六月间）

敕具官某：叙其财以待邦之移用，周之职内犹不敢以自专。尔为成都法曹，管常平仓。旁缘出纳，擅支移米至五百余石。司法而违法，尚何吏议之逃乎？可。

出处：《永乐大典》卷七三二三。又见《四库辑本别集拾遗》。
撰者：吴泳
考校说明：编年据吴泳任两制时间补。

虞弼降授文林郎制
（绍定六年十二月至嘉熙元年六月间）

敕具官某：屯田，实利也。而括民以为田，则有害存焉。尔一曹掾尔，乃能亢大梱之令而弗敢承，岂真避事哉？其上二阶，姑存统体。可。

出处：《永乐大典》卷七三二三。又见《四库辑本别集拾遗》。
撰者：吴泳
考校说明：编年据吴泳任两制时间补。

林芑降授文林郎制
（绍定六年十二月至嘉熙元年六月间）

　　敕具官某：贾谊曰："为人臣者，利不苟就，害不苟去。"尔以儒生，仕于西鄙。当鞑虏犯蜀，不能诚死封疆。寇未至而先去，寇已退而不即返。去就之间，苟而已。姑镌两秩，尚勉二维。可。

出处：《永乐大典》卷七三二三。又见《四库辑本别集拾遗》。
撰者：吴泳
考校说明：编年据吴泳任两制时间补。

潘晋孙降授承议郎制
（绍定六年十二月至嘉熙元年六月间）

　　敕具官某：琐琐姻娅，周兴膴仕之讥；坎坎辐轮，魏有贪人之刺。尔扳援相阀，凌蔑吏箴。奸几如山，酷称其位。试小邑尚尔，况居陪都之上幕哉？其镌二阶，宜自三省。可。

出处：《永乐大典》卷七三二三。又见《四库辑本别集拾遗》。
撰者：吴泳
考校说明：编年据吴泳任两制时间补。

应厚降授承议郎制
（绍定六年十二月至嘉熙元年六月间）

　　敕具官某等：子路治蒲，夫子至其庭曰："明察以断矣。"夫有百里之地，而无明以知之，断以行之，是乌足与长民哉？尔照长于新喻，盗充于境内，而弗及知，失察也。尔厚宰于安福，豪民黥胥，纵横于国中，而莫之问，无断也。有一于斯，难逃吏议。姑从镌罢，往自省循。可。

出处：《永乐大典》卷七三二三。又见《四库辑本别集拾遗》。
撰者：吴泳

考校说明:编年据吴泳任两制时间补。制文云"尔照""尔昼",则标题"应厚"前当脱一人,其名为"照",又"厚"亦当作"昼"。

李瑀降授承议郎制
(绍定六年十二月至嘉熙元年六月间)

敕具官某:狱,民之大命也,而令实司之。尔宰分宁邑,有讼不能决。推之彭泽,彭泽不受;推之望江宿松,又不受。郡将原其始事而以劾闻。虽去官,亦何能辞其责哉? 姑上一阶,往其三省。可。

出处:《永乐大典》卷七三二三。又见《四库辑本别集拾遗》。
撰者:吴泳
考校说明:编年据吴泳任两制时间补。

沈恕降授承议郎制
(绍定六年十二月至嘉熙元年六月间)

敕具官某:朕遣禁林之老,委付留钥,俾疾驰赴填。尔为机幕,乃弄印不发,以留务文书自任。是不知体统,即兹一眚,合议薄惩。可。

出处:《永乐大典》卷七三二三。又见《四库辑本别集拾遗》。
撰者:吴泳
考校说明:编年据吴泳任两制时间补。

翟繁降授承议郎制
(绍定六年十二月至嘉熙元年六月间)

敕具官某:官刑之警,首以淫风;天吏之罚,盖由逸德。矧尔分倅洪都,暂摄州事。不自谨饬,耽于宴游。任酒叱咤,将吏为之气塞,安知非职厉之阶乎? 姑上一官,以惩二过。可。

出处:《永乐大典》卷七三二三。又见《四库辑本别集拾遗》。
撰者:吴泳

考校说明:编年据吴泳任两制时间补。

宋明远王节降授承议郎制
(绍定六年十二月至嘉熙元年六月间)

敕具官某等:商制官刑,以儆有位,士大夫之律也。往者逆全奸命,首犯宝应。尔明远为令,尔节为倅,不能诚死封疆。又从而媚贼焉,几于逆忠比顽矣。朕安得贷汝乎? 各镌两阶,尚曰轻典。可。

出处:《永乐大典》卷七三二三。又见《四库辑本别集拾遗》。
撰者:吴泳
考校说明:编年据吴泳任两制时间补。

汪绶降授朝请郎张笎降授承议郎制
(绍定六年十二月至嘉熙元年六月间)

敕具官某等:昔唐李兼在江西有月进,韦皋在西川有日进,常州刺史裴肃至以进奉迁浙西观察使。士大夫风俗至此,亦可耻矣。况赂权要以媒进哉? 尔笎士检不修,挟青铜以干节传。尔绶吏饕已甚,馈朱楄以希借留。求则得之,为身计固善矣,岂朕加惠元元之意乎? 各镌一阶,罔贰其行。可。

出处:《永乐大典》卷七三二三。又见《四库辑本别集拾遗》。
撰者:吴泳
考校说明:编年据吴泳任两制时间补。

马光祖降授承议郎制
(绍定六年十二月至嘉熙元年六月间)

敕具官某:顷者州郡之兵,相挺为乱。朕既不能训章明法,式遏其虐。与我共理者郡将也,而拊亡其恩,驭失其道,致以不廪之粟,赡无籍之兵。欲其不登首山以呼,难矣哉! 既知自讼其愆,所以再削其爵。可。

出处:《永乐大典》卷七三二三。又见《四库辑本别集拾遗》。

撰者:吴泳

考校说明:编年据吴泳任两制时间补。

卓樗特授承议郎制
(绍定六年十二月至嘉熙元年六月间)

敕具官某:宜城浅蛮,不式王命。结约丑类,俘掠省民。尔为帅幕,能佐而长,指授诸将,尽歼贼徒。虽曰将士之画,亦尔裨替之功也。升之二阶,以劝有位。可。

出处:《永乐大典》卷七三二三。又见《四库辑本别集拾遗》。

撰者:吴泳

考校说明:编年据吴泳任两制时间补。

陈涤特授承议郎制
(绍定六年十二月至嘉熙元年六月间)

敕具官某:顷者峒寇慢防,庐陵诸邑连被屠毁。经理之任,盖难其人。尔为永新长,葺坏补缺,区画有方,流鸿尽归,狂狙不耸。使百里之聚,复还旧观,可谓有劳矣。特升一级,以劝百吏。可。

出处:《永乐大典》卷七三二三。又见《四库辑本别集拾遗》。

撰者:吴泳

考校说明:编年据吴泳任两制时间补。

倪灼特授承议郎制
(绍定六年十二月至嘉熙元年六月间)

敕具官某:盗之发也甚微,长吏不善调伏,遂至滋蔓。南丰蛮卒之乱纪,尤其甚也。尔为邑长,能亟起而扑之。殃不及吾民,而贼遂授首,宁非汝之力欤? 华之一秩,以劝百吏。可。

出处:《永乐大典》卷七三二三。又见《四库辑本别集拾遗》。

撰者：吴泳

考校说明：编年据吴泳任两制时间补。

祝梦良叙复承议郎制
（绍定六年十二月至嘉熙元年六月间）

敕具官某：汉郡太守谓之郡将，盖于吏卒有阶级法。尔以儒生，典玉山郡。贸私盐，益公帑，安能无过。然一黥隶，敢于诬告其主，此风何可长也。特还故官，往服新命。可。

出处：《永乐大典》卷七三二三。又见《四库辑本别集拾遗》。

撰者：吴泳

考校说明：编年据吴泳任两制时间补。

陈调一特授承议郎制
（绍定六年十二月至嘉熙元年六月间）

敕具官某：自峒寇慢防，文武大小之臣，以功蒙赏者多矣。尔以书生，晓畅军务。调娱将士，驻蓝峒之口。遮蔽一方，贼不能蔓延而南，亦可嘉矣。华以一阶，以劝能吏。可。

出处：《永乐大典》卷七三二三。又见《四库辑本别集拾遗》。

撰者：吴泳

考校说明：编年据吴泳任两制时间补。

袁商授承议郎制
（绍定六年十二月至嘉熙元年六月间）

敕具官某：汉毛苌以《诗》学为河间献王博士，后之为宫僚而说《诗》者，盖昉乎此。尔以情性之正，承礼义之泽。凡所习闻于家庭者，非迩之事父，则远之事君也。掌教官邸，敷绎雅言。讽咏之间，常使人有油然兴起于善之意。则商也，始可与言《诗》已矣。彻章转秩，朕其可后邪？可。

出处:《永乐大典》卷七三二三。又见《四库辑本别集拾遗》。

撰者:吴泳

考校说明:编年据吴泳任两制时间补。

力起授承议郎制
（绍定六年十二月至嘉熙元年六月间）

敕具官某:祖宗旧典,诸公院教授,率用朴学高行年五十以上充。尔开迹巍科,经明行饬,典教朱邸,齿宿意新,人皆曰宗藩讲官样也。咏歌上下,既已卒章。式晋一阶,以厚风教。可。

出处:《永乐大典》卷七三二三。又见《四库辑本别集拾遗》。

撰者:吴泳

考校说明:编年据吴泳任两制时间补。

邹仲之特授承议郎制
（绍定六年十二月至嘉熙元年六月间）

敕具官某:汉诏郡国,有茂材异等可使绝国者一科。我孝宗皇帝,亦尝精择使者之有材者,专立奉使一司,使乎使乎,盖难其选也久矣。尔生西岷之古都,负北客之奇气。收复关外,曾上首功。自是游边陲,骋沙漠,间关草地之间,殆与口伐可汗者同一轨辙。二阶之赏,岂足以偿汝之劳耶? 然而使可能也,戎之情不可测也。汝毋薄兹赏。可。

出处:《永乐大典》卷七三二三。又见《四库辑本别集拾遗》。

撰者:吴泳

考校说明:编年据吴泳任两制时间补。

杜幼节授朝奉郎应繇授承议郎制
（绍定六年十二月至嘉熙元年六月间）

敕具官某等:《周官》一书,河间献王得之,以上于册府。周家礼乐法度之不泯于后世,河间力也。然昔者宗臣,犹能以礼淑多士。而今乃藉多士以授经藩房,则共是职者,岂不道尊德贵也哉? 尔㻋也,幼节也,既诵卒章,各增一秩。可。

出处:《永乐大典》卷七三二三。又见《四库辑本别集拾遗》。
撰者:吴泳
考校说明:编年据吴泳任两制时间补。应㻋,又作应䌁、应

林千之追复承议郎制
(绍定六年十二月至嘉熙元年六月间)

敕具官某:昔尔父枡,在孝庙朝为廉监司,闻其风者今犹使人兴起也。尔绪先世事业,不以岂弟为化,廉伤于刻,严伤于苛。国人不便安之,则有之矣。无根之谤,何得以加汝耶? 复尔元官,歆我休命。可。

出处:《永乐大典》卷七三二三。又见《四库辑本别集拾遗》。
撰者:吴泳
考校说明:编年据吴泳任两制时间补。

李巾行叙复承议郎制
(绍定六年十二月至嘉熙元年六月间)

敕具官某:士固以移之郊,屏之远方为辱。然盖有受辱于一时,而弗获罪于公论者,君子所贵也。尔敏强而文,廉倨而辨。孤立一意,姻郿弗容。有司又曲而内之,嘻其甚矣。然劲之者欲坠诸深渊,保之者欲藉诸衽席。朕则何心,尽复元阶,俾还故里,盖公论也。可。

出处:《永乐大典》卷七三二三。又见《四库辑本别集拾遗》。
撰者:吴泳
考校说明:编年据吴泳任两制时间补。

叶味道授承议郎制
(绍定六年十二月至嘉熙元年六月间)

敕具官某:昔司马光有言:"《论语》记孔子之言行,宝训述祖宗之圣谋,经术

典宪之相资,不可缺也。"尔少也闻道得于朱熹,说书金华,剖析疑义,盖有《集注》之所未发者,朕已得闻其微旨矣。皇祖有训,世所宝传。及此终篇,溥斯懋赏。尔宜诵所学,述所闻,终以告我。庶几以继往圣之业,以笃前人之休。可。

出处:《永乐大典》卷七三二三。又见《四库辑本别集拾遗》。

撰者:吴泳

考校说明:编年据吴泳任两制时间补。

冯天麟赠通直郎制
（绍定六年十二月至嘉熙元年六月间）

敕具官某:诚死城郭封疆,臣之节也。当鞑虏犯武休,自帅臣以下,莽然未知死所。尔一记室耳,无尺兵在手,块守城壁。逮贼兵既退,乃与衣冠望族,相枕于积骸之间,亦可哀也矣。赠官通籍,乃录其孤。九原有知,歆此休命。可。

出处:《永乐大典》卷七三二三。又见《四库辑本别集拾遗》。

撰者:吴泳

考校说明:编年据吴泳任两制时间补。

钱筈赠通直郎制
（绍定六年十二月至嘉熙元年六月间）

敕具官某:往岁鞑兵闯我淮右,士大夫之望风而奔者肩相摩,地相属也。尔霍丘一尉耳,乃能率十数羸弊之卒,当百万日滋之师。众寡不侔,竟殒元躯于锋镝之下,可谓死于义矣。赠官升朝,以旌义魄。可。

出处:《永乐大典》卷七三二三。又见《四库辑本别集拾遗》。

撰者:吴泳

考校说明:编年据吴泳任两制时间补。

程琳赠通直郎制
（绍定六年十二月至嘉熙元年六月间）

敕具官某：往者海濒遐远，不沾王化。民之犷悍者，弄兵于雄韶之间。尔以法曹，驱率将士，计擒贼首，迄正天诛。方行赏第功，而汝已罹烟瘴死矣。赠官升朝，示我愍恤。可。

出处：《永乐大典》卷七三二三。又见《四库辑本别集拾遗》。

撰者：吴泳

考校说明：编年据吴泳任两制时间补。

追官人萧郊叙通直郎制
（绍定六年十二月至嘉熙元年六月间）

敕具官某：长史，风化之首也。尔试邑漳浦，不善学制，而弦绝锦伤，恶声呈露。若据帅阃之劾，则不能免于大谴矣。先叙一阶，庶知朝家不以一眚废汝之意。可。

出处：《永乐大典》卷七三二三。又见《四库辑本别集拾遗》。

撰者：吴泳

考校说明：编年据吴泳任两制时间补。

俞机叙复通直郎制
（绍定六年十二月至嘉熙元年六月间）

敕具官某：昔贝卒之叛，通判董元亨死之，国史高其义。尔倅章水，视禁兵乱常，若罔闻知，可以偷生矣，岂不汗颜元亨耶？坐法以镌，会赦而叙。朕无终弃之典，特还一秩，以励后图。可。

出处：《永乐大典》卷七三二三。又见《四库辑本别集拾遗》。

撰者：吴泳

考校说明：编年据吴泳任两制时间补。

徐耜降授通直郎制
(绍定六年十二月至嘉熙元年六月间)

敕具官某:朕闻不获乎上,民不可得而治矣。尔长于溧阳,粗号晓畅,令箴弗谨,致滋邑子之讼。外台又从而发之,尚何可临民哉?姑镌一阶,以勤三善。可。

出处:《永乐大典》卷七三二三。又见《四库辑本别集拾遗》。
撰者:吴泳
考校说明:编年据吴泳任两制时间补。

方点降授通直郎制
(绍定六年十二月至嘉熙元年六月间)

敕具官某:昔我孝宗皇帝,抚恤淮民,不间畿甸,虽马草木炭之微,不许科配,重堡障也。汝出宰兴化,德化蔑闻,而科取及于芦竹,重征逮乎虾菜。使在先朝,何能免重罚哉?姑镌一阶,以劝三善。可。

出处:《永乐大典》卷七三二三。又见《四库辑本别集拾遗》。
撰者:吴泳
考校说明:编年据吴泳任两制时间补。

潘自显降授通直郎制
(绍定六年十二月至嘉熙元年六月间)

敕具官某:攘羊而证其父,夫子恶其讦直;放麑而伤其母,孟孙以为拙诚。应阳之狱,搂其子而证之,虽得其情,亦太巧矣。姑镌令官,以存帅体。可。

出处:《永乐大典》卷七三二三。又见《四库辑本别集拾遗》。
撰者:吴泳
考校说明:编年据吴泳任两制时间补。

杨奭降授通直郎制
（绍定六年十二月至嘉熙元年六月间）

敕具官某：令以字民为职，而催科次之。尔出宰吴门，德声不振。民故有常籍，而创青册以笼取；租旧有经赋，而抑白丁以重科。固趣办矣，抚字之心安在哉。姑镌一级，以警令箴。可。

出处：《永乐大典》卷七三二三。又见《四库辑本别集拾遗》。
撰者：吴泳
考校说明：编年据吴泳任两制时间补。

沈愿降授通直郎制
（绍定六年十二月至嘉熙元年六月间）

敕具官某：今之为令亦难矣。一言动之轻，而以三尺绳之，皆罪也。尔宰邑近畿，未闻显过。挂壁之榜，民乃执之，以为令罪。部刺史劾章来上，其可忘罚耶？姑镌一秩，以警其慢。可。

出处：《永乐大典》卷七三二三。又见《四库辑本别集拾遗》。
撰者：吴泳
考校说明：编年据吴泳任两制时间补。

徐琭降授通直郎制
（绍定六年十二月至嘉熙元年六月间）

敕具官某：《礼》之变丧服，为事金革也；《春秋》之墨衰绖，为从军戎也。非军旅之事，而辄图起复，岂刑章之所宜贷哉？尔仕于州县，素以才称。九华为州，非边郡比。而乃夺情变礼，冒虎竹之荣，享鱼稻之乐，于汝得为安乎？啧有烦言，方请追服，则亦已晚矣。其镌一阶，以示诛心之法。可。

出处：《永乐大典》卷七三二三。又见《四库辑本别集拾遗》。
撰者：吴泳

考校说明:编年据吴泳任两制时间补。

李中行降授通直郎制
(绍定六年十二月至嘉熙元年六月间)

敕具官某:仲子于齐国,岂不为廉士,而孟子非之。匡章通国皆称不孝,而孟子礼之。乡国之评,盖有时而未定也。尔蚤以文鸣,策名进士。仕垂三十载,少所过愆。而不善居乡,姻睦成讼,飞言哗于国中,然亦不如是甚也。镌以二秩,移之远方。朕不得不伸帅守之权,尔其退自省循。可。

出处:《永乐大典》卷七三二三。又见《四库辑本别集拾遗》。
撰者:吴泳
考校说明:编年据吴泳任两制时间补。

周晋降授通直郎制
(绍定六年十二月至嘉熙元年六月间)

敕具官某等:汉史传州县吏,谓酷称其位,贪不终废,朕甚惑焉。安有贪酷之吏,而可使之长民也哉?尔廙、尔晋,为近畿令,不能奉法循理。手执罗织之经,口含饕餮之谱,欲免于人言,难矣乎。降秩罢官,等第行罚,以示劝惩之公。可。

出处:《永乐大典》卷七三二三。又见《四库辑本别集拾遗》。
撰者:吴泳
考校说明:编年据吴泳任两制时间补。据制文,标题"周晋"前当脱一人,其名为"廙"。

孔万春特授宣义郎制
(绍定六年十二月至嘉熙元年六月间)

敕具官某:三衢盗起,朝廷设赏格以迪有功。尔元圣裔孙,能饬武备,式遏寇虐,既进秩二等矣。新将乃核其功实以闻,朕安得私汝哉?收回一阶,勉服新命。可。

出处:《永乐大典》卷七三二四。又见《四库辑本别集拾遗》。

撰者:吴泳

考校说明:编年据吴泳任两制时间补。

<h1 style="text-align:center">赵汝俳降授宣义郎制</h1>
(绍定六年十二月至嘉熙元年六月间)

敕具官某:以衰绖从戎,春秋之变礼也;绾墨绶为军,正国朝之权宜也。尔为宗荤,弗蹈典法。无金革之事,而乃营起复;无义旅之训,而系御军使。岂不乱旧章欤? 罢祠镌官,庶惩不恪。可。

出处:《永乐大典》卷七三二四。又见《四库辑本别集拾遗》。

撰者:吴泳

考校说明:编年据吴泳任两制时间补。

<h1 style="text-align:center">洪咨夔父越特授奉议郎赐绯银鱼袋制</h1>
(绍定六年十二月至端平三年六月间)

敕:朕顾瞻侍臣,祗迪忠教。子生孙,孙生子,莫荣四世之传;亲而尊,尊而亲,特贲五品之服。天性所乐,人情则同。具官父,具官某,道韵冲夷,德容娴雅。鲤庭诗礼之学,自为唱酬;鳣堂清白之风,莫能回挠。况身已登于八帙,而儿方近于五砖。敛此殊恩,驰于严父。延鲁之于天圣,愿移华秩以承颜;九成之于绍兴,乞改银章而养老。爰锡雁御之瑞,用为鲐背之光。对扬王休,保艾尔后。可。

出处:《永乐大典》卷七三二四。又见《四库辑本别集拾遗》。

撰者:吴泳

考校说明:编年据吴泳任两制时间、洪咨夔卒年补,见《宋史》卷四二《理宗纪》。

<h1 style="text-align:center">朱复之特授奉议郎制</h1>
(绍定六年十二月至嘉熙元年六月间)

敕具官某:得从便宜,毋拘以文法,而后龚遂得以弭渤海之盗;愿假䇓策,勿有所拘阂,而后虞诩得以杀朝歌之贼。上下一心,守令一体,而贼不足平矣。方昭武扰攘,吏固避不肯往。朕以军事付之,遂以邑事分委之。复之戮力荡定,卒擒渠凶。是虽尔令之功,亦我良二千石申劝之勤也。其进一阶,嗣有褒擢。可。

出处:《永乐大典》卷七三二四。又见《四库辑本别集拾遗》。

撰者:吴泳

考校说明:编年据吴泳任两制时间补。

应繇授奉议郎制
(绍定六年十二月至嘉熙元年六月间)

敕具官某:楚元王受《诗》于浮丘伯,河间献王学《诗》于毛公苌。汉诸王之文献博雅,其源流盖有自来矣。矧尔气和而识莹,词寡而义精。授经藩房,性与教合。从容涵咏之间,能使人有欸动兴起之意。繇也深于《诗》者也,以三五百篇受一秩之赏,不为泰。可。

出处:《永乐大典》卷七三二四。又见《永乐大典》卷八五二六,《四库辑本别集拾遗》。

撰者:吴泳

考校说明:编年据吴泳任两制时间补。应繇,又作应儵、应

薛季谟特授奉议郎制
(绍定六年十二月至嘉熙元年六月间)

敕具官某:海濒之民,犷悍弗率。俘我民众,毁我城邑。岭南诸司分兵讨击。尔佥漕幕,能佐而长,给足军饷,遂使官军卒能办贼,汝亦与有劳焉。特升二阶,往服殊宠。可。

出处:《永乐大典》卷七三二四。又见《四库辑本别集拾遗》。

撰者:吴泳

考校说明:编年据吴泳任两制时间补。

叶应辅授奉议郎制
（绍定六年十二月至嘉熙元年六月间）

敕具官某：按唐制奉诸王讲读，即今之宫僚也。非自明经之科来者，不能充之。尔以昂藏耸壑之资，为清明繁露之学。粤从胄博，典教藩房。朕方资之以为宗盟重，而奉秩词庭矣。彻章转秩，岂以内外为间耶？勉图令猷，以称殊渥。可。

出处：《永乐大典》卷七三二四。又见《四库辑本别集拾遗》。
撰者：吴泳
考校说明：编年据吴泳任两制时间补。

家揆授奉议郎制
（绍定六年十二月至嘉熙元年六月间）

敕具官某：汉毛苌以《诗》学为河间献王博士，后之为宫僚而说《诗》者，盖昉乎此。尔以性情之正，涵礼义之泽。凡所习闻于家庭者，非迩之事父，则远之事君也。掌教宫邸，敷绎雅言。优游讽咏之间，常使人有油然兴起于善之意，又岂待章解而句释哉？彻章转官，式是彝典。可。

出处：《永乐大典》卷七三二四。又见《四库辑本别集拾遗》。
撰者：吴泳
考校说明：编年据吴泳任两制时间补。

林士燮特授奉议郎制
（绍定六年十二月至嘉熙元年六月间）

敕具官某：邕南溪洞之民，犷悍弗率。出入省地，俘我民众。尔为州从事，能辐凑智略，结约土豪，不烦朝廷一矢一粟之费，取渠魁而戮之。一隅奠安，尔之功也。特转奉议郎，以劝有位。可。

出处：《永乐大典》卷七三二四。又见《四库辑本别集拾遗》。
撰者：吴泳

考校说明:编年据吴泳任两制时间补。

追官勒停人黎行之叙复奉议郎制
(绍定六年十二月至嘉熙元年六月间)

敕具官某:昔我宁考,谓尔诘责逆曦奋陈大谊为难矣。台宪亡章,传以他比。一摈二十余年,人莫不为汝冤之。特叙元阶,庶绩我宁考固功之意。可。

出处:《永乐大典》卷七三二四。又见《四库辑本别集拾遗》。
撰者:吴泳
考校说明:编年据吴泳任两制时间补。

赵彦欢叙复奉议郎制
(绍定六年十二月至嘉熙元年六月间)

敕具官某:国家三岁大礼,隶名丹书者,靡不被配天之泽。矧尔曩因出宰,未及延见吏民,代者腾谤,控于台议,抑何其冤哉? 甄叙元阶,勉图令誉。可。

出处:《永乐大典》卷七三二四。又见《四库辑本别集拾遗》。
撰者:吴泳
考校说明:编年据吴泳任两制时间补。

赵汝克降授奉议郎制
(绍定六年十二月至嘉熙元年六月间)

敕具官某:宓子贱治单父,民不忍欺;卓茂治密,吏不忍欺。尔有百里之寄,而使奸民黠胥,敢于凌慢其长,尚何以为政哉? 其上一阶,勉图三善。可。

出处:《永乐大典》卷七三二四。又见《四库辑本别集拾遗》。
撰者:吴泳
考校说明:编年据吴泳任两制时间补。

赵与迈降授承议郎傅齐降授奉议郎制
(绍定六年十二月至嘉熙元年六月间)

敕具官某等:宓子贱治单父,民不忍欺;西门豹治邺,民不敢欺。尔等幸得百里之地而君之,无道化及民。政之昏瞀,狱之放纷,使部氓得讼其长之恶于有司,视二子宁无愧哉? 削秩罢归,其发深省。可。

出处:《永乐大典》卷七三二四。又见《四库辑本别集拾遗》。
撰者:吴泳
考校说明:编年据吴泳任两制时间补。

赵希燧降授奉议郎制
(绍定六年十二月至嘉熙元年六月间)

敕具官某:《商书》以殉货制刑,《周书》以崇饮设戒。尔为江西漕管,素以才称。而不自饬谨,纵漕舟以贿闻,激武吏以酗斗。望幕府者其如是哉? 其上二阶,毋怠三省。可。

出处:《永乐大典》卷七三二四。又见《四库辑本别集拾遗》。
撰者:吴泳
考校说明:编年据吴泳任两制时间补。

孙逌降授奉议郎制
(绍定六年十二月至嘉熙元年六月间)

敕具官某:朕闻受人牛羊之牧者,则必为之求牧与刍。尔倅房陵,摄承郡事。流鸿之弗宅,贪鸷之弗禁,吏俸弗给,军储弗问,岂不负千里之托哉? 姑削一阶,尚为轻典。可。

出处:《永乐大典》卷七三二四。又见《四库辑本别集拾遗》。
撰者:吴泳
考校说明:编年据吴泳任两制时间补。

梁该降授奉议郎制
（绍定六年十二月至嘉熙元年六月间）

　　敕具官某：昔何易于为益昌令，而狱无系囚；蒋沇为高陵长，而军有供亿。唐史书之，以为良吏。尔亦子男之秩耳，邑有囚而疏放于外，非无系囚也。庾有储而占压不支，非无供亿也。其视易于沇，岂不腼面颜哉？姑镌一阶，以警二慢。可。

出处：《永乐大典》卷七三二四。又见《四库辑本别集拾遗》。
撰者：吴泳
考校说明：编年据吴泳任两制时间补。

谢廷瑞降授奉议郎制
（绍定六年十二月至嘉熙元年六月间）

　　敕具官某：七十而谢事，礼也，磨堪之有年限，法也。尔既文而既博，逾老而逾壮，翱翔半刺，筋力尚强。而隶也不职，乃以艾服之齿，冒申吏铨，其抵于法宜矣。而陷汝以不知礼之过，朕亦悯焉。姑镌一秩，以存法守。可。

出处：《永乐大典》卷七三二四。又见《四库辑本别集拾遗》。
撰者：吴泳
考校说明：编年据吴泳任两制时间补。

赵傲夫降授奉议郎制
（绍定六年十二月至嘉熙元年六月间）

　　敕具官某：张湛在乡党而人仪表，徐稺居里闾而人式化。尔寓居里娈，无恂恂之誉，而挠政于民。使县官编户，皆得以訾之。其视前修，当亦知愧矣。姑上一阶，毋怠三省。可。

出处：《永乐大典》卷七三二四。又见《四库辑本别集拾遗》。
撰者：吴泳

考校说明:编年据吴泳任两制时间补。

席芾降授奉议郎制
(绍定六年十二月至嘉熙元年六月间)

敕具官某:宕昌蕃汉杂居,每病庸人扰之。尔佐于茗司,为之长史,不知体恤边氓,而罔以他比,内以曲文,罗以法外炮烙之刑,不激变则幸矣。部使者以状闻,宁得不薄示一阶之罚? 可。

出处:《永乐大典》卷七三二四。又见《四库辑本别集拾遗》。
撰者:吴泳
考校说明:编年据吴泳任两制时间补。

王恪降授奉议郎制
(绍定六年十二月至嘉熙元年六月间)

敕具官某:朕乃眷西顾,尝以属师粮饷为忧。故分命四路漕臣,各率其属,协济辚事。尔为属东漕,管督运沔阳。当兵符驿骚,饷道匮乏,不部一丁,不输一粟,敛身亟归,宁不误我疆事乎? 镌秩罢官,尚曰轻典。可。

出处:《永乐大典》卷七三二四。又见《四库辑本别集拾遗》。
撰者:吴泳
考校说明:编年据吴泳任两制时间补。

蔡节降授奉议郎制
(绍定六年十二月至嘉熙元年六月间)

敕具官某:昔高宗皇帝尝谓,但得官中常有一百万钱,称提交子,自得无弊。今之州郡,非高宗时比也。矧尔守于三衢,属当兵盗之后,郡计之乏,又非诸州比也。然朕方议称提之策,择流通壅滞之方,以示惩劝。则如汝州以殿闻,宁得无罚耶? 其上一阶,体朕不得已之意。

出处:《永乐大典》卷七三二四。又见《四库辑本别集拾遗》。

撰者:吴泳

考校说明:编年据吴泳任两制时间补。

曾式中降授朝奉郎制
(绍定六年十二月至嘉熙元年六月间)

敕具官某:任尚以严急护塞,而西域扇乱;郅都以苛暴守边,而匈奴引去。人遂谓都之智优于尚,而不知其失人心则均也。以尔皎厉而才,峭深而健。合淝重镇,出使长之。民以狼牧,吏以鹰使,军以待犬羊之法,用三者之心胥失矣。其不底于败,则幸也。台评来上,朕不敢私。姑从三褫之文,以示十惩之儆。可。

出处:《永乐大典》卷七三二四。又见《四库辑本别集拾遗》。

撰者:吴泳

考校说明:编年据吴泳任两制时间补。

徐圭降授宣教郎赵与进降授朝奉郎制
(绍定六年十二月至嘉熙元年六月间)

敕具官某等:折逆旅匕箸而斩以徇,高崇文之所以行三军;恐妨民耕蚕而身引舟,何易于之所以宰百里。朕命遣枢臣视师江上,尔等身为邑宰,职在字民,不知军令有严,而乃因为民扰,其视易于岂不饮愧哉?姑镌一阶,以警群慝。可。

出处:《永乐大典》卷七三二四。又见《四库辑本别集拾遗》。

撰者:吴泳

考校说明:编年据吴泳任两制时间补。

董士元降授朝奉郎制
(绍定六年十二月至嘉熙元年六月间)

敕具官某:郑子皮欲使尹何为邑,子产曰:"其伤实多。"子路使子羔为费宰,夫子曰:"贼夫人之子。"朕不敏明,不能亲择县令,使之长民。尔号以科目进,而贵游之习弗改。抱琴江上,荒乐是耽,其伤且贼也多矣。褫职罢官,警于有位。可。

出处:《永乐大典》卷七三二四。又见《四库辑本别集拾遗》。

撰者:吴泳

考校说明:编年据吴泳任两制时间补。

黄崖降授通直郎李伯杏降授朝奉郎制
(绍定六年十二月至嘉熙元年六月间)

敕具官某等:正人犹劲柏,不附丽而自荣;不正人如蔓草,必依凭而后进。尔崖倅于神皋,粗有才具。尔伯杏金幕京府,亦称敏决。未为不了官事也。而言者谓汝交游权贵之门,巧为自谋之计,则讵容无罚哉?

出处:《永乐大典》卷七三二四。又见《四库辑本别集拾遗》。

撰者:吴泳

考校说明:编年据吴泳任两制时间补。

宇文景迁降授朝奉郎制
(绍定六年十二月至嘉熙元年六月间)

敕具官某:古者君子之难仕也,进退有义焉,往代有时焉。尔生于名门,素自修洁,闲废之久,急于禄仕。代者以病违年,子恃铨法而往,法也,而非其义也。镌秩罢官,朕不得不从帅臣之请。可。

出处:《永乐大典》卷七三二四。又见《四库辑本别集拾遗》。

撰者:吴泳

考校说明:编年据吴泳任两制时间补。

张镇降授朝奉郎制
(绍定六年十二月至嘉熙元年六月间)

敕具官某:敬事而后食,圣人所以语事君;不稼而取禾,诗人所以刺在位。尔梯缘禁近,齿列仕林。未尝身服于官箴,而乃岁縻于廪粟。污吾白简,合议薄惩。其镌一阶,以警百慝。可。

出处:《永乐大典》卷七三二四。又见《四库辑本别集拾遗》。

撰者:吴泳

考校说明:编年据吴泳任两制时间补。

赵振玉降授朝散郎尚振午降授朝奉郎制
(绍定六年十二月至嘉熙元年六月间)

敕具官某等:虺贼溃防,握兵之将,貅虎熊罴之士,因缘煽乱者不知其几。领州麾护乡井者,静以填之可也。尔振玉为民望,乃舍之而去。尔震午邦之桀,乃纵子弟为扰。岂得无过欤?贾谊所谓上有患,立而观之;上有败,因而挺之。斯二子之谓矣。各镌一秩,以警二维。可。

出处:《永乐大典》卷七三二四。又见《四库辑本别集拾遗》。

撰者:吴泳

考校说明:编年据吴泳任两制时间补。

林枢赠朝奉郎制
(绍定六年十二月至嘉熙元年六月间)

敕具官某:往者峒贼啸凶,闯我赣城之下。鸱张豕突,无有撄其锋者。尔一州从事尔,乃能领兵纵城,出与贼斗,为伏矢所射,遂丧元身。议功行赏,岂容独遗汝哉?华之外郎,泽及后嗣。焄蒿未泯,宠渥祗歆。可。

出处:《永乐大典》卷七三二四。又见《四库辑本别集拾遗》。

撰者:吴泳

考校说明:编年据吴泳任两制时间补。

杨约降授朝奉郎制
(绍定六年十二月至嘉熙元年六月间)

敕具官某:宾主交游之间,有义存焉。方元帅欲守原上,汝以宾客舍之;宪臣欲死城郭,汝以交友去之。或舍或去,汝之志亦欲从容就义也。而素心未明,白简来上,朕安得不亦薄惩耶？少加省循,即有褒叙。可。

出处:《永乐大典》卷七三二四。又见《四库辑本别集拾遗》。

撰者:吴泳

考校说明:编年据吴泳任两制时间补。

连元特授朝奉郎制
（绍定六年十二月至嘉熙元年六月间）

敕具官某:迩者军政不纲,所在州县兵相挺为乱,富沙翼虎,尤其甚焉。尔为军政,乃能董督隅丁,制领以荡平之,亦可谓不失职矣。晋升一阶,庸劝百雄。可。

出处:《永乐大典》卷七三二四。又见《四库辑本别集拾遗》。

撰者:吴泳

考校说明:编年据吴泳任两制时间补。

韩木降授朝奉郎制
（绍定六年十二月至嘉熙元年六月间）

敕具官某:汉吏主告缗,义纵尚惩治之不少贷,赏告岂盛世所宜有哉？尔摄临川,道民亡术。借称提之名,行没入之令。元元何辜,而被此酷也。其镌二阶,罢所居官。可。

出处:《永乐大典》卷七三二四。又见《四库辑本别集拾遗》。

撰者:吴泳

考校说明:编年据吴泳任两制时间补。

家摛授承议郎力起授朝奉郎制
（绍定六年十二月至嘉熙元年六月间）

敕具官某等:昔汉桓荣,以经学成毕,盛陈车马印绶示诸生曰:"今日所蒙,稽古之力也。"后之为王府讲官,彻章受赏者皆昉乎此。尔摛文雅西州之彦,尔起典刑东候之儒。一繇蓬山,一自壁海。处之朱邸之邃,授以韦编之密。探玩研索,既讫于成。则进官一等,朕又何爱焉。可。

出处:《永乐大典》卷七三二四。又见《四库辑本别集拾遗》。
撰者:吴泳
考校说明:编年据吴泳任两制时间补。

赵希迈特授朝奉郎制
(绍定六年十二月至嘉熙元年六月间)

敕具官某:岛夷不恭,干我王略。尔丞郡绂,暂握机筹。讨击招降,备殚画诺。坐涤蛮方之瘴,以宽南顾之忧。晋之二阶,庸劝郡东。可。

出处:《永乐大典》卷七三二四。又见《四库辑本别集拾遗》。
撰者:吴泳
考校说明:编年据吴泳任两制时间补。

高崇追复朝奉郎制
(绍定六年十二月至嘉熙元年六月间)

敕具官某:朕于人才如护嘉木,封植长养,将以俟其成也。而横风凌雨拔之,宁不愍惜。尔以岷峨颖出之英,负燕赵崛奇之气。每帅臣岁贡,必与计偕。言者弗察,诬以它比,遂使赍志以殁。昔人谓善百誉而不进,一毁终世以颠陊,斯汝之谓矣。特叙元阶,官其一子。庶知为善者,虽屈于生,犹伸于死也。可。

出处:《永乐大典》卷七三二四。又见《四库辑本别集拾遗》。
撰者:吴泳
考校说明:编年据吴泳任两制时间补。

黄干特赠朝奉郎制
(绍定六年十二月至嘉熙元年六月间)

敕故具官某:洙泗之斯文未丧,得颜、曾数子羽翼,而其教大明;伊洛之正学方兴,得杨、尹诸人发挥,而其传益广。今有倡道武夷,而门人之中,卓然以扶世立教自任,是固国家之所当尊尚也。以尔绍兴名御史瑀之子,庆元朱侍讲熹之甥,密察精思,尽得师承之正;笃行力践,发为贤业之光。矧熹于易箦之时,属尔以传道之托,讨论《三礼》,敷绎《四书》。朕今读其书,求其徒。思坚正洪毅如干者,既不得与之同时矣。则追荣一秩,燕及后昆,朕又何爱焉。可。

出处:《永乐大典》卷七三二四。又见《四库辑本别集拾遗》。

撰者:吴泳

考校说明:编年据吴泳任两制时间补。

熊允悲追复朝奉郎制
(绍定六年十二月至嘉熙元年六月间)

敕具官某:昔为高邮守臣,以赂贼免。尔为邑于龙泉,以资寇败。尔之过,浮于高邮矣。然推鞫其状,无受赇之实,而竟死囹圄,宁不恻然。尽还故官,示朕愍恤之典。可。

出处:《永乐大典》卷七三二四。又见《四库辑本别集拾遗》。

撰者:吴泳

考校说明:编年据吴泳任两制时间补。

赵崇实叙复朝奉郎制
(绍定六年十二月至嘉熙元年六月间)

敕具官某:论士以实不以华。尔宗荦之英,文雅缘饰,吏而华者也。天汉库舍之事,正坐以华胜。然新将保谓汝拘理无亏矣。进叙一阶,益务其实。可。

出处:《永乐大典》卷七三二四。又见《四库辑本别集拾遗》。

撰者:吴泳

考校说明:编年据吴泳任两制时间补。

赵希鉴降授承事郎制
（绍定六年十二月至嘉熙元年六月间）

敕具官某：顷者州郡戍兵，相挺为乱，德安克敌，尤其甚者。尔为半刺史，摄承府事，不凑智略，以遏乱萌，遂使一城尽罹荼毒。汝纵不归死于司败，焉能免人尤哉？姑镌二阶，以警百慢。可。

出处：《永乐大典》卷七三二五。又见《四库辑本别集拾遗》。
撰者：吴泳
考校说明：编年据吴泳任两制时间补。

黄愷降授承事郎制
（绍定六年十二月至嘉熙元年六月间）

敕具官某：谢安戒约子弟，无预人事；柳公绰训其子，不交幕宾。懿哉，士大夫家范也。尔竞爽而艺，撷华而新。才入仕林，如利剑发硎，何可当其锐。侍亲西戍，声颇不佳。愷愷之言，溢于台疏。古人谓过则称己，是人子自称也。今乃使人缕数而历排之，岂不重贻亲羞哉？其上三阶，所以玉汝。可。

出处：《永乐大典》卷七三二五。又见《四库辑本别集拾遗》。
撰者：吴泳
考校说明：编年据吴泳任两制时间补。

陈秉权督办饷运授承直郎制
（绍定六年十二月至嘉熙元年六月间）

敕具官某：从事独贤，诗人所以闵周大夫之劳也。尔为南循，纠掾典狱之外，又能督饷运以济王师之缺，遏乱萌以弭萧墙之患，亦可谓劳矣。进汝二阶，以劝能者。可。

出处：《永乐大典》卷七三二五。又见《四库辑本别集拾遗》。
撰者：吴泳

考校说明:编年据吴泳任两制时间补。

陈玠授承直郎制
(绍定六年十二月至嘉熙元年六月间)

敕具官某:庆寿东朝,扬徽宝册。尔为台吏,庀职知班。奔走服劳,迄于成礼。先循一级,往懋忠勤。可。

出处:《永乐大典》卷七三二五。又见《四库辑本别集拾遗》。

撰者:吴泳

考校说明:编年据吴泳任两制时间补。

赵愭夫特授承直郎制
(绍定六年十二月至嘉熙元年六月间)

敕具官某:黎人不恭,干我王纪。帝室之胄,幕府之宾,乃能鼓率官军与七十二人战贼,取鲸鲵而戮之,可谓勇于义矣。进秩一阶,用劝来者。可。

出处:《永乐大典》卷七三二五。又见《四库辑本别集拾遗》。

撰者:吴泳

考校说明:编年据吴泳任两制时间补。

徐献子特授承直郎制
(绍定六年十二月至嘉熙元年六月间)

敕具官某:顷者宜城浅蛮慢防,侵我省地。官军辐凑,遂洗烟瘴而清之。尔以合浦法掾,与讨击之谋,幕府上功。何惜一官,不以华汝。可。

出处:《永乐大典》卷七三二五。又见《四库辑本别集拾遗》。

撰者:吴泳

考校说明:编年据吴泳任两制时间补。

赵与琼特授儒林郎赵歅夫特授承直郎制
（绍定六年十二月至嘉熙元年六月间）

　　敕具官某等：惠阳戍卒啸凶，逼我清海。得吾威望重臣镇拊之，遄即底定。尔等同力合谋，措画堤备。迄成诛叛之功，亦可嘉矣。各进一秩，往服朕命。可。

出处：《永乐大典》卷七三二五。又见《四库辑本别集拾遗》。

撰者：吴泳

考校说明：编年据吴泳任两制时间补。

崔叔同特授承直郎制
（绍定六年十二月至嘉熙元年六月间）

　　敕具官某：惠阳戍卒称乱，得吾威望重臣镇抚之，遄即底定。尔才业之懿，得于家庭。自新城纠曹，归赞机甈。元凶就戮，汝与有功焉。特迁二阶，勉汝忠孝。可。

出处：《永乐大典》卷七三二五。又见《四库辑本别集拾遗》。

撰者：吴泳

考校说明：编年据吴泳任两制时间补。

邓闻礼特授承直郎制
（绍定六年十二月至嘉熙元年六月间）

　　敕具官某：永丰盗平，朝廷第功行赏。以尔曾尉斯邑，殄奸渠魁，功不在下中等。特升二阶，勉服休命。可。

出处：《永乐大典》卷七三二五。又见《四库辑本别集拾遗》。

撰者：吴泳

考校说明：编年据吴泳任两制时间补。

水丘衮特授承直郎制
（绍定六年十二月至嘉熙元年六月间）

敕具官某：楮币之折阅非一涂也，而伪会为滋甚。尔曩尉宣城，盗有伪造者，乃能悉力擒捕，以正典宪。既应赏格，朕何靳一官，不以旌汝。可。

出处：《永乐大典》卷七三二五。又见《四库辑本别集拾遗》。
撰者：吴泳
考校说明：编年据吴泳任两制时间补。

林充国特授承直郎制
（绍定六年十二月至嘉熙元年六月间）

敕具官某：蛮徭负恃其险，突入省地，俘掠我民众。宣城守将分兵讨击，尔实董督运事，能使军有流钱，士皆宿饱，以成破贼之功。汝亦可谓有劳矣。进陟一级，以劝庶邦。可。

出处：《永乐大典》卷七三二五。又见《四库辑本别集拾遗》。
撰者：吴泳
考校说明：编年据吴泳任两制时间补。

吴似孙授从事郎制
（绍定六年十二月至嘉熙元年六月间）

敕具官某：庆寿东朝，扬徽宝册。薄海外内，咸沐湛恩。况尔戚畹近属，可遗锡庆耶。特循二资，往服嘉命。可。

出处：《永乐大典》卷七三二五。又见《四库辑本别集拾遗》。
撰者：吴泳
考校说明：编年据吴泳任两制时间补。

王澜特授从事郎制
(绍定六年十二月至嘉熙元年六月间)

敕具官某:三衢盗起,一方骚然。尔兄弟乡之富公耳,捐家财,募丁壮,同捍州城,以成官军破贼之功,朕岂一日忘于心哉。晋陟二资,非繇乡父兄之请也。益思靖献,衮对休光。可。

出处:《永乐大典》卷七三二五。又见《四库辑本别集拾遗》。
撰者:吴泳
考校说明:编年据吴泳任两制时间补。

汤巾叙复从事郎制
(绍定六年十二月至嘉熙元年六月间)

敕具官某:《周书》以朋作仇为诬,汉法以奇请它比为罔。尔温文而理,孝友而忠。入仕二十年,靡所愆戾,而仇人胁权曲文,以内之公朝。虽例以赦叙,然共比者五十一人,尺书往还者一百十三纸,尔不以挂名焉,则益知其诬罔矣。涤以丹书,还之白璧,尚庶乎为全人也。可。

出处:《永乐大典》卷七三二五。又见《四库辑本别集拾遗》。
撰者:吴泳
考校说明:编年据吴泳任两制时间补。

赵黉夫降授从事郎制
(绍定六年十二月至嘉熙元年六月间)

敕具官某:礼义廉耻,人之四维。尔为三泉郡幕,寇至则先去以为民望,非义也。己逃其难,而嗤郡将之死,非耻也。二维亡矣,其何以自逭于刑哉！姑小惩之,以警百慢。可。

出处:《永乐大典》卷七三二五。又见《四库辑本别集拾遗》。
撰者:吴泳

考校说明：编年据吴泳任两制时间补。

赵崇抟降授从事郎制
（绍定六年十二月至嘉熙元年六月间）

敕具官某：间平以经术显，骃验以才学闻。尔亦宗子也，不自谨饬，乃以私沽罔法，自丽于刑章。视二汉诸子，宁无愧乎？ 姑上一阶，亟图三省。可。

出处：《永乐大典》卷七三二五。又见《四库辑本别集拾遗》。
撰者：吴泳
考校说明：编年据吴泳任两制时间补。

赵崇夷降授从事郎制
（绍定六年十二月至嘉熙元年六月间）

敕具官某：邑尉以慰安我民为职者也。尔吏于繁昌，弗自谨饬，而乃受馈而庇庸僧，罗织而挞罢吏。失职冒禁，噫其甚矣。姑上一阶，尚曰中典。可。

出处：《永乐大典》卷七三二五。又见《四库辑本别集拾遗》。
撰者：吴泳
考校说明：编年据吴泳任两制时间补。

赵与强降授从事郎制
（绍定六年十二月至嘉熙元年六月间）

敕具官某：令尉近民之官也，而尉于民为尤近。方湘潭盗起，尔不能督捕以尉安斯民，又昵比隅官而衰敛焉，其镌秩坐废宜矣。虽然，刺举观其所主，彼司风宪者，既不能表群吏，尚何以望人之廉乎？ 可。

出处：《永乐大典》卷七三二五。又见《四库辑本别集拾遗》。
撰者：吴泳
考校说明：编年据吴泳任两制时间补。

陈宣子降授从事郎制
(绍定六年十二月至嘉熙元年六月间)

敕具官某:出纳之吝,谓之有司。尔库氏以监临为职,视人攫金,恬弗之问,非惠奸乎?镌秩解官,尚曰宽典。可。

出处:《永乐大典》卷七三二五。又见《四库辑本别集拾遗》。
撰者:吴泳
考校说明:编年据吴泳任两制时间补。

叶寿昌降授从事郎制
(绍定六年十二月至嘉熙元年六月间)

敕具官某:尔以刀笔吏补初品官。煽为贪风,控于吏议。始之下谨,后何以惩。姑夺一官,尚为宽典。可。

出处:《永乐大典》卷七三二五。又见《四库辑本别集拾遗》。
撰者:吴泳
考校说明:编年据吴泳任两制时间补。

陈伯贤降授从事郎制
(绍定六年十二月至嘉熙元年六月间)

敕具官某:广东列戍山前,以备他盗。漕新州之粟以给之,旧比也。尔为金幕,董督饷事,逗遛迁延,愆于期会,岂为公家忠计哉?姑小惩之,以谨慢令。可。

出处:《永乐大典》卷七三二五。又见《四库辑本别集拾遗》。
撰者:吴泳
考校说明:编年据吴泳任两制时间补。

唐若虚降授从事郎制
（绍定六年十二月至嘉熙元年六月间）

敕具官某：以锦彩博健马，国家所以计军实也。尔解官家居，弗自谨饬，而造锦鹭银，以贻吏议，岂不有妨马政哉？姑镌一阶，允谓轻典。可。

出处：《永乐大典》卷七三二五。又见《四库辑本别集拾遗》。

撰者：吴泳

考校说明：编年据吴泳任两制时间补。

赵汝得降授从事郎制
（绍定六年十二月至嘉熙元年六月间）

敕具官某：横逆之至于己，君子必自反而仁；狎侮之加于民，小人罔以尽其力。汝得为髡徒所辱，而径诉于庾台之下，尚何足语此哉？镌秩罢官，自取之也。可。

出处：《永乐大典》卷七三二五。又见《四库辑本别集拾遗》。

撰者：吴泳

考校说明：编年据吴泳任两制时间补。

赵与才降授从事郎制
（绍定六年十二月至嘉熙元年六月间）

敕具官某：鲁恭为中牟令，雊育其雏；仇览为蒲亭长，枭哺其母。尔宰新会，训导不纯。母讼厥子，反系其母，何用心逆人道也？朕甚痛之，其罢所居官，镌一秩。可。

出处：《永乐大典》卷七三二五。又见《四库辑本别集拾遗》。

撰者：吴泳

考校说明：编年据吴泳任两制时间补。

陈尧登降授从事郎制
（绍定六年十二月至嘉熙元年六月间）

敕具官某：昔孙锡按山阳尉李宗，唐天子有云"县尉，谓其能尉安于民。而今反伤民"，削其官。况尔吏于畿邑，弗务佐理。禁私铜所以救楮也，而忍于殃民；发常平所以赈饥也，而厚于丰己。尚何以任尉安之责乎？襫镌一阶，箫勺群慝。可。

出处：《永乐大典》卷七三二五。又见《四库辑本别集拾遗》。
撰者：吴泳
考校说明：编年据吴泳任两制时间补。

张爝降除从事郎制
（绍定六年十二月至嘉熙元年六月间）

敕具官某：吏以贪勤民，为日久矣。朕嘉与士大夫更始。尔为衡阳郡幕，事无细大，悉以贿成，何奉吾诏不虔耶？其镌二阶，毋怠三省。可。

出处：《永乐大典》卷七三二五。又见《四库辑本别集拾遗》。
撰者：吴泳
考校说明：编年据吴泳任两制时间补。

王立文降授从事郎制
（绍定六年十二月至嘉熙元年六月间）

敕具官某：夏之天吏，以逸德为罚；商之官刑，以淫风为首。尔为州司寇，勤恪奉公之日少，狎昵燕私之时多，能不自丽于罚乎？镌之二秩，尚曰轻典。可。

出处：《永乐大典》卷七三二五。又见《四库辑本别集拾遗》。
撰者：吴泳
考校说明：编年据吴泳任两制时间补。

韩㷍降授从事郎制
（绍定六年十二月至嘉熙元年六月间）

敕具官某：叔鱼鬻鄐田之狱而挺灾，魏舒辞梗阳之狱而弭谤，狱之不可以贿决也如此。尔为建宁李掾，官以能称，而乃商财赋之重轻，变狱情之曲直，独不思大命之所关乎？姑镌二阶，尚谓轻典。可。

出处：《永乐大典》卷七三二五。又见《四库辑本别集拾遗》。
撰者：吴泳
考校说明：编年据吴泳任两制时间补。

赵崇侪降授从事郎制
（绍定六年十二月至嘉熙元年六月间）

敕具官某：吏以贪勤民久矣。朕方嘉与士大夫更始。尔为州从事，不能佐良二千石共宣德意，而乃狃敝习，控于吏评，其何以赞察方国哉？褫所居官，仍镌二秩。尔其退自省循。可。

出处：《永乐大典》卷七三二五。又见《四库辑本别集拾遗》。
撰者：吴泳
考校说明：编年据吴泳任两制时间补。

曾谠降授从事郎制
（绍定六年十二月至嘉熙元年六月间）

敕具官某：古先圣人，谨于庶狱。惟有司牧夫，罔非在中，所以克天德而重人命也。尔谠为永嘉纪纲掾，郡有大狱，命汝鞫之。不能阅实其罚，而至于失入不辜。若匪部刺史平反，则民冤矣。尔虽去官，其可逭罚？姑从轻典，仅镌二阶。可。

出处：《永乐大典》卷七三二五。又见《四库辑本别集拾遗》。
撰者：吴泳

考校说明:编年据吴泳任两制时间补。

林记孙降授从事郎制
(绍定六年十二月至嘉熙元年六月间)

敕具官某:出纳之吝,谓之有司。尔暂摄库管,弗谨攸司。吏盗白金,连及仆隶,监临者乌得无责? 其上三阶,犹曰中典。可。

出处:《永乐大典》卷七三二五。又见《四库辑本别集拾遗》。
撰者:吴泳
考校说明:编年据吴泳任两制时间补。

任郜降授承事郎制
(绍定六年十二月至嘉熙元年六月间)

敕具官某:绿衣黄里,《国风》所以伤卫;白华菅茅,《小雅》所以刺周。尔先朝疑丞之子,宜有典刑。而妾上僭,嫡失位,使人人得数其过于朕前,岂容庇汝哉? 镌秩罢官,宜发深省。可。

出处:《永乐大典》卷七三二五。又见《四库辑本别集拾遗》。
撰者:吴泳
考校说明:编年据吴泳任两制时间补。

黄从龙降授从事郎制
(绍定六年十二月至嘉熙元年六月间)

敕具官某:漕舟于汉,以给我襄州兵,旧矣。尔奉制阃之命,督饷沿流,不劝诱招徕,而视资粮为己利。抑不思喉襟之地,有师万灶,登首山以呼庚癸乎? 一阶之罚,薄乎云尔。可。

出处:《永乐大典》卷七三二五。又见《四库辑本别集拾遗》。
撰者:吴泳
考校说明:编年据吴泳任两制时间补。

赵波夫降授修职郎赵崇仇降授从事郎制
（绍定六年十二月至嘉熙元年六月间）

　　敕具官某等：逸德之罚，著于《夏书》；徇货之刑，垂于商训。尔波夫尉于龙游，提身弗谨；尔崇仇尉于瑞安，莅官弗廉。既冒二戒，各镌一阶。可。

出处：《永乐大典》卷七三二五。又见《四库辑本别集拾遗》。

撰者：吴泳

考校说明：编年据吴泳任两制时间补。

追官人朱复之叙复宣教郎制
（绍定六年十二月至嘉熙元年六月间）

　　敕具官某：汉苏令发时，大夫无可使者。得盩厔令尹逢遣之，乃能办贼。尔以儒生，长予光泽，殄歼渠凶，上级以百数，多于尹逢矣。宜在封赏之科，而乃诒吏议，朕为之怃然。甄叙元阶，往服新命。可。

出处：《永乐大典》卷七三二五。又见《四库辑本别集拾遗》。

撰者：吴泳

考校说明：编年据吴泳任两制时间补。

赵汝渠降授宣教郎制
（绍定六年十二月至嘉熙元年六月间）

　　敕具官某：朕惟才者德之资也，而过于用其才，则咎之招也。尔武健而能，强给而敏。荐更三任，不出吴门。部使者知爱其才，而不知养其才。遂使度越法守，以抵于戾，尚何可逃其罚哉？姑褫一阶，毋怠三省。可。

出处：《永乐大典》卷七三二五。又见《四库辑本别集拾遗》。

撰者：吴泳

考校说明：编年据吴泳任两制时间补。

郑仲度降授宣义郎张嗣良降授宣教郎制
(绍定六年十二月至嘉熙元年六月间)

敕具官某等:邑,古子男之邦也。过于才者厉民,短于才者病民,皆非岂弟之政。尔仲度长我零都,能平寇盗,不为无劳矣。而虐用其民,未免胥怨,才累之也。尔嗣良累仕广右,来宰永丰,不可谓不知民情矣。而不自为政,受成他人,不才病之也。才者追思其功,尚可进用;不才者一坐软弱不胜任,则其羞甚于贪污。各镌一阶,思补二过。可。

出处:《永乐大典》卷七三二五。又见《四库辑本别集拾遗》。
撰者:吴泳
考校说明:编年据吴泳任两制时间补。

朱诜降授宣教郎制
(绍定六年十二月至嘉熙元年六月间)

敕具官某:畔官离次,国有常刑。尔顷宰盱眙,会有边役,不候满替,擅离所部。外阃奏闻,未加显谪。兹乃复以任满转官为请,何诞欺如此耶?式镌一阶,俾迪厥训。可。

出处:《永乐大典》卷七三二五。又见《四库辑本别集拾遗》。
撰者:吴泳
考校说明:编年据吴泳任两制时间补。

赵时篑降授宣教郎制
(绍定六年十二月至嘉熙元年六月间)

敕具官某:高琼戒其子,"毋以势要而蕲进身";欧阳修语其侄,"不可以荣显而思避事"。皆为人子侄守官法也。尔宗籍奋身,门荫入仕。端坐家庭而靡廪禄,营图荐举而班升朝。台议上闻,刑章难免。《诗》曰:"不稼不穑,胡取禾三百廛分。"一阶之罚,尚何辞。可。

出处:《永乐大典》卷七三二五。又见《四库辑本别集拾遗》。

撰者:吴泳

考校说明:编年据吴泳任两制时间补。

王剡降授宣教郎制
（绍定六年十二月至嘉熙元年六月间）

敕具官某:郡有丞贰,盖欲与我良二千石共理吾民也。尔剡曩宰畿邑,罔利渔民。治已亡状,尚安能康海沂以惠我民乎? 其上一阶,毋怠三省。可。

出处:《永乐大典》卷七三二五。又见《四库辑本别集拾遗》。

撰者:吴泳

考校说明:编年据吴泳任两制时间补。

留元钧降授宣教郎制
（绍定六年十二月至嘉熙元年六月间）

敕具官某:世禄之家,鲜克由先王之大训也。尔以相门之子,不自谨饬。典狱而亡敬色,居丧而有嘉容,谓之不由礼可也。其削一阶,以警二慢。可。

出处:《永乐大典》卷七三二五。又见《四库辑本别集拾遗》。

撰者:吴泳

考校说明:编年据吴泳任两制时间补。

白下起降授宣教郎制
（绍定六年十二月至嘉熙元年六月间）

敕具官某:令尹子文三仕三已,色无喜愠,孔门称之。尔百里既不以治状闻,而长吏移之,又不共命,粗厉见于词色,靦愧子文矣。姑示薄惩,庶期自讼。可。

出处:《永乐大典》卷七三二五。又见《四库辑本别集拾遗》。

撰者:吴泳

考校说明:编年据吴泳任两制时间补。

张本降授宣教郎制
(绍定六年十二月至嘉熙元年六月间)

敕具官某:朕更化以来,亲擢台谏,所以廉百吏也。尔为赤县令,粗号修谨,以不贿闻。而乃使吏以贿,污我耳目之官,其轻吾朝廷矣。盍贬二阶,以示行法自近之意。可。

出处:《永乐大典》卷七三二五。又见《四库辑本别集拾遗》。
撰者:吴泳
考校说明:编年据吴泳任两制时间补。

刘子澄降授承务郎赵楷降授宣教郎制
(绍定六年十二月至嘉熙元年六月间)

敕具官某等:往者师向西洛,卒与虏遇。诸戍之士,犹未憗也。汝佐而长,不务持牢,而望风先偾,遂致师徒挠败,乌得无罪? 可。

出处:《永乐大典》卷七三二五。又见《四库辑本别集拾遗》。
撰者:吴泳
考校说明:编年据吴泳任两制时间补。

费观孙降授宣教郎制
(绍定六年十二月至嘉熙元年六月间)

敕具官某:外铨之法,与东西审官院等。尔临邛老儒,晚得一邑。急于禄仕,不复审量而行。至部使者问之,有所弗暇。为贫固可悯也,废法其可贷欤? 镌秩罢官,以存彝宪。可。

出处:《永乐大典》卷七三二五。又见《四库辑本别集拾遗》。
撰者:吴泳
考校说明:编年据吴泳任两制时间补。

赵善铛降授宣教郎制
（绍定六年十二月至嘉熙元年六月间）

敕具官某：敬事而后食，圣人所以语事君；不稼而取禾，诗人所以刺有位。尔为南平倅，甫见吏民，乃虚进于官期，欲剩廪于廪粟。即兹一眚，合议薄惩，其病恙废事，又不暇论也。姑上二阶，以警半刺。可。

出处：《永乐大典》卷七三二五。又见《四库辑本别集拾遗》。

撰者：吴泳

考校说明：编年据吴泳任两制时间补。

于大遇降授宣教郎制
（绍定六年十二月至嘉熙元年六月间）

敕具官某：李虞仲为西川判官，而以才佐贤，杨仪之为湖南支使，而以忠劝上，皆良幕府也。尔曩者佐幕金陵，无令猷以相，而长诡谋暴政，言者谓实汝赞成之。镌之二秩，尚曰轻典。可。

出处：《永乐大典》卷七三二五。又见《四库辑本别集拾遗》。

撰者：吴泳

考校说明：编年据吴泳任两制时间补。

商灏降授宣教郎赵汝玖降授宣教郎制
（绍定六年十二月至嘉熙元年六月间）

敕具官某等：吏以贪勤民，为日久矣。朕方与士大夫更始。尔身为字民之官，当以不贿闻。而乃狃于敝习，弗化厥训，其何以长予百里哉？褫所居官，仍镌二秩，汝其退自省循。可。

出处：《永乐大典》卷七三二五。又见《四库辑本别集拾遗》。

撰者：吴泳

考校说明：编年据吴泳任两制时间补。

赵汝伋降授朝请郎史晞祖降授宣教郎制
（绍定六年十二月至嘉熙元年六月间）

敕具官某等：邦国不空别驾之功，昔人所以识王祥之美也。尔晞祖倅道，尔汝伋倅衡，贰郡亡政，懈于其位，虽民贫国空而莫之问，岂不觍颜于祥哉！各镌一阶，以警二慢。可。

出处：《永乐大典》卷七三二五。又见《四库辑本别集拾遗》。
撰者：吴泳
考校说明：编年据吴泳任两制时间补。

史弥厚降授承议郎赵与篲降授宣教郎制
（绍定六年十二月至嘉熙元年六月间）

敕具官某等：汉之待遇吏，盖有一人誉之而召，一人毁之而去者，兹不为公也。尔弥厚曾宰常熟，尔与谭为令锡山，部刺史常以才举矣。逮夫仓储不实，泉货不流，部刺史复以亡善状劾。黜陟臧否，一付之外台，朕亦何心之有。可。

出处：《永乐大典》卷七三二五。又见《四库辑本别集拾遗》。
撰者：吴泳
考校说明：编年据吴泳任两制时间补。

赵与迪降授修职郎制
（绍定六年十二月至嘉熙元年六月间）

敕具官某：丞位高而逼以嫌不任事，固非也，而乃职思其外，越受民词，至差弓兵追扰，迫细民于非命，如与迪者宁得无过欤？其上二阶，犹曰轻典。可。

出处：《永乐大典》卷七三二五。又见《四库辑本别集拾遗》。
撰者：吴泳
考校说明：编年据吴泳任两制时间补。

郑景龙降授迪功郎张焕降授修职郎制
（绍定六年十二月至嘉熙元年六月间）

　　敕具官某等：非功而获爵则爵轻，非罪而罚刑则刑褻。爵赏刑罚，国之大纲，不可不谨也。方盗发三衢，执俘献馘，功所当赏也。而景龙乃妄指私人，以攘其功，则爵及于非功矣。伤人及盗，法所当罪也，而焕辄罔平民以置之法，则刑及于非罪矣。彼持幕议宰邑民尚如此，其何以得其平哉？各镌两阶，庶知自讼。可。

出处：《永乐大典》卷七三二五。又见《四库辑本别集拾遗》。
撰者：吴泳
考校说明：编年据吴泳任两制时间补。

赵希彰降授修职郎制
（绍定六年十二月至嘉熙元年六月间）

　　敕具官某：吏各有体，尔为邑簿正，乃与酒侣博徒出入廛市间，且教其胥作匿名文状，失吏体矣。虽然，均田赋而不扰，理邑讼而适平。此上元簿故事也，汝何足以知之。其镌二阶，以俟三省。可。

出处：《永乐大典》卷七三二五。又见《四库辑本别集拾遗》。
撰者：吴泳
考校说明：编年据吴泳任两制时间补。

赵崇贡降授修职郎制
（绍定六年十二月至嘉熙元年六月间）

　　敕具官某：汉宗室子弟以酎金免国者，无虑数百，法不以亲废也。尔曩官长自请收籴，而乃三年不入，视我官物如弃如遗。盍议所以罚之，曰镌一阶。可。

出处：《永乐大典》卷七三二五。又见《四库辑本别集拾遗》。
撰者：吴泳
考校说明：编年据吴泳任两制时间补。

赵汝夅降授修职郎制
(绍定六年十二月至嘉熙元年六月间)

敕具官某:张元素为景城户曹,清吏也,贼视之不敢执。尔仕于寿昌,司我仓庾。乃黩丙丁之货,致贻庚癸之呼,岂不误我戎事?其上二阶,尚为中罚。可。

出处:《永乐大典》卷七三二五。又见《四库辑本别集拾遗》。
撰者:吴泳
考校说明:编年据吴泳任两制时间补。

陈梦升降授修职郎制
(绍定六年十二月至嘉熙元年六月间)

敕具官某:举刺监司之职,黜陟人主之柄。尔为幕府上佐,一人之身,而部使者以才举,以贪劾,朕惟使者之信而已。其上两阶,庶惩贰行。可。

出处:《永乐大典》卷七三二五。又见《四库辑本别集拾遗》。
撰者:吴泳
考校说明:编年据吴泳任两制时间补。

赵诘夫降授修职郎制
(绍定六年十二月至嘉熙元年六月间)

敕具官某:畔官离次,国有常刑。顷者鞑犯襄州,将薄荆渚。尔为镇官,效死勿去。吾无望乎汝也,寇未至而去诸,则朕将何赖焉?姑镌二秩,往发深省。可。

出处:《永乐大典》卷七三二五。又见《四库辑本别集拾遗》。
撰者:吴泳
考校说明:编年据吴泳任两制时间补。

顾孺采降授修职郎制
（绍定六年十二月至嘉熙元年六月间）

敕具官某：僻在南海，远于朝廷，吏冒法抵禁为甚。汝一簿耳，贪酷之过，擢发不足以数。若据郡太守状，则当坐祖宗赃吏之法。削秩罢任，尚曰宽典。可。

出处：《永乐大典》卷七三二五。又见《四库辑本别集拾遗》。

撰者：吴泳

考校说明：编年据吴泳任两制时间补。

赵汝奭降授修职郎制
（绍定六年十二月至嘉熙元年六月间）

敕具官某：狱，民之大命也。尔为纪纲掾，弗克清审，惟货其吉，长吏何赖焉？夺汝二阶，尚曰宽典。可。

出处：《永乐大典》卷七三二五。又见《四库辑本别集拾遗》。

撰者：吴泳

考校说明：编年据吴泳任两制时间补。

赵崇夙降授修职郎制
（绍定六年十二月至嘉熙元年六月间）

敕具官某：岁歉则发廪粟以补，取常平良法也。尔为乐清簿正，不体州家德意，而利巢金，以营己私，犹为有仁心乎？姑示薄惩，毋忘深省。可。

出处：《永乐大典》卷七三二五。又见《四库辑本别集拾遗》。

撰者：吴泳

考校说明：编年据吴泳任两制时间补。

赵师涓降授修职郎制
(绍定六年十二月至嘉熙元年六月间)

敕具官某:慢令圣门之所戒,荒政《周官》之所警。尔尉临湘,与民为近。有死于兵者,察冤视折,乃其职分。而旷历岁时,巧求避免,不几于慢且荒乎? 镌秩罢官,尚曰轻典。可。

出处:《永乐大典》卷七三二五。又见《四库辑本别集拾遗》。
撰者:吴泳
考校说明:编年据吴泳任两制时间补。

赵崇洗降授修职郎制
(绍定六年十二月至嘉熙元年六月间)

敕具官某:国家重民命,凡不得其死者,有审验,有聚检,谨之至也。建平有疑狱,尔为聚检官,弗躬弗亲,索瘢洗垢,一付吏手。系累及于平民,尔得无罪欤?其上一阶,以警其慢。可。

出处:《永乐大典》卷七三二五。又见《四库辑本别集拾遗》。
撰者:吴泳
考校说明:编年据吴泳任两制时间补。

赵晔夫降授修职郎制
(绍定六年十二月至嘉熙元年六月间)

敕具官某:邻有丧,春不相;里有殡,不巷歌。矧国之有大戚乎? 尔为宗英,方恭圣颁遗告之日,既不能致哀以尽臣子之敬,而乃于游于观,闻酣歌常舞,又从而赏之,尚安得以逃吏议哉? 其镌一秩,以警三风。可。

出处:《永乐大典》卷七三二五。又见《四库辑本别集拾遗》。
撰者:吴泳
考校说明:编年据吴泳任两制时间补。

赵崇迣降授修职郎制
（绍定六年十二月至嘉熙元年六月间）

　　敕具官某：周司书，主簿书者也，凡国中之版，皆得以参考焉。尔仕于赤县，弗率厥职，计簿登而不销，民籍去而不问，宁不伤财害民哉？盍回故邑，仍毕勾稽。可。

出处：《永乐大典》卷七三二五。又见《四库辑本别集拾遗》。
撰者：吴泳
考校说明：编年据吴泳任两制时间补。

赵希镱降授修职郎制
（绍定六年十二月至嘉熙元年六月间）

　　敕具官某：海陵监，课之货泉也。尔共贰事，而视为贪泉。丰己病民，岂宜佚罚。姑上一阶，以廉百吏。可。

出处：《永乐大典》卷七三二五。又见《四库辑本别集拾遗》。
撰者：吴泳
考校说明：编年据吴泳任两制时间补。

刘潪降授修职郎制
（绍定六年十二月至嘉熙元年六月间）

　　敕具官某：古人之仕，盖有三黜三已者，然为道故也。尔邑于丹阳，曾被显劾；丞于黄岩，连遭按罢。阅其所言状，皆以贪著。所宜屡镌，往自三省。可。

出处：《永乐大典》卷七三二五。又见《四库辑本别集拾遗》。
撰者：吴泳
考校说明：编年据吴泳任两制时间补。

祝雄降授修职郎制
(绍定六年十二月至嘉熙元年六月间)

敕具官某:尉主盗贼,汉制也。尔吏于沅江,境内有盗而弗之察,乃执图经以辞,辩则辨矣,其如职守何?姑示薄惩,尚图来效。可。

出处:《永乐大典》卷七三二五。又见《四库辑本别集拾遗》。
撰者:吴泳
考校说明:编年据吴泳任两制时间补。

蔡允卿降授修职郎制
(绍定六年十二月至嘉熙元年六月间)

敕具官某:鄐田之讼不平,叔鱼不免共分其罪;郁城之卒不恤,广利不免贻怒于君。尔以一尉之卑,而扰狱剥下乃尔。事又有大者,尚何望其公且廉哉?其上一阶,犹曰轻典。可。

出处:《永乐大典》卷七三二五。又见《四库辑本别集拾遗》。
撰者:吴泳
考校说明:编年据吴泳任两制时间补。

郑安之降授修职郎制
(绍定六年十二月至嘉熙元年六月间)

敕具官某:县有弓兵,所以禁暴诘奸,谨备寇盗者也。尔以老儒,为苍梧尉。部刺史按行,阒无一丁在县。汝虽非利其庸直者,然旷官如此,尚得辞其罚哉?姑镌一阶,尚为轻典。可。

出处:《永乐大典》卷七三二五。又见《四库辑本别集拾遗》。
撰者:吴泳
考校说明:编年据吴泳任两制时间补。

赵与篇降授修职郎制
(绍定六年十二月至嘉熙元年六月间)

　　敕具官某:尉以发奸摘伏为职也。尔尉于边邑,不能职思其居,而乃受僧赇以营梵宫。失职冒禁,嘻其甚矣。姑上一阶,往其三省。可。

出处:《永乐大典》卷七三二五。又见《四库辑本别集拾遗》。
撰者:吴泳
考校说明:编年据吴泳任两制时间补。

赵希潫降授修职郎制
(绍定六年十二月至嘉熙元年六月间)

　　敕具官某:往者逆全干纪,犯我海陵。守令不能伏节死义,率皆望风迎降。朕已等第行罚矣。尔吾属籍也,亦以效尤取祸,朕岂得庇汝耶? 姑夺一阶,尚用中典。可。

出处:《永乐大典》卷七三二五。又见《四库辑本别集拾遗》。
撰者:吴泳
考校说明:编年据吴泳任两制时间补。

史次龙降授修职郎制
(绍定六年十二月至嘉熙元年六月间)

　　敕具官某:国家勤恤民隐,苟有不得其死,则必覆验阅实,以伸其冤,谨重之至也,尔耄而不武,为吏所欺,以陨于非命为考终命,冤哉死也。姑上一阶,退省厥咎。可。

出处:《永乐大典》卷七三二五。又见《四库辑本别集拾遗》。
撰者:吴泳
考校说明:编年据吴泳任两制时间补。

赵怵夫降授修职郎制
(绍定六年十二月至嘉熙元年六月间)

　　敕具官某:尉者所以为民除盗,非欲其执民为盗也。尔尉于新喻,不能摘伏抉奸。名其为贼,而死于笞捶之下者,凡七人。平民何赖焉? 虽已去官,不容佚罚。特镌一秩,以达其冤。可。

出处:《永乐大典》卷七三二五。又见《四库辑本别集拾遗》。
撰者:吴泳
考校说明:编年据吴泳任两制时间补。

王禹圭降授修职郎制
(绍定六年十二月至嘉熙元年六月间)

　　敕具官某:子路治蒲,夫子至其庭曰:"明察以断矣。"尔摄邑京山,掌典狱事,连击而死者三人,不明也。淹禁而不决者一载,无断也。无明无断,何以长吾百里哉? 姑镌一阶,以劝三善。可。

出处:《永乐大典》卷七三二五。又见《四库辑本别集拾遗》。
撰者:吴泳
考校说明:编年据吴泳任两制时间补。

夏武降授修职郎制
(绍定六年十二月至嘉熙元年六月间)

　　敕具官某:朕闻士之致远,先器识。尔丰城一尉耳,所识者几何? 而以政残民,以才荡法,以气凌同列。仕又有大者,将何如哉? 帅臣以状闻,特镌一秩,永为弗靖者之戒。可。

出处:《永乐大典》卷七三二五。又见《四库辑本别集拾遗》。
撰者:吴泳
考校说明:编年据吴泳任两制时间补。

曾次元降授修职郎制
（绍定六年十二月至嘉熙元年六月间）

　　敕具官某：今取民之法，犹张弓不可加矣。尔为吏于潮，不能宽以佐理。而乃取赢于仓庾，专利于书契。其为公家谋，则善矣，岂不甚病民耶？姑削一阶，尚曰宽典。可。

出处：《永乐大典》卷七三二五。又见《四库辑本别集拾遗》。

撰者：吴泳

考校说明：编年据吴泳任两制时间补。

赵贵降授修职郎制
（绍定六年十二月至嘉熙元年六月间）

　　敕具官某：汉人以善吏不能为治，对豪恶吏而言，其害民则均也。尔为义安郡寮，暂摄州事，政令驰玩，隶人不戒，延焚官寺，挺及民居，数百家之聚一燎而尽。镌秩以谢远民，尚何辞？可。

出处：《永乐大典》卷七三二五。又见《四库辑本别集拾遗》。

撰者：吴泳

考校说明：编年据吴泳任两制时间补。

霍申甫降授修职郎制
（绍定六年十二月至嘉熙元年六月间）

　　敕具官某：尉之名官，谓其尉安我民也。尔服黄绶大冠，不能化贼为民，而反激民以凌上。其过岂颛在吾赤子耶？褫秩罢官，退而自讼。可。

出处：《永乐大典》卷七三二五。又见《四库辑本别集拾遗》。

撰者：吴泳

考校说明：编年据吴泳任两制时间补。

周次旦降授修职郎制
(绍定六年十二月至嘉熙元年六月间)

敕具官某:宰耕牛之禁,国家之至仁也。强民之毙牛以为杀,则不仁亦甚矣。尉亲民者也,而所为若是。一阶之罚,尚何辞? 可。

出处:《永乐大典》卷七三二五。又见《四库辑本别集拾遗》。
撰者:吴泳
考校说明:编年据吴泳任两制时间补。

赵汝昞降授修职郎制
(绍定六年十二月至嘉熙元年六月间)

敕具官某:朕闻卓茂迁密令,吏亲爱不忍欺之。尔摄分水,不能表正群吏。而乃给券受赇,以自丰于厥身,是欺吏也,宁不为吏所欺乎? 其上一阶,庶知三省。可。

出处:《永乐大典》卷七三二五。又见《四库辑本别集拾遗》。
撰者:吴泳
考校说明:编年据吴泳任两制时间补。

赵与孠降授修职郎制
(绍定六年十二月至嘉熙元年六月间)

敕具官某:宓子贱治单父,民不忍欺;卓茂治密,吏不忍欺。尔摄宰金堂,亡学道爱人之政,而重敛淫刑,编氓得以诉其上。其何以为邑长于斯耶? 特镌一秩,以谢百里。可。

出处:《永乐大典》卷七三二五。又见《四库辑本别集拾遗》。
撰者:吴泳
考校说明:编年据吴泳任两制时间补。

李寅降授修职郎制
（绍定六年十二月至嘉熙元年六月间）

敕具官某:追盗察奸,尉职也。尔效职夔子县,有凶囚既获矣,又从而逸之,何以声死者之冤耶? 其上一阶,尚曰轻典。可。

出处:《永乐大典》卷七三二五。又见《四库辑本别集拾遗》。
撰者:吴泳
考校说明:编年据吴泳任两制时间补。

赵警夫降授修职郎制
（绍定六年十二月至嘉熙元年六月间）

敕具官某:茶盐有禁,尉捕之职也。然利搜逻之获,以为己私,则过矣。其上一秩,以讹尔心。可。

出处:《永乐大典》卷七三二五。又见《四库辑本别集拾遗》。
撰者:吴泳
考校说明:编年据吴泳任两制时间补。

薛熙载降授修职郎制
（绍定六年十二月至嘉熙元年六月间）

敕具官某:利其禄而逃其难,仲由所耻也。尔为怀集簿,久服官箴。寇至则先去以为民望,至谓罢斥为甘心焉,讵可遂而欲哉? 其上一阶,俾复旧职,庶以自警。可。

出处:《永乐大典》卷七三二五。又见《四库辑本别集拾遗》。
撰者:吴泳
考校说明:编年据吴泳任两制时间补。

张炎震降授修职郎孙南金降授修
职郎杨已仲降授修职郎制
（绍定六年十二月至嘉熙元年六月间）

敕具官某等：令尉近民之官，而尉于民为尤近。尔等分受厥职，不能尉安我民，乃皆以纵盗逸贼，挂于吏议，岂国家建官之初意哉？各镌一秩，以警三惩。可。

出处：《永乐大典》卷七三二五。又见《四库辑本别集拾遗》。

撰者：吴泳

考校说明：编年据吴泳任两制时间补。

赵崇官降授修职郎制
（绍定六年十二月至嘉熙元年六月间）

敕具官某：士不可以更所守也。尔司江陵户曹，素自修谨。一为利回，至匿估籍之金，以贻吏议。姑镌一秩，以示薄惩。可。

出处：《永乐大典》卷七三二五。又见《四库辑本别集拾遗》。

撰者：吴泳

考校说明：编年据吴泳任两制时间补。

林梦龙降授修职郎制
（绍定六年十二月至嘉熙元年六月间）

敕具官某：簿正之职，所以纠一县之非违也。尔勾稽畿邑，官箴不戒。乃以仇民商利，丽于刑章，尚何非违之能纠乎？特褫一资，犹曰中典。可。

出处：《永乐大典》卷七三二五。又见《四库辑本别集拾遗》。

撰者：吴泳

考校说明：编年据吴泳任两制时间补。

王节降授宣教郎赵崇骥降授修职郎制
（绍定六年十二月至嘉熙元年六月间）

　　敕具官某等：盗憎官吏，不但江西然也。尔节宰高安，既不能化贼为民；崇骥为尉，又几于揖盗入室。其失职则均尔。各镌一阶，以警其慢。可。

出处：《永乐大典》卷七三二五。又见《四库辑本别集拾遗》。

撰者：吴泳

考校说明：编年据吴泳任两制时间补。

陈伯舒降授儒林郎史文舒降授修职郎制
（绍定六年十二月至嘉熙元年六月间）

　　敕具官某等：始听其言而失宰我，孔子叹取人之为难；夷考其行而知琴张，孟轲言得士之非易。矧以才而受举，复以过而丽刑。尔等自为之佞贤，朕亦何心于黜陟。贬秩一等，往服宽恩。可。

出处：《永乐大典》卷七三二五。又见《四库辑本别集拾遗》。

撰者：吴泳

考校说明：编年据吴泳任两制时间补。

钟澄特授修职郎制
（绍定六年十二月至嘉熙元年六月间）

　　敕具官某：朕以文母保佑之功，式崇徽谥，登之宝册。应执事其所者，等第推恩。尔减年迁秩，亦云宠矣。往其茂承之。可。

出处：《永乐大典》卷七三二五。又见《四库辑本别集拾遗》。

撰者：吴泳

考校说明：编年据吴泳任两制时间补。

周应旗特授修职郎制
（绍定六年十二月至嘉熙元年六月间）

敕具官某：文母上宾，攒陵复土。服役官吏，咸有褒升。汝应减年循资，往服休命。可。

出处：《永乐大典》卷七三二五。又见《四库辑本别集拾遗》。
撰者：吴泳
考校说明：编年据吴泳任两制时间补。

王准赠修职郎制
（绍定六年十二月至嘉熙元年六月间）

敕具官某：盗发三衢，敢干王略。尔一隅官耳，乃能董率民丁，麾击于桐坡之下。渠凶既歼，而元身亦殒矣。其进二阶，以旌毅魄。可。

出处：《永乐大典》卷七三二五。又见《四库辑本别集拾遗》。
撰者：吴泳
考校说明：编年据吴泳任两制时间补。

何克忠降授修职郎制
（绍定六年十二月至嘉熙元年六月间）

敕具官某：君子不尽利以遗民，所以均天地之施也。尔为蒲井监官，自擅煎煮，不能导其利，以布之上下。虽曰为计所生财，而民食贵盐，则其害多矣。特上三阶，往其祗惕。可。

出处：《永乐大典》卷七三二五。又见《四库辑本别集拾遗》。
撰者：吴泳
考校说明：编年据吴泳任两制时间补。

王绍宗降授修职郎制
（绍定六年十二月至嘉熙元年六月间）

敕具官某：昔人益小吏之俸以养廉，至仁也。近因楮钱铜贵，百官有司以减俸请，朕所不取。尔衡阳州从事耳，廪稍既薄，又以钱会中半帮给，其不自赡宜矣。何至掷货宝于地哉？郡将以贪戾告，朕不得不存统体。其上三阶，以惩一忿。可。

出处:《永乐大典》卷七三二五。又见《四库辑本别集拾遗》。

撰者:吴泳

考校说明:编年据吴泳任两制时间补。

赵崇忒降授从事郎赵希訏降授修职郎制
（绍定六年十二月至嘉熙元年六月间）

敕具官某等：败常乱俗，虽细不宥，周人之训也。况尔等以宝王亲丞子男国，不自爱重，慆淫贪肆。一则徇于货色，而不之厌；一则昵于匪人，而弗之耻。败常乱俗，莫此为甚。一阶之镌，犹轻典也。尔其往省厥愆。可。

出处:《永乐大典》卷七三二五。又见《四库辑本别集拾遗》。

撰者:吴泳

考校说明:编年据吴泳任两制时间补。

赵汝远降授迪功郎制
（绍定六年十二月至嘉熙元年六月间）

敕具官某：朕躬三年之丧，以孝治天下。尔方斩然在疚，情事未申，而乃营求摄局，以逾滥闻，安则为之？夺官两阶，尚为轻典。可。

出处:《永乐大典》卷七三二五。又见《四库辑本别集拾遗》。

撰者:吴泳

考校说明:编年据吴泳任两制时间补。

孟元子陈衢降授迪功郎制
（绍定六年十二月至嘉熙元年六月间）

敕具官某等：漕江西之粟，以实淮壖，旧比也。尔为部餫官，不谨厥职，而纵容傍人，盗耗官米以万计。尔曾思边淮宿师万灶，士亦有登首山以呼庚癸者乎？等第镌官，以警而慢。可。

出处：《永乐大典》卷七三二五。又见《四库辑本别集拾遗》。

撰者：吴泳

考校说明：编年据吴泳任两制时间补。

叶寘因搜访进书特补迪功郎制
（绍定六年十二月至嘉熙元年六月间）

敕某：粤昔绍兴，当兵戈俶扰中，搜遗举逸，曾无虚岁。有以布衣郑樵所著书献之朝者，乃特命以官，恩至渥也。尔经明行饬，学有源流。翳然九华之颠，恬退不竞。部刺史以论著来上，朕阅故典，可不以高宗之所以命樵者而命汝耶？勉尔递思，服我休命。可。

出处：《永乐大典》卷七三二五。又见《四库辑本别集拾遗》。

撰者：吴泳

考校说明：编年据吴泳任两制时间补。

鲍醇孙降授从事郎叶明降授迪功郎制
（绍定六年十二月至嘉熙元年六月间）

敕具官某等：商制官刑，以儆有位，至严也。尔醇孙领卤盐之务，而不饬籧篨。尔明司关市之征，而不闲有家。既丽三风矣，尚何官刑之逃哉？各夺二阶，往宜三省。可。

出处：《永乐大典》卷七三二五。又见《四库辑本别集拾遗》。

撰者：吴泳

考校说明:编年据吴泳任两制时间补。

刘宬降授迪功郎制
(绍定六年十二月至嘉熙元年六月间)

敕具官某:国家用人先择才,监司所以使之公举刺也。尔以仓庾氏为入幕宾,机敏辩决,不畏强御,可以为才矣。而监司之不才者患之,劾章来上,宁得无失实耶?虽然,所存者体统耳,姑镌二阶,以俟休复。可。

出处:《永乐大典》卷七三二五。又见《四库辑本别集拾遗》。
撰者:吴泳
考校说明:编年据吴泳任两制时间补。

赵孟彪降授迪功郎制
(绍定六年十二月至嘉熙元年六月间)

敕具官某:《周礼》,司门掌授管键,几出入,其来旧矣。尔为宗莘,不谨于度。夜半明半出城,阍者上之,而又毁柝斩关,桑梓之敬何在?削秩罢官,往自循省。可。

出处:《永乐大典》卷七三二五。又见《四库辑本别集拾遗》。
撰者:吴泳
考校说明:编年据吴泳任两制时间补。

赵汝陋降授迪功郎制
(绍定六年十二月至嘉熙元年六月间)

敕具官某:尉虽卑,民为近。尔吏长溪,民冤失职。纵首弗之问,其失出甚矣。镌秩罢官,尚曰轻典。可。

出处:《永乐大典》卷七三二五。又见《四库辑本别集拾遗》。
撰者:吴泳
考校说明:编年据吴泳任两制时间补。

赵汝辕降授迪功郎制
(绍定六年十二月至嘉熙元年六月间)

敕具官某:士当观其志,而仕之穷达次之。尔为贺林幕属,甫摄郡事。无酌泉自励之操,而哀民奉己。使若吏若兵,皆得以累数其恶,可以观志之所存矣。姑镌二阶,以谢千里。可。

出处:《永乐大典》卷七三二五。又见《四库辑本别集拾遗》。
撰者:吴泳
考校说明:编年据吴泳任两制时间补。

王仲换授迪功郎制
(绍定六年十二月至嘉熙元年六月间)

敕某人:朕抚有方夏,悉主悉臣。尔既归明,率属来附。式颁武爵,换授文阶。往耀远人,益殚忠力。可。

出处:《永乐大典》卷七三二五。又见《四库辑本别集拾遗》。
撰者:吴泳
考校说明:编年据吴泳任两制时间补。

赵洞夫降授迪功郎制
(绍定六年十二月至嘉熙元年六月间)

敕具官某:政与刃杀人,亡以异也。尔以酷能,求摄故步。一巷之市,而死于囚絷者三人。虽非尔杀之,实尔致之。镌褫二阶,尚曰宽典。可。

出处:《永乐大典》卷七三二五。又见《四库辑本别集拾遗》。
撰者:吴泳
考校说明:编年据吴泳任两制时间补。

赵希得降授迪功郎制
（绍定六年十二月至嘉熙元年六月间）

敕具官某：畔官离次，国有常刑。况金贼犯我海陵，尔为宗臣，不能死列。乃复先去以为民望，朕何赖焉？镌褫二阶，往服中典。可。

出处：《永乐大典》卷七三二五。又见《四库辑本别集拾遗》。

撰者：吴泳

考校说明：编年据吴泳任两制时间补。

杨思恭降授迪功郎制
（绍定六年十二月至嘉熙元年六月间）

敕具官某：按《周礼》乡八刑，而不睦、不弟之刑居其二。思恭兄也，思安弟也，思安杀人而丽于法。阅实其状，实汝致之，汝安能逭《周官》之罚哉？其削一阶，尚曰中典。可。

出处：《永乐大典》卷七三二五。又见《四库辑本别集拾遗》。

撰者：吴泳

考校说明：编年据吴泳任两制时间补。

赵时点降授迪功郎制
（绍定六年十二月至嘉熙元年六月间）

敕具官某：狱夺于货，先王所戒。尔为义安理掾，事无大小，皆以贿成，岂朕庶谨庶狱之意哉？姑镌二秩，以淑群慝。可。

出处：《永乐大典》卷七三二五。又见《四库辑本别集拾遗》。

撰者：吴泳

考校说明：编年据吴泳任两制时间补。

张震午降授迪功郎制
（绍定六年十二月至嘉熙元年六月间）

敕具官某：茶盐有禁，尉捕之职也。然假搜逻之名，以取赇焉，乌得无罪？特镌二秩，以讹尔心。可。

出处：《永乐大典》卷七三二五。又见《四库辑本别集拾遗》。
撰者：吴泳
考校说明：编年据吴泳任两制时间补。

汪清之降授迪功郎制
（绍定六年十二月至嘉熙元年六月间）

敕具官某：宗族不亲，《杕杜》所以伤晋；骨肉相怨，《角弓》所以刺周。尔以门荫，齿于仕版。当畏天显民彝。叔父，亲之支也，而弗惠弗迪，至于胥戕胥告。岂朕所望于大夫士之家乎？姑镌二阶，以植五教。可。

出处：《永乐大典》卷七三二五。又见《四库辑本别集拾遗》。
撰者：吴泳
考校说明：编年据吴泳任两制时间补。

谭伯言降授迪功郎制
（绍定六年十二月至嘉熙元年六月间）

敕具官某：汉入财赏官，不补右职，轻其人也。况尔富赀为吏，以武断闻。眈视一方，嗾使群狡。若阅所言状，则不但崔钧所谓铜臭而已。镌秩罢任，徙之远方，庶稍知名器不可以滥得也。可。

出处：《永乐大典》卷七三二五。又见《四库辑本别集拾遗》。
撰者：吴泳
考校说明：编年据吴泳任两制时间补。

阮炎正降授迪功郎制
（绍定六年十二月至嘉熙元年六月间）

　　敕具官某：尉黄冠大绶，主捕盗察奸，汉法也。尔吏于乐安，不能摘奸惠良。县有豪奴杀人，而当死者传生。比当生者，内以曲文，连系几百三十家。其如民之不冤何？镌秩罢官，尚曰轻典。可。

出处：《永乐大典》卷七三二五。又见《四库辑本别集拾遗》。

撰者：吴泳

考校说明：编年据吴泳任两制时间补。

任霆降授迪功郎制
（绍定六年十二月至嘉熙元年六月间）

　　敕具官某：士不可以险夷贰其心也。尔为安康李掾，疆场无事则就职，风尘小警则谋去。即兹一眚，合议薄惩。其如湎酒淫刑，又不暇论也。可。

出处：《永乐大典》卷七三二五。又见《四库辑本别集拾遗》。

撰者：吴泳

考校说明：编年据吴泳任两制时间补。

赵与衖降授迪功郎制
（绍定六年十二月至嘉熙元年六月间）

　　敕具官某：簿尉日赴长官厅议事，此元符令也。尔尉嘉定，不率训彝而籍民词，簿官钱，侵官益甚。事长之义安在哉？其上两阶，尚曰轻典。可。

出处：《永乐大典》卷七三二五。又见《四库辑本别集拾遗》。

撰者：吴泳

考校说明：编年据吴泳任两制时间补。

陈璹降授迪功郎制
(绍定六年十二月至嘉熙元年六月间)

敕具官某："王事靡盬，不遑启处"，周人遗戍之诗也。尔为六安西尉，既不能荷戈以防犬羊，督办军储，拘籍夫丁，岂非职分，而乃牢辞固避，不敏于行。虽曰亲老子殇，然岂得以家为哉？其上两阶，以儆边吏。可。

出处：《永乐大典》卷七三二五。又见《四库辑本别集拾遗》。
撰者：吴泳
考校说明：编年据吴泳任两制时间补。

刘简子降授迪功郎制
(绍定六年十二月至嘉熙元年六月间)

敕具官某：国家以仁睦同姓，以法绳之。凡丽于罚者，听外宗予决，至公也。尔摄邑闽清，宗子小有罪戾，不白西外，径行决挞之威。独不思水木本原之义乎？可。

出处：《永乐大典》卷七三二五。又见《四库辑本别集拾遗》。
撰者：吴泳
考校说明：编年据吴泳任两制时间补。

丁如翼降授迪功郎制
(绍定六年十二月至嘉熙元年六月间)

敕具官某：汉昭帝不与天下争利，故罢卖盐官。朕甚慕之，而力未暇也，其可以重困之乎？汝监新会盐场，不能导其利，布之上下。乃重征苛取，自丰于厥身。其害吾民多矣，再从镌削，以警贪戾。可。

出处：《永乐大典》卷七三二五。又见《四库辑本别集拾遗》。
撰者：吴泳
考校说明：编年据吴泳任两制时间补。

韩庥降授迪功郎制
（绍定六年十二月至嘉熙元年六月间）

敕具官某：楮币之所以折阅，私印滋多，而州县弗之察也。尔曩尉青田，境内有伪造不能警捕，而乃使擒获于邻邑焉。特镌二列，以为失察之戒。可。

出处：《永乐大典》卷七三二五。又见《四库辑本别集拾遗》。

撰者：吴泳

考校说明：编年据吴泳任两制时间补。

孙舜举授武功郎制
（绍定六年十二月至嘉熙元年六月间）

敕具官某：兵法善战者以正合，以奇胜。尔阗如虓虎，领我舟师。当海寇横溃之时，不以叱咤为勇。掩旗卧鼓，诱致而袭擒之，亦可谓以奇胜矣。朕何爱两阶，不以旌汝哉。可。

出处：《永乐大典》卷七三二六。又见《四库辑本别集拾遗》。

撰者：吴泳

考校说明：编年据吴泳任两制时间补。

程苐授武功郎制
（绍定六年十二月至嘉熙元年六月间）

敕具官某：昔我孝宗皇帝，尝立奉使一司，以待材用之宅。盖谓掉三寸舌以伐天骄，实难其选也。尔忠勇沉鸷，有声临淮。军戎万里之情，素知谙悉，命汝伴送。仍陟二阶，以宠其行。忠信而加之以敏，使不辱君命，则予汝嘉。可。

出处：《永乐大典》卷七三二六。又见《四库辑本别集拾遗》。

撰者：吴泳

考校说明：编年据吴泳任两制时间补。

张大可降授武功郎制

（绍定六年十二月至嘉熙元年六月间）

敕具官某：朕更化之初，昭德塞违，以禁宠赂，至严也。尔总戎淮西，锢于旧染。专饰苞苴，以事交结。台臣除墨未干，而千里之馈卒至，其速且巧如此，何不施之用间行师乎？特镌一官，以励诸将。可。

出处：《永乐大典》卷七三二六。又见《四库辑本别集拾遗》。

撰者：吴泳

考校说明：编年据吴泳任两制时间补。

董有恭授武德郎制

（绍定六年十二月至嘉熙元年六月间）

敕具官某：朕登大宝，凡潜邸服役之臣，咸霈优恩，今一周星矣。尔援彝比以请，朕何敢独遗汝耶。益懋忠勤，思对休宠。可。

出处：《永乐大典》卷七三二六。又见《四库辑本别集拾遗》。

撰者：吴泳

考校说明：编年据吴泳任两制时间补。

童德兴降授武德郎制

（绍定六年十二月至嘉熙元年六月间）

敕具官某：赏罚军国之纪纲，不可以无章也。尔董师闽粤，执讯获丑。予嘉乃绩，峻升五阶，赏既不薄矣。而乃慆淫贪戾，控于吏评。朕安得亡罚乎？其归二级，以责后效。可。

出处：《永乐大典》卷七三二六。又见《四库辑本别集拾遗》。

撰者：吴泳

考校说明：编年据吴泳任两制时间补。

赵时俣授武德郎制
（绍定六年十二月至嘉熙元年六月间）

敕具官某：朕于后戚之家，不欲以恩挠法。然东朝既上尊号，命作册宝。则推报亲之恩，以广逮下之仁，亦义之所不容废也。用锡尔官，往其祗服。可。

出处：《永乐大典》卷七三二六。又见《四库辑本别集拾遗》。

撰者：吴泳

考校说明：编年据吴泳任两制时间补。

韦铠授武节郎制
（绍定六年十二月至嘉熙元年六月间）

敕具官某等：朕以文母跻附于庙。凡曰戚属，序迁有差，于以报坤元成物之施也。尔其惟忠惟孝，答此宠荣。可。

出处：《永乐大典》卷七三二六。又见《四库辑本别集拾遗》。

撰者：吴泳

考校说明：编年据吴泳任两制时间补。

崔福叙复武节郎制
（绍定六年十二月至嘉熙元年六月间）

敕具官某：李广恂恂如鄙人，朱然钦钦如对陈。古之良将，不以叱咤为能也。尔阚如虓虎，维扬城下大小数十战，勇则勇矣。以言上人，尔得无过乎？甄叙元官，尚图补过。可。

出处：《永乐大典》卷七三二六。又见《四库辑本别集拾遗》。

撰者：吴泳

考校说明：编年据吴泳任两制时间补。

成颖达叙武节郎制
(绍定六年十二月至嘉熙元年六月间)

敕具官某:往岁雪川之变,鹖冠之士,为狂寇污染,隶于丹书者,不但汝一人也。当东朝庆寿七十,湛恩汪濊,与祥风俱翱。如尔元官,亦宜甄叙。可。

出处:《永乐大典》卷七三二六。又见《四库辑本别集拾遗》。
撰者:吴泳
考校说明:编年据吴泳任两制时间补。

林熙载授武节郎制
(绍定六年十二月至嘉熙元年六月间)

敕具官某:乾道置舍人之员,淳熙增解职之赏。孝宗之待閤门,可谓重矣。朕励精之始,率由旧章。卑尔郁林之麾,释尔禁闱之务,则于一官又何爱焉。可。

出处:《永乐大典》卷七三二六。又见《四库辑本别集拾遗》。
撰者:吴泳
考校说明:编年据吴泳任两制时间补。

陈大纪降授武经郎制
(绍定六年十二月至嘉熙元年六月间)

敕具官某:刑之颇颣,狱之放纷,国侨所耻也。尔守雷阳,不靖共于位。而乃阱属邑之令,鏊邻州之守。且兴犴户,戕及无辜。其为颇颣放纷不以多乎?镌汝一阶,实为宽典。可。

出处:《永乐大典》卷七三二六。又见《四库辑本别集拾遗》。
撰者:吴泳
考校说明:编年据吴泳任两制时间补。

林景衡授武经郎制
（绍定六年十二月至嘉熙元年六月间）

敕具官某：阁门解罢，稽其功绪而进以官，淳熙旧典也。尔素闲朝仪，出领遽障。遄以毳及，玷于台评。卑之祠廪，所以示惩也。今更铨以解职之赏为请。仍进一官，所以示劝也。劝惩是用，朕亦何心之有？可。

出处：《永乐大典》卷七三二六。又见《四库辑本别集拾遗》。
撰者：吴泳
考校说明：编年据吴泳任两制时间补。

张旺授武经郎制
（绍定六年十二月至嘉熙元年六月间）

敕具官某：往岁江西捕贼，有司上首功，率各有差。尔总师干，与官军大小二十七战。出则在诸营先，赏则居功臣次，亦退然有冯将军之风矣。其陟一阶，以劝诸校。可。

出处：《永乐大典》卷七三二六。又见《四库辑本别集拾遗》。
撰者：吴泳
考校说明：编年据吴泳任两制时间补。

徐弼授武经郎制
（绍定六年十二月至嘉熙元年六月间）

敕具官某：海濒之民，不沾王化，结约诸峒，弄兵儋琼之间。尔摄守昌化，分遣官军。左掎右截，冲散舟于石牌浦下，径取鲸鲵而戮之，亦可谓隽功矣。升之二阶，以劝诸将。可。

出处：《永乐大典》卷七三二六。又见《四库辑本别集拾遗》。
撰者：吴泳
考校说明：编年据吴泳任两制时间补。

刘元实授训武郎俞朴授武经郎制
（绍定六年十二月至嘉熙元年六月间）

敕具官某等：朕执爵赏之柄，以驭其幸。尔朴干才之敏，尔元实职掌之勤，虽曰沂邸戚属，而勤敏寡过。所以叙迁有差，示不私也。然而幸岂可数哉，尔宜勿懈于位。可。

出处：《永乐大典》卷七三二六。又见《四库辑本别集拾遗》。
撰者：吴泳
考校说明：编年据吴泳任两制时间补。

李大声授武经郎制
（绍定六年十二月至嘉熙元年六月间）

敕具官某：江右盗起，朝廷设封赏之科，以迪有功。尔统率淮军，纠敌王忾，洗贼巢而歼之。遂使一方之民，复还有生之乐，亦可嘉矣。晋职三阶，以励诸将。可。

出处：《永乐大典》卷七三二六。又见《四库辑本别集拾遗》。
撰者：吴泳
考校说明：编年据吴泳任两制时间补。

张范降授武翼郎制
（绍定六年十二月至嘉熙元年六月间）

敕具官某：风俗之好为欺诞，文武一律也。尔为浙西兵钤，以籴运觅官。言之则利析秋毫，行之则一筹不画。宁不误我王事哉？其上一阶，尚云宽大。可。

出处：《永乐大典》卷七三二六。又见《四库辑本别集拾遗》。
撰者：吴泳
考校说明：编年据吴泳任两制时间补。

缪梦达降授武翼郎制
（绍定六年十二月至嘉熙元年六月间）

　　敕具官某：昔严延年为河南守，坐选举不实贬秩。然所举但狱吏尔，况长百里之寄者哉！尔擢自右科，出乘边障。意谓必能友贤字民，以开布大信。辟举之际，既失其平，尚何以慰吾塞外吏士耶？一秩之镌，实遵汉法。可。

出处：《永乐大典》卷七三二六。又见《四库辑本别集拾遗》。

撰者：吴泳

考校说明：编年据吴泳任两制时间补。

齐敏授武翼郎制
（绍定六年十二月至嘉熙元年六月间）

　　敕具官某：盗起广右，朝廷设封赏之科，以劝有功。尔总戎于韶，奋身不顾。援弓赴敌，射杀渠魁，厥功隽矣。虽以荡平江西之劳，晋秩三级，然赏不嫌重。朕何爱一资，而不以旌汝。可。

出处：《永乐大典》卷七三二六。又见《四库辑本别集拾遗》。

撰者：吴泳

考校说明：编年据吴泳任两制时间补。

姜昂赠训武郎李师舜赠武翼郎制
（绍定六年十二月至嘉熙元年六月间）

　　敕具官某等：往者盗憎官吏，弄兵三衢。尔等乃能率羸弊之兵，当鸱张之寇。躬冒矢石，致殒元身，其视望风先奔者有间矣。各赠三官，仍录其孤。魂而有知，尚服休宠。可。

出处：《永乐大典》卷七三二六。又见《四库辑本别集拾遗》。

撰者：吴泳

考校说明：编年据吴泳任两制时间补。

刘焘赠武翼郎制
(绍定六年十二月至嘉熙元年六月间)

敕具官某:红贼负国家海涵春育之恩,穴我淮楚。尔统辖楼船,攻打淮阴城壁,为飞矢误中,遂殒元身,亦可悯矣。赠官字孤,庸妥营魄。可。

出处:《永乐大典》卷七三二六。又见《四库辑本别集拾遗》。
撰者:吴泳
考校说明:编年据吴泳任两制时间补。

阎安义冯琳并授武翼郎阎康民授保义郎
阎康年授忠翊郎制
(绍定六年十二月至嘉熙元年六月间)

敕具官某等:朕以美人阎氏逮事先朝,命之不淑,至于云逝。兹揽遗言,以近属转秩为请,宁不恻然。进汝一阶,勉祗厥命。可。

出处:《永乐大典》卷七三二六。又见《四库辑本别集拾遗》。
撰者:吴泳
考校说明:编年据吴泳任两制时间补。

周喜授武翼郎制
(绍定六年十二月至嘉熙元年六月间)

敕具官某:顷者龚贼不式王命,出没建邵之间。尔统殿司兵,自成所赴唐石。尽锐鏖战,殄奸渠凶,卒能洗贼巢而空之。汝之功绩,其伟哉。晋陟二级,以励三军。可。

出处:《永乐大典》卷七三二六。又见《四库辑本别集拾遗》。
撰者:吴泳
考校说明:编年据吴泳任两制时间补。

张旺授武翼郎制
（绍定六年十二月至嘉熙元年六月间）

敕具官某：三衢密迩畿甸，顷者愚民盗弄棘矜于山谷间。长吏失职，不能绥安。至勤王师，越境擒捕。兹岂朕本心哉？有司上功，进尔二秩，庸示褒劝之典。可。

出处：《永乐大典》卷七三二六。又见《四库辑本别集拾遗》。

撰者：吴泳

考校说明：编年据吴泳任两制时间补。

张翼降授武翼郎制
（绍定六年十二月至嘉熙元年六月间）

敕具官某：昔我孝宗，矜恤归附。悯其贫则与四任添差，试其才则与厘务差遣。载在宝训，可覆视也。尔中原遗民，仗义归我。祗役淮右，亦既有年。授汝以护戎之官，华汝以转秩之宠。此皆旧比，往服新休。可。

出处：《永乐大典》卷七三二六。又见《四库辑本别集拾遗》。

撰者：吴泳

考校说明：编年据吴泳任两制时间补。

黄公辅降授武节郎何杞降授武翼郎制
（绍定六年十二月至嘉熙元年六月间）

敕具官某等：昔我真宗皇帝，谓交广之民去朝廷远，当选操心平允，能安远人者任之。尔杞守横州，殖货自丰，不恤其属，是操心不平矣。尔公辅守象州，苟取重敛，征及士夫，是不能安远人矣。朕于往训，实有愧焉。各镌二阶。可。

出处：《永乐大典》卷七三二六。又见《四库辑本别集拾遗》。

撰者：吴泳

考校说明：编年据吴泳任两制时间补。

钟兴嗣降授武翼郎制
（绍定六年十二月至嘉熙元年六月间）

敕具官某：昔我孝宗轸念两淮，戒饬疆吏，应佃田植桑，马草木炭，不许科抑人户。明训具在也。尔守历阳，科率敷敛，又越四条之外，民何以堪。特镌二阶，仍夺祠廪，少慰边方之民。可。

出处：《永乐大典》卷七三二六。又见《四库辑本别集拾遗》。
撰者：吴泳
考校说明：编年据吴泳任两制时间补。

俞海等二十五人并授修武郎制
（绍定六年十二月至嘉熙元年六月间）

敕具官某等：拱扈殿庭，岁月兹久。程其功艺，蹶张不衰。引见授官，厥有彝典。往祗宠命，勿替忠勤。可。

出处：《永乐大典》卷七三二六。又见《四库辑本别集拾遗》。
撰者：吴泳
考校说明：编年据吴泳任两制时间补。

彭忠厚叙复修武郎制
（绍定六年十二月至嘉熙元年六月间）

敕具官某：节义天下之大闲，宽大圣朝之厚德。雪川之变，衣冠之被污者不但汝一人也。东朝庆寿七十，旧染之习，咸与维新。如尔元阶，特与甄叙。可。

出处：《永乐大典》卷七三二六。又见《四库辑本别集拾遗》。
撰者：吴泳
考校说明：编年据吴泳任两制时间补。

宋复右赠修武郎制
（绍定六年十二月至嘉熙元年六月间）

敕具官某：功疑惟重，识于《商书》；赏疑从予，笔于《汉史》。尔以制府之令，送虏使于河南。与他盗遇，众寡不侔，撄其锋而歼焉，亦可悯矣。有司以功上，难者疑之，岂予忠厚之心哉？赠秩录孤，用贲营魄。可。

出处：《永乐大典》卷七三二六。又见《四库辑本别集拾遗》。

撰者：吴泳

考校说明：编年据吴泳任两制时间补。

冯胜赠修武郎制
（绍定六年十二月至嘉熙元年六月间）

敕具官某：往者逆全煽乱承楚。征讨之士，大者数百战，小者亦不下四五六七伐。尔敢勇效力，射阳之役，乃能截水断桥，与贼血战，累战几十合。而竟赍志以殁，岂不可哀也哉？赠秩字孤，以甄壮烈。可。

出处：《永乐大典》卷七三二六。又见《四库辑本别集拾遗》。

撰者：吴泳

考校说明：编年据吴泳任两制时间补。

邓起赠承信郎祝邦固赠修武郎制
（绍定六年十二月至嘉熙元年六月间）

敕具官某等：往者峒寇慢防，兴师讨击。汝职隶统兵，敌王所忾。尔以气吞贼，遂殒元身。功既当酬，忠尤可悯。追迁厥秩，仍隶其孤。死而有知，尚服休宠。可。

出处：《永乐大典》卷七三二六。又见《四库辑本别集拾遗》。

撰者：吴泳

考校说明：编年据吴泳任两制时间补。

黄正邦赠修武郎制
（绍定六年十二月至嘉熙元年六月间）

敕具官某：黎人之侵扰汉民旧矣，百年王土，半入夷腹。皆由朕之不德，亡以绥远。尔为万安义丁之长，乃能直捣径洞，复其侵邑，寇仅荡平，而元身亦殒矣。躐升武阶，姑慰毅魄。可。

出处：《永乐大典》卷七三二六。又见《四库辑本别集拾遗》。
撰者：吴泳
考校说明：编年据吴泳任两制时间补。

贾嗣明授修武郎制
（绍定六年十二月至嘉熙元年六月间）

敕具官某：汉置令丞吏掌守陵园，今以内供奉官给事洒扫，亲之也。尔端良敬谨，入侍左右。朕闵其劳，转归吏铨。祗护攒宫，无旷厥职。可。

出处：《永乐大典》卷七三二六。又见《四库辑本别集拾遗》。
撰者：吴泳
考校说明：编年据吴泳任两制时间补。

邵克忠授修武郎制
（绍定六年十二月至嘉熙元年六月间）

敕具官某：庆寿东朝，扬徽宝册。薄海内外，咸沐湛恩。况尔戚畹外属，可遗锡庆耶？特升一阶，往服嘉命。可。

出处：《永乐大典》卷七三二六。又见《四库辑本别集拾遗》。
撰者：吴泳
考校说明：编年据吴泳任两制时间补。

杨福兴降授从义郎制
（绍定六年十二月至嘉熙元年六月间）

敕具官某：昔刘光世奏枯秸生穗，高庙斥之曰："军中有十万铁骑，乃为祥瑞，其他皆不足信。"大哉王言，朕常宝之，以为御将之方。尔总师干，当边锁告严，不能图上方略，而乃绘芝草以献，此又光世之所不为者。其上一阶，以为疆吏诞谀者之戒。可。

出处：《永乐大典》卷七三二六。又见《四库辑本别集拾遗》。

撰者：吴泳

考校说明：编年据吴泳任两制时间补。

黄鼎换授从义郎制
（绍定六年十二月至嘉熙元年六月间）

敕具官某：貂省之臣，以供奉至尊为职。岁月滋久，赋禄铨曹，旧法也。法以驭幸，朕不汝私。益懋厥勤，祗服予采。可。

出处：《永乐大典》卷七三二六。又见《四库辑本别集拾遗》。

撰者：吴泳

考校说明：编年据吴泳任两制时间补。

叶蒂授武德郎刘镛授武经郎刘元晋授从义郎制
（绍定六年十二月至嘉熙元年六月间）

敕具官某等：朕以文母跻祔于庙。凡奔走殿庭，莫不叙迁有差。尔等掌司奏记，莅职惟谨。各进华秩，以示褒嘉。尔毋曰一官可以幸得也。可。

出处：《永乐大典》卷七三二六。又见《四库辑本别集拾遗》。

撰者：吴泳

考校说明：编年据吴泳任两制时间补。

江海叙复从义郎制
(绍定六年十二月至嘉熙元年六月间)

敕具官某:善将者御军以律,尔纵其下,肆掠边氓,岂得无过乎? 抚辑降附以恩,尔结其心,捍御敌境,岂得无功乎? 积功以补过,证赦以叙官。朕于诛赏废置,亦何心之有。可。

出处:《永乐大典》卷七三二六。又见《四库辑本别集拾遗》。
撰者:吴泳
考校说明:编年据吴泳任两制时间补。

徐晞契叙复从义郎制
(绍定六年十二月至嘉熙元年六月间)

敕具官某:兄弟不相及,古之刑章也。尔兄晞稷囊帅淮安,风力不强,启乱纳侮,固不得不戒其咎,而于汝何与焉。罢以白简,叙之丹书。朕亦何心之有哉。

出处:《永乐大典》卷七三二六。又见《四库辑本别集拾遗》。
撰者:吴泳
考校说明:编年据吴泳任两制时间补。

张裕授从义郎制
(绍定六年十二月至嘉熙元年六月间)

敕具官某:朕众建女士,秩视外朝。信国夫人朱氏,实主予内省。命之不淑,至于云亡。遗言以属吏转秩请,宁不恻然。进尔一阶,勉共厥服。可。

出处:《永乐大典》卷七三二六。又见《四库辑本别集拾遗》。
撰者:吴泳
考校说明:编年据吴泳任两制时间补。

章焕等五人并换授从义郎制
(绍定六年十二月至嘉熙元年六月间)

敕具官某等:给事殿庭,阅岁滋久。程其功绪,法当授官。往参武阶,益懋忠报。可。

出处:《永乐大典》卷七三二六。又见《四库辑本别集拾遗》。

撰者:吴泳

考校说明:编年据吴泳任两制时间补。

郑恢先权授从义郎制
(绍定六年十二月至嘉熙元年六月间)

敕具官某:长淮千里,护风寒者不过数处。而浮光安丰尤其要也。尔书生耳,当鞑骑驰蹂之冲,乃能式遏其虐。励战士,汰冗军,又以劳著,是则可赏矣。特升二秩,勉竭孤忠。可。

出处:《永乐大典》卷七三二六。又见《四库辑本别集拾遗》。

撰者:吴泳

考校说明:编年据吴泳任两制时间补。

赵章赠从义郎制
(绍定六年十二月至嘉熙元年六月间)

敕具官某:曩岁鞑虏虔刘西陲,凡官军吏士,望风而奔溃者,肩相摩,地相属也。尔为统兵官,乃能亲率孤军,驰敌师而死焉,亦可谓勇于义矣。追赠三阶,特官一子。九原有识,尚克歆承。可。

出处:《永乐大典》卷七三二六。又见《四库辑本别集拾遗》。

撰者:吴泳

考校说明:编年据吴泳任两制时间补。

戴必胜赠从义郎制
(绍定六年十二月至嘉熙元年六月间)

敕具官某:朕惟殁于王事,载之金科玉条,溺死其一也。矧以殿岩将领,躬督粮储,才渡溱河,而元身遽殒矣,岂可不哀也哉?追封五秩,仍字其孤。尚冀营魂,歆我恤典。可。

出处:《永乐大典》卷七三二六。又见《四库辑本别集拾遗》。
撰者:吴泳
考校说明:编年据吴泳任两制时间补。

沈宣之赠从义郎制
(绍定六年十二月至嘉熙元年六月间)

敕具官某:往者海陵初复,经理盐城。尔为督运官,共御王事。瘝瘁服役,至于沦亡,亦可哀矣。超增四阶,以旌营魄。可。

出处:《永乐大典》卷七三二六。又见《四库辑本别集拾遗》。
撰者:吴泳
考校说明:编年据吴泳任两制时间补。

温林赠从义郎李威赠秉义郎呼延械
赠忠翊郎杨显赠承信郎制
(绍定六年十二月至嘉熙元年六月间)

敕具官某等:往岁鞑兵闯我蜀口,狼奔兽突,孰敢少婴其锋。尔等或起身行阵,或仗义归朝。各将一军,誓灭虏贼。天胡不佑,竟殒元身。说者谓非木皮岭一战之力,则鞑必不肯委蜀而去矣。念功饰往,并字其孤。以妥英魂,以作义气。可。

出处:《永乐大典》卷七三二六。又见《四库辑本别集拾遗》。
撰者:吴泳

考校说明：编年据吴泳任两制时间补。

方恺授秉义郎制
（绍定六年十二月至嘉熙元年六月间）

敕具官某：朕执爵赏之柄，以驭其幸尔。沂王戚属，寄职候班。率履惟谨，特进华秩，以示褒嘉。尔毋曰名器可以幸得也。可。

出处：《永乐大典》卷七三二六。又见《四库辑本别集拾遗》。
撰者：吴泳
考校说明：编年据吴泳任两制时间补。

陶琦授忠训郎制
（绍定六年十二月至嘉熙元年六月间）

敕具官某：给事宫省之臣，积勤寡过，是为称职。进秩一等，以旌其劳。祗服宠荣，尚克知劝。可。

出处：《永乐大典》卷七三二六。又见《四库辑本别集拾遗》。
撰者：吴泳
考校说明：编年据吴泳任两制时间补。

丁信授忠训郎制
（绍定六年十二月至嘉熙元年六月间）

敕具官某：永城面睢阳，背灵壁，古大县也。沦胥既久，再归职方。郡将之任，实艰其选。尔往乘障，已越一年。抚字防托，备殚劳勘。朕用嘉之，特进华阶，以劝边吏。可。

出处：《永乐大典》卷七三二六。又见《四库辑本别集拾遗》。
撰者：吴泳
考校说明：编年据吴泳任两制时间补。

张龟寿授忠训郎制
(绍定六年十二月至嘉熙元年六月间)

敕具官某:昔代北垦田,岁收二十万石,省度支二千万缗,唐朝赖之。尔总忠义兵,受制府旨意,乃能劝督庄丁,悉力开垦。三年所入,物以石计者几四十万。遂使国家省漕运之费,边兵无庚癸之呼。何惜一阶,不以旌汝。可。

出处:《永乐大典》卷七三二六。又见《四库辑本别集拾遗》。
撰者:吴泳
考校说明:编年据吴泳任两制时间补。

杨雄秦隆俱赠忠翊郎制
(绍定六年十二月至嘉熙元年六月间)

敕具官某等:往岁鞑虏虔刘西陲。凡官军吏士,望风而溃者,肩相摩,地相属也。尔以金司统兵官,出援汉沔。与虏鏖百丈岭下,驰敌师而死焉,可谓勇于义矣。追赠五阶,各官一子。九原有识,尚克歆承。可。

出处:《永乐大典》卷七三二六。又见《四库辑本别集拾遗》。
撰者:吴泳
考校说明:编年据吴泳任两制时间补。

贾佑赠忠翊郎制
(绍定六年十二月至嘉熙元年六月间)

敕具官某:鞑寇西陲,首犯凤集。辛卯之役,汝佑再战,而虏再北也。未几而生兵日滋,汝与实与世隆俱巷战而死,所谓三则竭矣。特畀三阶,仍官一子,以示朕恤功之意。可。

出处:《永乐大典》卷七三二六。又见《四库辑本别集拾遗》。
撰者:吴泳
考校说明:编年据吴泳任两制时间补。

李宗玘授忠诩郎制
（绍定六年十二月至嘉熙元年六月间）

敕具官某：朕并建妃嫱，助理阴教。凡其戚畹，咸与优恩。汝其思名器之不轻，往敬共而靡懈。可。

出处：《永乐大典》卷七三二六。又见《四库辑本别集拾遗》。
撰者：吴泳
考校说明：编年据吴泳任两制时间补。

盖天祐赠成忠郎制
（绍定六年十二月至嘉熙元年六月间）

敕具官某：往岁鞑骑虔刘西陲，豕突兽奔，罔有当其锋者。尔奋身义旅，摄郡沔阳。抚辑流移，曾未安宅。敌王所忾，遽殒元身，可谓死于义矣。赠秩录孤，以旌毅魄。可。

出处：《永乐大典》卷七三二六。又见《四库辑本别集拾遗》。
撰者：吴泳
考校说明：编年据吴泳任两制时间补。

李宗瑛俞耀并授成忠郎制
（绍定六年十二月至嘉熙元年六月间）

敕具官某等：周爵后族，见于《诗》者独元舅申伯而已。后之光宠外亲者，恩数浸广。尔等以册宝之恩，陈乞转官，朕何惜此。然食其荣而怠其事，则有驭幸之法在。可。

出处：《永乐大典》卷七三二六。又见《四库辑本别集拾遗》。
撰者：吴泳
考校说明：编年据吴泳任两制时间补。

雍浚授从义郎张元长授忠训郎茅公正授成忠郎制
（绍定六年十二月至嘉熙元年六月间）

敕具官某等：朕退朝之暇，务学为先。广厦对儒臣之英，露门彻皇祖之训。凡而属吏，咸与推恩。其懋忠勤，以服休命。可。

出处：《永乐大典》卷七三二六。又见《四库辑本别集拾遗》。

撰者：吴泳

考校说明：编年据吴泳任两制时间补。

朱海叙复保义郎制
（绍定六年十二月至嘉熙元年六月间）

敕具官某：楚酋扇逆，龚贼襃凶。将军之功，独有扼天长、捍唐石耳。清流冒赏之事，几若为贼仇民，汝得无过乎？今既以赦原矣。其叙三阶，庶无贰过。可。

出处：《永乐大典》卷七三二六。又见《四库辑本别集拾遗》。

撰者：吴泳

考校说明：编年据吴泳任两制时间补。

陈硕文授保义郎制
（绍定六年十二月至嘉熙元年六月间）

敕具官某人：蠢彼蛮猺，敢干王略，陷我赤县，百年于今。尔能奋不顾身，深入其阻，荡平招纳，咸迪有功。特命以功，维忠之劝。

出处：《永乐大典》卷七三二六。又见《四库辑本别集拾遗》。

撰者：吴泳

考校说明：编年据吴泳任两制时间补。

罗昉授承节郎李进授保义郎制
（绍定六年十二月至嘉熙元年六月间）

敕具官某等：葱山之民，犷悍弗反。俘掠我赤子，怙终不悛。尔等职为逻尉，鸠率隅丁，尽力擒捕，以正官刑，亦可嘉矣。各升一级，以劝有劳。可。

出处:《永乐大典》卷七三二六。又见《四库辑本别集拾遗》。

撰者:吴泳

考校说明:编年据吴泳任两制时间补。

田有容转保义郎制
（绍定六年十二月至嘉熙元年六月间）

敕具官某：务川城当牂牁要路，顷者诸峒夷人，略我省地。尔受郡将方略，逆战而前。夷人奔北，而不复反，亦可嘉矣。升之二阶，以致不忘远之意。可。

出处:《永乐大典》卷七三二六。又见《四库辑本别集拾遗》。

撰者:吴泳

考校说明:编年据吴泳任两制时间补。

洪梦龙赠保义郎制
（绍定六年十二月至嘉熙元年六月间）

敕具官某：富沙翼虎之变，上首功，率皆鹖冠之士，动以百数。汝以布衣诸生，掉三寸舌，与其子大诰入营谕贼。贼将就擒，汝罹郦生之祸，亦可尽伤也矣。身以武爵，子以文阶，尚顾歆愍恤之典。可。

出处:《永乐大典》卷七三二六。又见《四库辑本别集拾遗》。

撰者:吴泳

考校说明:编年据吴泳任两制时间补。

施峄等四十五人并授保义郎制
(绍定六年十二月至嘉熙元年六月间)

敕某人等:给事殿庭,阅岁滋久。挽强及格,换授武阶。各懋忠力,以答休宠。可。

出处:《永乐大典》卷七三二六。又见《四库辑本别集拾遗》。
撰者:吴泳
考校说明:编年据吴泳任两制时间补。

赵希埤补承节郎制
(绍定六年十二月至嘉熙元年六月间)

敕具官某人:景元子孙,宣力四方。道宗破虏,孝恭平贼,史册书之,以为奇事,然未之奇也。当辛卯鞑虏犯蜀,溃贼跨州。连邑长民之官,多委印绶而去。尔以宗英,无尺兵在手,乃能仗义团集,保守东方,奇于道宗孝恭矣。何惜一官,不以愧守城者。可。

出处:《永乐大典》卷七三二六。又见《四库辑本别集拾遗》。
撰者:吴泳
考校说明:编年据吴泳任两制时间补。

赵崇庞授承节郎制
(绍定六年十二月至嘉熙元年六月间)

敕具官某:国家以进士科举法试宗子,自熙宁始。大庭唱第,汝实应格。锡之武爵,往服恩光。可。

出处:《永乐大典》卷七三二六。又见《四库辑本别集拾遗》。
撰者:吴泳
考校说明:编年据吴泳任两制时间补。

赵与度授承节郎制
（绍定六年十二月至嘉熙元年六月间）

敕具官某人：朕以进士科举法待宗党，其选优矣。鸿胪唱第，汝实应格。锡之武爵，尚懋厥勤。可。

出处：《永乐大典》卷七三二六。又见《四库辑本别集拾遗》。
撰者：吴泳
考校说明：编年据吴泳任两制时间补。

黄守礼等八人授承节郎制
（绍定六年十二月至嘉熙元年六月间）

敕某等：拱扈殿庭，岁月滋久。执事有恪，挽强不衰。引见推恩，邦有彝典。祗承休命，毋替忠勤。可。

出处：《永乐大典》卷七三二六。又见《四库辑本别集拾遗》。
撰者：吴泳
考校说明：编年据吴泳任两制时间补。

刘珪授承信郎王珪孟仔刘章换授保义郎
孟佺换授承节郎制
（绍定六年十二月至嘉熙元年六月间）

敕具官某等：汉有弓高之封，唐有契苾之将。傥曰慕义，可亡赐恩。尔生于殊邻，式我景化。既褫除于伪号，合补正于王官。益单忠勤，嗣有褒擢。可。

出处：《永乐大典》卷七三二六。又见《四库辑本别集拾遗》。
撰者：吴泳
考校说明：编年据吴泳任两制时间补。

范龙翔授承节郎制
（绍定六年十二月至嘉熙元年六月间）

敕具官某：祖宗朝士，以画半策、献一诗得官者盖多矣。矧当邵寇猖獗之时，而能与光泽令殄奸渠凶，诱说降附，勇于自奋如龙翔者，是何可不赏之？授之一官，毋以文儒，薄我武爵。可。

出处：《永乐大典》卷七三二六。又见《四库辑本别集拾遗》。
撰者：吴泳
考校说明：编年据吴泳任两制时间补。

赵烨授承节郎制
（绍定六年十二月至嘉熙元年六月间）

敕具官某：昔称西平有子，裕乃父功，盖为平淮蔡言也。尔于维扬城中戮力捍寇。论功当在第一，而以父为戎帅辞，高于愬矣。特升武阶，仍典机幄，尚朕序劳之意。可。

出处：《永乐大典》卷七三二六。又见《四库辑本别集拾遗》。
撰者：吴泳
考校说明：编年据吴泳任两制时间补。

赵邦杰授武德郎徐霆授修武郎徐升授秉义郎陆文彪授成忠郎杨福授成忠郎尹必胜授忠翊郎袁达陈青李福曹旺李如璋蔡玉李海张聪丁亮许实马升等并授保义郎曹暕纪智春并特授承节郎制
（绍定六年十二月至嘉熙元年六月间）

敕具官某等：朕以鞑人来庭，遣使致聘。择汝等为之属，将命出疆，各进一阶以示宠。其思谨饬，以佐而长。成礼还归，嗣有褒用。可。

出处:《永乐大典》卷七三二六。又见《四库辑本别集拾遗》。

撰者:吴泳

考校说明:编年据吴泳任两制时间补。

官兵晏仙宋元赠承节郎制
（绍定六年十二月至嘉熙元年六月间）

敕具某等:功疑惟重,识于《虞书》;赏疑从予,笔于《汉史》。当盗发江右,智者效其谋,勇者效其力。而尔元尔仙实奔走厥事,不幸死矣。有司以功上,难者疑焉。岂予忠厚之心哉! 赠官字孤,庸妥营魄。可。

出处:《永乐大典》卷七三二六。又见《四库辑本别集拾遗》。

撰者:吴泳

考校说明:编年据吴泳任两制时间补。

将官刘政李昱等并赠承节郎制
（绍定六年十二月至嘉熙元年六月间）

敕某等:曩岁馘兵围凤集,批河池,与吾忠义总管田遂麘马岭下。尔等各领民兵,能佐而长,驰敌师而死焉,可谓死于义矣。各赠华阶,以旌毅魄。可。

出处:《永乐大典》卷七三二六。又见《四库辑本别集拾遗》。

撰者:吴泳

考校说明:编年据吴泳任两制时间补。

童彦从赠承节郎制
（绍定六年十二月至嘉熙元年六月间）

敕具官某:往者下襄汉之兵,收复新息。尔统率一军,勇于敌忾。首掠贼阵,战酣而歼焉。退缩每生者,当知愧矣。赠秩字孤,尚朕恤功之意。可。

出处:《永乐大典》卷七三二六。又见《四库辑本别集拾遗》。

撰者:吴泳

考校说明:编年据吴泳任两制时间补。

朱先赠承节郎制

(绍定六年十二月至嘉熙元年六月间)

敕具官某:曩岁鞑虏虔刘西陲。我军望风而溃者,肩相摩,地相属也。尔将义丁,乃能偕孙子,驰敌师而死焉,可谓得死所矣。追赠一阶,以愧西师之每生者。可。

出处:《永乐大典》卷七三二六。又见《四库辑本别集拾遗》。
撰者:吴泳
考校说明:编年据吴泳任两制时间补。

张青等并赠承节郎制

(绍定六年十二月至嘉熙元年六月间)

敕具官某等:往者全贼授首,余党逋诛。王命不式,致廑天讨。尔等奋不顾身,摩垒而进。射阳湖之捷方闻,而竟以元身殒于锋镝之下,朕用愍焉。进秩录孤,以旌毅魄。九原有知,尚歆恤典。可。

出处:《永乐大典》卷七三二六。又见《四库辑本别集拾遗》。
撰者:吴泳
考校说明:编年据吴泳任两制时间补。

丁杰授承节郎制

(绍定六年十二月至嘉熙元年六月间)

敕具官某:《诗》曰:"葛之覃兮,施于中谷。"盖言后妃之德宣著,盛大而光荣,延被九族也。尔联戚椒房,曾受武爵。比因册宝,例与推恩。进陟一阶,其服休宠。可。

出处:《永乐大典》卷七三二六。又见《四库辑本别集拾遗》。
撰者:吴泳

考校说明:编年据吴泳任两制时间补。

王信之授从义郎李孝嗣授成忠郎黄琳授承节郎制
(绍定六年十二月至嘉熙元年六月间)

敕具官某等:宜城为岭南控扼夷蛮之地,河池其要冲也。往者浅蛮慢防,侵我王略。尔等奖率官军,尽锐麋击。遂使贼兵望风纳款,边圉宁谧,汝之功也。各迁二阶,懋图忠报。可。

出处:《永乐大典》卷七三二六。又见《四库辑本别集拾遗》。

撰者:吴泳

考校说明:编年据吴泳任两制时间补。

赵必钫授承信郎制
(绍定六年十二月至嘉熙元年六月间)

敕具某人:尔在属籍,逊居西土,能以文艺中覆试格。虽灾病遝连,弗克造庭。锡之武阶,厥有彝比,示不忘远也。可。

出处:《永乐大典》卷七三二七。又见《四库辑本别集拾遗》。

撰者:吴泳

考校说明:编年据吴泳任两制时间补。

赵若镛崇恤并授承信郎制
(绍定六年十二月至嘉熙元年六月间)

敕具官某等:朕率循旧典,策宗子进士于大庭。尔以西蜀道远,疾病遝连,不获奉诏。锡之武爵,厥有彝比。往哉体予睦族念远之意。可。

出处:《永乐大典》卷七三二七。又见《四库辑本别集拾遗》。

撰者:吴泳

考校说明:编年据吴泳任两制时间补。

郝浚授承信郎制
(绍定六年十二月至嘉熙元年六月间)

敕具官某:守令亲民之官,而令于民尤近。矧涟水介在淮北,新还版图,牧驭抚摩,盖难其选。尔慷慨有义气,晓畅边事。外阃加借武爵,俾字我百里之民。比及一年,已著嘉绩,兹锡真命,往哉无弃尔成。可。

出处:《永乐大典》卷七三二七。又见《四库辑本别集拾遗》。
撰者:吴泳
考校说明:编年据吴泳任两制时间补。

赵邦宁授保义郎佟仲源等一十三人并授承信郎制
(绍定六年十二月至嘉熙元年六月间)

敕具某人等:朕奄九有之师,开中兴之绪。冠带而长,爵及尔曹。涤除旧污,往服新命。可。

出处:《永乐大典》卷七三二七。又见《四库辑本别集拾遗》。
撰者:吴泳
考校说明:编年据吴泳任两制时间补。

进义校尉王子宜补承信郎制
(绍定六年十二月至嘉熙元年六月间)

敕具官某:昔祖宗朝士,以画一策、献一诗,而得官者多矣。矧绍定辛卯,坤方阻讧。尔以儒家子自奋右科。衣白衣,持制檄,左右戎旃。辐辏智略,溃军遄即荡定。华之以武爵,未为过矣。虽然事会之来无穷,益壮尔猷以俟褒擢。可。

出处:《永乐大典》卷七三二七。又见《四库辑本别集拾遗》。
撰者:吴泳
考校说明:编年据吴泳任两制时间补。

张震雷张万取授承信郎制
（绍定六年十二月至嘉熙元年六月间）

敕某等：国家以两科取士，扬于廷而后官之旧典也。汝出赞于军，以王事多难不能入对。帅梱转而上闻，朕安得不亮其心哉？锡之武爵，尚懋厥勤。可。

出处：《永乐大典》卷七三二七。又见《四库辑本别集拾遗》。
撰者：吴泳
考校说明：编年据吴泳任两制时间补。

刘宗孟授承信郎制
（绍定六年十二月至嘉熙元年六月间）

敕具官某：建郡盗起，朕设赏格，以迪有功。尔以布衣诸生，乃能率先王师，深入其阻，可谓勇于义矣。贼既荡平，郡太守以功上。何惜一官，不以示吾信耶？可。

出处：《永乐大典》卷七三二七。又见《四库辑本别集拾遗》。
撰者：吴泳
考校说明：编年据吴泳任两制时间补。

彭汝舟授承信郎制
（绍定六年十二月至嘉熙元年六月间）

敕具官某：往岁山东义旅归附，全贼包藏祸心，凡忠于国、异于己者，必除去之。尔父义斌实蹈斯害。然义斌虽死矣，忠魂毅魄凛然如生。汝舟既以状闻，何惜一官，不以慰山东之义子弟。可。

出处：《永乐大典》卷七三二七。又见《四库辑本别集拾遗》。
撰者：吴泳
考校说明：编年据吴泳任两制时间补。

徐炎卯补承信郎制
（绍定六年十二月至嘉熙元年六月间）

敕具官某：朕于名器不轻以假人。尔布衣诸生耳，能以三江百余家之聚，应接数千众已溃之兵。编户不惊，粮储无阙，三州郡将交章荐闻。朕何惜一官，不以旌汝。可。

出处：《永乐大典》卷七三二七。又见《四库辑本别集拾遗》。

撰者：吴泳

考校说明：编年据吴泳任两制时间补。

石良辅授承信郎制
（绍定六年十二月至嘉熙元年六月间）

敕具官某：嘉定己卯，虏兵窥蜀，探骑直闯潭毒之下。尔父宣提偏师掩击于三泉，只马奇轮无返者。天夺我名将，赏方下而死焉，亦可悯矣。录汝等以官，先皇帝之赏格在。岂以久而不卑矜尔耶？益思忠勤，服我休命。可。

出处：《永乐大典》卷七三二七。又见《四库辑本别集拾遗》。

撰者：吴泳

考校说明：编年据吴泳任两制时间补。

吴克仁补承信郎制
（绍定六年十二月至嘉熙元年六月间）

敕某：祖宗朝，士以画半策，献一诗，得官者多矣。矧峒寇披张之时，而能捐家财，结坞寨，鸠率义丁，生致凶渠而戮之，如克仁者，可不褒赏之哉？华之武爵，以风多士。可。

出处：《永乐大典》卷七三二七。又见《四库辑本别集拾遗》。

撰者：吴泳

考校说明：编年据吴泳任两制时间补。

全大受全泾全照孙徐良钱仰之谢文彪谢文荣
许大成郑大泾并授承信郎制
（绍定六年十二月至嘉熙元年六月间）

敕具某人等：周以王舅"于邑于谢"，后世之光。宠外亲者，率援此推恩，浸广博矣。朕既备长秋之册，以官后族。因是谢人，并及其亲。汝等毋曰一命可以幸得也。可。

出处：《永乐大典》卷七三二七。又见《四库辑本别集拾遗》。

撰者：吴泳

考校说明：编年据吴泳任两制时间补。

钱肇授承信郎制
（绍定六年十二月至嘉熙元年六月间）

敕具某人：朕正建中闱，助理阴教。凡其戚属，特命以官。其思名器之不轻，益敬共而匪懈。可。

出处：《永乐大典》卷七三二七。又见《四库辑本别集拾遗》。

撰者：吴泳

考校说明：编年据吴泳任两制时间补。

聂闻礼张铭蔡必简并补承信郎制
（绍定六年十二月至嘉熙元年六月间）

敕某等：朕并建妃嫔，辅理阴化。凡其戚属，各命以官。汝其思名器之不轻，往敬共而靡懈。可。

出处：《永乐大典》卷七三二七。又见《四库辑本别集拾遗》。

撰者：吴泳

考校说明：编年据吴泳任两制时间补。

俞□俞杞刘元植并授承信郎制
(绍定六年十二月至嘉熙元年六月间)

敕具官某等:追惟沂邸,诞正名称。凡内外戚属,咸霈恩典。尔亦肺腑亲也,拔之白丁,畀以一命。其思敬共,毋曰官可幸得也。可。

出处:《永乐大典》卷七三二七。又见《四库辑本别集拾遗》。
撰者:吴泳
考校说明:编年据吴泳任两制时间补。

燕宗仁宗道并补承信郎制
(绍定六年十二月至嘉熙元年六月间)

敕某人等:召公之裔,荣王之甥,于朕则戚属也。朕方追惟文共之德,施及伯姊,则如其孤。何惜一官,不以旌宠。可。

出处:《永乐大典》卷七三二七。又见《四库辑本别集拾遗》。
撰者:吴泳
考校说明:编年据吴泳任两制时间补。

全悉孙石孝广邵若森张垩等补承信郎制
(绍定六年十二月至嘉熙元年六月间)

敕具某等:朕于后戚之家,不欲以恩挠法。然我文母既济祔于太室,则推报亲之恩,以广逮下之仁,亦义之所不容废也。尔等皆恭圣亲属,席庆深长。命之一官,往其祇服。可。

出处:《永乐大典》卷七三二七。又见《四库辑本别集拾遗》。
撰者:吴泳
考校说明:编年据吴泳任两制时间补。

官兵周端何青王俊赠承信郎制
（绍定六年十二月至嘉熙元年六月间）

　　敕某等：往者峒寇慢防，兴师讨击。汝等执事戎行，敌王所忾。以气吞贼，遂殒元身。功既当酬，忠尤可悯。追赠厥秩，仍录其孤。死而有知，尚服休宠。可。

出处：《永乐大典》卷七三二七。又见《四库辑本别集拾遗》。

撰者：吴泳

考校说明：编年据吴泳任两制时间补。

祝邦杰赠承信郎制
（绍定六年十二月至嘉熙元年六月间）

　　敕具官某：往者峒寇慢防，兴师讨击。尔以殿岩将领，摩垒而前。挺斗酣战于白水之下，扶创而归。元身遽殒，亦可伤也。追赠录孤，以旌毅魄。可。

出处：《永乐大典》卷七三二七。又见《四库辑本别集拾遗》。

撰者：吴泳

考校说明：编年据吴泳任两制时间补。

詹澄授承信郎制
（绍定六年十二月至嘉熙元年六月间）

　　敕具官某：三衢盗起，弄兵于山谷间，往往而群。尔为乡豪，乃能自赍糗粮。率隔丁以擒捕，大小凡一十一战，卒能办贼，同功一体之人，已命之官矣。使非郡将以状来上，宁不遗汝之功耶？特升一阶，以旌其勇。可。

出处：《永乐大典》卷七三二七。又见《四库辑本别集拾遗》。

撰者：吴泳

考校说明：编年据吴泳任两制时间补。

□□□□□郎张世兴□成忠郎金子宝赠承节郎 袁聚明赠承信郎制
(绍定六年十二月至嘉熙元年六月间)

敕具官某等:勇士不忘丧其元,谓常念战斗而死,丧其首而不顾。况某等,当鞑虏横截枣阳,乃能鏖击血战,同日而死,亦可谓志于勇矣。赠官恤孤,以旌毅魄。可。

出处:《永乐大典》卷七三二七。又见《四库辑本别集拾遗》。
撰者:吴泳
考校说明:编年据吴泳任两制时间补。

方待问授额内和安郎曾良能授内成安郎制
(绍定六年十二月至嘉熙元年六月间)

敕具官某等:朕率循淳熙旧典,修皇后归谒之仪。凡戚属官吏,罔不赈恩。尔等庀职内医,给事本阁。预此优典,合迁一阶。往复宠纶,勉进尔技。可。

出处:《永乐大典》卷七三二七。又见《四库辑本别集拾遗》。
撰者:吴泳
考校说明:编年据吴泳任两制时间补。

方待问授额内成和郎周端节授额内成安郎制
(绍定六年十二月至嘉熙元年六月间)

敕具官某等:《礼》曰:"执技以事上者,不贰事,不移官。"尔等固医官也,给事东朝,岁月滋久。近以祫于太室,各进一阶。阶可升也,官不可移也。往其懋承之。可。

出处:《永乐大典》卷七三二七。又见《四库辑本别集拾遗》。
撰者:吴泳
考校说明:编年据吴泳任两制时间补。

唐文远授额内成安郎制
（绍定六年十二月至嘉熙元年六月间）

敕具官某：朕以文母跻祔于庙，凡殿庭官吏，咸与推恩。尔读岐黄之书，素号奇手。服役岁久，与有劳焉。特升一阶，往服休宠。可。

出处：《永乐大典》卷七三二七。又见《四库辑本别集拾遗》。
撰者：吴泳
考校说明：编年据吴泳任两制时间补。

陈宗逵授额内成安郎制
（绍定六年十二月至嘉熙元年六月间）

敕具官某：朕并建妃嫔，助理阴化。凡其戚属，咸霈优恩。尔以侍医，与被兹赏。勉进尔技，以对宠光。可。

出处：《永乐大典》卷七三二七。又见《四库辑本别集拾遗》。
撰者：吴泳
考校说明：编年据吴泳任两制时间补。

唐文远起复成和郎制
（绍定六年十二月至嘉熙元年六月间）

敕具官某：朕闻之《礼经》："凡执技以事上者，不与士齿。"汝固医官也，于百药之品能辨其材。直宿禁庭，共事王府，必推尔是。使士终丧之礼，难以责之，往服旧官。可。

出处：《永乐大典》卷七三二七。又见《四库辑本别集拾遗》。
撰者：吴泳
考校说明：编年据吴泳任两制时间补。

陈宗逵授额内成全郎制
(绍定六年十二月至嘉熙元年六月间)

敕具官某:朕以文母祔于庙,应奔走殿庭,各序官有迁。尔医官也,执技以事上,恪恭乃职。朕何惜一阶,不以旌汝耶。可。

出处:《永乐大典》卷七三二七。又见《四库辑本别集拾遗》。
撰者:吴泳
考校说明:编年据吴泳任两制时间补。

辛息授防御使敕
(绍定六年十二月至嘉熙元年六月间)

韬藏武略,晓畅戎情。筑定远之城,以一身而护塞;调安丰之卒,不逾月而歼渠。爰念勤劳之久,肆升捍御之班。

出处:《鹤林集》卷一二。
撰者:吴泳
考校说明:编年据吴泳任两制时间补。

王霆授武功大夫敕
(绍定六年十二月至嘉熙元年六月间)

奋自右科,优于将略。出则荷戈与殳,蹈厉而发扬;入则束带立朝,雍容而闲雅。宁辍九宾,俾授一障。

出处:《鹤林集》卷一二。
撰者:吴泳
考校说明:编年据吴泳任两制时间补。

钱篆权发遣容州敕
（绍定六年十二月至嘉熙元年六月间）

容州控维百蛮,襟带五管,汉唐以来重镇也。命汝为容浦太守,宜靖绥阔荤,俾无南顾之忧。

出处:《鹤林集》卷一二。

撰者:吴泳

考校说明:编年据吴泳任两制时间补。

陈卓授正议大夫敕
（绍定六年十二月至嘉熙元年六月间）

卿行介而和,气庄而肃。能典朕礼,蔚有寅清之风;其代予言,实存温厚之体。

出处:《鹤林集》卷一二。

撰者:吴泳

考校说明:编年据吴泳任两制时间补。

赐李端懿让恩命批答
（绍定六年十二月至嘉熙元年六月间）

卿联国懿戚,惟时茂才。久居留使之权,俾委将麾之任。允孚舆论,毋执抑谦。

出处:《鹤林集》卷一二。

撰者:吴泳

考校说明:编年据吴泳任两制时间补。

希丞授蕲州防御使仍提举佑神观制
(端平元年五月至嘉熙元年六月间)

敕:朕绍帝统绪,思皇本支。凡隶亲贤,率跻尊显。具官某,出高明之胄,履忧恂之德。于属则近,于文恭为兄,于朕则父党也。曩分遥刺,既廪祠官。今秩军防,仍免朝请。朕之所以待汝者亦厚矣。汝其思禄位之难称,念燕安之易怀。庶于宗盟,可永终誉。可。

出处:《鹤林集》卷六。又见《永乐大典》卷一三五〇六。
撰者:吴泳
考校说明:编年据吴泳任两制时间、赵希丞官历补,见《宋史全文续资治通鉴》卷三二。

何炳授权户部侍郎兼同详定敕令官制
(暂系于端平元年五月至嘉熙元年六月间)

敕:朕惟更化如更瑟,缓之则胶而难调;治财如治丝,急之则棼而无绪。故随弊事而补,不若清其源流,而弊自除;朘民力而征,不若节以制度,而民自裕。能尽变通之利,必须详练之才。爰颁赞书,以式版部。具官某,有爽邦之智,有综物之能,出总赋舆,谙人情之利病;入卿农扈,了国计之盈虚。矧方制用于多艰,莫若求才于已试。就升禁橐,晋贰民曹。惟仁能爱本根,惟公能清奸弊,惟勤能通壅滞,惟敏能拨剧繁。兹惟汝能,以称朕命。可。

出处:《鹤林集》卷六。
撰者:吴泳
考校说明:编年据吴泳任两制时间、何炳官历补,见《平斋集》卷一七《太府少卿何炳除司农卿制》。

虞衡授户部郎中许纶授刑部郎中制
(暂系于端平元年六月至嘉熙元年六月间)

敕具官某等:郎曹古六卿之属也,而地官掌邦用,秋官掌邦刑,于国脉民命所系尤重。尔衡将指广东,夙著风力;尔纶持麾湖外,亦有美最。朕皆委之,往正棘寺矣。今命衡佐民曹,纶司刑属。其思禁民为非之义,味哀矜勿喜之言,俾邦财裕而谳狱平,则予汝嘉。可。

出处:《鹤林集》卷六。

撰者:吴泳

考校说明:编年据吴泳任两制时间、虞衡官历补,见《平斋集》卷一八《虞衡除大理寺正制》。

朱复之授军器监主簿兼权知惠州制
(暂系于端平元年十月至嘉熙元年六月间)

敕具官某:惠阳于东广为望郡,比者戍兵煽乱,跨州连邑,皆吾牧守不能绥御之,遂干我王略。尔经济之才,器识宏迈,光泽讨贼,曾上首功。儒者之知兵,子之谓矣。博罗新毁,尔出长之;武监旧官,尔薄正之。尚其一乃力,宣乃猷,毋谓广远,于人所不闻知处留意,以答扬孝祖之光训,朕将有望焉。可。

出处:《鹤林集》卷九。

撰者:吴泳

考校说明:编年据吴泳任两制时间、朱复之官历补,见《平斋集》卷二一《朝谒八陵朱复之除军器监主簿制》。

徐清叟除太常少卿兼权户部侍郎制
(暂系于端平二年六月至嘉熙元年六月间)

昔孙伏伽言三事,当时之君嘉其剀切,不次擢用,以属群臣,朕甚慕之。以尔特立无朋,至刚以直。经帷劝讲,屡进嘉猷。擢置副端,愈殚鲠论。肆予畀以奉常之职,仍摄贰卿。庶陪言语侍从之班,日有献纳论思之益。悉摅所蕴,以副予知。

出处:《永乐大典》卷一三五〇七。

撰者:许应龙

考校说明:编年据徐清叟官历补,见《宋史》卷四二〇《徐清叟传》、《平斋集》卷二三《军器少监徐清叟除将作监依旧兼司封郎官兼崇政殿说书制》、《鹤林集》卷七《徐清叟授兼侍讲制》《又徐清叟授兼侍讲制》。

徐清叟授兼侍讲制
（暂系于端平二年六月至嘉熙元年六月间）

敕具官某：昔之守道至高而秉法至严者,莫如孟子。然谏不受而去,则以为小丈夫之无知;言未行而迎,则以为古君子之可就。孟子岂干泽濡滞者哉？爱君故也。尔学自孟氏,好是正直,据经援古,不阿当世。比出宪府,而累章欲退,岂朕所以望卿者耶！盖尝旁午遣使,趣对延英。谓尔曾为讲官,故复以其官召,则亲近儒生之意可见矣。更宜研精,为我说《易》。可。

出处：《鹤林集》卷七。

撰者：吴泳

考校说明：编年据吴泳任两制时间、徐清叟宦历补,见《宋史》卷四二〇《徐清叟传》、《平斋集》卷二三《军器少监徐清叟除将作监依旧兼司封郎官兼崇政殿说书制》。

又徐清叟授兼侍讲制
（暂系于端平二年六月至嘉熙元年六月间）

敕具官某：朕闻台纲扶天下之脉,经术养君心之源。隆兴、乾道间,以殿中执法共贰劝讲,固不乏人,而学问名节照映一时者,盖难其选。尔高明而融,直谅而益。说书金华殿,曾谏五兵之贪;珥笔古柏台,力扶六学之正。朕尝语诸大夫曰："真御史也！"然论奏特救失于既往,讲磨能格非于未形。况加之以知命之年,而莹之以穷理之学。进阳爻,退阴位,当如昭素之辨乾龙;辟君子,阖小人,必若冯元之推《泰》象。庶几《易》道,咸在朕躬。可。

出处：《鹤林集》卷七。

撰者：吴泳

考校说明：编年据吴泳任两制时间、徐清叟宦历补,见《宋史》卷四二〇《徐清叟传》、《平斋集》卷二三《军器少监徐清叟除将作监依旧兼司封郎官兼崇政殿说书制》。

右文殿修撰吴潜除权兵部侍郎兼检正制
（端平二年十二月至嘉熙元年六月间）

甘泉侍从之班，必资重望；省闼经纶之任，尤赖通材。傥匪其人，曷兼兹职？具官某学该流略，名擅魁伦。素节刚方，有是父有是子；紫荷辉映，难为弟难为兄。入则增重于朝廷，出则驰声于麾节。非荣进素定，曷膺大任之隆；况才德俱高，讵可久劳于外？擢升武库，仍冠都司，其殚论思献纳之忠，以基辅赞弥缝之业。祗服休命，永肩一心。

出处：《东涧集》卷四。

撰者：许应龙

考校说明：编年据吴潜官历补，见《宋史》卷四二《理宗纪》、卷四一八《吴潜传》。

中奉大夫权吏部尚书兼同修国史实录院同修撰兼给事中兼侍讲赵彦悈辞免升兼侍读恩命不允诏
（暂系于端平三年正月至嘉熙元年六月间）

朕学于古训，日就月将，期底缉熙光明之功，尤赖老成典刑之助。卿诗书儒雅，礼乐宗英，讲殿谈经，约文申义。厥旨敷畅，朕甚嘉之，宜进读于迩英，益辅成于台德。其体至意，毋庸固辞，所辞宜不允。

出处：《东涧集》卷一。

撰者：许应龙

考校说明：编年据许应龙任两制时间、赵彦悈官历补，见《平斋集》卷一五《兵部侍郎赵彦悈辞免侍讲恩命不允诏》、《鹤林集》卷一二《赐赵彦悈辞免除权书不允诏》。此诏时间当晚于《鹤林集》卷一二《赐赵彦悈辞免除权书不允诏》。

兵部侍郎兼权吏部尚书赵彦悈除权吏部尚书制
（暂系于端平三年正月至嘉熙元年六月间）

惟尔之能，宜任铨曹之寄；试可乃已，遂申涣号之颁。允穆师言，式昭隆眷。具官某被服儒术，标的宗盟。老成而有典刑，可尊可法；靖共而好正直，不倚不流。劝讲经帷,升华武部,属阙天官之长,式资冰鉴之明。佥谓清通,宜用委任,爰正文昌之秩,仍兼琐闼之司。往既乃心,以称朕意。

出处:《东涧集》卷四。

撰者:许应龙

考校说明:编年据许应龙任两制时间、赵彦悈官历补,见《平斋集》卷一五《兵部侍郎赵彦悈辞免侍讲恩命不允诏》、《鹤林集》卷一二《赐赵彦悈辞免除权书不允诏》。《宋史全文续资治通鉴》卷三二端平三年七月丁亥条称赵彦悈为"兵部尚书",或为"兵部侍郎"之误。

赐赵彦悈辞免除权书不允诏
(暂系于端平三年正月至嘉熙元年六月间)

卿明足以别群材之鉴,平足以持四选之衡。自摄二卿,总理微密,予夺一出于公。朕不欲迁之他官者,破吏奸也。所辞宜不允。

出处:《鹤林集》卷一二。

撰者:吴泳

考校说明:编年据吴泳任两制时间、赵彦悈官历补,见《平斋集》卷一五《兵部侍郎赵彦悈辞免侍讲恩命不允诏》。本诏时间当在《东涧集》卷四《兵部侍郎兼权吏部尚书赵彦悈除权吏部尚书制》之后、《东涧集》卷一《中奉大夫权吏部尚书兼同修国史实录院同修撰兼给事中兼侍讲赵彦悈辞免升兼侍读恩命不允诏》之前。

赵汝谈授兼侍讲制
(端平三年至嘉熙元年六月间)

敕:朕获承圣绪,涉道未深,嘉与宿儒,讲论经理。具官某,国之宗老,年耆德明。当开禧、宝庆时,出入风议,挺有直节,翳然林木之间,又十数载。更化召归,须鬓华皓,相见虽晚,精明不衰。朕临朝而叹曰:"真讲官也。"金华未久,进而升之。《礼》不云乎:"不讲之以学,犹种而弗耨。"汉儒亦谓:学之不讲,则所识日亡。益尊所闻,以辅吾志。可。

出处:《鹤林集》卷七。

撰者:吴泳

考校说明:编年据吴泳任两制时间、赵汝谈官历补,见《宋史》卷四〇〇《王介传》、卷四一三《赵汝谈传》。

端明殿学士宣奉大夫签书枢密院事兼权参知政事
邹应龙乞解机政不允诏
(嘉熙元年二月至六月间)

　　方事之殷,正资长策,奉身以退,难徇雅怀。已曲示于勉留,胡复申于前请。精加葆啬,自底康强。勿云陈力以不能,当以体国而为念。其安厥位,用副予怀,所请宜不允。

出处:《东涧集》卷一。

撰者:许应龙

考校说明:编年据邹应龙官历补,见《宋史》卷四二《理宗纪》。

赐兵侍淮东安抚制置使赵葵夏药银合敕
(嘉熙元年五月至六月间)

　　敕:眷我制臣,久于淮甸。饮冰持檄,岂不思将士之载饥;铄石流金,亦曾念边氓之执热。爰锡上食之剂,式昭中宸之恩。穆如清风,绥尔有众。

出处:《赵葵传》补。

撰者:吴泳

考校说明:编年据吴泳任两制时间、赵葵官历补,见《宋史》卷四二《理宗纪》。

以火求直言诏
(嘉熙元年六月二日)

　　朕应天以实,每怀严恭寅畏之思;视民如伤,敢替抚奄矜怜之意!虽夙夜靡遑于安逸,而精神莫致于感通。外焉多垒之未平,内则群生之寡遂。岂期京邑阛阓之地,复延融风郁攸之灾,稚耋震惊,奔驰靡定,室庐焚毁,荡析离居。痛贯予心,祸非汝咎!不明不类,皆由朕德之愆;何饰何修,可逭上天之谴。减膳彻乐,发粟散财,已曲示于哀矜,恐未苏于涸瘵。求民之瘼,尤当公听以并观;悉意以陈,尚赖直言而极谏。共图销弭,永底辑宁。

出处:《宋史全文续资治通鉴》卷三三。

朝散大夫吴泳辞免除宝章阁学士知宁国府恩命不允诏
(嘉熙元年六月十一日后)

卿遍历要涂,十更岁钥,敷文华而纬典,司喉舌以纳言。久著休称,将膺显用。倏然去国,畀以典藩。仍升学士之班,庸示迩臣之宠。盍钦予命,言脂尔车,胡为执于谦冲,乃欲求于逊避。其体至意,毋烦重陈,所辞宜不允。

出处:《东涧集》卷一。
撰者:许应龙
考校说明:编年据《鹤林集》卷二四《辞免除宝章阁直学士知宁国府状》补。

宣奉大夫邹应龙再辞免除资政殿学士知庆元府
沿海制置使恩命不允不得再有陈请诏
(嘉熙元年六月十四日后)

徒得君重,暂司制阃之权;勉为朕行,庸壮海邦之势。胡封囊之沓奏,谓陈力以不能。毋乃过谦,非予所望。况晋升秘殿,盖将昭体貌之隆;苟曲徇雅怀,何以重股肱之寄。其祗承命,毋复重陈。所辞宜不允。

出处:《东涧集》卷一。
撰者:许应龙
考校说明:编年据《宋史》卷四二《理宗纪》补。《宋代诏令全集》称邹应龙除资政殿学士、知庆元府在嘉熙元年五月癸巳(第四二五四页),误。

盛暑录囚诏
(嘉熙元年六月十五日)

盛暑,录临安府系囚,当所不原者俟约法,余随轻重裁决;大理寺、三衙、二赤县亦如之。著为令。

出处:《宋史全文续资治通鉴》卷三三。

资政殿学士朝奉大夫知绍兴府浙东安抚使
李鸣复辞免召赴行在恩命不允诏
(嘉熙元年六月二十三日后)

十国为连,暂领藩宣之寄;五月报政,已闻声誉之休。润虽及于京师,思屡兴于宣室。人惟求旧,遂颁诏以趣还,令出惟行,盍脂车而入觐。曷陈巽牍,殊拂至怀? 时事方殷,正赖赞襄之力;同心共济,庶成康乂之功。式遄其归,以称朕意,所辞宜不允。

出处:《东涧集》卷一。
撰者:许应龙
考校说明:编年据《宝庆会稽续志》卷二补。

资政殿学士知绍兴府浙东安抚使李鸣复再辞免
召赴行在恩命不允不得再有陈请诏
(嘉熙元年六月二十三日后)

一节以趋,盍仰体眷怀之笃;再命而偊,乃复陈逊避之章。虽欲全静退之风,然莫副倚毗之意。不远伊迩,特一苇之可航;盍归乎来,慰群情之倾俟。令无反汗,卿勿固辞,所辞宜不允。

出处:《东涧集》卷一。
撰者:许应龙
考校说明:编年据《宝庆会稽续志》卷二补。

建内小学诏
(嘉熙元年六月二十七日)

朕欲建内小学,令宗司选宗子十岁以下资质之美者以闻。

出处:《宋史全文续资治通鉴》卷三三。

李寿朋夺三官建昌军居住御笔
(嘉熙元年六月二十七日)

新知黄州、淮西安抚李寿朋,被命已三阅月,不即便道之官,乃还家安坐。秋防在近,不知体国,人皆若此,缓急何赖? 可夺三官,建昌军居住。

出处:《宋史全文续资治通鉴》卷三三。

赐权工侍四川安抚制副丁黼夏药银合敕
(端平三年夏或嘉熙元年夏)

敕:卿以诗书之望而帅三军,以寿隽之贤而在远服。属此南讹之候,轸于西顾之恩。爰锡温纶,式颁良剂。

出处:《鹤林集》卷一二。
撰者:吴泳
考校说明:编年据丁黼宦历、文中所述"夏药"补,见《平斋集》卷一六《赐右文殿修撰四川安抚制置副使兼知成都府丁黼银合夏药敕书》《赐权兵部侍郎四川安抚制置使赵彦呐右文殿修撰四川安抚制置副使兼知成都府丁黼银合腊药敕书》。

赐秘阁修撰知江陵府兼京西湖北路安抚制
副别之杰夏药银合敕
(暂系于嘉熙元年夏)

敕:朕国倚西门,重逾于诸镇;日行南陆,热倍于常年。图任旧人,式颁新剂。庶品尝于药石,以身作于金汤。

出处:《鹤林集》卷一二。
撰者:吴泳
考校说明:编年据别之杰宦历、文中所述"夏药"补,见《宋史》卷四一九《别之杰传》、乾隆《江陵县志》卷一七等。《宋史》卷四一九《别之杰传》："加秘阁修撰、知江陵兼京湖制置副使。进宝章阁待制、知太平州。"据乾隆《江陵县志》卷一七,别之杰除秘阁修撰、知江陵府在嘉熙元年。然据《宋史》卷四二《理宗纪》,别之杰已于嘉熙元年三月改知太平州。吴廷燮《南宋制抚年表》称别之杰端平三年已任京湖制置安抚副使,依据为"《鹤林集·赐京湖制置安抚副使知江陵别之杰夏药敕》,在《赐知潭州魏了翁敕》后"(中华书局,一九八四年,第四九九页)。然今本《鹤林集》乃清人辑自《永乐大典》,其所收诏令先后顺序不可作为系年依据。

王与权除大理少卿制
(端平二年三月至嘉熙元年七月间)

敕具官某:汉制,廷尉卿一人,设属虽多而不立贰,哀矜之道略矣。我国家损益历代之制,并置卿少,以率其属,而天下无冤民。匪得其人,曷副兹选! 尔才敏而周,识明而恕。践更中外,休有声称,固尝典成均而教国子矣。夫明刑弼教,类非俗吏所能为也。尔其体建官之意,推好生之仁,俾四方奏谳,悉协于刑之中,则朕以怿,尚敬之哉。

出处:《蒙斋集》卷八。
撰者:袁甫
考校说明:编年据袁甫任两制时间、王与权官历补,见《东涧集》卷三《国子祭酒王与权除起居郎诰》、《南宋馆阁续录》卷九。

丁伯桂除权吏部侍郎制
(嘉熙元年正月至七月间)

敕:朕畴庸四禁,分典三班。王者之建六官,莫重铨曹之寄;小宰之正群吏,式高法从之联。兹得通儒,肆颁褒命。具官某,受才肤敏,临事浚明,自中外之涉更,已声华之蔼著。比更大化,径上要津。抗白简以触邪,每扶善类;伏青蒲而效直,不事诡随。蝓坳严言动之书,风阁演坦明之制。积兹众望,简在朕心。属怀北顾之忧,尤重西铨之选。既员多而阙少,矧官弱而吏强。昭示公平,得起赳武夫之用;划除奸蠹,尽塞蹇王臣之忠。期尔力行,副予明陟。

出处:《蒙斋集》卷九。

撰者：袁甫

考校说明：编年据丁伯桂官历补，见《后村先生大全集》卷一四一《丁给事神道碑》。本制时间当早于《东涧集》卷四《权吏部侍郎丁伯桂除给事中制》。

权吏部侍郎丁伯桂除给事中制
（嘉熙元年正月至七月间）

典选右铨，方著清通之誉；升华左省，复专封驳之司。允穆师言，以昭隆眷。具官某中而不倚，休焉有容，居乌台则激浊以扬清，立螭坳则直前而奏事。敷文纬国，灿然黼黻之华；量能授官，允若权衡之审。载惟青琐，尤赖鸿儒。正色立朝，既夙高于劲节；批敕还诏，必无愧于前修。益罄精忠，以需大用。

出处：《东涧集》卷四。

撰者：许应龙

考校说明：编年据丁伯桂官历补，见《后村先生大全集》卷一四一《丁给事神道碑》。

董槐除宗正簿制
（嘉熙元年七月三日前）

勾稽宗寺，虽事简职闲，然华涂要津由兹而升者，前后相望也。尔奋身儒级，遇事精明。中外践更，蔚有休誉。擢升兹职，益观尔能。尚克钦承，勉图报称。

出处：《永乐大典》卷一四六○七。

撰者：许应龙

考校说明：编年据董槐官历补，见《宋史》卷四二《理宗纪》、卷四一四《董槐传》。

余嵘致仕制
（嘉熙元年七月二十九日后）

明纶荐播，已跻听履之班；奏牍前陈，遽有挂冠之请。式遵彝典，爰锡徽章。具官某公尔忘私，定而能应。入持从橐，屡殚告后之嘉猷；出镇帅垣，蔚有得民之善政。久处祠庭之佚，每兴宣室之思。图任旧人，虽叠颁于召节；晋升常伯，竟莫造于明庭。遂疏北阙之恩,俾进西清之职,胡为抗疏,乃欲引年? 勉徇雅怀,盍示尊贤之意;以光晚节,俾赠增秩之荣。尚克钦承,毋忘忠告。

出处:《东涧集》卷五。

撰者:许应龙

考校说明:编年据《后村先生大全集》卷一四五《余尚书神道碑》补。

赵师楷除直秘阁依旧都大提点坑冶铸钱公事制
(端平二年四月至嘉熙元年八月间)

中秘图书之府,寓直其间,号为清选,非声望显著者不畀也。以尔被服儒雅,标的宗英,治郡则惠泽及民,持节则廉明振职。摄承帅阃,捍御有方,遂擢置于班联,旋出司于泉布。肆加尔职,俾分潜邸之符;恐勤于行,复任使华之寄。式昭简眷,嗣有褒迁。

出处:《东涧集》卷六。

撰者:许应龙

考校说明:编年据许应龙任两制时间、赵师楷官历补,见同集卷五《赵师楷直宝章阁广东经略安抚制》。

刘震孙除太常寺主簿制
(端平二年四月至嘉熙元年八月间)

奉常礼乐之司,素号清选,而勾稽之职,其事尤简,然繇是而登要路者,前后相望也。以尔名臣之裔,博雅清修。学问深造于精微,议论每殚于剀切。客台簿正,允穆师言。其振之家声,以待予之器使。

出处:《永乐大典》卷一四六〇七。

撰者:许应龙

考校说明:编年据许应龙任两制时间、刘震孙官历补,见《嘉泰吴兴志》卷一四。

中奉大夫权礼部侍郎兼侍读赵汝谈辞免权刑部
尚书兼职依旧恩命不允诏
（端平三年至嘉熙元年八月间）

卿闻多学广，心醇气和，老成典刑，藉甚宗英之誉；文章尔雅，敷为国典之华。仪曹茂著于寅清，经席每殚于启沃。虽谦以自牧，荐避宠以辞荣；然朕所深嘉，宜尊贤而隆礼。肆颁涣号，晋陟文昌。金曰汝谐，令行弗反，亟服厥职，毋烦固辞。所辞宜不允。

出处：《东涧集》卷一。
撰者：许应龙
考校说明：编年据同集卷四《权礼部侍郎赵汝谈除权刑部尚书制》补。此诏时间当稍晚于同集卷四《权礼部侍郎赵汝谈除权刑部尚书制》。

权礼部侍郎赵汝谈除权刑部尚书制
（端平三年至嘉熙元年八月间）

明刑弼教，期臻帝治之隆；帅属佐王，允赖秋官之长。畴咨舆论，无易耆英。具官某标的宗盟，被服儒术，入则代言于鳌禁，出则奏最于熊幡。典礼而作秩宗，蔼著直清之誉；纳诲而辅台德，每殚启沃之忠。爰新涣号之颁，晋陟文昌之峻。庶狱庶慎，岂惟资明允之才；嘉谋嘉猷，当愈罄论思之益。往服厥职，以副予知。

出处：《东涧集》卷四。
撰者：许应龙
考校说明：编年据赵汝谈宦历补，见《宋史》卷四〇〇《王介传》、卷四一三《赵汝谈传》，《咸淳临安志》卷六七。

赵汝谈除礼部侍郎兼直学士院制
（端平三年至嘉熙元年八月间）

敕：朕图任物望，共济时艰。思累朝丰水之仁，侯谁在矣？眷更化甘泉之旧，盍归乎来？爰晋贰于仪曹，仍升华于翰苑。具官某，邦之宗老，时之名儒。学博且精,信仪型于后辈;笔雄而雅,肯蹈袭于前人！朕以世事浩繁,贤才衰少,岂伊白发苍颜之彦,不在金马玉堂之间。矧郡最之上闻,宜纶音之趣召。职典三礼,词成一家。紫禁穿班,问诸国人皆曰可;青毡故物,孰如君子居之安。远追伯夷之寅清,近想东里之润色。罔俾专美,用副简知。

出处:《蒙斋集》卷八。

撰者:袁甫

考校说明:编年据赵汝谈宦历补,见《宋史》卷四〇〇《王介传》、卷四一三《赵汝谈传》,《咸淳临安志》卷六七。此制时间当在《东涧集》卷四《权礼部侍郎赵汝谈除权刑部尚书制》之前。

赐端明殿学士朝请大夫同签书枢密院事李宗勉生日诏
（嘉熙元年七月至八月间）

金风送爽,玉露团清,允谓佳辰,实生贤佐。爰锡牵醨之礼,庸昭弧矢之祥。往服荣恩,益绥寿祉。

出处:《东涧集》卷一。

撰者:许应龙

考校说明:编年据李宗勉宦历、文中所述"金风送爽",见《宋史》卷二一四《宰辅表》。

刘震孙改知安吉州制
（嘉熙元年八月九日前）

雪川去天尺五,湖山清秀,人物阜蕃,为浙右佳郡,非廷绅之有资望者不畀也。以尔毓德名家,敏明直谅,立朝以来,屡进忠嘉,省闼弥纶,浸阶显用。欲奉亲而丐外,爰锡命以分符。戢吏爱民,省刑薄敛,使田里相安而无愁叹怨恨之声,则予汝怿。课最来上,嗣有异恩。

出处:《东涧集》卷六。

撰者:许应龙

考校说明:编年据《嘉泰吴兴志》卷一四补。

资政殿学士知绍兴府李鸣复除参知政事诰
(嘉熙元年八月十五日)

理内御外,将期庶政之交修;选贤与能,莫若旧人之图任。肆颁涣号,以穆师言。具官某间世真儒,斯民先觉。介然有守,未尝扬己以取名;知无不言,莫匪爱君而忧国。人无异议,朕所深知。允为直谅之臣,遂畀枢机之任,弥缝藏用,处置得宜。遽收敛于经纶,出镇临于屏翰。报政未久,胡东欲留而西欲归;有德可尊,故彼无恶而此无斁。宜锡趣还之命,擢陛参预之司,爰进爵封,并增圭食。噫!竭股肱之力,本忠正以辅一人;庶道德之威,成安强以清四海。祇服朕命,益展壮猷。

出处:《东涧集》卷三。

撰者:许应龙

考校说明:编年据《宋史》卷四二《理宗纪》补。

资政殿学士朝奉大夫知绍兴军府事充两浙东路安抚使李鸣复辞免除参知政事恩命不允诏
(嘉熙元年八月十五日后)

式遄其归,已屡颁于召节;涣汗其号,俾参预于政机。固宜不俟驾而行,胡尚抗封囊之奏。谓惟堪于藩屏,殊未体于眷知。卿独立无朋,至刚以直,每切忧国爱君之念,洊陈理内御外之规。实允契于予怀,肆复膺于大用。善谋善断,既夙著于休称;同德同心,当共图于至治。庶尽卿致主之术,而成朕知人之明。毋庸固辞,亟祇成命,所辞宜不允。

出处:《东涧集》卷一。

撰者:许应龙

考校说明:编年据《宋史》卷四二《理宗纪》补。李鸣复除参知政事之日,《宝庆会稽续志》卷二系于嘉熙元年八月十六日。

资政殿学士朝奉大夫知绍兴军府事充两浙东路安抚使李鸣复再辞免除参知政事恩命不允诏

（嘉熙元年八月十五日后）

翔而后集，虽独高静退之风；惠然肯来，盍仰体眷怀之切。比洊颁于召节，兹擢预于政机。不进不休，令固无于反汗；则久则速，礼尤贵于从宜。矧一苇之可航，何抗辞而至再？期予于治，当亟殚翊赞之忠；式遄其归，毋坚执谦冲之意。所辞宜不允。

出处:《东涧集》卷一。

撰者:许应龙

考校说明:编年据《宋史》卷四二《理宗纪》补。李鸣复除参知政事之日,《宝庆会稽续志》卷二系于嘉熙元年八月十六日。

资政殿学士朝奉大夫李鸣复赴行在再辞免参知政事恩命不允诏

（嘉熙元年八月十五日后）

侧席待贤，屡勤趣召，振衣造阙，式副具瞻。宜亟理于政机，胡尚陈于逊牍。谦以自牧，虽独高静退之风；予欲汝为，可不体简知之意。矧比登于宥府，尝协赞于庙谟。允武允文，既足任枢机之寄；立政立事，岂难图康济之勋？往服厥官，毋致朕命，所辞宜不允。

出处:《东涧集》卷一。

撰者:许应龙

考校说明:编年据《宋史》卷四二《理宗纪》补。李鸣复除参知政事之日,《宝庆会稽续志》卷二系于嘉熙元年八月十六日。

端明殿学士朝请大夫同签书枢密院事李宗勉辞免依旧端明殿学士除签书枢密院事恩命不允诏
(嘉熙元年八月十五日后)

卿自司宥密,益励公忠。同寅协恭,善弥缝而藏用;忧边思职,尤处置以得宜。予嘉乃勋,涣汗其号,特锡升迁之宠,庸昭委寄之隆。永肩一心,当为强本折冲之计;以康四海,庶成用儒无敌之功。尚克钦承,毋劳逊避。所辞宜不允。

出处:《东涧集》卷二。
撰者:许应龙
考校说明:编年据《宋史》卷四二《理宗纪》补。

端明殿学士朝请大夫同签书枢密院事李宗勉再辞免依旧端明殿学士签书枢密院恩命不允仍断来章批答
(嘉熙元年八月十五日后)

宥密之司,其任至重,由同而正,兹实彝章。涣号甫颁,师言允穆,比腾免牍,毋乃过谦。已导至怀,胡犹未喻。况事权之惟旧,非等级之复殊,勿庸固辞,亟祗成命。所辞宜不允。

出处:《东涧集》卷三。
撰者:许应龙
考校说明:编年据《宋史》卷四二《理宗纪》补。

吴潜改知平江府制
(嘉熙元年八月十七日前)

涣汗其号,正升法从之穹班;我图尔居,无若姑苏之巨屏。欲示优贤之意,肆疏易镇之恩。具官某名冠群英,身兼数器,总饷则不加赋而足用,典藩则有善政以得民。振戎事于兵曹,赞庙谟于省闼,方馨朝夕论思之益,姑循内外更迭之规。以宠其行,俾即真于起部;不远伊迩,庶蒙润于京师。矧屡试以有功,当不劳而自治。仁闻善最,嗣沐殊休。

出处:《东涧集》卷六。

撰者:许应龙

考校说明:编年据《绍定吴郡志》卷一一补。

赵师楷直宝章阁广东经略安抚制
(嘉熙元年八月)

自广以东,凡十四郡,悉隶帅垣,事权至重,欲称维藩之任,必资已试之才。以尔标的宗盟,被服儒雅,践更中外,所居见称。昨将漕于五羊,尝摄承于戎阃,内给饷馈,外弭寇攘。一道堵安,厥绩甚茂,今兹谋帅,无以易汝。爰升邃阁,以宠其行。威望素孚,当不劳而治矣。往服厥职,嗣有异恩。

出处:《东涧集》卷五。

撰者:许应龙

考校说明:编年据康熙《新修广州府志》卷一八补。《宋代诏令全集》以雍正《广东通志》卷二六为据系于绍定四年(第二〇八一页),误。据雍正《广东通志》卷二六,赵师楷绍定四年所任乃转运使,非经略安抚使。据康熙《新修广州府志》卷一八,赵师楷于嘉熙元年八月知广州,而知广州多兼广东经略安抚使,故系于同月。

王爃除提辖左藏库制
(嘉熙元年九月)

扈农,古官也,句龙弃之任。汉以后,犹以大儒郑康成辈为之。又其后专用文俗吏,古意微矣。尔立身秉端靖之操,历官著涎直之名。出总赋舆,张弓之势稍弛;入赞庙谟,改弦之化有助。擢之卿列,仍兼宰旅。夫积贮天下之命,出纳有司之事尔。方今耗蠧吾之财用者,非兵与吏乎? 汰冗去滥,是非有司之所得为,汝其与吾大臣议所以变通之策,以副朕用儒者治金谷之意。可。

出处:《重修琴川志》卷三。

考校说明:编年据光绪三十一年《谷来王氏宗谱》卷七《王公爃行状》补。

张谦牧知嘉定府制
（端平二年三月至嘉熙元年十月间）

敕具官某：朕顾瞻坤维，敌氛充斥，民无宁居。犍为独不被兵，惊徙流离，亦不少矣。宅牧之求，可轻也哉！尔守高梁，有治理效，制臣谓尔廉平。其锡左符，往宣惠政，为朕劳来还定安集之，俾民知有生之乐，复见太平官府。西州根本，繄此再植，则予一人汝嘉。

出处：《蒙斋集》卷八。

撰者：袁甫

考校说明：编年据袁甫任两制时间、张谦牧官历补，见《忠义集》卷三。

司农寺官高定子除司农卿兼玉牒官兼枢密都承旨制
（嘉熙元年正月至十月间）

积贮天下之大命也，隶于大农而卿实总之，苟匪通才，曷称厥职？以尔学粹词宏，气和心正，施于政事，所至有声。江左将输，公勤办治，戎监外府之擢，未酬尔劳。九扈正卿，肆以命汝，纂修瑶牒，俾赞枢庭，叠畀荣恩，以阶显用。益宏远业，庸副深知。

出处：《东涧集》卷四。

撰者：许应龙

考校说明：编年据高定子官历补，见《宋史》卷四〇九《高定子传》、《景定建康志》卷二六、《南宋馆阁续录》卷九。

宰执赴经筵听讲三朝宝训终篇奏谢宣答词
（嘉熙元年十月二十七日）

圣绪绍休，求多闻而建事；皇祖有训，已劝诵以终篇。实自弼谐，奚劳称谢。

出处：《东涧集》卷三。

撰者：许应龙

考校说明：编年据文中所述史事补，见《宋史全文续资治通鉴》卷三三。

侍读官进读终篇奏贺谢宣答词
（嘉熙元年十月二十七日）

祖训昭垂，莫非懿范，迩英进读，已遂终篇。有喜启沃之勤，犹赖发挥之广。

出处：《东涧集》卷三。

撰者：许应龙

考校说明：编年据文中所述史事补，见《宋史全文续资治通鉴》卷三三。

宰执率侍读侍讲说书侍立官奏贺讫宣答词
（嘉熙元年十月二十七日）

诵祖训以彻章，端自赞襄之力；率儒臣而称庆，足知恳款之忱。方思洪业之遵，尚冀朕心之沃。

出处：《东涧集》卷三。

撰者：许应龙

考校说明：编年据文中所述史事补，见《宋史全文续资治通鉴》卷三三。

以日食令学士院降诏御笔
（嘉熙元年十一月二十四日）

太史豫言：嘉平月朔，当有日食星聚之失，朕当损膳避朝，庶图销弭。其令有司检会故实以闻，仍令学士院降诏。

出处：《宋史全文续资治通鉴》卷三三。

以日食避殿减膳诏
（嘉熙元年十一月二十八日）

朕懋厥德，斯全财成辅相之宜；谪见于天，当谨寅畏严恭之念。朕自惭凉菲，适值艰虞,外焉疆场之未宁,内则政事之多阙。日食星聚,既垂儆戒之机;夕虑朝思,期尽感通之实。避殿减膳,正事饬躬。谓有过在予一人,尚赖交修之益;而推恩足保四海,盍颁肆赦之书。庶几和气之致祥,自格乾文之顺轨。与尔有众,永孚于休。

出处:《宋史全文续资治通鉴》卷三三。

赐参知政事李鸣复生日诏
(嘉熙元年十一月)

月届仲冬,实阳气潜萌之始;天生贤佐,乃太平能立之基。既昭弧矢之祥,宜厚牵醪之礼。往祗恩遇,益介寿祺。

出处:《东涧集》卷一。
撰者:许应龙
考校说明:编年据李鸣复官历、文中所述"月届仲冬"补,见《宋史》卷二一四《宰辅表》。

太中大夫知枢密院事兼参知政事郑性之再乞俾归田里不允不得再有陈请诏
(暂系于嘉熙元年十一月后)

朕兢业万几,简求四辅,冀同心而体国,庶强本以折冲。卿名重魁伦,材高经济。谏垣抗疏,首排喜功好大之谋;右府运筹,莫非和众安民之计。朕所深倚,人无间言,胡再腾逊避之章,犹未体眷留之意?期予于治,盍殚辅翼之忠;无弃尔成,庶底敉宁之绩。勉徇大义,毋庸固辞,所请宜不允。

出处:《东涧集》卷一。
撰者:许应龙
考校说明:编年据郑性之官历补,见《后村先生大全集》卷一四七《郑观文神道碑》。

太中大夫郑性之除职与郡辞免不允诏
（嘉熙元年十一月后）

　　卿迭更两地,已阅四期,每思职以忧边,务同心而辅政。胡为避宠,乃力丐闲? 勉徇雅怀,畀以藩宣之寄;仍升华职,昭予简眷之隆。毋庸固辞,亟袛成命。所辞宜不允。

出处:《东涧集》卷一。

撰者:许应龙

考校说明:编年据《后村先生大全集》卷一四七《郑观文神道碑》补。本诏时间当晚于同集同卷《太中大夫知枢密院事兼参知政事郑性之再乞俾归田里不允不得再有陈请诏》。

太中大夫郑性之辞免除资政殿大学士知
绍兴府浙东安抚使恩命不允诏
（嘉熙元年十一月后）

　　卿荐上囊封,力辞枢管,念久任股肱之寄,固宜加体貌之隆。爰锡明纶,晋陛秘殿。不远伊迩,莫若会稽,以宠其行,俾分帅阃。岂但京师之蒙润,庶宽宣室之兴思。宜疾其驱,往服厥职,以副朕意,毋庸固辞。所辞宜不允。

出处:《东涧集》卷一。

撰者:许应龙

考校说明:编年据《后村先生大全集》卷一四七《郑观文神道碑》补。本诏时间当晚于同集同卷《太中大夫知枢密院事兼参知政事郑性之再乞俾归田里不允不得再有陈请诏》。

郑性之除资政殿大学士知绍兴府浙东安抚使制
（嘉熙元年十一月后）

　　善断善谋,入任枢庭之寄;维藩维屏,出司帅阃之权。中外虽殊,眷怀则一。具官某忧恫而直谅,宽大而高明,声名满四海之间,德望冠群公之表。周旋两地,终始一心。知无不言,每务庇民而尊主;粹然出正,未尝扬己以取名。方资协恭而和衷,乃力辞荣而避宠。晋跻书殿,庸昭体貌之隆;涣发名纶,俾镇股肱之郡。虽便大臣之均佚,实令一道以蒙休。噫!勉为朕行,当使会稽之增重;不远伊尔,抑宽宣室之兴思。尚克钦承,益摅经济。

出处:《东涧集》卷五。

撰者:许应龙

考校说明:编年据《后村先生大全集》卷一四七《郑观文神道碑》补。

赵以夫除直焕章阁枢密副都承旨诰
(嘉熙元年十二月前)

右府本兵之地,事机贵密,宣纳之任,要在得人。以尔才周世用,望重宗英。使节州麾,所至可纪;郎省卿寺,无施不宜。况荐更宰掾之司,尤善赞庙谟之运,升华邃阁,导旨枢庭。益究远猷,以需显用。

出处:《东涧集》卷三。

撰者:许应龙

考校说明:编年据赵以夫官历补,见《南宋馆阁续录》卷九。

史岩之除左司郎中制
(端平二年四月至嘉熙元年十二月间)

二十四曹惟侍左为烦剧,员多阙少,法弊吏谩,苟匪清通,未易铨综。以尔克传家学,早擢儒科。难弟难兄,俱蜚声于中外;善政善教,屡奏最于藩宣。擢置铨曹,必能奉公守正,以革奸欺。往究乃心,嗣有褒擢。

出处:《东涧集》卷四。

撰者:许应龙

考校说明:编年据许应龙任两制时间、史岩之官历补,见《咸淳临安志》卷四九。

朝奉大夫试户部侍郎兼权兵部尚书兼同详定敕令官兼知临安府浙西安抚使赵与权辞免除权户部尚书兼职依旧恩命不允诏
（嘉熙元年二月至十二月间）

　　载惟民部，实掌邦财。浩如海暴如山，最难钩考；建其长立其贰，俱合选抡。卿自副地官，每殚心计，革吏胥之欺弊，知贡赋之源流。下不病民，上无乏用，善于其职，予所深嘉。擢从小司徒之班，畀以大常伯之任，宜亟承于休命，胡尚执于谦词。亟服厥官，以永终誉。所辞宜不允。

出处：《东涧集》卷二。

撰者：许应龙

考校说明：编年据赵与欢宦历补，见《咸淳临安志》卷四九。"赵与权"当为"赵与欢"之误。

降授朝奉大夫权户部尚书兼同详定敕令官兼知临安府赵与权辞免特与叙复元官恩命不允诏
（嘉熙元年二月至十二月间）

　　郁攸为沴，既殚扑灭之劳；稠叠抗章，乃有过愆之惧。力求贬秩，将以示公。勉徇卿之所陈，实非予之获已。况散财发粟，深慰于舆情；接栋连甍，悉还于旧观。公私无扰，兵民相安，清议莫不交称，青毡固宜亟复。胡辞荣而避宠，欲后己以先人，益见谦冲，良深嘉叹。其祗承命，毋复重陈。所辞宜不允。

出处：《东涧集》卷二。

撰者：许应龙

考校说明：编年据赵与欢宦历补，见《宋史》卷四一三《赵与欢传》、《咸淳临安志》卷四九。"赵与权"当为"赵与欢"之误。此诏时间当在同集同卷《朝奉大夫试户部侍郎兼权兵部尚书兼同详定敕令官兼知临安府浙西安抚使赵与权辞免除权户部尚书兼职依旧恩命不允诏》之后。

户部侍郎兼权兵部尚书兼知临安府赵与权权
户部尚书制
(嘉熙元年二月至十二月间)

八座班联,实高于法从;六卿职掌,莫剧于民曹。畴咨已试之长,爰锡维新之命。具官某被服儒术,标的宗英,刚而义简而廉,来能名至能应。自陟地官之贰,兼司天府之雄。扶弱抑强,里闾安业,散财发廪,㸑赉怀恩。抚军如挟纩之温,祷雨则随车而至。虽摄大司马之职,未酬京兆尹之劳。肆颁纶恩,擢冠民部,岂特究财赋之本末,尤有资朝夕之论思。尔所优为,奚劳多训。

出处:《东涧集》卷四。
撰者:许应龙
考校说明:编年据赵与欢宦历补,见《咸淳临安志》卷四九。"赵与权"当为"赵与欢"之误。此制时间当稍早于同集卷二《朝奉大夫试户部侍郎兼权兵部尚书兼同详定敕令官兼知临安府浙西安抚使赵与权辞免除权户部尚书兼职依旧恩命不允诏》。

嘉平朔日蚀星聚避朝损膳广宥多辟降诏
(嘉熙元年十二月一日后)

时懋厥德,斯全裁成辅相之宜;谪见于天,当谨寅畏严恭之念。朕自惭凉菲,适值艰虞,外焉疆场之未宁,内则政事之多阙。日蚀星聚,既垂儆戒之机;夕虑朝思,期尽感通之实。避殿减膳,正事饬躬。谓有过在予一人,尚赖交修之益;而推恩足保四海,盍颁肆赦之书。庶几和气之致祥,自格乾文之顺轨。与尔有众,永孚于休,其令有司检会故实条具以闻。

出处:《东涧集》卷一。
撰者:许应龙
考校说明:编年据文中所述史事补,见《宋史》卷四二《理宗纪》。

嘉平月朔日蚀星聚德音
（嘉熙元年十二月一日后）

敕门下：朕纂绍丕基，躬亲庶政。无日不惕，每思是究以是图；畏天之威，安敢自暇而自逸？适众星之交聚，而灵曜之复亏，端由朕德之愆，莫副皇穹之眷。遇灾而惧，可无消弭之方；承意以从，当尽宠绥之念。肆颁涣号，诞告多方。薄敛宽租，俾沾实惠，赦过宥罪，咸与惟新。辑宁踩践之区，劳来流离之众，胜捷者厚加于恩赏，亡殁者亟录其子孙。使无愁叹怨恨之声，用集安静和平之福。庶蒙孚佑，永绝艰虞。於戏！风翔而和气游，盍广德泽流行之施；人说而天意解，伫开日星明润之祥。尚期藩屏之臣，各尽布宣之职，勿为文具，以副朕心。主者施行。

出处：《东涧集》卷三。
撰者：许应龙
考校说明：编年据文中所述史事补，见《宋史》卷四二《理宗纪》。

食既令百官勿称贺诏
（嘉熙元年十二月三日）

季冬之朔，日食星聚，皇天示戒，朕心惕然。虽值云雾，益当修省。其令百官勿称贺，仍宣付史馆。

出处：《宋史全文续资治通鉴》卷三三。

显谟阁学士宣奉大夫提举建康府崇禧观陈晐辞免依旧显谟阁学士除沿海制置使知庆元府恩命不允诏
（嘉熙元年十二月二十一日前）

卿曩镇荆襄，久更岁月，边烽不耸，阃境底宁。肆酬尔庸，擢升常伯，自处祠庭之佚，屡兴宣室之思。载惟制垣，实控海道，孰任维藩之寄，当资已试之能。爰锡明纶，曷陈巽牍？徒得君重，庶宣牧御之劳；勉为朕行，用副眷知之笃。令无反汗，卿勿固辞，所辞宜不允。

出处:《东涧集》卷一。
撰者:许应龙
考校说明:编年据《宝庆四明志》卷一补。

陈晐除沿海制置使兼知庆元府制
(嘉熙元年十二月二十一日前)

尚书喉舌之官,凤资出纳;河东股肱之郡,今赖藩宣。允穆师言,肆颁涣号。具官某才周世用,誉冠时髦。久宣制阃之威,潜摅妙算;隐若长城之卫,坐折遐冲。遂膺召节之颁,晋陟文昌之位。暂从均佚,殊郁壮猷。念四明实控于要冲,在三辅夙称于巨镇。徒得君重,庶几善政以得民;勉为朕行,冀使京师之蒙润。亟图治最,以副予知。

出处:《东涧集》卷五。
撰者:许应龙
考校说明:编年据《宝庆四明志》卷一补。

免天基节上寿大宴诏
(嘉熙元年十二月二十二日)

朕念淮蜀未靖,民不聊生,将士乘边,战攻良苦。其天基节上寿大宴并免,以副朕顾忧之意。

出处:《宋史全文续资治通鉴》卷三三。

权户部尚书赵与权除户部尚书制
(嘉熙元年十二月二十六日)

京师众大之区,既腾伟绩;民部剧烦之任,尤赖长才。爰畀真除,式昭隆委。具官某至刚而直,大雅不群。毋日月以为功,亟跻华贯;上星辰而听履,兼领神皋。善政得民,休声载路。宜正文昌之位,以旌治行之优。载念版曹,实司国用。善于其职,已洞究于源流;图惟厥终,庶永臻于丰裕。益观来效,嗣有殊荣。

出处:《东涧集》卷四。

撰者:许应龙

考校说明:编年据《咸淳临安志》卷四九补。"赵与权"当为"赵与欢"之误。

史岩之除太府卿兼知临安府制
(嘉熙元年十二月二十六日)

外府任货财之职,京兆司弹压之权,于二者而得兼,非大才而曷可? 以尔靖共而和粹,精敏而疏通,外则驰计台帅阃之声,内则称铨部蓬山之职。宜晋升于卿月,俾兼镇于神皋。然受藏出纳之司,不难钩考;而众大浩穰之地,尤赖藩宣。必勤敏以无私,而宽严之相济,庶豪猾不容于私挠,而兵民各遂于相安。尔所优为,奚劳多训!

出处:《东涧集》卷五。

撰者:许应龙

考校说明:编年据《咸淳临安志》卷四九补。

朝散大夫赵与权辞免除户部尚书日下供职恩命不允诏
(嘉熙元年十二月二十六日后)

司民部之权,已能称职;涣昕庭之号,就使为真。以穆师言,式昭隆眷,盍亟承于新命,胡尚执于谦词? 卿自尹神皋,蔼腾休誉,随机应变,处置得宜,戢吏爱民,宽严相济。况直郁攸之后,尤多经理之功,既力丐于退闲,难久劳以烦剧。勉从雅意,俾专任于版曹;兹特旧官,非躐升于峻级。其安厥位,以副朕心。所辞宜不允。

出处:《东涧集》卷二。

撰者:许应龙

考校说明:编年据《咸淳临安志》卷四九补。"赵与权"当为"赵与欢"之误。

召崔与之诏
（嘉熙元年十二月）

朕以卿夙负经纶之学,久孚中外之望,擢登揆席,一稔于兹。控免益坚,皆以年龄之晚、疾病之故、道路之长为辞。朕非不亮卿言之恳切,然置国家之安危,计一身之利害,非世所仰望于卿者。矧比览条奏,详明精切,谋国致君,备极忠爱,所以日益注想,冀卿之幡然也。李昴英久从卿游,今辍自班缀,俾以便郡,专往见卿,明谕朕志。秋冬之交,天宇清佳,卿宜即日就道,式副至怀。

出处:《崔清献公全录》卷九。又见《广东文献初集》卷二,民国《增城县志》卷二七。

考校说明:据文中所述"秋冬之交",本诏疑作于九、十月间。

袁甫除中书舍人诰
（嘉熙元年）

涣汗其号,方膺辅郡之除;式遄其归,亟正掖垣之任。复青毡之旧物,登紫橐之穿班。具官某气节刚方,风规峻整。有是父有是子,词源学海之渊深;难为弟难为兄,卿月朗星之辉映。独掇魁伦之选,荐更麾节之华。秉史笔于螭坳,代王言于凤阁。兼司铨综,佥谓清通。暂均伏于祠庭,每兴思于宣室。趣还表著,重掌丝纶。盖畴已试之庸,径锡为真之命。不但讨论而润色,尚资献纳以论思。益茂远猷,以阶大任。

出处:《东涧集》卷三。

撰者:许应龙

考校说明:编年据《宋史》卷四〇五《袁甫传》补。

赵必愿除右司制
（嘉熙元年）

敕具官某:乃祖忠定,光辅宁考,厥功茂焉。朕思其人,不可复见。尔能世其家,犹乃祖之不忘也。属时多事,尝摄宰掾,著声称矣。就俾为真,益昌家学,以称朕意。

出处:《宋忠定赵周王别录》卷二。

撰者:袁甫

考校说明:编年据《宋史》卷四一三《赵必愿传》补。

马良母王氏江元秉母徐氏吕焘母厉氏并封孺人制
(嘉熙元年)

敕具官某母某氏:《王制》五年柴祀,问百年者就见之。朕三载一禋,大赉四海。尔子名在仕籍,思华其亲。虽年未满百,犹畀以初封,视昔人尊礼高年之意不既优乎?尚服新命,益绥寿祺。可。

出处:《铁庵集》卷六。

撰者:方大琮

考校说明:编年据方大琮任两制时间补。

淮西总管程芾差充蒙古国通好使特授武略大夫制
(嘉熙元年)

敕具官某:国家于蒙古非仇金比也。疆吏不戒,以至疲吾边甿。通好之使,频岁屡遣,竟未得要领以归。尔以小行人衔命再往,其为朕谕以重惜民命、兼爱南北之意。进尔二秩,以华其行。苟能成约,则丰官醲赏不汝靳也。敬哉毋忽!可。

出处:《铁庵集》卷六。

撰者:方大琮

考校说明:编年据方大琮任两制时间补。

南剑州判官新辟差知赣州安远县郑循降儒林郎制
(嘉熙元年)

敕具官某:熙宁距今百七十年,一时奉新书者贵显何限,今其泽之存者谁与?

监门侠不受安石改官之饵,流离终其身。中兴初旌遗直,官其后。一泽如线,盖累传而至尔循之身,亦可以观天理矣,可以自爱重矣。延平佐幕,弗克靖共,营辟径行,漕臣劾上。薄镌一秩,朕不容私。循其省哉,毋忝尔祖!可。

出处:《铁庵集》卷六。
撰者:方大琮
考校说明:编年据方大琮任两制时间补。

理宗度宗恭帝朝卷八　嘉熙二年(1238)

宝文阁学士中大夫新知福州余天锡辞免除吏部尚书兼给事中兼侍读恩命不允诏
（嘉熙二年前）

　　式是南邦，方资申伯，兴思宣室，复召贾生。昭予念旧之怀，畀以维新之命。昔已登于八座，今宜长于六卿。兼司琐闼之权，入侍迩英之读。允为异渥，盍即钦承。胡尚执于谦冲，乃力求于逊避。引以自近，尤赖告猷，令出惟行，讵容反汗？亟服厥职，以副予知，所辞宜不允。

出处：《东涧集》卷一。

撰者：许应龙

考校说明：编年据《宋史》卷四一九《余天锡传》补。本诏时间当稍晚于同集卷四《知福州余天锡除吏部尚书兼给事中兼侍读制》。

知福州余天锡除吏部尚书兼给事中兼侍读制
（嘉熙二年前）

　　铨综人材，凡属天官之掌；维持政本，实归琐闼之司。矧进读于经筵，尤辅成于君德。独兼兹选，允谓殊荣。具官某学粹而才通，量洪而识敏。自登儒级，亟跻朝路之华；不出都门，峻陟文昌之位。念久安于闲馆，俾出镇于全闽。然道阻且长，莫便庭闱之奉；而人惟求旧，趣归禁近之班。冠常伯而专封驳之权，侍书帷而辅缉熙之学，既清且要，其任匪轻。往服厥官，当体眷怀之笃；以报其上，盍殚献纳之忠。时乃之休，以永终誉。

出处:《东涧集》卷四。

撰者:许应龙

考校说明:编年据《宋史》卷四一九《余天锡传》补。本制时间当晚于同集卷六《余天锡知福州制》。

余天锡知福州制
(嘉熙二年前)

均佚祠庭,已屡更于岁钥;兴思宣室,肆擢镇于帅垣。式涣明纶,庸昭隆眷。具官某谦和而忠厚,信敏而疏通。七载立朝,遍历清华之选;八命作牧,载宣弹压之威。自辞常伯之班,久戢壮犹之展。今予命汝,往司屏翰之权;祗服厥官,茂著抚绥之绩。伫闻善最,嗣有异恩。

出处:《东涧集》卷六。

撰者:许应龙

考校说明:编年据《宋史》卷四一九《余天锡传》补。

刘炜叔知泉州制
(嘉熙元年至嘉熙二年间)

温陵大藩,民繁事伙,蛮舶萃聚,财货浩穰,苟非公廉练达之才,曷著牧养阜通之绩? 以尔美由世济,学本家传,践更百为,精勤一意,庐陵善政,靡人不称,晋陟郎闱,庸示褒宠。载念南土,浸不逮前,整顿一新;正资敏手。畴咨舆论,咸曰汝宜,往服厥官,以称朕意。

出处:《东涧集》卷六。

撰者:许应龙

考校说明:编年据刘炜叔宦历补,见乾隆《泉州府志》卷一三、卷二六。

朝议大夫权礼部侍郎兼同修国史实录院同修撰兼侍讲游似辞免除权礼部尚书兼职依旧恩命不允诏
（端平三年九月至嘉熙二年正月间）

卿有文有学，可企前修；不倚不流，允为吉士。再登班列，益励公忠。谈经则有劘切之功，典礼则著寅清之誉。予嘉乃德，俾晋长于仪曹；往服厥官，盍钦承于休命。矧惟序进，何以辞为。尚体深知，以宏远业。所辞宜不允。

出处：《东涧集》卷二。

撰者：许应龙

考校说明：编年据游似官历补，见《宋史》卷四一七《游似传》、《南宋馆阁续录》卷九、《宋史全文续资治通鉴》卷三三。此诏时间当稍晚于同集卷三《权礼部尚书游似升兼侍读诰》。

朝议大夫权礼部尚书兼同修国史实录院同修撰兼侍讲游似辞免升兼侍读恩命不允诏
（端平三年九月至嘉熙二年正月间）

卿闻多学广，色温气和，劝讲雍容，善于敷畅，以辅台德，启沃良深。进读须贤，肆以命汝。庸示褒崇之宠，曷腾逊避之章。盍体至怀，亟祗成涣。所辞宜不允。

出处：《东涧集》卷二。

撰者：许应龙

考校说明：编年据游似官历补，见《宋史》卷四一七《游似传》、《南宋馆阁续录》卷九、《宋史全文续资治通鉴》卷三三。此诏时间当晚于同集同卷《朝议大夫权礼部侍郎兼同修国史实录院同修撰兼侍讲游似辞免除权礼部尚书兼职依旧恩命不允诏》。

朝议大夫权礼部尚书兼同修国史实录院同修撰兼侍读游似丐祠不允诏
（端平三年九月至嘉熙二年正月间）

西陲绎骚，正资经理，事难筹度，爰集谋猷。卿蜀士之英，公忠明审，每于经筵进读之顷，获闻边事缓急之详。因思患以预防，可随机而应变。胡为抗疏，遽丐丛祠？当与人而同忧，有谋必告；庶运筹而决胜，图功攸终。其体眷怀，益殚忠荩。所辞宜不允。

出处：《东涧集》卷二。

撰者：许应龙

考校说明：编年据游似官历补，见《宋史》卷四一七《游似传》、《南宋馆阁续录》卷九、《宋史全文续资治通鉴》卷三三。此诏时间当晚于同集同卷《朝议大夫权礼部尚书兼同修国史实录院同修撰兼侍讲游似辞免升兼侍读恩命不允诏》。

朝议大夫权礼部尚书兼同修国史实录院同修撰兼侍读游似乞赐投闲不允诏
（端平三年九月至嘉熙二年正月间）

卿望重群英，职兼两部，密辅缉熙光明之学，每殚论思献纳之勤。启沃良多，忠嘉可尚。胡辞荣而避宠，冀置散以投闲。虽卿欲全高尚之风，而朕当笃始终之眷。其体至意，毋劳重陈。所请宜不允。

出处：《东涧集》卷二。

撰者：许应龙

考校说明：编年据游似官历补，见《宋史》卷四一七《游似传》、《南宋馆阁续录》卷九、《宋史全文续资治通鉴》卷三三。此诏时间当晚于同集同卷《朝议大夫权礼部尚书兼同修国史实录院同修撰兼侍讲游似辞免升兼侍读恩命不允诏》。

朝议大夫权礼部尚书兼同修国史实录院同修撰兼侍读游似辞免除礼部尚书兼职依旧恩命不允诏
（端平三年九月至嘉熙二年正月间）

直哉惟清，既能典礼；肆予命汝，就使为真。虽恩渥之维新，而事权之仍旧，曷陈免牍，未体至怀？卿学识兼该，端方有守，每因诵读之顷，屡殚启沃之忠。简在朕心，当畀便蕃之宠；兹因彝典，尚何逊避之为。所辞宜不允。

出处：《东涧集》卷二。

撰者：许应龙

考校说明：编年据游似宦历补，见《宋史》卷四一七《游似传》、《南宋馆阁续录》卷九、《宋史全文续资治通鉴》卷三三。此诏时间当晚于同集同卷《朝议大夫权礼部尚书兼同修国史实录院同修撰兼侍读游似丐祠不允诏》《朝议大夫权礼部尚书兼同修国史实录院同修撰兼侍读游似乞赐投闲不允诏》。

权礼部尚书游似升兼侍读诰
（端平三年九月至嘉熙二年正月间）

入侍经帷，俱资贤德，然劝讲则第分章而析句，进读则可因事以纳言。以次而迁，盖优兹选。具官某讲明正理，博极群书。日就月将，期广缉熙之学；朝听夕访，每殚启沃之忠。既升常伯之尊，宜进迩英之读。虽循故事，益峻新班。援古证今，当尽责难之义；引君当道，庶成善治之功。往服厥官，以副朕意。

出处：《东涧集》卷三。

撰者：许应龙

考校说明：编年据游似宦历补，见《宋史》卷四一七《游似传》、《南宋馆阁续录》卷九、《宋史全文续资治通鉴》卷三三。

宝章阁学士通奉大夫淮南东路安抚制置使兼知扬州赵葵辞免权将淮西一路分隶史嵩之与赵葵节制恩命不允诏

（嘉熙元年至嘉熙二年正月间）

　　文武兼资，无施不可，东西惟命，何为力辞？况与人而同忧，每以重而自任。深沟固垒，已处置以得宜；决胜运筹，致寇攘之潜弭。复遣精骑，力援邻封。予嘉乃勋，俾分兼于制阃；维扬我武，当力奏于肤功。其亟钦承，毋庸逊避。以解倒垂之急，克成无敌之功，时乃之休，惟朕以怿。所辞宜不允。

出处：《东涧集》卷二。
撰者：许应龙
考校说明：编年据赵葵宦历补，见《宋史》卷四二《理宗纪》、卷四一七《赵葵传》。

诫饬臣僚诏

（嘉熙二年正月一日）

　　朕亲揽权纲，厉精庶政，实赖尔有位之臣相与图维，宜无待训饬为也。诏书屡下，故习靡悛，继自今其涤虑饬躬，首公体国，率作兴事，洪济时艰，毋违训言，以干邦宪。

出处：《宋史全文续资治通鉴》卷三三。

荐才诏

（嘉熙二年正月一日）

　　令侍从、台谏、卿监、郎官、帅臣、监司及前宰执、侍从举晓畅兵机、通练财计者各二人，三衙及诸军都、副统制举堪充将才者二人，咸以其实来上。

出处：《宋史全文续资治通鉴》卷三三。

吏部尚书兼给事中兼侍读余天锡除端明殿
学士同签书枢密院事制
（嘉熙二年正月一日）

朕治欲更新，人惟求旧。尚书纳言喉舌，虽有赖于论思；执政犹吾股肱，盍益隆于委寄。肆升右府，式焕明纶。具官某望重群公，才周万务。好贤乐善，休焉其如有容；遇主遭时，进而不失其正。自登儒级，晋陟周行。毋日月以为功，遍历清华之选；上星辰而听履，更宣弹压之威。既凤著于休声，屡兴思于宣室。况有附翼攀鳞之旧，宜膺任人共政之图，遂寄径于天官，旋升班于枢管。并跻端殿，申衍圭畲。吁！是究是图，方欲理内而御外；汝为汝翼，当思强本以折冲。庶宽宵旰之忧，亟底敉宁之绩。钦承予命，时乃之休。

出处：《东涧集》卷四。

撰者：许应龙

考校说明：编年据《宋史全文续资治通鉴》卷三三补。

太中大夫试吏部尚书兼给事中兼侍读余天锡辞免
除端明殿学士同签书枢密院事恩命不允诏
（嘉熙二年正月一日后）

朕理内御外，将期疆场之安；决胜运筹，尤赖枢机之密。欲共成于伟绩，当图任于旧人。卿温乎其和，定而能应，辇毂夙资于弹压，朝夕尤馨于论思。再陟文昌，蔼著清通之誉；兼司琐闼，益高直谅之风。进读迩英，辅成台德。各称其职，肆简眷以弥隆；暨予同心，善弥缝而藏用。宜居右府，密赞庙谟。允穆师言，盍即承于休命；曷呈免牍，犹未体于至怀。令出惟行，卿毋固避，所辞宜不允。

出处：《东涧集》卷一。

撰者：许应龙

考校说明：编年据《宋史》卷二一四《宰辅表》补。"太中大夫"，《宋史》卷二一四《宰辅表》误作"少中大夫"。

余天锡上表再辞免除同签书枢密院事恩命
不允仍断来章批答
（嘉熙二年正月一日后）

安边境以立功,方思长策;任旧人而共政,俾赞庙谟。何明命之载颁,乃固辞而未已。虽欲表谦冲之意,然当明缓急之宜。顾今何时,正图共济,勉出乃力,庶能有成。毋曲狗于小廉,盍亟祗于新渥。其殚忠荩,以副倚毗。所辞宜不允,仍断来章者。

出处:《东涧集》卷三。

撰者:许应龙

考校说明:编年据《宋史全文续资治通鉴》卷三三补。

太府卿兼知临安府史岩之除权刑部侍郎制
（嘉熙二年正月二日）

选礼乐诗书之帅,俾镇神皋;升论思献纳之班,式昭异渥。藩宣增赍,委寄弥隆。具官某心醇而气和,才高而识敏。有是父有是子,俱陟从臣;难为兄难为弟,并分戎阃。然念京师之地,实关风俗之枢,惟尔之能,足胜其任。虽正陟月卿之位,未足重天府之权,爰锡明纶,晋贰宪部。其体朕心之眷,亟图治效之优。益懋远猷,以阶大任。

出处:《东涧集》卷四。

撰者:许应龙

考校说明:编年据《咸淳临安志》卷四九补。

奖谕史嵩之等诏
（嘉熙二年正月十二日）

淮西被兵日久,近令京湖制置使史嵩之应援黄州,淮东制置使赵葵应援安丰,俱能命将出师,捷书上闻,朕深嘉叹。可令学士院降诏奖谕。其立功将士姓名,令制司等第具上推赏。光州、信阳二城并当乘胜,共图克复。

出处:《理宗纪》。

朝议大夫试礼部尚书兼同修撰兼侍读游似辞免
兼给事中恩命不允诏
（嘉熙二年正月前后）

琐闼之司,政纲所系,必得端方之彦,庶伸封驳之权。卿纯粹无瑕,靖共有守,典礼著寅清之誉,进读多劘切之功。允谓茞臣,宜兼兹职。谦以自牧,乃陈逊避之章;知无不为,盍体选抡之意。其祗成命,毋庸固辞。所辞宜不允。

出处:《东涧集》卷二。

撰者:许应龙

考校说明:编年据游似官历补,见《宋史全文续资治通鉴》卷三三。

朝议大夫新除礼部尚书兼同修国史实录院同修撰兼
侍读游似辞免升兼修国史兼实录院修撰恩命不允诏
（嘉熙二年正月前后）

纂修史籍,由同而正,盖彝典也。卿学该百氏,才擅三长,论撰逾年,善于其职,晋升一级,以示宠褒。胡执谦冲,谓难冒处,能于前而不能于后,岂有是哉?毋弃尔成,亟祗朕命。所辞宜不允。

出处:《东涧集》卷二。

撰者:许应龙

考校说明:编年据游似官历补,见《宋史全文续资治通鉴》卷三三。

赵葵除端明殿学士淮东制置大使制
（嘉熙二年正月后）

整旅伐戎,喜见敷功之奏;扬庭孚号,荐颁异数之荣。以穆金言,式昭隆眷。具官某忠诚贯日,气节横秋,善哉充国之知兵,信矣西平之有子。久司制阃,绰著威声。属安丰遭黠寇之侵,凛然难保;迨幕府遣精兵之援,莫或敢撄。亟收三捷之功,即赐十行之札。虽已跻于常伯,未足报于殊勋。端殿升华,使名加大。俾复青毡之旧,仰振家声;仁清紫塞之氛,益强国势。钦承予命,嗣有异恩。

出处:《东涧集》卷五。

撰者:许应龙

考校说明:编年据赵葵宦历补,见《宋史》卷四二《理宗纪》、卷四一七《赵葵传》。

杜杲除太府卿兼淮西制置兼知庐州制
(嘉熙二年正月至二月间)

载惟西淮,实系冲要,必威名之夙著,庶处置之得宜。以尔允武允文,善谋善断,久宣劳于疆场,每有志于事功。比镇安丰,适当强敌,厉兵备御,极力剿除,城壁赖以安全,强邻为之震摄。虽亟加于褒律,未足报于殊勋。疏宠而界制垣,迁秩而长外府。庸示便蕃之渥,其殚牧御之方。劳来流移,谨固封守,以恩威而相济,俾兵民之俱安,盖尔所素明者。益图伟绩,嗣有异恩。

出处:《东涧集》卷五。

撰者:许应龙

考校说明:编年据杜杲宦历补,见《后村先生大全集》卷一四一《杜尚书神道碑》等。“淮西制置”,《后村先生大全集》卷一四一《杜尚书神道碑》、《宋史》卷四一二《杜杲传》均作“淮西制置副使”。

科举诏
(嘉熙二年二月一日)

改元以顺天道,将图至治之勋;得贤而立邦基,兹实急先之务。矧是岁适逢于大比,而群才方喜于汇征。爰举彝章,肆颁涣号。书其德行道艺,将以宾兴;取之族党比闾,式昭公选。冀因名而得实,盍崇雅以黜浮。俾偕计吏而来,以待昕庭之问。蔼蔼吉士,必多忠言鲠论之流;巍巍成功,庶及嘉祐、淳熙之盛。故兹诏示,想宜知悉。

出处:《东涧集》卷一。

撰者:许应龙

考校说明：编年据文中所述史事补,见《宋史全文续资治通鉴》卷三三。

令学士院降德音于蜀淮西诏
（嘉熙二年二月二十二日）

近览李埴奏,知蜀渐次收复。然创残之余,绥靖为急,宜施荡宥之泽,以示顾忧之怀。可令学士院降德音。淮西被兵,近已获捷,亦合一体施行。

出处：《宋元通鉴》卷一一一。

试中书舍人袁甫权吏部侍郎制
（嘉熙二年二月后）

西掖代言,方睹舍人之样；右铨典选,亟跻小宰之班。盖畴已试之长,爰锡维新之命。具官某气全刚大,望重魁伦。言则成文,得易直简严之体；施于有政,驰公勤精敏之声。既左右之俱宜,盍清华之遍历。敷文纬国,已资润色以讨论；量能授官,尤赖清通而平允。肆予命汝,钦乃攸司,庶因衡鉴之公,以卜甄陶之业。

出处：《东涧集》卷四。
撰者：许应龙
考校说明：编年据袁甫宦历补,见《宋史》卷四〇五《袁甫传》等。

齐硕除大理卿制
（端平二年三月至嘉熙二年三月间）

敕具官某：朕哀矜庶狱,思得廉平审克之吏,为理寺长,庶几悉聪明,致忠爱,民自以不冤。尔屡更麾节,以治行著,退居闾里,不竞声利,朕甚嘉焉。擢置月卿,班序浸高。在《书》有之,"非佞折狱,惟良折狱"。佞有口才,良本德心。一趋舍间,正邪以判。钦哉！有德惟刑,长我王国,则予以怿。

出处：《蒙斋集》卷八。
撰者：袁甫
考校说明：编年据袁甫任两制时间补。

史湜林炎并除大理评事制
(端平二年三月至嘉熙二年三月间)

敕具官某:汉诏置廷尉平曰:其务平之,悉聪明,致忠爱,毋挠法,毋留狱,是谓平。吏或持巧心,以苛为察,洗垢索瘢,不恤滞淹,平于何有?尔湜,旧有位;炎,新以才选。皆明习法律。往即乃僚,哀敬折狱,勿失其平,时乃之休。钦哉!

出处:《蒙斋集》卷八。

撰者:袁甫

考校说明:编年据袁甫任两制时间补。《宋会要辑稿》选举二二:"(嘉定)十三年七月二十五日,铨试,命金部郎官龚盖卿、大理寺丞赵善璙考试,太常寺主簿黄灏、耤田令钟震、大理评事史湜、邢近、赵汝捍点检试卷。"待考。

安泳钱杲卿并将作监丞黄特大理寺丞王彦雍
大理司直周秾大理评事制
(端平二年三月至嘉熙二年三月间)

敕:朕于人材,必取之治民,观所从政。盖学而习焉,鲜有败事,未闻以政学者也。汝等习为吏矣,滋识情伪,能迪训典,以序进陟,益观汝能。

出处:《蒙斋集》卷八。

撰者:袁甫

考校说明:编年据袁甫任两制时间补。

何处久除太府卿制
(端平二年三月至嘉熙二年三月间)

敕具官某:《周礼》列外府于天官之属,厥有旨哉。冢宰制国用,总其大纲,而条目则付诸人。尔敏才精识,达于经义,践扬中外,熟知财用之本末源流矣。兹擢置卿列,其为朕谨出入,察盈虚,致上下兼足之效,非惟法守举职,而道揆之地,亦有赖焉。此周人命官意也。尚其懋勉,嗣有褒嘉。

出处:《蒙斋集》卷八。

撰者:袁甫

考校说明:编年据袁甫任两制时间补。

<h1 style="text-align:center">娄体仁除太学正制</h1>
（端平二年三月至嘉熙二年三月间）

敕具官某:太学贤士之关,而纠其未迪彝教者,正之职也。尔端靖自将,雅有誉处,以躬范物,学者象之。《记》不云乎:"禁于未发之谓豫,相观而善之谓摩。"钦哉!

出处:《蒙斋集》卷八。

撰者:袁甫

考校说明:编年据袁甫任两制时间补。

<h1 style="text-align:center">李袭之循资制</h1>
（端平二年三月至嘉熙二年三月间）

敕具官某:千里馈粮,兵家患之。往者西陲用师,粮道修阻,尔竭力集事,迄无乏兴。制臣谓尔才,朕非吝赏,姑进选阶,尚迪来效。

出处:《蒙斋集》卷八。

撰者:袁甫

考校说明:编年据袁甫任两制时间补。

<h1 style="text-align:center">吴源特赠迪功郎制</h1>
（端平二年三月至嘉熙二年三月间）

敕:《常棣》之诗曰:"凡今之人,莫如兄弟。"我有良臣,曰吴柔胜。诸儿竞爽,长子源最贤,不幸而夭。渊,其弟也。援绍兴旧比,以官赏为乃兄请。因心则友,朕有感焉。源而有知,服此休命。

出处:《蒙斋集》卷八。

撰者:袁甫
考校说明:编年据袁甫任两制时间补。

陈康义除郎官制
(端平二年三月至嘉熙二年三月间)

敕具官某:花萼相辉,今古罕见。尔一门三秀,或挺挺尚高风,或恢恢崇大体。尔处其间,兼此二美。龙舒之政,蔚有令闻,朕甚嘉之。晋尔省郎,盖将引以自近。昔汲黯愿出入禁闼,萧望之雅意本朝。宜疾其驱,副予延伫。

出处:《蒙斋集》卷八。
撰者:袁甫
考校说明:编年据袁甫任两制时间补。

王氏特赠和义郡夫人制
(端平二年三月至嘉熙二年三月间)

敕:朕观《五代史》,著李氏断臂事。其言曰:"士不自爱其身,而忍耻以偷生,闻李氏之风,宜少知愧。"夫李氏惟不辱其身而已,非以身殉国也。曩西陲有狄难,尔一弱妇人,乃奋然詈贼以死。映世之名,寒如雪霜;殉国之节,视古烈丈夫有光焉。岂李氏得比乎?赐汤沐邑,建号小君,以奖烈魂,且以愧为士而丧节者。

出处:《蒙斋集》卷八。
撰者:袁甫
考校说明:编年据袁甫任两制时间补。

何琮母包氏赠令人制
(端平二年三月至嘉熙二年三月间)

敕:"母氏圣善,我无令人。"国人称愿,皆曰有子。爰锡漏泉之泽,用酬陟岵之思。具封某氏,礼谨采蘋,心劳吹棘,虽生弗逮千钟之养,然殁已沾屡命之荣。宜广蕃厘,式昭宠数,少答择邻之教,以开奕世之华。

出处:《蒙斋集》卷八。

撰者:袁甫

考校说明:编年据袁甫任两制时间补。

杨汝明特赠四官制
(端平二年三月至嘉熙二年三月间)

　　敕:朕爱惜人才,优崇耆旧。道之云远,怅莫遂于来归;天不慭遗,惊俄闻于谢事。宜加褒襚,用见眷怀。某官温然天姿,济乎世美。缅怀尔考之节,不受权臣之污。家庭有异闻乎?学斯二者;国人称愿然曰,有此幸哉!爰从筮仕之初,已养立朝之望。积有休誉,久在迩联。晚抚泸南千里之封,殆过颍川八年之治。劳于藩服,佚以祠庭。图任未遑,云亡何遽!君子万夫之望,胡不寿康?丰水数世之仁,可堪凋落。尔抱欲为未遂之志,朕怀用才不尽之思。宜叠进于四阶,且复官其一子,以昭恤后之典,以表优贤之思。觊而英灵,服此光宠。

出处:《蒙斋集》卷八。

撰者:袁甫

考校说明:编年据袁甫任两制时间补。

庞援特赠朝奉大夫直秘阁制
(端平二年三月至嘉熙二年三月间)

　　敕:守圉捍敌之臣,死城郭封疆,固其职也。尔乘使者车,乃能挺身蹈难,死不舍节,伟矣!一死未足多,武关再战,梗敌喉牙,俾不得荐食吾土,社稷之卫也。赏以报功,存亡奚间?以荣尔死,以迪尔后人,使凡为臣子者劝焉。圣人有金城,不在是乎!

出处:《蒙斋集》卷八。

撰者:袁甫

考校说明:编年据袁甫任两制时间补。

叶茇除宗正丞赵涯除宗正寺簿制
(端平二年三月至嘉熙二年三月间)

敕具官某等:宗正地严职清,所以处名流也。尔茇坚劲有守,尔涯洁介自将,皆奋由儒科,蔚为邦彦,或俾参领,或典勾稽,不负予九宗之委矣。成周之制,辨昭穆,叙亲疏,宗伯职之,维翰维城,卒以宗强,朕嘉慕焉。今之宗寺,古宗伯也。明古之制,以佐其长,以固我宗藩,斯儒者事,毋徒曰谨司属籍而已。

出处:《蒙斋集》卷八。
撰者:袁甫
考校说明:编年据袁甫任两制时间补。

曾颖秀除户部郎中制
(端平二年三月至嘉熙二年三月间)

敕具官某:郎官上应列宿,矧版曹尤剧,属时方艰,匪得隽良,曷称兹选?尔学于家庭,施诸政事,令誉籍籍播绅间,朕甚嘉之。跻诸省户,俾赞而长。其务革时弊,全国体,以俟明陟。

出处:《蒙斋集》卷八。
撰者:袁甫
考校说明:编年据袁甫任两制时间补。

曾颖秀除仓部郎中姚子材除工部郎中制
(端平二年三月至嘉熙二年三月间)

敕具官某等:太微郎位,光近帝座,非一路号福星者弗在列。尔颖秀以清敏闻于浙右,尔子材亦威惠流于湘东。洵为监司之才者,宜从外服,擢置望曹。积仓以为供亿之储,备械以赞修攘之政,皆今要务,惟尔之能。其齐乃位,扬乃职,以副朕意。

出处:《蒙斋集》卷八。

撰者:袁甫

考校说明:编年据袁甫任两制时间补。

虞复除耤田令制
（端平二年三月至嘉熙二年三月间）

敕具官某:朕尝书四十八规于缉熙殿,日观省焉。尔敷畅厥旨,条列来上,粲如也。掌故未足以旌尔勤,进司帝耤,庸昭异奖,且以来臣工之嘉言。

出处:《蒙斋集》卷八。

撰者:袁甫

考校说明:编年据袁甫任两制时间补。

宇文景度知顺庆府制
（端平二年三月至嘉熙二年三月间）

敕具官某:参井之墟,兵氛未解,深轸朕怀。南充乐土也,蕃翰之寄,可轻也哉! 畴咨在列,知尔有牧民之长,今起家为二千石,不但守条教而已。简恤尔都,屹然为雄镇,使朕获宽西顾忧,时乃功懋哉!

出处:《蒙斋集》卷八。

撰者:袁甫

考校说明:编年据袁甫任两制时间补。

赵彦櫼知宝庆府制
（端平二年三月至嘉熙二年三月间）

敕具官某:邵阳居湖岭要冲,控引溪蛮,盘错数百里,未易绥御。以尔践扬岁深,更练材老,起之祠庭,畀以符竹。往钦哉! 惟廉惟平,毋暴征,毋峻刑,简易宽厚,以宁其人,则予汝嘉。

出处:《蒙斋集》卷八。

撰者:袁甫

考校说明:编年据袁甫任两制时间补。

张舜传知重庆府制
（端平二年三月至嘉熙二年三月间）

敕具官某:蜀去天万里,朕深念远民,谨简良牧。尔尝关决会府,有能名,制臣谓尔可任。今予命尔,牧于藩邸。往钦哉! 朕阶前即万里也,勿以远而忽。

出处:《蒙斋集》卷八。
撰者:袁甫
考校说明:编年据袁甫任两制时间补。

除将作监丞制
（端平二年三月至嘉熙二年三月间）

敕具官某:朕念淮西宿师连年,辇车骊马,前后转输,其事劳矣。尔以敏材赞大幕府,飞挽无乏,尔惟克勤乃事。朕今擢尔,丞于缮监,往既乃心,以续前绩。向也摄官,犹称治办,况为真乎!《诗》曰:"乃积乃仓,乃裹糇粮。于橐于囊,思戢用光。"今曷繇臻此,尔尚勉之!

出处:《蒙斋集》卷八。
撰者:袁甫
考校说明:编年据袁甫任两制时间补。题后原注:"此制原本阙姓名。"

袁立儒除大宗正丞制
（端平二年三月至嘉熙二年三月间）

敕具官某:周家忠厚,内睦九族,亲亲之至也。尔敏秀嗜学,蔼著声称,擢丞宗司,俾赞宗老。《诗》不云乎:"宗子维城,无俾城坏。"金汤之固,何以尚兹。懋哉!

出处:《蒙斋集》卷八。
撰者:袁甫

考校说明:编年据袁甫任两制时间补。

赵崇岩除大宗正丞制
(端平二年三月至嘉熙二年三月间)

　　敕具官某:朕闻侂胄擅国柄,士大夫靡然趋之。尔父汝抡与侂胄有旧,屹立不阿,节谊高矣。尔安恬自守,绰有父风,师友磨砻,气温而行洁。兹用序迁,晋丞宗寺。尔其永肩一心,勿隳家声,嗣有褒宠。

出处:《蒙斋集》卷八。

撰者:袁甫

考校说明:编年据袁甫任两制时间补。

颜耆仲除枢密副都承旨制
(端平二年三月至嘉熙二年三月间)

　　敕具官某:国朝用人之法,任丞郎卿监者,出而宣劳外服;以符节策勋者,入而羽仪朝著。等而上之,必历河北转运,乃为三司使。盖迭更内外,涉历多则知识明也。尔天才卓荦,无施不可。昔为宰掾,旋命观风。发庾赡饥,淮壖以最闻矣。朕念边事方殷,枢管求助,引以自近,宣导密旨,出入之间,庶几我祖宗用人之遗意焉。夫王者之于天下,譬犹一堂之上也。军情民隐,朕之所欲知者,进而告尔后,退而赞庙谟。称职如此,则予一人以怿。

出处:《蒙斋集》卷八。

撰者:袁甫

考校说明:编年据袁甫任两制时间补。

赵希壆除将作簿制
(端平二年三月至嘉熙二年三月间)

　　敕具官某:《记》曰:"上酌民言,则下天上施。"吏治之否臧,朕每于民言酌取焉。尔令于畿邑,孳孳得民和,民惟恐令之去也。休声既邑,转而上闻,朕留汝以从民愿,行再期矣。俾有列于朝,簿正匠监,岂特莅尔之劳,抑使字民而能得民者劝焉。

出处:《蒙斋集》卷九。又见《永乐大典》卷一四六〇八。
撰者:袁甫
考校说明:编年据袁甫任两制时间补。

项博文除大理寺簿制
(端平二年三月至嘉熙二年三月间)

敕具官某:朕明慎庶狱,增植国家好生之仁,故于列院中察尔敏而近厚,俾之簿领理寺。如得其情,哀矜勿喜,圣门明训也。念之哉。

出处:《蒙斋集》卷九。又见《永乐大典》卷一四六〇七。
撰者:袁甫
考校说明:编年据袁甫任两制时间补。

除大理寺簿制
(端平二年三月至嘉熙二年三月间)

敕具官某:狱重事也,理寺列属,寄朕钦恤之意焉。尔明慎不苟,擢为簿正,民命攸系。《周官》五听,孰听之? 心听之也。秋毫有累,则天君昏而民受其冤矣,可不敬欤!

出处:《蒙斋集》卷九。又见《永乐大典》卷一四六〇七。
撰者:袁甫
考校说明:编年据袁甫任两制时间补。题后原注:"此制原本阙姓名。"

何处恬除宗正寺簿陈璙除国子监簿制
(端平二年三月至嘉熙二年三月间)

敕具官某等:簿正之职,圣人犹为之。有志于学者,师圣人可也。尔处恬昔为太学诸生,上书言事,有挺挺风节。尔璙尝贰政柯山,爱民戢奸,至今人思之。一繇璧水升璇牒,一自列院迁胄监,俱以簿正为职。夫有令名固难,永终誉尤难。

钦哉！勿替初心，益充所学，则予汝嘉。

出处：《蒙斋集》卷九。又见《永乐大典》卷一四六〇八。
撰者：袁甫
考校说明：编年据袁甫任两制时间补。

除司农寺簿制
（端平二年三月至嘉熙二年三月间）

敕具官某：儒者耻言理财，食货载在《洪范》，儒者事也，而可耻乎？尔智识通明，谙练庶务，簿正农扈，乃以才选。其专精恪勤，阜民裕国，是为称职。

出处：《蒙斋集》卷九。又见《永乐大典》卷一四六〇七。
撰者：袁甫
考校说明：编年据袁甫任两制时间补。题后原注："此制原本阙姓名。"

张实甫俞处约父各封承务郎制
（端平二年三月至嘉熙二年三月间）

敕具官某等：《礼》，九十曰有秩，老老所以兴孝也。矧尔有子，策名隽科，宜均祭泽，庸示褒荣。服我命书，永娱釜养。

出处：《蒙斋集》卷九。
撰者：袁甫
考校说明：编年据袁甫任两制时间补。

李刘除礼部郎官制
（端平二年三月至嘉熙二年三月间）

敕具官某：郎选高矣，南宫最清，非夙负誉望者，畴称兹选？尔蕴蓄甚富，发为菁华，朕欲用之久矣。屡更麾节，少休琳宫，今命尔跻省户。往钦哉！黼黻王度，将于尔取焉。

出处:《蒙斋集》卷九。

撰者:袁甫

考校说明:编年据袁甫任两制时间补。

俞括转承直郎制
（端平二年三月至嘉熙二年三月间）

　　敕具官某:朕笃亲亲之恩,施及庶姓,尔亦预焉。其进选阶,尚思报效,使天下毋谓朕私。

出处:《蒙斋集》卷九。又见《永乐大典》卷七三二五。

撰者:袁甫

考校说明:编年据袁甫任两制时间补。

缪梦达特转武德郎制
（端平二年三月至嘉熙二年三月间）

　　敕具官某:朕方以信赏厉将士,尔有战多,虽久不废。懋哉! 服我褒宠,思报效焉。

出处:《蒙斋集》卷九。又见《永乐大典》卷七三二六,《平阳县志》卷七七。

撰者:袁甫

考校说明:编年据袁甫任两制时间补。

俞炜特补迪功郎制
（端平二年三月至嘉熙二年三月间）

　　敕具官某:选阶虽卑,朕不轻授。尔及此妙年,克力于学,以称朕恩,则虽恩亦义也。

出处:《蒙斋集》卷九。又见《永乐大典》卷七三二五。

撰者:袁甫

考校说明:编年据袁甫任两制时间补。

陈纪特换授迪功郎制
(端平二年三月至嘉熙二年三月间)

　　敕具官某：昔三辅吏士，见汉官威仪，犹感泣思属心。尔久污伪命，今得身为汉官，又以左选初阶易而勇爵，可谓幸矣，当何以报国乎？耿耿忠义，永肩一心，尚勿替朕命。

出处：《蒙斋集》卷九。又见《永乐大典》卷七三二五。
撰者：袁甫
考校说明：编年据袁甫任两制时间补。

丘岳除直秘阁淮东转运判官制
(端平二年三月至嘉熙二年三月间)

　　敕具官某：世为淮人，习知淮事，试之仪真，以称职闻。召为尚书郎，才阅月，复俾司漕计。朕每临遣监司帅守，既戒苟同，亦戒苟异。何任职者，心人人殊，或依违其间，甚非朕意。尔尚一乃心力，以济国事，忧顾其少宽乎？天球河图，秘藏之府，寓直其间，以光尔行。祗服宠荣，嗣有褒擢。

出处：《蒙斋集》卷九。又见《海虞文征》卷一、《虞邑遗文录》卷一。
撰者：袁甫
考校说明：编年据袁甫任两制时间补。"丘岳"，原作"丘寔"，据殿本、《海虞文征》、《虞邑遗文录》改。

曾用亮除江西转运判官制
(端平二年三月至嘉熙二年三月间)

　　敕具官某：《诗》不云乎："蒹葭苍苍，白露为霜。"朕遴选监司郡守，深其涉历者，所以老其才也。尔天资英发，所至有声。曩持江西宪节，且摄章贡郡符矣。平定寇攘，从容不乱。兹就畀漕事，将益以观尔之能。夫元凯称才，以有德也。尔一门世所鲜俪，益懋乃德，以昌家学，奚独衣冠盛事云乎哉！

出处:《蒙斋集》卷九。

撰者:袁甫

考校说明:编年据袁甫任两制时间补。

张应运特转一官制
(端平二年三月至嘉熙二年三月间)

敕具官某:江东顷荐饥,尔竭力以佐其长,民免捐瘠。荒政第劳,蔚为称首。选阶超进,视群僚为优。尚思报称,勿懈尔勤。

出处:《蒙斋集》卷九。

撰者:袁甫

考校说明:编年据袁甫任两制时间补。

何处信特转一官制
(端平二年三月至嘉熙二年三月间)

敕具官某:岁会有殿最,法也。尔尝通守嘉禾,课以最闻,法应得赏,其进一阶,祗服休命。

出处:《蒙斋集》卷九。

撰者:袁甫

考校说明:编年据袁甫任两制时间补。

乔幼闻特转一官制
(端平二年三月至嘉熙二年三月间)

敕具官某:民困于役久矣。江东常平使者以义劝分,政莫良于此,吏奉行类不虔。尔邑克成,尔惟克勤乃事,其增一秩,用风励字民者。

出处:《蒙斋集》卷九。

撰者:袁甫

考校说明:编年据袁甫任两制时间补。

知隆庆府李艮孙转一官再任制
（端平二年三月至嘉熙二年三月间）

敕具官某：剑阁，天险也，古称一夫荷戟，千人莫当。今非昔矣，强寇横奔，毒流西土。尔以孤墉首撄寇冲，系民人之心，生将士之气，岂徒恃险而存哉！朕不忍六十州之毁荡，思固门户扃镭之防，无以易汝。其陟一阶，勉为朕留。缮甲兵，峙糇粮，戒斥堠，结聚落，使险隘毕葺，寇不可复犯。蜀道载宁，予其大介赉。尔往钦哉。

出处：《蒙斋集》卷九。

撰者：袁甫

考校说明：编年据袁甫任两制时间补。

文大渊特转一官制
（端平二年三月至嘉熙二年三月间）

敕具官某：官赏所以劝有功，朕不敢吝。武都之捷，受赏者三十三人，尔亦预焉。儒生而立武功，未多得也。勉出乃力，嗣建茂勋，岂但选阶序升而已。

出处：《蒙斋集》卷九。

撰者：袁甫

考校说明：编年据袁甫任两制时间补。

归顺肃均等转官制
（端平二年三月至嘉熙二年三月间）

敕具官某：隗嚣将殄，马援来归；武周就亡，敬德为用。豪杰之士，舍逆附顺，志烈顾不伟哉！可无懋赏，以劝来者？尔等皆北土之豪，沈鸷有识，改辙归命，倒戈效忠。蔡人则吾人耳，横班遥刺，褒陟有差，所以示功高之录也。勉立殊勋，以对光宠。

出处：《蒙斋集》卷九。

撰者:袁甫

考校说明:编年据袁甫任两制时间补。

宋明远转官制
(端平二年三月至嘉熙二年三月间)

敕具官某:朕念边疆之臣,输力王室,虽微必录,虽久不废。尔畴昔驱驰兵间,给饷无乏。今分符内郡,一阶例进,朕不汝遗。勉殚忠勤,益图报效。

出处:《蒙斋集》卷九。

撰者:袁甫

考校说明:编年据袁甫任两制时间补。

陈一荐特转一官制
(端平二年三月至嘉熙二年三月间)

敕具官某:昔人有言,兼并易能也,坚凝之难。河南之役,祖宗故疆,复入版图,尔有劳焉。戍守弗坚,则匪汝咎,劝功一秩,朕不敢废。边事之宜,尔既习知,竭力以图后效,所以报也。

出处:《蒙斋集》卷九。

撰者:袁甫

考校说明:编年据袁甫任两制时间补。

游震甲特转一官制
(端平二年三月至嘉熙二年三月间)

敕具官某:昔汉宣帝尊宠刺史守相,有治理效辄以玺书勉励,增秩赐金,吏良民安,号称中兴,朕嘉慕之。尔器质温润,心事粹夷,暂辍禁从,绥我闽部,惠流威行,奸宄消息,而七聚乂宁。儒者中和之政,信可尚已。内阁升华,所以褒也,而谦避弗居,朕心未快。姑用汉增秩故事,进尔一阶,俾藩翰之臣劝焉。尚服宠光,嗣有明陟。

出处:《蒙斋集》卷九。

撰者:袁甫

考校说明:编年据袁甫任两制时间补。

赵希悦特转一官制
(端平二年三月至嘉熙二年三月间)

敕具官某:自常平义仓耗于移用,惟置仓乡社,最为便民。泰昌僻在巴峡,田赋不满六百石,脱有凶年,孰救民饥?社仓之建,遂为一郡长利,抑可以言民庸矣。其增一秩,俾牧民者劝焉。

出处:《蒙斋集》卷九。

撰者:袁甫

考校说明:编年据袁甫任两制时间补。

胡元琰特转两官制
(端平二年三月至嘉熙二年三月间)

敕具官某:边声孔棘,临事选材,不限资格,往往多得其人。尔顷以莫莅一令,而攘戎执俘,保民靖乱,卓乎干城之勋,非夫精华果锐,跃跃有欲自见者哉!一岁而迁三秩,非常典也。功多有厚赏,庶闻者劝焉。尚服宠荣,益思报效。

出处:《蒙斋集》卷九。

撰者:袁甫

考校说明:编年据袁甫任两制时间补。

颜者仲特转一官制
(端平二年三月至嘉熙二年三月间)

敕具官某:盐策之利博矣。斡旋通变,不专兴利,而美意行焉,独不在人乎!尔将指东淮,以鹾为职。惩俗吏之朘民膏也,度越拘挛,弛利予下,而国课自丰,诚有足大者。进尔一秩,岂徒以治办见褒哉!体国爱民之意,固将风示四方,以为护养元气者劝也。懋哉!对扬休命。

出处:《蒙斋集》卷九。

撰者:袁甫

考校说明:编年据袁甫任两制时间补。

叶莫除吏部郎中制
(端平二年三月至嘉熙二年三月间)

敕具官某:尚书郎,高选也,而天官之属尤重。盖将赞而长以衡鉴群才,顾可轻畀欤!尔声猷炳蔚,践历浸深。顷以麾节宣劳江右,趣还郎位,所以旌外庸也。尔其一意奉公,恪守旧章,为朕搜俊贤,拔淹滞,以成思皇多士之美,则予汝嘉。

出处:《蒙斋集》卷九。

撰者:袁甫

考校说明:编年据袁甫任两制时间补。

黄宜除宗学博士黄涛除太学博士陈晋接除宗学教谕制
(端平二年三月至嘉熙二年三月间)

敕具官某等:太学贤士之关,而天枝之秀,又设宗学以教之。师儒之选,可轻畀之哉!尔宜之雅澹,尔涛之弘毅,尔晋接之靖共,皆一时选也。其为我端矩矱,勤训诱,使辟雍流道德之富,麟趾追信厚之风,不其休欤!

出处:《蒙斋集》卷九。

撰者:袁甫

考校说明:编年据袁甫任两制时间补。

刁起除太学博士文复之除宗学教谕制
(端平二年三月至嘉熙二年三月间)

敕具官某等:太学贤士之关,而天枝之秀,又别设宗庠以训之。为师儒者,传道、受业、解惑则一也。尔起南土之英,尔复之西州之彦,登之学校,以为表倡。如家塾之诲子弟,情亲而道自尊,业精而疑顿释。果能若是,足以副朕亲亲贤贤之意矣。

出处:《蒙斋集》卷九。

撰者:袁甫

考校说明:编年据袁甫任两制时间补。

赵崇晖除刑部郎官郭正己除大理正制
(端平二年三月至嘉熙二年三月间)

敕具官某等:朕读《虞书》,皋陶称舜德,凡十余言,皆宽仁忠厚之至。而"刑故无小止"一语,圣人尚德不尚刑,于此见矣。尔崇晖明而不苛,尔正己通而有守,践扬中外,蔼著能声,朕甚嘉之。或陟刑曹,或正理寺。尔其念一成不变之难,体哀矜勿喜之意,重民命者,所以寿国脉也。钦哉!

出处:《蒙斋集》卷九。

撰者:袁甫

考校说明:编年据袁甫任两制时间补。

张涓除阁门宣赞舍人制
(端平二年三月至嘉熙二年三月间)

敕具官某:上合清选也,以勇爵登罕矣。武都之战,尔有奇勋,非此莫酬。今敌人送死,复蹈覆车,正尔立功名之秋也。勉哉! 美官显赏,朕不汝靳。

出处:《蒙斋集》卷九。

撰者:袁甫

考校说明:编年据袁甫任两制时间补。

郑昼知琼州制
(端平二年三月至嘉熙二年三月间)

敕具官某:琼山悬隔瘴海中,岛夷错居,比岁尝反复不定,思得良牧抚宁之。尔关决会府,习知南方事,往为朕绥彼黎元,敷我懿化,则予一人以怿。

出处:《蒙斋集》卷九。

撰者:袁甫

考校说明:编年据袁甫任两制时间补。

韩涛除大理寺簿杨伯岩除太社令制
(端平二年三月至嘉熙二年三月间)

敕具官某等:礼刑相为表里,理寺之有簿正,奉常之有司社,秩虽卑,关于礼刑则一也。尔涛之历练,尔伯岩之疏通。职理寺者,观《周礼》之三典;职奉常者,思伯夷之播刑,则表里之说明矣。汝往钦哉,毋辱朕命。

出处:《蒙斋集》卷九,殿本。

撰者:袁甫

考校说明:编年据袁甫任两制时间补。

袁申儒除考功郎官兼检详制
(端平二年四月至嘉熙二年三月间)

敕具官某:士有抱负器业,多所扬历,晚乃晋登朝列,其于世故饱,义理熟,则裨赞之益必多。尔通经学古,困而后亨,克继世科,屡更麾节,召至儒馆,鬓已霜矣。晋班郎省,仍掾机庭。惟公则选曹无私,惟勤则宥密有赖。尚其懋哉,用增光于前闻人,则予汝嘉。

出处:《蒙斋集》卷八。

撰者:袁甫

考校说明:编年据袁甫任两制时间、陈康义官历补,见《南宋馆阁续录》卷八。

李性传改知宁国府制
(暂系于端平二年十二月至嘉熙二年三月间)

敕:眷我从臣,作民良牧。期月而可,已闻最绩之多;易地皆然,爰重屏藩之寄。是为公选,毋曰贤劳。具官某,学博而量洪,器醇而识茂。岷峨清淑之气,世载其英;家庭讲贯之功,达施于用。顷辍甘泉之赋,暂分泽国之符。蔚有声猷,深用嘉叹。宜仍兼于秘职,就移镇于宛陵。淮右流离,方资劳来;江东根本,政赖封培。岂忘与我共理之良,是以引卿自近之渐。钦予时命,其尔之休。

出处:《蒙斋集》卷八。

撰者:袁甫

考校说明:编年据袁甫任两制时间、李性传宦历补,见《宋史》卷四一九《李性传传》、《平斋集》卷一五《权刑部侍郎李性传辞免除礼部侍郎恩命不允诏》。

通奉大夫参知政事督视京西湖南北江西路光蕲黄施夔州军马史嵩之辞免兼督视淮西军马恩命不允诏
(嘉熙二年三月十四日后)

理内御外,固当因时而施宜;强本折冲,尤贵并谋而合智。遂令督府,兼总西淮。庶脉络之相通,而事权之归一。以守则固,何功不成。况恢恢游刃之材,何兢兢履薄之虑。祗若予命,毋事谦词。

出处:《东涧集》卷二。

撰者:许应龙

考校说明:编年据史嵩之宦历补,见《宋史》卷四二《理宗纪》、卷四一四《史嵩之传》。

通奉大夫参知政事督视京西湖南北江西路光蕲黄施夔州军马史嵩之再辞免兼督视淮西军马恩命不允诏
(嘉熙二年三月十四日后)

比览囊封,已谕朕意,胡为再渎,复述前言。谓同舟方运于风波,而一室难分于尔汝,则宜共济,奚庸固辞?况已遣于援师,俾相为于掎角,既合督府制垣之力,当销敌国外患之虞。其展壮猷,亟图伟绩。

出处:《东涧集》卷二。

撰者:许应龙

考校说明:编年据史嵩之宦历补,见《宋史》卷四二《理宗纪》、卷四一四《史嵩之传》。

赵善湘依旧资政殿大学士知绍兴府浙东安抚使制
(嘉熙二年三月二十五日)

大邦维屏,甫资绥御之方;十国为连,易畀藩宣之寄。事权增重,简眷弥隆。具官某善断善谋,允文允武。施无不可,真所为王佐之才;卓尔不群,岂特蔼宗英之誉。曩司制阃,久阅岁华。出六计之奇,指授将帅;决千里之胜,剿灭渠魁。肆升书殿之华,仍视枢庭之秩。真祠均佚,宣室兴思,虽蜀道之行不惮于王尊,而渤海之安莫如于龚遂。暂烦镇抚,复命保厘。噫!式遄其行,庸壮维城之势;不远伊迩,实同衣锦之荣。盍展壮猷,以称朕意。

出处:《东涧集》卷五。
撰者:许应龙
考校说明:编年据《宝庆四明志》卷一补。

赵以夫除右文殿修撰枢密副都承旨知庆元府
主管沿海制置使制
(嘉熙二年三月二十五日)

朕惟鄞城巨镇,海道要冲,匪资随机应变之才,曷任御众牧人之寄。以尔佩服儒术,标的宗盟,使节州麾,随试辄效,卿寺省闼,所居见称,暨协赞于枢庭,益潜摅于妙略。属兹谋帅,无以逾卿,跻导旨之穹班,仍升华于秘殿。徒得君重,以宽忧顾之怀;勉为朕行,亟底拊绥之绩。课最来上,恩渥何涯?

出处:《东涧集》卷六。
撰者:许应龙
考校说明:编年据《宝庆四明志》卷一补。

起居郎兼权吏部侍郎王极特除吏部侍郎制
(嘉熙元年十一月至嘉熙二年四月间)

载惟选部,莫剧右铨。文法舞于吏胥,奸欺迭出;簿书盈于几阁,考察尤艰。

式资已试之长,爰锡维新之命。具官某量涵溟渤,秀挹岷峨,每湛若以无营,尤介然而有守。峨冠乌府,不吐刚而茹柔;秉笔螭蚴,善记言而书动。比兼铨综,金谓清通。何以假为,盍示褒迁之宠;肆予命汝,益加甄别之精。茂对殊休,以阶大用。

出处:《东涧集》卷四。

撰者:许应龙

考校说明:编年据王极宦历补,见《南宋馆阁续录》卷九、《宋史全文续资治通鉴》卷三三。

御试文举策问
（嘉熙二年闰四月十一日）

朕以菲德,绍休圣绪。粤自更化以来,总揽权纲,厉精思治,于今六稔,莫睹成效。外则多垒之未平,内则群生之寡遂。岂朕之政有失而行有过欤?抑规模之未定而议论之徒详欤?夫广览兼听,固欲通群下之情,而甲可乙否,若何决择?旁搜博采,固欲获实才之用,而雠伪假真,若何考察?官吏非不戒饬而苟且如故,法令非不申严而奉行不虔。士气当振,何以为风励之方?民俗未厚,何以为感化之术?蠲免租赋则群计必乏,赈恤流移则廪给难继,楮币折阅而秤提无策,国用窘匮而科拨无已。凡此十事,皆当今之急务,讵可不虑以不图?或欲循名责实,或欲信赏必罚,或欲久任而责成,推而行之,不知何者为先欤?然此皆治内也,而治外尤不容缓。权时施宜,虽欲息民,思患预防,盍先强本?守江淮而防海道,复侵疆而修关隘,求将略而择边守,绥御归附之众,招集奔溃之卒,置游击以为应援,改城壁以据险要,此皆关于备御之大计,伊欲处置得宜,夫岂无策?而或者乃曰地利不如人和,用儒则无敌于天下,岂众心成城而道德之威自能成安强欤?夫毋恃其不来,恃吾有以待之,所谓待之者又果何术欤?昔宣王任贤使能,内修政事,而中兴之功不旋踵而至,岂天下无难为之事,特患夫无必为之志欤?子大夫通达国体,必有切时之论,详著于篇,朕将亲览焉。

出处:《东涧集》卷一〇。

撰者:许应龙

考校说明:编年据文中所述"粤自更化以来,总揽权纲,厉精思治,于今六稔"补,见《宋史全文续资治通鉴》卷三三。

赐殿试详定官赵与欢等诏
（嘉熙二年闰四月十一日）

朕以眇躬,纂绍鸿业,属时多故,深惧无以拯危难、致安强,故悉取内外修攘之事,畴咨多士,冀陈忠益,裨补阙遗。其有识治忧时、敢言无隐者,乃朕所欲急闻。卿等宜加精选,置之前列,使真材得以自见,士气可伸,以副朕亲策之意。

出处:《咸淳临安志》卷一二。又见《宋史全文续资治通鉴》卷一二。

周坦授承事郎制
（嘉熙二年闰四月二十七日）

登第而调官者皆给告,而居首选者独命词以宠之,盖异渥也。以尔儒林发藻,黉舍蜚声。对策昕庭,著明深切。允为谹论,可举而行。擢冠群英,师言咸穆。授以京秩,赞画帅藩。万里鹏图,由兹发轫。其坚素节,以副盛名。

出处:《永乐大典》卷七三二五。
撰者:许应龙
考校说明:编年据文中所述史事补,见《宋史全文续资治通鉴》卷三三。

端明殿学士朝请大夫签书枢密院事
李宗勉再乞奉祠不允诏
（嘉熙元年八月至嘉熙二年五月间）

辞荣避宠,虽欲全进退之宜;思始图终,庶不负倚毗之意。比尝谕旨,奚复抗章。勿贰勿疑,方深于简眷;汝为汝翼,盍馨于忠勤。矧素怀体国之心,而屡进救时之策。言底可绩,岂已试以罔功;民具尔瞻,尚无惭于非据。当徇大义,毋事小廉。所请宜不允。

出处:《东涧集》卷二。
撰者:许应龙
考校说明:编年据李宗勉官历补,见《宋史》卷二一四《宰辅表》。

中大夫参知政事李鸣复辞免同提举编修敕令
恩命不允诏
（嘉熙元年八月至嘉熙二年五月间）

金科玉条，置局以删修之，而实总于执政，盖旧典也。况卿才全德巨，学广闻多。无所不通，既董修于武略；著而为令，岂难举于宏纲？毋执谦辞，亟祗成命，所辞宜不允。

出处：《东涧集》卷一。

撰者：许应龙

考校说明：编年据李鸣复官历补，见《宋史》卷二一四《宰辅表》。同集同卷有《中奉大夫参知政事李鸣复辞除枢密院事兼参知政事恩命不允诏》，中大夫位在中奉大夫之上，本诏"中大夫"疑为"中奉大夫"之误。

同签书枢密院余天锡除签书枢密院事制
（嘉熙二年五月七日）

折千里之冲，已赖枢机之密；加一级之赐，式彰简眷之隆。涣号诞敷，师言允穆。具官某气和识敏，学邃行醇。以仁存心，每务爱人而利物；有猷告后，曷尝扬己以取名。遍历清华，晋司宥密。忧边思职，并处置以得宜；同寅协恭，善弥缝而藏用。人无异议，朕所深嘉。肆升右府之班，叶赞庙谟之运。进封公爵，申锡爰田，虽率旧章，实昭新渥。噫！竭股肱之力，加忠贞以辅一人；庶道德之威，成安强以清四海。祗若朕命，益展壮猷。

出处：《东涧集》卷四。

撰者：许应龙

考校说明：编年据《宋史》卷四二《理宗纪》补。

签书枢密院事李宗勉除参知政事制
（嘉熙二年五月七日）

强本折冲，已赖枢机之密；任人共政，尤资丞弼之良。爰命真儒，肆颁涣号。

具官某才高识远，外宽内明。正色立朝，蹇蹇厉匪躬之节；爱君忧国，惓惓怀纳善之忠。允谓荩臣，晋登右府。随机应变，克壮其猷，协恭和衷，同底于道。肆擢跻于参预，俾尽展于经纶，式循邦典之彝，载陟文阶之峻。复增多邑，申衍圭畬。噫！道德之威成安强，予欲茂中兴之业；股肱之寄在忠力，尔其殚叶赞之勤。时乃之休，以永终誉。

出处：《东涧集》卷四。

撰者：许应龙

考校说明：编年据《宋史》卷四二《理宗纪》补。

参知政事李鸣复除知枢密院事兼参知政事制
（嘉熙二年五月九日）

立政惟人，既克胜于重任；定位以德，宜晋总于洪枢。涣号维新，师言允穆。具官某德全而才巨，识远而量宏。中不倚，和不流，每务爱君而忧国；告于内，顺于外，未尝扬己以取名。晋升参预之司，益厉忠嘉之节。以经纶自任，而志安社稷；虽声色不动，而势尊朝廷。肆升宥密之班，兼领疑丞之职。仍加多邑，并衍真畬。噫！允武允文，已足为万邦之宪；善谋善断，岂难折千里之冲。其体至怀，共图丕乂。

出处：《永乐大典》卷一三五〇七。

撰者：许应龙

考校说明：编年据《宋史》卷四二《理宗纪》补。

赐李鸣复除参枢口宣
（嘉熙二年五月九日）

文昌王之喉舌，言论既孚；北斗天之枢机，讦谟惟允。岂宜控避？往毋钦承。

出处：《鹤林集》卷一二。

考校说明：编年据《宋史》卷四二《理宗纪》、卷二一四《宰辅表》补。吴泳此时未任两制，此文或为《鹤林集》误收。

中奉大夫参知政事李鸣复辞除枢密院事
兼参知政事恩命不允诏
（嘉熙二年五月九日后）

卿自参知大政,益励精忠。同德同心,善弥缝而藏用;允文允武,尤公直以无私。俾晋总于枢庭,与共图为庙算,仍兼丞弼,协赞钧衡。予欲汝为,所合亟祗于成命;谦以自牧,曷求改畀于时髦。兹特次迁,毋庸力避,其思康济,式副眷怀。

出处:《东涧集》卷一。
撰者:许应龙
考校说明:编年据《宋史》卷二一四《宰辅表》补。

答乔行简等奏诏
（嘉熙二年五月十日）

丞相有疏,欲以兵财楮币分任二三执政,深得协恭和衷之意。朕为嘉叹,卿等宜一乃心,以副朕意。

出处:《宋史全文续资治通鉴》卷三三。

吴如愚辞免秘阁校勘宜允诏
（嘉熙二年五月十五日后）

吴某重更父泽而就文,恳免秘省之列属,高风可尚,雅志当从。

出处:《楳埜集》卷一一《吴公行状》。
考校说明:编年据吴如愚宦历补,见《南宋馆阁续录》卷九。

吴如愚特转秉义郎差监袭庆府东岳庙任便居住告词
（嘉熙二年五月十五日后）

朕闻德义可尊,遗佚不怨,自古已鲜,于今尤希。尔某隐于王城,泳于学海,朕以大臣所荐而擢西昆之职,尔以严君之泽而安东岱之祠。重违高怀,勉从雅志,庶国人有所矜式,知老成重于典刑。

出处:《楳埜集》卷一一《吴公行状》。
考校说明:编年据吴如愚官历补,见《南宋馆阁续录》卷九。

特进左丞相兼枢密使肃国公乔行简辞免提举国史实录院提举编修国朝会要恩命不允诏
(嘉熙二年五月后)

朕缅惟中兴以来,更历四朝,承烈显谟,具载简册。阅时滋久,犹未成书,遂命史官专任修纂,然总提其纲必资硕辅,所以重其事也。卿间世真儒,斯民先觉,翊赞机务,整理有条,擘画谟猷,何事弗济,顾岂不能撦三尺以总太史之任乎? 其趣汗青,毋烦逊避。

出处:《东涧集》卷二。
撰者:许应龙
考校说明:编年据《南宋馆阁续录》卷七补。

特进左丞相兼枢密使肃国公乔行简辞免提举编修玉牒监修国史日历提举编修经武要略提举编修敕令恩命不允诏
(嘉熙二年五月后)

纂修巨典,各有司存,而宰相无所不统,实提其纲,盖旧典也。矧卿道包众有,材擅三长,谋略精深,宪章明习,总领庶职,润色成书,以新一代之典,直余事耳。其祗朕命,毋烦固辞,所辞宜不允。

出处:《东涧集》卷二。
撰者:许应龙
考校说明:编年据《南宋馆阁续录》卷七补。

吴渊除宝章阁直学士知太平州制
（嘉熙二年六月五日）

　　载惟当涂,夙称道院,其在今日,实为要冲。匪赖随机应变之才,曷尽思患预防之计? 具官某疏通无滞,刚毅有谋,随所至以有声,盖无施而不可。剖符巨镇,善政以得民心;持节行台,给饷不绝粮道。擢从次对,正陟贰卿。念南徐既著于勋庸,而采石尤资于备御。疏恩北阙,改司藩屏之权;寓直西清,庸示褒迁之宠。益懋乃绩,以副予知。

出处:《东涧集》卷六。

撰者:许应龙

考校说明:编年据《宋史》卷四二《理宗纪》补。

李埴转一官守同知致仕制
（嘉熙二年六月二十三日前后）

　　追锋迅召,方侧席以待贤;剡奏上腾,欲挂冠而谢事。勉从雅志,爰锡徽章。具官某学为儒宗,才周世用。始终一节,中不倚和不流;扬历两朝,年弥高德弥劭。比以枢庭之重,载宣蜀道之威。突如其来,适值陆梁之寇;定而能应,力图捍御之方。正有赖于壮猷,乃屡陈于逊牍。闵劳以事,遂疏趣觐之恩;盍归乎来,庶获嘉猷之告。岂期婴疾,遽致为臣。隆礼尊贤,晋陟文阶之峻;考祥视履,益延寿祉之绥。

出处:《东涧集》卷五。

撰者:许应龙

考校说明:编年据李埴卒年补,见《宋史》卷四二《理宗纪》。

朝请大夫宝谟阁待制提举隆兴府玉隆万寿宫吴潜辞免除户部侍郎淮东总领兼知镇江府恩命不允诏
（嘉熙二年七月前）

　　翔而后集,固欲全进退之宜;用之则行,毋固执谦冲之意。载惟京口,允谓要冲,至若军储,尤为急务。畴咨已试,无以逾卿,盍疾其驱,往服厥职。胡上封囊之奏,尚怀投杼之疑。推善政以得民,不加赋而足用。使饷馈不绝而闾里相安,皆卿所优为者。亟图绩效,以宽顾忧,所辞宜不允。

出处:《东涧集》卷一。

撰者:许应龙

考校说明:编年据《至顺镇江志》卷一五补。

霖雨不止求直言诏
(嘉熙二年七月一日)

霖雨不已,恐害秋成,烈风大作,民用震惊。天变不虚,朕心忧惧。今当避殿、减膳、撤乐,令中外之臣各上封章,凡朕躬之阙违,时政之舛失,极言无隐,庶几修省,以实应天。

出处:《宋史全文续资治通鉴》卷三三。

端明殿学士通议大夫签书枢密院事余天锡乞俾还里闲不允诏
(嘉熙二年七月九日后)

风雨示变,天以警予,避殿求言,侧身修行。尚赖交修其不逮,庶几有感以必通。胡为抗章,遽欲丐去?是图是究,当助成燮理之功;无伏无愬,斯可致和平之福。其体至意,毋劳重陈,所请宜不允。

出处:《东涧集》卷一。

撰者:许应龙

考校说明:编年据余天锡宦历、文中所述"风雨示变,天以警予,避殿求言,侧身修行"补,见《宋史》卷四二《理宗纪》。

端明殿学士通议大夫签书枢密院事余天锡
再乞俾遂山林之志不允不得再有陈请诏
（暂系于嘉熙二年七月九日后）

比览囊封,已谕朕意,胡为再渎,复述前言？卿既参密勿之司,盍赞燮调之职。予欲汝翼,何虞贤路之妨;尔尚交修,庶格天心之享。当徇大义,毋执谦词。

出处:《东涧集》卷一。

撰者:许应龙

考校说明:编年据同集同卷《端明殿学士通议大夫签书枢密院事余天锡乞俾还里闲不允诏》补。

中大夫知枢密院事兼参知政事李鸣复乞退归不允诏
（嘉熙二年七月九日后）

敬天之怒,岂以弗虑而弗图;正事以承,尤赖汝为而汝翼。兹值烈风之警,端由己德之愆。朕若归过于股肱,殆匪责躬之实;卿若力辞于机政,曷殚体国之忠？其务赞襄,以图销弭。

出处:《东涧集》卷一。

撰者:许应龙

考校说明:编年据文中所述"兹值烈风之警"补,见《宋史》卷四二《理宗纪》。

中大夫知枢密院事兼参知政事李鸣复
再乞投闲不允不得再有陈请诏
（嘉熙二年七月九日后）

卿职兼二府,忠实无私,辅赞弥缝,共图康乂。风雨之变,天以儆朕,夙夜祇惧,与卿同之。虽力行罪己之文,恐未尽弭灾之道,至诚可感,尤赖交修。胡再上于需章,乃欲求于闲退,义难曲徇,卿勿重陈。所请宜不允。

出处:《东涧集》卷一。

撰者:许应龙

考校说明:编年据文中所述"风雨之变,天以儆朕"补,见《宋史》卷四二《理宗纪》。

特进左丞相兼枢密使肃国公乔行简以烈风
乞解政机不允诏
(嘉熙二年七月九日后)

骤雨终日,方深积潦之虞;昊天动威,复示烈风之警。减膳彻乐,罪己求言。正有赖于赞襄,庶潜消于变异。胡腾奏牍,祈解政机? 倘移疾于股肱,曷召和于形气。侧身修行,朕当怀兢业之思;惟时亮工,卿盍尽燮调之道。其体至意,毋复重陈。

出处:《东涧集》卷二。

撰者:许应龙

考校说明:编年据文中所述史事补,见《宋史》卷四二《理宗纪》。

文武百僚宰臣乔行简等奏请皇帝御正殿
复膳听乐不允批答
(嘉熙二年七月九日后)

遇灾而惧,盍图销弭之方;思德以承,当尽寅恭之实。悉从贬损,冀补过愆。尚虞民瘼之未苏,莫致天心之昭格,曷遽陈于奏牍,欲亟复于旧章。意则弥勤,义难曲狥。嗟尔有众,方谋爰处以爰居;其在朕躬,讵可求安而求饱? 未暇听声音之奏,将期致枹鼓之和。其体至怀,毋庸固请。所请宜不允。

出处:《东涧集》卷三。

撰者:许应龙

考校说明:编年据文中所述史事补,见《宋史》卷四二《理宗纪》。

再请御正殿复膳听乐不允批答
(嘉熙二年七月九日后)

比以郁攸为沴,怵惕兴思。谓经德秉哲以畏天,斯尽感通之实,非避殿减膳而撤乐，曷昭抑损之忱？虽举彝章，尚多阙政。辅予不逮，赖尔交修。胡未喻于至怀，犹洊陈于奏牍。劳来安集，俟旧观之悉还；饮食起居，庶常仪之可复。卿言虽力，朕意不移。所请宜不允。

出处：《东涧集》卷三。

撰者：许应龙

考校说明：编年据文中所述史事补，见《宋史》卷四二《理宗纪》。

文武百僚宰臣乔行简等诣文德殿拜表奏请
皇帝御正殿复膳不允批答
（嘉熙二年七月九日后）

省表具知。以日星而为纪，每虞帝度之差；非夙夜以畏威，曷格皇穹之眷？比太史预占于薄蚀，而朕心益致于严恭，下诏而发德音，避殿而减常膳，冀图销弭，用集休祥。云瀚而兴，倏广垂于覆冒；日中至昃，竟莫见于盈亏。敢云有感以必通，尤赖交修其不逮。曷遽陈于奏牍，祈即复于彝章。意则虽勤，义难曲徇。所请宜不允。

出处：《东涧集》卷三。

撰者：许应龙

考校说明：编年据文中所述史事补，见《宋史》卷四二《理宗纪》。

文武百僚宰臣乔行简等诣文德殿再拜表奏请
皇帝御正殿复膳不允批答
（嘉熙二年七月九日后）

省表具知。朕侧身修行，以实应天。其在燕闲，尚轸不睹不闻之惧；矧当变异，敢怀求安求饱之心？爰御便朝，仍减常膳，胡甫逾于半浃，荐冀复于旧章。虽太阳交蚀之时，已因云而弗见；然上天难谌之意，当靡日以不恭。其体至怀，毋劳固请。所请宜不允。

出处：《东涧集》卷三。

撰者：许应龙

考校说明:编年据文中所述史事补,见《宋史》卷四二《理宗纪》。

文武百僚宰臣乔行简等上表奏请皇帝御正殿
复膳听乐不允批答
(嘉熙二年七月九日后)

风雨震凌,既垂儆戒,夙夜祗惧,讵敢康宁。将正事建中以承天,当避殿减膳而撤乐,冀消咎证,以召至和。虽转阴为晴,幸免浸淫之患;然侧身修行,盍坚终始之诚。曾未越于数旬,乃祈复于常典。倘求安求饱,遽欲闻六律之音;是弗虑弗图,何以格两间之佑?勉思修辅,毋渎控陈。

出处:《东涧集》卷三。

撰者:许应龙

考校说明:编年据文中所述史事补,见《宋史》卷四二《理宗纪》。

文武百僚宰臣乔行简等再上表奏请皇帝御正殿
复膳听乐不允批答
(嘉熙二年七月九日后)

仁爱人君,既示谴告扶持之意;恪谨天戒,敢求起居饮食之安?刬未致形气之和,又奚暇声音之听,已尝谕意,曷荐抗章?苟徇卿之所陈,是重吾之不德。小心翼翼,方勤政事以饬躬;百僚师师,当务尽忠而补过。惟交修其不逮,庶有感以必通。俟休证之若时,复常仪而未晚。毋劳固请,其体至怀。

出处:《东涧集》卷三。

撰者:许应龙

考校说明:编年据文中所述史事补,见《宋史》卷四二《理宗纪》。

徐元杰除校书郎诰
(嘉熙二年七月)

魁伦之英,荣进素定,擢升秘府,犹以序迁,盖所以养其望而硕其用也。以尔文谐韶濩,行粹珪璋,姓名独冠于儒科,器识远参于前辈。兹由是正,晋典校雠,岂但读平生未见之书，抑以成贤人可久之业。往服厥职，以俟柬求。

出处：《东涧集》卷三。

撰者：许应龙

考校说明：编年据《南宋馆阁续录》卷八补。

起居郎曹豳除权礼部侍郎诰
（嘉熙二年七月后）

知无不言，允谓正直端方之士；德以诏爵，盍居论思献纳之班。爰锡明纶，庸昭隆眷。具官某天资和粹，德宇恢洪。出驾轺车，每务扬清而激浊；入登言路，尤思补过以尽忠。劝讲经筵，辅成台德，遂擢从于柱史，俾晋贰于仪曹。往服厥官，岂但惟寅于凤夜；以报其上，益殚入告之谋猷。茂对殊休，以阶显用。

出处：《东涧集》卷三。

撰者：许应龙

考校说明：编年据曹豳宦历补，见《后村先生大全集》卷一四四《曹待制豳神道碑》等。

令后省看详中外臣僚所上封事诏
（嘉熙二年八月二十一日）

朕尝亲览中外臣僚所上封事，多有可采。令后省看详，有切朕躬关时政者，节录奏闻，当议施行，仍与旌赏。

出处：《宋史全文续资治通鉴》卷三三。

文武百僚宰臣乔行简等三上表奏请皇帝御正殿
复膳听乐宜允批答
（嘉熙二年八月后）

朕自御便朝，倏更累月。日不遑食，期咸和于万民；予欲纳言，奚暇闻于六律。务侧身而修行，将以实而应天。比览封章，冀复彝典。虽不惟不敢，愈殚抑畏之思;然至再至三,重咈虔拳之请。勉循众志,深惕予怀。尚资协恭而和衷,勿惮格王而正事。庶蒙孚佑,亟底辑宁。所请宜允。

出处:《东涧集》卷三。

撰者:许应龙

考校说明:编年据文中所述史事补,见《宋史》卷四二《理宗纪》。《宋史》卷四二《理宗纪》:"(端平三年)秋七月壬午,以霖雨不止,烈风大作,诏避殿、减膳、彻乐,令中外之臣极言阙失。"本诏云"朕自御便朝,倏更累月",可知作于八月以后。

文武百僚宰臣乔行简等诣文德殿三上表奏请
皇帝御正殿复膳宜允批答
(嘉熙二年八月后)

省表具知。寅畏严恭,冀获帝心之眷;起居饮食,敢从己欲之私? 俟咎证之寝销,复常仪而未晚。然抗章以请,既勤至再以至三;而承天所为,当不以文而以实。苟务尽忠而补过,必能转妖而为祥。勉循所陈,益思加谨。所请宜允。

出处:《东涧集》卷三。

撰者:许应龙

考校说明:编年据同集同卷《文武百僚宰臣乔行简等三上表奏请皇帝御正殿复膳听乐宜允批答》补。

赐特进左丞相兼枢密使肃国公乔行简生日诏
(嘉熙元年九月一日或嘉熙二年九月一日)

季秋改朔,灏气澄空,兹宇宙之佳辰,生庙堂之贤佐。肆颁庆赉,式侑燕私。往祗恩数之隆,益介寿祺之永。

出处:《东涧集》卷一。

撰者:许应龙

考校说明:编年据乔行简生日及宦历补,见《鹤山先生大全文集》卷一四《赐右丞相乔行简生日礼物诏》、《宋史》卷二一四《宰辅表》。

赵希言赠资政殿大学士赐谥忠宪诏
（嘉熙二年九月十五日）

故龙图阁待制赵希言忠存宗社，功继前修，可特赏资政殿大学士，与执政恩数，仍赐谥曰忠宪。

出处：《宋史全文续资治通鉴》卷三三。

赐杜杲御札
（嘉熙二年九月后）

卿却敌全城，勋劳懋著。

出处：《后村先生大全集》卷一四一《杜尚书神道碑》。

李昂英直秘阁知赣州制
（嘉熙二年十月前）

章贡素号雄藩，比年以来绿林屡警，殊费捍防，必资随机应变之才，庶底和众安民之绩。以尔鼎魁重望，实德醇儒，再入周行，荐膺清选。虽禁闼当用于汲生，而渤海尤资于龚遂。晋升邃阁，出镇大邦。昨赞画于帅垣，克平群丑；今往膺于郡寄，必有壮犹。勉务拊绥，以宽忧顾。

出处：《东涧集》卷五。
撰者：许应龙
考校说明：编年据李昂英官历补，见《南宋馆阁续录》卷八。

俞垓知安吉州制
（嘉熙二年十一月十五日前）

廉吏民之表也，承流千里，苟得人而用之，则其身正，不令而行矣。以尔议论识见蔚有父风，和粹靖共，根于天性，总司舶市，人服其清。遂迁界于郡符，旋擢

713

升于朝列,由司匦而至郎,皆称厥官。载惟辅藩,当择良吏,肆以命汝,孰不谓宜。节用爱人,兴利革弊,盖尔所素明者。课最来上,恩渥何涯?

出处:《东涧集》卷六。
撰者:许应龙
考校说明:编年据《嘉泰吴兴志》卷一四补。

奖谕安丰守杜杲御札
(嘉熙二年十二月十三日)

朕闻安丰被兵,不遑寝食,知卿守御劳苦,措置有方,朕为之少宽。今赵东、夏皋之兵已集招信,余玠之援亦来,军声不为不壮。卿其鼓帅诸将,同力一心,扫荡寇攘,以安淮右,隽功来上,厚有褒宠。今赐卿银器等,诸将各赐金碗一只。其在城一行战守将士及淮东所遣援兵,当此天寒,深为不易,遣去官会三十万贯,可等第支犒一次。卿宜谕朕旨意,俾各知悉。

出处:《宋史全文续资治通鉴》卷三三。又见《后村先生大全集》卷一四一《杜尚书神道碑》。

罢天基节上寿及大宴诏
(嘉熙二年十二月二十四日)

诞日称寿,朕嘉与海内同此宴乐。属时多故,淮、蜀绎骚,人民流移,将士暴露,朕举此觞,何乐之有? 其天基节上寿及大宴并勿讲。

出处:《宋史全文续资治通鉴》卷三三。

申严科抑之禁诏
(嘉熙二年十二月二十七日)

诸道和籴去处,给时直平概量,毋得科抑。

出处:《宋史全文续资治通鉴》卷三三。

杜杲除兵部侍郎淮西制置使制
(嘉熙二年冬)

整师修戎,已殄陆梁之寇;论功行赏,可无优异之恩? 宸命诞扬,师言允穆。具官某忠于谋国,勇不顾身。昨守边城,屡排锋而挫锐;暨分制阃,复先事以预防。凿斯池筑斯城,敌乃干兹乃胄。惟内治之既固,岂外敌之能侵? 突如其来,意谓摧枯而拉朽;凝然不动,乃能应变而随机。虽相持至阅于数旬,而鏖战竟收于三捷。大筑鲸鲵之观,大肆貔虎之威。予嘉乃勋,晋陟贰卿之职;爵以励世,复加峻秩之荣。仍正任于使华,俾专司于戎阃。益图伟绩,嗣有殊恩。

出处:《东涧集》卷五。
撰者:许应龙
考校说明:编年据《宋季三朝政要》卷一补。《通鉴续编》卷二二系于嘉熙二年九月。

赐游似等诏
(嘉熙二年)

朕虚心吁俊,共图治功,五诏攸司,加意贡举。方时多故,中外乏材,遴柬鸿硕,典司文柄。其公选精择,先器识而后词采,经术惟纯正是尚,词章惟典丽是崇,议论贵于可行,筹策期于有用,无取缀缉,无徇阿谀,庶得忠实英特之才,副朕侧席之意。

出处:《咸淳临安志》卷一二。

柴中行赠宝章阁待制敕
(嘉熙二年)

朕惟建官惟贤,而全德之贤未易得;自古有死,而吉人之死有可伤。故上兴慭遗之悲,而下有殄瘁之恨。故中大夫柴中行学有根本,德无疵瑕。中外践扬,声实英茂。薄蓬莱而不即,滞彭蠡以遄归。真觉斗南之一人,何但江东之独步。兹闻沦谢,良用恝伤。其弁通议之联,仍加次对之宠。恨九原之难作,叹一鉴之云亡。爰告斧封,式歆纶命。可特赠通议大夫、宝章阁待制。

出处:道光《万年县志》卷一四。又见同治《江山县志》卷一一。

曾颖茂直宝章阁知隆兴府兼江西运判制
(嘉熙二年)

麾节之任,其事俱繁,兼而领之,允为重寄。以尔望隆乔木,光映棣华,性资则温乎其和,才具则施无不可。出奏使节州麾之最,入腾郎闱省闼之声,难久郁于远猷,俾再恢于游刃。特升邃阁,擢镇帅藩,兼司将漕之权,庸展澄清之志。其思报称,以俟褒迁。

出处:《东涧集》卷六。
撰者:许应龙
考校说明:编年据万历《新修南昌府志》卷一二补。

宝章阁直学士中大夫知静江军府事兼本路经略安抚使钟震乞许奉祠不允诏
(嘉熙二年前后)

维屏维藩,既膺隆委;成终成始,盍罄壮猷。胡奏封章,乃求真馆?徒得君重,已能绥幽远之民;方图子功,宜仰体眷知之意。毋劳逊避,嗣有恩荣,所请宜不允。

出处:《东涧集》卷一。
撰者:许应龙
考校说明:编年据钟震行迹补,见光绪《临桂县志》卷二二。

理宗度宗恭帝朝卷九　嘉熙三年至四年 (1239—1240)

特进左丞相兼枢密使乔行简再乞俾归田里不允诏
（嘉熙三年正月前）

卿四载秉钧，一心体国。好贤乐善，休焉其如有容；事君尽忠，粹然一出于正。复能定而能应，每必躬而必亲。属当多事之时，正赖耆英之助。曷荐陈于奏牍，乃求解于政机。况筋力未衰，尤克任弼谐之重；而安危所寄，岂宜怀进退之思。毋弃尔成，期于予治。所请宜不允。

出处:《东涧集》卷二。

撰者:许应龙

考校说明:编年据乔行简官历补,见《宋史》卷二一四《宰辅表》。

特进左丞相兼枢密使肃国公乔行简再乞投闲不允不得再有陈请诏
（嘉熙三年正月前）

卿自登揆路，四阅岁华，勤劳百为，总领众职。弥缝藏用，朕所仰成，积雨烈风，倏垂儆戒。正赖交修其不逮，庶几转妖而为祥。比腾丐去之章，已谕眷留之意。胡为再渎，殊拂至怀。虽欲全进退之宜，其孰任燮调之寄？当徇大义，毋庸重陈。所请宜不允。

出处:《东涧集》卷二。

撰者:许应龙

考校说明:编年据乔行简宦历补,见《宋史》卷二一四《宰辅表》。

特进左丞相兼枢密使肃国公乔行简第三札 乞解政归耕不允不得再有陈请诏
(端平三年十一月至嘉熙三年正月间)

克壮其猷,无如元老;自任以重,有若保衡。再登弼亮之司,益励公忠之节。不随不激,言皆可行;必躬必亲,事至能应。朕所深倚,众无异词。胡因变异之临,屡上退闲之请。方今边陲未靖,民瘼未苏,矧值郁攸,正资销弭。若方勤于朴斫,而遽易于工师,人将谓何,势必不可。其安厥位,共图宁紊之功;毋弃尔成,盍体眷留之意。所请宜不允。

出处:《东涧集》卷二。

撰者:许应龙

考校说明:编年据乔行简宦历补,见《宋史》卷二一四《宰辅表》。

中奉大夫试礼部尚书兼给事中兼修国史实录院修撰 兼侍读游似辞除吏部尚书兼职依旧恩命不允诏
(嘉熙二年正月至嘉熙三年正月间)

卿比兼铨曹,蔼著休绩,执法若权衡之审,知人如冰鉴之明。属常伯之尚虚,选真材而后授。畴咨已试,佥曰汝谐,遂辍自于容台,俾晋跻于旧职。钦予时命,尚何逊避之为;往服厥官,益振清通之誉。

出处:《东涧集》卷二。

撰者:许应龙

考校说明:编年据游似宦历补,见《宋史》卷四一七《游似传》、《宋史全文续资治通鉴》卷三三。

中奉大夫吏部尚书兼给事中兼修国史实录院
修撰兼侍读游似乞退从医药不允诏
（嘉熙二年正月至嘉熙三年正月间）

　　卿铨部持衡，蔼著清通之誉；夕郎振职，咸推封驳之功。况进读于迩英，尤辅成于台德。朕所深眷，人靡间言。胡避宠以辞荣，乃引疾而求去。恪恭乃事，既无旷于厥官；优游尔休，尚何虞于余证。当体简知之意，毋怀进退之心，益懋远猷，以副舆望。

出处：《东涧集》卷二。

撰者：许应龙

考校说明：编年据游似宦历补，见《宋史》卷四一七《游似传》、《宋史全文续资治通鉴》卷三三。本诏时间当晚于同集同卷《中奉大夫试礼部尚书兼给事中兼修国史实录院修撰兼侍读游似辞除吏部尚书兼职依旧恩命不允诏》。

参知政事督视军马史嵩之乞畀祠禄不允诏
（嘉熙二年三月至嘉熙三年正月间）

　　整师修戎，既克底侵疆之复；命将遣戍，又能挫外敌之锋。允谓殊勋，深副舆望。方身佩安危之寄，实系重轻；胡力辞督视之权，欲求闲退？虽备见谦冲之意，然孰图康济之功，矧已陟于台司，宜益宏于远略。其徇大义，毋事小廉。

出处：《东涧集》卷二。

撰者：许应龙

考校说明：编年据史嵩之宦历补，见《宋史》卷四二《理宗纪》。

通奉大夫参知政事督视京西湖南北江西路光蕲
黄施夔州军马史嵩之乞畀祠禄不允诏
（嘉熙二年三月至嘉熙三年正月间）

　　卿昨司制阃，屡阅岁华。应变随机，不但固边陲之守；排锋挫锐，又能伸中国之威。已绰著于殊勋，遂宏开于督府。独当隆委，益展壮猷。招辑淮军，欲安民而和众;遣行蜀戍,尤与人而同忧。既处置之得宜,信缓急之足恃。成终成始,盍图尔庸;何嫌何疑,遽腾逊牍。况实佩安危之寄,岂宜怀进退之心。其体眷知,益思经济。

出处:《东涧集》卷二。

撰者:许应龙

考校说明:编年据史嵩之官历补,见《宋史》卷四二《理宗纪》。

礼部尚书游似除吏部尚书制
(嘉熙二年三月至嘉熙三年正月间)

八座班联,虽俱高于法从;六卿职掌,尤莫重于铨曹。畴咨已试之长,爰锡维新之命。具官某性资和粹,学术邃深,久遍历于清华,每自安于靖退。侍迩英之读,纳诲辅台;任宗伯之司,修礼明乐。比典省闱之举,咸推藻鉴之公。载念冢卿,实总文部,既能选士以考实,岂难为官而择人? 况尝摄承,佥谓简要。肆予命汝,式资甄别之精;惟时懋哉,庸试陶钧之业。以永终誉,嗣对殊休。

出处:《东涧集》卷四。

撰者:许应龙

考校说明:编年据游似官历补,见《宋史》卷四一七《游似传》、《宋史全文续资治通鉴》卷三三。

中奉大夫参知政事李宗勉乞退归不允诏
(嘉熙二年五月至嘉熙三年正月间)

风烈必变,将图销弭之方;职思其忧,正赖赞襄之力。曷陈奏牍,祈解政机。静言咎征之形,实警朕躬之失。我其夙夜,盍正事以建中;移之股肱,岂应天而以实。当务同心而辅政,庶几转妖而为祥。毋庸重陈,其体至意。所请宜不允。

出处:《东涧集》卷二。

撰者:许应龙

考校说明:编年据李宗勉官历补,见《宋史》卷二一四《宰辅表》。

中奉大夫参知政事李宗勉再乞退归不允不得再有陈请诏

（嘉熙二年五月至嘉熙三年正月间）

二三执政，犹吾股肱，一体相须，斯成至治。兹当变异之儆，实由政化之愆。方赖交修，庶几潜弭，已尝谕旨，胡复抗章。当与国以同忧，务应天而以实。其安厥位，庸副予怀。所请宜不允。

出处：《东涧集》卷二。

撰者：许应龙

考校说明：编年据李宗勉宦历补，见《宋史》卷二一四《宰辅表》。

中大夫参知政事李宗勉上表再辞免特授通
奉大夫左丞相兼枢密使不允批答

（嘉熙三年正月二日后）

立政立事，既资参预之司；善断善谋，密效弥缝之力。畴若予采，无以逾卿。擢居冢揆之尊，仍总洪枢之寄。明廷孚号，寰宇均欢。谓公而无私，必能开众正而杜群枉；仁而有勇，岂难抚百姓而镇四夷？已允穆于师言，盍亟摅于远略。谦以自牧，竟荐陈逊避之章；予欲汝为，宜仰体眷知之意。令行弗反，卿毋固辞。

出处：《东涧集》卷三。

撰者：许应龙

考校说明：编年据《宋史》卷四二《理宗纪》补。

端明殿学士通议大夫签书枢密院事余天锡
上表再辞免除参知政事不允批答

（嘉熙三年正月二日后）

善谋善断，既密运于洪枢；允武允文，宜晋参于大政。以昭隆委，式副具瞻。胡未体于至怀，乃荐形于巽牍。予欲汝翼，令出惟行。当协恭而和衷，共图远略；庶理内而御外，亟底丕平。兹乃序迁，毋庸多逊。

出处:《东涧集》卷三。

撰者:许应龙

考校说明:编年据《宋史》卷四二《理宗纪》补。

中奉大夫游似上表再辞免端明殿学士签书枢密院事不允仍断来章批答

(嘉熙三年正月二日后)

朕励精思治,立政惟人。敬老尊贤,既畀当轴处中之任;运筹决胜,尚资随机应变之才。以卿持铨衡则佥谓清通,居琐闼则屡尝驳正,至于进读,尤切纳忠。以若所为,可当大任,肆予命汝,俾赞洪枢。胡守一谦,至形再渎! 其体眷知之意,亟图康济之勋。

出处:《东涧集》卷三。

撰者:许应龙

考校说明:编年据《宋史》卷四二《理宗纪》补。"签书枢密院事",《宋史》卷四二《理宗纪》、卷二一四《宰辅表》均作"同签书枢密院事"。

左丞相乔行简再上表辞免特授少傅平章军国重事进封益国公不允仍断来章批答

(嘉熙三年正月二日后)

朕参稽成宪,褒宠耆英,晋升亚傅之尊,独冠台司之任。予欲汝翼,正资经济之远图;复闵其劳,特命平章于重事。庶朕不失典刑之助,而卿亦获泮奂之休。既揆义以两全,曷抗章而三逊。期予于治,益殚元老之壮猷;时乃之功,罔俾前贤之专美。

出处:《东涧集》卷三。

撰者:许应龙

考校说明:编年据《宋史》卷四二《理宗纪》补。

参知政事李宗勉再上表辞免特授通奉大夫
左丞相兼枢密使不允仍断来章批答
（嘉熙三年正月二日后）

奋庸熙载，实归端揆之司；为官择人，莫若真儒之用。肆班涣号，以副具瞻。况边事未宁，正赖是图而是究；何需章来上，犹勤至再以至三。亟服厥官，期予于治，不特卿有无穷之闻，抑使邦其永孚于休。

出处：《东涧集》卷三。

撰者：许应龙

考校说明：编年据《宋史》卷四二《理宗纪》补。

文武百僚宰臣乔行简等三上表奏请皇帝上寿宜允批答
（嘉熙元年正月五日前或嘉熙二年正月五日前或嘉熙三年正月五日前）

理内御外，方图再安而再宁；劳思焦心，几至不寝而不食。虽当诞节，亦辍彝仪。一札赐颁，俾免效华封之祝；三章来上，犹欲同嵩岳之呼。意则弥勤，理难固拒。然归美报上，岂惟称万寿之觞；而补过尽忠，尤冀献千秋之鉴。

出处：《东涧集》卷三。

撰者：许应龙

考校说明：编年据宋理宗生日、乔行简官历补，见《宋史》卷四一《理宗纪》、卷二一四《宰辅表》。此文时间当稍晚于同集同卷《文武百僚宰臣乔行简等再上表奏请皇帝上寿不允批答》。

资政殿学士朝奉大夫前知绍兴府李鸣复上表
再辞免新除参知政事恩命不允仍断来章批答
（嘉熙元年八月十五日后）

贲然来思，已体眷知之意；亦既见止，获闻经济之言。宜益罄于精忠，以辅成于台德。比因逊牍，尝谕至怀，胡云就列以不能，尚欲辞荣而避宠。卿言虽力，朕志弗移。图任旧人，正欲赞万几之务；钦予时命，当共凝庶绩之熙。毋狗小廉，以辜众望。所辞宜不允，仍断来章。

出处：《东涧集》卷三。

撰者：许应龙

考校说明：编年据《宋史》卷四二《理宗纪》补。

文武百僚宰臣乔行简等再上表奏请皇帝上寿不允批答
（嘉熙元年正月五日前或嘉熙二年正月五日前或嘉熙三年正月五日前）

载震载夙，式临诞日之期；是究是图，方急安边之务。将运筹而决胜，犹暇食以不遑。难徇彝章，举行庆礼。颁十行之札，已谕至怀；上万寿之觞，曷形再渎。虽备悉虔拳之意，然恐非宴乐之时。宜略繁文，共成伟绩。所请宜不允。

出处：《东涧集》卷三。

撰者：许应龙

考校说明：编年据宋理宗生日、乔行简宦历补，见《宋史》卷四一《理宗纪》、卷二一四《宰辅表》。

诚谕中外臣僚诏
（嘉熙三年正月十五日）

朕以眇躬，凛居人上。临御十有六载，愿治徒勤；责成二三大臣，课效犹邈。弊端丛积，氛祲蔓滋，内焉政令之未孚，外焉边陲之未靖。抚事机而兴慨，尚岁月之可为。爰体佥谋，聿新图任，法元祐尊大老之典，特诏重事于平章；遵绍兴并二相之规，盖欲相应于表里。毋狃旧习，毋玩细娱，使纪纲法度焕然维新，而华夏蛮陌罔不率俾。故兹札示，其体朕怀。

出处：《宋史全文续资治通鉴》卷三三。

四川赴铨人年二十以上者免试诏
（嘉熙三年正月二十七日）

四川连年扰攘，州县阙官，其赴铨人年二十已上者免试，发还漕司，帘引故行注授一次。

出处:《宋史全文续资治通鉴》卷三三。

令学士院降诏诚谕监司帅守诏
(嘉熙三年二月十三日)

朕比命相臣,往开督府,两淮、西蜀,相距迢遥,要须脉络贯通,易于运掉。其诸制阃、监司、帅守、戎帅等宜皆同心协力,共济时艰,毋徇己私,致误国事。令学士院降诏。

出处:《宋史全文续资治通鉴》卷三三。

朝请大夫守宗正少卿兼国史院编修官实录院
检讨官吕午特授权知泉州军州事制
(嘉熙三年二月)

清源为郡,风土淳而民物阜,与我共理,其惟良二千石乎? 尔业履端邵,材猷浚明,尝挈外庸,来游王所,知而不肯茹柔吐刚也,则置诸松察,以逖官邪,以疏政秕,以诘军慝,咸能敏事称职。宗籍史筵,方将赖汝,顾欲诡一麾以行其志,肆庸作命,宅是南邦。往即康功,庶有返命。

出处:《永乐大典》卷一三五〇六。
撰者:高定子
考校说明:编年据《左史谏草》附录《左史吕公家传》补。

李遇两易司农寺簿制
(端平二年四月至嘉熙三年三月间)

钱谷之任,号为剧烦,必得通才,始堪迭任。以尔文学政事,咸精其能。榷务提纲,课额增羡。晋升列院,曷究所长。外府大农荐司簿正,盖无施而不可,故未久而复迁。往既乃心,以需异渥。

出处:《永乐大典》卷一四六○七。

撰者:许应龙

考校说明:编年据许应龙任两制时间、李遇官历补,见《后村先生大全集》卷一六五《李公墓表》。

以灾诚谕中外臣僚诏
(嘉熙三年三月二十四日)

春事已深,膏泽未洽,深虑旱暵为虐,靡神不宗,一雨应期,方慰农望,风霜为沴,朕甚惧焉。自三月二十四日避正殿,损常膳,仍令中外臣僚讲求时政,引用正人,招集流民,捍御外侮,弭灾召和,以称朕意。

出处:《宋史全文续资治通鉴》卷三三。

赐乔似孙敕书
(嘉熙三年春)

朕念四郊之多垒,孰能千里而折冲?肆命枢臣,肇开督府,联合吴蜀,表里江淮,欲脉络相为贯通,庶臂指易于运掉。然赖将坛之戮力,并须制阃之协心。上而帅守监司,下而兵民总管,共思国耻,毋徇己私,各擂智勇之长,同赴功名之会。率循统纪,勿立町畦。毋巽懦以偷生,毋媢嫉以交恶,叶济国事,用拯时难。故兹示谕,想宜知悉。春暖,汝比安否?遣书指不多及。

出处:《永乐大典》卷六六九七。

考校说明:"春"据文中所述"春暖"补。

赈恤流民诏
(嘉熙三年四月二十一日)

流民艰食,令逐路漕司、常平司下州县多方存恤。其经战阵处有遗骸能掩藏者,量与给赐,仍核其实以闻。

出处:《宋史全文续资治通鉴》卷三三。

答赵与懃奏诏
(嘉熙三年四月)

适览所图,江面坍损尤多,可札下两司,募人夫并力修筑,责以限期,严立赏罚,如王延世之法,疾速施行,毋更弛慢。

出处:《宋史全文续资治通鉴》卷三三。

赵与欢专一任责措置修筑塘岸诏
(嘉熙三年五月一日)

朕以江潮为沴,宵旰靡宁,虽令修筑堤防,以遏其势,迄今未睹成效。治水之法,不可与水争地;使民之道,毋至民不堪役,斯为尽善。赵与欢可为端明殿学士、知临安府、浙西安抚使,专一任责措置修筑塘岸,以防冲决。仍令两浙运副曾颖秀极力协助,用底厥成,以纾民患,以宽朕忧。

出处:《宋史全文续资治通鉴》卷三三。

资政殿大学士银青光禄大夫知绍兴军府事充两浙东路安抚使赵善湘依前资政殿大学士特授金紫光禄大夫提举临安府洞霄宫制
(嘉熙三年六月二日)

敛截蛟之罞,屡观应变之经纶;缮解牛之刀,深得保身之明哲。肆徇祝厘之请,载隆增秩之恩。爰锡明纶,式昭异奖。具官某机猷敏迈,识略闳深。堂堂雄俊之宝臣,振振信厚之公子。材周于用,功多于时。投臼之寇成擒,尘清淮浦;持戟之士失伍,日靖海邦。为公姓祭酒而有仪,岂帝乡近亲而不问?屡祈闲退,莫克挽留,用疏宠于文阶,仍储神于邃馆。噫,大议自朝廷而就问,尚惟同姓之咨;忠臣在畎亩而不忘,谅有嘉谋之告。其祗显命,以荷美名。

出处:《永乐大典》卷一三五〇六。

撰者:高定子

考校说明:编年据《宝庆会稽续志》卷二补。

崔与之特授观文殿大学士致仕诏
(嘉熙三年六月二日)

崔与之力辞相位,必欲挂冠,特授观文殿大学士致仕,恩数视宰臣例。

出处:《宋史全文续资治通鉴》卷三三。

谕诸将协力御边诏
(嘉熙三年六月二十八日)

秋防将近,边燧日闻,朕既命宰臣以督师,正藉诸阃之叶济,所宜一乃心力,同应事机。四川急则荆阃援之,和埧急则江阃援之,真、泰急则浙阃援之。务要脉络贯通,毋或秦越相视,共建殊绩,嗣有褒宠。

出处:《宋史全文续资治通鉴》卷三三。

募人捕蝗诏
(嘉熙三年七月一日)

诸路提举常平司下所部州县,募人捕蝗,给米易之。

出处:《宋史全文续资治通鉴》卷三三。

申严州县受租苛取之禁诏
(嘉熙三年七月二十三日)

户部申严州县受租苛取之禁,诸路转运司察其违者劾之。

出处:《宋史全文续资治通鉴》卷三三。

赐杜范敕书
(暂系于嘉熙三年七月二十六日)

敕杜范:朕念四郊之多垒,孰能千里而折冲? 肆命相臣,肇开督府,联合吴蜀,表里江淮,欲脉络相为贯通,庶臂指易于运掉。然赖将坛之戮力,并须制阃之协心。上而帅守监司,下而兵民总首,其思国耻,毋徇己私,各摅智勇之长,同赴功名之会。率循统纪,勿立町畦。毋巽懦以偷生,毋娼疾以交恶。叶济国事,用拯民艰。故兹示谕,想宜知悉。夏热,汝比好否? 遣书指不多及。二十六,敕杜范。

出处:嘉庆《宁国府志》卷二〇,嘉庆二十年刻本。又见万历《宁国府志》卷一。

考校说明:年、月据万历《宁国府志》卷一补,然七月已入秋,与文中所述"夏热"似不合,待考。

试尚书户部侍郎兼总领湖广江西京西财赋湖北京
西军马钱粮岳珂特授宝谟阁直学士枢密都承旨制
(嘉熙三年八月前)

粤惟言语侍从之臣,久劳于外;欲备钱谷甲兵之问,式遣其归。肆庸严直于穷班,而使亲承于密命。用颁明綍,庸示殊恩。具官某学博而该,词丽以则。逢逢惟柞,蔚其祖干之枝;裳裳者华,湑矣孙芸之叶。自世选尔劳而昭奖,皆官修其业以靖恭。江淮财赋之渊,作十三载;荆楚衿喉之地,饷百万师。刃游于批大郤之余,器别于遇盘根之际。擢以邃清之秘职,位诸宣纳之要司。召不俟驾而行,趣承东注;贤不待次而举,嗣听登崇。

出处:《永乐大典》卷一〇一一六。

撰者:高定子

考校说明:编年据岳珂宦历补,见《玉楮集》卷四《己亥八月廿一日除书予拜太平兴国宫祠官呈赵季茂》《九月十三日始就郊墅拜宝谟阁直学士提举江洲太平兴国宫之命》。

赐太傅奉国军节度使充万寿观使新安郡王杨谷生日诏
（端平二年四月至嘉熙三年八月间）

　　望重懿亲,位尊公傅。兹届诞弥之旦,茂膺滋至之休。爰锡多仪,以昭隆眷。

出处:《东涧集》卷一。
撰者:许应龙
考校说明:编年据许应龙任两制时间补。

皇叔保康军承宣使希迤辞免特授保康军节度使提举万寿观依前皇叔进封会稽郡开国公加食邑食实封恩命不允诏
（端平二年四月至嘉熙三年八月间）

　　立爱惟亲,当由近始,以德诏爵,庶穆师言。矧卿以叔父之尊,蔼宗英之誉。待人接物,蔼然如爱日之温;省事清心,澹乎若深渊之靓。久任承流之职,可无进律之褒? 遂涣号于明廷,俾建旆于旧镇。仍开公社,庸侈徽章。示隆礼以尊贤,初非私予;胡辞荣而避宠,毋乃过谦。其体至怀,亟祗成命。

出处:《东涧集》卷一。
撰者:许应龙
考校说明:编年据许应龙任两制时间补。

资政殿大学士银青光禄大夫新除沿海制置使暂兼知庆元府赵善湘再辞免依旧除四川宣抚使兼知成都府恩命不允不得再有陈请诏
（端平二年四月至嘉熙三年八月间）

　　西土不静,重罹侵轶之虞;下民其咨,正切绥怀之望。必真儒之复用,庶外患之潜销。卿比总制垣,誓平逆贼,率彼淮浦,合水陆以交攻;歼厥渠魁,致氛埃之顿息。懋乃攸绩,简在朕心。属兹元帅之谋,无若旧人之任。肆予命汝,谓宜叱驭而驱;曷弗云来,乃上挂冠之请。矧大宗之维翰,盍与国以同忧。克壮其猷,当亟图于康济;能胜其任,毋固执于谦冲。所辞宜不允。

出处:《东涧集》卷一。

撰者:许应龙

考校说明:编年据许应龙任两制时间补。

宝章阁学士太中大夫新除京西荆湖南北路安抚制置使兼沿江制置副使兼知鄂州史嵩之乞改畀丛祠不允诏

(端平二年四月至嘉熙三年八月间)

卿自领制垣,荐更岁钥,务防秋而备塞,善应变以随机。整吏修戎,比决边陲之战;排锋挫锐,将伸中国之威。盍展壮猷,益图伟绩,胡为逊避,遽欲退休? 勿贰勿疑,朕方隆于委寄;成终成始,庶永底于安强。毋庸固辞,勉徇大义。所请宜不允。

出处:《东涧集》卷二。

撰者:许应龙

考校说明:编年据许应龙任两制时间补。

宝章阁学士太中大夫淮西制置使兼沿江制置副使兼知鄂州史嵩之乞祠廪不允诏

(端平二年四月至嘉熙三年八月间)

安边境立功名,盍用礼乐诗书之帅;修封疆守要害,自无寇贼奸宄之虞。既得若人,宜久其职。卿昨司襄阃,备悉敌情,尝屡奏于肤功,信足当于隆委。遂以两道之寄,特劳十乘之行。属时绎骚,究心筹画,遣师徒而捍御,弭邻敌之凭陵。然蹂践之余尚资经理,而流离之众尤赖抚绥,胡遽抗于囊封,乃欲安于真馆? 能胜其任,岂宜怀退避之思;毋弃而成,庶亟底安强之绩。勉从朕志,嗣有殊恩。所请宜不允。

出处:《东涧集》卷二。

撰者:许应龙

考校说明:编年据许应龙任两制时间补。

皇叔新除保康军节度使希逦辞免前官
恩命不允仍断来章批答
(端平二年四月至嘉熙三年八月间)

卿属近行尊,所当优礼,承流授钺,盖有旧章。成命诞敷,金言惟允,荐陈巽牍,足见谦冲。虽庆赏固待有功,然藩屏莫如同姓,初非滥授,宜即钦承。况令出惟行,义无反汗,已尝谕旨,勿庸固辞。

出处:《东涧集》卷三。

撰者:许应龙

考校说明:编年据许应龙任两制时间补。

林略除宗正少卿诰
(端平二年四月至嘉熙三年八月间)

宗寺典司属籍,事简职清,实论思献纳之阶也,傥匪名儒,盖不轻授。以尔闻多学广,心正气和,词章谐韶濩之声,闻望蔼珪璋之粹,繇此致身于通显,曷尝枉道以求人。众皆曰贤,盍复归于清著;德以定位,宜进贰于司宗。益懋远猷,嗣膺异渥。

出处:《东涧集》卷三。

撰者:许应龙

考校说明:编年据许应龙任两制时间、林略官历补,见《宋史》卷二一四《宰辅表》、卷四一九《林略传》。

林略除太府少卿诰
(端平二年四月至嘉熙三年八月间)

朕思治励精,任人共政,思得吉士,以重列卿。以尔心地坦夷,性资宽厚,学问得先贤之旨趣,词章为后进之宗师,中外荐更,声称蔼著。粤自祠庭之侠,屡兴宣室之思,资尔名儒,贰予外府。岂但考受藏之数,盖将为进用之阶。尚克钦承,以永终誉。

出处:《东涧集》卷三。

撰者:许应龙

考校说明:编年据许应龙任两制时间、林略宦历补,见《宋史》卷二一四《宰辅表》、卷四一九《林略传》。据文中所述"粤自祠庭之佚,屡兴宣室之思",本诰时间当在同集同卷《林略除宗正少卿诰》之前,见《宋史》卷四一九《林略传》。

陈康照除司封郎中诰
(端平二年四月至嘉熙三年八月间)

　　贪位慕禄,相率成风,其来非一日矣。朕励精思治,崇奖恬退,置之班列,将以新旧染而激末俗。以尔学富词丽,棣萼交辉,宰邑佐州,公明廉介,耻阿时好,十载居闲。众正路开,屈守边郡,累召不至,风节凛然。晋升郎省,非为尔荣,式遄其行,以副朕侧席待贤之意。

出处:《东涧集》卷三。

撰者:许应龙

考校说明:编年据许应龙任两制时间补。

邓若水除武学博士诰
(端平二年四月至嘉熙三年八月间)

　　学分左右,教育则均,凡分职于其间,必择人而后授。以尔西蜀之英,质直好义。比司胄学,咸称纠录之公;兹置武庠,俾任博通之职。其新矩矱,以迪生徒。

出处:《东涧集》卷三。

撰者:许应龙

考校说明:编年据许应龙任两制时间补。

王瓒除大理寺簿制
(端平二年四月至嘉熙三年八月间)

《诗》曰:"淑问如皋陶,在泮献囚。"狱讼之事,固儒者之素知也。明启刑书,以佐其长,其谁曰不能?以尔奥学雄文,蜚声黉舍。以儒术而饰吏,奏最边城,入觐中宸,奏陈剀切,勾稽棘寺,必能援古谊以决疑。勉修厥官,嗣有褒擢。

出处:《永乐大典》卷一四六〇七。
撰者:许应龙
考校说明:编年据许应龙任两制时间补。

钱相除国子监簿制
(端平二年四月至嘉熙三年八月间)

勾稽胄监,职闲事简,虽号冷曹,然华涂要津由兹而升者,前后相望也。以尔禀资凝重,遇事精明。宰邑佐州,厥绩用懋。典司纶告,未究所长。擢置此官,以养资望。往祗厥职,嗣有宠荣。

出处:《永乐大典》卷一四六〇八。
撰者:许应龙
考校说明:编年据许应龙任两制时间补。

与薇特授承务郎制
(端平二年四月至嘉熙三年八月间)

官不及私,固无滥予,例所当得,盍举彝章?尔荣邸近亲,端凝和粹。帅垣赞画,绰著休称。剡牍上闻,盍示褒宠。矧有旧比,近已举行。宜涣明纶,晋升京秩。益思信厚,以称恩荣。

出处:《永乐大典》卷七三二三。
撰者:许应龙
考校说明:编年据许应龙任两制时间补。

林光谦除枢密院编修官依旧督府主管机宜文字制
（端平二年四月至嘉熙三年八月间）

外著劳能，内升职任，所以为趋事赴功之劝也。以尔通变之才，随试辄效，丞戎监而佐督幕，游刃恢恢，经理兵储，不劳而办。宜进编摩之职，以旌尔能。益究乃心，嗣有殊擢。

出处：《东涧集》卷四。
撰者：许应龙
考校说明：编年据许应龙任两制时间补。

李刘升礼部郎中制
（端平二年四月至嘉熙三年八月间）

郎官上应列宿，其任匪轻，由同而正，必以资历，示不容以骤得也。以尔学富渊源，文谐韶濩，演纶西掖，向用方隆。正升仪曹，姑循常典。贤能不待次而举，当毋以日月为功也。其祗成命，即沐殊荣。

出处：《东涧集》卷四。
撰者：许应龙
考校说明：编年据许应龙任两制时间补。本制时间当晚于同集同卷《李刘除礼部郎官制》。

李刘除礼部郎官制
（端平二年四月至嘉熙三年八月间）

仪曹之选，事简职清，西掖北门，皆繇此而进。以尔高才天赋，奥学海涵。作为词章，备雅健浑深之体；迭更麾节，蔼宽和正直之称。金谓真儒，盍还清著。载念南宫笺奏之职，实资东里润色之工，惟尔之能，足胜其任。往祗成命，以副朕知。

出处：《东涧集》卷四。

撰者:许应龙

考校说明:编年据许应龙任两制时间补。

刘炜叔除仓部员外郎制
(端平二年四月至嘉熙三年八月间)

乃积乃仓,以供廪稍而给馈饷,盖国家急务也,总其凡而治其要则属之郎曹焉。非得通才,曷胜其任?以尔毓德名门,棣华争秀,践更滋久,所至见称。作屏庐陵,公清慈惠,政平讼理,吏戢民安。兹予畀汝以仓曹之寄,必能振举厥职以副予知。往究乃心,嗣有褒擢。

出处:《东涧集》卷四。

撰者:许应龙

考校说明:编年据许应龙任两制时间补。

赵绅除都官郎官制
(端平二年四月至嘉熙三年八月间)

都官虽隶刑曹,其事最简,然于除授,必选真才。以尔毓秀相门,策勋儒级,外庸绰著,晋陟周行,棘寺容台。各称其职。擢升郎省,庸示褒嘉。往服厥官,以需异擢。

出处:《东涧集》卷四。

撰者:许应龙

考校说明:编年据许应龙任两制时间补。

郭正己除刑部郎官制
(端平二年四月至嘉熙三年八月间)

朕于郎选,每不轻畀,矧刑曹所司,尤关民命,其于授任,可不因能?以尔得隽金科,精于法理,践更棘寺,阅岁滋多,用法端平,下无冤抑。擢丞宗正,晋陟郎闱,式资明允之才,俾任平反之寄。往祗厥职,广朕好生。

出处:《东涧集》卷四。

撰者:许应龙

考校说明:编年据许应龙任两制时间补。

曾天麟除都官郎官制
(端平二年四月至嘉熙三年八月间)

朕自更化以来,作新吏治,宰邑守藩以最闻者悉皆选用,矧持节近甸,蔼然声称,褒扬可后? 以尔难兄难弟,中外交辉,策足周行,靖共有恪。司庚东浙,惠利及民,擢置郎闱,以阶显用。往修厥职,庸副予知。

出处:《东涧集》卷四。

撰者:许应龙

考校说明:编年据许应龙任两制时间补。

王謹除右司郎中制
(端平二年四月至嘉熙三年八月间)

铨综之任,号为剧曹,法例繁滋,吏胥出入。苟匪通敏,曷使公平? 以尔心醇气和,量宏节劲,践更滋久,晋典名藩。节用爱人,正身帅下,蔼然治最,盍畀峻除。棘寺为丞,未究所蕴,亟升兹职,益观尔能。往究乃心,以称朕意。

出处:《东涧集》卷四。

撰者:许应龙

考校说明:编年据许应龙任两制时间补。

陈康照除左司郎中制
(端平二年四月至嘉熙三年八月间)

二十四曹而尚左居其首,自京秩以上悉归铨综,欲称厥职,必惟其人。以尔宏博名门,渊源硕学,惟弸中而彪外,故下笔以成章。施诸承流宣化之间,莫匪利物爱人之念。肆颁召节,擢置郎闱。胡屡抗于封章,未钦承于涣渥? 今予命汝,庸立懦以廉顽;惠然肯来,必奉公而守正。当令铨法,端若衡平,益振尔之家声,以待予之器使。

出处:《东涧集》卷四。

撰者:许应龙

考校说明:编年据许应龙任两制时间补。

叶莫除右司郎中制
(端平二年四月至嘉熙三年八月间)

郎官上应列宿,非持节把麾之有声望者不畀也。矧兼二职,俱著休声,为官择人,所宜召用。以尔廉明不扰,公恕无私,报政三期,民安盗弭,观风一道,讼简刑清。以若所为,允谓儒者之政;选诸所表,俾膺郎吏之除。往服厥官,以称朕意。

出处:《东涧集》卷四。

撰者:许应龙

考校说明:编年据许应龙任两制时间补。

王瓒除考功郎中兼检详制
(端平二年四月至嘉熙三年八月间)

考绩之职,寸量铢较,其事伙繁,非疏通精审,曷胜其任?以尔贤关之英,材识兼茂,以儒术而饰吏,推善教而得民,固已见于设施,而兵事详练,尤为可称。擢置郎闱,仍兼枢属,其委寄盖不轻矣。益摅所蕴,以副予知。

出处:《东涧集》卷四。

撰者:许应龙

考校说明:编年据许应龙任两制时间补。本制时间当在《永乐大典》卷一四六〇七《王瓒除大理寺簿制》之后。

监察御史钱相除右正言制
（端平二年四月至嘉熙三年八月间）

出入禁闼,补阙拾遗,必得正人,始称厥职。以尔至刚以直,特立无朋,虽才德之俱高,每韬藏而不耀。擢居宪府,克振台纲。然于激扬清浊之间,初蔑好恶党偏之意,人无异议,朕所深知。进升谏省之华,冀获忠言之益。引以当道,时乃之休。

出处:《东涧集》卷四。

撰者:许应龙

考校说明:编年据许应龙任两制时间补。本制时间当在《永乐大典》卷一四六〇八《钱相除国子监簿制》之后。

枢密院编修官陈瑢除监察御史制
（端平二年四月至嘉熙三年八月间）

唐得李勉,朝廷始尊,盖御史纪纲之府,得人以振其职,则一台正而天下治矣。以尔学有本源,行无瑕玷,上不诡下不渎,事可法德可尊,枢属郎曹,靖共正直,人皆以言路期之。成命一颁,善类胥怿。开诚心而布公道,进君子而退小人,使国论一定以成更化,善治之功盖尔所优为者。尚克钦承,以永终誉。

出处:《东涧集》卷四。

撰者:许应龙

考校说明:编年据许应龙任两制时间补。

左司谏林略除殿中侍御史制
（端平二年四月至嘉熙三年八月间）

朕励精思治,为官择人。矧惟宪府之雄,尤重副端之任,欲称厥职,必惟其贤。以尔望重儒宗,文追古作,遍历清华之选,晋居谏净之司。知无不言,惟务闲邪而陈善;引之当道,未尝扬己以取名。允谓正人,擢升执法,其维持于国是,庸振起于朝纲。式副予知,以永终誉。

出处:《东涧集》卷四。

撰者:许应龙

考校说明:编年据许应龙任两制时间、林略官历补,见《宋史》卷二一四《宰辅表》、卷四一九《林略传》。本诰时间当在同集卷三《林略除宗正少卿诰》之后、同集同卷《殿中侍御史林略除侍御史制》之前。

殿中侍御史林略除侍御史制
(端平二年四月至嘉熙三年八月间)

朕惟宪府俱职抨弹,台端尤为雄剧。非贤不任,必望实之素孚;以次而升,庶纪纲之愈振。以尔身端行治,学广闻多。即之也温,备四时之和气;挠之不浊,凛万壑之层冰。虽内外之荐更,每安恬而无竞。经帷劝讲,申义约文;谏省进言,闲邪陈善。迨殿中之执法,公天下以为心,纠正官邪,主张善类。宜跻登于横榻,示旌表于荩臣。益思风采之扬,庸副眷怀之笃。以永终誉,嗣对殊休。

出处:《东涧集》卷四。

撰者:许应龙

考校说明:编年据许应龙任两制时间、林略官历补,见《宋史》卷二一四《宰辅表》、卷四一九《林略传》。本诰时间当在同集同卷《左司谏林略除殿中侍御史制》之后。

史弥忠除宝谟阁待制特赐金带一条制
(端平二年四月至嘉熙三年八月间)

引年谢事,每嘉静退之风;敬老尊贤,特畀便蕃之宠。以光晚节,式涣明纶。具官某心醇气和,量宏识远。弟昆擢第,允同窦氏之联芳;中外交辉,咸叹西平之有子。典藩则光宣于惠泽,持节则潜弭于寇攘。正资立事以建功,乃遽辞荣而避宠。久处祠庭之佚,屡兴宣室之思。勉徇雅怀,已遂挂冠之请;晋升次对,复疏锡带之恩。茂对殊休,益绥寿祉。

出处:《东涧集》卷五。

撰者:许应龙

考校说明:编年据许应龙任两制时间补。

俞建除秘阁修撰致仕制
(端平二年四月至嘉熙三年八月间)

引年谢事,必加优礼,国家常典也。矧中外践更,材德昭著,可无宠渥,以示褒崇? 尔誉冠时髦,学通世务。入居班列,正直靖共;出秉节麾,公勤精练。盍趣还于清著,乃求佚于祠庭,方兴侧席之思,倏览挂冠之奏。勉从雅志,晋升论撰之华;爰锡明纶,庸表始终之眷。祗服朕命,益介寿祺。

出处:《东涧集》卷五。

撰者:许应龙

考校说明:编年据许应龙任两制时间补。

吕殊特授朝奉郎致仕制
(端平二年四月至嘉熙三年八月间)

量材而授,固宜策足于要津;厥疾弗瘳,遽欲挂冠于神武。勉从雅志,爰锡湛恩。以尔学问渊深,词章泉涌,声早蜚于黉舍,魁屡夺于文闱。宜捷出而横翔,乃数奇而不偶。甫入登于学省,旋出赞于辅藩,胡困沉疴,力求谢事。悯莫摅于远业,特晋陟于文阶。茂对时休,益绥寿祉。

出处:《东涧集》卷五。

撰者:许应龙

考校说明:编年据许应龙任两制时间补。

郑寅除直宝章阁致仕制
(端平二年四月至嘉熙三年八月间)

大夫七十而致仕,年未及而以疾自陈,当悯其劳,勉从所请,俾遂挂冠之愿,爰疏锡命之恩。以尔学广闻多,意诚心正,厉特立独行之操,有难进易退之风。属当政瑟之调,首被锋车之召。持衡铨选,平允无私,赞画钧枢,刚方不屈。暨司藩屏,尤号循良,胡染沉疴,力求谢事。肆加尔职,以贲其归,勉护生经,益绥休祉。

出处:《东涧集》卷五。
撰者:许应龙
考校说明:编年据许应龙任两制时间补。

宾州录参陈震降一资制
（端平二年四月至嘉熙三年八月间）

刑者俪也,一成而不可易,故君子尽心焉。尔为纠曹,实司臬事。不思审克,第欲奉承,致使非辜,莫伸冤抑。劾章来上,法岂可逃? 宜镌一资,俾知循省。

出处:《东涧集》卷五。
撰者:许应龙
考校说明:编年据许应龙任两制时间补。

前知蕲州宋逢丑降一官制
（端平二年四月至嘉熙三年八月间）

留州送使,自有成式,用逾其数,法所必绳。尔得隽右科,践历滋久,比縻宾阁,出守蕲春。虽殚备守之劳,盍著廉平之誉,胡因妄费,致速烦言? 镌尔一阶,昭吾公宪,勉思清谨,以盖往愆。

出处:《东涧集》卷五。
撰者:许应龙
考校说明:编年据许应龙任两制时间补。

李虎特降三官落刺史罢带御器械制
（端平二年四月至嘉熙三年八月间）

赏罚军国之纪纲也,苟非信必,曷示劝惩? 尔屡著战多,遂膺隆委,胡提兵而救援,乃激变以纷争? 劾奏上闻,合加镌黜,当图后效,以盖前愆。

出处:《东涧集》卷五。

撰者:许应龙

考校说明:编年据许应龙任两制时间补。

授内官韩申范等加恩制
（端平二年四月至嘉熙三年八月间）

荣居近要,密总重难,君上之恩渥则殊,而人臣之敬思尤切。其有端静无失,进退可称,而复以干能彰于官业,名随位进,行与才兼者不有异迁,何示奖劝? 宣徽小马坊使某,絜矩操心,温润成器,刚而不暴,柔而不回。宣徽含光使某,本于诚明,文以礼让,止而不滞,行而不流。起宣徽南院副使某,明见事情,智通微妙,光而不耀,晦而不幽。皆调金玉之声,并秀松筠之色。至于绩效,实谓著明。呜呼! 守职奉公,尔既尽其节矣;崇阶厚禄,吾岂刭于印哉。可依前件,茂对宠休。

出处:《东涧集》卷五。

撰者:许应龙

考校说明:编年据许应龙任两制时间补。

黎伯登除直焕章阁主管潼州路安抚制
（端平二年四月至嘉熙三年八月间）

蜀道去天辽邈,帅垣之寄,责任匪轻,非践扬滋久、望实素孚者,曷称其职? 以尔安恬不竞,详练有谋,入造班行,咸推贤德,出更麾节,荐著休声。载惟泸南,素号重镇,矧值绎骚之警,正资牧御之才。采之金言,无以易汝,肆迁邃阁,俾任藩宣。勉图尔庸,以宽忧顾。

出处:《东涧集》卷五。

撰者:许应龙

考校说明:编年据许应龙任两制时间补。"潼州府"当为"潼川府"之误。

李华直徽猷阁湖南安抚使制
(端平二年四月至嘉熙三年八月间)

自湖以南,地迩蛮徼,镇抚之任,必赖长才。以尔质秉刚方,资兼文武,随机应变,屡奏肤公,奉使典州,蔼腾休誉。肆升邃阁,擢镇帅垣,理民驭军,备内御外。使寇攘影灭而郡邑堵安,皆尔所已试者,益图来效,以副深知。

出处:《东涧集》卷五。

撰者:许应龙

考校说明:编年据许应龙任两制时间补。本制时间当晚于同集同卷《李华除江西提刑兼知赣州制》。

邓泳除太府丞兼知鄂州制
(端平二年四月至嘉熙三年八月间)

鄂渚控扼江面,实为要冲,侻非智略之长,曷称藩宣之寄? 以尔清修儒雅,详练精明,文武兼资,无施不可。边陲十载,备历艰勤,制幕畴庸,荐疏涣渥。大邦维翰,咸曰汝宜,肆升外府之丞,爰锡左符之命。仍参筹于督府,庶益壮于长城。勉立殊勋,以称朕意。

出处:《东涧集》卷五。

撰者:许应龙

考校说明:编年据许应龙任两制时间补。

李华除江西提刑兼知赣州制
(端平二年四月至嘉熙三年八月间)

节麾兼任,其责匪轻,非才周世用、随试随效者,曷膺兹选? 以尔允文允武,善断善谋,作屏鄞江,民安盗弭,观风东广,吏戢兵怀。惟尔之能,无施不可,易畀西江之节,仍分章贡之符。思患预防,恩威兼济,使奸宄不作而田里相安,皆汝所素明也。勉图来效,嗣有异恩。

出处:《东涧集》卷五。

撰者:许应龙

考校说明:编年据许应龙任两制时间补。

史宅之除待制知宁国府制
（端平二年四月至嘉熙三年八月间）

剖竹分符,方畀藩宣之任;疏恩易镇,式昭委寄之隆。具官某禀性谦和,提身端谨。世济其美,径跻持橐之班;父教之忠,备识莅官之法。欲详试近臣之政,遂令佩太守之章。改畀潜藩,俾膺近次。其勉图于治最,庶益振于家声。

出处:《东涧集》卷六。

撰者:许应龙

考校说明:编年据许应龙任两制时间补。

陈涤知宜州制
（端平二年四月至嘉熙三年八月间）

宜山去天辽邈,迫近蛮獠,民弱而贫,非循良之守镇以清静,曷安其生? 以尔毓秀名家,疏通详练,践更滋久,所居见称。肆观尔能,擢守南土,布宣德意,使斯民受赐如在畿甸,则为称职。课最来上,朕不汝遗。

出处:《东涧集》卷六。

撰者:许应龙

考校说明:编年据许应龙任两制时间补。

王琮知常德府制
（端平二年四月至嘉熙三年八月间）

武陵巨镇,兼四郡甲兵之事,其责匪轻,必长于牧御者始堪其选。以尔究心谋略,有志事功,仕于边陲,谙历已久。虽列属戎监,赞画帅垣,然未尽于长才,复擢司于名郡。其思报称,勉著勋庸。

出处:《东涧集》卷六。

撰者:许应龙

考校说明:编年据许应龙任两制时间补。

袁申儒知宁国府制
(端平二年四月至嘉熙三年八月间)

宣城巨镇,民物浩穰,非明敏长才、践扬滋久者莫胜其任。以尔通今博古,下笔成章,尤决胜于漕闱,竟收功于儒级。奏使节州麾之最,赞枢庭督府之筹,虽陟列卿,阻还清著。载念藩宣之寄,盍资通练之儒,爰锡纶恩,俾宣德意。勉图善最,嗣有殊荣。

出处:《东涧集》卷六。

撰者:许应龙

考校说明:编年据许应龙任两制时间补。

赵希塈改知嘉兴府制
(端平二年四月至嘉熙三年八月间)

雪川之政,方以最闻,避宠引嫌,毅然求去。勉从雅志。爰锡明纶。以尔公族之英,安恬有守,甫登朝列,出典辅藩,节用爱人,正身率下,丝毫无扰,田里相安。剡奏丐闲,已尝谕旨,俾令终秩,云胡不留?需次嘉禾,以全高节,益培远业,庸副予知。

出处:《东涧集》卷六。

撰者:许应龙

考校说明:编年据许应龙任两制时间补。

贾子諟知成都府制
(端平二年四月至嘉熙三年八月间)

巴蜀去天辽邈,将欲宣德意而抒下情,实赖贤守,其于选择,尤不敢轻。以尔学本家传,美由世济,宰邑佐郡,俱著休称。暨典边城,究心捍御,安于静退,均伏琳宫。载惟潜藩,方资牧养,畴咨已试,咸曰汝宜。往服厥官,勉图政绩,善最来上,恩渥何涯!

出处:《东涧集》卷六。

撰者:许应龙

考校说明:编年据许应龙任两制时间补。

刘端友知遂宁府制
(端平二年四月至嘉熙三年八月间)

武信乃西蜀之巨镇,重臣法从多均佚于此,繇麾节而除者盖异渥也。以尔祖父世笃忠正,思其人犹爱其木,况子孙乎? 幸有象贤,挺挺风烈,擢分帅阃,庸示宠嘉。瓜期尚赊,虑淹远业,复颁涣渥,易镇名藩。推善政以得民,以儒术而饰吏,盖尔所已试者。宜疾其驱,以宽忧顾。

出处:《东涧集》卷六。

撰者:许应龙

考校说明:编年据许应龙任两制时间补。

韩括知肇庆府制
(端平二年四月至嘉熙三年八月间)

端溪潜邸也,实岭南之望郡,比遭寇攘,近甫安集,拊摩惠养,正赖循良。以尔名臣之孙,践更滋久,倅贰潮阳,宽慈平易,今守兹郡,密迩旧封,闾里戚休知之审矣。遏绝嚚讼,检察奸胥,俾毋病吾民,则为称职。课最来上,朕不汝遗。

出处:《东涧集》卷六。

撰者:许应龙

考校说明:编年据许应龙任两制时间补。

奚概除军器监丞兼权淮西提刑兼都督府随军转运制
（端平二年四月至嘉熙三年八月间）

领内职而摄外台,盖异渥也。以尔疏通无壅,沉静有谋,倅贰齐安,协力捍御,宠以戎监勾稽之职,俾缩郡符,复转为丞,兼持使节,仍飞挽于刍粟,以赡给于兵戎。其展壮猷,以须异擢。

出处:《东涧集》卷六。
撰者:许应龙
考校说明:编年据许应龙任两制时间补。

兵部员外郎成都运判杨履正除军器监兼
四川宣抚判官成都府路转运判官制
（端平二年四月至嘉熙三年八月间）

宣威总四道之权,责专任重,必立其贰,庶相与协赞以成制胜之功,傥匪宏才,曷膺兹寄? 以尔忠烈名家,熟知兵略,昨任绵守,适值扰攘,应变随机,卒安反侧。领计台而参幕府,益展壮猷,肆升武监之华,仍赞元戎之职。并谋合智,御侮折冲,益勉勋庸,以宽忧顾。

出处:《东涧集》卷六。
撰者:许应龙
考校说明:编年据许应龙任两制时间补。

虞普除直宝章阁知夔州主管安抚司公事兼运判制
（端平二年四月至嘉熙三年八月间）

夔门当荆蜀之冲,任分阃之寄者其责尤重,非才高通变、长于绥驭者曷称其职? 以尔量宏识远,心正气和,见诸历试之间,蔚有可称之实。六辔如组,方赖咨诹;十国为连,尤资镇抚。肆升邃阁,兼领漕台。整师以修我戎,给饷不绝粮道,皆汝所优为者。勉图伟绩,嗣有异恩。

出处:《东涧集》卷六。
撰者:许应龙
考校说明:编年据许应龙任两制时间补。

朱鉴依旧将作监丞淮西制参兼运判制
(端平二年四月至嘉熙三年八月间)

　　朕理内御外,为官择人,计画转输,皆为重寄,兼斯二者,必赖通才。以尔人门兼美,内外俱宜,班行绰著于声称,藩屏复宣于劳绩。载念西淮之境,实当要路之冲。裨赞制垣,斡旋漕计,采之公论,咸曰汝宜。以匠丞而兼领之,其委任盖不轻矣。勉图来效,以副予知。

出处:《东涧集》卷六。
撰者:许应龙
考校说明:编年据许应龙任两制时间补。

姚珍除福建转运判官制
(端平二年四月至嘉熙三年八月间)

　　建守闽漕,例多更迭,盖以间阎利病、财计盈虚知之详而讲之熟矣。矧奏藩宣之最,宜升飞挽之司。以尔望亚伦魁,才高经济,和不流中不倚,强而义简而廉,枢管机谋,正资叶赞,辅藩经理,勉为朕行。殚一心于劳来之间,措千里于奠安之域。民受其赐,悉怀爱戴之私;予嘉乃勋,晋陟将输之寄。仍兼旧治,终惠编氓。益观尔能,嗣颁异渥。

出处:《东涧集》卷六。
撰者:许应龙
考校说明:编年据许应龙任两制时间补。

孟点除湖北转运判官制
(端平二年四月至嘉熙三年八月间)

　　湖右诸郡,困于供亿,财殚民匮,欲称将输之任,必资明敏之才。以尔毓秀名门,究心吏事,侯藩底绩,制阃赞谋,既所至之有声,信无施而不可。漕台兼摄,休誉益彰,宜畀真除,庸昭隆委。扬清激浊,正己理财,使民不加赋而吏皆奉法,则予汝嘉。往究乃心,以称朕意。

出处:《东涧集》卷六。

撰者:许应龙

考校说明:编年据许应龙任两制时间补。

钱雷震起复修职郎差充淮南运司准遣制
(端平二年四月至嘉熙三年八月间)

起复任职,盖以才选,故常法不拘也。尔尝预荐墨,因护乡井而得官,艖息日亏,又能措画。外台辟举,遂夺情而充漕属,允为间见。其思报称,移孝为忠。

出处:《东涧集》卷六。

撰者:许应龙

考校说明:编年据许应龙任两制时间补。

彭大雅出疆筹略多合事宜补从事郎淮西准备差遣制
(端平二年四月至嘉熙三年八月间)

制垣任重而责专,有请必行,庶英豪乐为之用。以尔名中贤书,智周兵略,出疆逾岁,洞察敌情,戎阃荐扬,特赐真命。文阶幕属,并为尔荣,尚克钦承,毋忘报称。

出处:《东涧集》卷六。

撰者:许应龙

考校说明:编年据许应龙任两制时间补。

陈一荐除司农寺丞兼荆湖制置司参议官制
(端平二年四月至嘉熙三年八月间)

赞画制垣,必兼内职,所以重其迁也。尔自掇儒科,荐更边任,典藩将漕,所至见称。俾晋丞于大农,仍复参于议幕。随机应变,尔所素明,益展壮猷,以须显用。

出处:《东涧集》卷六。

撰者:许应龙

考校说明:编年据许应龙任两制时间补。

陈登除江淮等路都大提点坑冶铸钱公事制
(端平二年四月至嘉熙三年八月间)

泉司总十一道之权,其任匪轻,欲称厥职,必惟其人。以尔兰省上游,闻多学广,入登清选,出倅侯藩。备殚帅垣裨赞之劳,遂进外府勾稽之职。剖符名郡,治最蔼闻,肆疏宠以褒迁,俾提纲于鼓铸。往服厥职,益究乃心。

出处:《东涧集》卷六。

撰者:许应龙

考校说明:编年据许应龙任两制时间补。

黄辰显督战收复山城转一官制
(端平二年四月至嘉熙三年八月间)

儒者知兵,真有用之才也。况立勋绩,褒赏可忘? 以尔作邑边陲,禀命制阃,督兵鏖战,奋不顾身,险阻备尝,卒复城壁。进官一秩,以旌其劳。祗服宠荣,益思报称。

出处:《东涧集》卷六。

撰者:许应龙

考校说明:编年据许应龙任两制时间补。

韩亮朱虎陈广转官制
(端平二年四月至嘉熙三年八月间)

惟赏无常,视功轻重,则人无幸心而皆有激励之意。尔亮捕巨寇复淮安,则峻跻遥刺;尔虎取盱眙,则特迁三秩;尔广有张山之捷,则序进一阶。皆量其功而褒赏之,亦可谓公矣。其思报称,毋忝朕命。

出处:《东涧集》卷六。
撰者:许应龙
考校说明:编年据许应龙任两制时间补。

<h2 style="text-align:center">朱揄祖解罢合职转一官制</h2>
(端平二年四月至嘉熙三年八月间)

服勤宾合,六阅岁华,揆之彝章,盍加恩渥。尔早游胄监,蔚有休称,两预荐书,三从戎幕。擢升赞谒,备著劳能。兹易畀于兵钤,宜晋跻于勇爵。勿云序进,嗣有恩荣。

出处:《东涧集》卷六。
撰者:许应龙
考校说明:编年据许应龙任两制时间补。

<h2 style="text-align:center">黄师参转一官制</h2>
(端平二年四月至嘉熙三年八月间)

蠢尔凶徒,啸聚山谷,侵掠郡邑,民不奠居。帅阃莅师,威声震叠,执讯获丑,歼厥渠魁。尔在幕中,实参筹画,进官一等,用奖贤劳。

出处:《东涧集》卷六。
撰者:许应龙
考校说明:编年据许应龙任两制时间补。

<h2 style="text-align:center">朱子肃宋诩备御有劳各转一官制</h2>
(端平二年四月至嘉熙三年八月间)

凶徒倡乱,侵扰郡邑,突至五羊,阖境震惊。尔子肃定而能应,尔诩敏而有谋,密赞帅垣,厉兵剿捕,迄臻宁静,褒渥可忘? 各进一官,尚思报称。

出处:《东涧集》卷六。

撰者:许应龙

考校说明:编年据许应龙任两制时间补。

卢壮父前任泰宁丞经理有劳特进两资制
（端平二年四月至嘉熙三年八月间）

寇攘为梗,民不奠居,尔以邑丞劳来安集,百废具举,旧观复还。缅思尔劳,盍膺褒宠,疏恩进秩,尚克钦承。

出处:《东涧集》卷六。

撰者:许应龙

考校说明:编年据许应龙任两制时间补。

朱扬祖昨任荆门军日守城有劳转一官制
（端平二年四月至嘉熙三年八月间）

赏罚军国之纲纪也,当缓急之际,畔官离次者既加谴责,保障宣劳者盍示宠褒。尔文武兼资,艰难备历,昨守边郡,适值绎骚,捍御有方,保全城壁,晋升一秩,用酬尔庸。

出处:《东涧集》卷六。

撰者:许应龙

考校说明:编年据许应龙任两制时间补。

赵汝腾昨任权通判光州日同议调遣剿退敌兵转一官制
（端平二年四月至嘉熙三年八月间）

蠢兹不靖,侵扰边陲,尔摄倅浮光,协谋捍御,旋底宁谧,盍示宠褒? 进陟文阶,其思报称。

出处:《东涧集》卷六。

撰者:许应龙

考校说明:编年据许应龙任两制时间补。"敌",清乾隆翰林院抄本作"贼"。

辛起宗等转官制
(端平二年四月至嘉熙三年八月间)

朕亲阅近班,程其射艺,孔武有力,咸精其能。悉繇训练之功,可后褒扬之典? 以尔禀资通敏,闲习朝仪,庀司端闱,靖共有恪。训齐殿直,勇力倍增。宜进一阶,以旌振职。

出处:《东涧集》卷六。

撰者:许应龙

考校说明:编年据许应龙任两制时间补。

张旺剿除同寇转两官制
(端平二年四月至嘉熙三年八月间)

赏不逾时,所以劝有功也,捷奏上闻,褒扬可后? 尔骁雄无敌,沉鸷有谋,躬率兵戎,驱除寇贼。执讯讯丑,亟奏肤功,晋陟两阶,庸示激劝。勉图伟绩,嗣有异恩。

出处:《东涧集》卷六。

撰者:许应龙

考校说明:编年据许应龙任两制时间补。

王恕用昔日功赏转一官制
(端平二年四月至嘉熙三年八月间)

当多事之秋,苟有劳绩,不拘久近,悉加恩渥,所以厉世磨钝也。尔服勤边鄙,密效筹谋,历岁已深,比方陈述戎帅,既谓有所据依,则赏典岂容吝也? 特界一阶,其思报称。

出处:《东涧集》卷六。

撰者:许应龙

考校说明:编年据许应龙任两制时间补。

黄辰显转一官除军器监簿今再任制
(端平二年四月至嘉熙三年八月间)

　　盐息以佐国用,其利甚溥,任是责而能究心措办者悉加恩赏。尔曩赞仓幕,增羡课额,暨倅通川,兴修亭灶,允谓宣劳,宜升一秩。勾稽戎监,因任佐州,庸示宠褒,勉图后效。

出处:《东涧集》卷六。

撰者:许应龙

考校说明:编年据许应龙任两制时间补。"今",疑当作"令"。

孟点任湖北运判日应办粮草转一官制
(端平二年四月至嘉熙三年八月间)

　　在昔不庭,侵犯边境,调兵给饷,凡服劳者悉加旌赏,矧尔职专将漕,应办究心,十万师徒赖以宿饱,克成伟绩,盍陟一阶。祗服恩荣,益思报称。

出处:《东涧集》卷六。

撰者:许应龙

考校说明:编年据许应龙任两制时间补。本制时间当晚于同集同卷《孟点除湖北转运判官制》。

丘岳转一官制
(端平二年四月至嘉熙三年八月间)

　　敌骑侵扰,民不奠居,非资劳来之恩,曷免流移之患?尔存心恻隐,极力拊摩,捐公帑以贷农民,俾皆复业,又节浮费以偿宿逋,允谓区处得宜矣。制垣剡荐,可后褒嘉?晋陟文阶,以示激劝。

出处:《东涧集》卷六。

撰者:许应龙

考校说明:编年据许应龙任两制时间补。

许堪转两官制
(端平二年四月至嘉熙三年八月间)

作屏边城,究心戎事,浚濠堑而备器械,百役具兴而不至扰下,可谓措办有方矣。畀以两阶,庸示褒宠,勉图后效,以称所蒙。

出处:《东涧集》卷六。
撰者:许应龙
考校说明:编年据许应龙任两制时间补。

史宅之赏转一官制
(端平二年四月至嘉熙三年八月间)

理财给饷,不扰而办,疏恩迁秩,庸旌尔能。具官某秀出相门,进登从橐。比分符于辅郡,蔼报政之休称。省事清心,爱人节用,虽不加赋,自有余财。既区处以得宜,岂褒扬之可后?宜进文阶之陟,以旌岁课之优。茂对宠光,以需异擢。

出处:《东涧集》卷六。
撰者:许应龙
考校说明:编年据许应龙任两制时间补。

陈天泽通判招信军转一官制
(端平二年四月至嘉熙三年八月间)

敌情叵测,疆场未宁。尔远守边城,谙练戎事,究心备御,已遂终更。因任迁官,以示劝奖。

出处:《东涧集》卷六。
撰者:许应龙
考校说明:编年据许应龙任两制时间补。

刘炜叔前任吉州应办捕寇钱粮转一官制
（端平二年四月至嘉熙三年八月间）

凶徒为梗，邻境绎骚。尔守庐陵，同心体国，应办兵食，为费不赀。既奏肤功，可无茂赏？晋升一秩，尚克钦承。

出处:《东涧集》卷六。
撰者:许应龙
考校说明:编年据许应龙任两制时间补。

陶木茶盐增羡转一官制
（端平二年四月至嘉熙三年八月间）

昔刘晏斡山海操赢赀以供饷馈，故敛不及民而用度足，史臣称之。今日养兵之费仰给茗鹾，苟区处得宜，则下不益赋而上无乏用。课最登闻，褒扬可后？以尔望重时髦，才优宰掾，纪纲省务，井井有条。至于煮摘之利，一经提振，亦暴如山，倍于常岁。宜加一秩，以旌其能。往究乃心，益修厥职。

出处:《东涧集》卷六。
撰者:许应龙
考校说明:编年据许应龙任两制时间补。

任鄧交引循一官制
（端平二年四月至嘉熙三年八月间）

物货如山，簿书盈几，典者不能遍睹，此奸弊所由生也。钩考无术，其失滋多。尔毓秀名门，性资明敏，精于综核，欺谩莫容。进陟一资，尚图报称。

出处:《东涧集》卷六。
撰者:许应龙
考校说明:编年据许应龙任两制时间补。

杨白充修奉司部役官结局转一官制
(端平二年四月至嘉熙三年八月间)

朕追远谨终,孝思罔极,寝园修奉,益致其虔。督役鸠工,悉加酬赏,尔预其事,宜进一阶。

出处:《东涧集》卷六。
撰者:许应龙
考校说明:编年据许应龙任两制时间补。

张溥昨任同安县置陂圳转一官制
(端平二年四月至嘉熙三年八月间)

兴修水利,悉有恩赏,盖以为农也。尔明敏疏通,勤于政事。比宰名邑,增浚陂渠,灌溉菑畬,其惠溥矣。庾台剡奏,可后褒嘉?晋陟一阶,其祗成命。

出处:《东涧集》卷六。
撰者:许应龙
考校说明:编年据许应龙任两制时间补。

陈均通判江州转一官再任制
(端平二年四月至嘉熙三年八月间)

江面要冲,正资防捍,克勤厥职,可后宠褒?以尔毓秀名门,公勤明敏,两宰剧邑,俱著休声。暨倅九江,三摄郡政,究心备御,阃境堵安。帅阃荐扬,盍加旌别,特令因任,晋陟一阶。益懋壮猷,以须异渥。

出处:《东涧集》卷六。
撰者:许应龙
考校说明:编年据许应龙任两制时间补。

张毅然转一官制
（端平二年四月至嘉熙三年八月间）

边事方殷,广求谋略,不吝爵赏,以劝来者。尔倅贰淮壖,熟谙备御,愿密陈于筹画,洵有志于事功。先进一阶,以为尔宠。益图来效,嗣沐殊荣。

出处:《东涧集》卷六。

撰者:许应龙

考校说明:编年据许应龙任两制时间补。

李刘昨任成都运判日起发会纸及五纲转一官制
（端平二年四月至嘉熙三年八月间）

造券以佐用度,必资蜀楮;设官以司其局,凡宣劳者悉该赏典。矧尔曩任计台,实董其事,既及五纲之数,盍升一秩之荣。虽率旧章,式昭新渥。

出处:《东涧集》卷六。

撰者:许应龙

考校说明:编年据许应龙任两制时间补。

厉模昨任成都运判起发会纸及五纲转一官制
（端平二年四月至嘉熙三年八月间）

钞楮造券,以佐国用,司其局者,苟振厥职,悉加恩渥。矧尔持节计台,实总其事,纲发应格,允谓究心。进秩一阶,庸示信赏。

出处:《东涧集》卷六。

撰者:许应龙

考校说明:编年据许应龙任两制时间补。

赵崇齐措置籴买转一官制
(端平二年四月至嘉熙三年八月间)

西蜀饷台,专仰籴买,以给军须而供兵食。尔区画得宜,多多益办,可无懋赏,以旌其劳?进秩一阶,益思报称。

出处:《东涧集》卷六。
撰者:许应龙
考校说明:编年据许应龙任两制时间补。

侯官县正惠二位神封侯制
(端平二年四月至嘉熙三年八月间)

敕某神:《祭法》曰:"能御大灾则祀之,能捍大患则祀之。"矧庙食已久,惠利及民,可不载加褒封,以示崇报之意?尔神像设维旧,威灵并昭。护境庇民,厥绩甚茂。祷晴求雨,有感必通。俱锡侯封,用答神贶。尚赖幽冥之相,永臻安静之休。

出处:《永乐大典》卷二九五〇。
撰者:许应龙
考校说明:编年据许应龙任两制时间补。

侯官县正惠二位神妻封制
(端平二年四月至嘉熙三年八月间)

敕某神:血食肇于有唐,庙额赐于昭代。暨乎近岁,肸蠁弥彰。朕既嘉尔侯有庇民之功,复眷厥配有赞成之美,爰稽故实,并锡徽称。尚服宠荣,益殚顺助。

出处:《永乐大典》卷二九五〇。
撰者:许应龙
考校说明:编年据许应龙任两制时间补。

阎氏封美人制
（端平二年四月至嘉熙三年八月间）

翟茀以朝，方正小君之位；王言如綍，复加涣号之荣。宜春郡夫人阎氏，夙夜在公，柔嘉维则。躬全四德，既有婉而有愉；序列九嫔，每必敬而必戒。肆封沐邑，曾不逾时。载嘉执事之勤，申锡美名之宠。其祗新渥，益懋芳猷。

出处：《永乐大典》卷二九七二。
撰者：许应龙
考校说明：编年据许应龙任两制时间补。

赵冲何泉等并授武翼郎制
（端平二年四月至嘉熙三年八月间）

孔武有力，拱扈严宸。服勤累年，挽强应格。并授勇爵，仍锡身章。往服荣恩，勉图忠报。

出处：《永乐大典》卷七三二六。
撰者：许应龙
考校说明：编年据许应龙任两制时间补。

阎良臣可特改补保义郎制
（端平二年四月至嘉熙三年八月间）

掖庭进封，稽之旧比。表里戚属，悉沾恩渥。矧尔积德庆门，实生贤媛，肆颁成命，改畀官资。尚服宠荣，益殚恪谨。

出处：《永乐大典》卷七三二六。
撰者：许应龙
考校说明：编年据许应龙任两制时间补。

何季羽将一官回授与父何璞制
（端平二年四月至嘉熙三年八月间）

立身扬名,以显父母,此人子之至愿也。尔子季羽,擢第奉常,通籍宰邑。欲以庆恩一秩,增封其父。特从所请,俾遂荣亲之志。允为异渥,尚克钦承。

出处:《永乐大典》卷一三五〇六。

撰者:许应龙

考校说明:编年据许应龙任两制时间补。

郑逢辰除宗正丞兼金部郎官制
（端平二年四月至嘉熙三年八月间）

人门兼用,布列班行,所以崇德象贤也。以尔谦和通敏,克绍家声。农扈为丞,恪勤匪懈。擢赞宗邸,仍摄珍曹。其思睦族之方,益究理财之策。克称厥职,则予汝嘉。

出处:《永乐大典》卷一三五〇七。

撰者:许应龙

考校说明:编年据许应龙任两制时间补。

资政殿大学士通议大夫提举临安府洞霄宫葛洪初辞免依旧资政殿大学士提举万寿观兼侍读日下前来供职恩命不允不得再有陈请诏
（端平二年六月至嘉熙三年八月间）

朕更新庶政,图任旧人,远既召于耆英,近可忘于元老?肆颁明命,趣侍经筵,谓询黄发则罔所愆,而学古训乃能有获。盖资尔典刑之重,非劳以职事之烦。盍即钦承,胡为逊避?况其室则迩,初无跋履之难;不俟驾以行,庶副眷怀之切。其祗新渥,勿复重陈,所辞宜不允。

出处:《东涧集》卷二。

撰者:许应龙

考校说明:编年据许应龙任两制时间、葛洪官历补,见《宋史》卷二一四《宰辅表》、卷四一五《葛洪传》。此诏时间当稍晚于同集卷三《资政殿大学士葛洪特授提举万寿观兼侍读诰》。

资政殿大学士通议大夫提举临安府洞霄宫葛洪再辞免依旧资政殿大学士提举临安府万寿观兼侍读日下前来供职恩命不允不得再有陈请诏
(端平二年六月至嘉熙三年八月间)

卿老成而有典刑,正直而无偏党,昨参大政,确守精忠,久佚祠庭,兴思宣室,欲辅成于台德,俾进读于经帏。盍归乎来,奚再陈于逊牍;不远伊尔,宜亟驾于安车。庶于朝听夕访之间,益广日就月将之学。其体至意,毋庸固辞。所辞宜不允。

出处:《东涧集》卷二。

撰者:许应龙

考校说明:编年据许应龙任两制时间、葛洪官历补,见《宋史》卷二一四《宰辅表》、卷四一五《葛洪传》。此诏时间当稍晚于同集同卷《资政殿大学士通议大夫提举临安府洞霄宫葛洪初辞免依旧资政殿大学士提举万寿观兼侍读日下前来供职恩命不允不得再有陈请》。

资政殿大学士葛洪特授提举万寿观兼侍读诰
(端平二年六月至嘉熙三年八月间)

建道德以为师,冀获多闻之益;命朝夕而纳诲,莫如良弼之求。趋造昕庭,肆颁涣渥。具官某学该百氏,文倡诸儒,强而义,简而廉,澄不清,挠不浊。擢参机政,屡进忠嘉。自勇退于急流,久养恬于真馆。学于古训,当图任于旧人;侍我经帏,庶辅成于台德。不远伊迩,盍归乎来,其体眷怀,益殚启沃。

出处:《东涧集》卷三。

撰者:许应龙

考校说明:编年据许应龙任两制时间、葛洪宦历补,见《宋史》卷二一四《宰辅表》、卷四一五《葛洪传》。

韩大伦除中书门下省检正诸房文字制
(端平二年六月至嘉熙三年八月间)

朕为官择人,必先历试,善于其职,遂使为真。以尔公而无私,勤而且敏,剸烦治剧,绰绰有余。昔兼省闼之司,密赞庙谟之运,既能胜任,何以假为。爰正厥官,以昭予眷,仍总提于国用,俾展布于才猷。勉续前功,嗣膺殊擢。

出处:《东涧集》卷四。

撰者:许应龙

考校说明:编年据许应龙任两制时间、韩大伦宦历补,见《至顺镇江志》卷一五。

韩大伦除金部员外郎制
(端平二年六月至嘉熙三年八月间)

国家财赋,分隶四总而归于版曹者二十余郡,百尔所需,皆仰于此。苟匪通才,曷胜其任?以尔勋臣之孙,潇然儒素,廉勤通敏,所居见称。比司饷台,究心措画,不加赋而用足,朕甚嘉之。擢置兹职,谁曰不宜,肆观尔能,尚有殊擢。

出处:《东涧集》卷四。

撰者:许应龙

考校说明:编年据许应龙任两制时间、韩大伦宦历补,见《至顺镇江志》卷一五。

王会龙除右司郎中制
(端平三年八月至嘉熙三年八月间)

都司分治六曹,事无巨细,毕陈于前,若网在纲,提之则举,欲称厥职,必惟其人。以尔早掇鳌头,荐登鸳列,已久更于岁钥,犹未越于郎闱。虽器识不凡,能自安于静退;然荣进素定,难久郁于才猷。遂自铨曹,亟升宰掾,暂假弥纶之手,仁跻清切之班。往究乃心,以称朕意。

出处:《东涧集》卷四。

撰者:许应龙

考校说明:编年据王会龙宦历补,见《铁庵集》卷一《(端平三年)八月分第二札》。

监察御史刘伯正除左司谏制
(端平三年九月至嘉熙三年八月间)

朕改过不吝,从善如流,载惟谏垣,实司言责,必得端方之士,庶闻謇谔之忠。以尔学问精深,风规凝重。靖共尔位,事可法德可尊;纠察宪台,刚不吐柔不茹。擢升骑省,冀纳鲠言。激浊扬清,既足致朝纲之肃;闲邪陈善,必能格君心之非。往服厥官,以永终誉。

出处:《东涧集》卷四。

撰者:许应龙

考校说明:编年据许应龙任两制时间、刘伯正宦历补,见《宋史》卷四一九《刘伯正传》等。

高奎除枢密院检详诸房文字制
(端平三年十月至嘉熙三年八月间)

本兵之寄,其责甚重,协赞谋画,尤贵得人。以尔有文有学,知微知彰,比任编摩,继登宰掾,庙堂密务,盖知之详讲之熟矣。与其出秉于麾节,孰若入佐于筹帷。其展壮猷,以阶显用。

出处:《东涧集》卷四。

撰者:许应龙

考校说明:编年据许应龙任两制时间、高奎宦历补,见《南宋馆阁续录》卷七。

少师保宁军节度使判大宗正事嗣秀王
师弥乞解职畀祠不允诏
（端平三年十一月至嘉熙三年八月间）

卿属近行尊，量宏识远。久任训齐之寄，备著公勤；陶成信厚之风，悉遵礼法。善于其职，简在朕心。胡荐抗于囊封，乃力求于祠廪。徒得君重，以为公族之表仪；佥曰汝谐，奚必谦词而退避。祇若予命，毋烦重陈。

出处：《东涧集》卷一。

撰者：许应龙

考校说明：编年据许应龙任两制时间、赵师弥官历补，见《宋史》卷四二《理宗纪》等。

蔡节除司农卿兼检正制
（端平三年十一月至嘉熙三年八月间）

仓廪委积，悉赖大农，虽设属立贰以任其责，而为之长者其职尤高，虽以次迁，实阶显用。以尔疏通无壅，廉静寡求，出典辅藩，入登朝列。郎闱寺监，无施不宜；省闼弥纶，奉公守正。力求外补，勉徇雅怀。然思多事之时，正赖长才之用，复还旧职，进陟正卿。益究乃心，以称朕意。

出处：《东涧集》卷四。

撰者：许应龙

考校说明：编年据许应龙任两制时间、蔡节官历补，见《宋史全文续资治通鉴》卷三二。

李曾伯知岳州制
（嘉熙元年正月至嘉熙三年八月间）

岳阳为郡，当上流之要冲，思患预防，非通敏长才曷胜其任？以尔究心谋略，有志事功，久历边陲，备尝险阻。列属戎监，赞画帅垣，善应变以随机，可牧人而御众。爰畀藩宣之职，仍兼节制之权。勉著勋庸，以宽忧顾。

出处:《东涧集》卷六。

撰者:许应龙

考校说明:编年据许应龙任两制时间、隆庆《岳州府志》卷一三补。

韩休卿知融州制
(嘉熙元年正月至嘉熙三年八月间)

朕笃近举远,一视同仁,至于岭峤之遥,亦遴循良之选。以尔元勋之裔,四纪官涂,三佐侯藩,晋参议幕,调兵御寇,赞画宣劳,擢守玉融,庸示褒宠。布宣德意,使遐陬之氓如在畿甸,则予汝嘉。往究乃心,以须选表。

出处:《东涧集》卷六。

撰者:许应龙

考校说明:编年据许应龙任两制时间、雍正《广西通志》卷五一补。

蒋岘除军器监诰
(暂系于嘉熙元年六月至嘉熙三年八月间)

除戎器以戒不虞,国家急务也。虽分职以任其责,而置监立长实总其凡焉。苟匪通才,曷称兹选?以尔学博词丽,节劲气和,校文如水鉴之明,典选若权衡之审。谈经秘殿,启沃朕心。至于器械之微,亦底缮治之绩,善于其职,就使长之。毋曰序迁,实阶殊擢。

出处:《东涧集》卷三。

撰者:许应龙

考校说明:编年据许应龙任两制时间、蒋岘官历补,见《宋季三朝政要》卷一。

国子祭酒王与权除起居郎诰
(嘉熙元年七月至嘉熙三年八月间)

君举必书,正资直笔;位定以德,当用真儒。以尔禀性温恭,提身端谨,践更久矣,声誉蔼然。自趋觐于枫宸,姑假涂于棘寺。虽晋陟成均之长,犹未昭简眷之隆,径立左坳,俾陪法从。既不违于咫尺,当益馨于忠嘉。茂对殊休,以称朕意。

出处:《东涧集》卷三。

撰者:许应龙

考校说明:编年据许应龙任两制时间、王与权官历补,见《南宋馆阁续录》卷九。

朝奉郎权刑部侍郎兼侍讲李大同辞免
除吏部侍郎兼职依旧恩命不允诏
（嘉熙元年九月至嘉熙三年八月间）

朕惟左铨,最为剧任,员多阙少,法弊例繁,苟非其人,曷振厥职? 卿昨居言路,激浊扬清,晋贰刑曹,惟明克允。畴咨典选,无以逾卿,其体眷知,毋劳逊避。所辞宜不允。

出处:《东涧集》卷一。

撰者:许应龙

考校说明:编年据许应龙任两制时间、李大同官历补,见《宋史全文续资治通鉴》卷三三。

朝请郎试吏部侍郎兼侍讲李大同辞免
除权工部尚书恩命不允诏
（嘉熙元年九月至嘉熙三年八月间）

贰卿而迁常伯,乃彝典也;矧由刑曹而至小宰,将及二稔。公于执法,允穆师言,晋陟冬卿,庸示褒宠。胡为抗疏,尚虑旷官? 铨曹最号剧烦,既能胜任;起部第司营缮,盖所优为。其即钦承,毋劳逊避。

出处:《东涧集》卷一。

撰者:许应龙

考校说明:编年据许应龙任两制时间、李大同官历补,见《宋史全文续资治通鉴》卷三三、同集同卷《朝奉郎权刑部侍郎兼侍讲李大同辞免除吏部侍郎兼职依旧恩命不允诏》。此诏时间当晚于同集同卷《朝奉郎权刑部侍郎兼侍讲李大同辞免除吏部侍郎兼职依旧恩命不允诏》。

李大同除宝谟阁直学士知平江府制
（嘉熙元年九月至嘉熙三年八月间）

载惟姑苏,甲于西浙。人稠地广,夙称富庶之乡;事简俗淳,当尚中和之化。欲使十万户之蒙福,必资二千石之惟良。具官某老成典刑,刚方直谅,自登表著,遍历清华。由言路而至文昌,杜私情而执公法,遵循更选,出任藩宣。爰进职于西清,俾分符于左翊。以儒术而饰吏,盖所优为;推善教以得民,伫闻治最。钦承予命,益展壮犹。

出处:《东涧集》卷六。
撰者:许应龙
考校说明:编年据许应龙任两制时间、李大同官历补,见《宋史》卷四二三《李大同传》、《宋史全文续资治通鉴》卷三三。本制时间当晚于同集卷一《朝请郎试吏部侍郎兼侍讲李大同辞免除权工部尚书恩命不允诏》

朝散大夫试户部尚书赵与权辞免兼修玉牒恩命不允诏
（嘉熙元年十二月至嘉熙三年八月间）

编年以纪帝系而载其历数及朝廷政令之因革者为玉牒,以宰臣提纲而命从臣以修之,盖重其事也。擢居是职,必择英材。以卿信厚性资,被服儒术,自登宗寺,为簿为丞而复为卿,其于瑶编纪之详而考之熟矣。兹俾兼领,以续前功,盍体至怀,毋庸逊避。所辞宜不允。

出处:《东涧集》卷二。
撰者:许应龙
考校说明:编年据许应龙任两制时间、赵与欢官历补,见《宋史》卷四一三《赵与欢传》、《咸淳临安志》卷四九。清乾隆翰林院抄本"玉牒"后有"官"字。"赵与权"当为"赵与欢"之误。

朝请大夫试户部尚书兼修玉牒官赵与权
乞畀祠禄不允诏
（嘉熙元年十二月至嘉熙三年八月间）

惟尔之能,信多多而益办;使治其赋,宜绰绰而有余。正赖剸裁,以供调度,胡陈巽牍,遽丐丛祠。卿比尹神皋,克勤民事,既公清而不挠,尤经理以得宜。休绩蔼闻,朕心以怿。乃执谦冲之意,屡辞弹压之劳。勉徇雅怀,俾专司于民部;庶几省事,得一意于邦财。方嘉整饬以有伦,难避宠荣而求去,益图来效,庸副深知。所辞宜不允。

出处:《东涧集》卷二。

撰者:许应龙

考校说明:编年据许应龙任两制时间、赵与欢官历补,见《宋史》卷四一三《赵与欢传》、《咸淳临安志》卷四九。"赵与权"当为"赵与欢"之误。本诏时间当晚于同集同卷《朝散大夫试户部尚书赵与权辞免兼修玉牒恩命不允诏》。

赵必愿除左司郎中制
（嘉熙元年至嘉熙三年八月间）

朕于用人必以序进,将久其任而究所长也。以尔公族之英,精通详练,被服儒术,克绍祖风。荐典名藩,所至可纪,弥纶省闼,守正无私。舆论称之,盍膺异擢,由右而左,姑借长才。益究乃心,以需简拔。

出处:《东涧集》卷四。

撰者:许应龙

考校说明:编年据许应龙任两制时间、赵必愿宦历补,见《宋史》卷四一三《赵必愿传》。

中奉大夫权兵部侍郎兼同修国史实录院同修撰兼侍讲范钟辞免除兵部侍郎兼职依旧恩命不允诏
（嘉熙二年正月至嘉熙三年八月间）

亚旅司戎,既能称职,昕庭涣号,就使为真。虽恩渥之方新,而事权之惟旧,盍吪承于成命,胡尚抗于封囊？卿不激不随,有猷有守,久辅缉熙之学,每殚启沃之忠。眷怀固切于予衷,迁进姑循于彝典。初非超躐,奚用逊辞。

出处:《东涧集》卷一。
撰者:许应龙
考校说明:编年据许应龙任两制时间、范钟宦历补,见《宋史全文续资治通鉴》卷三三。本诏时间当稍晚于《东涧集》卷四《权兵部侍郎范钟除兵部侍郎制》。

中奉大夫试兵部侍郎兼同修国史实录院修撰兼侍讲范钟辞免除吏部侍郎兼职依旧恩命不允诏
（嘉熙二年正月至嘉熙三年八月间）

典选郎闱,凤炳至公之鉴;升华小宰,盖资已试之材。涣号甫颁,师言允穆,胡力陈于奏牍,谓莫任于剧曹。况武部为真,已高资望;今左铨进掌,初匪超逾。其加甄别之精,益振清通之誉。令行弗反,卿毋固辞。

出处:《东涧集》卷一。
撰者:许应龙
考校说明:编年据许应龙任两制时间、范钟宦历补,见《宋史全文续资治通鉴》卷三三。本诏时间当稍晚于《东涧集》卷四《兵部侍郎范钟除吏部侍郎制》。

兵部侍郎范钟除吏部侍郎制
（嘉熙二年正月至嘉熙三年八月间）

掌六典之贰而逆邦治,其事实繁;以三铨之法而官人材,非贤曷任。具官某学臻道闑,誉冠时髦。省事清心,澹乎若深渊之靓;修身端行,浑然如璞玉之纯。粤从朝路之登,以至甘泉之从。蔼然硕望,简在朕心,即振职于兵曹,宜持衡于文部。况昔居郎省,已荐宣铨综之劳;今晋陟贰卿,当益振清通之誉。勿云序进,嗣有恩荣。

出处:《东涧集》卷四。

撰者:许应龙

考校说明:编年据许应龙任两制时间、范钟宦历补,见《宋史全文续资治通鉴》卷三三。本制时间当在《东涧集》卷一《中奉大夫权兵部侍郎兼同修国史实录院同修撰兼侍讲范钟辞免除兵部侍郎兼职依旧恩命不允诏》之后。

权兵部侍郎范钟除兵部侍郎制
(嘉熙二年正月至嘉熙三年八月间)

掌九伐之法,已著休声;颁一札之书,俾膺真命。式昭隆眷,以穆师言。具官某温乎其和,介然有守,遍历清华之选,晋升侍从之班。劝讲迩英,每务辅台而纳诲;司戎亚旅,益思立武以足兵。比典礼闱,克精藻鉴,爰正贰卿之秩,载新涣号之扬。以序而升,姑徇彝章之旧;度德而定,嗣膺异渥之荣。往服厥官,以称朕意。

出处:《东涧集》卷四。

撰者:许应龙

考校说明:编年据许应龙任两制时间、范钟宦历补,见《宋史全文续资治通鉴》卷三三。

袁甫依旧宝章阁待制知福州福建安抚使制
(暂系于嘉熙二年二月至嘉熙三年八月间)

求礼乐诗书之帅,方切畴咨;非言语侍从之臣,曷当隆委。克称厥职,宜莫如卿。具官某学深道原,才周世用。褒然为首,声名满四海之间;知无不言,气概出群公之表。清华遍历,进退两高。宣化承流,虽屡颁于成命;辞荣避宠,乃荐奏于封囊。载惟全闽,素号乐土。八命作牧,正需绥驭之才;十国为连,俾任藩宣之寄。况尝兼于漕节,已备悉于民风。谅善推其所为,当不劳而自治。其祗茂渥,庸副至怀。

出处:《东涧集》卷五。

撰者:许应龙

考校说明:编年据许应龙任两制时间、袁甫宦历补,见《宋史》卷四〇五《袁甫传》等。

中大夫知枢密院事兼参知政事李鸣复再乞去不允诏
(嘉熙二年五月至嘉熙三年八月间)

宥密基命,实资枢管之筹;精神折冲,渐息边庭之警。勉出乃力,亟图尔庸,曷怀避宠之思,荐上丐闲之请? 奉身而退,虽欲全名节之高;与人同忧,所当任安危之寄。其体至意,毋劳重陈。

出处:《东涧集》卷一。

撰者:许应龙

考校说明:编年据许应龙任两制时间、李鸣复宦历补,见《宋史全文续资治通鉴》卷三三。

权工部侍郎徐清叟除集英殿修撰知静江府
广西经略安抚使制
(嘉熙三年正月至八月间)

荷囊持橐,方入造于从班;宣化承流,姑出分于戎阃。肆加尔职,以宠其行。具官某学造渊深,气全刚大。有是父有是子,俱著声名;难为弟难为兄,交辉中外。已振激扬清浊之职,晋登论思献纳之司,力避宠荣,暂循更迭。然兴思于宣室,寻趣侍于甘泉。胡复怀勇退之心,竟莫遂挽留之意! 升华秘殿,作屏帅垣。知无不言,既善尽忠而补过;施于有政,必能以道而得民。勉务拊绥,以宽忧顾。

出处:《东涧集》卷五。

撰者:许应龙

考校说明:编年据许应龙任两制时间、嘉靖《广西通志》卷七补。

端明殿学士太中大夫崔与之辞免除观文殿大学士提举临安府洞霄宫恩命不允诏
（嘉熙三年六月至八月间）

卿识并蓍龟,心坚金石,年弥高而德弥劭,事可法而义可尊。久从绿野之游,实系苍生之望。涣汗其号,晋登弼亮之司;盍归乎来,克尽经纶之业。胡未承于休命,乃屡奏于需章。避宠辞荣,莫致安车之至;尊贤隆礼,可无宠渥之颁? 书殿升华,祠庭均佚,庸示朕心之眷,以昭全节之高。令出惟行,卿毋多逊。

出处:《东涧集》卷二。

撰者:许应龙

考校说明:编年据许应龙任两制时间、崔与之宦历补,见《宋史》卷二一四《宰辅表》。

端明殿学士太中大夫崔与之再辞免观文殿大学士提举临安府洞霄宫恩命不允诏
（嘉熙三年六月至八月间）

亮采惠畴,正有赖老成之重;辞荣避宠,乃欲全名节之高。虽屡趣于锋车,竟莫回于雅志。涣汗其号,晋升书殿之班;惟适所安,俾处祠庭之佚。胡为谦逊,犹复控陈。兹特彝章,未足示尊贤之礼;其祗成命,尚无忘告后之猷。

出处:《东涧集》卷二。

撰者:许应龙

考校说明:编年据许应龙任两制时间、崔与之宦历补,见《宋史》卷二一四《宰辅表》。

太府少卿总领淮西江东军马钱粮何元寿特授守太府卿仍旧淮西总领制
（嘉熙三年八月二十一日）

江淮号财赋之渊,自离狄难,征役不休,经用不足以奉战士,非通材习知本末源流,何可使治其赋? 尔机猷肤敏,识略浚明,备知戎情,深识时务。庀赋六路,以强济称,移饷右淮,士得宿饱。观器知巧,深所叹嘉。肆畴尔庸,居卿司府,仍申巽命,典领赋舆。往服显休,以永终誉。

出处:《永乐大典》卷一三五〇六。
撰者:高定子
考校说明:编年据《景定建康志》卷二六补。

民间税赋许以全会折纳诏
(嘉熙三年九月二十五日)

户部下诸路州军,应税赋征榷,其一半见钱听民间以全会折纳,严戢欺抑等弊,令监司、御史台察其违者劾之。

出处:《宋史全文续资治通鉴》卷三三。

核常平义仓之储以备赈济诏
(嘉熙三年九月二十五日)

诸路提举常平司核所部州县常平、义仓之储,以备赈济,仍敕制总司今后毋辄移用,违者坐之。

出处:《宋史全文续资治通鉴》卷三三。

赈饶信南康灾民诏
(嘉熙三年十月二十四日)

出封桩库祠牒三百通下江东宪司,赈饶、信、南康三郡旱伤之民。

出处:《宋史全文续资治通鉴》卷三三。

朝散大夫试太府卿兼敕令所删修官颜颐仲特授试司农卿兼敕令所删修官兼尚书左司郎中制

(嘉熙三年)

大农外府库庾氏长子孙其间,方当国用单乏之秋,不择材明者为之长,孰与参稽而阜通之? 尔以批郤导窾之材,更迭中外,职业具修。内而剧司要曹,咸所周历。自使岭右以归,即劳尔以治藏之长,顾念稿臣,亦惟尔宜。肆用序迁,兼裨省务,钱谷问至庙堂,将悉于尔乎咨。

出处:《永乐大典》卷一三五○七。

撰者:高定子

考校说明:编年据《后村先生大全集》卷一四三《颜尚书神道碑》补。

赐杜杲御札

(嘉熙三年)

卿老成忠实,宽朕顾忧,宜为勉留,以副注倚。

出处:《后村先生大全集》卷一四一《杜尚书神道碑》。

赐杜杲御札

(嘉熙三年)

羽书来上,谓辀旦徧淮右矣,朕怀抱不怡,戚见颜面。未几督府以卿牍闻,朕且喜且疑,吾兵何神耶! 徐考捷奏,守坚壁之令,行招降之策,用袭击之师,卿可谓差强人意矣。朕临轩不觉失喜,再三嘉叹。

出处:《后村先生大全集》卷一四一《杜尚书神道碑》。

承议郎徐鹿卿特授守尚书度支郎官兼尚书右司郎官制
（嘉熙四年前）

郎选莫劳于支度，省务莫剧于都曹，非有清通材明之彦，其能以一身兼二任乎？尔积学深醇，赋财亮茂，能以儒术饰吏，故历官率著良称。尝置周行，列于枢掾，多所裨益。乃至论奏剀切，有犯无隐，则虽忤世犯患不悔也。朕久不见，有怀其人，肆用延登，俾共二事。钦哉若予采。

出处：《永乐大典》卷一三五〇七。
撰者：高定子
考校说明：编年据《后村先生大全集》卷一四四《徐侍郎神道碑》补。

星变令学士院降诏御笔
（嘉熙四年正月十四日）

乃正月辛未，有星出于室宿，朕俯察人事，仰观天文，殆必有因，益深震惧。朕将避殿减膳，令学士院降诏。

出处：《宋史全文续资治通鉴》卷三三。

星变罪己诏
（嘉熙四年正月十五日）

朕以眇身，托于天下士民公卿之上，顾德不类，不能上全三光之明，下遂群生之和，变异频仍，咎征彰灼，夙夜祗惧，不遑康宁。乃正月辛未，有流星见于营室，太史氏占厥名曰彗，灾孰大焉。天道不远，谴告匪虚，万姓有过，在余一人。今朕痛自克责，岂声利未远，而谗谀乘间欤！举错未公，而贤否杂进欤？赏罚失当，而真伪无别欤？抑牧守非良，而狱犴多兴欤？封人弛备，而暴客肆志欤？道殣相望，而流离无归欤？四方多警而朕不悟，群黎有苦而朕不知欤？谪见上帝，象甚著明，爰避正殿，减常膳，以示侧身修行之意。二三大臣，吾道揆也，其叶恭以辅朕；百尔执事，吾法守也，其竭忠以告朕，使朕得以导和销异，不亦善乎？布告中外，咸知朕意。

出处:《宋史全文续资治通鉴》卷三三。又见《宋元通鉴》卷一一一,《南宋书》卷五,《少微通鉴续编节要》卷二三,《宋史新编》卷一三。

赦天下诏
(嘉熙四年二月三日)

朕绍膺骏命,德不能远,致外夷之有干,而仁弗克周,使黎元之寡遂,昊穹垂谴,彗象示妖,起于营室之躔,迫于王良之次。固已避殿减膳,亦尝下诏责躬。惟是蝘蜓高拱,过失何由自知;鳏寡至微,疾苦岂能上达?伊欲遵敢言之路,必也开勿讳之门。凡在臣民,许陈章奏,忠忱者悉加奖纳,峭直者亦务优容。尚虑闾阎之间,怨气满腹,囹圄之际,愤声彻霄,是用加惠群方,荡宥多辟,庶销灾异,立召冲和。可大赦天下。

出处:《宋史全文续资治通鉴》卷三三。

丁仁行军器监兼知太平州兼都督行府参议官制
(嘉熙二年三月至嘉熙四年三月间)

当涂为风寒处,以江之北四面受敌,不足恃也,贤城之托,何择非人?尔学富材赡,方为诸生,已志事功。暨以儒科自奋,则身行天下半,治法征谋,竞为列阃所咨。比由郎选佐师,往赴淮援,人服儒勇。督府重开,肆命尔以武监往分左符,仍参筹幄。采石翦酋,具有绍兴遗烈,勉之哉!

出处:《永乐大典》卷一三五〇七。
撰者:高定子
考校说明:编年据丁仁官历补,见康熙《太平府志》卷一四、《玉楮集》卷六《庚子三月二十七日又易守当涂四月十一日发辞负之牍书怀成二唐律》。

举文武之臣诏
(嘉熙四年三月二十八日)

边尘未靖,备御方严,必藉人才,相与叶济。令内而侍从、台谏、两省、卿监、郎官,外而监司、帅守,举文武之臣晓畅兵机、练习边事、才略卓然可用者各二人,或陆沈常调,或负累家居,著其实状,亟以名闻,以待擢用。

出处:《宋史全文续资治通鉴》卷三三。

封融县梁熹吴辅为神敕
(嘉熙四年三月二十九日)

玉融为郡,僻处峤南,昔在天禧,猺蛮为梗,尔熹尔辅,奋起遐裔,身率义旅,鏖击以毙。魂强魄毅,为鬼之雄,大庇其民,如生之日。自疏侯爵,三被徽称。国家于尔神褒赉之渥,亦惟远俗艰窭,寇窃水旱之不常,非神无以为托也。祗服休命,益介祉祥。可特封梁为助信灵应忠祐侯,吴为助顺灵济显祐侯。钦哉!故谕。

出处:乾隆《柳州府志》卷三一,乾隆二十九年刻本。又见雍正《广西通志》卷九八,《粤西文载》卷二。

赐史岩之诏
(嘉熙四年春)

敕岩之:昔我高后尝引对三大帅属官陈诵等,谕以朝廷久养大兵,国用既竭,民力已困,切须措置耕屯。洋洋圣谟,其责耕屯以给军食,是诚得战守之要务。我国家宿师日久,谷人疾耕,不足以供饷,而三陲田莱多荒,朕聪听祖训,用饬诸阃,为留屯计。卿承命督耕,因田致粟,遂能率先以给饷用。推是而往,将有羊祜十年之储,郭元振数十年之积矣。实亩实籍,何勤如焉。若汝予嘉,勉究丕绩。故兹奖谕,想宜知悉。春寒,卿比平安否,遣书指不多及。

出处:《永乐大典》卷六六九七。

三省枢密院印令平章掌之诏
(嘉熙四年四月十日)

祖宗盛时,宰执有轮日当笔者。今二相并命,合仿旧规,而平章总提其纲,一应军国重事,参酌施行,其三省、枢密院印,并令平章掌之。

出处:《宋史全文续资治通鉴》卷三三。

两淮经寇州郡已举未该免人令赴来年省试一次诏
(嘉熙四年六月五日)

两淮经寇州郡,已举未该免人,与比京襄例,令赴来年省试一次。

出处:《宋史全文续资治通鉴》卷三三。

以灾求直言诏
(嘉熙四年六月十九日)

六月亢阳,日事祷祈,邈无报应,且闻飞蝗为孽,朕心惕然。自七月一日避正殿,减常膳,应中外臣僚并许直言朝廷阙失。

出处:《宋史全文续资治通鉴》卷三三。

令中外言时政阙失诏
(嘉熙四年七月三日)

朕德不肃,天示常旸,以戒不德。入夏以来,膏泽阙少,遍走群望,穆卜雩祀,神听愈邈。岂积行多愧,无以对越神明欤?施政多舛,无以感召和气欤?抑优游牵拘,法制日玩,而威令浸弛欤?将阳微阴盛,直不胜枉欤?贪残相师而元气益削,巽懦成习而边祸浸迫欤?不然,何其不雨至此极也。朕苦不自觉,群公卿士大夫未有极口为朕告者,三复《云汉》之诗而流涕焉。且朕自亲政以来,未尝罪一言者,今人情皇皇,大命近止,上下犹顾望蓄缩,隐情惜己,是未谅朕之衷也。令至,无问中外臣庶,凡朕躬之失、朝政之疵关于时务之巨、民瘼之切者,其丐以启朕,朕且采择施行之。悉意以陈,毋有所讳。

出处:《宋史全文续资治通鉴》卷三三。又见《宋史》卷四二《理宗纪》。

决狱诏
（嘉熙四年七月二十八日）

秋成在望，雨泽愆期，令诸道宪臣按部，将番异驳勘之狱酌情决遣以闻，其失当官吏特免推结。

出处：《宋史全文续资治通鉴》卷三三。

赐制置茶盐使岳珂御笔
（嘉熙四年八月）

朕以边事未息，国计告匮，思为变通之策，遂稽先朝故实，畀卿以制置茶盐使，意欲绝私贩以收利权，通浮盐以丰邦课，去苛征以惠商贾。卿其竭心体国，毋弛法，毋徇情，使用足于上，而扰不及民，以副委任责成之意，则予汝嘉。

出处：《景定建康志》卷二六。

赐孟珙御札
（嘉熙四年九月前）

鞑寇坤维，帅相矛盾，不能却攘，师无纪律，反为溃乱，虏得深入，迫我上流。欲得夷狄知姓名、兵将服智略者往镇压之，搏采于众，毋以逾卿，此岂寻常委寄之比！

出处：《后村先生大全集》卷一四三《孟少保神道碑》。

赐孟珙御札
（嘉熙四年九月前）

卿言蜀事之难，是固难矣，不难无以见人杰。卿宜勇于一行，讵可犹豫未决！三层之说，是见规摹素定，凡有边机利害可奏来。

出处:《后村先生大全集》卷一四三《孟少保神道碑》。

淳祐改元诏
（嘉熙四年十月三日）

门下:春秋内夏外夷,实重三正之统;王者改元立号,每因万国之心。朕猥以眇躬,嗣膺大历。践祚十有三载,若涉春冰;临朝一日万机,靡遑旰食。亟更张于鸿化,期开际于多艰。厉精虽勤,计劾愈邈。仰而观诸天运,未臻协气之横流;俯而验诸人情,但见浇风之华竞。惟口兴戎而民生匮,藩身以贷而吏道衰。疆场骚然,戎狄惊甚。必欲庶邦之靖,必图百志之安,若非宪法于前猷,何以作兴于群听! 重念仁、孝两朝之盛,蔼如唐虞、成周之和。节用爱人,此嘉祐所以永天命;经文纬武,此淳熙所以恢圣谟。用表新年之名,以达期治之意。其以明年正月朔为淳祐元年。

出处:《宋会要辑稿》礼五四之二〇。

禁贩米下海诏
（嘉熙四年十月六日）

平江、嘉兴府、安吉州禁贩米下海,其贩至临安府者,毋得遏籴。

出处:《宋史全文续资治通鉴》卷三三。

觉察重责贪赃者诏
（嘉熙四年十月七日）

朕惟我朝以仁厚待士大夫,惟于赃吏罚未尝少贷。比岁以来,贪浊成风,椎剥滋甚,民穷而溪壑不餍,国匮而囊橐自丰。今兹新楮之行,未必不为罔利之地。其令内而台谏、外而监司常切觉察,其有赃状著者,必加鞫勘,悉遵建隆、淳熙典刑,断在必行,毋贻后悔。

出处:《宋史全文续资治通鉴》卷三三。

赵与欢提领禁贩米下海事诏
（嘉熙四年十月）

赵与欢提领其事，应浙东州县并许浦、金山水军一体遵守，违者权听按刺。

出处：《宋史全文续资治通鉴》卷三三。

求直言诏
（嘉熙四年十二月三十日）

乃者丙辰之夕，京城地震。地道贵静，动则有变，岂朕不德而致欤？ 今民生不遂，边戍未休，变不虚生，必有其证。可令中外臣寮各上封章，凡朕躬之阙失，朝政之愆违，极言无隐，将见之施行，以为消弭之道。

出处：《宋史全文续资治通鉴》卷三三。

民间赋输会子事诏
（嘉熙四年闰十二月十六日）

民间赋输，旧用钱会中半者，其会半以十八界直纳，半以十八界纽纳。

出处：《宋史全文续资治通鉴》卷三三。

赐史岩之诏
（嘉熙四年）

览奏及缴进屯田图本，经始指画，极有条理，备见勤劳，深用嘉叹。朕惟屯田之策旧矣，类多具文以应令，鲜底厥成。今卿分屯授田，规摹精密，将以实工而课实效，且谓不敢毫发欺罔，此言深当朕心，天相纯忱，一稔可卜。卿宜预饬秋防，早竣稿事，使馈饷之计可省，公私之积裕如，则许下岘山之功不专美于魏晋矣，卿其勉之。

出处:《永乐大典》卷六六九七。

考校说明:"史岩之",《全宋文》误作"吏岩之"(第三四五册,第一七九页)。

篇名索引

521　沈端仁降授儒林郎制

522　袁宜中降授儒林郎制

522　赵时晔降授儒林郎制

522　朱梦应降授儒林郎制

523　施渍降授儒林郎制

523　赵彦彻降授儒林郎制

523　陈松龙降授儒林郎制

524　赵崇端降授儒林郎制

524　钱谦降授儒林郎制

524　谈沐降授儒林郎制

525　赵希沛降授儒林郎制

525　徐矩降授儒林郎制

525　沈应丑降授从事郎陈叔岘降儒林郎制

526　王采特授文林郎制

526　李说特授文林郎制

526　褚南降授文林郎制

527　陈亨祖降授文林郎制

527　赵希垒降授文林郎制

527　赵希导降授修职郎陈懋降授文林郎制

528　赵崇玭特授文林郎制

528　邓梦龙特授文林郎制

528　李陕降授文林郎制

529　谢正夫降授文林郎制

529　吴昭嗣降授文林郎制

529　陈植降授文林郎制

530　李衎可降授文林郎制

530　李木降授文林郎制

530　马榉降授文林郎制

531　章子仁降授文林郎制

531　赵汝静孙德之降授文林郎制

531　叶直清降授文林郎制

532　孟继勤宋蟠孙降授文林郎制

532　朱晡降授文林郎制

610　邵克忠授修武郎制

611　杨福兴降授从义郎制

611　黄鼎换授从义郎制

611　叶苇授武德郎刘镛授武经郎刘元晋授从义郎制

612　江海叙复从义郎制

612　徐晞契叙复从义郎制

612　张裕授从义郎制

613　章焕等五人并换授从义郎制

613　郑恢先权授从义郎制

613　赵章赠从义郎制

614　戴必胜赠从义郎制

614　沈宣之赠从义郎制

614　温林赠从义郎李威赠秉义郎呼延械赠忠翊郎杨显赠承信郎制

615　方恺授秉义郎制

615　陶琦授忠训郎制

615　丁信授忠训郎制

616　张龟寿授忠训郎制

616　杨雄秦隆俱赠忠翊郎制

616　贾佑赠忠翊郎制

617　李宗玘授忠诩郎制

617　盖天祐赠成忠郎制

617　李宗瑛俞耀并授成忠郎制

618　雍浚授从义郎张元长授忠训郎茅公正授成忠郎制

618　朱海叙复保义郎制

618　陈硕文授保义郎制

619　罗昉授承节郎李进授保义郎制

619　田有容转保义郎制

619　洪梦龙赠保义郎制

620　施峄等四十五人并授保义郎制

620　赵希坤补承节郎制

620　赵崇庀授承节郎制

621　赵与度授承节郎制

621　黄守礼等八人授承节郎制

陈请诏

判官制